Das große Buch zur Welt der Bibel

Hazor
Tabor
JORDAN
JABBOK
Silo
Mizpa
Aschkelon
Hebron
Gaza

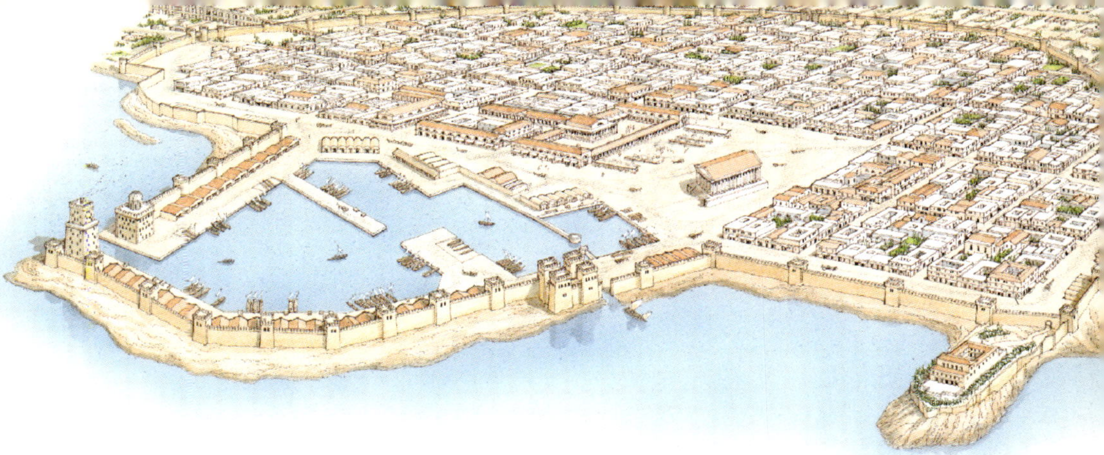

Das große Buch zur Welt der Bibel

Herausgegeben von John Drane

R. BROCKHAUS VERLAG

Titel der englischen Originalausgabe:
The New Lion Encyclopedia of the Bible

Mitarbeiter
David Clines, John Drane, Margaret Embry, David Gillett, Ralph Gower, Colin Hemer, Kenneth Kitchen, Robin Keeley, Alan Millard, Margaret Moore, Stephen Parish, John Paterson

Projektkoordination: Sarah Medina

Gestaltung: Nicholas Rous
Schmuckillustrationen auf der Titelseite der Kapitel: Simon Bull
Umschlaggestaltung:
Nicholas Rous
die werber, Düsseldorf

Für die deutsche Ausgabe:
Übersetzer: Christina Baumeyer, Volker Jordan, Silvia Lutz, Claudia Schletter, Matthias Wenk, Jörg Achim Zoll
Redaktion: Hans-Werner Durau

Bildnachweise:
Titelseite:
Landkarte: David Atkinson
Pharao: Lion Publishing
römische Münze: Lion Publishing
Elfenbeinschnitzerei (Frau am Fenster): Zev Radovan
Jesus: aus *Die Ehebrecherin*, Giovanni Guercino (1591-1666), Dulwich Picture Gallery, London: Bridgeman Art Library, London/New York
phönizischer Glaskrug: Zev Radovan
Adler: Mark Stewart
Jerusalem: Jon Arnold
alter jüdischer Mann: Lion Publishing/David Townsend

Buchrücken:
Öllampe: Lion Publishing/Nicholas Rous

Rückseite:
römisches Getreideschiff: Lion Publishing
Schwert: © The British Museum
Tonpferd: Zev Radovan
Palme: Lion Publishing/David Townsend
Granatapfel: Roger Kent

Inhaltsverzeichnis:
S. 5-8 israelitische Siegel: Zev Radovan
S. 5 Schwert: © The British Museum
S. 5 Goldschmuck: Zev Radovan
S. 6 Schnitzarbeit aus Ahabs Palast: Zev Radovan
S. 6 römische Kosmetikflasche: Zev Radovan
S. 7 Goldastarte aus Geser: Zev Radovan
S. 7 Speer: Zev Radovan
S. 8 römisches Arztbesteck: Zev Radovan
S. 8 ägyptischer Federbehälter: Ashmolean Museum, Oxford

Satz: OLD-Satz digital, Neckarsteinach
Printed in Spain

ISBN 3-417-24685-7

Inhalt

Teil 1. Biblische Geschichte

Teil 2. Völker und Reiche

Teil 3. Die Welt der Bibel

Teil 4. Religion

Teil 5. Jesus Christus

Teil 6. Die biblischen Bücher

Teil 7. Kleines Bibellexikon

Einführung

Was ist die Bibel?

Die Bibel ist einer der größten Klassiker der Weltliteratur. Ihre Geschichten mögen sich zwar vor langer Zeit in einer Hand voll kleiner Länder am östlichen Ende des Mittelmeeres zugetragen haben, doch sie werden heute noch begeistert von Millionen von Menschen in der ganzen Welt gelesen. Ihre jüngsten Teile sind etwa 2000 Jahre alt, während sich die Anfänge ihrer frühesten Werke im Unbekannten verlieren. Doch ihre einzigartige Kombination aus Geschichtsschreibung, Philosophie, Dichtung und politischem Kommentar verdichtet sich zu einem – wenigstens in weiten Teilen – enorm spannenden Buch, nicht weniger spannend als ein actiongeladener Thriller.
Tatsächlich war die Bibel Vorlage für viele Hollywood-Filme. Sie ist in mehr Sprachen übersetzt worden als irgendein anderes Buch in der Geschichte; ihre bekanntesten Teile sind heutzutage in mehr als 2000 Sprachen verfügbar.
Die Bibel hat auch große soziale Bewegungen inspiriert. Im Großbritannien des 19. Jh.s wurde z.B. William Wilberforce von dem Inhalt der von ihm gelesenen Seiten inspiriert und begann eine Kampagne zur Abschaffung der Sklaverei. Während desselben Zeitabschnitts las der britische Politiker Graf Shaftesbury die Bibel und widmete sich der Aufgabe, die Ausbeutung von Frauen und Kindern durch ihre Arbeitgeber zu beenden. In der Mitte des 20. Jahrhunderts mischte sich Martin Luther King in den Vereinigten Staaten in die Diskussion über die Unterdrückung der Menschen mit schwarzer Hautfarbe ein und untermauerte seine Position mit der Heiligen Schrift. Und am Ende des 20. Jahrhunderts kam ein großer Teil des Drucks, der den Zusammenbruch des Systems der Apartheid in Südafrika hervorbrachte, von Kirchengruppen, die von der Vision eines besseren Lebens, über das sie in der Bibel gelesen hatten, angespornt wurden.

Die Bibel – eine Bibliothek

Die Bibel ist nicht nur ein Buch, sie ist eine ganze Bibliothek. Wie jede Bibliothek, enthält sie viele verschiedene Literaturgattungen, die von unterschiedlichen Menschen zu unterschiedlichen Zeiten und mit unterschiedlichen Zielen geschrieben wurden. So findet man Erzählungen bewegender geschichtlicher Ereignisse neben alltäglichen Briefen, Visionen und anderen Literaturtypen.
Die Bibel ist heute in zwei Hauptabschnitte untergliedert. Christen beziehen sich darauf als auf das Alte Testament und das Neue Testament, weil sie diese als zwei Teile derselben Geschichte sehen. Das Alte Testament ist in der Tat die ursprüngliche Hebräische Bibel, die schon lange vor dem Auftritt des Christentums auf der Bühne der Geschichte bestand. Sie besteht aus den heiligen Schriften des Volkes Israel, des Judentums. Auch Muslime beziehen sich auf die Hebräische Bibel und respektieren sie. Das Neue Testament ist eine Sammlung von Schriften, die von Christen im ersten Jahrhundert nach Christus verfasst wurden.

Das Alte Testament

Im Alten Testament finden sich 39 Bücher. Diese Bücher sind das literarische Archiv des Volkes Israel. Auf verschiedene Weise erstrecken sich die Berichte des Alten Testaments über 1500 Jahre der frühen Geschichte der Nation, beginnend mit Abraham, der als ihr Gründer betrachtet wird, und endend in der Zeit des Reiches Alexanders des Großen und seiner Nachfolger. In den Büchern des Alten Testaments herrscht eine große Vielfalt: Von den Geschichten solcher „Helden" wie Mose, Josua, David und Ester bis zu eher nachdenklichen Büchern wie Hiob und Prediger – irgendetwas wird sicherlich jeden ansprechen. Geschichten von Intrigen und Leidenschaft stehen Seite an Seite mit philosophischen Reflexionen über den Sinn des menschlichen Lebens.
Die Bücher des Alten Testaments wurden traditionell in drei Gruppen eingeteilt: das Gesetz, die Propheten und die Schriften.

Das Gesetz

Das Gesetz besteht aus den ersten fünf Büchern des Alten Testaments (1.-5. Buch Mose bzw.: Genesis, Exodus, Levitikus, Numeri, Deuteronomium). Diese Bücher sind von besonderer Bedeutung, stellen sie doch die Grundlage alles weiteren biblischen Geschehens dar. Sie haben wenig mit „Gesetz" im modernen Sinne des Wortes zu tun. Es findet sich also nicht lediglich eine Unsumme von Paragraphen. Tatsächlich besteht das erste Buch Mose gänzlich aus Geschichten und enthält überhaupt nichts, was als Regeln oder Vorschriften verstanden werden könnte. Selbst die anderen vier Bücher, die Gesetze für das gemeinsame Leben, beinhalten viele Erzählungen. Das hebräische Wort für „Gesetz" (Tora) bedeutet tatsächlich „Leitung" oder „Unterweisung"; dies kann juristische Regeln einschließen, aber es kann auch Geschichten beinhalten, die als Alltagsillustrationen zur praktischen Anwendung des Gesetzes dienen konnten.
Diese fünf Bücher wurden später als „Pentateuch" bekannt und wegen der Überlieferung, dass Mose sie alle geschrieben habe, stets zusammen eingeordnet. Sicherlich geht der Urbestand dieser Texte auf Mose zurück; die Gestalt, wie wir die fünf Bücher Mose vorfinden, ist aber über Jahrhunderte hinweg entstanden.

Die Propheten

Dies ist der umfangreichste Abschnitt des Alten Testaments. Er erhält seinen Namen von einer Anzahl von Gott berufener Männer (und gelegentlich auch Frauen), die das Volk Israel über eine lange Zeitspanne von mehreren Jahrhunderten hinweg zur Verbindlichkeit Gott gegenüber aufriefen. Diese Büchersammlung selbst zerfällt in zwei Abschnitte, die früheren Propheten und die späteren Propheten.

Die frühen Propheten

Hierbei handelt es sich um die Bücher Josua, Richter, 1.–2. Samuel und 1.–2. Könige. Sie erscheinen im Alten Testament vor den späten Propheten und auf den ersten Blick scheinen sie sich so sehr von den späten Propheten (die nach heutigem Verständnis die „klassischen" Propheten sind) zu unterscheiden, dass es nicht deutlich ist, warum auch sie überhaupt als Propheten gelten. Sie lesen sich eher wie Geschichtsbücher, die die Geschichte des Volkes Israel von der Zeit erzählen, als ihre Vorfahren der Sklaverei entkamen, bis hin zum 6. Jh. v.Chr., als ihre Hauptstadt Jerusalem von den Babyloniern zerstört und das Volk nach Babylon deportiert wurde. Wir lesen außerdem, dass Israel in der Zwischenzeit unter David und Salomo eine Periode politischer Stabilität und politischen Einflusses genoss. Doch der größte Teil des Rests dieser Geschichte beschreibt, wie dieses Königreich in zwei Teile zerfiel (Israel und Juda), die beide darum kämpften, ihre Unabhängigkeit angesichts zunehmenden Drucks von Seiten der großen Supermächte jener Tage, insbesondere Ägyptens, Assyriens und Babyloniens, zu erhalten.
Was diese Geschichtsbücher auch zu „Propheten" macht, ist die Tatsache, dass sie nicht bloß die Geschichten erzählen, sondern sie – wie alle guten Geschichtsbücher – interpretieren und ihren Lesern mitteilen, was die Geschichten bedeuten und wie sie in Beziehung zu der Entwicklung der übrigen Weltgeschichte jener Zeit zu verstehen sind. Wenn die Geschichtsschreiber das Volk betrachteten, konnten sie sehen, dass seine Geschichte, wenn es Gottes Werten und Wegen folgte, einen positiven Verlauf nahm. Doch wenn Gottes Forderungen vergessen wurden, litt die ganze Nation. Der israelitische Glaube konzentrierte sich nicht auf Glaubenssätze, sondern auf Gottes Handlungsweisen mit Menschen in den Erfahrungen des alltäglichen Lebens. Die Geschichte war daher sehr wichtig; sie war eine der Schlüsselstellen, in denen Gottes Wirken gesehen werden konnte. Wenn die Menschen die Geschichte so deuteten, wie es von den Propheten erklärt wurde, konnten sie ohne Zweifel herausfinden, wie sie leben sollten.

Teil der Jesajarolle, eine der Schriftrollen vom Toten Meer, die in Qumran gefunden wurden. Entstehungszeit: ungefähr 100 v.Chr. (Bild: Zev Radovan)

Die späten Propheten

Der Glaube Israels gründete sich auf die Ansicht, dass Religion sich nicht nur mit Ritualen begnügt, die in Tempeln und Heiligtümern vorgenommen wurden, sondern auch im täglichen Leben zum Ausdruck kommen muss.

Leitmotive des alttestamentlichen Denkens sind neben dem Exklusivanspruch Jahwes, des Gottes der Bibel, Begriffe wie Gerechtigkeit, Treue und Friede, die das Zusammenleben kennzeichnen sollten. Die Israeliten waren in Ägypten versklavt worden und Gott hatte ihnen in ihrem Elend beigestanden und sie aus der Gefangenschaft herausgeführt. Dieser „Exodus" ist das entscheidende und prägende Ereignis im Alten Testament. Von dieser Zeit an war das Volk Israel überzeugt, dass Gott auf ihrer Seite steht – und dieser Glaube wurde in all ihren Gesetzen bewahrt.

Das hat natürlich zwei Seiten: Neben fester und froher Zuversicht kann es hierbei auch zu einer hochmütigen Einstellung kommen, einer falschen Sicherheit. Denn es ist leicht, an solchen Glaubensüberzeugungen festzuhalten, aber schwieriger, sie in der Praxis zu verwirklichen.

Die späten Propheten waren das Gewissen der Nation. Sie erinnerten das Volk immer wieder daran, wie viel sie selbst Gottes Freigebigkeit und Liebe zu verdanken hatten und ermutigten sie dazu, diese selben Werte in ihren Beziehungen zueinander und zu anderen Nationen zu demonstrieren. Dies war ein harter Kampf und viele der Propheten wurden verfolgt, eingesperrt und sogar getötet. Diese Botschaft lag im Zentrum des Glaubens der Israeliten, weshalb sie solch eine große Rolle in den Büchern des Alten Testaments spielt.

Nicht alle Propheten hinterließen Bücher, die nach ihnen benannt worden sind; von Elia oder Elisa haben wir z.B. kein eigenes Buch. Die Bücher Jesaja, Jeremia und Hesekiel sind am längsten, während zwölf andere, viel kürzere Bücher geschrieben haben: Hosea, Joel, Amos, Obadja, Jona, Micha, Nahum, Habakuk, Zefanja, Haggai, Sacharja und Maleachi.

Die Propheten selbst hielten selten lange Reden. Sie gaben gewöhnlich kurze Botschaften weiter, die man leichter in Erinnerung behalten konnte – viele davon in Gedichtform. Sie waren gleichzeitig auch Schauspielern ähnlich, indem sie ihre Botschaften den Menschen durch zeichenhafte Handlungen nahe zu bringen versuchten.

Die Schriften

Dieser Abschnitt beinhaltet alle übrigen Bücher des Alten Testaments. Nicht alle Werke darin sind von gleicher Art. Psalmen, Sprüche und Hiob z.B. unterscheiden sich in ihrem Inhalt stark voneinander, doch alle sind poetische Bücher. Dann gibt es solche Bücher, die als die „Megillot" oder als die „fünf Schriftrollen" bekannt sind: Rut, Hohelied, Prediger, Klagelieder und Ester. Wiederum haben diese alle einen unterschiedlichen Stil, doch sie wurden zusammen eingeordnet, weil jedes von ihnen eine besondere Verbindung mit bedeutenden religiösen Festen hat: Rut wurde zu

Pfingsten benutzt, das Hohelied beim Passafest, Prediger beim Laubhüttenfest, Klagelieder zum Gedächtnis der Zerstörung Jerusalems und Ester am Purimfest. Auch die Bücher Esra, Nehemia und 1.–2. Chronik gehören zu den „Schriften". Sie beziehen sich alle auf die Situation, in der sich der Überrest des Volkes Juda befand, nachdem ihm von dem persischen König Kyrus dem Großen 538 v.Chr. erlaubt worden war, in sein Heimatland zurückzukehren. Zuvor hatte Kyrus das babylonische Reich zerstört. Schließlich finden wir das Buch Daniel, das einige Geschichten und Visionen beinhaltet, die sich auf eine noch spätere Zeit beziehen.

Die Zusammenstellung des Alten Testaments

Genauso wie die Bücher über einen langen Zeitraum geschrieben wurden, erforderte es eine lange Zeit, bis sie in der Anordnung gesammelt waren, die wir jetzt vorfinden. Es scheint dabei mehrere Etappen gegeben zu haben.
Völker neigten in der Vergangenheit dazu, in Zeiten großen Erfolges und in Zeiten tiefer Krisen über ihre Geschichte nachzudenken. Die Zusammenstellung des Alten Testaments begann wahrscheinlich in den Tagen des Erfolges, dessen sich das Volk unter König Salomo (970–930 v.Chr.) erfreute.
Es gibt Hinweise dafür, dass zu jener Zeit die frühesten Geschichten über das Leben der Nation, die jetzt in den Büchern 1. Mose bis 1. Samuel enthalten sind, gesammelt wurden. Sie wurden natürlich nicht erst dann geschrieben, sondern aus Material zusammengestellt, das über viele Generationen hinweg mündlich weitergegeben worden war. Die Menschen wollten verstehen, woher sie gekommen waren und welche Erfahrungen ihre Vorfahren gemacht hatten.
Nachdem das große Königreich Israel in zwei Königreiche zerfallen war, erfreute sich das Volk im Norden (Israel) unter König Jerobeam II. großen Wohlstandes und sammelte seine eigene Nationalgeschichte.
Im Jahre 722 v.Chr. wurde das Königreich Israel mit seiner Hauptstadt Samaria von einer assyrischen Invasion vernichtet. Seine Wirtschaft war ruiniert, sein Land wurde anderen gegeben und sein Volk zerstreute sich in den ganzen Mittleren Osten hinein. Das Königreich Juda, das sich auf Jerusalem gründete, überlebte weiter, doch es war offensichtlich, dass es ebenfalls besiegt werden würde, wenn es darin versagte, seine Lektionen aus der Katastrophe, die seinen nördlichen Nachbarn überfallen hatte, zu lernen. Die Propheten Micha und Jesaja sprachen in diese Situation hinein und erinnerten das Volk an die Notwendigkeit, Gottes Maßstäbe aufrechtzuerhalten. Zu dieser Zeit wurden die früheren Geschichten des israelitischen Volkes zusammengetragen und das Gesetz auf den Schild gehoben, sodass die Menschen klar sehen konnten, wie sie leben sollten, wenn sie Gottes Willen tun wollten. Dies geschah ab etwa 622 v.Chr. durch die Reform des Kultes durch den König Josia. Hierbei ist die Auffindung einer verlorenen Gesetzesrolle im Tempel von besonderer Bedeutung.
Tragischerweise war das Volk schon zu verdorben, als dass diese Reform noch viel eingebracht hätte und weniger als vierzig Jahre später wurde Jerusalem von den Babyloniern zerstört. Fern von ihrer Heimat im Exil dachten die Menschen wieder über die Geschichten aus ihrer Vergangenheit nach und allmählich wurden sie in der Form aufgeschrieben, in der wir sie jetzt haben, um der Nation dabei zu helfen, zu vermeiden, immer wieder dieselben Fehler zu begehen.
Nicht lange danach erlaubten die Perser dem jüdischen Volk, in sein Heimatland zurückzukehren und während der nächsten zwei Jahrhunderte wurden die alten Geschichten immer wieder neu gelesen. Außerdem las man verstärkt die Worte der Propheten und gab weitere, in den „Schriften" enthaltene Werke heraus. Die jüdische Überlieferung hält Esra (dessen Geschichte in dem nach seinem Namen benannten Buch erzählt wird) für eine Schlüsselperson bei der Zusammenstellung und Sammlung der Bücher des Alten Testaments. Doch was während dieses Zeitabschnitts geschah, war das Ende eines langen Entwicklungsprozesses, und es ist wichtig, nicht zu vergessen, dass ein großer Teil des Materials schon lange existierte, bevor es auf diese Weise gesammelt und herausgegeben wurde.

Die Übersetzung des Alten Testaments

Die Welt veränderte sich nach der Zeit des Persischen Reiches sehr schnell. Bald wurde die jüdische Sprache mit wenigen Ausnahmen von allen vergessen und jüdische Menschen lebten in vielen verschiedenen Ländern. Zur Zeit des Römischen Reiches gab es mehr Juden im ägyptischen Alexandria als in Jerusalem! Und die Sprache, die die meisten von ihnen sprachen, war Griechisch. Nach der Legende waren es die Juden von Alexandria, die beschlossen, mit Unterstützung von Pharao Ptolemäus II. Philadelphus (284–247 v.Chr.) ihre Schriften aus dem Hebräischen ins Griechische zu übersetzen. Zur Zeit des Neuen Testaments wurden die hebräischen Schriften häufig in griechischer Sprache gelesen, in einer Übersetzung, die als „Septuaginta" bekannt ist. Diese Übersetzung brachte die Bücher in die Reihenfolge, die sie heute haben, und sie beinhaltete auch einige andere Schriften, die ursprünglich nicht zu den 39 Büchern der Hebräischen Bibel gehört hatten.

Ein Jüdischer Schriftgelehrter unserer Tage (Bild: Zev Radovan)

Seither ist der Wert dieser Schriften immer umstritten geblieben. Die meisten Bibeln drucken sie heutzutage als die „deuterokanonischen (apokryphen) Schriften" oder „Spätschriften" separat. Wie die anderen Schriften der Bibel, sind auch diese in Art und Weise sehr unterschiedlich.

Das Neue Testament

Am Anfang des christlichen Zeitalters stand Palästina fest unter der Kontrolle des Römischen Reiches. Doch der christliche Glaube begann in hohem Maße in einem jüdischen Kontext. Jesus selbst war Jude, ebenso wie seine ersten Nachfolger. Natürlich war die erste Bibel der Christen daher die griechische Übersetzung der hebräischen Schriften, die Septuaginta. Sie lasen sie aufmerksam, weil sie glaubten, dass das, was Jesus gesagt und getan hatte, die Erfüllung der alten Botschaft war, die Gott dem Volk Israel Jahrhunderte zuvor gegeben hatte. Doch binnen kurzer Zeit fühlten sich Christen von Gott bewegt, damit zu beginnen, ihre eigene Literatur zu produzieren, die dann das zu bilden begann, was heute als das Neue Testament bekannt ist. Wie das Alte Testament ist auch das Neue Testament nicht ein einzelnes Buch, sondern eine Sammlung verschiedener Bücher. In diesem Fall gibt es 27 davon. Doch während die Bücher des Alten Testaments in einer Periode von Jahrhunderten geschrieben und gesammelt wurden, wurden alle Bücher des Neuen Testaments in wenig mehr als 50 Jahren verfasst, zwischen der Mitte und dem Ende des ersten Jahrhunderts nach Christus.

Die Briefe

Wie beim Alten Testament, so ist auch beim Neuen die Reihenfolge, in der die Bücher in unseren Bibeln erscheinen, kein zuverlässiger Führer, was ihre Entstehungszeit betrifft. Die frühesten Teile des Neuen Testaments, die geschrieben wurden, waren die verschiedenen Briefe des Apostels Paulus und anderer an die christlichen Gemeinden und an Einzelpersonen in verschiedenen Teilen des römischen Imperiums. Dies spiegelt die schnelle Verbreitung der christlichen Kirche wider, die sich im Zeitraum von weniger als einer Generation nach der Kreuzigung Jesu in allen bedeutenden Städten der Mittelmeerregion etabliert hatte. Geschichten über das Leben und die Lehre Jesu müssen von Anfang an im Umlauf gewesen sein, doch diese scheinen für eine beträchtliche Zeit beinahe ausschließlich mündlich weitergegeben worden zu sein. Die Kirche wuchs so schnell, dass die Pflege Neubekehrter von viel größerer Bedeutung als die Produktion literarischer Werke war, und das ist auch der Kontext, in dessen Rahmen die verschiedenen Briefe geschrieben wurden. Sie waren zum größten Teil keine sorgsam ausgearbeiteten Darstellungen des christlichen Glaubens, sondern Reaktionen auf aktuelle Anlässe. Menschen aus unterschiedlichen kulturellen Umgebungen kämpften darum, herauszufinden, wie sie ihren neuen Glauben zum Ausdruck bringen konnten. Hier mussten Fragen beantwortet und Streitigkeiten geschlichtet werden, persönlicher Rat wurde zu vielfältigen Themen gesucht und Christen, die Verfolgung erlitten, benötigten Ermunterung. All diese Faktoren trugen zur Niederschrift der Briefe bei, die heute im Neuen Testament zu finden sind. Jeder von ihnen richtete sich an Christen an speziellen Orten, doch da sie oft allgemeine Hilfestellung zum christlichen Leben und zu den christlichen Glaubensüberzeugungen gaben, wurde ihr Nutzen für die gesamte Kirche bald erkannt und Briefsammlungen scheinen zumindest in den späten Jahren des ersten Jahrhunderts n.Chr. zusammengestellt worden zu sein.

Die Evangelien

Die ersten vier Bücher im Neuen Testament sind die Evangelien und diese enthalten Geschichten aus dem Leben Jesu und Berichte über seine Lehren. Sie sind nicht identisch, obgleich es zwischen den ersten dreien (Matthäus, Markus und Lukas) zahlreiche Überschneidungen gibt, während das vierte Evangelium (Johannes) im Stil und, zum größten Teil, auch im Inhalt stark von den anderen drei Evangelien abweicht. Sie wurden aus den Geschichten über Jesus zusammengestellt, die mündlich in den ersten christlichen Gemeinden im Umlauf waren, und als solche müssen sie ihre Ursprünge bei denen gehabt haben, die Jesus während seiner Lebenszeit kannten. Doch beinahe von Anfang an wurden diese Geschichten nicht nur aus historischem Interesse heraus erhalten, konnten sie doch, wie die Briefe, den christlichen Gläubigen Leitung und Anweisung geben. Ebenso wie die Geschichtsschreiber des Alten Testaments die Bedeutung der von ihnen berichteten Ereignisse interpretierten, erklärten die Verfasser der Evangelien die Geschichten über Jesus und wandten sie auf ihre Leser an. Aus diesem Grund gibt es mehr als eine Version; jeder der Autoren richtete sich an die Bedürfnisse ganz unterschiedlicher Menschengruppen an ganz unterschiedlichen Orten im Römischen Reich. Darum nahmen sie sich die Freiheit, die Lehren Jesu direkt auf ihre Leser anzuwenden. Aus diesem Prozess gingen die vier Evangelien des Neuen Testaments hervor. Als die Kirchen zahlenmäßig wuchsen und als die erste Generation der Nachfolger Jesu zu sterben begann, bestand der einzige zufrieden stellende Weg, diese Geschichten zu erhalten, darin, sie alle niederzuschreiben. Das gewährleistete natürlich auch eine weitere Verbreitung. Eins dieser Evangelien – Lukas – hat eine Fortsetzung, die Apostelgeschichte. Diese erzählt die Geschichte von der Zeit Jesu an durch einen auswählenden Bericht über die Tätigkeiten einiger seiner Nachfolger bis zu dem Zeitpunkt, als der Missionar Paulus in der Stadt Rom selbst ankam.

Die Sammlung der Bücher des Neuen Testaments

Die eigentliche Sammlung all dieser unterschiedlichen Bücher zu der Gestalt dessen, was wir jetzt als das Neue

Testament kennen, muss im Kontext des christlichen Gottesdienstes begonnen haben. Die ersten Versammlungen von Christen folgten wahrscheinlich der jüdischen Gottesdienstpraxis und hatten regelmäßige Lesungen aus dem Alten Testament. Als natürliche Konsequenz wurden bei diesen Gelegenheiten auch die neuen christlichen Bücher gelesen und zu Anfang des zweiten Jahrhunderts waren fast alle Bücher des Neuen Testaments weit verbreitet und wertgeschätzt. Ein paar von ihnen waren weniger populär als andere, insbesondere Hebräer, Offenbarung, 2. Petrus und 2.–3. Johannes. Doch schließlich gelangten die Christen zu der Erkenntnis, dass die 27 Bücher des heutigen Neuen Testaments mit einer speziellen Autorität sprachen und für die Lösung der Probleme der wachsenden Kirchen besonders nützlich waren. Erst mit der Synode von Karthago im Jahre 397 veröffentlichten die Kirchen tatsächlich eine Liste mit Büchern des Neuen Testaments, doch diese 27 Bücher waren schon lange zuvor inoffiziell anerkannt worden und die Liste bestätigte nur, worin Christen bereits übereingestimmt hatten.

Texte und Handschriften

Mit der Ausnahme einiger kleiner Abschnitte, die in Aramäisch geschrieben waren, wurden die Bücher des Alten Testaments ursprünglich in Hebräisch zusammengestellt. Sie wurden von einer Generation an die nächste weitergegeben. Schreiber fertigten von Zeit zu Zeit Kopien an. Doch Dokumente hielten sich im Klima der Länder der Bibel nicht lange und daher haben lediglich wenige der wirklich alten Exemplare überlebt. Vor 1947 stammten die ältesten bekannten Manuskripte erst aus dem neunten oder zehnten Jahrhundert n. Chr. – und diese enthielten lediglich die ersten fünf Bücher des Alten Testaments, nicht die vollständige Sammlung. Im Jahre 1947 wurden dann die bemerkenswerten Schriftrollen vom Toten Meer entdeckt. Diese Dokumente bildeten ursprünglich die Bibliothek einer religiösen Gemeinschaft, die in den Jahren kurz vor und kurz nach dem Beginn des christlichen Zeitalters in Qumran, in der Nähe des Toten Meeres in Palästina, lebte. Diese Archive enthielten hebräische Handschriften, die fast 1000 Jahre älter als alle zuvor bekannten waren. Für manche überraschend unterschied sich der Text, den sie enthielten, nur sehr wenig von demjenigen, der immer bekannt gewesen war. Natürlich gibt es einige wenige Stellen, wo unterschiedliche Worte und Ausdrücke gebraucht werden und manchmal ist es nicht mehr möglich, nachzuvollziehen, was die hebräischen Worte bedeuten. Doch die Abschreiber verrichteten über mehrere Jahrhunderte hinweg eindeutig exakte Arbeit, machten sehr wenige Fehler und nahmen kaum Änderungen vor. Dies bedeutet, dass wir zuversichtlich sein dürfen, dass das Alte Testament, wie wir es heute besitzen, substantiell dasselbe ist, wie seine Verfasser es vor mehreren Jahrhunderten schrieben.

Israelisches Gebetbuch (Bild: Jon Arnold)

Den Text der Bücher des Alten Testaments kennen wir auch in Form anderer früher Übersetzungen, deren wichtigste die als Septuaginta bekannte griechische Übersetzung ist. Als das Christentum sich bei Völkern mit anderen Sprachen ausbreitete, wurde das Alte Testament auch ins Lateinische (die Vulgata), Syrische (die Peschitta) und Ägyptische (Koptische) übersetzt. All diese frühen Übersetzungen bestätigen, was wir bereits wissen: Der Text des Alten Testaments ist über viele Generationen genau erhalten worden, nicht nur in seiner ursprünglichen Sprache, sondern auch im Übersetzungsprozess.

Die Bücher des Neuen Testaments wurden ursprünglich in griechischer Sprache geschrieben und viele Tausende alter Handschriften dieser Bücher überlebten, entweder teilweise oder als Ganzes. Zusätzlich steht Experten auch eine Anzahl früher Übersetzungen des Neuen Testaments ins Lateinische, Syrische, Koptische und in andere Sprachen zur Verfügung – ebenso wie Zitate aus den Schriften der frühen Kirchenväter. Ganz am Anfang sind die Bücher des Neuen Testaments auf aus Papyrus, Leder oder Pergament hergestellten Schriftrollen geschrieben worden. Doch bis zum zweiten Jahrhundert hatten Christen eine neue Form erfunden. Dies war der „Codex", der, wie ein modernes Buch, an einem Einband festgenähte Blätter hatte. Zwei der wichtigsten Gruppen der Manuskripte des Neuen Testaments sind die Bodmer-Papyri (von denen einer im späten 2. Jh. n.Chr. entstanden ist) und die Chester Beatty-Papyri (aus dem frühen 3. Jh. n.Chr.). Diese enthalten nur Teile des Neuen Testaments, doch der Codex Sinaiticus, der im 4. Jh. n.Chr. entstand, enthält das vollständige Neue Testament, während der Codex Vaticanus alles bis Hebr 9,13 enthält (der Rest fehlt). Diese beiden Codizes wurden von professionellen Abschreibern in Alexandria, Ägypten, angefertigt, und als Gelehrte des 19. Jh.s erstmals die Geschichte des Textes des Neuen Testaments ausführlich betrachteten, waren dies die Hauptquellen, die ihnen zur Verfügung standen. Seither sind noch viel mehr Papyrusdokumente entdeckt worden.

In den letzten zwei Jahrhunderten haben Philologen und Altertumsexperten hart daran gearbeitet, sie alle zu vergleichen, ihre Beweiskraft zu erwägen, um sich zu versichern, dass das, was wir im heutigen Neuen Testament haben, dem, was die Autoren ursprünglich schrieben, so nahe wie möglich steht. Die wenigen kleinen Bereiche, worüber immer noch debattiert wird, berühren nebensächliche Fragen des Wortlauts – und keine dieser Fragen lässt irgendeinen Zweifel an der zentralen Botschaft des Neuen Testaments aufkommen.

Verschiedene Literaturgattungen

In der Bibel sind viele verschiedene Literaturgattungen enthalten. Hier sind die wichtigsten zusammengestellt:

Historische Bücher

Vieles in der Bibel ist Geschichtsschreibung. Im Alten Testament schließt sie Bücher wie Josua, Richter, 1.–2. Samuel, 1.–2. Könige, 1.–2. Chronik, Esra und Nehemia ein, die alle die (in den apokryphen Makkabäerbüchern fortgeführte) Geschichte des Volkes Israel erzählen. Im Neuen Testament überliefert die Apostelgeschichte einige Ereignisse im Leben der ersten christlichen Gemeinden. Doch keines dieser Bücher überliefert lediglich Vergangenes. Sie alle berichten einige Dinge, lassen andere aus und interpretieren häufig den Inhalt, indem sie seine Bedeutung im Lichte des israelitischen Glaubens und der Sichtweise ihrer Autoren erklären. Am wenigsten werten noch die alttestamentlichen Bücher der Chronik und sind damit historischen Archiven am ähnlichsten.

Poesie

Die Bibel enthält eine Menge Dichtung. Die Propheten des Alten Testaments scheinen viele ihrer Botschaften in poetische Form gefasst zu haben und Jesus tat gelegentlich dasselbe (das Gebet des Herrn, das so genannte Vaterunser, ist z.B. Dichtung). Auf diese Weise sind die Inhalte eingängiger und leichter zu wiederholen. Aber auch viele andere Bücher enthalten Dichtung: die alttestamentlichen Bücher Hiob, Psalmen und Sprüche beispielsweise und die Weisheit Salomos und Jesus Sirach in den Apokryphen. Das alttestamentliche Hohelied ist ein langes Gedicht, das die Liebe zwischen einem königlichen Bräutigam und seiner Braut feiert.

Erzählungen

Menschen haben immer gute Geschichten geschätzt und die Israeliten bildeten hier keine Ausnahme. Dies war Jesu Lieblingsmethode bei der Weitergabe seiner Botschaft und fast all seine Lehren in den Evangelien des Neuen Testaments haben die Form von Erzählungen. Andere Bibelbücher, die in diese Kategorie fallen, sind die alttestamentlichen Erzählungen von Hiob, Jona, Ester, Teile Daniels und die Erzvätergeschichten im ersten Buch Mose. Sie alle sind sorgfältig ausgestaltete historische Erzählungen, die, wie ein guter Roman, dazu bestimmt gewesen sind, die Aufmerksamkeit des Lesers zu wecken und zur selben Zeit eine Botschaft zu vermitteln. Unter den apokryphen Bücher fallen Tobit, Judit und verschiedene Zusätze zu den Geschichten von Daniel und Ester alle unter diese Kategorie.

Visionen

Visionen kommen in den Geschichten der Bibel immer wieder vor, aber insbesondere drei Bücher sind voll davon: Daniel und Sacharja im Alten und die Offenbarung im Neuen Testament. Eine Vision war eine von Gott gegebene „Schau", in der Regel ein Bild, das dem Propheten von Gott gegeben wurde (sichtbar vor Augen, im Traum oder in nicht näher beschriebener Weise), die Verhältnisse zur Zeit der Propheten messerscharf aufdeckte und auch einen Blick in die Zukunft eröffnete. Thema war dann oft auch das gegenwärtige Unheil und das notwendigerweise daraus folgende Gericht. Viele Visionen enthalten aber auch Heilsbotschaften.

Briefe

Diese befinden sich alle im Neuen Testament. Sie wurden von Paulus und andere Kirchenführern geschrieben, um im Kontakt mit ihren Freunden zu bleiben. Die griechische und lateinische Literatur kennt viele Beispiele von Schriften, die wie Briefe aussehen, jedoch tatsächlich nur Bücher sind, die in diesem Stil geschrieben wurden. Die Briefe des Neuen Testaments sind wirkliche Briefe, die von wirklichen Menschen an andere wirkliche Menschen geschrieben wurden und über einen Boten oder über das normale römische Postsystem versandt wurden.

Evangelien

Die vier Evangelien des Neuen Testaments sind schwer zu kategorisieren. Sie enthalten Elemente der Geschichtsschreibung und Biographie, ebenso auch Lehren Jesu, doch keine dieser Bezeichnungen kann sie in befriedigender Weise beschreiben. Die Evangelien scheinen daher eine einzigartige Literaturgattung zu sein, die von ihren Schreibern dazu gebraucht wurde, den Glauben an Jesus Christus zu wecken und zwar, indem sie Geschichten von Jesus erzählten, sie dann erklärten, ihre Bedeutung auf ihre Leser anwandten und sie einluden, selbst Jesus nachzufolgen.

Liturgische Texte

Einige Bücher des Neuen Testaments enthalten Anweisungen, die sich auf den Gottesdienst in der frühen Kirche bezogen, einschließlich einiger weniger Lieder, die zum Lobpreis Gottes gesungen wurden. Das Buch der Psalmen im Alten Testament ist die umfangreichste Sammlung gottesdienstlich verwendeter Texte (Gebete und Lieder). Dieses Buch ist eine Sammlung solcher Texte, die teilweise bis auf David zurückgehen und ausführliche Anordnungen für Musiker oder Gottesdienstleiter enthalten.

Weisheitssprüche und ethische Anweisungen

Viele biblische Bücher enthalten Ratschläge zur Lebensführung. Vieles davon, wie die Lehre der Sprüche im Alten Testament und des Jakobus im Neuen Testament, ist einfach, praktisch und direkt. Andere Bücher ringen eher mit den großen Fragen des Lebens und des Todes und dem Sinn der Dinge. Hierzu gehören die alttestamentlichen Bücher Hiob und Prediger, die Weisheit Salomos und Jesus Sirach in den Apokryphen und der Hebräerbrief im Neuen Testament. Es gibt also offensichtlich viele literarische Gattungen in der Bibel. Dies ist eines der Geheimnisse ihrer anhaltenden Beliebtheit seit so vielen Jahrhunderten, seitdem sie geschrieben worden ist. Hier findet sich etwas für jeden und es ist nicht in religiöser Fachsprache verhüllt. Stattdessen steht die Geschichte von Gott in der Bibel in enger Beziehung zu den Dingen, die gewöhnliche Menschen täglich tun und denken. Die Autoren sahen ihre verschiedenen Bücher als verwandte Teile einer gemeinsamen Geschichte, durch die sie das vermitteln konnten, wovon sie glaubten, dass es am allerwichtigsten sei: die Erkenntnis, dass diese Welt und all ihre Angelegenheiten nicht nur eine willkürliche Folge von Zufällen ist, sondern dass ein Gott sie übersieht, der nicht eine ferne, unerkennbare, göttliche Kraft ist, sondern ein persönliches Wesen, zu welchem Menschen eine persönliche Beziehung haben können.

BIBLISCHE GESCHICHTE

Teil 1

Die Erzväter und ihre Welt

Israels Stammväter lebten inmitten von wohlhabenden und mächtigen Königreichen, die in den Flusstälern Ägyptens und Mesopotamiens lagen. Dazwischen gab es viele befestigte Städte, die gleichzeitig winzige Königreiche waren. Die Städte dienten zum Schutz der Bauern, die sich in dem umliegenden Land angesiedelt hatten. Doch es gab auch Nomadenstämme, die auf der Suche nach gutem Weideland für ihre Herden umherzogen.

Stammvater eines großen Volkes

Israels erster Stammvater ist Abraham. Ursprünglich kam er aus der Stadt Ur am Fluss Euphrat im Süden Mesopotamiens. Ein Teil seiner Familie siedelte sich in Haran an, das einige Hundert Meilen nördlich von Ur lag. Doch nach dem Tod seines Vaters Terach zog Abraham nach Kanaan, wo er mit seiner Familie ein Nomadenleben führte und von Ort zu Ort auf der Suche nach Weideland und Wasser zog.

Neues Land

Als Abraham in Kanaan ankam, stellte er zuerst seine Zelte in den Bergen von Sichem auf. Die Küstenebene und das Jordantal, wo fruchtbares Land war, waren bereits besiedelt. Dennoch zog es Abrahams Neffen Lot in das Jordantal. Er beschloss, sich unten im Tal bei Sodom anzusiedeln. Doch das Leben dort steckte voller Gefahren, und als Sodom später durch plündernde Könige von Zerstörung bedroht war, war es an Abraham, seinen Neffen zu retten.

Diese Malerei auf dem Grab Chnumhoteps III. in Beni Hasan stellt eine Gruppe semitischer Besucher in Ägypten dar. Der Künstler hat sorgfältig bis ins Detail ihre äußere Erscheinung und ihre Kleidung wiedergegeben, so dass das Bild sehr gut darstellt, wie die Erzväter damals ausgesehen haben könnten.

Erfüllte Verheißungen

Die meiste Zeit seines Lebens, abgesehen von einem kurzen Aufenthalt in Ägypten während einer Hungersnot, verbrachte Abraham in Kanaan bei Hebron. Der Bibel gemäß war dies das Land, das Gott Abraham und seinen Nachkommen verheißen hatte. Gott hatte Abraham und seiner Frau auch einen Sohn versprochen. Viele Jahre lang waren sie kinderlos gewesen, so dass Sara Abraham schließlich eine ägyptische Magd namens Hagar gegeben hatte, damit Abraham mit ihr ein Kind zeuge. Als Abraham 86 Jahre alt war, gebar Hagar einen Sohn mit Namen Ismael. Jahre später gebar aber auch Sara: Isaak, den verheißenen Sohn.

Isaak – der Sohn Abrahams

Die Bibel erzählt, wie Gott Abrahams Glauben bis aufs Äußerste auf die Probe stellte, indem er ihn aufforderte, seinen Sohn Isaak zu opfern, als dieser noch ein Kind war. Gerade als Abraham im Begriff war, zu gehorchen, erschien ein Engel, der Abraham sagte, er könne Isaak verschonen. Im Alter von 40 Jahren heiratete Isaak Rebekka, die aus Abrahams Verwandtschaft in Haran stammte. Viele Jahre später bekamen Isaak und Rebekka Zwillinge: Esau und Jakob.

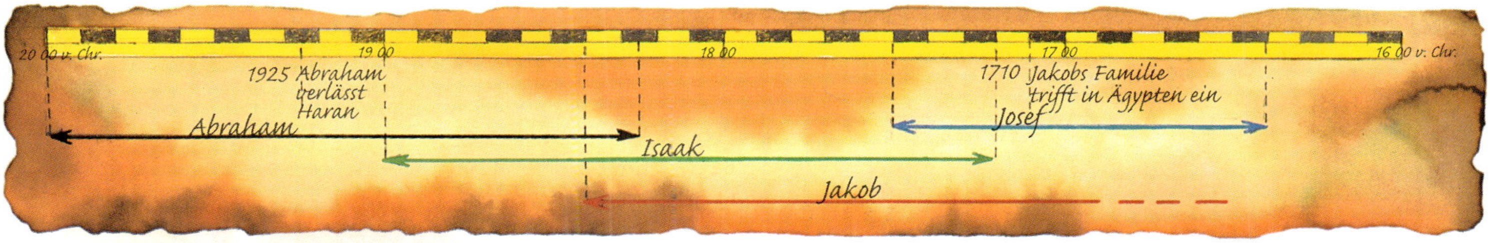

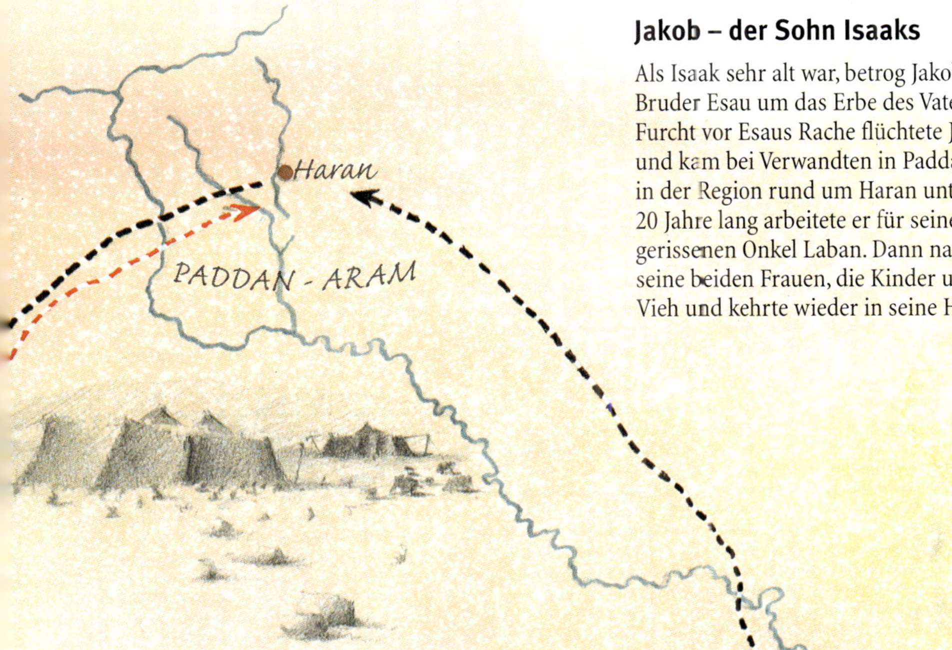

Jakob – der Sohn Isaaks

Als Isaak sehr alt war, betrog Jakob seinen Bruder Esau um das Erbe des Vaters. Aus Furcht vor Esaus Rache flüchtete Jakob und kam bei Verwandten in Paddan-Aram in der Region rund um Haran unter. 20 Jahre lang arbeitete er für seinen gerissenen Onkel Laban. Dann nahm er seine beiden Frauen, die Kinder und sein Vieh und kehrte wieder in seine Heimat nach Kanaan zurück.

Noch immer fürchtete Jakob Esaus Zorn und in Mahanajim betete er verzweifelt um Gottes Hilfe. Er bekam Frieden von Gott und das Wiedersehen mit Esau verlief freundlich. Den Rest seines Lebens blieb Jakob in Kanaan, bis er im hohen Alter zu Josef, dem jüngsten seiner zwölf Söhne, nach Ägypten zog.

Josef – der Sohn Jakobs

Durch seine Position als Jakobs Lieblingssohn und seine Prahlerei erntete Josef den Hass seiner Brüder. Als sich eine Gelegenheit ergab, verkauften ihn seine Brüder als Sklaven. In Ägypten erreichte Josef Rang und Ansehen. Auf eine falsche Anschuldigung hin kam er ins Gefängnis, doch schließlich wurde er Minister unter einem von Ägyptens Pharaonen.

Siehe auch

- Die Sumerer (S. 50-51)
- Die Ägypter (S. 52-53)
- Israels Glaube (S. 150-151)
- Genesis/1. Mose (S. 198-199)

ABRAHAM

1 Abraham verlässt Ur und reist mit seiner Familie nach Haran. Als sein Vater stirbt, zieht Abraham auf Gottes Befehl hin nach Kanaan.

2 Lot trennt sich von Abraham und lässt sich bei Hebron nieder.

JAKOB

3 Jakob verlässt sein Elternhaus in Beerscheba aus Furcht vor der Rache seines Bruders. Er kommt in die Heimat seiner Verwandten in Paddan-Aram.

4 Jakob macht sich auf den Heimweg nach Kanaan. In Mahanajim versöhnt er sich mit seinem Bruder Esau, der von Edom angereist war, um ihn zu treffen.

5 Jakob bleibt in Sichem, dann in Bethel, bis er sich schließlich bei Hebron niederlässt.

JOSEF

6 Josef bricht in Hebron auf, um seine Brüder zu sehen.

7 Josef findet seine Brüder in Dotan. Sie verkaufen ihn an Sklavenhändler, die ihn mit nach Ägypten nehmen. Ihrem Vater Jakob täuschen sie vor, Josef sei zu Tode gekommen.

8 Josef überwindet viele Hindernisse in Ägypten und wird erster Minister beim Pharao. Seine ganze Familie wird eingeladen, sich in Goschen niederzulassen.

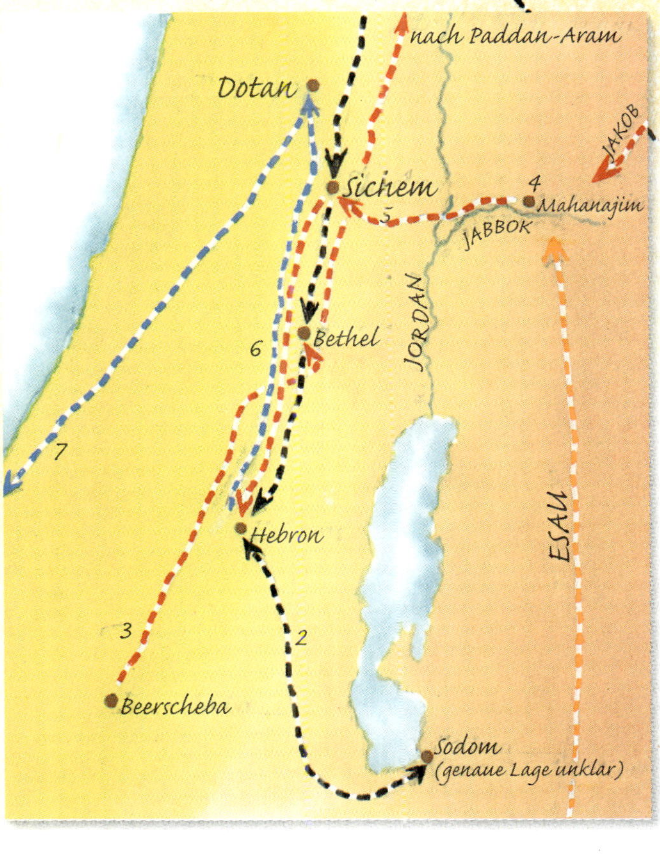

Versöhnung mit der Familie

Kanaan wurde oft von Trockenheit und Hungersnöten heimgesucht. In Ägypten hatte Josef jedoch dafür gesorgt, dass genügend Vorräte an Getreide vorhanden waren. Als seine Brüder aus Kanaan kamen, um Getreide zu kaufen, stellte Josef sie zuerst auf die Probe, bevor er sich ihnen zu erkennen gab. Er lud seinen Vater Jakob und seine Brüder mit ihren Familien ein, in Ägypten zu leben. Schließlich ließen sie sich in Goschen im östlichen Nildelta nieder.

Der Auszug aus Ägypten

Jakobs Nachkommen lebten über 450 Jahre in Ägypten und wuchsen zu einem Volk heran: dem Volk Israel. Allmählich sahen die Ägypter sie als eine Bedrohung an, insbesondere auch der Hof des Pharao. Indem sie die Israeliten dazu zwangen, als Sklaven in ihren Feldern zu arbeiten, behielten sie die Kontrolle über sie. Um ihre wachsende Bevölkerungszahl zu senken, wurden neugeborene Babys im Nil ertränkt.

Die israelischen Sklaven wurden gezwungen, Steine für die Bauwerke der Pharaonen anzufertigen. Wandmalereien auf den Mauern altägyptischer Gräber zeigen, wie die Masse aus Lehm und Stroh in hölzerne Formen gegossen und anschließend in der Sonne getrocknet wurde.

Exodus in die Freiheit

Der Auszug der Israeliten aus der ägyptischen Sklaverei ist bekannt als der „Exodus". Das Wort „Exodus" bedeutet nichts weiter als „Auszug" oder „Aufbruch". Doch dieser „Auszug" aus Ägypten, der Exodus, war das Schlüsselereignis in der Geschichte Israels im Alten Testament. Alle nachfolgenden Generationen sollten in Erinnerung auf dieses Ereignis zurückschauen.

Ein neuer Führer

Die Bibel erzählt, dass die Israeliten zu Gott um Hilfe flehten, bis Gott ihnen einen Führer schickte: Mose. Das geschah vermutlich im frühen 13. Jh. v.Chr. Mose sollte die Israeliten aus der Gefangenschaft in das Land Kanaan führen: das so genannte „verheißene Land".

Eine Reihe von Plagen

Mose und sein Bruder Aaron baten den Pharao wiederholt darum, die Israeliten aus Ägypten ziehen zu lassen. Doch Gott musste eine Reihe von furchtbaren Plagen schicken, bis der Pharao dem zustimmte. Die zehnte Plage war die entscheidende: Mose kündigte an, dass in ganz Ägypten in einer bestimmten Nacht alle erstgeborenen Söhne sterben werden. Die erstgeborenen Söhne der Israeliten würden jedoch verschont bleiben, wenn das Volk genau den Anweisungen folgt, die Mose ihnen gibt. Sie sollten ihre Türpfosten mit dem Blut eines Opferlammes kennzeichnen. Sie sollten das Lamm zubereiten und in dieser Nacht mit bitteren Kräutern und ungesäuertem Brot essen. Außerdem sollten sie ihr Hab und Gut packen und sich auf eine Reise vorbereiten.

Pharao Ramses II. regierte das alte Ägypten von 1279-1212 v.Chr. Er war verantwortlich für viele große Bauwerke einschließlich des Tempels von Luxor. Es wird weithin angenommen, dass Ramses II. der Pharao war, dem sich Mose und Aaron entgegenstellten, um Israel in die Freiheit zu führen.

Auszug aus Ägypten

Nachdem der Tod an den israelitischen Familien „vorübergegangen" war, ließ der Pharao sie ziehen. In letzter Minute jedoch besann er sich und schickte seine Armee aus, sie zu verfolgen. Doch die Israeliten entkamen über das Rote Meer nach Sinai. Bis heute feiert das Volk Israel alljährlich den Jahrestag dieses Ereignisses als das Passafest.

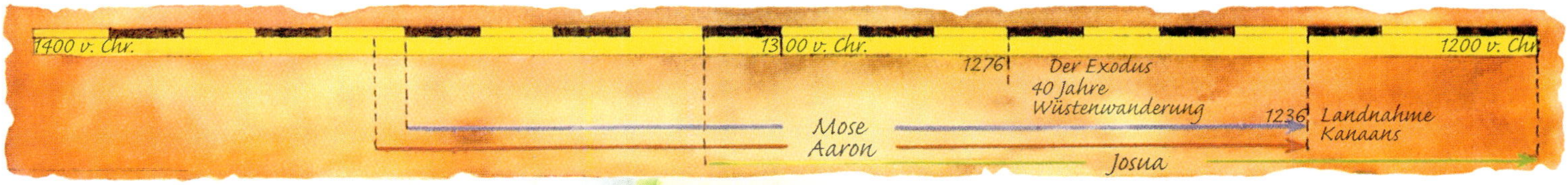

Festungen und Riesen

Israels Späher berichteten, dass Kanaan ein reiches und fruchtbares Land war, doch dass es auch voller befestigter Städte und riesiger Menschen war. Daraufhin entschlossen sich die Israeliten, nicht auf Gott zu hören, und nahmen das Land nicht ein. Als Strafe mussten sie 40 harte Jahre in der Wüste verbringen. Daraufhin nahmen sie den Weg, der an Edom vorbei führte und bestritten Schlachten mit den Amoritern und Moabitern. Sie lagerten auf den Ebenen von Moab. Als Mose starb, wurde Josua ihr neuer Führer.

Von Ägypten nach Kanaan
Niemand kann mit Bestimmtheit den Weg nachvollziehen, den die Israeliten durch die Wüste nach Kanaan gegangen sind. Sehr wahrscheinlich sind sie südwärts ein Stück an der Küste entlanggewandert, dann landeinwärts in die Region des Berges Sinai. Weiter führte der Weg nach Kadesch, von wo aus die Israeliten Kundschafter ausschickten, um das verheißene Land zu erkunden.

Siehe auch

- Die Ägypter (S. 52-53)
- Die Kanaanäer (S. 56-57)
- Gottes Gesetz in der Praxis (S. 152-153)
- Exodus/2. Mose (S. 200-201)
- 3., 4. und 5. Mose (S. 202-203)

Die Zehn Gebote

Nachdem sie fast drei Monate lang durch die Wüste gewandert waren, lagerten die Israeliten am Berg Sinai. Dort schloss Gott ein Abkommen oder einen „Bund" mit ihnen, indem er sie offiziell als sein Volk berief. Dafür sollten sie auf Gott hören und seine Gesetze befolgen.
Gottes Gesetze waren in den Zehn Geboten zusammengefasst, die Mose auf zwei Steintafeln erhielt. Diese grundlegenden Prinzipien sollten das Leben der Israeliten bestimmen. Ihr Versprechen des Gehorsams wurde durch eine feierliche Zeremonie bekräftigt.

Blick vom Berg Sinai

Israels Einzug in Kanaan

Etwa im Jahre 1230 v.Chr., als Josua von Mose die Führung übernommen hatte, überquerten die Israeliten schließlich den Jordan und kamen von Westen her nach Kanaan, in das „verheißene Land". Zu dieser Zeit war Kanaan in eine Vielzahl kleiner unabhängiger Staaten unterteilt, die sich jeweils um eine befestigte Stadt mit ihrem jeweils eigenen Führer konzentrierten. Die Israeliten standen vor der Stadt Jericho mit ihrer hohen Mauer. Das ganze Land, das Gott ihnen verheißen hatte, wartete darauf, in Besitz genommen zu werden.

Die Überreste eines fast 8 m hohen Turms, der im achten Jahrtausend v.Chr. erbaut wurde, zeugen vom hohen Alter der Stadt Jericho. Der Turm hatte einen Eingang und ein Treppenhaus und diente vermutlich als Aussichtsturm.

Jericho wurde um eine Oase herum am Rande des Jordantals erbaut. Über 6000 Jahre lang war es feindlich besiedelt, bevor es von den Israeliten erobert wurde.

Der Fall Jerichos

Josuas erstes Ziel war die Eroberung der befestigten Stadt Jericho, die von hoher strategischer Bedeutung im Land Kanaan war. Nach einer ungewöhnlichen Belagerung kam Jericho zu Fall. Die Bibel beschreibt, wie die israelitischen Soldaten sechs Tage lang rund um die Stadt marschierten, ohne ein Geräusch außer dem ihrer Schritte und dem Schall der Trompeten von sich zu geben.
Am siebten Tag umrundeten sie die Stadt sieben Mal und stießen dann einen markerschütternden Schrei aus. Als die Mauern daraufhin zusammenbrachen, stürmten die Israeliten die Stadt, um sie dann völlig zu zerstören.

Sieg im Süden

Nach einem anfänglichen Rückschlag nahm Josua Ai ein und ließ sich dann in Sichem nieder, einer kleinen, aber wichtigen Bergstadt auf der Straße mitten durch Kanaan. Dort hatte er eine gute Position innerhalb der Region. Dennoch blieben der Süden und der Norden feindlich besiedelt.
Aus Angst vor der Übermacht Josuas schlossen die Einwohner der Stadt Gibeon Frieden mit den Israeliten. Die Könige von Jerusalem, Hebron und drei benachbarten Städten fühlten sich durch den Friedensvertrag bedroht und zettelten einen Krieg gegen Gibeon an. Nun war Josua verpflichtet, seinen Verbündeten zu helfen, so dass die Feinde in der Schlacht von Bet-Horon geschlagen wurden. Die fünf Könige wurden hingerichtet und ihre Städte zerstört. Als Josua nach Gilgal zurückkehrte, hatte er den Süden Kanaans vollständig erobert.

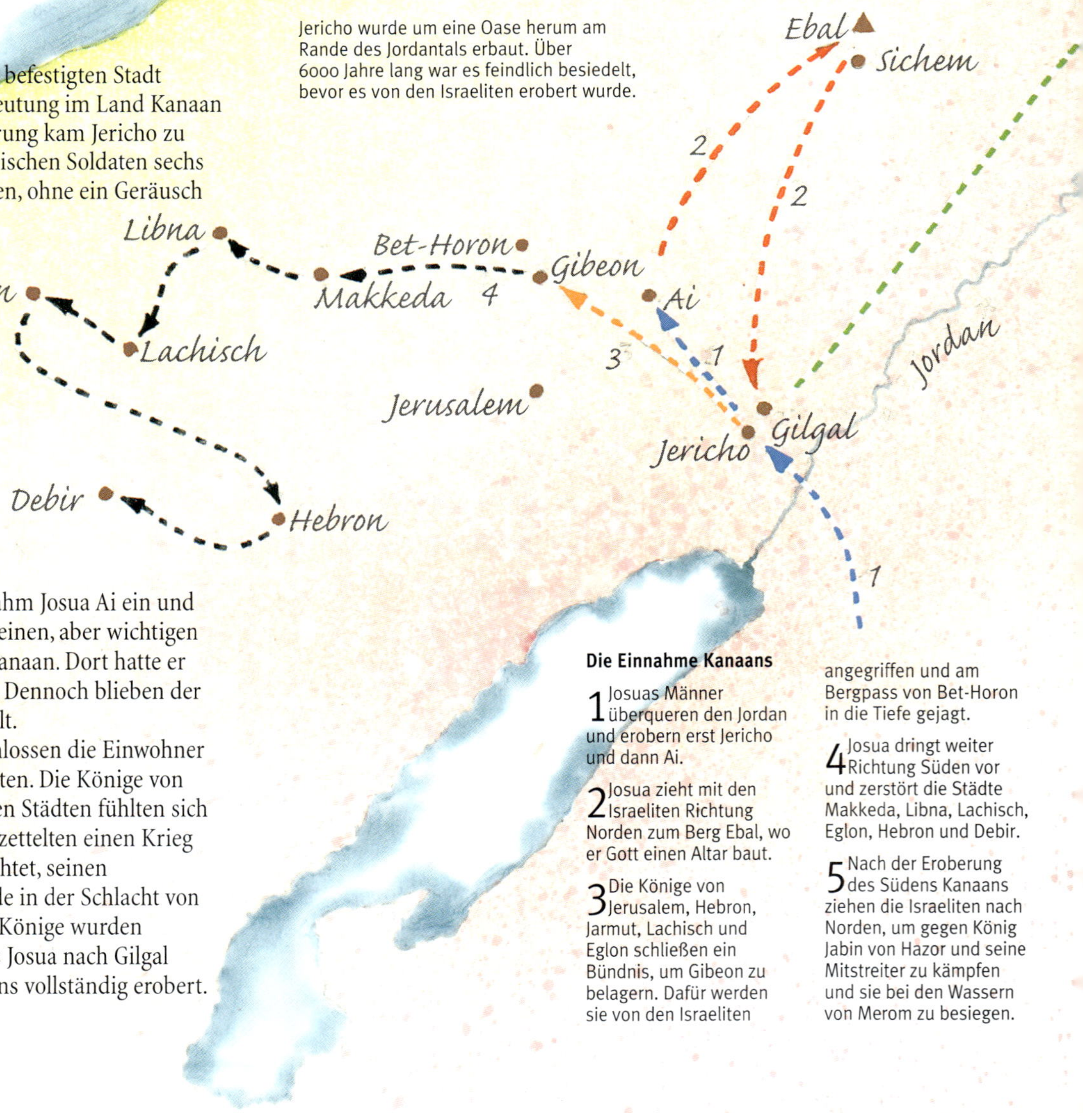

Die Einnahme Kanaans

1 Josuas Männer überqueren den Jordan und erobern erst Jericho und dann Ai.

2 Josua zieht mit den Israeliten Richtung Norden zum Berg Ebal, wo er Gott einen Altar baut.

3 Die Könige von Jerusalem, Hebron, Jarmut, Lachisch und Eglon schließen ein Bündnis, um Gibeon zu belagern. Dafür werden sie von den Israeliten angegriffen und am Bergpass von Bet-Horon in die Tiefe gejagt.

4 Josua dringt weiter Richtung Süden vor und zerstört die Städte Makkeda, Libna, Lachisch, Eglon, Hebron und Debir.

5 Nach der Eroberung des Südens Kanaans ziehen die Israeliten nach Norden, um gegen König Jabin von Hazor und seine Mitstreiter zu kämpfen und sie bei den Wassern von Merom zu besiegen.

Das Bündnis der Könige im Norden

Die Nachricht von den Siegen Israels im Süden verbreitete sich schnell, so dass im Norden der König von Hazor gemeinsam mit seinen Verbündeten loszog, um gegen die Angreifer anzugehen. Josua überraschte sie in ihrem Lager bei den Quellen von Merom und trug damit einen weiteren Sieg davon. Er eroberte die bedeutende Stadt Hazor und brannte sie nieder. Die Könige, die gegen ihn gekämpft hatten, tötete er. Alle anderen Städte wurden jedoch verschont.

Die kanaanitische Festung Hazor lag an einer bedeutenden Handelsstraße. Archäologische Funde deuten darauf hin, dass Hazor Ende des 13. Jh.s v.Chr. zerstört wurde. Auf der linken Seite sieht man das Stadttor und einen Säulenbau und in der Mitte das Wasserleitungssystem aus dem 9. Jh. v.Chr.

Siehe auch

- Die Kanaanäer (S. 56-57)
- Die Geographie Israels (S. 84-85)
- Josua und Richter (S. 206-207)

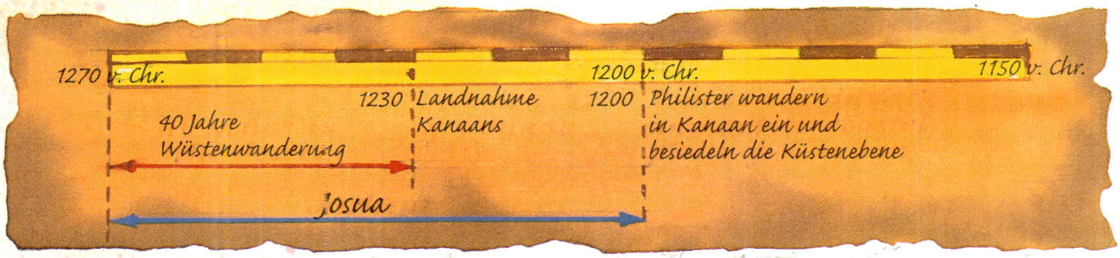

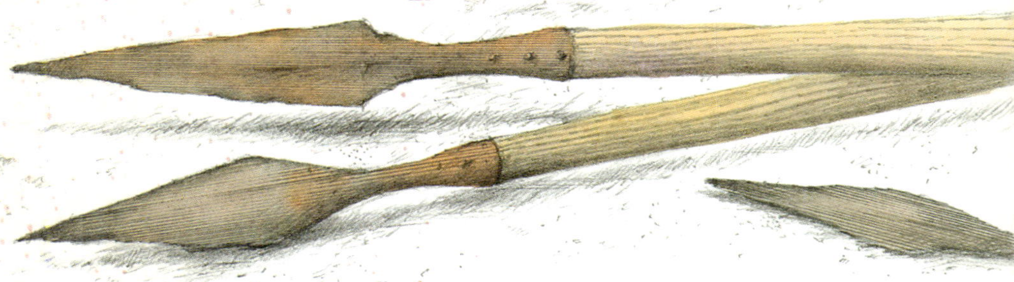

Die zwölf Stämme

Traditionell unterteilt sich das Volk Israel in zwölf Stämme, nämlich die Nachkommen der zwölf Söhne Jakobs. Den einzelnen Stämmen wurden nach der Landnahme verschiedene Teile Kanaans zugeteilt.

Die Stämme Ruben und Gad siedelten gemeinsam mit dem halben Stamm Manasse östlich des Jordan, während sich die Stämme Asser, Naftali, Sebulon, Issachar und Ephraim, der halbe Stamm Dan und der andere halbe Stamm Manasse im Norden ansiedelten. Im Süden ließen sich die Stämme Benjamin, Juda und Simeon sowie der andere Teil des Stammes Dan nieder.

Die Besiedlung des Landes

Josua hatte die Könige Kanaans besiegt und viele bedeutende Städte zerstört. Noch war das Land nicht vollständig erobert, doch Josua hatte die Voraussetzungen dafür geschaffen, damit sein Volk beginnen konnte, das Land zu besiedeln.

Nie gelang es den Israeliten vollständig, das Land Kanaan in Besitz zu nehmen. Immer gab es Feinde, die die Eindringlinge hassten. Oft passte sich auch das Volk Israel einfach dem Lebensstil der Kanaaniter an und verehrte kanaanitische Götter. Doch einige große militärische Siege verhalfen den Israeliten dazu, die vorherrschende Macht im Land zu sein.

Die Zeit der Richter

Nachdem das Volk Israel in das verheißene Land eingezogen war, siedelten sich die einzelnen Stämme in den Regionen an, die ihnen zugeteilt waren. Doch die zerstreuten Stämme waren jeweils von feindlichen Nachbarn umgeben, so dass es den Israeliten unmöglich schien, die Kontrolle über das gesamte Land zu bekommen. Nach und nach passten sie sich nicht nur den Völkern an, von denen sie umgeben waren, sondern auch deren Göttern – um des Friedens willen.

Freiheitskämpfer

Wie so oft in der Geschichte des Volkes Israel schrien die Israeliten in ihrer Not um Hilfe zu Gott. Die Bibel erzählt, wie Gott daraufhin Richter berief, die sie befreiten. Diese Richter waren also nicht nur Richter des Gesetzes, sondern gleichzeitig „Befreier", also eine Art Freiheitskämpfer. Zumindest erreichten sie, dass die Israeliten eine Zeit lang von den Angriffen der Feinde verschont blieben. Die berühmtesten Richter waren Debora und Barak, Gideon, Jeftah und Simson.

Simson

Die Philister, die ca. im Jahre 1200 v. Chr. die Küstenebene Kanaans eingenommen und besiedelt hatten, wuchsen zu einem mächtigen Volk heran. Sie drangen in das gleiche Territorium ein, um das die Israeliten kämpften, jedoch brachten sie dafür die Aussicht auf wirtschaftliche Vorteile mit sich. Solch schleichende, unkriegerische Einflussnahme stellte eine Bedrohung für den Fortbestand von Israels Unabhängigkeit dar. Simson, von Geburt an Gott geweiht, hatte sich in einem Schwur verpflichtet, niemals sein Haar zu schneiden. Dafür hatte Gott ihn mit übermenschlichen Kräften ausgestattet. Über 20 Jahre lang war Simson Richter in Israel. Während dieser Zeit besiegte er die Philister in zahlreichen Konflikten und machte damit auf die Gefahr der Philister im Land aufmerksam. Bei seiner letzten Konfrontation mit den Philistern kam Simson selbst zu Tode. Die Person Simsons kann man sehr ambivalent betrachten: Große Taten wechseln ab mit ebenso großen menschlichen Schwächen.

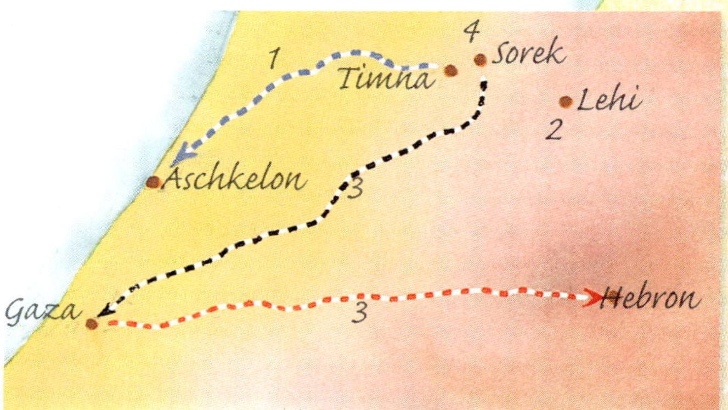

Simsons Taten

1 Simson heiratet eine Philisterfrau in Timna. Während des Hochzeitsmahls stellt er den 30 Gästen eine Rätselfrage. Diese hintergehen ihn, indem sie seine Braut nach der Antwort ausfragen. Simson tötet 30 Philister in Aschkelon und gibt seine Braut an einen guten Freund weiter.

2 Die Philister kommen, um Simson bei Lehi gefangen zu nehmen, doch er tötet tausend von ihnen mit dem Kieferknochen eines Esels.

3 Simson geht zu einer Prostituierten in Gaza. Beim Verlassen der Stadt nimmt er die Stadttore mit und trägt sie ins etwa 60 km entfernte Hebron.

4 In Sorek verliebt Simson sich in Delila. Gemeinsam mit den Philistern versucht sie, das Geheimnis seiner Stärke herauszufinden. Simsons Haar wird abgeschnitten, so dass er von den Philistern besiegt wird, die ihm die Augen ausstechen und ihn in Ketten nach Gaza führen. Nach einer Weile wird er im Tempel zur Schau gestellt, wo er in einem letzten Kraftakt den Tempel einstürzen lässt.

Unter feindlicher Belagerung

Die Feinde schlugen ihren Vorteil aus der offensichtlichen Schwäche der Israeliten. Die Völker, von denen sie umgeben waren, gingen wieder zum Angriff über: von Norden her die Kanaaniter in Hazor, von Osten her die Midianiter und von der anderen Jordanseite her die Ammoniter. Von der Küste her wurden die Israeliten von den Philistern immer weiter in die Berge gedrängt.

Der Berg Tabor. Hier besiegte Barak Sisera.

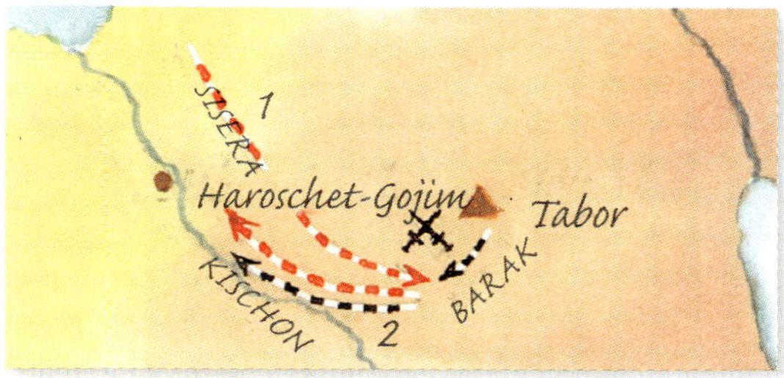

Baraks Angriffe

1 Baraks Männer versammeln sich auf dem Berg Tabor. Siseras kanaanitisches Heer, das mit 900 eisernen Wagen ausgestattet ist, hält in der Ebene von Jesreel die Stellung.

2 Baraks Männer greifen die Kanaaniter an und schlagen sie in die Flucht. Durch die schlammige Erde am Fluss Kischon werden ihre Wagen für Kriegszwecke unbrauchbar. Barak verfolgt die Kanaaniter Richtung Haroschet.

Debora und Barak

20 Jahre lang lebten die Israeliten unter der Herrschaft Jabins, des Königs von Hazor. In der Zeit um 1125 v.Chr. war die Prophetin Debora Richterin über Israel. Sie forderte Barak, einen Israeliten von Naftali, auf, ein Heer aufzustellen, das gegen Sisera, den Anführer der Kanaaniter, kämpfen sollte. Auf die Bedingung hin, dass Debora ihn begleitete, befolgte Barak ihren Rat. In einer Schlacht in der Jesreel-Ebene wurden die Kanaaniter besiegt. Im „Lied Deboras“ im Buch Richter des Alten Testamentes wird dieser Sieg lebendig beschrieben.

Jeftah

Wieder einmal war Israel von einer Invasion bedroht, diesmal von den Ammonitern. Als Jeftah von den Ältesten Gileads zu ihrem Anführer berufen wurde, versuchte er zunächst, den Konflikt auf diplomatische Weise zu lösen. Als dieser Versuch fehlschlug, stellte Jeftah Truppen auf, um gegen die Ammoniter zu kämpfen.

Bevor er in die Schlacht zog, legte er vor Gott einen Schwur ab: Wenn er Erfolg haben würde, würde er den opfern, der zuerst aus seinem Haus treten würde, um ihn bei seiner Heimkehr zu empfangen. In der Schlacht errang er einen entscheidenden Sieg über die Ammoniter. Der erste Mensch, der ihm bei seiner siegreichen Wiederkehr entgegenkam, war seine Tochter, sein einziges Kind. Trotz seines Schmerzes und der Tatsache, dass Kinderopfer unter israelitischem Gesetz verboten waren, hielt Jeftah seinen Schwur ein und gab seine Tochter als Brandopfer hin. Sechs Jahre lang war Jeftah Richter über Israel.

Gideon

Nach dem Sieg Deboras und Baraks über Jabin kam Israel erneut in Schwierigkeiten. Sieben Jahre lang wurde ihr Land immer wieder von den Midianitern, einem Nomadenstamm, befallen. Gideon wurde von Gott berufen, Israel von den Eindringlingen zu befreien. Aus einer Armee von tausend Mann suchte Gideon 300 aus, um die Midianiter bei Nacht anzugreifen. Nach einer Kriegslist Gideons brachten sich die Midianiter aus lauter Furcht und Verwirrung zum Großteil gegenseitig um; der Rest floh. Nach diesem entscheidenden Sieg lebten die Israeliten 40 Jahre lang in Frieden, bis Gideon starb.

Gideons Erfolg

1 Die midianitischen Eindringlinge lagern in der Jesreel-Ebene.

2 Gideon greift die Midianiter in der Nacht an.

3 Die Midianiter fliehen Richtung Jordantal und werden dort von den Truppen Gideons eingeholt und besiegt.

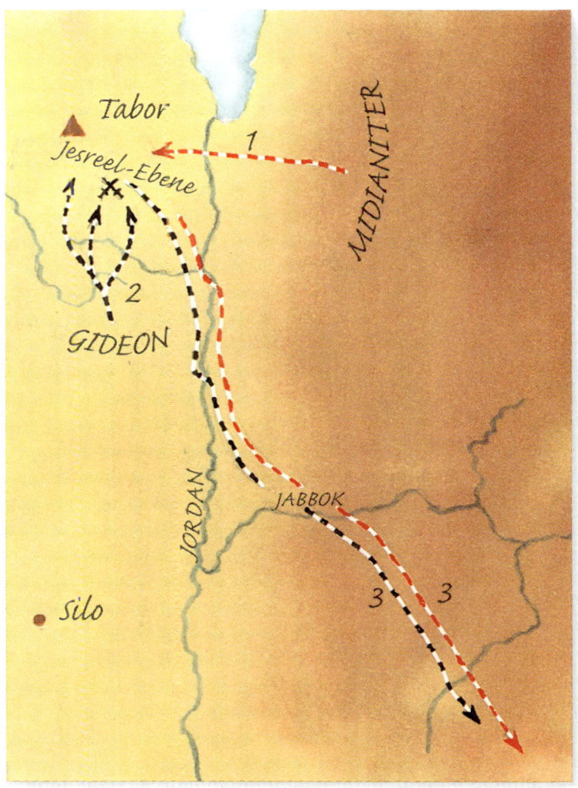

Samuel

Samuel kann man als letzten Richter ansehen, obwohl er im Buch der Richter nicht auftaucht. Unter seiner Führerschaft wurden die Philister etwa im Jahre 1095 v.Chr. endgültig in der Schlacht bei Mizpa besiegt. Im Anschluss an diesen Sieg lebten die Israeliten viele Jahre in Frieden. Samuel führte die Israeliten zurück zum Gesetz Gottes.

Siehe auch

- Die Kanaanäer (S. 56-57)
- Die Philister (S. 58-59)
- Völker im Westen und im Osten (S. 78-79)
- Richter (S. 206-207)

Von Saul bis Salomo

Als Samuel, der letzte Richter Israels, alt geworden war, wollte das Volk von einem König regiert werden wie alle anderen Nationen auch. Zunächst gab Samuel dem Wunsch des Volkes nicht nach und warnte es vor Wehrpflicht, Zwangsarbeit und Unterdrückung. Doch als die Israeliten darauf bestanden, reagierte Gott auf diesen Wunsch und ließ dies durch Samuel mitteilen.

Die Quelle von En-Gedi am Ufer des Toten Meeres war einer der Orte, an denen David Zuflucht vor Saul suchte.

Saul

Saul, der erste König der Israeliten, kam aus dem Stamm Benjamin. Im Jahre 1050 v.Chr. wurde er zum König ernannt. Bald darauf wurde er von den Ammonitern herausgefordert, die von Osten herzogen, um Jabesch zu belagern. Saul stellte ein Heer auf und führte einen dreiteiligen Angriff aus, mit dem er die Ammoniter schlug.

Von diesem Zeitpunkt an und während seines ganzen Lebens war Israel in Kriege gegen die Philister verstrickt. Schon bald stieg Saul die Macht zu Kopf und die Bibel erzählt, wie er immer weniger auf Gottes klare Anweisungen hörte. Aufgrund von Sauls Ungehorsam erbte sein Sohn Jonatan nicht den Thron. Stattdessen schickte Gott Samuel, der David noch vor dem Tod Sauls zu Israels nächstem König benannte.

Die Steinschleuder galt zur Zeit der Bibel als gängige Waffe und wurde von David im Kampf gegen den Philister Goliat benutzt. Dieses Relief stammt aus dem 9. Jh. v.Chr.

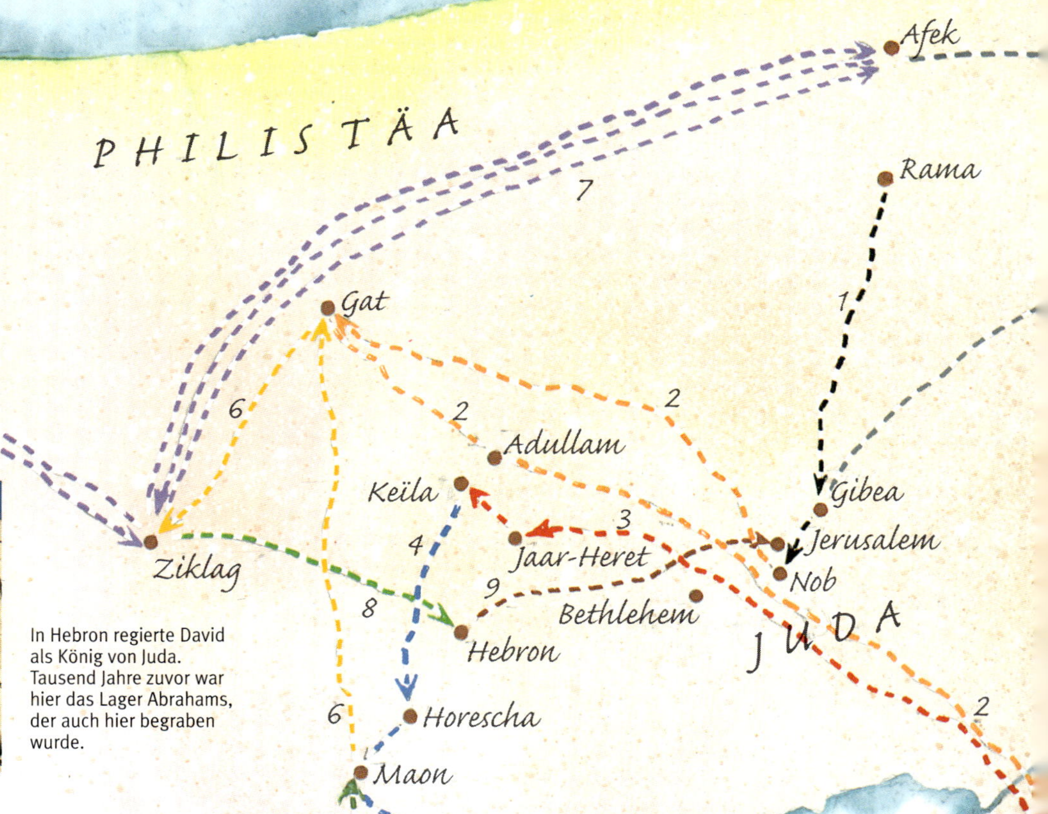

David

David, vom Stamm Juda, war Hirte in Bethlehem und ein begabter Musiker; er spielte Leier. Er wurde zum Königshof gebracht, um Saul, der unter Depressionen litt, mit seiner Musik zu besänftigen. Zunächst wurde David vom König geliebt, doch nachdem er Goliat, den stärksten Krieger der Philister, geschlagen hatte, wurde Saul sehr eifersüchtig. Von Jonatan, Sauls Sohn, wurde David gewarnt, dass sein Leben in Gefahr sei. Einige Jahre musste David als Geächteter leben, bis Saul und Jonatan am Berg Gilboa in einer Schlacht gegen die Philister umkamen.

Im Jahre 1002 v.Chr., als David 30 Jahre alt war, wurde er in Hebron zum König gekrönt. Die ersten beiden Jahre war er jedoch nur König über die Südregion, die von seinem Stamm bewohnt war. Während dieser Zeit herrschte Bürgerkrieg zwischen Davids Heer und den Anhängern des früheren Königs Saul. David führte die zwölf Stämme zusammen und wurde König über das ganze Reich. Er eroberte Jerusalem und machte es zu seinem Regierungssitz. Während seines ganzen Lebens weitete er das Königreich aus und besiegte die alten Feinde. Als König war er sehr beliebt und er gab an seinen Sohn Salomo als Erbe Friede und Sicherheit weiter.

In Hebron regierte David als König von Juda. Tausend Jahre zuvor war hier das Lager Abrahams, der auch hier begraben wurde.

4
5
En-Gedi
3
MOAB

Davids Weg zum Königsthron

1 Saul ist eifersüchtig auf Davids militärische Erfolge und begreift, dass David schließlich sein Thronfolger werden wird. David, der um sein Leben fürchtet, findet Zuflucht bei den Priestern in Nob, wo er das Schwert Goliats findet. Saul ordnet die Hinrichtung der Priester an, die David geholfen haben.

2 David findet Unterschlupf in der philistäischen Stadt Gat. Aus Angst vor den Philistern flieht er nach Adullam. 600 Männer, die mit Sauls Führerschaft unzufrieden sind, folgen ihm und gemeinsam gehen sie nach Moab.

3 Aufgrund einer Prophezeiung kehrt David nach Juda zurück und kämpft gegen die Philister, die Keïla belagern.

4 Saul verfolgt David mit einem 3000 Mann starken Heer nach Horesch und Maon, doch als er erfährt, dass die Philister in Juda eindringen, gibt er die Verfolgung auf. David geht weiter nach En-Gedi. Saul nimmt die Verfolgung Davids wieder auf und wird selbst von ihm verschont.

5 David geht nach Maon. Saul verfolgt ihn und wird noch einmal von David verschont.

6 David sucht erneut Zuflucht in Gat. König Achisch von Gat hält David für einen Feind Israels und überlässt ihm Ziklag als Ausgangspunkt.

7 Die Philister rüsten sich zum Angriff gegen Israel. Saul beruft seine Truppen ein und trifft am Berg Gilboa auf die Philister. David erreicht Afek, wird jedoch daran gehindert, an der Schlacht teilzunehmen. Er kehrt nach Ziklag zurück und entdeckt, dass die Amalekiter die Stadt geplündert haben. Er verfolgt sie über den Bach Besor um sie zu schlagen. Währenddessen werden die Israeliten am Berg Gilboa geschlagen. Saul und seine Söhne werden umgebracht und ihre Körper an die Mauern von Bet-Schean aufgehängt. Die Männer von Jabesch nehmen die Leichname herunter, um sie zu begraben.

8 David geht nach Hebron, wo er König von Juda wird. Dort herrscht gerade Bürgerkrieg zwischen den Anhängern Davids und denen von Sauls Familie. Davids Position wird immer stärker, bis ihn schließlich ganz Israel als König anerkennt.

9 Er regiert siebeneinhalb Jahre von Hebron aus. Dann erobert er die Stadt Jerusalem aus der Hand der Jebusiter und macht sie zur Hauptstadt.

Siehe auch

- Die Philister (S. 58-59)
- Drei Tempel (S. 160-161)
- 1. und 2. Samuel (S. 208-209)
- 1. und 2. Könige (S. 210-211)

Diese Luftaufnahme zeigt den Hügel von Bet-Schean mit dem römischen Amphitheater im Vordergrund. Nachdem sie von den Philister besiegt worden waren, wurden die Leichname von König Saul und seinem Sohn Jonatan an der Stadtmauer Bet-Scheans aufgehängt.

Salomo

Der König Salomo ist für seine legendäre Weisheit berühmt. Im Jahre 970 v.Chr. wurde er König und er schützte Israel durch die Errichtung von Festungen und durch ein mächtiges Heer. Das starke und sichere Reich konnte durch Handelsbündnisse zu Wohlstand gelangen.

Salomos Reich schloss alle Nationen vom Fluss Euphrat bis zur philistäischen und ägyptischen Grenze ein. Diese Nationen zahlten ihm Steuern und waren ihm Zeit seines Lebens untertan.

Da Frieden und Sicherheit herrschten, hatte der König die Freiheit, sich um Dinge wie Regierung und Verwaltung zu kümmern. An Salomos Hof gab es Zeit für Kultur und Ästhetik. Er errichtete einen prächtigen Tempel in Jerusalem und viele weitere edle Bauten. Seine Regierungszeit galt als das goldene Zeitalter Israels. Doch die Kehrseite der Medaille waren hohe Steuern, Zwangsarbeit und fremde Götter, die unter den Untertanen Ärger und Zwietracht säten und die dafür sorgten, dass sich das Königreich nach Salomos Tod entzweite.

Die Jebusiter lebten in der Sicherheit, dass Jerusalem unangreifbar sei. Doch Davids Männer bahnten sich einen Weg in die Stadt durch einen Tunnel, der als Wasserleitung von der Gihon-Quelle her gegraben worden war.

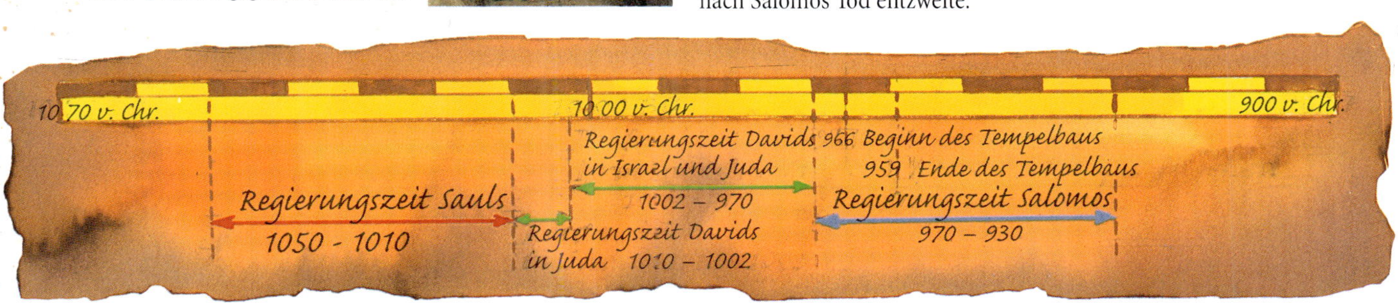

Zwei Königreiche

Unter Salomos Herrschaft wurde Israel reich und mächtig, doch das Volk wurde unterdrückt und mit hohen Steuern und Zwangsarbeit belastet. Als Salomos Sohn Rehabeam den Thron bestieg, riefen die Israeliten ihn an, sie von ihrer Last zu erleichtern. Als Rehabeam sich weigerte, rebellierte das Volk und das Reich wurde geteilt.

Das Königreich Juda

Im Süden lag das Königreich Juda, das die Stämme Juda und Benjamin umfasste. Mit einer Fläche von 5630 km², was einem Drittel des Reiches Israel entsprach, war es ein sehr kleines Königreich. Rehabeam setzte die Regierung von der Hauptstadt Jerusalem aus fort.

Sichem wurde von Jerobeam I. zur Hauptstadt Israels ausgewählt.

Das Königreich Israel

Zehn Stämme Israels errichteten ein neues Reich, das sie das Königreich Israel nannten. Jerobeam I., der zum ersten König ernannt wurde, regierte von der Hauptstadt Sichem aus. Für dieses nördliche Reich, das von Jerusalem abgeschnitten war, errichtete er neue Anbetungsstätten in den Städten Dan und Bethel.

Gute oder schlechte Könige?

Die Verfasser der alttestamentlichen Bücher der Könige und Chroniken klassifizierten die Könige Israels als „gut" oder „schlecht", je nachdem ob sie fremde Religionen verboten oder nicht-israelitische Kulte, die das Volk angenommen hatte, duldeten. Josia und Hiskia waren zwei Könige, die gegen die fremden Religionen angingen. König Ahab von Israel schneidet mit am schlechtesten ab. Mit seiner ausländischen Frau Isebel unterstützte er die Verehrung Baals, widersetzte sich gegen den Propheten Elia und verfolgte die Menschen, die Israels eigenen Gott verehrten. Die Überreste des „Elfenbeinhauses" Ahabs in Samaria können noch heute besichtigt werden.

Krieg und Versöhnung

Rehabeam und die nachfolgenden Könige Judas versuchten immer wieder, ihren Einflussbereich auf die zehn weiteren Stämme auszuweiten, so dass in Israel und Juda 60 Jahre lang Bürgerkrieg herrschte. Schließlich war es König Joschafat, der einen Bund mit König Ahab von Israel schloss. Von dort an kämpften die beiden Reiche gemeinsam gegen die Feinde, von denen sie bedroht wurden.

König Ahab von Israel heiratete Isebel, Tochter des Etbaal, des Königs von Tyrus. Isebel führte die Verehrung des Wettergottes Baal ein. Ahab errichtete einen Tempel für Baal in seiner Hauptstadt Samaria.

Die Zeit der Propheten

Vor dem Hintergrund der Trennung und späteren Versöhnung der Stämme Israels erzählt die Bibel von den Propheten, die während dieser Zeit in Erscheinung traten. Ein Prophet wurde als Mund Gottes angesehen, der aktiv für die Führung des Gottesvolkes verantwortlich war. Viele Propheten lebten in Gemeinschaften zusammen. Der Prophet Elisa, wie auch später der Prophet Jesaja, waren Anführer solcher Gemeinschaften.

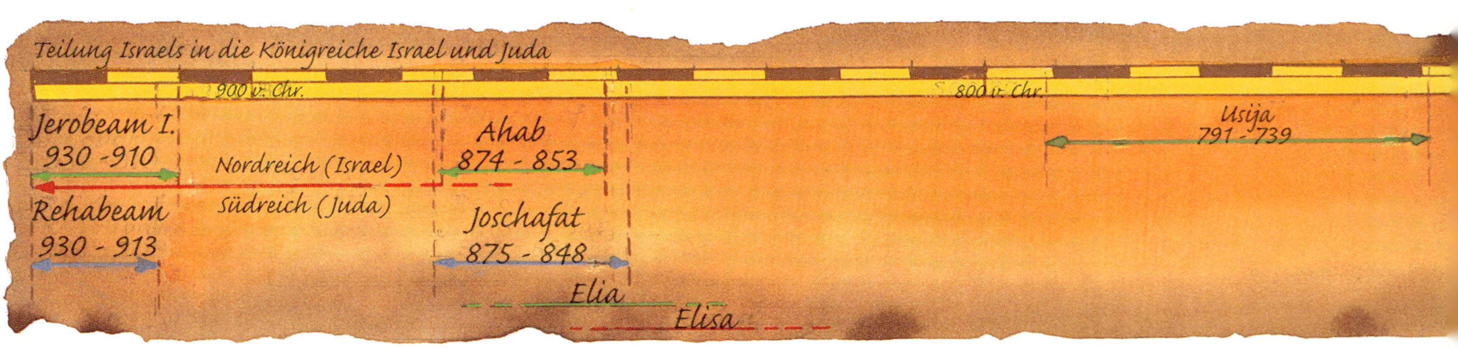

Elia und Elisa

Der Prophet Elia bezog vor König Ahab von Israel Stellung gegen die Verehrung des kanaanitischen Gottes Baal, indem er auf eine Erneuerung des Glaubens an den Gott Israels hindrängte. Die Bibel erzählt von einem Ereignis auf dem Berg Karmel, als Elia die Priester herausforderte, die Existenz ihres Gottes zu beweisen. Wenn Baal ihr Opfer verbrennen konnte, dann sollte das als Beweis genügen. Wenn jedoch Israels Gott Jahwe Feuer vom Himmel schicken würde, um Elias Opfer zu verbrennen, würde das der Beweis sein, dass er der wahre Gott ist. Wie die Bibel erzählt, versagten die Priester, wohingegen Elia Erfolg hatte und die Menschen riefen: „Jahwe ist Gott!“
Elia hatte einen Schüler, Elisa, den er zum neuen Propheten machte und der das Werk fortführen sollte, das Elia begonnen hatte. Elisa war über 50 Jahre lang Prophet in Israel und überlebte sechs Könige. In dieser Zeit vollbrachte er mehrere Heilungswunder.

Einige Überreste des Palastes, den König Ahab in Samaria errichten ließ, sind heute noch zu besichtigen.

Siehe auch

- Die Kanaanäer (S. 56-57)
- Kriege (S. 118-119)
- Die Propheten (S. 166-167)
- 1. und 2. Könige (S. 210-211)
- 1. und 2. Chronik (S. 212-213)

Elias Prophezeiungen

1 Der Prophet Elia kündigt König Ahab eine drohende Trockenperiode an. Daraufhin versteckt sich Elia am Bach Krit, wo Gott ihm verheißt, dass Raben ihm zu essen bringen werden.

2 Der Bach trocknet aus. Elia geht nach Zarpat und kommt bei einer Witwe unter.

3 Nach einer dreijährigen Trockenheit stellt Elia sich Ahab und fordert die Propheten Baals zu einem Wettstreit auf dem Berg Karmel heraus.

4 Gott bestätigt Elia auf dem Berg Karmel. Die Baalspropheten werden umgebracht und aus Furcht vor Rache flieht Elia nach Süden. Am Berg Sinai hat er eine Begegnung mit Gott.

Elisas Reisen

5 Der Prophet Elisa reist nach Bethel, dann weiter zum Berg Karmel und nach Samaria.

6 Elisa unterstützt die Könige Israels und Judas im Kampf gegen die Moabiter.

7 Syrische Truppen kommen, um Elisa gefangen zu nehmen. Doch sie werden geblendet und von Dotan nach Samaria geführt. Später wird Samaria von den Syrern belagert, doch Elisa prophezeit das Ende der Belagerung.

8 Elisa geht nach Damaskus. Er prophezeit, dass Hasaël, der nächste König von Syrien, Israel schweren Schaden zufügen wird.

Der Aufstieg Assyriens

Aufgrund ihrer strategisch ungünstigen Position zwischen den zwei Großmächten Ägypten und Mesopotamien waren Israel und Juda militärisch leicht angreifbar. Dass die Könige David und Salomo erfolgreich waren, lag unter anderem daran, dass während ihrer Regierungszeit keine der größeren Nationen mächtig genug war, sie anzugreifen. Nach der Teilung der Israeliten in zwei Königreiche wurden die aufeinander folgenden Könige Israels und Judas zunehmend durch die umliegenden Nationen Syrien, Ammon und Moab bedroht. Doch entscheidend wurde immer mehr die Gefahr durch das Wachstum der Mächte im fernen Nordosten.

Assyrien – eine wachsende Macht

Das Reich der Assyrer erlebte bereits etwa 1100 v.Chr. unter König Tiglat-Pileser I. eine frühe Phase der Macht. Doch die rücksichtslosen Angriffe, wegen derer Assyrien so sehr gefürchtet war, erreichten ihren Höhepunkt in der Zeit zwischen 880 und 612 v.Chr. Das Reich der Assyrer gründete auf den drei großen Städten Assur, Kelach (Nimrud) und Ninive.

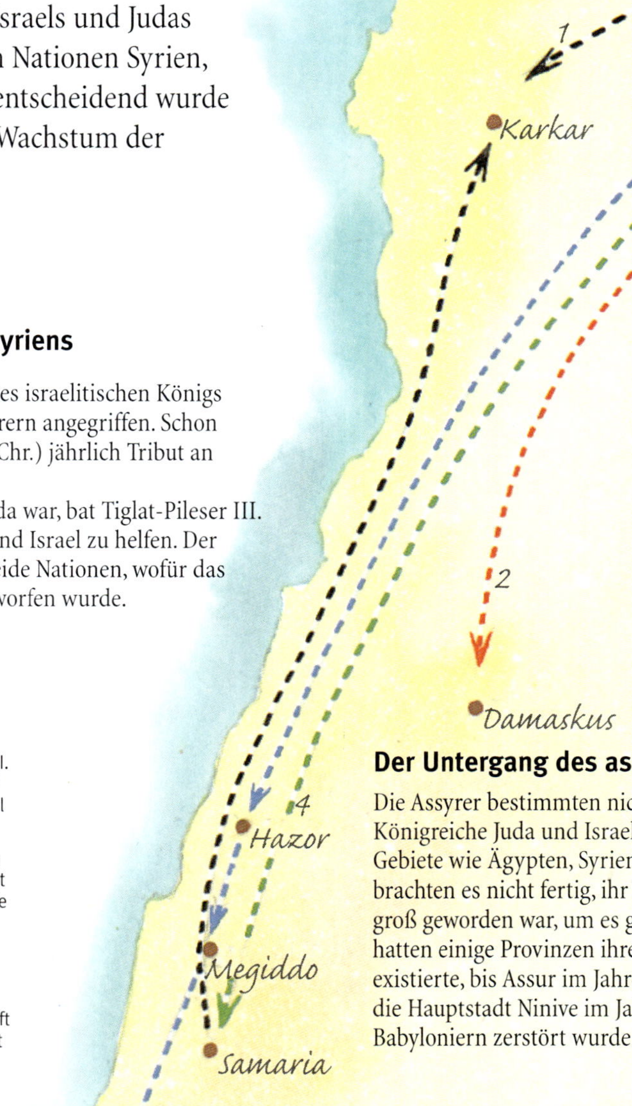

Der assyrische Herrscher Sargon II, der die Bevölkerung des nördlichen Reiches Israels deportierte

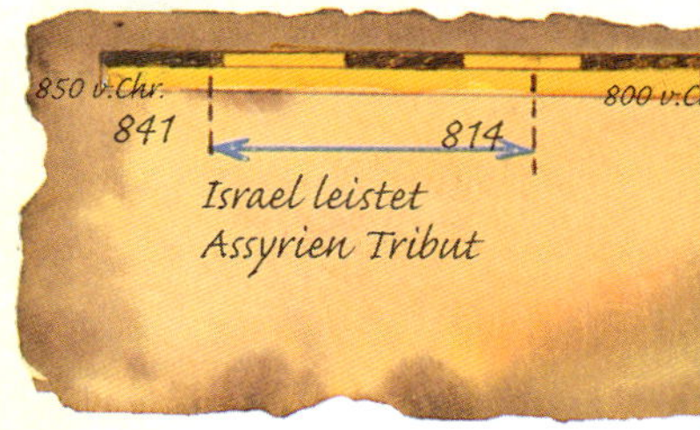

Juda und Israel unter dem Joch Assyriens

Von der Mitte des 9. Jh.s v.Chr. an, der Zeit des israelitischen Königs Ahab, wurde Israel wiederholt von den Assyrern angegriffen. Schon bald hatte König Jehu von Israel (841-814 v.Chr.) jährlich Tribut an Salmanassar III. von Assyrien zu zahlen.
Ahas, der von 735 bis 715 v.Chr. König in Juda war, bat Tiglat-Pileser III. von Assyrien, ihm im Kampf gegen Syrien und Israel zu helfen. Der König der Assyrer willigte ein und schlug beide Nationen, wofür das Königreich Juda jedoch den Assyrern unterworfen wurde.

FELDZÜGE DER ASSYRER

1 Im Jahr 853 v.Chr. steht die Armee Salmanassars III. bei Karkar den Streitkräften einer Allianz von zwölf Königen gegenüber, unter denen auch Ahab von Israel ist.

2 841 v.Chr. tritt Salmanassar III. erneut auf den Plan und belagert Damaskus. König Jehu von Israel zahlt ihm Tribut. Als Salmanassar dann gezwungen wird, die Nordgrenze des Assyrerreiches zu verteidigen, nutzt Damaskus die Gelegenheit, um Israel und Juda anzugreifen.

3 König Tiglat-Pileser III. unternimmt 734 v.Chr. Feldzüge bis zum „Bach Ägyptens". 733 v.Chr. greift er Israel an und zerstört Megiddo und Hazor. Er macht die Küstenebene, Galiläa und das Ostjordanland zu assyrischen Provinzen. Samaria wird 732 v.Chr. nur verschont, weil der gegen Assyrien aufständische König Pekach durch eine von seinem Nachfolger Hoschea angezettelte Verschwörung ermordet wird.

4 Salmanassar V. nimmt 724 v.Chr. König Hoschea gefangen und belagert Samaria, das er 722 v.Chr. einnimmt. Weite Teile der Bevölkerung schickt er ins Exil.

Der Untergang des assyrischen Reiches

Die Assyrer bestimmten nicht nur über die Angelegenheiten der Königreiche Juda und Israel, sondern sie eroberten auch andere Gebiete wie Ägypten, Syrien und Babylonien. Doch die Assyrer brachten es nicht fertig, ihr Reich zu schützen, das schließlich zu groß geworden war, um es genügend zu verteidigen. Mit der Zeit hatten einige Provinzen ihre Freiheit wiedererlangt. Das Reich existierte, bis Assur im Jahre 614 v.Chr. unter den Medern fiel und die Hauptstadt Ninive im Jahre 612 v.Chr. von den Medern und Babyloniern zerstört wurde.

Ein Ausschnitt aus dem schwarzen Obelisken des assyrischen Königs Salmanassar III. (858-824 v.Chr.) aus Kelach (Nimrud). Auf dem Bild erkennt man, wie König Jehu vor dem assyrischen Herrscher kniet.

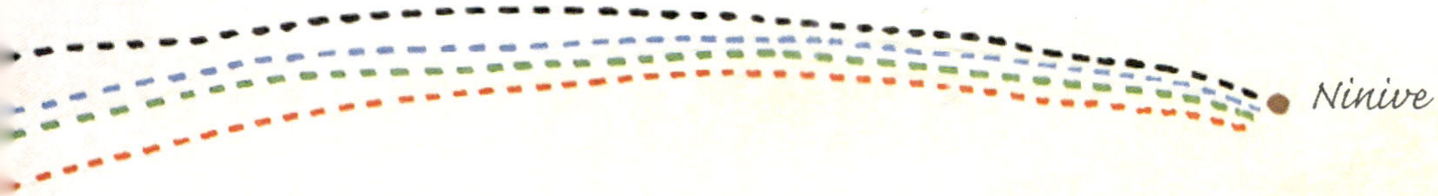

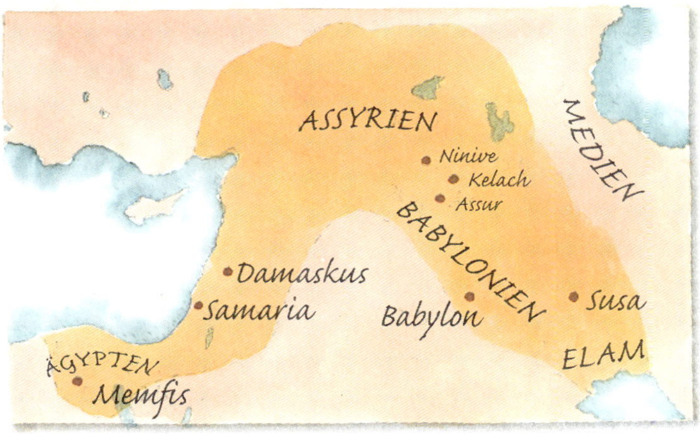

Siehe auch

- Die Assyrer (S. 60-61)
- 1. und 2. Könige (S. 210-211)
- 1. und 2. Chronik (S. 212-213)
- Jesaja (S. 226-227)

Zerstörung des nördlichen Reiches

Als König Hoschea von Israel rebellierte und sich weigerte, seinen jährlichen Tribut zu zahlen, begann der assyrische König Salmanassar V. eine dreijährige Belagerung der Stadt Samaria, der Hauptstadt Israels. Die Israeliten wurden nach Assyrien ins Exil gebracht und das nördliche Königreich Israel zerstört (722-721 v. Chr.).
Seitdem hörte man nie mehr von den zehn Stämmen Israels.

Das belagerte Jerusalem

Im Jahre 701 v.Chr. wurde Jerusalem von dem mächtigen König Sanherib belagert, weil König Hiskia von Juda die Zahlung des Tributs an die Assyrer eingestellt hatte und sich einer Rebellion angeschlossen hatte. Die Bibel erzählt, dass Hiskia auf Gott vertraute und Jerusalem gerettet wurde. König Sanherib kehrte nach Ninive zurück, wo er von zweien seiner Söhne umgebracht wurde.

Auf diesem Relief aus dem Palast des assyrischen Königs Sanherib wird die Belagerung von Lachisch im Jahre 701 v.Chr. dargestellt. Infanterie und Bogenschützen erklimmen die Stadtmauern mit Hilfe einer Rampe.

Die Macht der Babylonier

Babylonien löste Assyrien als Großmacht ab. Nabopolassar, der die Region um den Persischen Golf beherrschte, befreite Babylonien aus der Hand der Assyrer, wurde im Jahre 612 v.Chr. König und nahm gemeinsam mit den Medern im selben Jahr die assyrische Hauptstadt Ninive ein. Jedoch gaben sie sich mit dem Kernland Assyrien alleine nicht zufrieden. Sie wollten das gesamte assyrische Reich erobern.

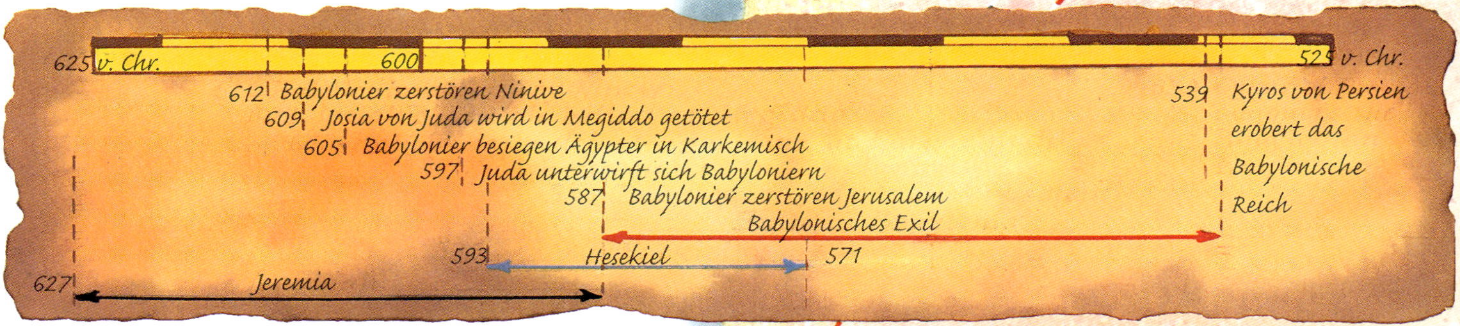

Unterdrückung Judas

1 Im Jahre 609 v.Chr. kommt König Josia von Juda in einer Schlacht gegen die Ägypter bei Megiddo um. Der Staat Juda wird den Ägyptern unterworfen.

2 Vier Jahre später, im Jahre 605 v.Chr., marschiert der babylonische König Nebukadnezar in Juda ein, nachdem er die Ägypter bei Karkemisch besiegt hat.

3 Im Jahre 597 v.Chr. muss Jerusalem vor König Nebukadnezar kapitulieren. Zehn Jahre darauf marschiert Nebukadnezar nach einer Rebellion erneut in Jerusalem ein. Im Jahre 587 v.Chr. wird die Stadt eingenommen und zerstört und die Einwohner werden ins Exil geführt.

Der Fall Jerusalems

Kurz nachdem Jojachin im Jahre 597 v.Chr. den Königsthron Judas bestiegen hatte, wurde Jerusalem von den Babyloniern erobert. Der König und viele führende Persönlichkeiten Judas wurden nach Babylon ins Exil geführt. Die Strategie der Invasoren bestand nicht nur darin, zu plündern und zu zerstören, sondern auch ihre untergebenen Nationen klein zu halten und weiteren Widerstand durch das Exil ihrer wichtigsten Anführer zu verhindern.

Zehn Jahre später suchte dennoch Zedekia, den Nebukadnezar von Babylon als Marionettenkönig auf den Thron Judas gesetzt hatte, Hilfe bei den Ägyptern. Um diese Rebellion niederzudrücken, wurde Jerusalem 18 Monate lang von den Babyloniern belagert, bis diese die Stadt im Jahre 587 v.Chr. einnahmen. Zedekia wurde gefangen genommen und ihm wurden die Augen ausgestochen. Jerusalem mitsamt seinem Tempel wurde zerstört. Wertvolle Gegenstände einschließlich des Tempelschatzes wurden geplündert und das Volk wurde nach Babylon deportiert. Nur die Ärmsten blieben zurück, um das Land zu kultivieren. Damit begann der Abschnitt jüdischer Geschichte, der als „Exil" bekannt ist.

Auf dieser Tontafel aus den Chroniken Babyloniens wird eine Vielzahl von Schlüsselereignissen aus der Geschichte Babylons und Judas aufgezeigt. Unter anderem wird die Thronbesteigung Nebukadnezars II., die Schlacht von Karkemisch, der Fall Jerusalems im Jahre 587 v.Chr. sowie die Ernennung Zedekias zum König von Juda wiedergegeben.

Aufstieg des babylonischen Reiches

Nach der Einnahme Ninives durch die Babylonier zogen sich die Assyrer nach Haran zurück. Die Ägypter, die ihre eigene Nation in Gefahr sahen, marschierten nach Norden, um die Assyrer zu unterstützen.
Der judäische König Josia lauerte dem Heer der Ägypter bei Megiddo auf. In der darauf folgenden Schlacht kam er um, so dass Juda in die Hände der Ägypter fiel. Vier Jahre später, im Jahre 605 v.Chr., wurden die Ägypter bei Karkemisch von den Babyloniern unter der Führung des neuen Königs Nebukadnezar geschlagen. Das Reich der Babylonier breitete sich aus und sollte die Vormachtstellung behalten, bis es im Jahre 539 v.Chr. von Kyrus von Persien erobert wurde.

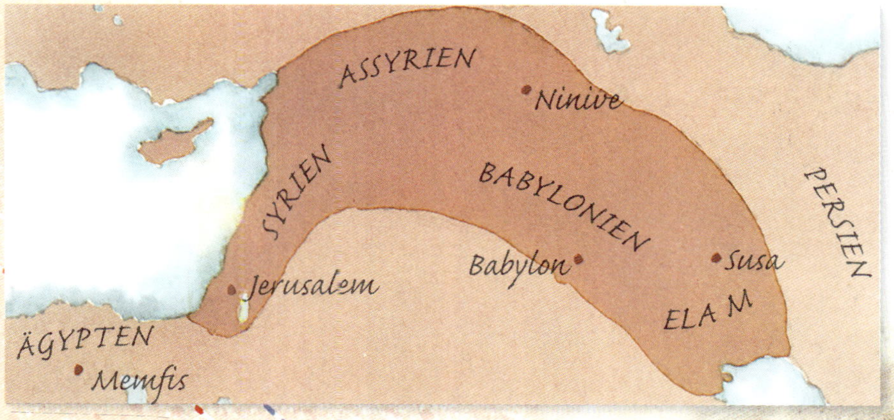

Siehe auch

- Die Ägypter (S. 52-53)
- Die Bybylonier (S. 62-63)
- Die Propheten (S. 166-167)
- 1. und 2. Könige (S. 210-211)
- Jeremia (S. 230-231)

Standort der alten Stadt Babylon. Der Fluss Euphrat teilte die Stadt in zwei Hälften, die durch eine Steinbrücke miteinander verbunden waren. Die Länge der Stadtmauer Babylons betrug 8 km. Sie war so breit, dass ein Wagen mit vier Pferden darauf wenden konnte. Im Vordergrund sieht man die Überreste des Tempelturms (Zikkurat) Etemenanki.

Aus dem Exil in die Heimat

Der persische König Darius I. begann mit dem Bau eines gewaltigem Komplexes von Palästen in Persepolis. Er wurde von König Artaxerxes I. fertig gestellt. Die Überreste der Gebäude zeugen noch heute von ihrer ursprünglichen Pracht.

Über 200 Jahre hatten die Propheten das Volk Israel und Juda vor dem Gericht gewarnt, das ihnen widerfahren würde, wenn sie Gottes Gebote nicht halten würden. Das Volk hatte nicht auf die Propheten gehört. Im Jahre 721 v.Chr. wurde das nördliche Königreich Israel von den Assyrern zerstört, wonach die Stämme Israels zerstreut wurden. Im Jahre 587 v.Chr. wurde Juda erobert und ein Großteil des Volkes kam in babylonische Gefangenschaft.

Die Gefangenen

Die Gefangenen Babylons lebten in ihren eigenen Siedlungen in der Hauptstadt Babylon und anderen Städten. Sie hatten die Freiheit, ihre eigenen Häuser zu bauen, für ihren Lebensunterhalt zu sorgen und ihre eigene Religion und Gebräuche zu pflegen. Sie konnten zwar nicht nach Juda zurück, doch wurden sie auch nicht schlecht behandelt. Einige Juden erlangten sogar hohe Positionen in der Verwaltung. Viele fühlten sich inzwischen in Babylon so zu Hause, dass sie gar nicht gehen wollten, als die Gelegenheit kam, Jerusalem wieder aufzubauen. Einige Juden jedoch sehnten sich nach Juda zurück.

Glaube in der Praxis

Salomos Tempel in Jerusalem war das Zentrum jüdischen Glaubens und des Gottesdienstes. Nach seiner Zerstörung konnten nirgendwo mehr Opfer dargebracht werden. Das Volk, das in Gefangenschaft lebte, konzentrierte sich nun mehr auf die Elemente seines Glaubens, die auch an jedem Ort der Welt praktiziert werden konnten, so zum Beispiel die Einhaltung des Sabbats, die Beschneidung und die Gesetze über Reinheit und Unreinheit. Die Juden lernten, die schriftlichen Überlieferungen des Wortes Gottes mehr zu schätzen als je zuvor.

Das persische Reich

In der ersten Hälfte des 6. Jh.s v.Chr. schien Babylonien allmächtig. Als jedoch der persische König Kyrus die zwei Königreiche Persien und Medien miteinander verband, war das Ende des babylonischen Reiches in Sicht. Im Jahre 539 v.Chr. wurde Babylon von Kyrus erobert, der das ganze babylonische Reich einnahm und über Ägypten und die gesamte heutige Türkei hin ausdehnte.

Siehe auch

- Die Perser (S. 66-67)
- Die Propheten (S. 166-167)
- Drei Tempel (S. 160-161)
- Esra, Nehemia (S. 212-213)
- Hesekiel (S. 232-233)

Die ersten jüdischen Münzen, die in Israel geprägt wurden, stammen aus der Zeit um 333 v.Chr. Die abgebildete Münze trägt die hebräische Inschrift „Yehud", der aramäische Name für die persische Satrapie Judäa.

Rückkehr nach Jerusalem

Als Babylon unterging, teilte Kyrus das persische Reich in Provinzen ein, die jeweils ihre eigenen Führer, den so genannten „Satrapen", hatten. Diese waren größtenteils Perser, doch ihnen untergeordnet waren lokale Führer, die einige Macht innehatten. Die unterschiedlichen Völker wurden ermutigt, ihre eigenen Gebräuche und Religionen auszuüben. Als Teil dieser Politik erließ Kyrus im Jahre 438 v.Chr. ein Edikt, durch das er den Juden erlaubte, nach Jerusalem zurückzukehren und den Tempel wieder aufzubauen. Sie sollten mit dem nötigen Geld und allen Materialien ausgestattet werden. Kyrus gab ihnen die Gold- und Silbergefäße und alle anderen Gegenstände zurück, die der babylonische König Nebukadnezar aus dem Tempel entwendet hatte. Die erste Gruppe Gefangener sollte nun die lange Heimreise antreten.

MEDIEN

•Pasargadae
•Persepolis

König Kyrus von Persien vereinte Persien und Medien im Jahre 550 miteinander und gründete die neue Hauptstadt Pasargadae. Diese Fotografie zeigt das Grab des Königs Kyrus, eins der wenigen erhaltenen Überreste der Stadt.

Wiederaufbau der Stadtmauern

Zum Zeitpunkt ihrer Rückkehr aus dem Exil nach Juda bildeten die Juden nur eine kleine wehrlose Gemeinschaft. Die Stadt Jerusalem hatte noch keine Mauern, um sie zu schützen. Während der Herrschaft des persischen Königs Artaxerxes I. (464-423 v.Chr.) kamen zwei neue Führer nach Jerusalem: Esra und Nehemia. Esra war ein Priester. Viele Juden in Jerusalem hatten auswärts geheiratet und beteten nun fremde Götter an. Esra forderte das Volk auf, zu ihrem eigenen Glauben zurückzukehren. Nehemia, der Tafelmeister des Königs Artaxerxes in Susa war, kehrte nach Jerusalem zurück, um die Stadtmauern wieder aufzubauen. Er organisierte die Arbeit, indem er bestimmten Familien die Verantwortung für den Aufbau einzelner Abschnitte übertrug. Nach 52 Tagen wurde die Mauer fertiggestellt und Gott geweiht.

Die Reformer

Zwölf Jahre lang regierte Nehemia als von den Persern eingesetzter Statthalter in Juda. Gemeinsam mit Esra leitete er die Gemeinschaft und führte eine Reihe von Reformen durch, um auf die Lehre der Tora zurückzuführen. Nehemia hinderte wohlhabende Juden daran, ihre ärmeren Nachbarn um Lebensmittel zu übervorteilen. Esra lehrte das Volk die Gebote Gottes. Auf einer Niederschrift, die von den Führern im Namen des Volkes unterschrieben wurde, legten die Juden das feierliche Versprechen ab, dass sie in Zukunft allen Geboten und Gesetzen Gottes folgen wollten.

Wiederaufbau des Tempels

In Jerusalem übernahmen Serubbabel, ein Nachkomme des letzten Königs von Juda, und der Priester Jeschua die Verantwortung für die Wiederaufbauarbeiten am Tempel. Die Umstände waren schwierig. Zunächst mussten die Menschen Häuser bauen und für ihren eigenen Lebensunterhalt sorgen. Sie wurden von ihren Feinden gehasst. Schon bald verloren sie den Mut und die Tempelarbeiten kamen zu einem Stillstand, der 15 Jahre andauerte. Die Propheten Haggai und Sacharja rüttelten das Volk wieder zu neuem Handeln auf. Vom neuen persischen König Darius kam eine Botschaft, die das Edikt des Königs Kyrus bestätigte und dem Statthalter der Provinz anordnete, den Juden jegliche Hilfe zur Verfügung zu stellen, die sie benötigten. Vier Jahre darauf, im Jahre 515 v.Chr., wurde der Tempel fertig gestellt und Gott geweiht.

Die „Zerstreuung"

Nach dem Exil kehrten viele Juden nicht nach Jerusalem zurück, sondern lebten weiter in anderen Teilen des persischen Reiches. Diese „Zerstreuung" (Diaspora) wurde bezeichnend für die Zeit des Neuen Testamentes. Aufgrund der Entfernung vom Tempel in Jerusalem begannen die Juden, an verschiedenen Orten Synagogen als Lehr- und Anbetungsstätten einzurichten und legten somit die Basis für die rasche Ausbreitung jüdischer Gemeinschaften in der mediterranen Welt.

Griechenland und das Römische Reich

Die Geschichte des Alten Testaments endet mit dem Wiederaufbau des Tempels und der Stadtmauern Jerusalems. Bis zum Beginn des Neuen Testaments ist hier in der Bibel eine Lücke von mehreren hundert Jahren. In dieser Phase erlebte das Schicksal der Perser, Griechen und Römer – und damit auch das der Juden, die mitten unter ihnen lebten – mehr als eine dramatische Wendung.

Alexander der Große

Die Perser legten es darauf an, ihr Reich über ganz Griechenland auszudehnen. Zahlreiche Schlachten zwischen Persern und Griechen endeten unentschieden, bis im Jahre 334 v.Chr. die Traumkarriere des griechischen Soldaten Alexander von Mazedonien begann.

Alexander war erst 22 Jahre alt, als er seinen Feldzug über die gesamte antike Welt startete. Nachdem er Ägypten eingenommen hatte, zog er weiter Richtung Osten bis ins Herz des persischen Reiches. Er preschte vor bis nach Indien, indem er alles eroberte, was auf seinem Weg lag und überall dort, wo er hinkam, griechische Städte gründete. Seinen Beinamen „der Große" hat er also nicht ohne Grund. Er starb im Jahre 323 v.Chr. im Alter von 33 Jahren in Babylon an einem Fieber.

Das geteilte Reich

Nach dem Tod Alexanders des Großen wurde sein Reich unter seinen vier Generälen („Diadochen") aufgeteilt. Ptolemäus übernahm die Kontrolle über Ägypten und regierte von Alexandria aus. Seleukos übernahm zunächst die östlichen Gebiete des Reiches. In den folgenden Jahrzehnten kämpften die Nachfolger des Ptolemäus und des Seleukos um die Ausweitung ihrer jeweiligen Reiche. Kulturell gesehen blieb die griechische oder „hellenistische" Welt jedoch als Einheit bestehen.

Ptolemäus I

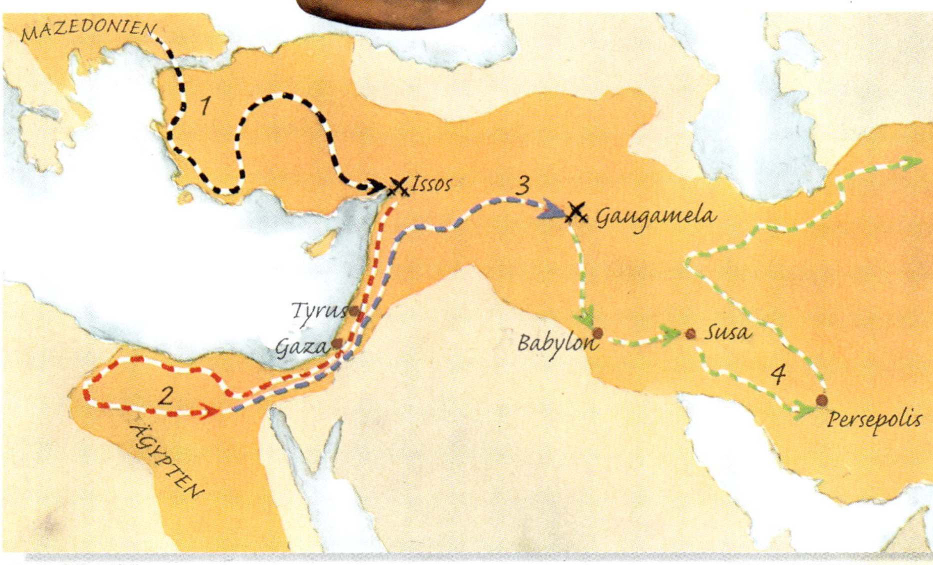

Alexanders Feldzug

1 Im Jahre 334 v. Chr. überquert Alexander von Mazedonien den Hellespont nach Kleinasien, um den persischen König Darius III. herauszufordern.

2 Alexander schlägt die Perser bei Issos und zieht weiter, um Phönizien, Palästina und Ägypten einzunehmen, wobei er die Städte Tyrus und Gaza zerstört.

3 In der Schlacht von Gaugamela im Jahr 331 v.Chr. wird Darius III. endgültig von Alexander besiegt, wodurch die Macht der Perser gebrochen wird.

4 Alexander nimmt die persischen Hauptstädte Babylon, Susa und Persepolis ein und fährt mit seinen Eroberungen in Richtung Indien fort.

Der Einfluss der Griechen

Alexanders Ziel lag nicht allein in der Eroberung. Er glaubte an die griechischen Ideale und wollte die griechische Kultur und ihr Gedankengut verbreiten. Kriegsveteranen ermutigte er dazu, sich in der Fremde anzusiedeln und Gesellschaften aufzubauen, die auf dem griechischen Lebensstil basierten. Es wurden nach griechischem Muster aufgebaute Stadtstaaten gegründet. Jede Stadt hatte einen Marktplatz, öffentliche Gebäude, Tempel und Theater, die in griechischer Architektur erbaut waren.
Das griechische Gedankengut hatte einen ebenso mächtigen Einfluss wie die griechische Architektur. Griechische Dramen, die in den Theatern aufgeführt wurden, stellten eine Verbindung zu griechischen religiösen Festtagen her. Griechisch wurde zur Weltsprache. Nicht lange zuvor waren hebräische Schriften ins Griechische übersetzt worden, damit sie von mehr Menschen gelesen werden konnten.

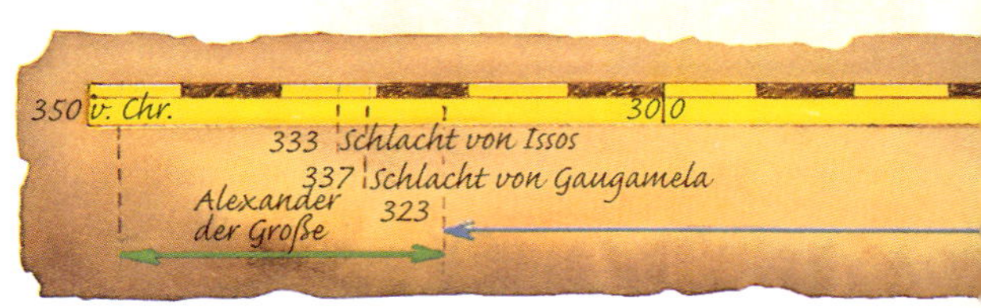

REICH DER SELEUKIDEN

Antiochia

SYRIEN

Jerusalem

Siehe auch

Die Griechen (S. 68-69)

Die Römer (S. 72-73)

Könige und Herrscher (S. 116-117)

Zwischen den beiden Testamenten – Überblick (S. 238-239)

Die Spätschriften (Apokryphen) (S. 240-241)

Der Aufstand der Makkabäer

Nach dem Tode Alexanders des Großen wurde Palästina, das Gebiet, das die ehemaligen Reiche Juda und Israel umschloss, zunächst von den Nachfolgern des Ptolemäus regiert. Im Jahre 198 v.Chr. fiel Palästina jedoch in die Hände der Seleukiden. Dies war der Anfang einer Periode der Judenverfolgung. Der Tempel wurde entweiht und die Ausübung der jüdischen Religion wurde laut Erlass des seleukidischen Königs Antiochus IV. Epiphanes verboten. Viele Juden fügten sich dem königlichen Erlass. Andere, die sich weigerten, ihren Glauben aufzugeben, wurden umgebracht oder mussten sich verstecken. Judas, der Sohn eines Priesters mit Namen Mattatias, führte einen Aufstand gegen König Antiochus an und schlug ihn im Jahre 164 v.Chr. Dank der Anstrengungen des Judas und seiner Brüder, der „Makkabäer", konnten die Juden im darauf folgenden Jahrhundert in Freiheit leben.

Antiochus IV. Epiphanes

Das Römische Reich

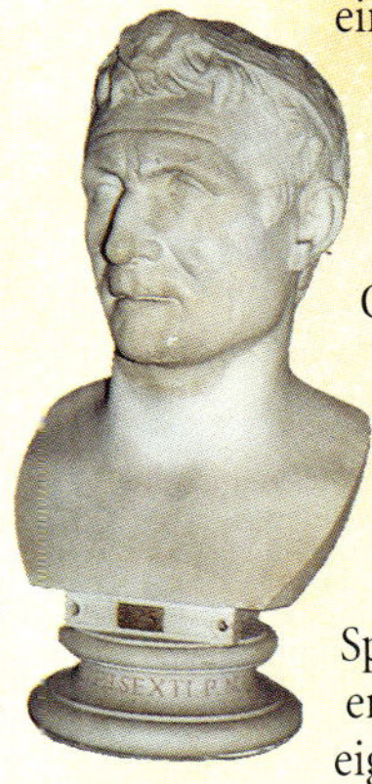

Pompejus

Augustus

Nach und nach ging das Reich Alexanders an die Römer über. Korinth wurde im Jahre 146 v.Chr. und Athen 86 v.Chr. eingenommen. Im 1. Jh. v.Chr. wurde Gallien von Julius Cäsar erobert, und Pompejus brachte Syrien und Palästina in die Hände der Römer. Er besetzte Jerusalem im Jahre 63 v.Chr. Gedankengut, Sprache und Kultur der Griechen wurden von den Römern verdrängt. Ihr Vermächtnis an die Welt war vor allem von praktischer Bedeutung: schnurgerade Straßen, Aquädukte, Rohrleitungen, Zentralheizungen und Bäder. Die griechischen Spiele wurden durch sportliche Wettkämpfe für das Publikum ergänzt. Im Jahre 31 v.Chr. wurde Octavian zum ersten eigentlichen Herrscher des Römischen Reiches. Im Jahre 27 v.Chr. nahm er den Titel „Augustus" an. Während seiner Regierungszeit wurde Jesus Christus geboren.

Die Römer in Palästina

Ihren untergebenen Nationen brachten die Römer Gesetz, Ordnung und Stabilität. Der Friede wurde durch Garnisonen von Soldaten gesichert, deren Präsenz nicht überall geschätzt war. In Palästina waren vier Legionen stationiert, die saftige Steuern kassierten. Die Atmosphäre war äußerst gereizt und ständig - besonders was die jüdische Religion anbetraf - bestand die Gefahr eines Aufstands.

Als aber die Zeit erfüllt war ...

In vieler Hinsicht war die Zeit nun reif für Jesus und seine Lehre. Nach der Philosophie der Griechen und dem Materialismus der Römer waren die Menschen nun auf der Suche nach „spirituellen" Antworten auf ihre Fragen. Doch allzuleicht verfielen sie schlicht in Aberglauben. In einer Zeit des religiösen Verfalls fühlten sich viele Nichtjuden vom jüdischen Glauben angezogen. Dank der römischen Straßen und des römischen Friedens konnte sich die Nachricht von der Botschaft und den Taten Jesu schnell über das ganze Römische Reich hin ausbreiten.

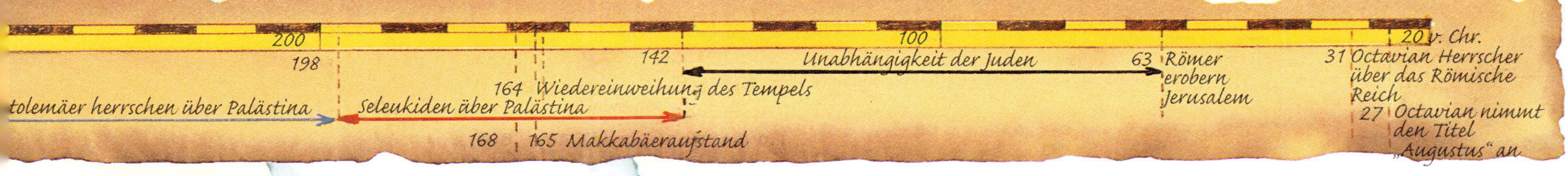

Die Geschichte Jerusalems

Seit der Eroberung durch König David im 10. Jh. v.Chr. war Jerusalem für das jüdische Volk stets sowohl das politische als auch das religiöse Zentrum gewesen. Die Stadt, die noch heute als „heilige Stadt" gilt, war, wie die Bibel berichtet, Schauplatz der Festnahme, Versuchung, Kreuzigung und Auferstehung Jesu. Heute hat Jerusalem eine besondere Bedeutung in den drei Weltreligionen Judentum, Christentum und Islam.

Stadt in den Bergen

Die Stadt Jerusalem, hoch in den Bergen Judäas gelegen, liegt 800 m über dem Meeresspiegel und 50 km vom Mittelmeer entfernt. Die steilen Hügel im Westen und die Wüste Judäas im Osten boten ihr natürlichen Schutz. Dennoch war die Stadt über die Hochebenen im Süden oder Norden von Feinden zu erreichen.

Luftaufnahme von Jerusalem mit Blick auf den nordwestlichen Teil mit einem Teil der Stadt Davids im linken Vordergrund. Im Hintergrund liegt das Kidrontal. Die Plattform, auf der heute der Felsendom steht, wurde auf dem Berg Morija angelegt. An diesem Ort sollte Abraham seinen Sohn Isaak opfern. Dort standen auch der Tempel Salomos und der Tempel des Herodes.

Das Jerusalem, das König David von den Jebusitern eroberte, befand sich auf dem östlichen Hügel. König Salomo erweiterte die Stadt in Richtung Norden, indem er einen Tempel, einen Königspalast und den Millo errichtete, der wahrscheinlich als befestigter Aussichtsturm gedient hat. Die Ausdehnung der Stadt in der Phase ab der Zeit Salomos bis in das 1. Jh. v.Chr. hinein ist sehr umstritten. Die kleine Karte links zeigt jedoch die minimale bzw. maximale Ausdehnung der Stadtmauern während dieser Zeit. Entlang der dünnen Linie, die einen Bezugspunkt zur Hauptkarte (gegenüber) herstellt, verlief eine spätere Stadtmauer.

Eine brisante Geschichte

Seit der Zeit König Davids (ca. im Jahre 1002 v.Chr.) hatte Jerusalem eine ereignisreiche Geschichte. Während der Herrschaft Salomos von 970-930 v.Chr. war die Stadt mit ihrem herrlichen Tempel und den prächtigen Bauten für die Israeliten das Zentrum von Religion und Verwaltung. Nach der Teilung der Stämme Israels in zwei Königreiche wurde Jerusalem zur Hauptstadt Judas. Nacheinander wurde die Stadt von den Ägyptern, den Assyrern und den Königen des im Norden angrenzenden Reiches Israel belagert und schließlich im Jahre 587 v.Chr. von den Babyloniern zerstört. Jerusalem, das nach der Rückkehr der Israeliten aus der Babylonischen Gefangenschaft wieder aufgebaut worden war, wurde erst in das persische Reich integriert, bevor es an die Ptolemäer und später an die Seleukiden fiel. Nach nur einem Jahrhundert der Unabhängigkeit fiel die Stadt in die Hände der Römer. Im Jahre 66 n.Chr. führten die Juden einen Aufstand gegen die Römer, und bereits im Jahre 70 n.Chr. wurde Jerusalem erneut zerstört. Das moderne Jerusalem ist auf den Ruinen der alten Stadt erbaut.

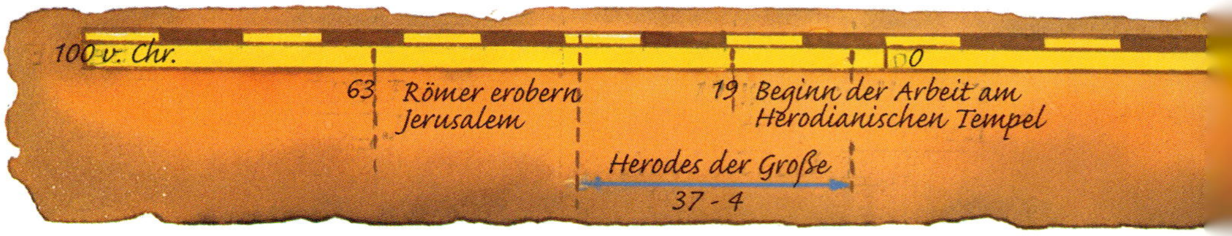

Jerusalem im Neuen Testament

Zur Zeit Jesu hatte Jerusalem vermutlich etwa eine Viertelmillion Einwohner. Die Straßen waren voller Menschen, die Handel miteinander trieben. Geschäfte und Stände boten alles von alltäglichen Dingen wie Sandalen, Kleidung, Fleisch, Obst und Gemüse bis hin zu den Luxusgütern der Goldschmiede, Juweliere, Seiden-, Leinen- und Parfümhändler feil. Es gab sieben verschiedene Märkte und zwei Markttage in der Woche. Jerusalem hatte Gasthäuser und Weinschänken für das einfache Volk sowie erhabene Gebäude wie die Paläste, vor allem der Palast des Herodes, römische Amphitheater und die Festung Antonia, die der römischen Besatzungsmacht zur Überwachung des Tempels diente.

Siehe auch
- Die Geographie Israels (S. 84-85)
- Städte und Dörfer (S. 120-121)
- Handel und Gewerbe (S. 124-125)
- Drei Tempel (S. 160-161)

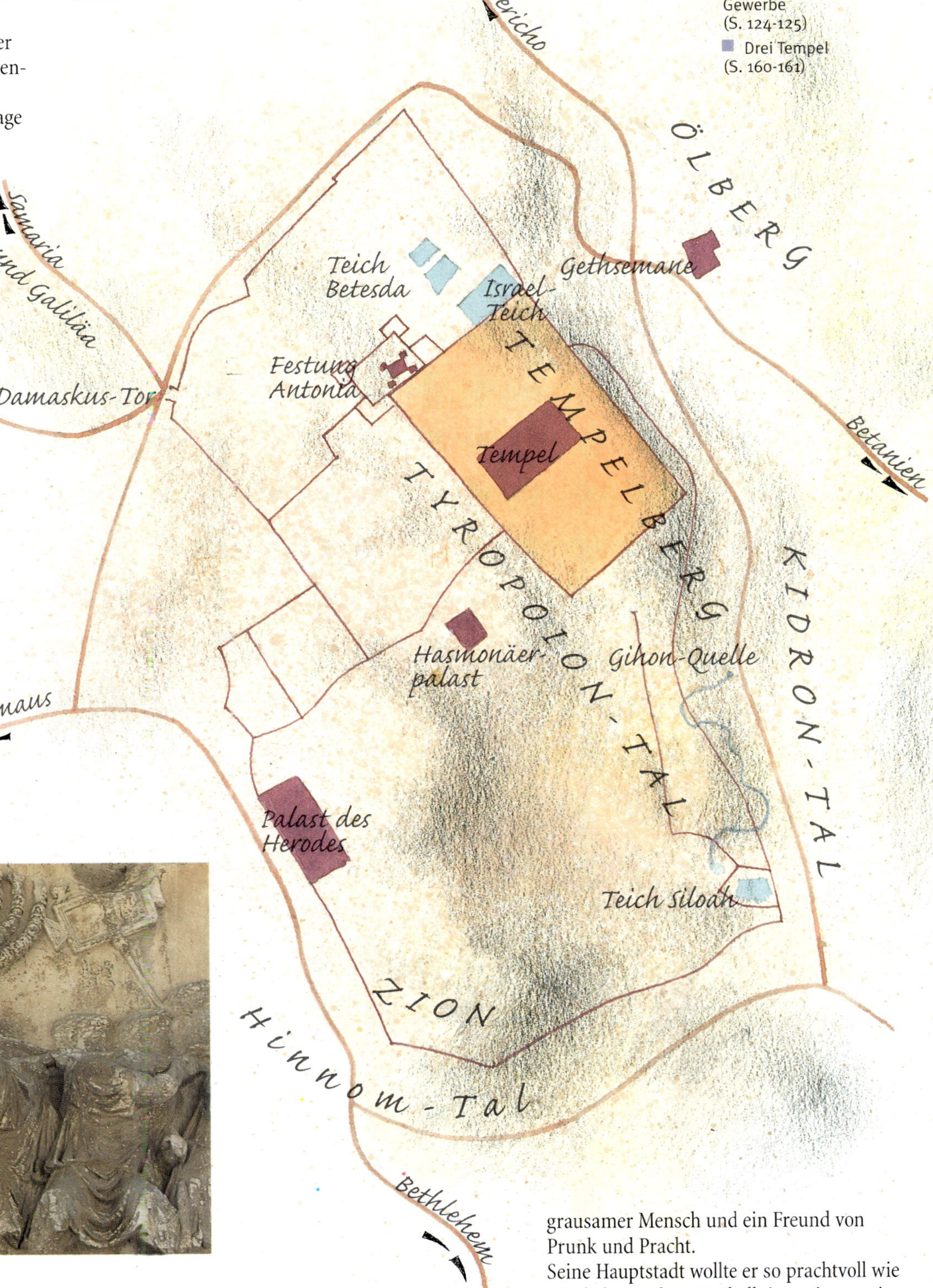

Jerusalem zur Zeit des Neuen Testaments
Auf dieser Karte ist das Ausmaß der Stadtmauern Jerusalems sowie die Standorte der wichtigsten Gebäude und Hauptpunkte aus der Zeit Jesu zu sehen. Die massive Plattform, die Herodes für den Tempel herrichten ließ, hatte eine Fläche von 485 x 315 m.

Der jüdische Aufstand gegen die Römer im Jahre 70 n.Chr. endete mit der Wiedereroberung Jerusalems durch Titus und der Zerstörung des Tempels des Herodes. Die Plünderung des Tempels wird auf dem Titusbogen in Rom dargestellt.

100 n. Chr.

64 Fertigstellung des Herodianischen Tempels
66 Jüdischer Aufstand gegen Rom
70 Zerstörung Jerusalems

Herodes der Große

Mitte des ersten Jahrhunderts v.Chr. wurde Herodes vom römischen Senat zum König über die Provinz Judäa ernannt. Herodes, der als Herodes der Große berühmt wurde, wachte über Jerusalem. Er war ein grausamer Mensch und ein Freund von Prunk und Pracht.

Seine Hauptstadt wollte er so prachtvoll wie möglich gestalten. Deshalb investierte er in ein weitgreifendes Restaurationsprogramm und die Errichtung neuer Bauten wie z.B. eines neuen Tempels. Während der 37-jährigen Regierungszeit des Herodes erlebte Jerusalem dank seiner Macht und Beziehungen zu Rom eine wahre Blütezeit.

Auf den Spuren Jesu

Wie die Bibel berichtet, wurde Jesus zu einem Zeitpunkt geboren, als der römische Kaiser Augustus eine Volkszählung im ganzen Reich angeordnet hatte. Dies geschah gegen Ende der Regierungszeit Königs Herodes des Großen. Obwohl seine Eltern, Maria und Josef, aus Nazareth waren, kam Jesus in Bethlehem, dem Geburtsort seines berühmten Vorfahren König David, zur Welt.

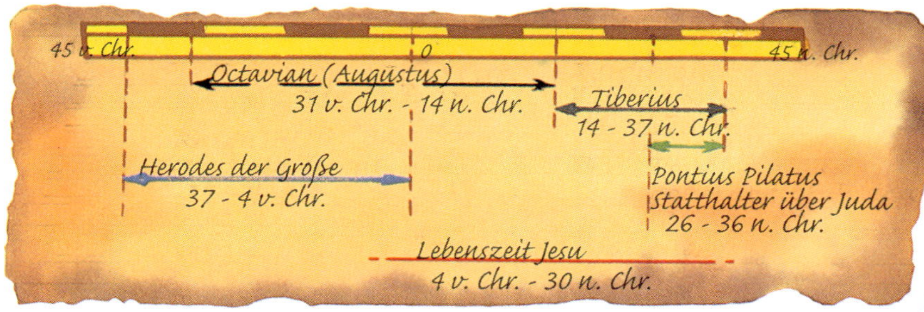

Der Verheißene

Die Bibel zeigt Jesus, der in eine gewöhnliche Familie hineingeboren wurde, deutlich als den Messias oder „Christus", den Gott schon lange zuvor verheißen hatte und der sein Volk erretten sollte. Viele Juden waren bereit und warteten auf ihn. Doch er entsprach nicht ihrem Bild von einem herrlichen König, wie sie ihn sich vorstellten.

Jesu Kindheit

Seine ersten Lebensjahre verbrachte Jesus in Nazareth, wo sein Vater Josef als Zimmermann arbeitete. Als alljährlicher Höhepunkt galt das Passafest, zu dessen Feier man nach Jerusalem zu reisen pflegte. Als Jesus zwölf Jahre alt war, nahmen ihn Maria und Josef zum ersten Mal mit.

Eine Figur der Öffentlichkeit

Etwa im Jahre 27 n.Chr., im 13. Jahr der Herrschaft des römischen Kaisers Tiberius, begann Jesu Wirken in der Öffentlichkeit. Die Bibel erzählt, wie Jesus sich der Menschenmenge anschloss, die sich um Johannes den Täufer am Jordan scharte. Er ließ sich selbst taufen. Vierzig Tage des Fastens und der Versuchung durch den Teufel bereiteten Jesus auf seine Rückkehr in die Region Galiläas vor, wo er begann, als Wanderprediger zu wirken.

Die Bibel berichtet von einer Begebenheit, in der Jesus von jüdischen Gesetzeslehrern über die Rechtmäßigkeit der Steuerzahlung an den römischen Kaiser befragt wird. Als Münze für diese Steuer diente der Denar. Auf diesem Denar ist das Bild von Tiberius eingeprägt, der zur Zeit des Wirkens Jesu als Kaiser regierte.

Samaria

Jerusalem

Bethlehem

Siehe auch

- Die Geographie Israels (S. 84-85)
- Bauhandwerk (S. 132-133)
- Jüdischer Glaube im Neuen Testament (S. 170-171)
- Die Anfänge (S. 178-179)
- Johannes (S. 250-251)

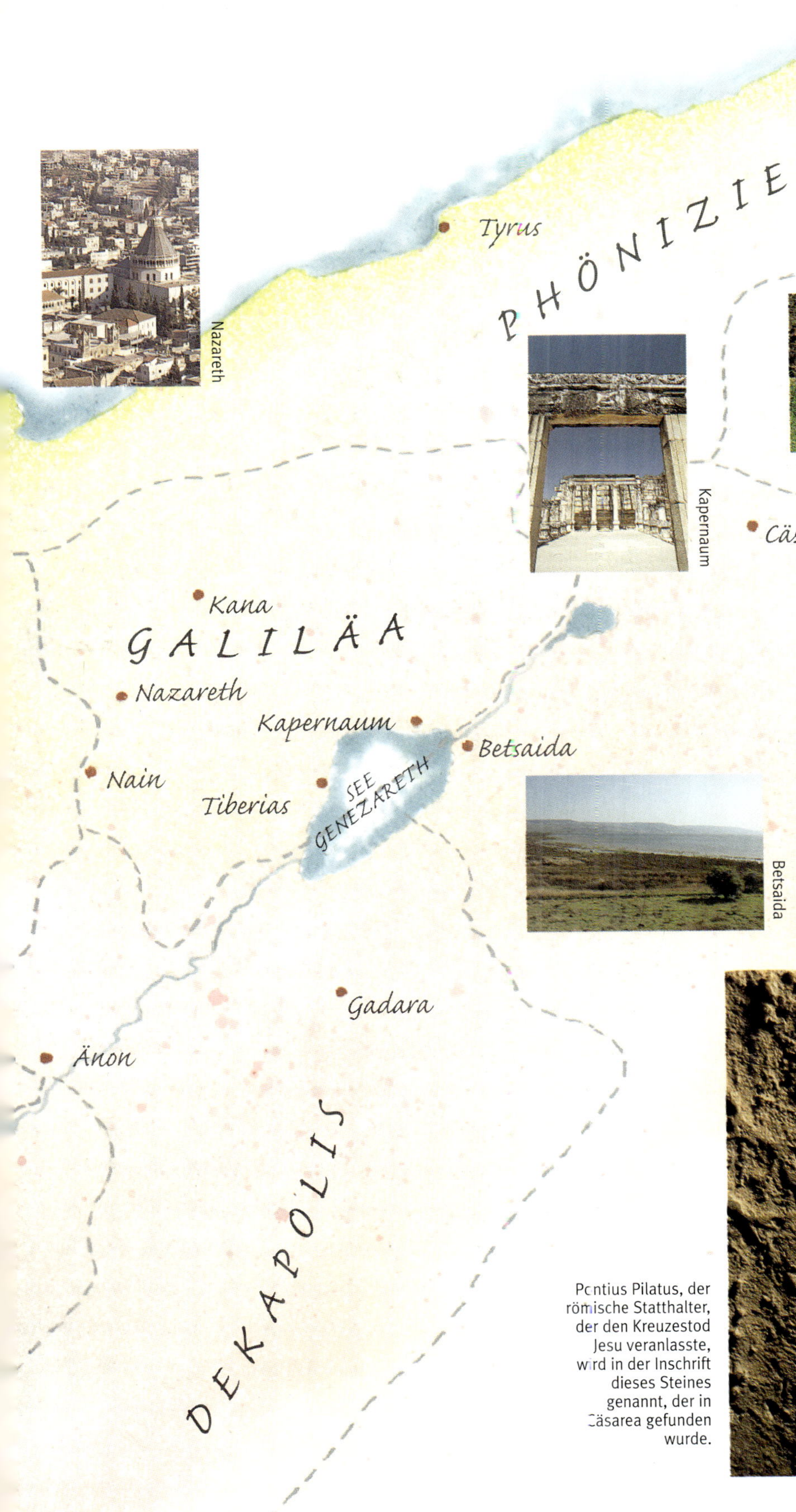

Nazareth

Kapernaum

Betsaida

Cäsarea Philippi

Wachsender Widerstand

Höchstwahrscheinlich war es im Frühjahr des Jahres 30 n.Chr., als Jesus zum letzten Mal zum Passafest nach Jerusalem ging. Er hatte sich einen Namen als großer Lehrer gemacht, der sich um das einfache Volk kümmerte. Immer wieder hatte er die Menschen, die ihm folgten, mit seinen Heilungswundern in Erstaunen versetzt.

Doch es gab auch wachsenden Widerstand gegen Jesus. Die religiösen Lehrer fühlten sich durch Jesu direktes Reden angegriffen. Sie bemerkten, dass Jesus einen weitaus höheren Stellenwert für sich in Anspruch nahm als ein Hoherpriester: Er behauptete, eine besondere Beziehung zu Gott zu haben. Während besagter Passawoche erreichte der Widerstand gegen Jesus seinen Höhepunkt und kam zum Überkochen. Judas, einer der zwölf Jünger Jesu, plante seinen Verrat, woraufhin Jesus nachts festgenommen wurde. Kurz darauf kam er aufgrund falscher Anschuldigungen von „Zeugen" vor ein religiöses Gericht. Am darauf folgenden Tag wurde Jesus vom römischen Statthalter Pontius Pilatus, einem schwachen Mann, der nur aus Furcht vor einem Volksaufruhr handelte, zum Tode verurteilt.

Pontius Pilatus, der römische Statthalter, der den Kreuzestod Jesu veranlasste, wird in der Inschrift dieses Steines genannt, der in Cäsarea gefunden wurde.

Reise durch Israel

In der Bibel werden viele Orte genannt, an denen Jesus war, auch wenn es nicht möglich ist, eine genaue Abfolge seiner Reisen nachzuvollziehen. Einen Großteil seiner Zeit verbrachte er in der Gegend um den See Genezareth. Offensichtlich besuchte er oft die Stadt Jerusalem, vor allem zu hohen Festtagen. Mindestens einmal wählte er den Weg durch Samaria. Er bereiste auch den hohen Norden bis hinein in das Gebiet von Cäsarea Philippi, das am Berg Hermon liegt.

Tod, Begräbnis und danach ...

Jesus wurde zum Tod durch Kreuzigung verurteilt und er starb am Kreuz auf einem Hügel außerhalb der Stadtmauern Jerusalems. Auf seinen Tod folgte ein eiliges Begräbnis. Doch die Bibel berichtet, wie einige Frauen, die mit ihm befreundet waren, ihm die letzte Salbung geben wollten und Jesu Grab leer vorfanden. Später wurde Jesus von vielen seiner Nachfolger lebendig gesehen.

Die Entstehung des Christentums

Die Bibel berichtet, dass Jesus seinen Jüngern sechs Wochen nach seiner Auferstehung die Anweisung gab, ihn in der ganzen Welt bekannt zu machen. Sie sollten in Jerusalem warten, bis sie die Kraft des Heiligen Geistes empfangen würden. Diese Kraft, die am Pfingsttag kam, veränderte das Leben der Jünger von Grund auf.

Die Verbreitung des Christentums wurde durch das hervorragende Netz von Straßen und Seewegen der Römer erleichtert. Die nebenstehende Karte zeigt das größte Ausmaß des Römischen Reiches während der Herrschaft des Kaisers Trajan. Auf der Hauptkarte sind einige der römischen Provinzen zu sehen, die im Neuen Testament erwähnt werden.

Neue Anhänger

Unter dem Einfluss der Jünger wurden viele Menschen in Jerusalem zu Anhängern Jesu. In Städten und Dörfern über ganz Palästina verteilt entstanden neue Gruppen von Gläubigen. Wie die Bibel berichtet, kam es während dieser Zeit (etwa 34 n.Chr.) zu zwei herausragenden Ereignissen. Ein Pharisäer mit Namen Saulus (später bekannt als Paulus), der ein strenger Gegner der neuen Sekte war, bekehrte sich auf dem Weg nach Damaskus, wo er einige Christen festnehmen wollte, durch eine Begegnung mit dem auferstandenen Jesus Christus. In Cäsarea wandte sich ein römischer Hauptmann mit Namen Kornelius auf bemerkenswerte Weise dem Christentum zu.

Die ersten Missionare

In Antiochia, der Hauptstadt der Provinz Syrien, kamen viele Menschen zum Glauben. Im Volksmund wurden sie hier erstmals „Christen“ genannt. Im Jahre 45 oder 46 n.Chr. starteten von dort aus die Missionare Paulus und Barnabas ihre Reisen. Sie predigten in Zypern und in der heutigen Türkei, wobei viele Juden und auch Nichtjuden (so genannte „Heiden“) zu Christen wurden. Dies führte zu einem grundlegenden Problem: Konnten Heiden Christen werden, ohne vorher dem jüdischen Glauben beizutreten? Auf einer Konferenz, die im Jahre 49 n.Chr. in Jerusalem stattfand, wurde beschlossen, dass dies möglich war. Dies bedeutete für die Kirche einen entscheidenden Schritt vorwärts.

Paulus setzte seine Missionsreisen in Europa fort. Noch viele andere Menschen predigten die Botschaft von Jesus Christus, das „Evangelium“, und halfen den christlichen Gemeinden.

Im Jahre 64 n.Chr. gab es Gemeinden in allen Hauptzentren des Römischen Reiches. Von dort aus verbreitete sich das Evangelium in den umliegenden Gebieten.

Siehe auch

- Die Religion der Römer (S. 74-75)
- Die ersten Christen (S. 172-173)
- Jesus, der Erlöser (S. 190-191)
- Apostelgeschichte (S. 248-249)

Antiochia
Antiochia war das Hauptzentrum der neuen christlichen Kirche, wo die Nachfolger Jesu zum ersten Mal als „Christen" bezeichnet wurden. Dort war auch der Ausgangspunkt der Reisen des Paulus.

Damaskus
Auf dem Weg nach Damaskus wurde der Pharisäer Saulus, später bekannt als Paulus, zum Nachfolger Jesu. Paulus war von Jerusalem aus auf dem Weg, um die Christen zu verfolgen.

Cäsarea
Cäsarea wurde von König Herodes dem Großen zu Ehren des römischen Kaisers Augustus errichtet. Dort predigte Petrus zum ersten Mal zu Nichtjuden im Haus eines römischen Offiziers.

Jerusalem
Jerusalem war das Zentrum der ersten Christengemeinden. Dort fand etwa im Jahre 49 n.Chr. eine Konferenz statt, in der darüber entschieden wurde, inwieweit nichtjüdische Christen die jüdischen Gesetze einhalten mussten.

Die Reisen des Paulus

Paulus, der sich auf dem Weg nach Damaskus zum Christentum bekehrt hatte, wurde zur Schlüsselfigur für die Verbreitung des Christentums in der westlichen Welt. In seinen Briefen an christliche Gemeinden, die einen großen Teil des Neuen Testaments einnehmen, nimmt Paulus Bezug auf seine zahlreichen Reisen und die steten Gefahren, denen er dabei ausgesetzt war. Drei seiner Missionsreisen werden im Neuen Testament von seinem Reisegefährten Lukas nacherzählt. Seine vierte Reise trat Paulus als Gefangener nach Rom zu seiner Verurteilung an.

Korinth galt als bedeutendes Handelszentrum und zog Menschen vieler Nationalitäten an. Die Überreste des Tempels des Apollo in Korinth stammen etwa aus dem Jahre 540 v.Chr.

Die erste Reise

Von ihrem Ausgangspunkt in Antiochia in Syrien aus führte die erste Missionsreise von Paulus und Barnabas mit dem Schiff nach Zypern und von dort aus in die heutige Türkei. Sie besuchten Attalia, Perge, Pisidien, Antiochia, Ikonion, Derbe und Lystra. Sie nahmen denselben Weg zurück und kamen per Schiff nach Antiochia. Johannes Markus, der mit ihnen aufgebrochen war, kehrte im Jahre 45 oder 46 n.Chr. von Perge aus zurück.

Die zweite Reise

Die zweite Missionsreise des Paulus fand von 48 bis 51 n.Chr. statt und beinhaltete einen 18-monatigen Aufenthalt in Korinth. Dieses Mal wurde Paulus von Silas begleitet, nachdem er sich mit Barnabas über Johannes Markus zerstritten hatte. Von Antiochia aus zogen sie über Land und besuchten die Gemeinden, die sie auf der ersten Reise gegründet hatten. Timotheus schloss sich ihnen bei Lystra an. Von dort aus erreichten sie in Troas die Küste und setzten nach Nordgriechenland über. Sie reisten von Philippi nach Thessalonich, Beröa, Athen und Korinth und kehrten per Schiff von Korinth aus über Ephesus und Cäsarea nach Antiochia zurück.

Die dritte Reise

Die dritte Missionsreise des Paulus startete im Jahre 53 n.Chr. Paulus und seine Reisegefährten zogen wieder über Land durch Galatien und Phrygien in die Türkei. Über zwei Jahre lang blieben sie in Ephesus, wo die Nachricht von Jesus auf so viel Resonanz stieß, dass die Silberschmiede, die Abbilder der Göttin Diana hergestellt hatten, um ihre Einkünfte bangten und einen Aufruhr anzettelten. Von Ephesus aus reiste Paulus nach Philippi und Korinth. Auf dem Rückweg umschiffte er die Küste von Troas nach Assos, Mitylene, Milet, Rhodos, Patara, dann von Tyrus aus nach Ptolemaïs und Cäsarea, um dann wieder nach Jerusalem zu kommen.

Paulus predigte in Athen vor Philosophen, indem er auf einen Athener Altar mit der Aufschrift „Dem unbekannten Gott" verwies und hieran anknüpfend auf Jesus Christus zu sprechen kam.

Reise nach Rom

In Jerusalem wurde Paulus festgenommen. Die beiden folgenden Jahre von 58 bis 60 n.Chr. verbrachte er im Gefängnis, bis er auf ein Gnadengesuch hin nach Rom aufbrach, um dort vor dem Kaiser in die Berufung zu gehen. Diese vierte Reise, die im Herbst stattfand, unterschied sich sehr von den vorhergehenden Reisen. Paulus, der von Lukas begleitet wurde, stand unter Aufsicht. Nachdem sein Schiff von Kreta aus in See gestochen war, kam es in einen heftigen Sturm und erlitt vor Malta Schiffbruch. Die Reisenden, die noch einmal mit dem Leben davongekommen waren, blieben den Winter über auf Malta, bevor sie ihre Reise nach Rom fortsetzten. Als Paulus in der Hauptstadt ankam, wurde er von Christen empfangen. Während der nächsten zwei Jahre verkündete Paulus, der unter Hausarrest stand, dennoch weiterhin die Botschaft von Jesus und wartete auf seine Verurteilung.

Die erste christliche Gemeinde in Europa wurde in Philippi in Nordgriechenland gegründet. Auf diesem Foto ist der Ort zu sehen, auf dem sich früher der Marktplatz befand.

Siehe auch

- Die Kultur des Hellenismus (S. 70-71)
- Die Religion der Römer (S. 74-75)
- Die ersten Christen (S. 172-173)
- Die Apostelgeschichte (S. 248-249)
- Die Schriften der Apostel (S. 252-253)

Die ersten Gemeinden

Gegen Ende des ersten Jahrhunderts n.Chr. war das Christentum in den meisten Gebieten des Römischen Reiches verbreitet. Die Anhänger Jesu reisten überall herum, um anderen von ihrem neuen Glauben zu erzählen und um neue Glaubensgemeinschaften zu gründen. Allem harten Widerstand und sogar aller Verfolgung zum Trotz hielten die Christen standhaft an ihrem Glauben fest und die Kirche fasste so tiefe Wurzeln, dass sie nicht mehr auszurotten war.

Rom
Vermutlich endete das Leben des Paulus hier im Herzen des Römischen Reiches. Paulus schrieb an die Römer, bevor er sie besuchte, um die wichtigsten Grundsätze des christlichen Glaubens festzuhalten.

Die Gute Nachricht zieht schnell Kreise

Die ersten Apostel spielten eine wichtige Rolle bei der Gründung neuer Gemeinden. Paulus reiste nach Kleinasien, Petrus arbeitete in Rom; in außerbiblischen Überlieferungen ist von Johannes in Asien, Markus in Alexandria, Thomas in Indien und Thaddäus in Mesopotamien die Rede. Solche Reisen waren natürlich auch relativ kostspielig und die Apostel wurden von der Großzügigkeit anderer Christen mitgetragen, die ihre Reisen innerhalb des gesamten Römischen Reiches finanzierten. Zweifellos zog die „frohe Botschaft" noch weitere Kreise, indem viele namenlose Gläubige mit anderen Menschen über ihre persönlichen Erfahrungen sprachen. Die Karte zeigt die Standorte der bekannten christlichen Zentren im Jahre 100 n.Chr. auf.

Athen
Kulturelles und religiöses Zentrum des Altertums. Auf seiner zweiten Missionsreise besuchte Paulus Athen und sprach vor dem Gerichtshof, den man einberufen hatte, um einen Religionsstreit zu schlichten.

Korinth
Ein Welthandelszentrum. Die Paulusbriefe an die Korinther zeigen, wie die Kirche mit gesellschaftlichen Problemen zu kämpfen hatte, wie z.B. dem moralischen Verfall, Götzendienst und Mysterienreligionen.

Christentum in der Praxis

Die erste christliche Gemeinde war im Grunde eine unter vielen anderen jüdischen Gruppierungen in Palästina, so wie die der Pharisäer und Sadduzäer. Doch was die ersten Christen deutlich von den anderen Gruppen unterschied, war die Tatsache, dass sie auch Nichtjuden in ihre Gemeinschaft aufnahmen. Im Jahre 100 n.Chr., als das Zentrum der Christenheit nach Rom überging, bestand die Kirche tatsächlich zumeist aus Nichtjuden.
Was die ersten Christen verband, war sowohl die Achtung der alttestamentlichen Schriften als auch die Tatsache, dass sie Jesus als Gottes Sohn und ihren „Herrn und Retter" anerkannten. Sie feierten regelmäßig ein Mahl als Erinnerung an Jesus und sein letztes Abendmahl, indem sie vor dem Essen ihre Sünden bekannten und Gott dankten. Außerdem praktizierten sie die Taufe, beteten das Vaterunser und fasteten regelmäßig.

In der zweiten Hälfte des ersten Jh.s n.Chr. wurden die christlichen Gemeinden in vielen Teilen des Römischen Reiches angegriffen. Viele Christen mussten für ihren Glauben sterben. Schauplatz vieler solcher Märtyrertode war das Kolosseum in Rom, das im Jahre 80 v.Chr. erbaut wurde und Platz für bis zu 70000 Zuschauer bot.

Philippi
Diese Stadt, die unter römischer Kolonialherrschaft stand, bot eine Heimat für Menschen, die dem Römischen Reich in besonderer Weise gedient hatten, wie etwa Kriegsveteranen. Paulus wurde dort gefangen gehalten. Der Philipperbrief war an die Gemeinde in Philippi gerichtet.

Thessalonich
Paulus schrieb zwei Briefe an die Gemeinde in Thessalonich, in denen von der Wiederkunft Christi die Rede ist.

Ephesus (Foto)
In dieser großen Hafenstadt befand sich der Tempel der Göttin Diana, das Theater, wo die Menschenmassen lautstark Paulus und seine Begleiter anklagten, sowie die Tyrannushalle, wo Paulus zwei Jahre lang lehrte. Der Epheserbrief war an die Christen in dieser Region gerichtet.

Patmos
Während seines Exils auf der Insel Patmos schrieb Johannes an die Christen auf dem Festland das Buch der Offenbarung sowie Briefe an sieben Kirchen.

Kolossä
Den Brief an die Kolosser richtete Paulus an Christen in dieser griechischen Stadt.

Siehe auch
- Jüdischer Glaube im Neuen Testament (S. 170-171)
- Die ersten Christen (S. 172-173)
- Das Gebet (S. 174-175)
- Die Schriften der Apostel (S. 252-253)

Teil 1: Bildnachweise

Abkürzungen:
o = oben, ol = oben links, om = oben Mitte, or = oben rechts,
m = Mitte, ml = Mitte links, mr = Mitte rechts,
u = unten, ul = unten links, um = unten Mitte, ur = unten rechts

Illustrationen
Karten und Zeittafeln: David Atkinson
RN = Rex Nicholls

Fotos
JA = Jon Arnold, ZR = Zev Radovan

Seite
18 jüdische Besucher in Ägypten: RN
20 *om* Herstellung von Bausteinen: Lion Publishing
20 *ul* Pferdewagen: Lion Publishing
20 *um* Ramses II: JA
21 Blick von Berg Sinai: JA
22 *or* Turm: ZR
22 *m* Jericho: Lion Publishing/David Alexander
23 Hazor: ZR
25 Berg Tabor: Lion Publishing/David Townsend
26 *ol* Mann mit Steinschleuder: ZR
26 *om* Wasserfall, En-Gedi: JA
26 *ul* Hebron: Lion Publishing/David Townsend
27 *o* Bet-Schean: ZR
27 *u* Gihon-Quelle: JA
28 *o* Sichem: JA
28 *u* Baal: ZR
29 Samaria: Lion Publishing/David Townsend
30 *o* Sargon II.: Foto Scala, Florenz
30 *u* schwarzer Obelisk des Salmanassar II. (Detail): ZR
31 Relief: Belagerung von Lachisch: ZR
32 babylonische Chroniken: © British Museum
33 Luftaufnahme von Babylon: Comstock UK 1998
34-35 *o* Persepolis: PowerStock Photo Library
35 *o* Jehud-Münze: ZR
35 *u* Grab des Kyrus II.: ZR
36 *l* Büste Alexanders des Großen: ZR
36 *r* Münze des Ptomeläus I.: ZR
37 *l* Münze des Antiochus IV.: ZR
37 *m* Büste des Pompejus: © G. Garvey, The Ancient Art and Architecture Collection
37 *r* Büste des Augustus: ZR
38 Luftaufnahme von Jerusalem: ZR
39 Titusbogen (Detail): JA
40 *m* Münze des Tiberius: ZR
40 *r* Jerusalem: Lion Publishing/David Townsend
40 *r* Samaria: Lion Publishing/David Townsend
40 *u* Bethlehem: Lion Publishing/David Townsend
41 *ol* Nazareth: JA
41 *om* Kapernaum: Lion Publishing/David Townsend
41 *or* Cäsarea Philippi: Lion Publishing/David Townsend
41 *m* Betsaida: ZR
41 *u* Inschrift des Pilatus: ZR
43 *or* Antiochia: Lion Publishing/David Alexander
43 *mr* Damaskus: © Comstock UK 1998
43 *ur* Cäsarea: Lion Publishing/David Townsend
43 *um* Jerusalem: JA
44 *o* Tempel des Apollo, Korinth: JA
44 *u* Parthenon, Athen: JA
45 römische Agora, Philippi: JA
46 Forum Romanum, Rom: JA
46 *u* Kolosseum, Rom: Sonia Halliday Photographs
47 Ephesus: JA

VÖLKER UND REICHE

Teil 2

Die Sumerer

Die Sumerer lebten etwa 3000 Jahre lang im südlichen Teil des alten Mesopotamien. Ihre Geschichte lässt sich in drei große Abschnitte einteilen: die frühsumerische, die frühdynastische und die neusumerische Zeit. Den Sumerern sind viele Marksteine späterer Zivilisation zu verdanken, darunter Schrift, Kunst und Architektur.

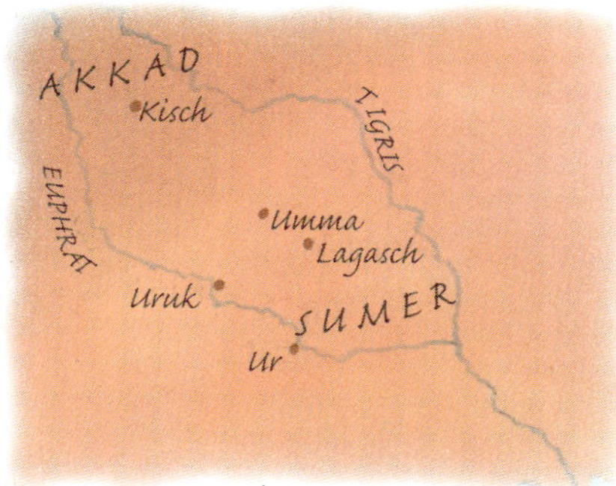

Die Erfindung der Schrift

Man nimmt an, dass die Sumerer die Schrift erfunden haben. Die ältesten uns bekannten Schriftzeugnisse, die um 3300 v.Chr. entstanden, wurden auf Tontafeln aus der Stadt Erech entdeckt. Man benutzte eine besondere Schrift, die so genannte Keilschrift, bei der in der Frühzeit Bildsymbole für Wörter verwendet wurden. Diese frühe sumerische Keilschrift bestand aus mehr als 700 verschiedenen Bildsymbolen und wurde für buchhalterische Aufzeichnungen verwendet. Die Schreiber kamen bald auf die Idee, mit dem Zeichen den Lautwert eines Wortes zu beschreiben, um schwierig zu zeichnende Wörter auch zu schreiben (wie in „Herr“ + „Schaft“ = „Herrschaft“). Damit wurde das System flexibel und konnte auch für andere Sprachen wie Babylonisch und Hetitisch übernommen werden. Die Schrift war dann geeignet, um Literatur und religiöse Gedanken sowie Rechtsgeschäfte aufzuzeichnen.

Nach dem sumerischen Königsverzeichnis wurde Sumer zwischen 2334 und 2193 v.Chr. von einem Herrschergeschlecht akkadischer Könige regiert. Von diesem lebensgroßen Bronzekopf, der in Ninive gefunden wurde, nimmt man an, dass er entweder König Sargon von Akkad, den Begründer des akkadischen Herrschergeschlechts, oder seinen Enkel Naramsin zeigt.

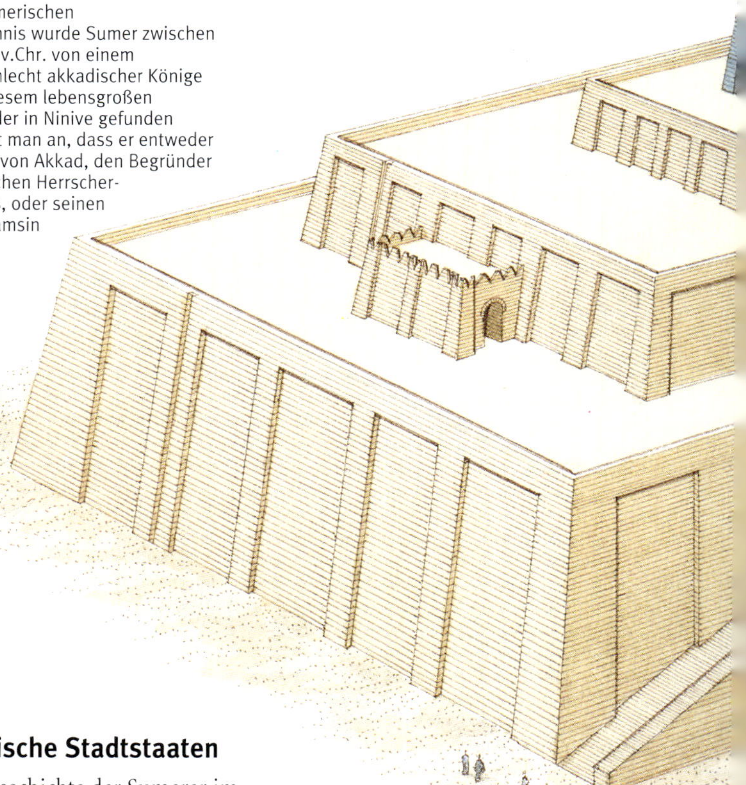

Dieses Fragment des Gilgamesch-Epos wurde in Megiddo gefunden und stammt aus dem 15. Jh. v.Chr.

Die frühsumerische Zeit

Die frühsumerische Zeit dauerte von 3000 bis 2700 v.Chr. Die bedeutendsten sumerischen Städte dieser Epoche waren Kisch und Erech. In Erech gab es drei bemerkenswerte Herrscher: Enmerkar, Lugalbanda und Gilgamesch. Gilgamesch war der berühmteste Held der gesamten sumerischen Geschichte. Gedichte, die von seinen Großtaten berichten, wurden später zum babylonischen Gilgamesch-Epos verarbeitet.

Sumerische Stadtstaaten

Die Vorgeschichte der Sumerer im Süden des heutigen Irak liegt im Dunkeln. Im vierten Jahrtausend v.Chr. bauten sie große Städte und ab 3000 v.Chr. bestand Sumer aus mehreren Stadtstaaten, von denen einige, z.B. Kisch, Lagasch, Ur und Erech, sehr mächtig wurden. Jeder Stadtstaat hatte seinen eigenen Herrscher und es gab immer wieder Machtkämpfe zwischen ihnen, wobei häufig über Wasserrechte gestritten wurde. Man unternahm auch Feldzüge in den Iran, um an Erz zu kommen, trieb weitläufigen Handel und exportierte Getreide, Datteln und Tuche.

Diese Statue aus einem sumerischen Tempel stellt Gudea dar, den Herrscher über Lagasch während der frühdynastischen Zeit. Sie entstand ungefähr 2130 v.Chr.

Sumerische Götter

Sumerische Schreiber haben die Namen hunderter Götter und Göttinnen überliefert. Jede Stadt hatte einen Schutzgott. Beispielsweise war Sud der Gott von Schuruppak und Nanna der Stadtgott von Ur. Der Haupttempel der Stadt war dem Stadtgott geweiht. Zu den für das ganze Volk wichtigen Göttern gehörten der Himmelsgott An und die Liebes- und Kriegsgöttin Inanna. Die sumerische Mythologie besagt, dass die Götter menschliche Gestalt annahmen, sich ähnlich wie Menschen verhielten und sich oft in deren Angelegenheiten einmischten.

In den Königsgräbern von Ur wurden Schätze entdeckt, die in der Zeit Abrahams wahrscheinlich schon 500 Jahre alt waren. Dazu gehört diese Ziegenstatue (oben) aus Gold, Silber, Lapislazuli und Perlmutt sowie ein goldener Dolch (rechts).

Siehe auch

- Die Erzväter und ihre Welt (S. 18-19)
- Die Babylonier (S. 62-63)
- Antike Religionen (S. 146-147)

Die Zikkurat in Ur, erbaut von König Urnammu, gehört zu den frühesten Zeugnissen eines Baustils, der für ganz Mesopotamien typisch wurde. Es ist anzunehmen, dass der Turm zu Babel, von dem die Bibel berichtet, in etwa diesem Bild entsprach.

Die neusumerische Zeit

In der neusumerischen Zeit (2100-2000 v.Chr.) war Ur die Hauptstadt. Hier wurde der älteste uns bekannte Gesetzestext verabschiedet, der für Verbrechen eher Geldzahlungen als körperliche Strafen vorsah. Der erste König von Ur während dieser Epoche, Urnamma, baute in der Stadt eine großartige Zikkurat, deren Überreste heute noch sichtbar sind. Mit der Zeit begannen sich die Sumerer durch Heirat mit den vielen Einwanderern auf ihrem Gebiet, besonders den Amoritern, zu vermischen. Danach schwand die sumerische Identität und die gesprochene Sprache ging langsam unter. Dennoch blieb Sumerisch für viele Jahrhunderte die Sprache der Religion, der Wissenschaft, des Handels und des Rechts.

Die frühdynastische Zeit

Der zweite Abschnitt sumerischer Geschichte umfasst die Zeit von 2700 bis 2250 v.Chr. Damals waren Ur, Kisch, Umma und Lagasch die mächtigsten sumerischen Städte. Die Spannungen zwischen Umma und Lagasch sind in einer Reihe historischer Zeugnisse aus der Zeit um 2400 v.Chr. dokumentiert. Hier finden sich auch Angaben zur damaligen Wirtschaft und Gesellschaft. Spätere Zeugnisse, aus der Zeit des Fürsten Gudea von Lagasch, enthalten noch speziellere Wirtschaftsdaten sowie Schilderungen des religiösen Lebens.

Sumerische Kunst und Architektur

Die sumerische Kunst und Architektur hatte entscheidenden Einfluss auf die Kultur des Alten Orients. Die Bildhauerei – man verwendete Ton, Holz und Metall – war hoch entwickelt. Zu den Erzeugnissen sumerischer Kunst gehören eine Alabastervase aus Erech aus der Zeit um 3500 v.Chr. und eine kunstvoll gestaltete hölzerne Harfe aus Ur (um 2650 v.Chr.). Die Sumerer bauten mächtige Zikkurattempel, deren Grundfläche bis zu 46.500 m^2 betragen konnte.

Die Ägypter

Die ägyptische Kultur zählt zu den ältesten der Welt. Sie entstand vor mehr als 5000 Jahren im schmalen Flusstal des Nils, war über mehrere tausend Jahre hoch entwickelt und erlebte währenddessen drei großartige Blütezeiten.

Ägyptische Schriftsysteme

Die Idee der Schrift kam kurz nach ihrer Erfindung nach Ägypten. Ägyptische Schreiber entwickelten ihr eigenes Schriftsystem aus Begriffszeichen, die man Hieroglyphen nennt. Dieses System wurde bis ins fünfte vorchristliche Jahrhundert für Inschriften auf Gebäuden und Grabmalen verwendet. Für gewöhnliche Aufzeichnungen, Briefe, Buchhaltung und Literatur wurde jedoch eine einfachere Handschrift, die hieratische Schrift, entwickelt. Eine abgekürzte Alltagsschrift, demotische Schrift genannt, entstand daraus nach 1000 v.Chr.

3050 v. Chr. Gründung des ägyptischen Staates
vordynastische Zeit
2920 v. Chr.
frühdynastische Zeit
2575 v. Chr.
ALTES REICH
2134 v. Chr.
1. Zwischenreich
2040 v. Chr.
MITTLERES REICH
1640 v. Chr.
2. Zwischenreich
1550 v. Chr.
NEUES

Das alte Ägypten

Zu Anfang gab es in Ägypten zwei Königreiche: das Niltal (Oberägypten) und das Deltareich (Unterägypten). Doch vor 3000 v.Chr. bezwang der König des Niltals, Menes, den König des Deltareichs und wurde erster König ganz Ägyptens. Menes war der erste der Pharaonen, die für die folgenden 3000 Jahre über Ägypten herrschten.

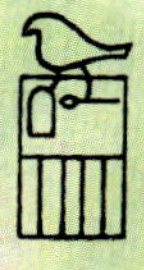

Diese Hieroglyphe steht für den Namen des Pharaos Menes, von dem man glaubte, er sei eine Verkörperung des Gottes Horus, den der Vogel symbolisiert.

Das Mittlere Reich

Die zweite große Epoche in Ägypten war das Mittlere Reich. Die neuen Pharaonen annektierten Unternubien im Süden Ägyptens, um an Gold und andere afrikanische Güter zu kommen. Indem sie den landwirtschaftlichen Einsatz des Nilwassers optimierten, erhöhten diese Könige auch die Getreideproduktion und damit den Wohlstand des Volkes. Die alttestamentliche Geschichte von Abraham, der während einer Hungersnot in Kanaan Ägypten besucht, ist in dieser Epoche angesiedelt.

Das Alte Reich

Die erste große Epoche in Ägypten war das Alte Reich, auch Pyramidenzeit genannt, wegen der riesigen spitzen Steingräber, die von den Pharaonen in dieser Epoche gebaut wurden. Die Pyramidenzeit endete unter der Herrschaft unfähiger Könige. Ägypten verarmte und erneut kamen rivalisierende Könige im Süden und Norden des Landes an die Macht, bis ein Fürst aus Theben Ägypten wieder vereinigte.

Die üppig ausgeschmückten Säulen und Wände des Totentempels des Pharaos Ramses III. in Theben. Die Wandmalereien zeigen unter anderem die Militäraktionen des Pharaos gegen die Libyer, die Philister und verschiedene vorderasiatische Völker. Man sieht den König, wie er dem Gott Amun Gefangene vorführt.

Fremde Könige

Als das Mittlere Reich unter der Herrschaft schwacher Pharaonen unterging, geriet Ägypten in die Hände von Königen, Hyksos genannt, die aus den Reihen der vorderasiatischen Einwanderer, die das östliche Nildelta bewohnten, aufgestiegen waren. Aber es dauerte nicht lange, bis ägyptische Fürsten aus Theben erneut nach Norden kamen und Ägypten wieder vereinigten.

Teil der Siegesurkunde des Pharaos Schischak I. im Amuntempel von Karnak. Das Relief listet 138 Städte in Palästina auf, die während seines Feldzuges zur Wiederherstellung ägyptischer Oberherrschaft in der Region erobert wurden.

Siehe auch

- Der Auszug aus Ägypten (S. 20-21)
- Genesis/1. Mose (S. 198-199)

Bedrohtes Ägypten

Das Neue Reich war in Gefahr, als die Hetiter aus Kleinasien Teile des ägyptischen Reiches in Syrien eroberten. Ein neues Geschlecht von Pharaonen versuchte, die verlorenen Provinzen zurückzuerobern, besonders Sethos I. und Ramses II. im 13. Jh. v.Chr. Diese Pharaonen bauten eine neue königliche Stadt, Ramses, im östlichen Nildelta. Das war der Höhepunkt der „Unterdrückung" der Israeliten, die, wie das Alte Testament berichtet, von den Pharaonen versklavt wurden.

REICH

1070 v. Chr.

3. Zwischenreich

712 v. Chr.

SPÄTZEIT

332 v. Chr.

MAKEDONEN, PTOLEMÄER UND RÖMER

395 n. Chr.

Das Neue Reich

Die letzte große Epoche der Ägypter war das Neue Reich. Die Pharaonen des Neuen Reiches gewannen in Kriegen die Herrschaft über die Länder Kanaan und Syrien. In Ägypten bauten sie viele gewaltige Tempel, die bedeutendsten davon in der Hauptstadt Memfis und in ihrer heiligen Stadt Theben.

Die Spätzeit und die griechische Zeit

In der so genannten Spätzeit verfielen die Macht und der Einfluss Ägyptens. Der Ruhm früherer Zeiten wurde nie mehr erreicht und ab 525 v.Chr. gehörte Ägypten genauso zum Perserreich wie die umliegenden Völker, die es vorher beherrscht hatte. Nachdem es zwischendurch durch Aufstände wieder Freiheit erlangt hatte, wurde Ägypten schließlich von Alexander dem Großen (332-323 v.Chr.) erobert und blieb unter griechischer Herrschaft bis in die Zeit des Römischen Reiches.

Die Religion der Ägypter

Der Pharao war der oberste Herrscher des alten Ägypten und der Mittler zwischen den ägyptischen Göttern und dem Volk. Durch seine Priester opferte der Pharao im Namen des Volkes den Göttern, damit diese im Gegenzug Ägypten reich beschenkten. Er trat auch gegenüber dem Volk als Vertreter der Götter auf und verantwortete Bau und Unterhalt der Tempel, die stets in seinem Namen errichtet wurden.

Die Religion des Volkes

Einfache Ägypter durften die Tempel nicht betreten. Sie sahen die großen Götter nur an Festtagen, als deren verhüllte Bildnisse von Priestern in kleinen heiligen Booten in einer Prozession mitgeführt wurden. Einfachen Leuten blieben nur kleine örtliche Heiligtümer oder solche an den Toren der großen Tempel. Ihre Götterverehrung bestand hauptsächlich im Darbringen von Opfergaben nach bestimmten, festen Ritualen. Wenn sie von Unglück, etwa von Krankheit, betroffen waren, glaubten die Ägypter manchmal, dies sei eine Strafe der Götter für Verfehlungen. Dann beichteten sie ihre Sünden und beteten um Heilung und Hilfe.

Eine Gruppe Trauernder auf einer Wand im Totentempel Amenophis' II. in Theben.

Die Götter Ägyptens

Die Ägypter hatten viele Götter. Einige kamen aus der Natur: der Sonnengott Re, die Mondgötter Thot und Chons, Nut, die Himmelsgöttin, Geb, der Erdgott, Hapi, der Gott des Nils, und Amun, der Gott der verborgenen Lebenskräfte der Natur. Einige Götter verkörperten abstrakte Inhalte: Maat war die Göttin der Wahrheit, Gerechtigkeit und rechten Ordnung, Thot war auch der Gott der Weisheit und Wissenschaft, und Ptah war der Gott des Handwerks.

Mumifizierungen wurden vorgenommen, indem man das Gehirn und andere große Organe aus dem Leichnam entfernte, diesen dann mit Salz umhüllte, um sie auszutrocknen, und dann die Hohlräume mit Tüchern ausfüllte, die mit wohlriechenden Harzen getränkt waren. Danach wurde die Außenhaut des Toten mit Harz behandelt, bandagiert und in einen üppig dekorierten hölzernen Sarg eingefügt.

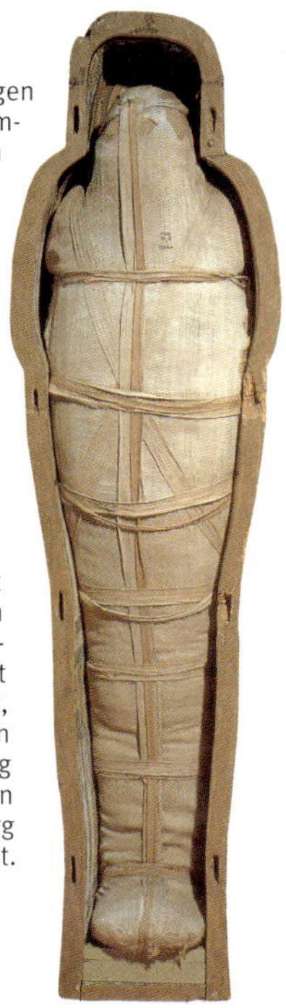

Leben nach dem Tod

Die frühen Ägypter begruben ihre Toten an den Rändern der Wüsten, die an das Niltal grenzten. Der trockene Sand und die heiße Sonne trockneten und konservierten oft die Körper dieser Menschen in ihren nicht sehr tief ausgehobenen Gräbern. Später fanden die Ägypter zu dem Glauben, dass der Körper die Heimat der Seele sei und dass die Seele ihren persönlichen Besitz in einem Leben nach dem Tod benötige. Folglich mussten die Gräber größer werden. Doch auf diese Weise konnte die Sonne die Leichname nicht mehr trocknen. Die Ägypter erreichten dieses Ergebnis nun künstlich – durch Mumifizierung. Das erste Buch Mose berichtet, dass Josef in Ägypten auf diese Weise einbalsamiert und in einen Sarg gelegt wurde.

Anubis, der Gott der Einbalsamierung, wurde von einem Schakal dargestellt, der auf einer Begräbnistruhe sitzt.

Teil des Papyrus des Hunefer, bekannt als Totenbuch. Links wiegt Anubis das Herz des Verstorbenen, während Thot das Ergebnis festhält. Horus führt dann Hunefer vor den thronenden Osiris.

Dieses Bildnis des Pharaos Tut-ench-Amun und der Königin wurde auf der Rückseite seines Thrones gefunden. Der Thron besteht aus mit Gold und Silber überzogenem Holz und ist mit blauer Fayence, Calcit und Glas ausgeschmückt.

Siehe auch

- Antike Religionen (S. 146-147)
- Der Schöpfergott Israels (S. 148-149)
- Der Tod und das Leben danach (S. 164-165)

Magie

Mit Magie versuchten die Ägypter, übernatürliche Kräfte dienstbar zu machen. Gute, „weiße" Magie diente dem Schutz vor Risiken des Lebens. Zerstörerische, „schwarze" Magie war ein Verbrechen und wurde als solches bestraft. Die Menschen trugen häufig Glücksbringer (Amulette). Beliebt war der Skarabäus, das Symbol der Erneuerung.

Dieses ägyptische Skarabäussiegel entstand um 1200-1000 v.Chr.

Lebende Bilder

Bestimmte, als heilig angesehene Tiere konnten „lebende Bilder" der ägyptischen Götter sein. So war zum Beispiel der Ochse dem Ptah zugeordnet, der Ibis Thot, der Falke Horus und die Katze der Göttin Bastet. Ein Gott wurde manchmal mit dem Kopf des entsprechenden heiligen Tieres dargestellt, um besser erkennbar zu sein.

Auf diesem Wandgemälde aus einer Grabkammer in Theben sieht man einen Toten beim Eintritt in das Jenseits vor dem Gott Osiris knien.

Das Reich des Osiris

Die meisten Ägypter wandten sich an den Gott Osiris in der Hoffnung auf ein Leben nach dem Tod. Die Ägypter besaßen Papyrusrollen mit Zaubersprüchen, um beim Totengericht besser bestehen zu können. Die berühmtesten Sprüchesammlungen sind die Totenbücher. Man glaubte, dass sich die Seelen der toten Könige nach ihrem Tod beim Sonnengott befänden, der tagsüber in seinem Boot am Himmel entlang fuhr. Nachts durchstreiften sie dann das Reich des Osiris und sorgten für ihre verstorbenen Untertanen.

Verehrung in den Tempeln

Die Ägypter glaubten, dass die Götter in den großen Staatstempeln wohnten. Nur der Pharao sowie Priester und höhere Beamte durften das heilige Innere der Tempel betreten. Die Tempelpriester waren Diener des Gottes. Jeden Morgen, Mittag und Abend ehrten sie den Gott mit wiederkehrenden Ritualen und brachten Speisen und Getränke als Opfer dar.

Die Kanaanäer

Das größte Erbe Kanaans ist fraglos das Alphabet, das hier zwischen 2000 und 1600 v.Chr. erfunden wurde. Freilich gibt es kaum noch Zeugnisse dieses ersten Alphabetes, da das gebräuchliche Schreibmaterial Papyrus, hergestellt aus Pflanzen, die Zeit nicht überdauert hat. Man findet sie allenfalls noch auf haltbareren Gegenständen, beispielsweise auf Bechern, in die Namen eingeritzt wurden.

Diese Statuette des Gottes Baal aus Ugarit stammt aus dem 13. Jh. v.Chr.

Die Göttin Hathor ist auf diesem goldenen Anhänger dargestellt, der in Tell el-Agul entdeckt wurde. Er stammt aus dem zweiten Jahrtausend v.Chr.

Die Völker Kanaans

Um 1300 v.Chr. war „Kanaan" eine ägyptische Provinz, die den Libanon, das südliche Syrien und Palästina umfasste. Wahrscheinlich war der Name zunächst auf die Küstenebene beschränkt und wurde dann auch auf die Bewohner des bewaldeten Berglands, die Amoriter, ausgedehnt. Neben den Kanaanäern und Amoritern lebten in dem Land noch andere Volksgruppen, und „Kanaanäer" wurde zum Sammelbegriff für ein Völkergemisch.

Kanaanäischer Handel

Der Handel spielte im Leben der Kanaanäer eine so große Rolle, dass das Wort „Kanaanäer" in der hebräischen Sprache „Kaufmann" bedeuten konnte. Die wichtigsten Häfen waren Tyrus, Sidon, Berytos und Byblos. Von dort wurden Zedernholz, Öl- und Weinkrüge und andere Produkte nach Ägypten, Kreta und Griechenland exportiert. Im Gegenzug kamen Luxusgüter und Schreibpapier aus Ägypten und Tongefäße und Metallerze aus Griechenland.

Die Götter Kanaans

Kanaanäische Götter und Göttinnen waren Verkörperungen von Naturkräften. Baal, das heißt „Herr", war der Ehrenname des Wettergottes Hadad. Er beherrschte Regen, Nebel und Tau und besaß so den Schlüssel zu guten Ernten, die für das Überleben der Kanaanäer entscheidend waren. Die Gefährtin des Baal war Astarte, auch Aschtoret genannt, die Liebes- und Kriegsgöttin. Der oberste dieser Götter war El, der Vater des Baal, dessen Bild aber zur Zeit der israelitischen Besiedlung Kanaans schon verschwommen war. Die Frau des El war Aschera, die Muttergöttin und die Göttin des Meeres. Aschera und Astarte wurden oft einfach nur „Herrin" (Baalat) genannt. Andere wichtige Gottheiten waren Schamasch, die Sonne, Reschef, der Herr des Krieges und der Unterwelt, Dagon, der Getreidegott, und viele kleinere Götter, die die Familie und den Hofstaat jedes obersten Gottes ausmachten. Von diesen Vorstellungen gab es von Ort zu Ort Abweichungen, da jede Stadt ihre Lieblings- und Beschützergottheit hatte und diese oft „Herr" oder „Herrin" dieses Ortes nannte.

Tempel und Priester

Die bedeutenden kanaanäischen Götter hatten in den führenden Städten reich ausgestattete Tempel mit Priestern, Chören und Tempeldienern. An Feiertagen zogen die Könige in Prozessionen dorthin, um Tiere oder Pflanzen zu opfern. Einige davon wurden vollständig verbrannt, andere zwischen dem Gott und den ihn Anbetenden aufgeteilt. Bei ganz besonders festlichen Anlässen nahm das einfache Volk wahrscheinlich an den Prozessionen teil und beobachtete die Kulthandlungen von weitem. Die Tempelbauten waren aber nicht sehr groß und nur die Bevorrechtigten konnten hineingehen. Ein kanaanäischer König war stolz darauf, den Tempel so grandios wie möglich zu gestalten. Er ließ die Statuen der Götter und die Wände des Heiligtums mit Edelmetallen überziehen und stellte für die Speisen der Götter goldenes Geschirr bereit. Neben der Statue des Gottes oder eines Tieres, das sein Symbol war (Baal wurde von einem Stier, Aschera von einem Löwen verkörpert), gab es auch einen Opferaltar, einen Räucheraltar und wahrscheinlich mehrere Steinsäulen im Inneren des Tempels, die als Wohnungen der Götter oder Geister galten.

Ein kanaanäisches Weihrauchfass mit Schlangendekor. Es entstand zwischen 1000 und 900 v.Chr. und wurde in Bet-Schean gefunden.

Siehe auch

Israels Einzug in Kanaan (S. 22-23)

Antike Religionen (S. 146-147)

Josua und Richter (S. 206-207)

Die heilige Stätte der Kanaanäer in Megiddo

Opfer

Die den kanaanäischen Göttern dargebrachten Opfer waren in der Regel Tiere und Lebensmittel. Wurde geopfert, untersuchte der Priester oft die Eingeweide des Tieres, um das Schicksal des Opfernden vorherzusagen. Es gab auch Menschenopfer, aber zu diesem Ritual kam es wahrscheinlich nur unter außergewöhnlichen Umständen, wenn nur das größtmögliche Opfer für angemessen gehalten wurde, um den Gott günstig zu stimmen. Der Gott Molech (Moloch), der im Zusammenhang mit diesem Opfer steht, scheint ein Gott der Unterwelt gewesen zu sein.

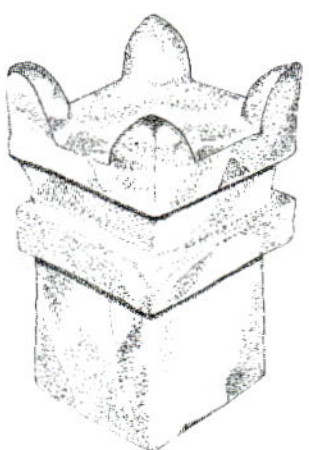

Ein Altar mit „Hörnern" aus Megiddo. Ähnliche Altäre wurden in Israel an vielen Stellen gefunden.

Kanaanäische Städte und Herrscher

Die kanaanäischen Städte waren zum Schutz vor Angreifern und wilden Tieren von Wällen aus Erde und Stein umgeben. Im Inneren standen die Häuser dicht aneinander gedrängt. Die einfachen Menschen waren Landarbeiter, übten verschiedene Handwerke aus oder arbeiteten für den König, für Grundbesitzer oder für Händler. Zwischen den Herrschern der Städte gab es ständig Streitereien und Kämpfe, so berichten es die in Ägypten gefundenen Amarna-Briefe sowie die alttestamentlichen Bücher Josua und Richter.

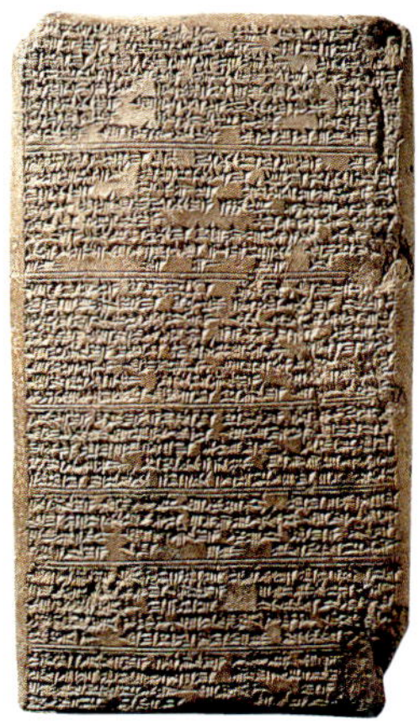

Eine von 380 Tontafeln, die Amarna-Briefe, die in Tell el-Amarna in Ägypten gefunden wurden. Die Schrift ist akkadisch.

Das Alphabet

Das Alphabet wurde anscheinend in Kanaan erfunden, als ein Schreiber entdeckte, dass es möglich war, eine Sprache ohne die vielen Zeichen der Keilschrift und der Hieroglyphen aufzuschreiben. Der Schreiber erforschte die kanaanäische Sprache und machte ein Zeichen für jeden Konsonanten. Es gab keine eigenen Zeichen für Vokale, was die davon abgeleiteten Sprachen Hebräisch und Arabisch etwa für Europäer heute noch schwierig zu lesen macht. Zeugnisse des ersten Alphabets fand man in Kanaan, es sind sehr kurze Texte, wahrscheinlich Namen, die auf Tongefäße, Stein und Metall geschrieben wurden. Kanaanäer, die in ägyptischen Minen im südwestlichen Sinai arbeiteten, ritzten Gebete auf Felsbrocken und Steine und benutzten dabei das Alphabet. Ihre Arbeiten gehören zu den am besten erhaltenen Zeugnissen des Alphabets auf einer frühen Entwicklungsstufe (um 1500 v.Chr.).

Diese goldene Halskette mit Karneolperlen entstand ungefähr im 14. Jh. v.Chr. Sie gehört mit anderen Schmuckstücken zu einem Schatz, der in Deir-el Balach bei Gaza gefunden wurde.

Die Philister

Die Philister siedelten sich im 12. Jh. v.Chr. im Südwesten Kanaans an. Sie dehnten ihre Herrschaft entlang der Küste nach Norden sowie ins Landesinnere aus. Obwohl sie nie auf Dauer große Teile des Landes beherrschten, wurde später die gesamte Region nach den Philistern benannt (Palästina).

Der Einfall in Kanaan

Nachdem die Philister von den Ägyptern besiegt worden waren, gründeten sie in Kanaan fünf große Stadtstaaten – Aschdod, Aschkelon, Ekron, Gat und Gaza –, die jeweils von einem *seren* (etwa: „Fürst") beherrscht wurden. Sie kontrollierten die Küstenstraße nach Ägypten. Als die Israeliten auf dem Weg nach Kanaan waren, wie es das zweite Buch Mose beschreibt, „führte sie Gott nicht den Weg durch das Land der Philister, der am nächsten war" (2Mo 13,17), um ein Zusammentreffen mit den Philistern zu verhindern.

Die Herkunft der Philister

Archäologische Funde sowie ägyptische und alttestamentliche Schriften legen die Vermutung nahe, dass die Philister Invasoren waren, die aus Kreta und der Ägäis in den Vorderen Orient kamen. In Palästina gefundene Tongefäße der Philister aus der Zeit um 1200-1100 v.Chr. zum Beispiel lassen einen Stil erkennen, der aus Griechenland, Kreta und Zypern bekannt ist, und in den biblischen Büchern Amos und Jeremia heißt es, die Philister kämen aus Kaftor, worunter man im Allgemeinen Kreta versteht.

Rote und schwarze geometrische Muster, wie auf diesem Krug der Philister, waren im 12. Jh. v.Chr. weit verbreitet.

Die „Seevölker"

Ägyptische Pharaonen des 13. und 12. Jh.s v.Chr. berichten über die Abwehr von Invasionen so genannter „Seevölker". Eines dieser Völker waren die Philister. Die Krieger der Philister erreichten Ägypten auf dem Seeweg und kämpften zu Wasser. Nach einem ägyptischen Text reisten jedoch ihre Familien mitsamt dem Hausrat entlang der Küste Syriens und Kanaans. Altägyptische Reliefs zeigen Soldaten der Philister mit Speeren, langen Schwertern, runden Schilden, dreieckigen Dolchen und hochgebundenem Haupthaar, das wie Federkronen aussieht.

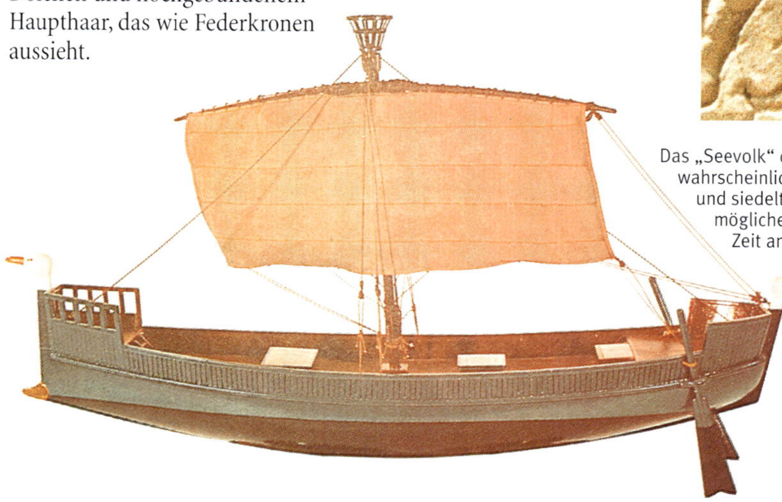

Das „Seevolk" der Philister kam wahrscheinlich aus der Ägäis und siedelte sich möglicherweise zur selben Zeit an der Küste Kanaans an, als die Israeliten aus Ägypten dort ankamen.

Das Ende der Philister

Die Philister lebten noch mindestens bis zum Ende des 8. Jh.s v.Chr. im Süden Kanaans, dann wurden sie von dem assyrischen König Sargon besiegt. Jedoch machten erst die Babylonier im frühen 6. Jh. v.Chr. den Philistern ein Ende.

Sprache und Kultur der Philister

Man weiß sehr wenig über Sprache und Kultur der Philister. Sie haben keine Schriften hinterlassen und die Ausgrabungen ihrer Städte brachten zu wenig an den Tag, um sich ein Bild von ihrer Kultur zu machen. Es ist offensichtlich, dass die Philister neben dem Erhalt einiger eigener Traditionen im Großen und Ganzen die sie umgebende kanaanäische Sprache und Kultur übernahmen.

Die Feindschaft mit Israel

Die Philister waren eine ständige Bedrohung für die Israeliten in Kanaan. Beide Völker wollten dasselbe Land beherrschen. Das Buch der Richter und das erste Buch Samuel berichten von diesem Konflikt. Wahrscheinlich wegen der ständigen Bedrängnis durch die Philister wünschten sich die Israeliten den letzten der Richter, Samuel, als König. Zu dieser Zeit hatten die Philister eindeutig die Oberhand zumindest über einige der israelitischen Stämme gewonnen. Das Alte Testament berichtet, wie die Philister den Israeliten den Besitz von eisernen Waffen untersagten. Selbst für das Schärfen landwirtschaftlicher Geräte wurden enorme Summen verlangt. Der erste israelitische König, Saul, schaffte es nie, die Philister zu schlagen. Erst König David sollte es nach heftigen Kämpfen gelingen, die Angriffe der Philister zu stoppen. In 2Sam 5,25 heißt es, dass David „die Philister von Gibeon an bis hin nach Geser“ schlug. Trotzdem bewahrten die Philister ihre Unabhängigkeit und verursachten später immer wieder kleinere Zwischenfälle.

Ein Philistersoldat mit der typischen Federfrisur

Siehe auch

- Die Zeit der Richter (S. 24-25)
- Von Saul bis Salomo (S. 26-27)
- Antike Religionen (S. 146-147)
- Richter (S. 206-207)

Ein Relief aus dem Tempel Ramses' III. in Medinet Habu zeigt Soldaten der Philister, die von den siegreichen Ägyptern in die Gefangenschaft geführt werden.

Die Religion der Philister

Die wichtigsten Götter der Philister waren Dagon, Aschtoret und Baal-Sebub. Diese Götternamen lassen den Schluss zu, dass die Philister ihre Religion der kanaanäischen anglichen. Die Philister bauten Tempel in Gaza, Aschdod und Ekron und brachten den Göttern Opfer dar.

Dieser menschengestaltige Sarkophag der Philister entstand zwischen 1200 und 1100 v.Chr und wurde in Bet-Schean gefunden.

Die Assyrer

Die Geschichte der Assyrer ist von ständigen Kriegen gekennzeichnet. Assyrien war ein reiches Land. Ein günstiges Klima und die reiche Wasserzufuhr aus dem Tigris führten zu üppiger Vegetation: Gerste und Weizen wuchsen in der Ebene, Trauben, Oliven, Aprikosen, Kirschen und andere Früchte im Hügelland. Auf die Nachbarvölker, die in kargen Wüsten- und Gebirgsregionen lebten, wirkte diese Üppigkeit verlockend, und so waren diese eine ständige Bedrohung für die Assyrer.

Assur

Quellen aus dem Altertum zeigen, dass die Assyrer, ein semitisches Volk, ab etwa 2300 v.Chr. in ihrem Gebiet heimisch waren. Sie gaben ihrem Land, der Hauptstadt und dem Gott des ganzen Volkes den gleichen Namen: Assur. Die Stadt Assur lag im Süden des Landes, am Westufer des Tigris. Die zweite bedeutende Stadt, Ninive, lag östlich des Flusses, gegenüber dem heutigen Mosul, 109 km nördlich von Assur.

Die Stadt Kelach in Assyrien auf einem Gemälde des 19. Jh.s

Das assyrische Reich

Zwischen 1500 und 1000 v.Chr. wurde Assyrien ein führender Staat im Vorderen Orient. Sein Herrschaftsbereich erstreckte sich im Westen bis zum Euphrat. Die assyrischen Könige konnte man an Macht und Einfluss mit den ägyptischen Pharaonen vergleichen, an die sie Briefe schrieben. Zwischenzeitlich nahmen aramäische Truppen, die aus der Wüste kamen, das ganze Stammland der Assyrer ein. Damit begann eine Zeit der Schwäche, die bis um 900 v.Chr. andauerte.
Mit der Zeit begannen assyrische Könige mit der Rückeroberung der verlorenen Gebiete. Die Kriegerkönige Assurnasirpal II. (883-859 v.Chr.) und Salmanassar III. (858-824 v.Chr.) nahmen viele Städte ein und machten deren Könige zu Vasallen. Doch oft rebellierten diese Könige, kaum dass die assyrische Armee abgezogen war. Erst Tiglat-Pileser III. (745-727 v.Chr.) erreichte es durch das Einsetzen von Provinzstatthaltern, die Gebiete sicher zu kontrollieren. Schließlich wurde das assyrische Reich unter den Königen Asarhaddon (681-669 v.Chr.) und Assurbanipal (669-627 v.Chr.) zu groß, um es unter Kontrolle zu halten: Ägypten, Syrien, Israel, Nordarabien sowie Teile der Türkei und Persiens gehörten dazu.
Es war unmöglich, alle Grenzen zu verteidigen und alle Aufstände niederzuschlagen. 625 v.Chr. wurde Babylon unabhängig und zerstörte 612 v.Chr. mit Hilfe der Meder Ninive und damit das assyrische Reich.

Kunstwerke

Das assyrische Großreich verschaffte sich durch Handel und Steuererhebungen immensen Wohlstand. Die assyrischen Könige bauten großartige Paläste und Tempel, die alles bis dahin Dagewesene zu übertreffen versuchten. Entlang der Wände zogen sich Steinreliefs, die den König bei der Ausübung seiner Religion, im Krieg und beim Sport zeigten. Die Möbel waren mit Elfenbeinplatten dekoriert, mit Schnitzereien verziert und oft mit Gold überzogen. Der König lag auf einer Liege und trank aus goldenen Kelchen, die wie Tierköpfe geformt waren. Die Königin saß neben ihm. In den Rüstkammern des Palastes gab es riesige Sammlungen von Hieb- und Stichwaffen für die Armee.

701 v.Chr. fiel König Sanherib von Assyrien als Antwort auf die Gehorsamsverweigerung König Hiskias in Juda ein. Assyrische Truppen zogen durch das Land und nahmen mit Ausnahme Jerusalems alle großen befestigten Städte ein. Über die Belagerung von Lachisch gibt es genaue Angaben. Auf diesem Relief aus dem Palast Sanheribs in Ninive (oben) sieht man den König seine Generäle empfangen, nachdem Lachisch sich ergeben hatte.

Rekonstruktion des Thronsaals des Königs Assurnasirpal II. in Kelach (unten) von A.H. Layard, der dort 1845 mit Ausgrabungen begann. Die gemeißelten Reliefs, von denen heute nur noch glatter Stein übrig ist, waren ursprünglich bunt bemalt, wie man es auf der Zeichnung sieht.

Grausame Machtpolitiker?

Die Assyrer gelten allgemein als grausame Machtpolitiker. Dieser Eindruck ist zum Teil durch die alttestamentlichen Berichte über ihre Kriege gegen Israel entstanden. Sie müssen allerdings vor dem Hintergrund der Situation Assyriens gesehen werden. Auch bei anscheinend gesicherten Grenzen gab es zumindest potentielle Bedrohungen durch fremde Herrscher im weiteren Umkreis. Nur durch erneute Feldzüge war ihnen beizukommen. Zweifellos legten die Erfolge weitere Militäraktionen nahe. Doch wie die meisten Menschen schätzten die Assyrer Frieden und Wohlstand.

Siehe auch

- Der Aufstieg Assyriens (S. 30-31)
- 1. und 2. Könige (S. 210-211)
- Jesaja (S. 226-227)

Dieses Relief (oben) aus dem nordwestlichen Palast in Kelach zeigt König Assurnasirpal II. bei der Löwenjagd.

Babylonischer Einfluss

Die assyrische Kultur orientierte sich überwiegend an Babylonien. Die Assyrer sprachen nicht nur eine Sprache, die dem Babylonischen eng verwandt war, sondern übernahmen auch die babylonische Keilschrift. Tausende Tontafeln wurden in assyrischen Ruinen gefunden.
Einige handeln von der Reichsverwaltung, andere sind diplomatische Unterlagen, private rechtliche Urkunden oder auch Aufzeichnungen der Großtaten des Königs. Die bemerkenswerteste Bibliothek baute König Assurbanipal auf. Hier finden sich Abschriften der ganzen Literatur und des gesamten Wissens, das überliefert war.

König Assurbanipal beim Festmahl mit Königin Assurscharat (links). An einer Pinie hängt der abgeschlagene Kopf des elamitischen Königs Teman, der 653 v.Chr. von den Assyrern geschlagen wurde. Das Relief befand sich ursprünglich an einer Wand im nördlichen Palast von Ninive.

Die Babylonier

Babylon leistete seinen Beitrag zur Kulturgeschichte ungefähr zwischen 3000 und 1600 v.Chr., als sich die babylonische Schrift im Vorderen Orient verbreitete. Damit verbunden war astronomisches und mathematisches Wissen, das sich später die Griechen zunutze machten.

Babylonische Völker

Die frühesten Einwohner Babyloniens waren die Sumerer, wie babylonische Quellen zeigen. Neben den Sumerern lebten im Norden die akkadischen Stämme. Deren semitische Sprache war eine frühe Form des Babylonischen, das mit Arabisch und Hebräisch verwandt ist. Die Gelehrten des alten Babylonien übersetzten aus dem Sumerischen ins Akkadische, was es heutigen Forschern ermöglicht, die sumerische Sprache zu verstehen. Um 2300 v.Chr. gewannen die Semiten unter König Sargon die Oberhand in Babylonien. Von der Hauptstadt Akkad aus herrschte er bis in den Norden Syriens. Seit dieser Zeit war Sumerisch weniger bedeutend als Akkadisch. Die Familie Sargons erhielt das Reich ungefähr ein Jahrhundert lang, bis Angreifer aus dem Osten sie entmachteten. Seit etwa 2100-2000 v.Chr. besaß ein Königsgeschlecht aus Ur ein fast genauso großes Reich.

Die babylonischen Könige des 15. bis 12. Jh.s v.Chr. hielten Landübereignungen auf Kudurrus fest, das waren Steintafeln, in die Symbole der Götter, die Zeugen des Rechtsgeschäfts waren, eingemeißelt wurden. Diese entstand ca. 1000 v.Chr.

Das babylonische Reich

Der Babylonier Nabopolassar befreite Babylon aus der Herrschaft der Assyrer und wurde 626 v.Chr. König. Nabopolassar gewann weitere entscheidende Schlachten gegen die Assyrer, bevor er 612 v.Chr. Ninive einnahm. Das babylonische Reich umfasste nun die meisten assyrischen Provinzen, wenn auch der Sohn Nabopolassars, Nebukadnezar (605-562 v.Chr.), einige Aufständische im Westen, zu denen auch Juda gehörte, unterdrücken musste. Der Wohlstand des neuen Reiches erlaubte es diesen beiden Königen, Babylon in großer Ausdehnung mit üppigem Schmuck neu zu errichten. Der babylonische General Neriglissar ermordete Nebukadnezars Sohn, doch Nabonid wiederum entmachtete Neriglissars Sohn. Dieser König hatte strenge religiöse Überzeugungen. Er vertraute Babylon seinem Sohn Beltschazar an und lebte zehn Jahre lang in Arabien. Nach seiner Rückkehr nahm die Armee des Persers Kyrus Babylon ein. Das Zentrum der Weltgeschichte verlagerte sich endgültig weg von Babylon.

König Hammurapi
Der herausragendste babylonische König war Hammurapi; er herrschte etwa 1792-1750 v.Chr. Hammurapi kam durch Krieg und Diplomatie an die Macht. Während seiner Herrschaft überarbeitete er die Gesetze und ließ sie in Stein einmeißeln. Trotz der königlichen Autorität wurden diese Gesetze aber bald missbraucht, wenn sie auch in Schulen noch 1000 Jahre lang abgeschrieben wurden.

Siehe auch

- Der Aufstieg Assyriens (S. 30-31)
- Die Macht der Babylonier (S. 32-33)
- Ausbildung und Unterricht (S. 100-101)
- 1. und 2. Könige (S. 210-211)

Kunst und Handwerk

Kunsthandwerker verfertigten im dritten Jahrtausend v.Chr. kostbaren Schmuck aus Gold, Silber und Halbedelsteinen, die aus dem Norden und dem Süden eingeführt wurden. Schmiede verarbeiteten Kupfer und Bronze zu Waffen und Statuen. Steinmetzen stellten einige der besten babylonischen Kunstwerke her, von großen Monumenten bis hin zu winzigen zylindrischen Siegeln, deren eingemeißelte Bilder sich in Ton prägten, wenn man sie darüber rollte.

Der Prozessionsweg nach Babylon führte durch das Ischtartor, eines von acht Toren, durch die man in die Innenstadt gelangte. Die Außenwände des Ischtartores waren mit Reliefbildern von Stieren, Drachen und Fabelwesen geschmückt. Jeder Stein war gekennzeichnet, damit man seinen Platz in der Struktur des Ganzen erkennen konnte.

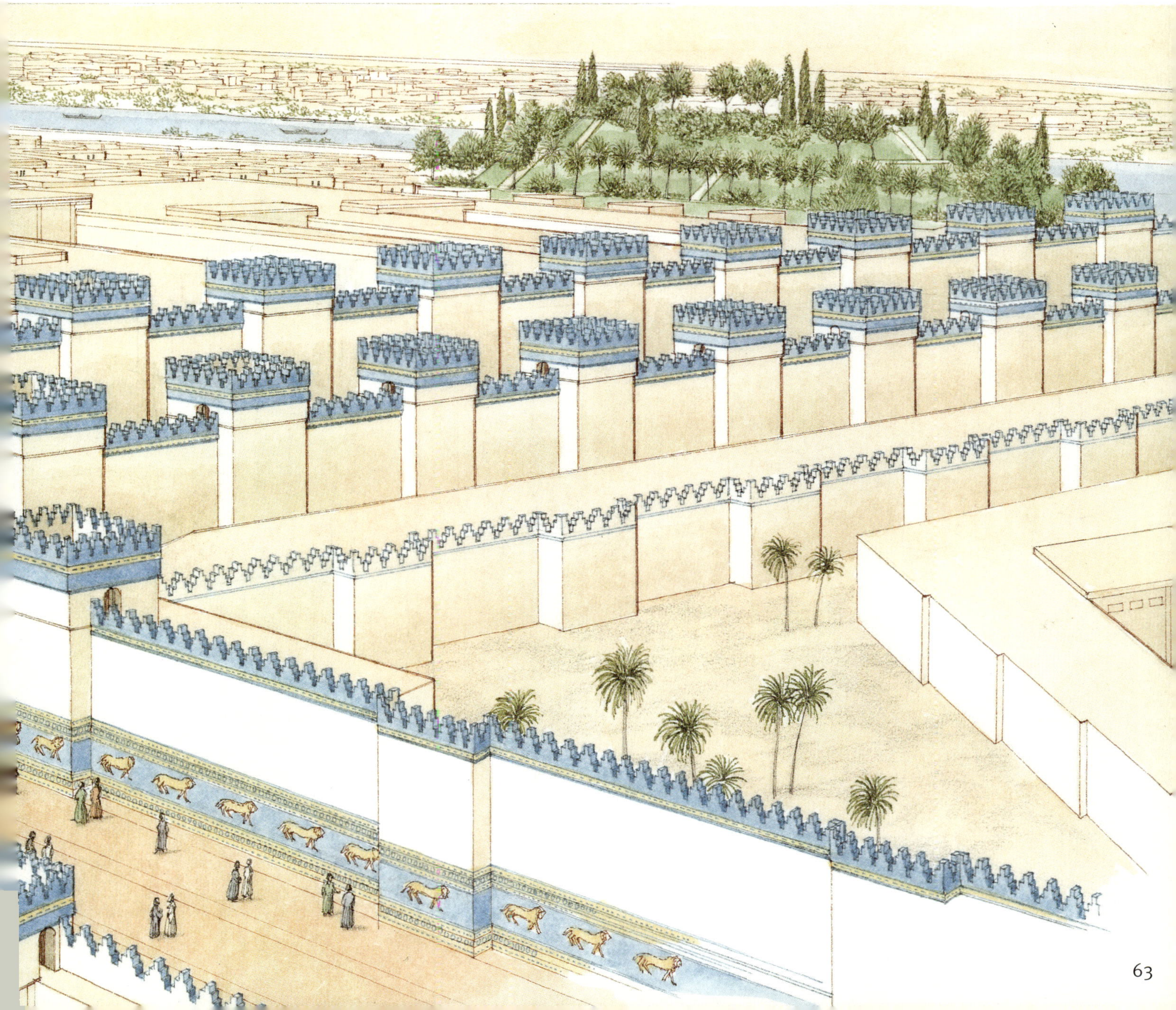

Die Religion der Babylonier

Wie die meisten Völker des Altertums verehrten die Babylonier die großen Mächte des Universums und hatten eigene bevorzugte Götter und Göttinnen. Sie erzählten Legenden über ihre Götter, brachten ihnen in großen Tempeln und kleinen Heiligtümern Opfer dar, baten sie um Hilfe und hofften auf ihr Wohlwollen. Die Götter hatten Macht über alles, doch ihr Verhalten war in der Regel nicht vorhersagbar.

In der babylonischen Chronik ist Nabonid der letzte König von Babylon. Hier sieht man ihn mit eingemeißelten Bildern des Mondes, der Sonne und der Venus, die für die Götter Sin, Schamasch und Ischtar stehen.

Verehrung der Götter

Jede Stadt hatte einen Haupttempel, in dem der Stadtgott verehrt wurde. Hier versammelte man sich zu den Feierlichkeiten am Neujahrsfest und an dem besonderen Festtag des Gottes. Das einfache Volk verehrte die Götter in der Regel in kleinen Heiligtümern inmitten der Häuser einer Stadt. Dort konnte man die Götter oder Göttinnen um einen Sohn bitten, um geschäftliche Erfolge beten, Dankesgeschenke machen oder Opfer darbringen, um Aufmerksamkeit zu gewinnen oder um die Götter zur Beseitigung irgendeiner Widrigkeit zu bewegen. Ein Priester vollzog die Riten, sprach die richtigen Gebete und nahm die Tiere oder Gegenstände entgegen, die geopfert werden sollten.

In diesen Stein, der zur Markierung einer Grenze gedient haben könnte, sind die Symbole einiger babylonischer Götter eingemeißelt. Das Sternsymbol an der Spitze steht für Ischtar, die Göttin der Liebe und der Fruchtbarkeit. Der Mond steht für den Mondgott Sin und der von einem Kreis umgebene Stern für den Sonnengott Schamasch. Der Skorpion ist das Symbol der Göttin Ischara.

Die babylonischen Götter

An, der Himmelskönig, war der höchste babylonische Gott. Sein Sohn Enlil beherrschte das Erdenrund und wurde als König der Götter angesehen. Enki, auch Ea genannt, war für das lebensspendende Süßwasser verantwortlich. Alle hatten eine Ehefrau und eine Familie. Ischtar war die Frau des An, ihr waren der Krieg und die Liebe zugeordnet. Der Sohn des Enki, Marduk, wurde der Stadtgott von Babylon. Mit der Ausdehnung der Macht Babylons zwischen 2000 und 1000 v.Chr. nahm seine Verehrung zu. Nach einiger Zeit wurde er zum König aller Götter erhoben.

Am Ischtartor in Babylon (unten) fügten sich modellierte Glasurziegel zu Bildern von – lebensechten oder mythologischen – Tieren, die verschiedene Götter verkörperten. Der Stier stand für den Wettergott Adad.

Mythen

Legenden über die Götter gibt es in sumerischer und akkadischer Sprache. Eine davon ist der bekannte babylonische Schöpfungsmythos *Enuma elisch*, der kurz vor 1000 v.Chr. entstand, jedoch auf viel älteren Erzählungen gründet. Er wurde während des Neujahrsfestes in Babylon und bei anderer Gelegenheit verlesen, um den Aufstieg des Marduk zu feiern, der den Chaosdrachen besiegt und die Welt geschaffen hatte.

Auf dieser Tontafel (links) ist eine Weltkarte eingeprägt, die dem Muster einer Zeichnung folgt, die ca. 700 v.Chr. entstand. Der Kreis steht für das Meer, um das herum sich verschiedene Länder befinden, die der Text beschreibt. Den Mittelpunkt bildet die damals bekannte Welt. Babylon, Assyrien, Urartu und Susa sind eingezeichnet. Die zwei senkrechten Linien in der Mitte zeigen wahrscheinlich den Euphrat, der durch Babylon fließt.

Siehe auch

- Die Macht der Babylonier (S. 32-33)
- Antike Religionen (S. 146-147)
- Der Tod und das Leben danach (S. 164-165)
- 1. und 2. Könige (S. 210-211)

Der Tod und das Leben danach

Die Babylonier glaubten, dass alle Toten die Unterwelt bevölkerten. Sie lebten dort in einem Land aus Staub und ernährten sich von den Speisen und Getränken, die ihnen ihre Nachfahren als Opfer darbrachten. Wurden Opfer verweigert, kamen die Geister der Toten zurück und suchten ihre Familien heim. Dasselbe galt für die Geister der nicht richtig Begrabenen. Die Vorstellungen über den Tod waren sehr verschwommen und anders als die Ägypter hatte man wenig Hoffnung auf ein zukünftiges Leben.

Weissagung

Nach babylonischer Vorstellung beherrschten die Götter zwar alles, sagten aber nicht die Zukunft voraus. Deshalb befragten die Babylonier Orakel. Die Leber und andere Teile der Opfertiere wurden nach Auffälligkeiten abgesucht, die Botschaften der Götter sein könnten. Man zog auch andere unvorhersehbare Dinge zu Rate, wie etwa die Flugrichtung von Vögeln oder die Muster von Öl auf der Wasseroberfläche. Astrologen leiteten „Orakel“ aus den Bewegungen der Sterne ab. Die sternenklaren Nächte machten die Beobachtung leicht. Und weil jeder Stern zu einem Gott oder einer Göttin gehörte, konnte man alle möglichen Mutmaßungen über den Willen der Götter anstellen. Einige dieser Fähigkeiten wurden von den Griechen und somit von der modernen Astrologie übernommen. Der Tierkreis ist ein Erbe der babylonischen Astrologen. Sie waren auch die Ersten, die den Kreis in 360° und die Stunde in 60 Minuten einteilten.

Ein Tonmodell einer Schafsleber (rechts unten), das für Weissagungen verwendet wurde. Es ist in 50 Abschnitte eingeteilt, auf denen sich jeweils Verheißungen und Beschwörungsformeln befinden.

Diese Bronzefigur (rechts) ist Pazuzu, ein Dämon der assyrischen und babylonischen Kultur. Die Figur trägt die Inschrift: „Ich bin Pazuzu, der Sohn des Hanbi, der König der bösen Winddämonen.“ Amulette mit eingravierten Bildern des Pazuzu wurden manchmal getragen, um ihre Träger vor Angriffen anderer Dämonen zu schützen.

Dämonen

Die Babylonier glaubten, dass böse Geister und Dämonen jede Möglichkeit nutzten, eines Menschen habhaft zu werden: Sie schlüpften unter Türen her, um Menschen im Schlaf anzugreifen oder Kinder aus der Gewalt ihrer Eltern zu rauben, oder sie verbreiteten Krankheiten durch den Wind. Besondere Priester sprachen Gebete und Beschwörungsformeln, damit die Götter einem kranken oder verletzten Menschen halfen. Manchmal wurden die Beschwerden rituell auf etwas Stellvertretendes übertragen, das man zerstören konnte, z.B. eine Ziege, die man dann tötete. Die Menschen trugen Talismane und Amulette, um das Übel abzuwehren. Man hängte sie auch in Eingänge oder begrub sie unter der Türschwelle.

Die Perser

Die Perser hatten ihr erstes Reich um 650 v.Chr. unter König Kyrus I. Obwohl man nicht weiß, woher sie stammten, beweist ihre Sprache, dass sie zu den indogermanischen Völkern zählten. Diese Sprache ist mit Griechisch, Latein, Französisch, Englisch und Deutsch verwandt, noch enger aber mit Sanskrit und anderen Sprachen Indiens.

Die Vertiefungen in diesem goldenen persischen Armreif waren ursprünglich mit Glasstücken oder Halbedelsteinen ausgefüllt. Dieses Fundstück wurde nahe der Ufer des Oxus im heutigen Kasachstan entdeckt.

Kyrus der Große

Der Enkel Kyrus' I., König Kyrus II., der Große, gab der persischen Geschichte eine neue Richtung. 550 v.Chr. gewann er die Macht in Ekbatana, der Hauptstadt der Meder. Er eroberte die heutige Türkei und zog ostwärts nach Nordwestindien. 540 v.Chr. konnte er es dann mit der Macht des babylonischen Reiches aufnehmen. Auf dem „Kyrus-Zylinder", der zwischen den Fundamenten eines babylonischen Gebäudes begraben lag, wird die Einnahme Babylons mit den Worten des Königs beschrieben. 539 v.Chr. fiel die Stadt kampflos. Der Euphrat war umgelenkt worden, sodass die Invasoren über das ausgetrocknete Flussbett in die Stadt gelangen konnten.

Dieser Terrakottazylinder (links) enthält einen Bericht des Perserkönigs Kyrus von seiner Eroberung Babylons und seiner Befreiung von Götterstatuen aus der Hand der Babylonier.

Das Perserreich

Die Perserkönige dehnten ihre Reichsgrenzen weiter aus als sämtliche Herrscher zuvor. Das Perserreich erstreckte sich bis nach Indien und auch die Türkei und Ägypten gehörten zu seinem Machtbereich. König Darius I. (522-486 v.Chr.), der in Persepolis einen großartigen Palast baute, eroberte 513 v.Chr. Mazedonien und den Norden Griechenlands. Nach einem Rückschlag bei Marathon drang sein Sohn, Xerxes I. (486-464 v.Chr.), nach Süden bis nach Athen vor, verlor aber 480 v.Chr. die Seeschlacht bei Salamis. Trotz griechischer Angriffe und Aufstände in Ägypten behaupteten die Perser ihr Reich 200 Jahre lang. 333 v.Chr. überschritt dann Alexander der Große den Hellespont und bereitete dem Perserreich ein schnelles Ende.

Das Regiment der Perser

Durch kluge Regierung und Verwaltung sowie durch eine Politik friedlicher Beziehungen innerhalb des Reiches konnte Persien weit entfernte Gebiete beherrschen. Kyrus der Große teilte das Reich in Provinzen ein, die ihre jeweils eigenen Herrscher, „Satrapen" genannt, hatten. Das waren persische oder medische Adelige, doch gab es auch Einheimische als örtliche Machthaber. Der Erhalt der Bräuche und Religionen der einzelnen Völker wurde gefördert. König Darius I. verbesserte das Regierungssystem weiter. Er führte Münzen und ein Rechtssystem ein. Sein Postwesen erleichterte den Informationsaustausch entscheidend. Schließlich trug auch der Gebrauch des Aramäischen als Verwaltungssprache zur inneren Einheit des Reiches bei.

Rekonstruktion eines Teils des Palastes von Persepolis, den Darius I. und sein Sohn Xerxes bauten.

Die persische Religion

Der altpersische Glaube gründete im Leben der Nomaden. Die Götter waren teilweise Naturgötter, teilweise Verkörperungen abstrakter Begriffe wie „Vertrag“ (Mitra) und „Wahrheit“ (Varuna). Es gab Tieropfer, und man versetzte sich durch Trinken von Soma in Rauschzustände. Zu einem unbekannten Zeitpunkt trat in Ostpersien der Prophet Zarathustra auf und predigte über die Verehrung der obersten Gottheit Ahura Mazda durch Feuer, die Möglichkeit der Zwiesprache mit diesem Gott und den Kampf zwischen Gut und Böse, an dem die Menschen beteiligt sind. Zarathustras Lehren beeinflussten die persischen Könige und in ihrer Breitenwirkung sogar das jüdische Denken.

Siehe auch

- Aus dem Exil in die Heimat (S. 34-35)
- Antike Religionen (S. 146-147)
- Ester (S. 214-215)

Diese geflügelte Figur zeigt wahrscheinlich die oberste Gottheit Ahura Mazda. Die Farben sind dieselben wie im Saal der 100 Säulen in Persepolis, wo Farbreste immer noch sichtbar sind.

Persisches Kunsthandwerk

Das Perserreich schuf großen Wohlstand; Handwerke aller Art blühten auf. Aus dem ganzen Reich kamen Künstler, um die neuen Paläste in Persepolis, Pasargadai und Susa auszustatten, deren Ruinen ihren einstigen Glanz noch erkennen lassen. Zahllose vergoldete und edelsteinbesetzte Schmuckstücke zeugen von hoch entwickelten Fähigkeiten der Luxusgüterherstellung. Im Alten Testament spielt das Buch Ester am glanzvollen persischen Hof.

Dieses Relief an der Osttreppe des Apadana-Palastes in Susa zeigt einen persischen und einen medischen Beamten im Gespräch.

Dieses Glasurziegel-Relief eines persischen Bogenschützen stammt aus dem Palast des Königs Darius in Susa.

Der König, den dieser Siegelzylinder bei der Löwenjagd zeigt, ist wahrscheinlich Darius.

Die Griechen

Bis vor relativ kurzer Zeit wusste man wenig über die Anfänge Griechenlands. Die beiden Werke des griechischen Dichters Homer aus der Zeit um 800 v.Chr., die Ilias und die Odyssee, gaben einen Einblick in die frühe griechische Kultur. Inzwischen weiß man, dass Homers Dichtung auf Tatsachen basiert und dass Griechen schon im zweiten Jahrtausend v.Chr. in Mykene auf der Peloponnes sesshaft geworden waren.

Die Frühgeschichte der Griechen

Griechisch sprechende Menschen waren von Norden her nach Griechenland gekommen. Sie lebten in kleinen, durch das Gebirge voneinander getrennten Städten. Nach der Hochblüte Mykenes war das Land nie mehr vereint. Die Städte bekämpften einander. Oft konnte man einfacher auf dem See- als dem Landweg reisen.
Griechenland war ein armes und steiniges Land, es gab zu wenig fruchtbare Böden, um die Menschen zu ernähren. Deshalb fuhren die Griechen zur See. Die berechenbaren Sommerwinde und der Schutz der vielen Inseln erlaubten ihnen, durch die Ägäis nach Asien zu reisen. Man importierte Lebensmittel und gründete neue Städte an vielen Orten der Mittelmeerküste, besonders in Kleinasien.

Die Götter der Griechen

Die Griechen waren sehr religiös und ihr höchster Gott war Zeus. Er herrschte über die anderen Götter, die auf dem Olymp, dem höchsten Berg Griechenlands, lebten.
Die Griechen waren ein logisch denkendes Volk und so versuchten sie, ganze Familiengeschichten der Götter zu erstellen. Die Götter wurden lebendig geschildert. Sie benahmen sich wie Menschen, oft eifersüchtig, rachsüchtig oder unmoralisch, waren aber natürlich viel mächtiger.
Zu den anderen griechischen Göttern gehörten Ares, der Gott des Krieges, Hermes, der Götterbote, Hades oder auch Pluto, der Totengott, Hephaistos, der Gott des Handwerks, und Apollo, der Gott der Wissenschaften. Die bekanntesten Göttinnen waren Artemis, die Göttin der Jagd und Zwillingsschwester des Apollo, Athene, die Schutzherrin der Kunst und des Krieges, Aphrodite, die Liebesgöttin, und Demeter, die Göttin des Ackerbaues. Diese Namen spielten noch eine Rolle, als die Menschen schon lange nicht mehr an die Götter glaubten.

Zeus

Alexander der Große

Nach vielen erbittert geführten örtlichen Kriegen war Griechenland eine gespaltene und geschwächte Nation. Nach 336 v.Chr. eroberte und vereinigte Alexander, der König des nördlich von Griechenland gelegenen Mazedonien, das ganze Land. Alexander bewies strategische Brillanz. Er unterwarf das riesige Perserreich und drang im Osten bis nach Indien vor. Doch war er mehr als nur ein Eroberer. Er wollte die griechische Sprache und Kultur – den Hellenismus – überall verbreiten. Das Vorhaben scheiterte jedoch an seinem frühen Tod 323 v.Chr.

Dieses Mosaik aus Pompeji zeigt Alexander den Großen während der Schlacht gegen das Perserheer bei Gaugamela.

Das „goldene Zeitalter" Griechenlands

Im 5. Jh. v.Chr. war Athen die berühmteste griechische Stadt. Die Athener hatten entscheidenden Anteil an der Niederschlagung zweier Großangriffe der Perser auf Griechenland in den Jahren 490 und 480 v.Chr. Sie wurden reich und mächtig und bauten viele schöne Tempel, darunter den bis heute erhaltenen Parthenon. Athen wurde auch zur Heimat für einige herausragende Politiker, Denker, Schriftsteller und Dichter, wie etwa Perikles, Sokrates, Plato, Sophokles und Euripides.

Sophokles

Demokratie

Athen war das beste Beispiel für die Lebensweise der Griechen. Die Stadt war eine „Demokratie", und das ist vom Wort und von der Idee her etwas sehr Griechisches. Für einen Athener bedeutete es, dass jeder männliche Bürger am öffentlichen Leben seiner Stadt (griech. *polis*) teilnehmen sollte. Die Griechen waren ein reich begabtes Volk, intelligent und aktiv, scharfsinnig, sehr freiheitsliebend und mit einem ausgeprägten Schönheitssinn in Kunst und Literatur. Obwohl die unterschiedlichen griechischen Staaten miteinander rivalisierten, waren alle sehr stolz darauf, Griechen zu sein. Man grenzte sich deutlich von anderen Volksgruppen ab, die man „Barbaren" nannte. Alle vier Jahre trafen sich sämtliche Städte in Olympia im Süden Griechenlands zu den Olympischen Spielen und in den Kriegen zwischen ihnen ruhten während dieser Zeit die Waffen.

Siehe auch

- Griechenland und das Römische Reich (S. 36-37)
- Antike Religionen (S. 146-147)
- Zwischen den beiden Testamenten – Überblick (S. 238-239)

Das Dionysostheater in Athen, von der Akropolis aus gesehen

Die Religion der Griechen

Die griechische Religion hatte ihre Wurzeln in den Städten. Es gab große Feste für alle und die Geselligkeit war an die Religion gebunden. Die Olympischen Spiele waren am Anfang ein religiöses Fest zu Ehren des Zeus. Im Athener Theater wurden die Stücke – Tragödien und Komödien – an den Festtagen des Gottes Dionysos aufgeführt und die bedeutendsten griechischen Kunstwerke hatten alle eine religiöse Bedeutung.

Frühe griechische Philosophen

Sokrates

Als der Glaube an die Götter nachließ, wandten sich viele Griechen an die Philosophie, um Antworten auf die Grundfragen von Gut und Böse, Leben und Tod zu erhalten. Plato (429-347 v.Chr.) überlieferte die Dialoge seines Lehrers Sokrates (469-399 v.Chr.) über Themen wie Gerechtigkeit und das Leben nach dem Tod und schuf ein erhabenes Gedankengebäude. Später lehrten die Stoiker ein Leben im Einklang mit der Vernunft. Die Epikureer glaubten, die Welt sei durch das zufällige Zusammentreffen von Atomen entstanden. Sie meinten, der Mensch solle im Stillen das Leben genießen. Andere machten aus den alten Göttergeschichten eine neue Morallehre. Doch viele wussten nicht, was sie glauben sollten. Sie verehrten Tyche (das Schicksal) und hofften auf Glück im Leben oder sie wandten sich der Astrologie oder Magie zu.

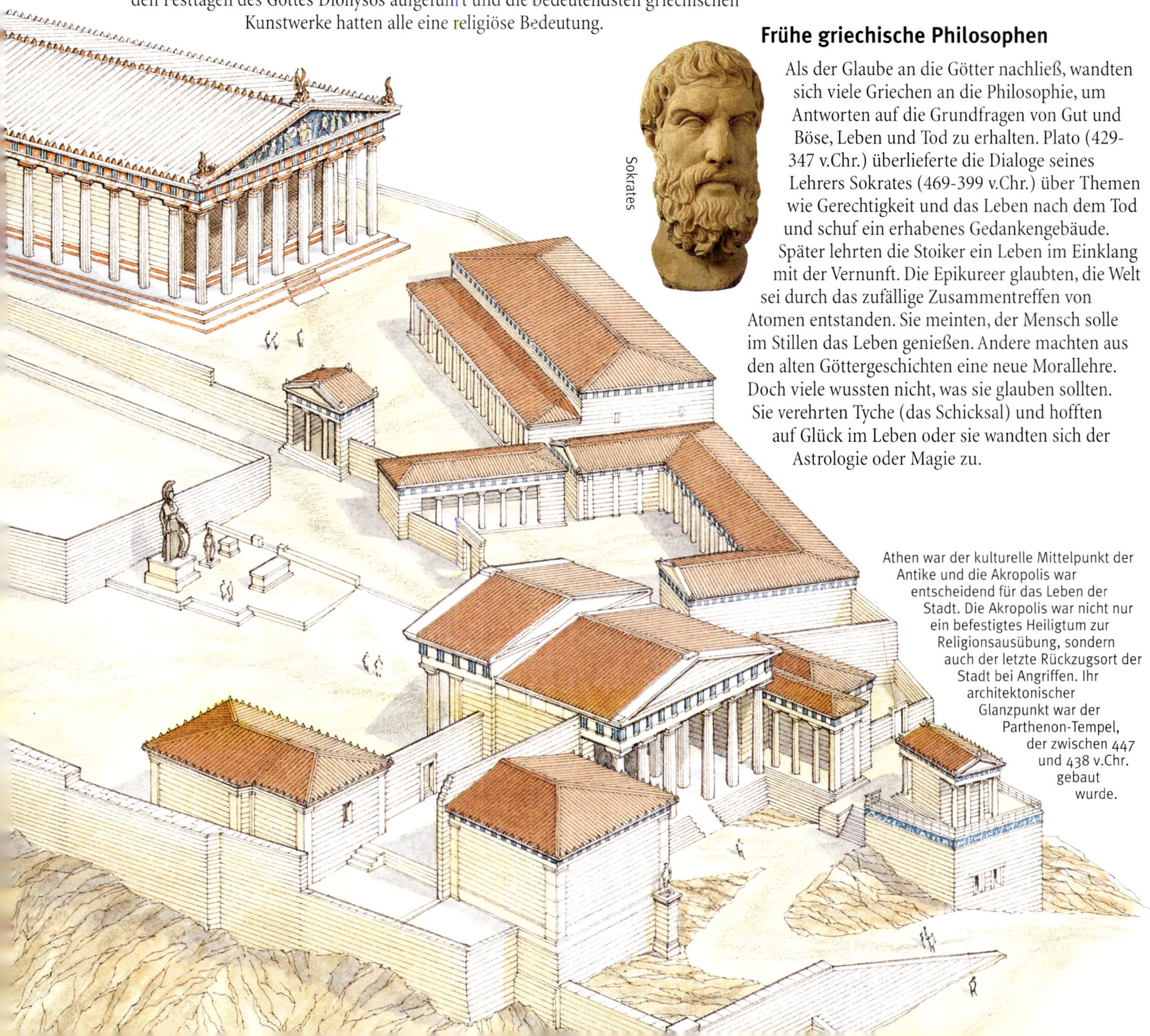

Athen war der kulturelle Mittelpunkt der Antike und die Akropolis war entscheidend für das Leben der Stadt. Die Akropolis war nicht nur ein befestigtes Heiligtum zur Religionsausübung, sondern auch der letzte Rückzugsort der Stadt bei Angriffen. Ihr architektonischer Glanzpunkt war der Parthenon-Tempel, der zwischen 447 und 438 v.Chr. gebaut wurde.

Die Kultur des Hellenismus

Nach dem Tod Alexanders des Großen 323 v.Chr. stritten sich seine Feldherren um die Macht in Griechenland. Sofort wurde es aufgeteilt. Trotzdem behielt die griechische Kultur einen starken Einfluss und man nennt die Zeit von 330 bis 30 v.Chr. das Zeitalter des Hellenismus (von *Hellas* = Griechenland).

Das geteilte Reich

Das Reich Alexanders wurde schließlich in drei von seinen Feldherren („Diadochen") geschaffene Einzelreiche aufgeteilt. Die Ptolemäer beherrschten Ägypten, die Seleukiden hatten ihr Reich im Osten, mit Antiochia in Syrien als Hauptstadt, und die Antigoniden herrschten in Mazedonien. Palästina war zwischen den Seleukiden und den Ptolemäern umkämpft. Ein seleukidischer König, Antiochus IV. Epiphanes (175-164 v.Chr.), wurde zum erbitterten Feind der strenggläubigen Juden.

275 v.Chr. fiel das Reich des griechischen Königs Pyrrhus von Epiros an die Römer. Pyrrhos galt als der Herrscher, der von seiner Erscheinung und seinem Können her Alexander dem Großen am ähnlichsten war. Seine Niederlage war ein schwerer Schlag für die griechische Welt.

Der Untergang eines Reiches

Gegen Ende des dritten Jh.s v.Chr. vergrößerte Rom seinen Einfluss im östlichen Mittelmeerraum. Mit dem Machtzuwachs Roms begannen die Römer, die griechische Geschichte mitzubestimmen. 146 v.Chr. zerstörten sie Korinth, das Widerstand geleistet hatte. Als Athen 86 v.Chr. fiel, war die politische Freiheit der Griechen zu Ende.

Die seleukidischen Herrscher setzten Elefanten ein, um den Aufstand der Makkabäer zu unterdrücken. Dieser Teller zeigt einen Kriegselefanten, gefolgt von seinem Jungem.

Der Einfluss der griechischen Sprache

Während des hellenistischen Zeitalters wurde Griechisch die Verkehrssprache im östlichen Mittelmeerraum und darüber hinaus. Sie war Handels-, Wissenschafts- und Schriftsprache auch für diejenigen, die sonst eigene Sprachen hatten. Selbst die Juden wurden von ihr beeinflusst. Im 2. Jh. v.Chr. wurde das Alte Testament im ägyptischen Alexandria für die dort Griechisch sprechenden Juden ins Griechische übersetzt. Diese Übersetzung, die Septuaginta, wurde auch von den ersten Christen benutzt.

Die hellenistische Philosophie

Die hellenistische Philosophie geht auf die griechischen Sophisten des 5. Jh.s v.Chr., besonders aber auf Sokrates (469-399 v.Chr.) zurück. Und doch unterschied sie sich von der frühen griechischen Philosophie genauso wie von späteren Denkansätzen. Im hellenistischen Zeitalter war die Philosophie äußerst populär, für manche sogar so etwas wie eine Religion. Sie wies die geistige und moralische Richtung. Alle philosophischen Schulen hatte ihre eigenen Überzeugungen, Übungen und Lebensstile, aber der Schwerpunkt lag insgesamt bei Ethik und praktischer Lebensführung. Genügsamkeit, Freiheit und Glück waren die Ziele und die Philosophen ermutigten zur Abkehr von der Maßlosigkeit und dem Aberglauben, den sie in der überkommenen griechischen Religion erblickten.

Sport und andere Facetten des Lebens in hellenistischer Zeit bildeten oft die Motive griechischer Vasen. In der griechischen Kultur hatte die sportliche Betätigung eine religiöse Bedeutung und war den Göttern geweiht. Deshalb und weil die Athleten häufig nackt antraten, fühlten sich die strenggläubigen Juden zum Widerspruch gereizt.

Griechen im Neuen Testament

Das Neue Testament spricht häufig von „Griechen". Manchmal sind damit einfach Nichtjuden gemeint, auch „Heiden" genannt, oder aber Griechisch sprechende Menschen aus römischem Gebiet. Die Erzählungen des Neuen Testaments spielen kaum in Griechenland. Doch der Apostel Paulus schrieb auf Griechisch und war mit griechischem Denken vertraut, obwohl er strenger Jude war. Er wirkte hauptsächlich in griechisch geprägten Städten, besonders in Kleinasien, wo sich einige der größten und reichsten griechischen Städte der Zeit, z.B. Ephesus, befanden. Diese Städte waren immer noch einflussreich, wenn auch der römische Statthalter längst die politische Macht innehatte.

Die Stadt Ephesus war eine Brücke zwischen Ost und West. Sie hatte zur Zeit des Neuen Testaments etwa 350 000 Einwohner. Die Ruinen der Celsus-Bibliothek (oben) lassen noch etwas vom Glanz dieser antiken Stadt erkennen.

Siehe auch

- Griechenland und das Römische Reich (S. 36-37)
- Die Reisen des Paulus (S. 44-45)
- Zwischen den beiden Testamenten – Überblick (S. 238-239)
- Apostelgeschichte (S. 248-249)

Die Philosophie spielte im Leben der Griechen eine große Rolle. Dieses Mosaik der Akademie des Platon zeigt Philosophen bei der Diskussion.

Die Römer

Über die Anfänge der Stadt Rom existieren nur Legenden. Nach der römischen Mythologie war die Stadt nach Romulus benannt, der sie 753 v.Chr. gegründet haben soll. Dieses Jahr betrachteten die Römer später als Anfang ihrer Geschichte.

Die frühe römische Geschichte

Jahrhundertelang war Rom ein kleiner Stadtstaat. Aber die Lage an einer Überfahrtsstelle des Tibers mitten in Italien war günstig. Am Anfang herrschten Könige über Rom, die wahrscheinlich zum Teil Etrusker waren. Nachdem diese Könige vertrieben worden waren, wurde Rom zu einer „Republik", die von zwei für ein Jahr gewählten „Konsuln" und einem Gremium namens „Senat" regiert wurde. Nach Jahren des Streites, der Armut und des Krieges stieg Rom allmählich auf und ab 275 v.Chr. beherrschte es ganz Italien. Rom vergrößerte seine Macht zum Teil durch Kriege, aber auch durch eine Bündnispolitik, bei der den Verbündeten das römische Bürgerrecht und andere Rechte großzügig zugestanden wurden.
Die Römer hatten Organisationstalent. Sie bauten hervorragende Straßen und einten ganz Italien. Charakterlich unterschieden sie sich stark von den Griechen: Sie waren nicht besonders künstlerisch veranlagt und kreativ, aber praktisch, gesetzestreu, fleißig und diszipliniert.

Die technischen Errungenschaften der Römer waren beeindruckend. Dies ist der Aquädukt über den Gard (Pont du Gard, Frankreich), der zur Zeit des Kaisers Augustus gebaut wurde. Die Geometer und Ingenieure arbeiteten so genau, dass der Aquädukt das Wasser 50 km weit leiten konnte und dafür am Endpunkt nur 17 m niedriger sein musste.

Römisches Machtstreben

63 v.Chr. besetzte der römische Feldherr Pompejus Jerusalem. Seitdem herrschte Rom über Palästina. Bald wurde Pompejus von dem ehrgeizigen Julius Cäsar entmachtet, der sich zum „Diktator“ erklärte und dadurch Notverordnungen erlassen konnte. Cäsar war ein hochintelligenter und willensstarker Herrscher. Er besiegte die Kelten, eroberte Gallien (das heutige Frankreich und Deutschland) und fiel in England ein. Doch 44 v.Chr. wurde er von den Republikanern Cassius und Brutus ermordet. Cäsars Freund Antonius und sein Erbe Octavian schlugen die Republikaner 42 v.Chr. bei Philippi in Mazedonien und bekämpften sich dann gegenseitig. Octavian besiegte Antonius und dessen Verbündete Kleopatra, die Königin Ägyptens.

Julius Cäsar

Das Römische Reich und die Kaiser

Nach vielen Jahren waren die Menschen kriegsmüde. Octavian gab ihnen Frieden. 27 v.Chr. erhielt er den Titel „Augustus“. Er wurde der erste Herrscher des Römischen Reiches und vereinigte bis zu seinem Tod 14 n.Chr. alle Anrainer des Mittelmeeres unter einer friedlichen Herrschaft. Man konnte auf dem Land- oder Seeweg jeden Teil des Reiches sicher erreichen.

Das Leben in Rom

Rom, der Mittelpunkt des Römischen Reiches und der Welt, hatte in neutestamentlicher Zeit mehr als eine Million Einwohner. Es gibt lebhafte Schilderungen des Lebens in Rom: hohe Gebäude, enge, verstopfte Straßen, in denen die Angst vor Feuer umging, und ständiger Lärm von Wagenrädern, der den Schlaf raubte. Die Kaiser und Adeligen lebten in großem Luxus. Freie und Sklaven vieler Hautfarben drängten sich in den Straßen. Die Kaiser versuchten die Menge zu befrieden, indem sie Getreide aus Ägypten beschafften oder blutrünstige und tödliche Schaukämpfe zwischen Menschen oder wilden Tieren veranstalteten.

Weltmacht Rom

Als die Römer ganz Italien beherrschten, dehnten sie ihre Machtbasis auf weitere Gebiete aus. Karthago, eine Küstenstadt im heutigen Tunesien, wurde 146 v.Chr. von den Römern zerstört. Sie kontrollierten jetzt die Handelswege im westlichen Mittelmeer. Im Vorderen Orient besiegten die Römer König Antiochus III. von Syrien und zerstörten 146 v.Chr. Korinth sowie 86 v.Chr. Athen. Durch die Einnahme Griechenlands wurde Rom zur Weltmacht. Doch übten die Griechen einen beachtlichen Einfluss auf ihre Besatzer aus. Die Römer beschäftigten sich mit der Sprache und dem Denken der Griechen und übernahmen den griechischen Stil in Kunst und Literatur. Jedoch breitete sich auch Korruption aus. Römische Beamte beuteten ihre Untertanen aus und bereicherten sich, denn der römische Senat konnte sie nicht kontrollieren. Es war unmöglich, ein Weltreich in gleicher Weise zu regieren wie eine Stadt. Große Heere mit Berufssoldaten waren nötig. Bald kämpften ehrgeizige Männer um die Macht. So gab es denn im ersten Jh. v.Chr. mehrere Bürgerkriege.

Römisches Kriegsschiff

Kaiser Trajan zog 102 und 106 n.Chr. erfolgreich gegen die Daker zu Felde. Seine Siege wurden an der Trajanssäule auf dem Forum Romanum in Stein gehauen.

Siehe auch

- Griechenland und das Römische Reich (S. 36-37)
- Könige und Herrscher (S. 116-117)
- Reise und Transport (S. 122-123)

Die Religion der Römer

Das Römische Reich umfasste ein sehr großes Gebiet und schloss Völker verschiedenster Glaubensrichtungen mit ein. Die ersten Christen trafen zuerst auf die Bewohner des östlichen Reiches. Hier überlebten noch Einflüsse östlicher Vorstellungen, die lange vor der Ausbreitung der griechischen Kultur prägend gewesen waren.

Römische Götter

Als sie die Griechen unterworfen hatten, übernahmen die Römer sämtliche griechischen Götter und gaben ihnen römische Namen. Aus Zeus etwa wurde der römische Gott Jupiter. Seine Frau Hera wurde zur römischen Juno und sein Bruder, der Meeresgott Poseidon, wurde Neptun genannt. Andere bekannte römische Götter und Göttinnen waren Mars, Merkur, Vulcanus, Apollo, Diana, Minerva und Venus.

Das Pantheon in Rom, das „Heiligtum aller Götter". Die Kuppel ist die größte je mit vorindustrieller Technik errichtete. Sie hat einen Durchmesser von 45 Metern und dieselbe Innenhöhe, sodass sie eine vollkommene Halbkugel formt. In den Wandnischen standen Götterstatuen, die von dem durch die Öffnung in der Decke einfallenden Sonnenlicht der Reihe nach angestrahlt wurden.

Die römische Religion

Über die frühe römische Religion ist wenig bekannt, aber zweifellos unterschied sie sich deutlich von der der Griechen. Die ersten Römer glaubten an eine göttliche Macht (Numen) in der Natur, die sie sich zunutze machen wollten. So gab es „Götter" für jede Lebenslage: Götter des Hauses, des Hauseingangs, der Felder usw. Von den meisten hatte man wohl nur eine ungefähre Vorstellung. Nur wenige der offiziellen Staatsgötter, z.B. Jupiter, wurden als erkennbare Person dargestellt. Aber als griechische Vorstellungen das römische Denken zu beeinflussen begannen, wurden die alten römischen Götter der griechischen Ordnung angepasst. Die römischen Vorstellungen vermischten sich so sehr mit den griechischen, dass sich rein Römisches kaum noch abgrenzen lässt.

Die Religion und der Kaiser

Eine Inschrift aus Ephesus (oben) verweist auf den „göttlichen" Kaiser (Caesar) Augustus.

Augustus (27 v.Chr.-14 n.Chr.) versuchte, die römische Religion wieder zu beleben. Schon der von ihm gewählte Titel „Augustus" („Erhabener") ließ religiöse Ehrfurcht aufkommen. Er wollte sich mit Hilfe der Religion der Treue des Volkes zu seiner Regierung versichern. Zu Lebzeiten wurde er als Gott verehrt, da er einer durch Kriege zerrissenen Welt Frieden und Sicherheit gebracht hatte. Rom und Augustus wurde in Pergamon ein großer Tempel errichtet und Herodes der Große baute weitere in Cäsarea und Samaria.

Griechische und römische Götter

Griechisch	Römisch	Beschreibung
Zeus	Jupiter	Oberster Gott, Vater anderer Götter
Hera	Juno	Schwester und Gemahlin des Zeus
Athene	Minerva	Göttin der Weisheit und der Künste
Apollon	Apollo	Gott der Sonne, der Weissagung, der Musik, der Medizin, der Dichtung
Artemis	Diana	Jungfräuliche Göttin der Jagd und des Mondes; Zwillingsschwester des Apollon
Poseidon	Neptun	Gott des Meeres, der Erdbeben, der Pferde; Bruder des Zeus
Aphrodite	Venus	Göttin der Liebe und der Schönheit
Hermes	Merkur	Gott des Handels, der Erfindung, des Betrugs, des Diebstahls; Götterbote; Beschützer der Reisenden und Wegelagerer; Begleiter der Toten in den Hades
Hephaistos	Vulkanus	Gott des Feuers und des Schmiedehandwerks
Ares	Mars	Kriegsgott
Demeter	Ceres	Göttin des Ackerbaus, der Fruchtbarkeit, der Ehe
Dionysos	Bacchus	Gott des Weines, der Ekstase, des Liebesrauschs

Siehe auch

- Die Reisen des Paulus (S. 44-45)
- Könige und Herrscher (S. 116-117)
- Antike Religionen (S. 146-147)
- Evangelien und Apostelgeschichte (S. 242-243)

Die Religion und das Volk

Die Römer verehrten viele Götter, aber ihre Religion wirkte sich kaum auf das Leben der Gläubigen aus. Weder der Glaube noch das Verhalten spielte wirklich eine Rolle. Man konnte glauben, was man wollte, solange man die Gesetze beachtete und nicht gegen die staatsbürgerliche Treuepflicht verstieß. Die Suche nach Wahrheit war nicht besonders wichtig und es gab keine einflussreiche Priesterkaste. Die Götter waren weit weg. Man musste ihnen die gebührende Ehre erweisen, aber sie interessierten sich nicht sehr für das Leben der Menschen.
Zur Zeit des Julius Cäsar, im ersten Jahrhundert v.Chr., machten sich gebildete Römer oft wenig aus diesen Göttern. Sie spannten diese Art von Religion für ihre eigenen Zwecke ein, wenn es ihnen einen persönlichen Vorteil einbrachte oder sich politisch Kapital daraus schlagen ließ. Dachten sie aber ernsthaft über das Leben nach, halfen ihnen – genau wie den Griechen – die Philosophie und neue Religionen.

Die Mysterien

Menschen, die einen persönlichen Glauben suchten, wandten sich oft Mysterienreligionen zu. Der Gläubige wurde hier schrittweise in den geheimen geistigen Wesenskern des Kultes eingeweiht. Die Mysterien im griechischen Eleusis waren seit frühester Zeit bekannt gewesen. Aber viele neue, fremde Kulte wurden im ersten Jd. n.Chr. in der römischen Welt beim Volk beliebt. Für die ägyptische Göttin Isis zelebrierte eine große Priesterschar einen imposanten Kult und man glaubte, sie antworte auf Gebete. Der persische Gott Mithras war bei den Soldaten sehr beliebt. Sein Kultus wies eine strenge Priesterhierarchie und verschiedene Initiationsgrade auf. Der Mithraskult gehörte zeitweise zu den stärksten Konkurrenten des Christentums.

Römische Marmorskulptur des Mithras, der den Stier tötet

Rom und die Christen

Die Römer ließen in der Regel in ihrem Reich verschiedene Glaubensrichtungen sich entfalten und verboten nur Gruppierungen, die mangelnder Staatstreue verdächtigt wurden. Das Judentum war erlaubt und zunächst auch das Christentum, da es eine Art Judentum zu sein schien. Mit der Zeit aber machten die Römer den Kaiserkult zur Nagelprobe für die Gefolgschaft. Kaiser Domitian (81-96 v.Chr.) wollte als „Herr und Gott" verehrt werden. Das bedeutete, dass die Christen, die dazu nicht bereit waren, nun damit rechnen mussten, wegen ihres Glaubens verfolgt zu werden.

Völker im Norden und im Süden

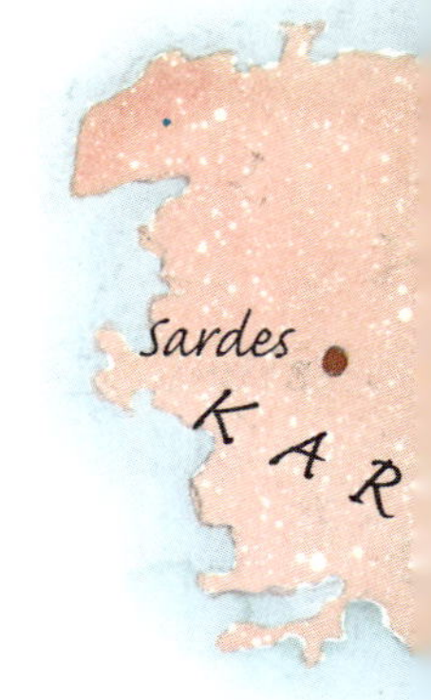

Die großen Mächte nördlich von Israel waren in biblischer Zeit Assyrien und Babylon. Aber der nächste nördliche Nachbar Israels war ein kanaanäisches Volk, die Phönizier. Andere, verwandte Stämme hatten sich weiter im Landesinneren angesiedelt, als die Israeliten nach Kanaan gezogen waren.

Die Hetiter

Vor der Zeit der Israeliten und Aramäer wurde Syrien von den Hetitern aus der Türkei beherrscht. Das war ein indogermanisches Volk, das sich ein seit etwa 1600-1200 v.Chr. sehr mächtiges Reich aufgebaut hatte. Hattusa war die Hauptstadt, in deren Ruinen königliche Schriftensammlungen gefunden wurden. Man schrieb in babylonischer Keilschrift, aber in hetitischer Sprache auf Tontafeln. Unter den wichtigen Dokumenten befinden sich viele Verträge mit Vasallenstaaten. Die Hetiter entwickelten auch ihr eigenes Schriftsystem aus Begriffszeichen.

Dieses Haupt einer bronzenen hetitischen Streitaxt stammt aus dem 13. Jh. v.Chr.

Kleinstaaten

Nach dem Niedergang der Hetiter entwickelten sich in der Türkei eine Reihe von Kleinstaaten. Im Südwesten lag Karien. Seine Bewohner dienten als Söldner in Ägypten – dort fand man ihre beschrifteten Grabsteine – und Juda.

Die Lydier (im Alten Testament: Lud) lebten an der Westküste. Inschriften und Gegenstände, die man in ihrer Hauptstadt Sardes ausgegraben hat, lassen ihre Kultur und Geschichte erkennen. Lydien besaß große Goldvorkommen und hier begann die Münzprägung. Seit 133 v.Chr. gehörte Lydien zur römischen Provinz Asia.

Östlich von Lydien lag Phrygien. In assyrischen Aufzeichnungen und im Alten Testament heißt es Meschech. Phrygien handelte mit Kupfer und Sklaven. Nach der Mitte des 7. Jh.s v.Chr. fiel Phrygien an Lydien. 116 v.Chr. wurde es Teil des Römischen Reiches.

Noch weiter im Osten lag das Königreich Urartu. Um 800-650 v.Chr. versuchten starke urartäische Könige, Nordsyrien zu kontrollieren und die Assyrer zurückzudrängen. Ihre Tempel und Paläste sind unverwechselbar in Architektur und Ausstattung. Um in ihrer Sprache zu schreiben, benutzten sie die Keilschrift.

Das Reitervolk der Skythen stammte aus Zentralasien. Im 7. Jh. v.Chr. zerstörten sie Urartu und verbündeten sich mit den Medern und den Babyloniern, um Assyrien zu unterwerfen.

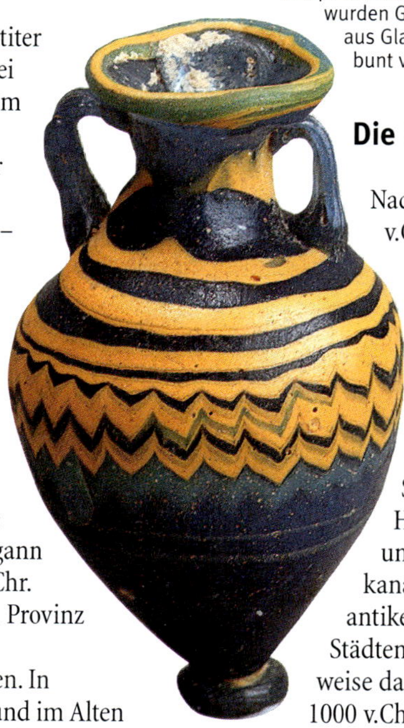

Von phönizischen Kunsthandwerkern wurden Gebrauchsgegenstände aus Glas hergestellt, wie dieses bunt verzierte Parfümgefäß.

Die Phönizier

Nachdem sich die Israeliten 1230 v.Chr. in Kanaan angesiedelt hatten, verblieben in Teilen des Landes andere kanaanäische Völker. Die Phönizier lebten an der Nordwestküste. Sie sprachen eine Variante der kanaanäischen Sprache, die dem Hebräischen ähnlich war, und auch ihre Religion war kanaanäisch beeinflusst. Das antike Byblos gehörte zu ihren Städten; hier wurde möglicherweise das Alphabet erfunden. Nach 1000 v.Chr. wurde Byblos von den Städten Tyrus und Sidon an Bedeutung überflügelt. Etwa zur gleichen Zeit erhielten die israelischen Könige David und Salomo von König Hiram von Tyrus Waren und Arbeitskräfte.

Kusch

Südlich von Ägypten liegt der Sudan, im Alten Testament Kusch genannt. Die Soldaten aus Kusch, das meistens von Ägypten beherrscht wurde, dienten in den Armeen der Ägypter. In hellenistischer und römischer Zeit war Kusch ein unabhängiges Königreich, die Hauptstadt war Meroë. Oft herrschten Königinnen, die den Titel „Kandake“ hatten.

Söldner aus Kusch und Nubien (dem heutigen Sudan) dienten in den ägyptischen Armeen. Diese bemalte Holzplastik eines nubischen Bogenschützen ist eine von insgesamt vierzig, die in einem Grab in Asjut in Oberägypten gefunden wurden. Man schätzt ihr Alter auf annähernd 4000 Jahre.

Aramäer und Chaldäer

Es gab mehrere aramäische Stämme, die sich jeweils in einer Stadt konzentrierten. Sie waren verstreut in ganz Syrien und Assyrien sowie den Euphrat entlang bis Babylonien, wo aus einem Zweig das Volk der Chaldäer wurde. Kleinere Reiche nördlich von Galiläa wurden bald von Israel oder Damaskus, dem größten aramäischen Königreich, annektiert. Aramäisch war die gebräuchliche Sprache für Diplomaten und Kaufleute im gesamten Vorderen Orient von etwa 750 v.Chr. bis zur Einführung des Griechischen durch Alexander den Großen.

Siehe auch

- Alttestamentliche Geschichte – Überblick (S. 204-205)
- Apostelgeschichte (S. 248-249)

Die Horiter

Die Horiter (oder Hurriter) waren eine Volksgruppe, die später im hetitischen Reich aufging. Seit 2500 v.Chr. gab es sie in Babylonien, doch ist ihre Herkunft unbekannt und ihre Sprache, in der es Keilschrifttexte gibt, heute nicht recht verständlich. Einzelne Gruppen siedelten in Gebieten Kanaans, in Edom, Sichem und Gilgal. Horitische Namen erscheinen auf Keilschrifttafeln aus der Zeit um 1400 v.Chr., die in Kanaan gefunden wurden, und ägyptische Quellen bezeichnen Kanaan als *hurru*. Zu dieser Zeit gab es im oberen Mesopotamien einen einflussreichen horitischen Staat. Seine Könige hatten Briefkontakte mit den Pharaonen Ägyptens. Unter ihren Göttern verehrten sie besonders Mitra und andere in Indien sehr bekannte Götter. Die Horiter hatten großen Einfluss auf die Hetiter und verbreiteten überall die babylonische Kultur.

Das Königreich Urartu umschloss den Van-See in der heutigen Türkei. Die Urartäer verwendeten eine ähnliche Sprache wie die Horiter und kannten zum Teil dieselben Götter. Sie waren geschickt in der Bronzeverarbeitung und produzierten Gegenstände aus Bronze in großen Mengen. Als der assyrische König Sargon II. die urartäische Stadt Musasir eingenommen hatte, nahm er 25 212 Schilde und 305 412 Dolche aus Bronze in Besitz. Der Streitwagen, den man oben sieht, ist Teil der Verzierung eines bronzenen Gürtels aus dem 8. Jh. v.Chr.

Völker im Osten und im Westen

Die nächsten Nachbarn Israels im Osten waren die Moabiter, Edomiter und Ammoniter, die sich etwa zu der Zeit entlang des Jordan ansiedelten, in der die Israeliten Kanaan in Besitz nahmen. Weiter im Osten lebten die Midianiter und eine Reihe von in der Bibel erwähnten Stämmen, die sich in Arabien ansiedelten. Auch Zypern und Kreta waren bewohnt, von deren Existenz die Israeliten allerdings kaum etwas wussten.

Die Ammoniter

Nördlich des Toten Meeres, zwischen den Flüssen Arnon und Jabbok, lebten die Ammoniter. Das ammonitische Reich wurde durch eine Reihe von steinernen Wachtürmen vor Invasoren geschützt. Ausgrabungen in Ammon förderten Häuserruinen und Grabmale zutage, in denen sich ähnliche Keramik wie die der Israeliten fand, außerdem Steinstatuen, Siegel mit den eingravierten Namen der Besitzer und einige kurze Inschriften, die bezeugen, dass das Ammonitische dem Hebräischen ähnlich war.
Die Hauptstraße östlich des Jordan, die Straße der Könige, führte Kaufleute auf ihrem Weg von Damaskus zum Golf von Akaba durch das Reich der Ammoniter. Sie brachten Wohlstand und übten einen starken kulturellen und religiösen Einfluss aus.

Die Edomiter

Edom lag südlich von Moab und erstreckte sich hinunter bis zum Golf von Akaba. Beherrscht von Königen lebten die Edomiter hier seit langer Zeit. Einige Edomiter waren umherreisende Händler, andere arbeiteten in Kupferminen und in der Landwirtschaft. Wie ihre Nachbarn standen sie Israel feindlich gegenüber. Mehr als einmal wurden sie besiegt, befreiten sich aber immer wieder.

Die Moabiter

Südlich des Arnon lag das Land der Moabiter. Während der meisten Zeit des Alten Testamentes setzte dieses Volk den Israeliten zu. Moab gehört zu den Ländern, die von Ramses II. von Ägypten ca. 1283 v.Chr. angegriffen wurden. Die Stadt Dibon wurde eingenommen. Viel später ließ hier König Mescha seinen Triumph über Israels König Omri auf dem berühmten Mescha-Stein aufzeichnen. Die Inschrift zeigt, dass seine Sprache dem Hebräischen ähnlich war.

Der Mescha-Stein (links) entstand ca. 840-820 v.Chr. Er bezeugt den Sieg des moabitischen Königs Mescha, der seine israelitischen Oberherren bezwang und sich von den jährlichen Tributen an Israel befreite. Davor musste Moab jährlich 100 000 Lämmer und die Wolle von 100 000 Schafen an Israel abtreten.

Inselvölker

Im westlich von Israel gelegenen Mittelmeer gab es im Wesentlichen zwei Inselvölker. Zypern war in frühester Zeit unter dem Namen Elischa bekannt und ein wichtiger Kupferlieferant. 58 v.Chr. kam Zypern unter römische Herrschaft und wurde seit 27 v.Chr. von einem Prokonsul regiert. Es war ein natürlicher Ankerplatz für Schiffe, die von der östlichen Mittelmeerküste in die Türkei oder nach Rom fuhren. Kreta heißt im Alten Testament und in anderen antiken Texten Kaftor. Die minoische Kultur stand hier seit 2000 v.Chr. in Blüte und mischte sich mit der mykenischen. Im 12. Jh. v.Chr. kam es zum Zerfall. Die kretischen Schriften „Linear A“ und „Linear B“ gab es nur hier. Die Schrift „Linear B“ wurde übernommen, um eine frühe Form des Griechischen zu schreiben.

Bemaltes Terrakottapferd aus Zypern

Die Meder

Die Meder siedelten im Hochland des nordwestlichen heutigen Iran, südwestlich des Kaspischen Meeres. Sie verbündeten sich mit den Skythen und den Babyloniern und brachten 612 v.Chr. Assyrien zu Fall. Astyages, der letzte Mederkönig, wurde 549 v.Chr. von König Kyrus von Persien gestürzt. Medien wurde zu einer Provinz des neuen Perserreiches.

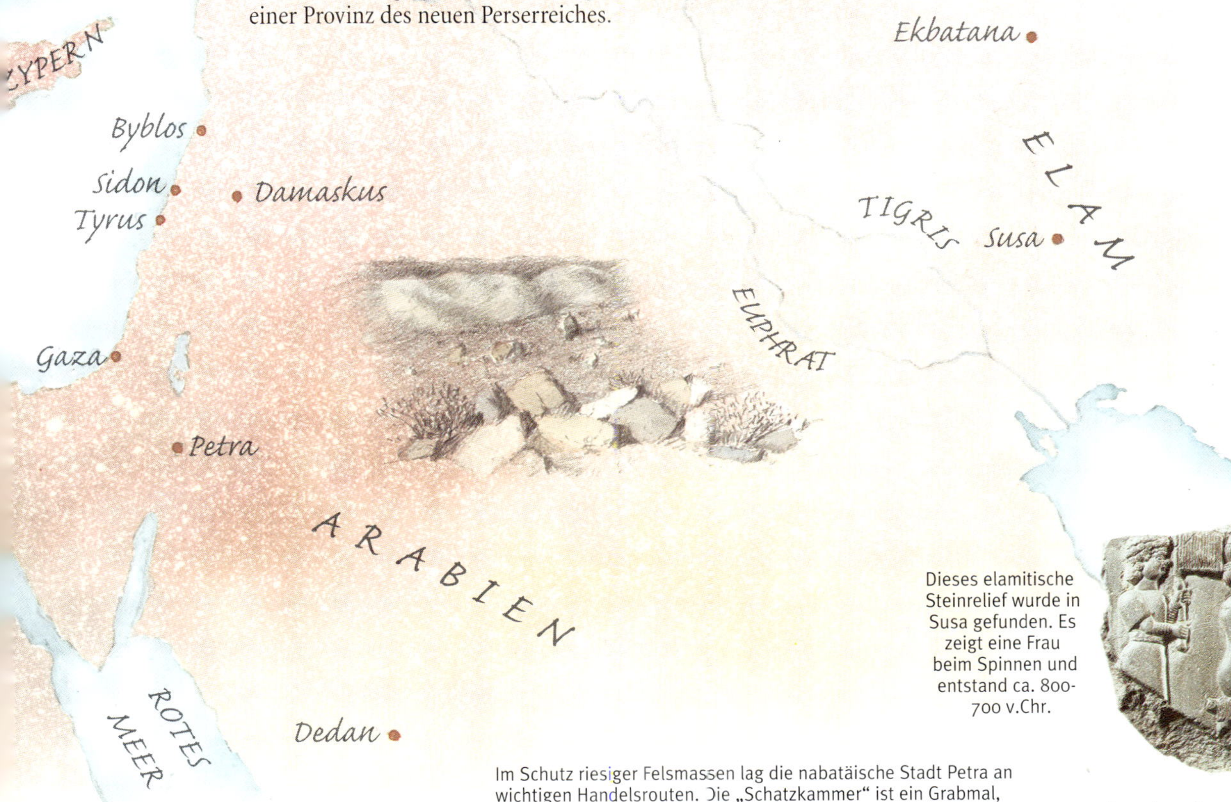

Siehe auch

- Die Zeit der Richter (S. 24-25)
- Antike Religionen (S. 146-147)
- Alttestamentliche Geschichte – Überblick (S. 204-205)

Dieses elamitische Steinrelief wurde in Susa gefunden. Es zeigt eine Frau beim Spinnen und entstand ca. 800-700 v.Chr.

Die Midianiter

Die Midianiter lebten südlich von Edom an der Küste des Roten Meeres, trieben Handel und fielen auf Kamelen in besiedelte Gebiete ein. Die Bibel berichtet, dass Mose ihnen in der Wüste Sinai begegnete und eine midianitische Frau heiratete.

Midianitische Tonkrüge aus der späten Bronzezeit, die in Timna im Süden des Negeb gefunden wurden.

Dedan

Im Zentralgebiet Midians wuchs später die Stadt Dedan (heute Al 'Ula). Dieses wichtige Handelszentrum kannten sogar die Babylonier.

Im Schutz riesiger Felsmassen lag die nabatäische Stadt Petra an wichtigen Handelsrouten. Die „Schatzkammer" ist ein Grabmal, das aus einer Felswand gehauen und mit einer griechischen Säulenfassade versehen wurde.

Die Elamiter

Weit östlich von Israel gab es die Elamiter, ein abgeschottetes Volk, dessen bedeutendste Stadt Susa war. Die Elamiter wurden oft von ihren westlichen Nachbarn unterdrückt. Als die Assyrer 721 v.Chr. das israelitische Nordreich zerstörten, schickten sie einige der Einwohner Samarias nach Elam und im Austausch dazu wurden Elamiter nach Israel geschickt. Elam wurde Teil des Perserreiches.

Die Nabatäer

Nach der Zeit Alexanders des Großen wurde der arabische Stamm der Nabatäer auf edomitischem und midianitischem Gebiet heimisch und errichtete ein starkes Königtum, indem er den Weihrauchhandel aus Südarabien nach Damaskus und nach Gaza kontrollierte. Für einige Jahre beherrschten die Nabatäer Damaskus, wurden aber von dem Römer Trajan 106 n.Chr. besiegt. Ihre Hauptstadt war Petra.

Teil 2: Bildnachweise

Abkürzungen:
o = oben, ol = oben links, om = oben Mitte, or = oben rechts
m = Mitte, ml = Mitte links, mr = Mitte rechts
u = unten, ul = unten links, um = unten Mitte, ur = unten rechts

Illustrationen
DA = David Atkinson, SC = Stephen Conlin

Fotos
JA = Jon Arnold, ZR = Zev Radovan, BM = © The British Museum, mit freundlicher Genehmigung des Kuratoriums

Seite	
50 *om*	Landkarte: DA
50 *ml*	Bronzekopf: Scala, Florenz
50 *ul*	Gilgamesch-Epos: ZR
50 *ur*	Statue des Gudea: ZR
50-51 *m*	Zikkurat in Ur: SC
51 *or*	Ziegenstatue aus den Königsgräbern in Ur: Foto © Michael Holford/Sammlung des British Museum
51 *r*	Dolch aus den Königsgräbern in Ur: BM
52 *ol*	Pyramiden: JA
52 *ml*	Hieroglyphe: Joshua Smith
52-53	Zeitleiste: DA
52-53 *u*	Tempel Ramses' II.: JA
53 *or*	Siegesurkunde Schischak I.: JA
53 *um*	Landkarte: DA
54 *or*	Wandgemälde mit Trauernden: ZR
54 *m*	Mumie und Sarg: BM
54 *mr*	Anubis: Lion Publishing/Mark Astle
54 *u*	Papyrus des Hunefer: BM
55 *ol*	Thron des Tut-anch-Amun: © Brian Brake, John Hillelson Agentur
55 *r*	ägyptisches Skarabäussiegel: ZR
55 *u*	Wandgemälde mit Totem und Osiris: ZR
56 *r*	Landkarte: DA
56 *m*	Baal: Foto © Michael Holford, Sammlung Musée du Louvre
56 *r*	goldener Anhänger, die Göttin Hathor darstellend: ZR
57 *ol*	kanaanäisches Weihrauchfass: ZR
57 *or*	heilige Stätte der Kanaanäer in Megiddo: JA
57 *ml*	Altar mit „Hörnern": Lion Publishing/Stanley Willcocks
57 *mr*	Amarna-Brief: BM
57 *ur*	goldene Halskette: ZR
58 *or*	Landkarte: DA
58 *ml*	Bierkrug der Philister: ZR
58 *ul*	Schiff der Philister: Lion Publishing/David Alexander
58-59 *m*	Relief mit Soldaten der Philister: Archiv Werner Forman
59 *ol*	Philistersoldat: Lion Publishing/Pauline O'Boyle
59 *ul*	menschengestaltiger Sarkophag der Philister: ZR
60 *o*	Ansicht der Stadt Kelach (Gemälde): BM
60 *u*	Relief mit der Darstellung König Assurbanipals und seiner Königin: BM
61 *or*	Relief mit der Darstellung König Sanheribs: ZR
61 *ml*	Thronsaal des Königs Assurnasirpal II.: BM
61 *ur*	Relief mit der Darstellung König Assurnasirpals II. bei der Löwenjagd: Foto © Michael Holford/Sammlung British Museum
62 *or*	Kudurru: Sonia Halliday Photographs
62-63 *u*	Ischtartor: SC
63 *om*	Stele des Königs Hammurapi: ZR
64 *or*	Stele mit dem Bildnis König Nabonids: ZR
64 *l*	Grenzstein: ZR
64 *ur*	Glasursteinrelief eines Stieres am Ischtartor: ZR
65 *o*	Weltkarte: ZR
65 *ul*	Bronzefigur des Pazuzu: ZR
65 *ur*	Tonmodell einer Schafsleber: BM
66 *ml*	„Kyruszylinder": ZR
66 *ul*	Rekonstruktion des Palastes von Persepolis: Richard Ashworth/Bildarchiv Robert Harding
66-67 *m*	goldener Armreif der Perser: BM
67 *or*	geflügelte Figur: Joshua Smith
67 *ml*	Relief mit der Darstellung persischer und medischer Beamter: Sonia Halliday Photographs/Foto James Wellard
67 *ur*	Glasursteinrelief eines persischen Bogenschützen: BM
67 *um*	Abdruck eines zylindrischen Siegels: Lion Publishing/Mark Astle
68 *or*	Mosaikporträt Alexanders: Sonia Halliday Photographs/Foto F.H.C. Birch
68 *ul*	Statue des Zeus: The Ancient Art and Architecture Collection
68-69 *m*	Akropolis: SC
69 *ol*	Büste des Sophokles: ZR
69 *or*	Dionysostheater: ZR
69 *m*	Büste des Sokrates: ZR
70 *or*	Kopf des Königs Pyrrhos von Epiros: Ny Carlsburg Glyptotek, Kopenhagen
70 *u*	Teller mit der Darstellung eines Elefanten: Scala, Florenz
71 *om*	griechische Vase: BM
71 *ml*	Celsus-Bibliothek in Ephesus: JA
71 *u*	Mosaik mit der Darstellung der Akademie des Platon: Scala, Florenz
72-73	Pont du Gard: SC
73 *ol*	Julius Cäsar: The Ancient Art and Architecture Collection
73 *mr*	römisches Kriegsschiff: Lion Publishing
73 *u*	Trajanssäule: JA
74 *ul*	Inschrift: Lion Publishing/David Alexander
74-75	Parthenon: JA
75 *ur*	Skulptur des Mithras: BM
76 *or*	bronzene hetitische Streitaxt: CR
76 *m*	phönizisches Parfümgefäß: ZR
76 *r*	Modell eines nubischen Bogenschützen: Herbert Fasching
77 *l*	Landkarte: DA
77 *ur*	Bronzegürtel mit dem Bild eines Streitwagens: ZR
78 *ul*	Mescha-Stein: ZR
78 *ur*	bemaltes Terrakottapferd: ZR
78-79 *o*	Landkarten: DA
79 *ul*	midianitische Tonkrüge: ZR
79 *um*	Schatzkammer in Petra: JA
79 *mr*	elamitisches Steinrelief: Foto AKG London/Erich Lessing/ Sammlung Musée du Louvre

Die Welt der Bibel

Teil 3

Die Länder der Bibel

Das Land, in dem die Israeliten ihre Heimat fanden, hat seinen Namen und seine Grenzen oft geändert. Die Israeliten siedelten sich in Kanaan an, das später in die Königreiche Israel und Juda geteilt wurde. Unter den Römern wurde ihre Heimat in verschiedene Provinzen unterteilt, darunter Judäa und Galiläa. Der Name „Palästina“ wurde von den Philistern abgeleitet, die ca. 1200 v.Chr. in das Land einfielen.

Der „fruchtbare Halbmond“

Der größte Teil der biblischen Geschichte spielt sich in einem sehr kleinen Gebiet am östlichen Rand des Mittelmeeres ab, in dem schmalen Küstenstreifen zwischen dem Meer und den weiten arabischen Wüsten. Meer und Wüste sind durch den „fruchtbaren Halbmond“ voneinander getrennt. So wird ein Streifen gut bewässerten Landes genannt, der sich von Ägypten im Süden über ein natürliches Regengebiet an der Ostküste des Mittelmeeres zu den fruchtbaren, künstlich bewässerten Landstrichen von Mesopotamien mit seinen großen Flüssen Tigris und Euphrat erstreckt.

Der fruchtbare Halbmond hat schon immer Wüstenvölker aus dem Süden und Bergvölker aus dem Norden angezogen. Deshalb erlebte er im Lauf seiner Geschichte so viele Eroberungen und wechselnde Herrscher. Die Israeliten sind nie zur See gefahren – das haben sie den Phöniziern überlassen. Aber die Wüste ist in den biblischen Geschichten beinahe allgegenwärtig, im Südwesten Israels reicht sie nach Westen beinahe bis an die Küste.

Der „fruchtbare Halbmond“

Diese Szene bei Nachal Bezet zeigt die Landschaft, die mit ihren Hügeln und Tälern aus Kalkstein typisch für den größten Teil Palästinas ist. In Tälern, in denen das den Kalkstein durchdringende Wasser auf undurchlässigen Felsen stößt und sich einen Weg an die Oberfläche sucht, entstehen Quellen. Frühe Siedlungen in Palästina lagen normalerweise in der Nähe solcher Quellen oder an Orten, wo ein Brunnen bis zum Wasser gebohrt werden konnte.

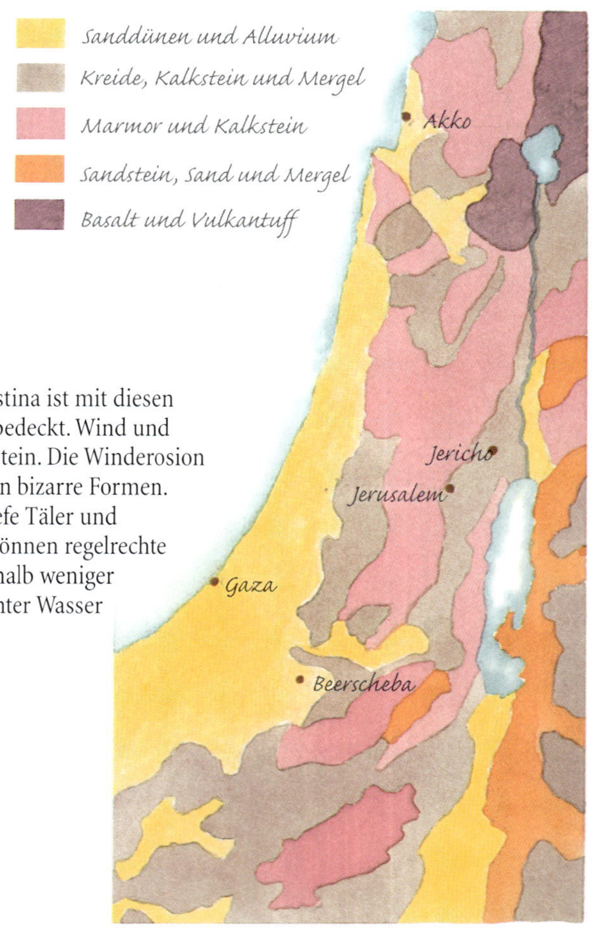

Geologie

Geologisch betrachtet ist Palästina noch jung. Ein großer Teil der Oberfläche besteht aus Kalkstein, der der Landschaft ein charakteristisches Aussehen verleiht. Kalkstein ist wasserdurchlässig, sodass es nur wenig Oberflächenfeuchtigkeit gibt. Aber es bilden sich in der Regel unterirdische Wasserläufe, die durch das Bohren von Brunnen angezapft werden können. Im Kalkstein gibt es auch viele Höhlen. An der Oberfläche bildet sich oft eine steinige Schicht, die die Landbestellung erschwert und nur einen ungleichmäßigen Mutterboden bietet. All diese für Kalkstein typischen Merkmale findet man in der Hügellandschaft Palästinas.

Das Wüstenklima des Landes wirkt sich ebenfalls auf die Landschaft und seine Strukturen aus. In der Wüste besteht die Oberfläche ungeachtet der Gesteinsart gewöhnlich aus Sand, Feuersteinen oder Salz. Ein großer Teil des südlichen Palästina ist mit diesen unfruchtbaren Ablagerungen bedeckt. Wind und Wasser formen das Wüstengestein. Die Winderosion gibt den Wüstenfelsen zuweilen bizarre Formen. Die Kraft des Wassers gräbt tiefe Täler und Felsvorsprünge. Gelegentlich können regelrechte Fluten ein trockenes Tal innerhalb weniger Minuten mehrere Meter tief unter Wasser setzen.

Ein kleines Land

Das Land der Israeliten reichte nach der Beschreibung der Bibel „von Dan bis Beerscheba“, ein sehr kleines Gebiet von weniger als 230 km Länge. Das nördliche Ende des Toten Meeres ist nur 80 km von der Küste entfernt, liegt aber 400 m unter dem Meeresspiegel.
Das Land sieht im Querschnitt beinahe aus wie das Dach eines Hauses. Es erhebt sich ab dem Mittelmeer sanft auf eine Höhe von ca. 1000 m über dem Meeresspiegel, um dann steil in die tiefe Jordansenke abzufallen. Dort ist die Oberfläche der Erde zu einem Graben abgesunken, der sich Richtung Süden bis nach Ostafrika erstreckt. Im Osten des Jordan und nördlich von Galiläa erheben sich die Berge in größere Höhen – fast 2000 m in Edom am östlichen Wüstenrand und mehr als 3000 m im Libanon und am Berg Hermon im Norden.

Siehe auch

Die Erzväter und ihre Welt (S. 18-19)

Völker im Norden und im Süden (S. 76-77)

Völker im Westen und im Osten (S. 78-79)

Erosion durch Wind und Wasser kann die erstaunlichsten Felsformationen in den Wüstenregionen hervorbringen. Hier ein Beispiel aus der südlichen Sinaiwüste.

Die Geographie Israels

Geographisch lässt sich Israel in sieben große Gebiete unterteilen: die Küstenebene, die Region von Galiläa, das Jordantal, das zentrale Hochland, das Ostjordanland, die Schefela und die Ebene von Megiddo.

Die Küstenebene

Als die Israeliten Kanaan besetzten, siedelten sie sich im zentralen Hochland an und versuchten dann sporadisch, ihre Macht bis zur Mittelmeerküste auszudehnen. Diese Region war jedoch von den Philistern besetzt, die von ihren fünf Städten im Küstengebiet aus großen Druck auf die Hügelregion ausübten.
Die Küstenebene war zu dieser Zeit keine besonders attraktive Region. Sie bestand aus einem Sanddünenstreifen, an den sich Wälder, Lagunen und Sümpfe anschlossen. Südlich des Karmelgebirges gab es keine großen natürlichen Häfen, und der erste bedeutende Hafen an dieser Küste war der künstliche Hafen von Cäsarea, der von König Herodes kurz vor der Geburt Jesu gebaut worden war. Das Gebiet südlich des Karmelgebirges umfasste die Ebenen von Philistia und von Scharon, nördlich des Karmelgebirges gingen sie in die Ebene von Asser über. Nach Norden zu verengt sie sich, hat jedoch bessere natürliche Häfen. Von hier aus haben die seefahrenden Phönizier ihren Handel betrieben.

Galiläa

Nördlich der Ebene von Megiddo, in der Region von Galiläa, erhebt sich erneut das Hochland. Es steigt zu den hohen Bergen des Libanon aus einer Reihe von Stufen auf, deren Abhänge in der Regel nach Süden oder Südosten lagen. Die unteren Stufen in dieser „Treppe" waren und sind fruchtbare, durch kargen Kalkstein voneinander getrennte Becken. Zur Zeit Jesu waren diese fruchtbaren Becken für ihr Getreide, ihr Obst und ihre Oliven bekannt. Es war ein wohlhabendes, reich bevölkertes Gebiet.

Die höheren Stufen dagegen erheben sich zu einem rauen, vom Wind zerzausten Hochland. Dieses Gebiet ist isoliert und unfruchtbar und im Gegensatz zu den höher gelegenen Berghängen weiter im Norden gibt es hier keine Wälder.
Galiläa lässt sich in Ober- und Untergaliläa unterteilen. Die Grenzen im Süden und Osten der Region sind klar gezogen, im Norden verlieren sie sich jedoch in den Bergen. In der Vergangenheit waren die ausländischen Einflüsse in diesem nördlichen Grenzgebiet stets am stärksten und nur selten hatten es die Israeliten wirklich unter Kontrolle.
In Galiläa hat Jesus seine Kindheit verbracht. Es war ein geschäftiges Gebiet; die Bevölkerung war gemischt und es herrschte ein ständiges Kommen und Gehen. Die Handelsstraßen waren die Verbindung zur Außenwelt, über die nichtjüdische Ideen Eingang fanden. Die Menschen der Region lebten von dem fruchtbaren Ackerland und der Fischerei im See Genezareth. Sie waren Pragmatiker und somit dem Römischen Reich gegenüber aufgeschlossener als etwa die Einwohner Jerusalems, von denen sie als Bauerntölpel und ihrer Mischbevölkerung wegen verachtet wurden.

Das Jordantal

Der Jordan entspringt nahe des Berges Hermon und fließt nach Süden durch den Hule-See (heute trockengelegt) und den See Genezareth und windet sich durch das tiefe Tal El Gor. In das an sich schon tiefe Tal hat sich der Fluss noch tiefer hineingegraben und ein gewundenes, von Klippen gesäumtes „Tal im Tal" geschaffen, das mit einer dichten, urwaldähnlichen Vegetation bewachsen ist. Dadurch war es vor dem Bau der ersten modernen Brücken sehr schwierig, den Jordan zu überqueren.

Das Jordantal ist ein geologischer Graben, dessen Ränder parallel zu Verwerfungen in der Erdoberfläche verlaufen. Diesen Verwerfungen folgt das Tal bis hinunter zum Toten Meer und darüber hinaus und bildet die tiefste natürliche Senke der Welt. Der tiefste Punkt des Toten Meeres liegt mehr als 800 m unter dem Meeresspiegel, das Ufer etwa 400 m.
Die Entfernung vom Gebirgsrand auf der einen Seite des Tales bis zu dem auf der anderen Seite beträgt 15-20 km. Zum Teil wegen des schwierigen Geländes, das der Jordan und seine Nebenflüsse geschaffen haben, gibt es keine größere, dem Talverlauf folgende Straße.

Das zentrale Hochland

Das von den Israeliten hauptsächlich besiedelte Gebiet lag im „Hügelland", d. h. im zentralen Hochland entlang der Wasserscheide. In der Nähe von Hebron erreicht es eine Höhe von mehr als 1000 m. Hier fällt das Land nach Westen flach zur Küste und nach Osten steil zum Jordantal ab. Die befestigten Städte des zentralen Hochlandes waren gute Verteidigungspunkte.

Im Norden der Region erhebt sich eine Reihe einsamer Hügel über die benachbarte Jesreel-Ebene. Das Hügelland zieht sich jedoch mit dem vorspringenden Karmelgebirge noch weiter nordwestlich bis zur Küste hin. Der 600 m hohe Bergkamm teilt die Küstenebene und durchbricht damit den Nord-Süd-Verlauf der Region.

Auch heute noch gibt es im zentralen Hochland mit Ausnahme der Hauptverbindung Hebron-Jerusalem-Nablus nur wenige Straßen. Die größten Straßen sowohl der alten als auch der neuen Welt verlaufen nördlich der Hügel parallel zu ihnen an der Küste entlang.

Das machte diese Region in Bezug auf das geschäftige Treiben im übrigen Land immer ein wenig zum Außenseiter, obwohl sich hier Jerusalem befindet.

Die Schefela

Zwischen der Küstenebene und dem zentralen Hochland befinden sich niedrige Gebirgsausläufer, die Schefela, die früher mit Maulbeerfeigenbäumen bedeckt waren. Während der Kämpfe zwischen den Philistern und den Israeliten bildeten die Ausläufer eine Art Niemandsland, in dem es ständig zu Scharmützeln kam, und daher waren die meisten Straßen durch dieses Gebiet befestigt oder bewacht.

Die Jesreel-Ebene

Etwas von der Mittelmeerküste entfernt erstrecken sich Gebirgszüge vom Libanon bis nach Sinai, die an einer Stelle jedoch unterbrochen werden. Hier hat eine Spalte im tiefer liegenden Gestein einen Bergabschnitt um ca. 100 m abrutschen lassen. Dieser Bruch trennt das zentrale Hochland von Galiläa von den nördlichen Gebirgen. Er wird als Jesreel-(oder Esdraëlon-)Ebene bezeichnet.

Die Ebene bildet ein Dreieck, dessen Seiten jeweils ca. 24 km lang sind.

Der Boden des Tales war ursprünglich sumpfig, trotzdem war es immer von großer strategischer Bedeutung. Mittlerweile ist die Ebene trockengelegt. Die Hauptroute von Nord nach Süd (von den Römern Via Maris, „Meeresstraße", genannt) verläuft von Ägypten nach Damaskus und Mesopotamien durch das Tal und war somit nicht nur eine optimale Handels-, sondern auch eine Invasionsroute. Dies könnte der Grund für die vielen Schlachten sein, die in der Ebene bis in dieses Jahrhundert hinein geschlagen wurden (zuletzt 1949).

Das Ostjordanland

Die Berge des Ostjordanlandes ähneln denen des zentralen Hochlandes, sie sind jedoch höher. Mit ihrer guten Bewässerung bieten sie ausgezeichnetes Weideland für die riesigen Schaf- und Rinderherden, die in Moab gezüchtet wurden.

Die Berge erheben sich von 600-700 m östlich von Galiläa bis zu fast 2000 m im Süden und Osten des Toten Meeres. Je höher sie sind, desto mehr Regen ziehen sie an, was sie zu einem fruchtbaren Streifen zwischen dem trockenen Jordantal auf der einen und der arabischen Wüste auf der anderen Seite macht.

Siehe auch

- Die Erzväter und ihre Welt (S. 18-19)
- Die Geschichte Jerusalems (S. 38-39)
- Auf den Spuren Jesu (S. 40-41)

Klima und Bodenschätze

Die Mittelmeerländer liegen zwischen gemäßigter und tropischer Klimazone. Die Winter sind feucht wie in den nördlichen Ländern, die Sommer sind heiß und trocken, beeinflusst von den tropischen Wüsten südlich des Mittelmeeres. Aufgrund dieser jahreszeitlichen Gegensätze sind die Küstengebirge schneebedeckt, während in den Ebenen tropische Früchte wachsen.

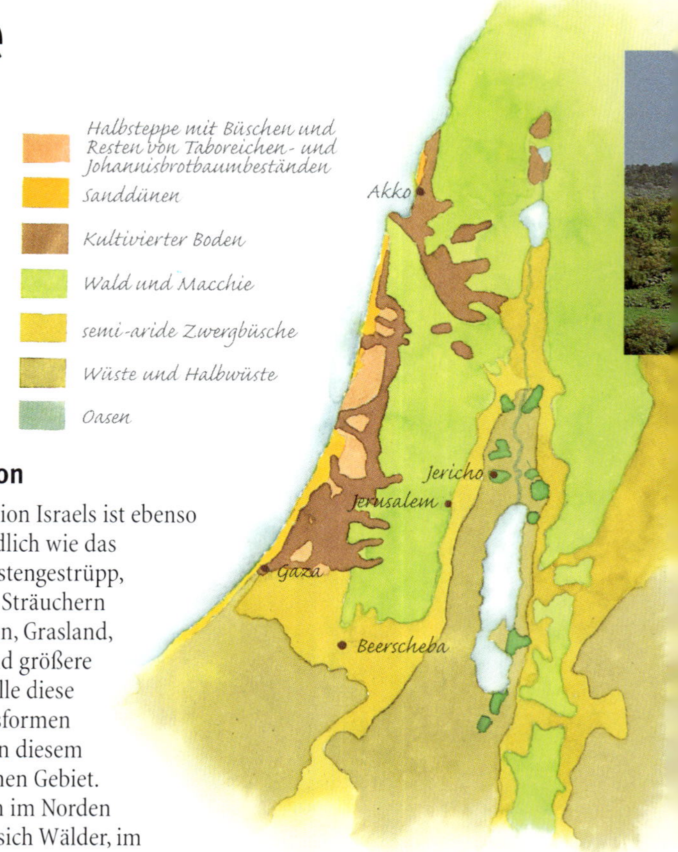

Temperatur

In Palästina ist die Temperaturspanne sehr groß. Am Toten Meer sind z. B. Temperaturen von 40°C die Regel, während zur gleichen Zeit in Obergaliläa 150 km entfernt Eisregen fallen kann. In den niedriger gelegenen Gebieten gibt es dabei besonders starke Schwankungen. Im Januar liegt die durchschnittliche Temperatur in Jericho bei 15°C, sie ergibt sich aus hohen Tagestemperaturen und frostigen Nächten. Die Temperatur ändert sich je nach Höhenlage. Tagsüber mindern kühle Brisen vom Mittelmeer die extreme Sommerhitze. Der *Chamsin* ist dagegen weniger angenehm. Dieser den Bewohnern Israels bekannte extrem heiße und trockene Wind bläst von Süden her aus Arabien.

Das trockene Land des Grabenbruchs wird von vereinzelten Oasen unterbrochen. Diese liegt bei En-Gedi am Ufer des Toten Meeres.

Vegetation

Die Vegetation Israels ist ebenso unterschiedlich wie das Klima: Wüstengestrüpp, Steppe mit Sträuchern und Gräsern, Grasland, kleinere und größere Wälder – alle diese Vegetationsformen existieren in diesem relativ kleinen Gebiet. Im Libanon im Norden erstrecken sich Wälder, im Süden wächst Wüstengestrüpp. Die Steppe und das Grasland bilden einen schmalen Streifen um das Hochland von Judäa und östlich des Jordan. In den Küstengebieten ist das meiste des ursprünglichen Graslandes schon vor langer Zeit umgepflügt und bebaut worden. Und sowohl die Römer als auch die heutigen Bewohner Israels haben einen Teil der Wüste durch künstliche Bewässerung urbar gemacht und landwirtschaftlich genutzt.

Die Vegetation Israels zur Zeit der Bibel wurde deutlich von der Geologie, dem Niederschlag und der Temperatur beeinflusst (s. Grafiken unten und rechts). Am dichtesten bewaldet sind die Kalksteingebirge, wo der Niederschlag sehr hoch ist.

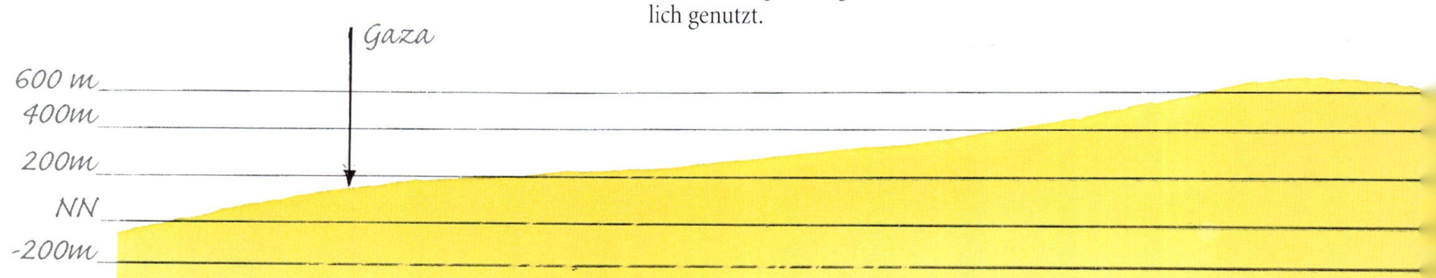

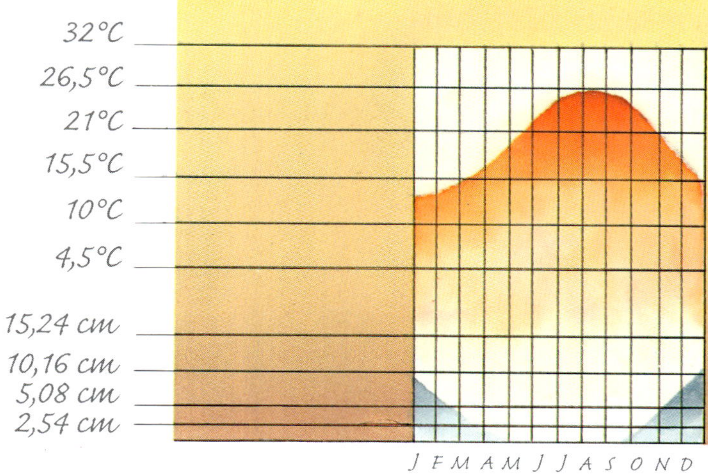

Wasser

In Palästina ist es schon immer wichtig gewesen, Wasser zu speichern und sparsam einzusetzen. Der Jordan ist der einzige größere Fluss in der Region – und er mündet in das Tote Meer, wo das Wasser an der Oberfläche extrem schnell verdunstet und der Wasserspiegel jährlich um etwa 1,5 Meter sinkt. Gespeist vom Schnee des Hermon führt der Jordan das ganze Jahr über Wasser. Die meisten Bäche zeichnen sich jedoch durch plötzliche Hochwasser aus, gefolgt von Monaten, in denen ihre Betten trocken sind. Schon seit jeher haben die Städte und Dörfer in diesem Gebiet ihren Wasservorrat aus Brunnen und Quellen bezogen. Das Zugangsrecht zu einem Brunnen war in biblischen Zeiten ein wertvolles Privileg. Waren die Brunnen in einem Gebiet verstopft, dann verdursteten die Einwohner. Mit zunehmender Größe der Städte wurde die Wasserversorgung zu einem akuten Problem. Das hoch in den porösen Kalksteinhügeln gelegene Jerusalem benötigte ein ausgeklügeltes Wasserversorgungssystem.

Siehe auch

Das Jahr in der Landwirtschaft (S. 104-105)

Essen und Trinken (S. 106-107)

Feste und Feiertage (S. 154-155)

Bodenschätze

Israel ist reich an Bodenschätzen. Kupfer wurde bereits früh abgebaut und die Kupferminen nördlich des Golfes von Akaba gab es schon zur Zeit König Salomos. Eisenabbau wurde erst betrieben, als die Philister von den Hetitern dessen Bearbeitung erlernten. Die Israeliten konnten ihre eigenen Eisenwerkzeuge jedoch erst zur Zeit der Könige David und Salomo selber herstellen.
Die anderen wichtigsten Schätze des Landes sind Steine, Pech, Sand und Ton. Am Toten Meer findet man auch eine Vielzahl mineralische Salze, die nach der Verdunstung in dicken Schichten zurückbleiben.

Der Schnee des Hermon im Norden Palästinas speist die Quellflüsse des Jordan. Die unterschiedlichen Niederschlagsmengen in den Bergregionen und im Jordantal werden auf der Karte gezeigt (rechts).

Tau

In den niederschlagsarmen Teilen Palästinas kann der Tau bei der Bewässerung des Landes eine große Rolle spielen. Die meisten Gebiete mit viel Tau liegen an der Küste. Die Feuchtigkeit kommt während der Sommertage vom Mittelmeer und fällt dann mit der Abkühlung der Nacht als Tau zu Boden. In einigen der Küstengebiete kann es in 200 Nächten im Jahr Tau geben, der bis zu einem Viertel der gesamten Feuchtigkeit dort liefert.

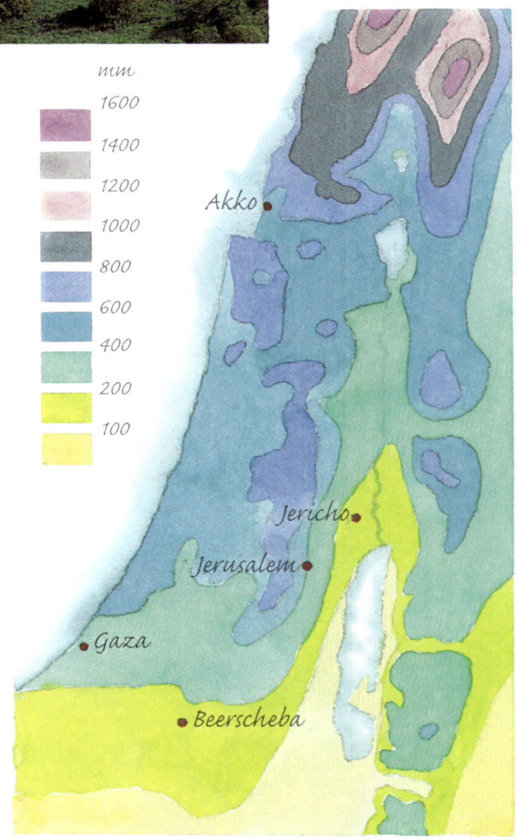

Das unten stehende Diagramm verdeutlicht den allmählichen Höhenanstieg in Israel von Westen nach Osten, bis das Land plötzlich in das Jordantal abfällt, um dann wieder steil zum Ostjordanland hin anzusteigen. Die Niederschlags- und Temperaturgrafiken zeigen den Kontrast zwischen dem heißen, trockenen Klima in Jericho im Jordantal und dem kühleren feuchten Klima im höher gelegenen Jerusalem.

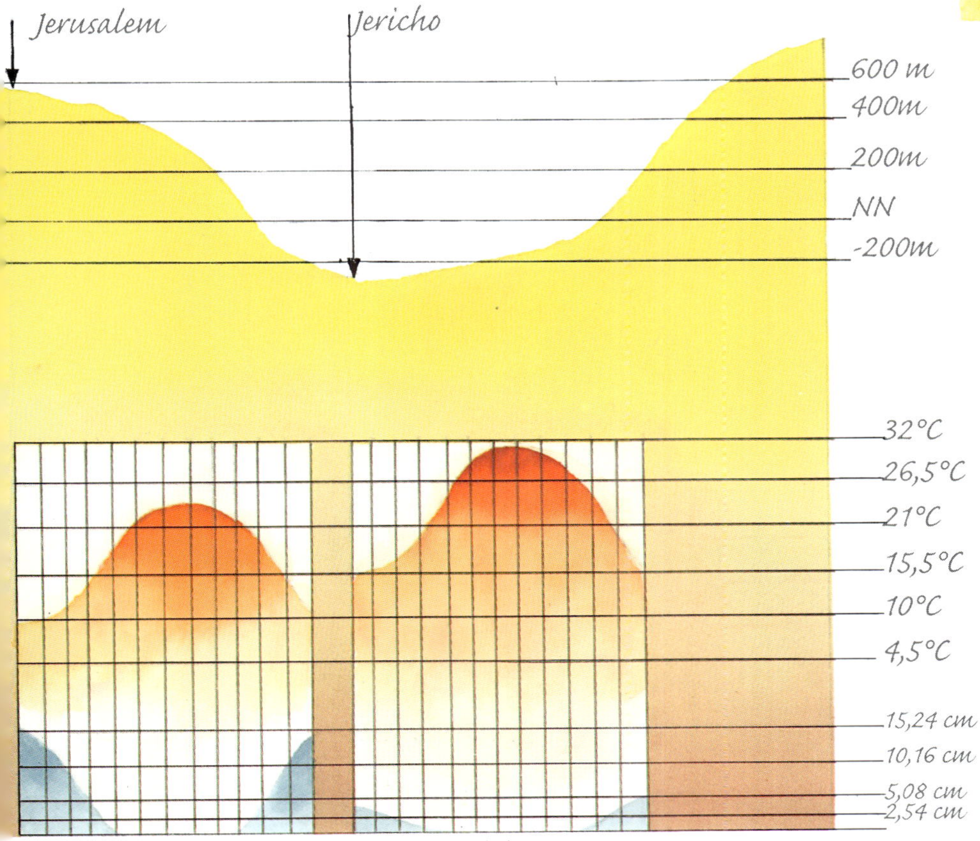

Niederschlag

Die Niederschlagsmenge in Palästina hängt in der Regel davon ab, wie hoch das Land über dem Meeresspiegel liegt. So gibt es zum Beispiel in den hohen Bergen nördlich von Galiläa mehr Niederschläge (750-1500 mm pro Jahr) als in den Hügeln von Judäa (500-750 mm). Die Gesamtniederschlagsmenge nimmt nach Süden hin deutlich ab, bei Beerscheba sind es weniger als 200 mm. Noch weiter südlich herrscht Wüstenklima.
Die meisten Niederschläge gibt es im Winter ab Mitte September. Die Monate Dezember und Januar sind die niederschlagsreichsten, wenn der Regen vom Mittelmeer immer wieder zwei bis drei Tage ohne Pause fällt, ehe wieder klarere Zwischenepisoden folgen. Das setzt sich bis Ende März oder Anfang April fort, wenn wieder trockeneres Wetter einsetzt. Die Sommer sind sehr trocken und zwischen Mitte Juni und September sind Niederschläge selten.

Pflanzen

In der Bibel werden viele unterschiedliche Pflanzen und Blumen erwähnt, einige von ihnen sind gut bekannt, andere weniger. Es folgt eine Auswahl der interessantesten und bedeutendsten von ihnen.

Getreide
Im alten Israel war Getreide ein wichtiger Bestandteil der Ernährung. Weizen lieferte das beste Mehl, aus dem das Brot gemacht wurde, das die Priester Gott darbrachten. Gerste, die vor dem Weizen reift und im Frühsommer geerntet wird, war die Nahrung der ärmeren Bauern. Die Bibel erzählt uns, wie einmal die Gerstenernte Ägyptens durch Hagelstürme vernichtet wurde; der später wachsende Weizen überlebte. Hirse, dem Roggen vergleichbar, ergibt das schlechteste Brot. Es wird in der Bibel als das Brot der Hungersnöte erwähnt.

2Mo 9,31-32; Hes 4,9

Flachs
Leinenstoff wird aus Flachs hergestellt, einer hübschen Pflanze mit blauen Blüten, die bis zu 45 cm groß wird. Die Stängelfasern der Pflanze werden durch Einlegen in Wasser herausgelöst. Sie können dann wie Fäden gekämmt und gewoben werden. Die Fasern werden auch für Schnurnetze und Lampendochte verwendet. Leinen wurde zur Segelherstellung benötigt, aus ihm wurden in Ägypten und Israel feine Kleider gemacht. Auch Leichname wurden in Leinen gewickelt.

Jos 2,6; Hes 27,7; Mk 15,46

Bohnen und Linsen
Saubohnen können als Gemüse gekocht oder getrocknet und zu Mehl gemahlen werden. Linsen wachsen wie Erbsen in einer kleinen flachen Schote. Rote Linsen werden meist für Suppen und Eintöpfe verwendet. Linsen können getrocknet auch zu Mehl gemahlen werden.

1Mo 25,34; 2Sam 17,28

Papyrus
Papyrus ist ein Riedgras, das in den Sumpfgebieten des Nildeltas wuchs. Das Papier der Antike wurde aus dieser Pflanze hergestellt, die große büschelartige Blütenköpfe hat und bis zu 3 m hoch wird. Die dreikantigen Stängel wurden in dünne Streifen geschnitten und auf einer hölzernen Unterlage kreuzweise übereinander gelegt und zusammengehämmert. Diese einzelnen Blätter wurden dann zu langen Rollen zusammengeklebt. Papyrus wurde auch zum Schiffsbau und zur Herstellung von Körben, Seilen und Sandalen verwendet.

Aloë
Aloë ist eine große Pflanze, deren Harz und Öl als Parfüm dienten. Die Bibel berichtet, dass Nikodemus Myrrhe mit Aloë gemischt brachte, um den Leichnam Jesu für das Begräbnis vorzubereiten.

Joh 19,39

Die alten Ägypter bauten Myrrhesträucher und Weihrauchbäume an. Die Zeichnung, eine Wandmalerei in Hatschepsuts Tempel, zeigt den Transport von Bäumen von Ägypten nach Ostafrika.

Narde
Die in Indien wachsende Narde wurde zur Herstellung einer wohlriechenden Salbe verwendet. Sie wurde in biblischen Zeiten in versiegelten Alabasterkrügen nach Israel eingeführt, in denen der Duft erhalten blieb. Die Bibel erzählt uns, dass dies das kostbare Geschenk war, das Maria über das Haupt Jesu goss.

Mk 14,3

Weihrauch
Weihrauch ist ein Harz, das durch das Schälen des Weihrauchbaumes (*Boswellia*) und Einschnitte in den Stamm gewonnen wird. Das Harz gibt einen süßen Duft ab, wenn es erwärmt oder verbrannt wird, und wurde zu biblischen Zeiten als geweihter Rauch verwendet. Die Bibel berichtet, dass Weihrauch eines der Geschenke war, die die Weisen Jesus brachten.

Mt 2,11

Myrrhe
Myrrhe ist ein blassgelbes Gummiharz von einem Strauch, der in Somalia, Äthiopien und Arabien wächst. Zu biblischen Zeiten wurde es als Gewürz und Medizin und zur Herstellung des heiligen Öls für Stiftshütte und Tempel verwendet. Die Bibel dokumentiert, dass die Weisen Jesus Myrrhe als Geschenk brachten und dass Jesus bei seiner Kreuzigung Myrrhe mit Wein gemischt als schmerzstillendes Mittel angeboten wurde.

2Mo 30,23-24; Mt 2,11

Wermut
Wermut ist der bittere Absinth, in der Bibel das Symbol für Kummer und Bitterkeit.

Bei einer anderen Pflanze, die in vielen Bibelübersetzungen als „Lilie“ wiedergegeben wird, handelt es sich wohl um einen Krokus oder eine Bergtulpe.

Jes 35,1;
Hld 2,1

Lilie

Bei der Lilie des Alten Testaments könnte es sich um die Blaue Hyazinthe oder die Madonnenlilie handeln (die Zwiebel galt als Delikatesse). Als Jesus im Neuen Testament von den „Lilien des Feldes“ sprach, dachte er wahrscheinlich an wilde Blumen im Allgemeinen und nicht nur an eine bestimmte. Im Frühling sind die Hügel Galiläas mit einem farbenprächtigen Blumenteppich aus Anemonen, Krokussen, Narzissen und gelben Chrysanthemen überzogen.

Mt 6,28

Disteln, Dornensträucher und „Unkraut“

In trockenen Ländern gibt es viele Disteln und Dornensträucher. In Israel gibt es mehr als 120 Arten, einige über 2 m groß. Einige, wie die Milchdistel, haben wunderschöne Blüten, sie ersticken jedoch die um sie herum wachsenden jungen Pflanzen. Die Bibel erzählt uns, wie Jesus bei seiner Gerichtsverhandlung eine Dornenkrone aufgesetzt wurde. Beim „Unkraut“ in der neutestamentlichen Geschichte vom Unkraut unter dem Weizen handelt es sich um Giftweizen, der in seinem Frühstadium genau wie Weizen aussieht.

Mt 13,24-30;
Mk 15,17

Siehe auch

- Kleiderherstellung (S. 136-137)
- Gesundheit und Heilkunst (S. 138-139)
- Essen und Trinken (S. 106-107)
- Priester und Rituale (S. 162-163)

Zimt

Das aus der Rinde des Zimtbaumes gewonnene Öl wurde zu biblischen Zeiten zur Aromatisierung von Speisen und Wein verwendet.

Hld 8,2

Ysop

Im Alten Testament wurden Ysopbüschel zum Versprengen des Blutes von Opfertieren verwendet, so auch am Vorabend des Passafestes. Das Neue Testament berichtet, dass Jesus am Kreuz ein in Essig getauchter Schwamm auf einem Ysoprohr gereicht wurde. Ysop war anscheinend eine buschige Pflanze, bei dem heute unter diesem Namen bekannten Kraut dürfte es sich wahrscheinlich um eine andere Pflanze handeln.

2Mo 12,21-22;
Joh 19,29

Kümmel und Dill

Kümmelsamen wurden als Fleischgewürz und auch in der Augenmedizin verwendet, Dillsamen benutzte man zum Würzen von Brot oder Kuchen. Die Bibel dokumentiert, dass die Pharisäer Gott den Zehnten von allem gaben, sogar von ihren Gewürzen wie Kümmel, Dill und Minze, wobei Jesus jedoch bemerkte, dass sie viel wichtigere Dinge vernachlässigten: Recht, Barmherzigkeit und Glauben.

Mt 23,23

Senf

Gottes Reich, so sagt Jesus in der Bibel, ist wie ein winziges Senfkorn, das zu einer großen Pflanze wird. Er meinte wahrscheinlich das schwarze Senfkorn, das zu biblischen Zeiten zur Öl- und Gewürzgewinnung angebaut wurde. Senfpflanzen werden in der Regel bis zu 120 cm hoch.

Mt 13,31-32

Bäume und Sträucher

Bäume sind für die Wirtschaft eines Landes sehr wichtig. Neben dem Nutzen durch ihr Holz beeinflussen sie auch das Klima und verhindern die Bodenerosion. Vor der Industrialisierung lieferten die Bäume den Menschen Nahrung und Schutz, Brenn- und Baumaterial. Es folgt hier eine Auswahl der wichtigsten Bäume und Sträucher in Israel zur Zeit der Bibel.

Oliven
Oliven gehörten zu den wichtigsten Baumfrüchten im alten Israel. Die Bäume können mehrere hundert Jahre alt werden. Oliven wurden eingelegt oder zu Öl gepresst. Olivenöl wurde zum Kochen, als Brennstoff für Lampen und als Feuchtigkeitslotion verwendet. Im alten Israel wurde es auch zur Salbung von Königen und Priestern benutzt, zum Zeichen, dass sie für besondere Aufgaben bestimmt waren. Das Holz des Olivenbaumes wurde zu feinen Schnitzereien verarbeitet und poliert, wie z. B. in Salomos Tempel.

1Sam 10,1;
1Kön 6,23

Feige
In biblischen Zeiten wurde der Idealzustand von Friede und Wohlstand mit den Worten zusammengefasst, dass „jeder unter seinem eigenen Weinstock und Feigenbaum sitzen kann". Feigen sind langsam wachsende Bäume, die etwa zehn Monate im Jahr Früchte tragen. Die großen Blätter sind praktisches Verpackungsmaterial. Kuchen aus getrockneten Feigen waren ein ausgezeichnetes Nahrungsmittel und leicht zu transportieren.

Am 7,14;
Lk 19,4

Dattelpalme
Die Dattelpalme ist ein hoher Baum mit einem geraden Stamm, der von riesigen, 2 m langen Blättern gekrönt wird, zwischen denen die als Nahrungsmittel so wertvollen Datteln in Büscheln wachsen. Die Palme wurde ein Nationalsymbol Israels für den Sieg. Die Bibel berichtet, dass die Menschen Palmblätter schwenkten, als Jesus in Jerusalem einzog.

Joh 12,13

Myrte
Eine immergrüne Pflanze mit wohlriechenden Blättern und süß duftenden weißen Blüten, die als Parfum verwendet wurden.

Neh 8,15;
Sach 1,8-11

Eiche
In Israel wuchsen viele Eichenarten, darunter auch einige immergrüne. Das Holz wurde zum Beispiel zu Rudern verarbeitet oder es wurden Statuen aus ihm geschnitzt. Die Bibel erzählt, dass Absalom in einer Eiche hängen blieb, als er vor König David floh.

2Sam 18,9-10

Akazie
Die Akazie ist einer der wenigen Bäume, die in der Sinaiwüste wachsen. Die Bundeslade der alten Israeliten wurde aus Akazienholz gemacht.

2Mo 25,10

Tamariske
In den Wüstengebieten Israels gibt es einige Arten dieses Weichholzbaumes. Die Bibel berichtet, dass Abraham einen Tamariskenbaum in der Wüste bei Beerscheba pflanzte.

1Mo 21,33

Mandelbaum

Der Mandelbaum war der erste Früchte tragende Baum, der in Israel blühte, manchmal schon im Januar. Die Nuss war nicht nur ein beliebtes Nahrungsmittel, sie lieferte auch Öl. Das Alte Testament berichtet von einem Mandelstab, der über Nacht blühte und Früchte trug.

4Mo 17,23

Granatapfel

Leuchtend rote Blüten und dunkelgrüne Blätter bilden einen starken Kontrast an diesem großen Strauch. Die gelbbraunen essbaren Früchte haben die Größe einer Orange. Unter der harten Schale befindet sich das saftige Fruchtfleisch mit vielen Samen. Die Form des Granatapfels wurde in den Stickereien nachempfunden, mit denen die Priestergewänder gesäumt wurden, und sie wurde auch in die Säulen von Salomos Tempel eingeschnitzt.

2Mo 28,33;
1Kön 7,20

Wein

Weinreben wurden in sorgfältig vorbereiteten Weinbergen auf den sonnigen Hügeln des alten Israel in Reihen gepflanzt. Jeden Frühling wurden die Weinreben zurückgeschnitten und während der Reifezeit der Trauben hielt der Eigentümer von besonderen Wachtürmen im Weinberg aus Ausschau nach zwei- oder vierbeinigen Eindringlingen. Zur Erntezeit wurden die Trauben gepflückt und in der Weinpresse ausgestampft. Einige wurden auch zu Rosinenkuchen verarbeitet. Der gärende Wein reifte in neuen Tierhäuten oder Steingutkrügen. Die Weinrebe war ein Wahrzeichen Israels, ein Symbol für Frieden und Wohlstand. Jesus verwendete sie in fünf seiner Gleichnisse und beschrieb sich selbst als den wahren Weinstock, von dem die Reben (seine Nachfolger) abhängig sind.

Mt 9,17;
Joh 15,1

Eine ägyptische Wandmalerei aus dem Grab des Nakht in Theben (ca. 1420 v.Chr.) veranschaulicht das Verfahren der Weinherstellung.

Siehe auch

- Das Jahr in der Landwirtschaft (S. 104-105)
- Essen und Trinken (S. 106-107)
- Drei Tempel (S. 160-161)

Zeder

Die schöne, riesige Zeder des Libanon-Gebirges wuchs einst in großen Wäldern und ist heute immer noch das Nationalsymbol des Staates Libanon, obwohl es nur noch wenige von diesen Bäumen gibt. Zur Zeit Salomos exportierte König Hiram von Tyrus Zedern in großen Mengen. Das Holz hat einen warmen rötlichen Farbton und ist sehr haltbar. Man konnte es schnitzen und verzieren, und es wurde zur Auskleidung von Salomos Tempel und Palast verwendet.

1Kön 6,15-7,12

Pappel

Die Weißpappel hat schnell wachsende Schösslinge und spendet dichten Schatten. Die „Weiden“ von Babylon, bei denen die vertriebenen Israeliten trauerten, waren wahrscheinlich Euphrat-Pappeln.

Ps 137,2

Zypresse und Pinie

Das Holz der Zypressen, die auf den Hügeln und Bergen Israels wuchsen, wurde zum Bau von Salomos Tempel, von Schiffdecks und von Musikinstrumenten verwendet. Aus Pinienholz (andere übersetzen „Steineiche“ oder „Kiefer“) wurden unter anderem Götzenfiguren gemacht.

1Kön 6,15;
Jes 44,14;
Hes 27,5

Tiere der Bibel

Die Bibel kennt viele Tierarten. Manchmal ist es schwierig, ihre genaue Identität festzustellen. Hier werden einige der verbreiteten und wichtigen Arten beschrieben.

Rehwild und Gazelle
Diese grazilen Tiere waren für die biblischen Autoren der Inbegriff von Schnelligkeit und Sanftheit. Damhirsche und Rehe, Gazellen und Steinböcke, die man wegen ihres sandfarbenen Fells nur schwer erkennen kann, waren zu biblischen Zeiten wichtige Fleischlieferanten.

Hld 2,8-9

Bär
Der syrische Braunbär war zu biblischen Zeiten in den hügeligen und bewaldeten Teilen Israels weit verbreitet. Bären fressen fast alles. Sie leben normalerweise von Früchten, Wurzeln, Eiern und den Nestern von Bienen und Ameisen. Wenn sie hungrig sind, können sie jedoch auch ein Lamm aus einer Herde reißen. Die Bibel berichtet, wie Bären eine Gruppe von Kindern zerrissen, die den Propheten Elisa verspotteten.

2Kön 2,24

Kamel
Das im Alten Testament erwähnte Kamel ist in der Regel das einhöckrige arabische Kamel, das für die Wüstennomaden unentbehrlich ist. Es kommt mit wenig Futter und mehrere Tage ohne Wasser aus. Normalerweise kann es eine Last von ca. 180 kg zusätzlich zu seinem Reiter tragen. Kamele werden in den Bibelgeschichten von Abraham, Jakob und Hiob erwähnt. Den Israeliten war es nicht erlaubt, Kamelfleisch zu essen.

1Mo 12,16; Hiob 1,3

Klippdachs
Der Klippdachs (in einigen Bibelübersetzungen auch „Kaninchen" oder „Dachs") ist ein kleines scheues Tier von der Größe eines Kaninchens mit kleinen Ohren und ohne Schwanz. Es lebt in Kolonien in felsigem Gelände.

Spr 30,26

Leopard/Panther
Zu biblischen Zeiten war der Leopard in Israel wohl bekannt, er wird von den israelitischen Propheten Jesaja und Jeremia erwähnt. Durch sein geflecktes Fell getarnt konnte er sich sogar im offenen Gelände ungesehen an seine Beute anschleichen.

Jes 11,6; Jer 13,23

Fuchs und Schakal
Beide sind kleinere Verwandte des Wolfes. Der allein jagende Fuchs liebt Früchte und plündert oft niedrigere Weinreben. Schakale jagen nachts im Rudel. Die Füchse in der biblischen Simson-Geschichte waren wahrscheinlich Schakale.

Ri 15,4

Esel und Maultier
Esel und Maultier dienten zu biblischen Zeiten zum Lastentransport und als Reittiere für Arm und Reich gleichermaßen. Der Esel ist ein Nachkomme des nordafrikanischen Wildesels. Das Maultier ist eine Kreuzung aus Esel (männlich) und Pferd. Sowohl Esel als auch Maultier haben einen sicheren Tritt und können in viel rauerem Gelände leben als Pferde. Der Esel ist der „Held" in der alttestamentlichen Geschichte von Bileam. Jesus ritt am Palmsonntag auf einem Esel in Jerusalem als Friedefürst ein.

4Mo 22; Mt 21,1-11

Löwe
Der Löwe wird in der Bibel oft erwähnt, obwohl er zur Zeit des Neuen Testaments in Israel selten war. Die Löwen lebten im Dickicht des Jordantales und stellten sowohl für die Herden als auch für die Menschen eine Gefahr dar. Assyrische Könige hielten Löwen in Gruben und gingen mit ihren Adligen auf Löwenjagd. Die Stärke und der Mut des Löwen machten ihn zu einem Symbol der Macht, sodass Jesus selbst in der Bibel als „Löwe aus dem Stamm Juda" bezeichnet wird.

Dan 6,16-24; Offb 5,5

Dieses israelitische Tonpferd mit Geschirr stammt aus dem 7. oder 8. Jh. v. Chr.

Pferd
Zu biblischen Zeiten hatten nur reiche Leute Pferde. Vor der Zeit König Davids wurden sie in Israel nicht gehalten. König Salomo, begünstigt durch Israels geografische Lage, wurde ein erfolgreicher Zwischenhändler und handelte mit Kriegswagen aus Ägypten und Pferden aus der Türkei (Zilizien). Das Pferd wurde zur Kriegführung benutzt und galt als Machtsymbol.

Jos 11,4; Est 6,8

Wolf
Ein starker und gefährlicher Jäger, der sich in der Regel von Kleintieren ernährt, aber auch Wild, Schafe und sogar Rinder angreift. Die Bibel bezeichnet grausame und böse Anführer als „Wölfe" und Jesus beschreibt seine Anhänger als „Schafe unter Wölfen".

Mt 7,15; Lk 10,3

Rinder
Zu biblischen Zeiten lieferten die Rinderherden Milch, Fleisch und Leder. Die Ochsen zogen die Pflüge und Dreschschlitten der Bauern und wurden vor Wagen und Karren gespannt. Rinder wurden auch für Tempelopfer geschlachtet. Der Reichtum eines Bauern errechnete sich aus der Anzahl seiner Rinder und Schafe. Baschan östlich des Jordan war berühmt für seine Rinder.

1Mo 13,2; 3Mo 1,2

Schafe und Ziegen
Schon von jeher, noch bevor es sesshafte Bauern gab, lieferten die Schaf- und Ziegenherden den Nomaden Milch, Käse, Fleisch und Kleidung. Wasserflaschen wurden aus Ziegenhäuten gemacht. Schwarzes Ziegenhaar wurde zu einem robusten Stoff für die Zelte gewebt. Schafwolle wurde gesponnen und zu warmen Mänteln und Gewändern verarbeitet. Schafe und Ziegen wurden als Opfer im Tempel von Jerusalem geschlachtet. Sie waren gut für die raue Hügellandschaft geeignet. Hirten kümmerten sich oft um gemischte Schaf- und Ziegenherden, sie beschützten sie vor wilden Tieren und führten sie zu neuen Weiden und Wasserlöchern.

1Mo 27,9; 4,2; 2Mo 26,7

Adler und Geier

Mit dem in der Bibel als Adler bezeichneten Vogel kann auch der Gänsegeier gemeint sein. Beide Vögel sehen aus der Entfernung gleich aus. Im Buch des Jesaja und den Psalmen ist von der Stärke und Kraft der Adler die Rede. Im Neuen Testament war der „Adler“ das Abzeichen der römischen Legionen. Das meinte Jesus vielleicht, als er von den Adlern sprach, die auf den Fall Jerusalems warteten.

Jes 40,31; Ps 103,5; Mt 24,28

Eulen

Eulen sind Nachtjäger und fast lautlos stoßen sie auf ihre kleinen Beutetiere hinab. In Israel gibt es den Uhu (die größte Eulenart), den Waldkauz, die Schleiereule und das Käuzchen (die kleinste Art). In der Bibel wird die Eule als Bewohnerin zerfallener und verlassener Orte beschrieben.

3Mo 11,16; Jes 34,15

Raben

Unter „Raben“ fallen wahrscheinlich auch Krähen und Saatkrähen. Raben sind große, schwarze, Fleisch fressende Vögel. Die Bibel erzählt, wie Noah nach der Flut einen Raben ausschickte, um zu sehen, ob das Land trocken sei. Raben haben auch Elia während einer Hungersnot versorgt.

1Mo 8,7; 1Kön 17,4

Siehe auch

- Essen und Trinken (S. 106-107)
- Reise und Transport (S. 122-123)

Sperling

Das Wort „Sperling“ wird in der Bibel oft verwendet, um einen kleinen, essbaren Vogel zu bezeichnen. Lerchen und Finken wurden genau wie die Sperlinge oft zum Verzehr gefangen oder geschossen. Die Bibel dokumentiert, dass Jesus den Sperling als Sinnbild für das Ausmaß von Gottes Liebe verwendet: Wenn Gott sogar den kleinsten Vogel liebt, um wie viel größer muss seine Liebe dann zu den Menschen sein!

Mt 10,29; Lk 12,6-7

Tauben

Die Tauben sind die wichtigsten und in der Bibel am häufigsten genannten Vögel. Einige Arten sind in Israel beheimatet, andere überwintern nur dort. Zur Fleischversorgung hielten sich viele in Israel Tauben. Die Armen, die sich keine Schaf- oder Ziegenopfer leisten konnten, brachten stattdessen zwei Tauben dar, die sie im Tempelhof kaufen konnten. Im Alten Testament war es eine Taube, die Noah den ersten grünen Zweig nach der Flut brachte.

1Mo 8,8-12; Mt 21,12

Rebhühner

Unter die Bezeichnung „Rebhuhn“ fallen in der Bibel wahrscheinlich drei Arten von Rebhuhn: das Felsenrebhuhn, das Wüstenrebhuhn und das schwarze Rebhuhn. Das Fleisch und die Eier dieses Federwilds sind sehr beliebt. Das Steinhuhn versteckt sich so gut, dass man es öfter hört als sieht.

1Sam 26,20

Wachteln

Die Bibel berichtet, dass die Israeliten bei ihrer Wüstenwanderung in Richtung auf das verheißene Land Wachteln aßen. Zweimal im Jahr fliegen große Wachtelschwärme über die Region, im Sommer auf ihrem Zug nach Norden, im Winter nach Süden. Von dem langen Flug erschöpft, fliegen sie dicht über dem Boden und können leicht gefangen werden.

2Mo 16,13; 4Mo 11,31-35

Kraniche

Der Kranich ist ein Zugvogel und überwintert regelmäßig in Israel. Der große graue Vogel mit einer Flügelspannweite von 2,5 m ernährt sich vor allem von Samen und Blättern.

Jer 8,7

Störche

Sowohl Weiß- als auch Schwarzstörche ziehen jedes Jahr auf ihrem Weg nach Norden von ihren Überwinterungsplätzen in Arabien und Afrika durch Israel. Meistens sieht man den größeren und zahlreicher vertretenen Weißstorch. Störche leben in der Regel von kleinen Tieren – Schlangen, Fischen, Mäusen, Würmern und Insekten.

Jer 8,7

Die Familie

Die Familie der alten Israeliten war das, was man als „Großfamilie" bezeichnen könnte. Zu ihr gehörten nicht nur Eltern und Kinder, sondern auch Großeltern, Tanten, Onkel, Cousins und Cousinen – und die Diener. Das Alte Testament dokumentiert, dass z. B. Abraham 318 kampffähige Männer aus seiner eigenen Familie mit in die Schlacht nehmen konnte.

Das Familienoberhaupt

Zur Zeit des Alten Testaments hatte der Großvater sowohl in praktischen als auch in religiösen Angelegenheiten die alleinige Autorität über die Familie. Bei seinem Tod übernahm nach dem Geburtsrecht sein ältester Sohn diese Position.

Historischer Wandel

Die Bibel behandelt ca. 2000 Jahre Geschichte, in deren Verlauf es viele Veränderungen gab. Abraham führte ein „halbnomadisches" Leben. Seine Nachfahren siedelten sich in Kanaan an, bauten Dörfer und erlernten die Fertigkeiten der kanaanitischen Völker. Die israelitischen Könige führten die Zentralregierung in Jerusalem ein, die das alte System der Dorfältesten ersetzte. Es gab Wohlstand, aber auch Zwangsarbeit, Steuern und eine Trennung von Arm und Reich. Eine Revolution spaltete die Nation. Invasionen aus Syrien, Ägypten, Assyrien und Babylonien, ein langes Exil und später die Beherrschung des Landes durch die Perser, die Griechen und dann die Römer brachten neue Bräuche und Ansichten mit sich.

Religion und Familienleben

Innerhalb der Familie wurden die Kinder dazu ermutigt, Fragen über ihren Glauben und ihre Geschichte zu stellen. Eltern unterrichteten ihre Kinder im Gesetz Gottes und zur Zeit des Neuen Testaments lernten sie Teile der Bibel auswendig. In früheren Zeiten erzählten Familienmitglieder viele der heute niedergeschriebenen Geschichten der Bibel aus dem Gedächtnis.

Gottes Gesetz in der Familie

Schon von jeher war das alltägliche Leben der Israeliten untrennbar mit ihren Glaubensüberzeugungen verbunden. Jeder Aspekt des Familienlebens beruhte auf der Tora (oder Pentateuch, den ersten fünf Büchern des Alten Testaments). Das Alte Testament berichtet, dass Gott Abraham und später dessen Sohn Isaak und Enkel Jakob ein Versprechen gab. Für Gottes Fürsorge und Schutz würden sie Gottes Regeln befolgen. Diese Regeln wurden späteren Generationen im Detail dargelegt und bildeten die Grundlage des Lebens im Staat. Die Zehn Gebote sollten dabei eine zentrale Rolle spielen.

Der Vater

Als die israelitischen Stämme sesshaft wurden, wurde die Familie kleiner. Innerhalb dieser kleineren Einheit hatte der Vater die alleinige Autorität. Wenn er wollte, konnte er sogar seine Töchter in die Sklaverei verkaufen. Laut Gottes Gesetz konnten Eltern ihr ungehorsames Kind steinigen lassen. Der Vater konnte sich von seiner Frau scheiden lassen, „wenn er etwas Schändliches an ihr gefunden hat", und brauchte nicht für sie zu sorgen. Außerdem konnte er die Ehen seiner Söhne arrangieren.

Respekt und Disziplin

Laut der Bibel wurde von den Kindern zu ihrem eigenen Vorteil erwartet, dass sie ihre Eltern respektierten und ihre Lehren und Ratschläge befolgten. Eltern, die ihre Kinder wirklich liebten, disziplinierten sie besonders in jungen Jahren, ohne sie jedoch zu provozieren. Das Glück von Eltern und Kindern war untrennbar miteinander verbunden. Und die Ehrfurcht vor Gott bildete bei allem den Ausgangspunkt.

Erbschaft

In der Regel konnten beim Tod des Vaters nur die Söhne erben – und der älteste Sohn hatte eine besondere Stellung. Er hatte Anspruch auf einen doppelten Anteil des Vermögens seines Vaters. Töchter konnten nur erben, wenn es keine Söhne gab. Waren überhaupt keine Kinder da, ging das Vermögen auf den nächsten männlichen Verwandten über.

Siehe auch

- Die Erzväter und ihre Welt (S. 18-19)
- Gottes Gesetz in der Praxis (S. 152-153)
- Die Tora oder der Pentateuch (S. 196-197)

Ehe und Hochzeiten

Viele glauben, dass die Schöpfungsgeschichte im ersten Buch Mose im Alten Testament ein deutliches Indiz für Gottes eigentlichen Plan ist, dass Mann und Frau ein Leben lang zusammenleben sollten. Die Wirklichkeit zur Zeit der Bibel sah jedoch sehr unterschiedlich aus und erst zur Zeit Jesu wurde die Monogamie, die Einehe, allgemein üblich.

Arrangierte Ehen

Ehen wurden gewöhnlich von den Eltern arrangiert – zur Zeit des Alten Testaments in der Regel innerhalb derselben Sippe, idealerweise mit einem Cousin oder einer Cousine ersten Grades. Ehen mit Angehörigen anderer Nationen, die andere Götter verehrten, waren verboten. Es war aber möglich, Sklaven oder Kriegsgefangene zu heiraten. Das Gesetz verbot auch die Ehe zwischen nahen Verwandten. Eine arrangierte Ehe bedeutete jedoch nicht immer, dass die jungen Leute nichts zu sagen hatten. Das Alte Testament dokumentiert zum Beispiel, dass sowohl Sichem als auch Simson ihre Eltern baten, die Ehe mit einem bestimmten Mädchen zu arrangieren.

Eine zivilrechtliche Angelegenheit

Zur Zeit der Bibel war eine Ehe nicht so sehr eine religiöse als vielmehr eine zivilrechtliche Angelegenheit. Bei der Verlobung wurde ein Vertrag vor zwei Zeugen geschlossen, der ebenso verbindlich war wie eine Ehe. Manchmal tauschten die Eheleute auch Ringe oder Armbänder aus.

Monogamie

Zur Zeit des Neuen Testaments hatte ein Mann in der Regel nur eine Ehefrau – obwohl König Herodes der Große neun Frauen hatte. Für einen Mann war es sehr ungewöhnlich, nicht zu heiraten – im Hebräischen gibt es kein Wort für „Junggeselle“ – und in Palästina wurde sehr jung geheiratet. Das heiratsfähige Alter für Jungen lag bei 13, für Mädchen bei 12 Jahren.

Polygamie

Von jeher war es für Männer selbstverständlich, mehr als eine Frau zu haben. Dieser Brauch der Polygamie entwickelte sich so weit, dass einem Mann zur Zeit der Richter und Könige so viele Frauen erlaubt waren, wie er sich leisten konnte. Zuerst war es wirtschaftlich ohne Zweifel von Vorteil, mehr als eine Frau zu haben: Mehr Kinder bedeuteten mehr Arbeitskräfte. Aber es kam die Zeit, in der es mehr kostete, mehrere Frauen zu unterhalten, als die Familie durch die größere Anzahl der Kinder verdienen konnte.

Die Kosten einer Ehe

Vor der Eheschließung musste dem Brautvater ein Geldbetrag, der *mohar*, gezahlt werden. Manchmal konnte er auch teilweise vom Mann abgearbeitet werden. Der Vater konnte anscheinend die Zinsen aus dem *mohar* verwenden, den *mohar* selbst durfte er jedoch nicht anrühren. Dieser Betrag wurde der Tochter beim Tod ihrer Eltern oder ihres Ehemannes ausgehändigt. Der Vater des Mädchens gab ihr oder ihrem Mann im Gegenzug für den *mohar* ein Hochzeitsgeschenk oder eine „Mitgift". Dabei konnte es sich um Diener, Land oder Vermögen handeln.

Die Stellung der Frau

Zur Zeit des Alten Testaments gehörte eine Frau ihrem Mann und musste ihn als ihren Herrn anerkennen. Das war auch im Neuen Testament noch die vorherrschende Einstellung. Die Frauen erledigten zwar einen großen Teil der harten Arbeit, hatten in Gesellschaft und Familie jedoch eine untergeordnete Stellung. Das Gesetz schützte jedoch eine geschiedene Frau, und ihre Kinder wurden dazu erzogen, sie zu respektieren.

Siehe auch

- Kleidung und Kosmetik (S. 110-111)
- Kleiderherstellung (S. 136-137)
- Genesis/1. Mose (S. 198-199)

Die Hochzeit

Zur Zeit der Bibel fand eine Hochzeit statt, wenn der Bräutigam das neue Heim bereitet hatte. Mit seinen Freunden ging er am Abend zum Haus seiner Braut. Sie wartete verschleiert in ihrem Brautkleid auf ihn und trug Schmuck wie z.B. einen Kopfschmuck aus Münzen, den der Bräutigam ihr geschenkt hatte. In einer einfachen Zeremonie wurde der Schleier der Braut dem Bräutigam um die Schultern gelegt. Dann gab es ein großes Fest im Haus des Bräutigams oder seiner Eltern.

Scheidung

Ein Mann konnte sich zu biblischen Zeiten oft auch aus völlig belanglosen Gründen von seiner Frau scheiden lassen. Für Frauen galt allerdings ein anderer Maßstab. Eine Ehefrau konnte sich niemals von ihrem Mann scheiden lassen, unter bestimmten Umständen konnte sie ihn jedoch dazu bringen, eine Scheidung zu vollziehen.

Sklavenmädchen und Konkubinen

Die Gesetzessammlung von König Hammurapi von Babylonien (ca. 1750 v.Chr.) bestimmt, dass „ein Mann nur dann eine zweite Frau nimmt, wenn die erste keine Kinder gebären kann. Dem Mann ist eine Nebenfrau (Konkubine) erlaubt oder seine Frau kann ihm ein Sklavenmädchen geben, um ihm Kinder zu gebären. Die Kinder des Sklavenmädchens dürfen nicht weggeschickt werden." Diese Bräuche scheinen sich in den alttestamentlichen Geschichten von Abraham widerzuspiegeln.

Ein neues Baby

Die folgenden Worte aus dem Buch der Psalmen zeigen, was den Israeliten Kinder bedeuteten:
„Kinder sind ein Geschenk des HERRN,
mit ihnen belohnt er die Seinen.
Kräftige Söhne sind für den Vater
wie Pfeile in der Hand eines Kriegers.
Wer viele solche Pfeile in seinem Köcher hat,
der hat das Glück auf seiner Seite."

Ps 127,3-5a nach der Gute Nachricht Bibel

Reinigung

Das Gesetz schrieb vor, dass eine Person, die Gott anbeten wollte, rituell „rein" sein musste. Die Geburt war eines der Ereignisse, das die Menschen für eine Zeit lang vom Gottesdienst ausschloss. Um nach der Geburt wieder „rein" zu werden, musste eine Frau erst eine Taube und dann ein Lamm opfern. Konnte sich die Familie kein Lamm leisten, konnte die Frau stattdessen auch eine zweite Taube opfern. Zur Zeit des Neuen Testaments wurde nur noch Geld in die Opferkästen des Tempels geworfen, um für diese Opfer zu bezahlen und die Frauen versammelten sich für die Zeremonie auf den Stufen in der Nähe des Altars.

Ein Name für das Baby

Zur Zeit des Alten Testaments wurde einem Baby bei der Geburt ein Name gegeben, der stets eine Bedeutung hatte. Er konnte eine Art Segenswunsch sein oder etwas über die Einstellung der Familie zu Gott aussagen oder darüber, unter welchen Umständen es geboren wurde. Der Name des Propheten Elia im Alten Testament bedeutet z. B. „Jahwe ist Gott", Jesaja bedeutet „Gott ist Rettung".

Beschneidungsszene auf einem Wandrelief im Grab des Anach Machor in Ägypten, ca. 22 v.Chr.

Beschneidung

Zur Zeit der Bibel wurde ein israelitischer Junge traditionsgemäß am achten Tag nach seiner Geburt beschnitten. In vielen anderen Nationen geschah dies erst bei ihrer Aufnahme als erwachsene Mitglieder in die Sippe. Aber schon zur Zeit Abrahams war die Beschneidung am achten Tag nach der Geburt das greifbare Zeichen des Versprechens, das Gott Abraham und seinen Nachfahren für alle Zeiten gegeben hat. Die Zeremonie erinnerte daran, dass jedes Kind in Israel zu Gottes eigenem Volk gehörte.

Windeln

Zur Zeit der Bibel war es üblich, ein Neugeborenes zu waschen und mit Salz abzureiben, das, so glaubte man, die Haut festigte. Das Baby wurde dann in „Windeln" gewickelt. Die Mutter oder ihre Helferin legte das Baby auf ein quadratisches Stück Stoff. Dann faltete sie die Ecken über die Seiten und Füße und wickelte bestickte Bandagen um das Bündel. Die Bandagen wurden mehrmals am Tag geöffnet, um die Haut mit Olivenöl einzureiben und mit zerstoßenen Myrteblättern zu pudern. Das wurde mehrere Monate lang gemacht. Mit dieser Wickeltechnik konnte die Mutter ihr Baby gut auf dem Rücken in einer wollenen „Wiege" umhertragen. Nachts wurde diese Wiege an einen Balken im Haus oder zwischen zwei gegabelte Stöcke gehängt.

Erlösung

Zu biblischen Zeiten galt ein erstgeborener Junge in der Familie als auf besondere Weise Gott gehörend und er musste „zurückgekauft" oder „erlöst" werden. Dieser Brauch geht auf die Zeit des Exodus zurück, als alle erstgeborenen Kinder der Ägypter starben, während Gott die erstgeborenen Söhne der Israeliten rettete. Die erste Generation Jungen, die nach dem Exodus geboren wurde, wurde dadurch losgekauft, dass der Stamm Levi (die Leviten) für Gottes Dienst geweiht wurde. Danach zahlte jede Familie fünf Silberstücke an den Priester, um ihren Erstgeborenen „zurückzukaufen".

Bar-Mizwa
Zur Zeit des Neuen Testaments wurde ein Junge an seinem 13. Geburtstag erwachsen. Dies wurde durch eine besondere Zeremonie, dem Bar-Mizwa, was „Sohn des Gesetzes" bedeutet, gefeiert. In den Monaten vor seinem Geburtstag lernte er, die Passagen aus dem alttestamentlichen Gesetz und den Propheten zu lesen, die an diesem Tag in der Synagoge verlesen werden sollten. Er musste sie während des Gottesdienstes aufsagen. Der „Rabbi" sprach dann zu dem Jungen und erbat Gottes Segen für ihn.

Ein Junge

So groß war die Bedeutung eines Sohnes zu biblischen Zeiten, dass der Name einer Frau bei der Geburt ihres ersten Sohnes in „Mutter des …" geändert wurde. Söhne halfen nicht nur bei der Bestellung des familieneigenen Landes, sie mussten auch den Familiennamen fortführen. In früher Vorzeit, als die Menschen noch nicht an ein Leben nach dem Tod glaubten, dachten sie, dass sie in ihren Kindern fortleben würden und dass es ohne Kinder keine Zukunft gäbe. Starb also ein Mann ohne Kinder, war es die Pflicht seines engsten Verwandten, die hinterbliebene Frau zu heiraten. Ihr erster Sohn würde dann den Namen des Verstorbenen annehmen und seinen Besitz erben.

Siehe auch

- Kleiderherstellung (S. 136-137)
- Gottes Gesetz in der Praxis (S. 152-153)
- Jüdischer Glaube im Neuen Testament (S. 170-171)
- 3., 4. und 5. Mose (S. 202-203)

Ausbildung und Unterricht

Die Archäologie hat uns gezeigt, dass in den Ländern der Bibel schon seit frühester Zeit die Menschen sich um Bildung bemüht hatten, wobei die Bildung der Sumerer und Ägypter zum Beispiel eine allumfassende war, während sich die Israeliten auf religiöse Fragen konzentrierten.

Unterricht in Israel

Die Grundvoraussetzung für Bildung in Israel war der Glaube, dass alles Wissen von Gott kommt. Bildung sollte nicht nur die menschliche Neugier befriedigen, sondern den Menschen auch dabei helfen, die ihnen von Gott verliehenen Fähigkeiten voll auszunutzen. Die Grundrechenarten wurden zur Landvermessung, zur Berechnung der Ernte und für große Bauprojekte gebraucht. Das Studium von Sonne, Mond und Sternen half bei der Erarbeitung des Kalenders. Alles kreiste jedoch um die Gesetze Gottes und es war die Pflicht aller israelitischen Eltern dafür zu sorgen, dass ihre Kinder über Gott unterrichtet wurden.

Dieser Krug aus Hazor trägt eine Inschrift in Althebräisch: „[gehört] Pekach Semadar“. Pekach war von 735-733 v.Chr. König von Israel; „Semadar“ könnte einen Wein bezeichnen.

Bildung für Erwachsene

Bildung war in der Bibel nicht allein den Kindern vorbehalten. Abraham wurde aufgetragen, seinen gesamten Haushalt zu unterrichten. Mose vermittelte den Israeliten Gottes Gesetz. Die israelitischen Könige sandten Leviten durch das Land, um zu unterrichten, obwohl sich die Propheten oft beklagten, dass dieser Pflicht schlecht nachgekommen und eher als Mittel zum Geldverdienen angesehen wurde.

Schulen für Kinder

Im Alten Testament hatten junge Männer die Möglichkeit, Schüler von Propheten und Priestern zu werden. Um Samuel kümmerte sich zum Beispiel der Priester Eli, der ihn wahrscheinlich auch unterrichtete. Jesaja gab einer Gruppe von Anhängern Privatstunden. Später scheint die als Pharisäer bezeichnete Religionsgruppe ein regelrechtes Schulsystem organisiert zu haben. Kinder gingen zuerst in der Synagoge zur Schule, die als das „Haus des Buches“ bezeichnet wurde; die weitere Bildung fand dann im „Haus des Studiums“ statt.

Lesen und Schreiben

Es gibt unterschiedliche Ansichten darüber, wie viele Menschen zur Zeit des Alten Testaments lesen und schreiben konnten. Einige meinten, dass es nur die Adeligen gewesen seien. Das Alte Testament dokumentiert jedoch, dass Josua von der Bestandsaufnahme des Landes Kanaan schriftliche Berichte erwartete. Es gibt genug andere Funde in althebräischer Schrift, die zeigen, dass diese Fähigkeit wahrscheinlich weit verbreitet war.

Praktische Fähigkeiten

Zur Zeit des Alten Testaments gab es keine Schulen. Die Kinder wurden zu Hause erst von der Mutter, dann vom Vater unterrichtet. Zusätzlich zu Religion und Geschichte, die durch Geschichten und Fragen und Antworten vermittelt wurden, lernten die Mädchen von ihrer Mutter hausfrauliche Fertigkeiten – backen, spinnen, weben –, während die Jungen von ihrem Vater ein Handwerk lernten. Eine israelitische Redensart lautete: „Wer seinem Sohn kein nützliches Handwerk beibringt, macht einen Dieb aus ihm.“

Diese ägyptische Stiftschachtel enthält Stifte aus Schilf und Reste roter und schwarzer Tintenstücke.

Sumerische Schulen

In Sumer gab es Schulen, um die zukünftigen Sekretäre für Tempel und Paläste sowie für das Geschäftsleben auszubilden. Die Eltern des Schülers mussten für die Ausbildung bezahlen, die somit in der Regel ein Privileg der Reichen war. Auf dem Lehrplan standen Botanik, Geographie, Mathematik, Grammatik und Literatur.

Ausbildung in Ägypten

Im alten Ägypten gehörten die Schulen oft zu den Tempeln. Nach dem Grundkurs wechselten die Schüler in eine Staatsabteilung, wo sie Aufsatzschreiben, Naturwissenschaften und Bürotätigkeiten lernten. Es gab eine besondere Ausbildung im Briefeschreiben; man hat „Musterbriefe“ gefunden. Schüler, die zum Priester ausgebildet wurden, studierten Theologie und Medizin.

Schriftgelehrte

Nachdem die Israeliten im 6. Jh. n.Chr. aus dem babylonischen Exil zurückgekehrt waren, entstand eine besondere Klasse von Bibelgelehrten, die „Schriftgelehrten“. Die Schriftgelehrten unterrichteten und erklärten das geschriebene Gesetz Gottes und wandten dieses Gesetz auf das tägliche Leben an. Ihre Lehren bildeten große Regelsammlungen, denen dieselbe Autorität zuerkannt wurde wie dem Alten Testament. Zuerst wurden sie mündlich weitergegeben, aber schließlich wurden sie ca. 200 Jahre n.Chr. in der *Mischna* niedergeschrieben. Jesus war Zeitgenosse der bedeutenden Lehrer Hillel und Schammai und spielt in seinen Reden auf die Diskurse der Schriftgelehrten an.

Die Evangelien und Briefe des Neuen Testaments wurden alle in Griechisch verfasst. Dieses hölzerne Schreibtablett gehörte einem griechischen Schüler.

Griechische Bildung

Zur Zeit Jesu war die griechische Bildung weltberühmt. Körper, Geist und Seele, so glaubte man, brauchten Raum zur Entfaltung, daher standen Fächer wie Athletik, Philosophie, Poesie, Drama, Musik und Rhetorik auf dem Lehrplan. Jungen gingen im Alter von 7 bis 15 Jahren auf die Grundschule und dann auf ein „Gymnasium". 167 v.Chr. wurde in Jerusalem ein Gymnasium gegründet, das zusammen mit anderen von Antiochus IV. eingeführten hellenistischen Neuerungen zum Aufstand der Makkabäer führte.

Die Entwicklung des Alphabets

In den frühesten Handschriften wurden Keilschrift, Hieroglyphen und verwandte Schriftarten verwendet: im zweiten Jahrtausend v.Chr. wurde in Kanaan jedoch eine frühe Form des Alphabets erfunden. Das Alphabet entwickelte sich über einen Zeitraum von mehreren hundert Jahren und die Buchstaben nahmen standardisierte Formen an. Schriftgelehrte aus Ugarit in Syrien erstellten in Keilschrift ein Alphabet aus 30 Buchstaben, mit dem sie Texte in ihrer eigenen Sprache schrieben.

Um 1000 v.Chr. hatte sich das Alphabet endgültig durchgesetzt. In Syrien und Kanaan wurde es von den neu angesiedelten Aramäern, Israeliten, Moabitern und Edomitern übernommen. Bald darauf lernten die Griechen es von den Phöniziern. Sie nahmen einige Veränderungen in Anpassung an ihre eigene Sprache vor und waren die Ersten, die Vokalzeichen einführten.

Die aramäischen Völker Syriens breiteten sich nach Assyrien und Babylonien aus und viele von ihnen wurden von den assyrischen Königen gefangen genommen. Sie brachten ihr Alphabet mit. Im Exil lebende Juden übernahmen es und verbreiteten es in Jerusalem, wo es die alte phönizisch-hebräische Form ersetzte. Arabische Stämme (die Nabatäer) haben es auch übernommen, und die moderne arabische Schrift stammt von den Buchstaben ab, die damals entwickelt wurden.

Siehe auch

- Die Sumerer (S. 50-51)
- Die Ägypter (S. 52-53))
- Die Griechen (S. 68-69)
- Der Schöpfergott Israels (S. 148-149)
- Religiöse Gruppierungen (S. 168-169)
- Jüdischer Glaube im Neuen Testament (S. 170-171)

Die tägliche Arbeit

Im gesamten Zeitraum, in dem die Bibel spielt, waren die meisten Familien Selbstversorger und bearbeiteten ihr eigenes Land. Die Männer bauten das Haus und die Frauen waren für das Spinnen und Weben zuständig. Diese Fähigkeiten wurden von den Eltern an die Kinder weitergegeben.

Der Schafspferch im Neuen Testament bestand aus einer runden Steinmauer mit einer Lücke als Eingang. Waren die Schafe sicher im Pferch, legte sich der Hirte vor den Eingang zum Schlafen nieder. In der Bibel beschreibt Jesus sich als „das Tor für die Schafe".

Landwirtschaft zur Zeit Jesu

In alttestamentlicher Zeit hat sich die Landwirtschaft in Israel nur wenig verändert, obwohl in anderen Mittelmeerländern bemerkenswerte Fortschritte erzielt wurden. Die Pharisäer bezeichneten Menschen ohne religiöse Bildung oft als „Leute vom Land", ein Zeichen, dass der Bauer nicht sehr hoch angesehen war.
Zur Zeit des Neuen Testaments wurde das Land viel intensiver bestellt und die Geflügelhaltung war allgemein üblich. Die fruchtbare Region um Galiläa produzierte große Mengen an Flachs und wahrscheinlich wurden auch Versuche unternommen, Felder künstlich zu bewässern.

Schafhirten in der Bibel hüteten oft gemischte Schaf- und Ziegenherden, wie auf diesem in der heutigen Zeit in den Hügeln von Judäa aufgenommenen Foto.

Schafhirten

Das Leben des Schafhirten scheint sich von Abraham bis Jesus nur wenig verändert zu haben. Der Hirte führte die Tiere zu Futter und Wasser, er kannte jedes einzelne von ihnen und hütete sie Tag und Nacht. Der Hirte hatte einen Stab, mit dem er gestrauchelte Tiere greifen konnte, und er war mit einem Holzknüppel bewaffnet. Trotz der als Pferche dienenden Steinumfriedungen ging von Dieben und wilden Tieren eine ständige Gefahr aus – Löwen, Leoparden und Bären (bis zu deren Aussterben), Wölfe und Hyänen, Schakale, Schlangen und Skorpione. Wenn Schafe oder Ziegen gestohlen wurden, musste der Hirte ihren Wert ersetzen; wurden sie von wilden Tieren angegriffen, musste ein Beweis dafür vorgelegt werden.

Arbeitsteilung

Zur Zeit der Bibel besaß jede Familie etwas Land und alle Familienmitglieder halfen bei dessen Bestellung. Die Männer arbeiteten auf dem Land oder in ihrem Handwerk, während die Kinder oft Arbeiten im Freien verrichteten wie die Pflege der Weinreben, das Pflügen und Dreschen und das Hüten der Tiere der Familie – in der Regel Schafe und Ziegen.
Den Frauen oblag die Zubereitung des Essens und die Sorge für die Kleidung. Milch wurde oft zu Käse und Joghurt verarbeitet. Wolle wurde gesponnen, gewebt und gefärbt.
Zwei wichtige tägliche Arbeiten waren das Brotbacken und Wasserholen. Brotbacken war eine recht anstrengende Tätigkeit, denn vor der Teigbereitung und dem Backen musste das Korn in einem ermüdenden Verfahren zu grobem Mehl gemahlen werden. Auch Wasserholen war nicht einfach. Nur wenige Häuser hatten eigene Brunnen oder unterirdische Zisternen. Das Wasser musste von der Quelle oder dem Brunnen des Ortes geholt und in schweren Wasserkrügen von den Frauen auf Kopf oder Schultern heimgetragen werden.
Der Arbeitstag endete bei Sonnenuntergang, wenn sich die ganze Familie zur Hauptmahlzeit des Tages versammelte.

Tiere auf dem Bauernhof

Das hebräische Wort für „Vieh" umfasst Schafe, Ziegen, Ochsen und Esel, aber keine Schweine. Esel wurden als Lasttiere, Ochsen zum Pflügen gehalten. Nur zu besonderen Gelegenheiten wurden Ochsen geschlachtet.
Schafe und Ziegen wurden sehr häufig zusammen gehalten. Schafe lieferten vor allem Wolle für die Kleidung. Manchmal wurde auch ihr Fleisch gegessen – in Israel galt ihr charakteristischer fetter Schwanz als Delikatesse. Sie lieferten auch Quark für die ganz Armen. Ziegen lieferten Fleisch und Milch, von der ein Teil zu Ziegenkäse verarbeitet wurde. Aus ihrem Haar wurde ein rauer Stoff, aus ihren Häuten Flaschen hergestellt.
Jede Familie in Palästina, auch die allerärmste, hoffte, dass sie zwei Lämmer für das jährliche Passafest kaufen konnte. Eines wurde geschlachtet und gegessen, das andere wurde ein „Spielkamerad" für die Kinder. In einem armen Haushalt gab es keinen Stall für die Tiere und oft schlief das Lamm bei den Kindern und fraß von demselben Geschirr.

Die Nähe zu Frischwasserquellen war in biblischen Zeiten lebenswichtig. Die Lage vieler Ortschaften richtete sich nach den Wasservorkommen.

Die ländliche Familie

Im Großen und Ganzen sind die Menschen in Israel immer Bauern gewesen, obwohl der Boden, das Klima und andere Faktoren nur ein hartes und entbehrungsreiches Leben ermöglichten. Als sich die Israeliten in Kanaan ansiedelten, erhielt jeder Haushalt ein Stück Land und manchmal auch Weiderechte auf Land in Gemeinbesitz. Die Bibel berichtet jedoch, dass im Lauf der Zeit die Wohlhabenderen versuchten, die kleinen Bauern aufzukaufen, so dass die Armen ständig darum kämpfen mussten, ihr Land nicht zu verlieren.

Siehe auch

- Tiere der Bibel (S. 92-93)
- Das Jahr in der Landwirtschaft (S. 104-105)
- Essen und Trinken (S. 106-107)
- Kunst und Handwerk (S. 128-129)
- Feste und Feiertage (S. 154-155)

Das Jahr in der Landwirtschaft

Vor einiger Zeit wurde eine Kalksteintafel aus der Zeit König Salomos gefunden, auf der ein Kinderreim eingeritzt war. Es ist der Geser-Kalender, der das Jahr des Bauern auf einen Blick zeigt.

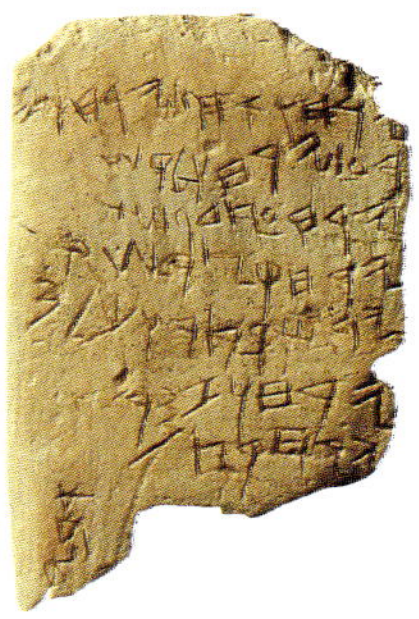

Der Geser-Kalender

Zwei Monate einholen [Oliven]
Zwei Monate säen [Korn]
Zwei Monate Spätsaat
Einen Monat Flachsernte
Einen Monat Gerstenernte
Einen Monat Ernten und Feiern
Zwei Monate Weinreben zurückschneiden
Einen Monat Obsternte

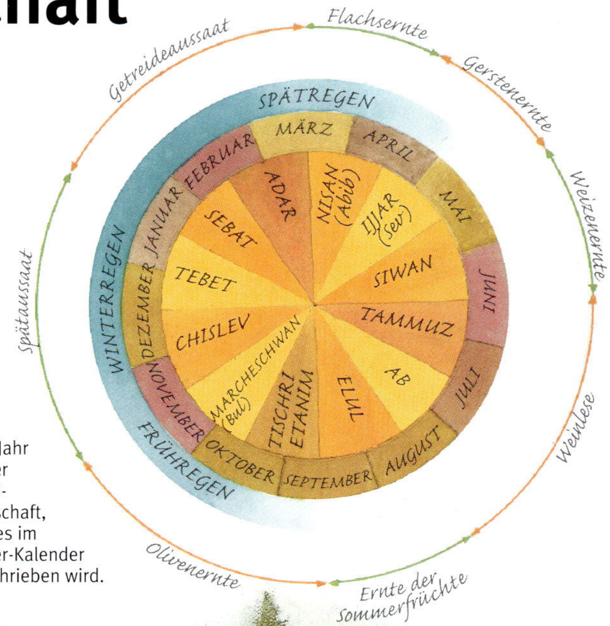

Das Jahr in der Landwirtschaft, wie es im Geser-Kalender beschrieben wird.

Pflügen und Pflanzen

Vom Ende der Sommertrockenzeit im Oktober und November bis zum Januar wurde gepflügt und gepflanzt. Der Pflug war meist ein einfacher Holzstab mit einem Griff und einer Spitze aus Bronze oder Eisen. Er war an einem Joch befestigt und wurde von einem oder zwei Ochsen gezogen. Der Bauer konnte den Pflug mit einer Hand halten, in der anderen hielt er den Stock zum Antreiben der Ochsen. Der leichte Pflug konnte problemlos über große Steine hinweggehoben werden. Die Saat – Weizen, Gerste und Flachs – wurde mit der Hand ausgesät und, manchmal mit Hilfe des Pfluges, mit Erde bedeckt.

Spätsaat

Von Januar bis März fiel in Israel der Winterregen. Dies war die Pflanzzeit für Hirse, Erbsen, Linsen, Melonen und Gurken.

Weinreben

Von Juni bis August wurden die Weinreben zurückgeschnitten. Das Buch Jesaja im Alten Testament und das Markusevangelium im Neuen Testament beschreiben, wie die Weinreben gepflanzt und gepflegt wurden. Ein Trenngraben wurde ausgehoben und Pfähle für eine Hecke oder einen Zaun in die Erde gerammt. Die jungen Reben wurden in Reihen gepflanzt und die Zweige auf Stützen gebunden. Dann wurde zurückgeschnitten. Wenn die Früchte zu wachsen begannen, wurde ein Unterstand aus Zweigen oder ein Steinturm errichtet, von dem aus man nach Dieben Ausschau hielt.

Der Weinberg in der Bibel war von einer Mauer umschlossen, um wilde Tiere fern zu halten. Vögel konnten vom Wachturm aus vertrieben werden. Körbe mit Trauben wurden aufgestapelt; obendrauf setzte man einen schweren Stein. Der Traubensaft floss dann in eine Grube, aus der große tragbare Steinkrüge gefüllt wurden.

Getreideernte

Von April bis Juni wurden Gerste und Weizen geerntet. Die Ähren wurden mit einer Sichel geschnitten und die Bündel zu Garben gebunden. Diese wurden auf Esel oder Karren geladen und zum Dreschplatz gebracht, der Gemeineigentum gewesen zu sein scheint und zu dieser Jahreszeit das Zentrum des Dorflebens war. Meist war es eine steinige oder mit Lehm bedeckte Fläche an einem windigen Ort außerhalb des Dorfes. Um den Rand wurden Steine gelegt und die Garben auf dem Boden ca. 30 cm dick ausgelegt.

Ein Dreschschlitten

Dreschen und Worfeln

Gedroschen wurde mit einem Stock. Auch trieb man Tiere über das Getreide und benutzte dabei häufig einen Dreschschlitten. Dabei handelte es sich um ein Brett mit oder ohne Räder, an dem Steine oder Eisenstücke befestigt waren. Die Ähren wurden geschlagen und das Korn gelöst. Dann wurde geworfelt, d.h. der Bauer warf die Ähren mit einer hölzernen Forke oder Schaufel in die Luft. Das Stroh wurde herausgeweht (es diente im Winter als Viehfutter), die schweren Getreidekörner fielen jedoch wieder zu Boden. Diese wurden dann gesiebt und in großen Steinkrügen, in trockenen Zisternen oder in in den Boden gegrabene „Silos“ oder in „Scheunen“ aufbewahrt.

In dieser Mühlsteinolivenpresse wurden die Oliven auf einen gerillten runden Stein gelegt, der durch eine hölzerne Stange mit einem kleineren Stein verbunden war. Mit einer zweiten Stange im oberen Stein konnte der Mühlstein gedreht und das Fruchtfleisch aus den Oliven gepresst werden. Aus dem Fruchtfleisch wurde dann unter Zuhilfenahme von Gewichten das Öl gepresst.

Olivenernte

Von September oder Oktober bis November wurden die Oliven gepflückt und das Öl gepresst. Die Oliven wurden in Körben zu Bottichen gebracht, wo das Öl in früheren Zeiten durch Treten oder Stampfen mit einem Stößel herausgepresst wurde. Später wurde eine Mühlsteinolivenpresse entwickelt.
Man hat große Olivenpressen aus der Zeit König Davids gefunden, bei denen ein Balken auf die Olivenkörbe drückte. An einem Ende waren Gewichte befestigt, das andere Ende war in einem Loch in der Wand fixiert. Das Öl lief in Steinbottiche, wo sich Verunreinigungen absetzen konnten.

Ochsen ziehen einen Dreschschlitten, während eine Frau und ihre Tochter Getreide worfeln.

Obsternte

Im August und September wurde das Sommerobst geerntet – Feigen, Maulbeerfeigen, Granatäpfel und Trauben. Die Trauben wurden in kleine Bottiche geschüttet. Die Trauben wurden gestampft, sodass der Saft herausfloss, der in Krügen aufgefangen wurde. In der „Schefela“, den flachen Hügelausläufern zwischen der Küstenebene und dem zentralen Hochland Palästinas, wurden viele dieser Bottiche gefunden.

Flachsernte

Im März und April kam der „Spätregen“, der das Korn bis zur Erntereife brachte. Der Flachs wurde im März und April geerntet. Die Pflanze wurde mit einer Hacke dicht über dem Boden geschnitten und die Stängel getrocknet, die dann zu Seilen und Leinenstoffen verarbeitet werden konnten.

Siehe auch

- Pflanzen (S. 88-89)
- Bäume und Sträucher (S. 90-91)
- Essen und Trinken (S. 106-107)
- Kleiderherstellung (S. 136-137)
- Feste und Feiertage (S. 154-155)

Essen und Trinken

Die meisten Menschen in Israel hatten zu biblischen Zeiten gerade genug zu essen, um zu überleben. Die Menschen waren stets gefährdet, da ausbleibender Regen, Dürre und Plagen wie z. B. Heuschrecken die Ernten unsicher machten. Hungersnöte gehörten zum Leben dazu. Außerdem gab es oft Feindesangriffe während der Wachstumszeit; wurde die Ernte zerstört, konnten die Menschen nicht überleben.

Brot

Das Brot in der Bibel wurde aus einer Reihe von Getreidearten zubereitet. Gerstenbrot war wohl am weitesten verbreitet, aber auch Weizenbrot war beliebt. Das Getreide wurde sortiert und gemahlen. In den frühen Zeiten der Bibel wurden die Körner zwischen einem kleinen und einem großen Stein zerrieben. Später wurden sie zwischen zwei Mühlsteinen gemahlen. Der untere war fixiert, der obere drehte sich. Zum Backen wurden 40 l Mehl mit Wasser oder Olivenöl zu einem Teig gerührt. Ein Stück fermentierter Teig, der „Sauerteig", wurde in den neuen Teig mit eingeknetet, damit er aufging. Vor dem Backen wurde ein Teil des Teigs für das „Aufgehen" am nächsten Tag beiseite gelegt. Das Brot wurde als flacher Kuchen gebacken.

Dieser schwarze Basaltmahlstein aus Jerusalem stammt aus der Zeit von König Herodes. Mit ihm wurde Getreide zu Mehl gemahlen.

Obst

Obst war zu biblischen Zeiten ein wichtiges Lebensmittel. Trauben wurden frisch während der Erntezeit gegessen und zu Rosinen getrocknet. Feigen konnten auch frisch oder getrocknet gegessen werden. Auch Datteln wurden angebaut. Sie wurden für *Charoset* verwendet, einer besonderen Soße aus Datteln, Feigen, Rosinen und Essig, in der das Brot während des Passamahls eingetaucht wurde. Ebenso aß man Oliven – einige frisch im Oktober, der Rest in Salzlake eingelegt. Ebenso gab es Granatäpfel, Mandeln und Pistazien. Die Verbreitung von Zitrusfrüchten begann zur Zeit des Neuen Testaments.

Mit dem Sattelmahlstein, weit verbreitet in den Ländern der Bibel in der Antike, wurde per Hand gemahlen. Das Korn kam auf den unteren Stein, der obere Stein wurde zum Mahlen hin- und herbewegt.

Gemüse

Gemüse wie Zwiebeln und Lauch, Melonen und Gurken wurden in ihrer jeweiligen Saison zubereitet und gegessen. Bohnen, Linsen und Erbsen wurden getrocknet und in Steingutkrügen gelagert. Aus dem Gemüse wurden Suppen gekocht. Im ersten Buch Mose tauschte Esau sein Geburtsrecht gegen eine Schüssel roter Linsen ein.

Im See von Galiläa lebten ca. 25 Fischarten, darunter auch diese Buntbarschart.

Fisch

Zur Zeit Jesu war Fisch ein wichtiges Nahrungsmittel. Kleine Fische wurden getrocknet, gepökelt und mit Brot gegessen. Oder sie konnten frisch über einem offenen Feuer gekocht werden, wie bei dem Frühstück, das Jesus im Johannesevangelium für seine Anhänger zubereitet hat.

Fleisch

Zu biblischen Zeiten aßen die Menschen nur wenig Fleisch. Das gewöhnliche Volk aß in der Regel Hammel- oder Ziegenfleisch und Geflügel – aber auch nur zu besonderen Gelegenheiten. Die Reichen aßen Lamm, Kalb und Rind. Fleisch wurde in der Regel gekocht; das gebratene Lamm für das jährliche Passafest war eine Ausnahme.

Süßes

Die Israeliten hatten keinen Zucker und der Honig wilder Bienen war das wichtigste Süßmittel. Eine andere Art von „Honig" wurde hergestellt, indem Datteln und Akaziensamen zu einem Sirup verkocht wurden.

Landwirtschaftliche Produkte

Butter wurde in Israel kaum verwendet, da sie sich in der Hitze nicht hielt. Käse und Joghurt dagegen waren sehr beliebt. Zur Zeit des Neuen Testaments hielten die Menschen Hühner und pochierten die Eier in Olivenöl.

Wasser

Das Wasser diente den Israeliten zwar als Flüssigkeit zum Kochen, zum Trinken war es jedoch nicht gut geeignet. Brunnen- oder Quellwasser war im Allgemeinen unbedenklich, das Wasser aus der Familienzisterne dagegen nicht. Sogar unter den Römern, als das Wasser über Aquädukte (wie z. B. in Cäsarea oder Bethlehem) oder über Rohrleitungen (wie in Jerusalem) in die Städte kam, war es noch nicht zum Trinken geeignet. Bessere Getränke waren andere Flüssigkeiten wie Ziegenmilch oder Wein.

Diese Wasserzisterne bei Gibeon stammt aus der Zeit König Davids. Die Zisterne hat einen Durchmesser von 11,3 m und eine Tiefe von 10,8 m.

Siehe auch

- Tiere der Bibel (S. 92-93)
- Pflanzen (S. 88-89)
- Speisegesetze und -Sitten (S. 108-109)
- Kunst und Handwerk (S. 128-129)
- Genesis/1. Mose (S. 198-199)

Salzformationen, Totes Meer

Würzen und Konservieren

Salz wurde nicht nur zum Würzen, sondern auch, was noch wichtiger war, zum Konservieren verwendet. An den Südwestufern des Toten Meeres gab es reichlich Steinsalz. Auch wurde Salz durch Verdunstung gewonnen.
Minze, Dill und Kümmel verliehen dem Essen den überall beliebten ausgeprägten Geschmack. Sie machten den sonst eher langweiligen Speiseplan abwechslungsreicher und interessanter. Seltenere, aus Afrika und Asien eingeführte Gewürze wurden nur von den Reichen verwendet.

Die Weinkeller von Gibeon (rechts) enthielten 66 Hohlräume zur Lagerung von Weinkrügen. Der große Stein oben auf dem Keller sorgte dafür, dass die Temperatur bei gleichmäßigen 18°C lag. Jeder Weinkrug fasste ca. 45 l und der Keller bot Platz für insgesamt bis zu 100 000 l Wein.

Dieser Weinkrug aus Judäa stammt aus dem 7. Jh. v.Chr. Die Inschrift lautet: „gehört Yahzeyahu, Wein von KHL“. KHL könnte eine Weinart bezeichnen.

Wein

Wein war zu biblischen Zeiten das am weitesten verbreitete Getränk. Das Neue Testament berichtet, dass Jesus auf einer Hochzeit in Kana Wasser in Wein verwandelte. Menschen jedoch, die Gott durch ein Versprechen verpflichtet waren oder einen besonderen Dienst ausübten, verzichteten manchmal auf den Wein. Betrunkenheit und Exzesse wurden stets verurteilt.
Reiche Häuser zur Zeit des Neuen Testaments hatten Keller voller guter Weine aus dem gesamten Mittelmeerraum. Sie wurden in Amphoren gelagert, schmale Krüge, die unten spitz zuliefen und so zur Kühlung des Weines tief in die Erde oder den Sand gesteckt werden konnten. In der Regel wurde der Wein jedoch in Lederflaschen, den „Weinschläuchen“, aufbewahrt.

Speisegesetze und -sitten

In biblischer Zeit haben sich die Speisegesetze und -sitten der Israeliten nur wenig geändert. Es gab exakte Gebote, die regelten, was gegessen werden konnte und wie es zubereitet werden musste. Aber genau wie heute waren die Mahlzeiten schon damals für die Armen sehr einfach und für die Reichen üppiger.

Für biblische Zeiten typische Nahrungsmittel

Kochen

Zu biblischen Zeiten wurde das Essen normalerweise in einem Topf über einem Feuer gekocht. Einige Nahrungsmittel wurden in Öl gebacken. Viele Gemüsesorten wurden roh gegessen, Linsen und Bohnen in Wasser oder Öl gekocht, Maisbrei mit Wasser, Salz und Butter zubereitet.

Der Einkauf

Der Markt befand sich im Stadttor. Händler mit denselben Waren errichteten ihre Stände in der Regel in Gruppen beieinander. In den frühen Zeiten der Bibel wurden Tauschgeschäfte getätigt. Während der meisten Zeit des Alten Testaments bezahlten die Menschen jedoch mit gewogenen Silber- oder, seltener, Goldbeträgen. Man musste natürlich Standardgewichte haben, sodass jeder den Wert kannte, und damit war der Weg für die Münzen geebnet.

Diese Frau knetet den Teig vor dem Backen im Ofen.

Brotbacken

Es gab verschiedene Methoden des Brotbackens. Die einfachste war, ein Loch in den Boden zu schaufeln, ein Feuer darin zu entzünden, dann die Asche herauszunehmen und die flachen Teigfladen an die Seiten des Loches zu drücken. Manchmal wurden Steine in das Feuer gelegt, und wenn der Teig fertig zum Backen war, wurden die heißen Steine herausgenommen und der Teig zum Backen darauf gelegt. Oder eine große, hohle Steingutschale, auf die der Teig gelegt wurde, wurde kopfüber auf das Feuer gestellt. Reichere Häuser hatten einen Backofen aus Ton, der wie ein Bienenstock geformt war. Das Feuer wurde auf dem Boden des Ofens angezündet und das Brot weiter oben von innen angedrückt. Erst zur Zeit der Römer wurde ein geteilter Ofen erfunden, in dem das Feuer vom Backgut getrennt war.

Die Speisegesetze Israels

Das Gesetz des Alten Testaments beschreibt in allen Einzelheiten, was die Israeliten essen durften und was nicht. Nur Tiere, die wiederkäuen und geteilte Hufe hatten, durfte man verzehren. Damit war das Schwein tabu. Fische waren erlaubt, aber nur die mit Flossen und Schuppen. Viele Vögel durften nicht gegessen werden.

Zur Zeit des Neuen Testaments durfte eine Familie, die den Lehren der Pharisäer folgte, keine Nahrungsmittel kaufen oder essen, die in einem Heidentempel als Opfergabe geschlachtet worden waren. In den drei Tagen vor einem Fest war es ihnen überhaupt nicht erlaubt, Nahrungsmittel von einem Nichtjuden zu kaufen.

Die Gründe für diese strengen Gesetze in Bezug auf die Ernährung werden in der Bibel nie erläutert. Sie könnten zum Schutz der Menschen vor Krankheiten gedacht gewesen sein oder aber auch zum Ziel gehabt haben, Grausamkeiten gegenüber Tieren zu vermeiden: So verhinderte zum Beispiel das Gesetz, nach dem ein Kadaver ausbluten muss, bevor das Fleisch gekocht werden konnte, dass Körperteile von lebenden Tieren zum Verzehr abgeschnitten wurden. Es könnte sich aber auch um rein „religiöse" Gründe gehandelt haben. Dies war sicherlich der Fall bei dem Verbot von Fleisch, das einem Götzen geopfert worden war.

Auf diesem Relief aus dem Tempel Sethos' I. in Abydos werden ägyptischen Göttern Nahrungsmittel dargebracht.

Die Mahlzeiten der Reichen

In den reichen Häusern gab es üppige Mahlzeiten mit viel Fleisch. Statt nur einem Gericht wie in den ärmeren Häusern gab es mehrere. Ein Gastmahl nach römischem Stil verlief folgendermaßen: Zuerst gab es Hors d'œuvres und mit Honig vermischten Wein. Dann wurden drei Hauptgänge auf Tabletts serviert. Danach wurden Essensstücke als symbolische „Opfer" für die Götter ins Feuer geworfen. Zum Abschluss gab es Gebäck und Obst, gefolgt von Getränken und Unterhaltung.

Die Mahlzeiten der Armen

In den bäuerlichen Familien in Palästina waren die Mahlzeiten sehr einfach. Es gab kein eigentliches Frühstück. Wenn etwas gegessen wurde, dann nur eine Kleinigkeit, die auf dem Weg zur Arbeit verzehrt wurde. Das Mittagessen bestand in der Regel aus Brot und Oliven, manchmal auch Obst. Das Abendessen war ein Gemüseeintopf mit einem Stück Brot zum Einstippen in den gemeinsamen Topf. Die gesamte Familie nahm dieses Mahl zusammen ein, und falls wichtige Gäste dabei waren, wurde dem Eintopf vielleicht auch ein Stück Fleisch zugefügt. Die Familie saß zum Essen auf dem Boden.

Nachbildung eines typischen Kochherdes aus Lehm aus Jerusalem zur Zeit des Neuen Testaments

Die Mahlzeiten der Nomaden

Bei den nomadischen, in Zelten lebenden Menschen war ein Reisender immer willkommen – drei Tage und vier Stunden lang, denn so lange, meinte man, würde ihr Essen für ihren Gast reichen. Brotfladen und Milch waren die Hauptbestandteile der Mahlzeit. Für die Dauer des Besuchs wurde der Reisende ein Sippenmitglied. Die Bibel lehrt die Bedeutung der Gastfreundschaft. Wie der Autor des Briefes an die Hebräer im Neuen Testament schreibt: „Vergesst die Gastfreundschaft nicht."

Siehe auch:

- Im Haus (S. 114-115)
- Gottes Gesetz in der Praxis (S. 152-153)
- Priester und Rituale (S. 162-163)
- Religiöse Gruppierungen (S. 168-169)
- Jüdischer Glaube im Neuen Testament (S. 170-171)
- Die Tora oder der Pentateuch (S. 196-197)

Kleidung und Kosmetik

Im gesamten Bibelzeitalter hat sich der Kleidungsstil in Israel nur wenig verändert. Die größten Unterschiede bei der Bekleidung gab es zwischen Arm und Reich. Arme Bauern besaßen nur die Kleider aus Wolle oder Ziegenhaar, die sie am Leib trugen. Die Reichen hatten dagegen Winter- und Sommer-, Arbeits- und Freizeitkleidung und Kleidung aus unterschiedlichen Stoffen, darunter auch feines Leinen und sogar Seide.

Orthodoxe Juden tragen ihr Haar gemäß der alten Tradition auch heute noch lang.

Haartracht

Die israelitischen Männer ließen ihre Haare in der Regel lang wachsen und viele trugen Bärte. Manchmal flochten sie ihre Haare oder ließen sie vom Barbier schneiden. Die Haare an der Seite des Kopfes bei den Ohren wurden nie geschnitten. Das dritte Buch Mose verbot es als heidnischen Brauch – ein Gesetz, das auch heute noch von den orthodoxen Juden befolgt wird. Unter dem Einfluss der Griechen und Römer wurden die Haare zur Zeit des Neuen Testaments kurz getragen und viele Männer waren glattrasiert.
Die Frauen flochten ihr Haar, trugen Zöpfe oder machten sich Locken. Oft wurde es durch schöne Elfenbeinkämme gehalten. Zur Zeit der Römer wurde das Haar, von einem Netz gehalten, hoch auf dem Kopf getragen. Die Reichen hatten Netze aus Goldfäden.

Männerkleidung

Das erste Kleidungsstück, das ein Mann anlegte, war entweder ein Lendentuch oder ein kurzer Rock, der ihn von Hüfte bis zu den Knien bedeckte. Darüber kam ein wadenlanges Hemd, die Tunika, aus Wolle oder Leinen. Sie ähnelte einem großen Sack: ein langes Stück Stoff, in der Mitte gefaltet und an den Seiten zusammengenäht mit Löchern für die Arme. An der Faltstelle wurde ein Loch für den Kopf gemacht. Die Tunika war gewöhnlich rot, gelb, schwarz oder gestreift. Die Tunika wurde um die Hüfte mit einem Gürtel gehalten. Dabei handelte es sich um ein zu einem langen Streifen gefaltetes Stück Stoff, das gleichzeitig eine Tasche für die Aufbewahrung von Münzen und anderen Habseligkeiten war. War ein Mann reich, so hatte er vielleicht einen Ledergürtel, in dem er einen Dolch oder ein Tintenfass unterbringen konnte. Brauchte ein Mann mehr Bewegungsfreiheit bei der Arbeit, dann steckte er seine Tunika in den Gürtel, wodurch sie viel kürzer wurde. Dies wurde als „die Lenden gürten“ bezeichnet.

Bronzespiegel aus dem kanaanitischen Grab bei Akko. 14. Jh. n.Chr.

Frauenkleidung

Die Frauen in Israel trugen eine Tunika, die der der Männer ähnelte, nur dass sie knöchellang war. Oft war sie blau und manchmal an der Passe auch mit einem dem Dorf zugehörigen traditionellen Muster bestickt. Bei der Arbeit konnte die Frau den Saum ihres langen Kleides aufheben und als große Tasche verwenden, in der sie z. B. auch Getreide trug.

Mäntel

Im Freien trug ein reicher Mann einen leichten Mantel über seiner Tunika, der bis zu den Knien reichte und oft leuchtend gestreift oder kariert war. Reiche Leute trugen auch im Haus leichte Mäntel, möglicherweise aus importierter Seide.
Ärmere Leute trugen zur Zeit des Neuen Testaments einen dicken Wollmantel oder -umhang. Dieser bestand aus zwei zusammengenähten, oft hell- und dunkelbraun gestreiften Stoffteilen. Der Stoff wurde um den Körper gewickelt, an den Schultern genäht, dann wurden an den Seiten Schlitze für die Arme geschnitten.

Die einfachsten Sandalen wurden aus einem Stück Leder in der Größe des Fußes gemacht und mit einem langen Lederstreifen versehen, der zwischen dem großen und dem zweiten Zeh verlief und um den Knöchel gebunden wurde.

Schuhe

Viele der Armen gingen wahrscheinlich barfuß, die normale Fußbekleidung in Israel waren jedoch Sandalen. Vor Betreten eines Heims oder Heiligtums wurden sie ausgezogen. Gemäß der Sitte wurde stets die rechte vor der linken Sandale an- und ausgezogen. Ein Mann, der Eigentum verkaufte, zog seine Sandale aus und gab sie dem Käufer als Zeichen dafür, dass er sein Recht an dem Eigentum aufgab.

Make-up

In frühen Zeiten trugen die Frauen in den Ländern der Bibel dunkle Lidschatten um ihre Augen. Zuerst schützte es die Augen vor dem starken Sonnenlicht, später wurde es zur Mode. Lidschatten wurde aus Mineralien hergestellt, die mit einem kleinen Stößel und Mörser in Öl oder Gummi zermahlen wurden.
Die Frauen benutzten auch Lippenstift und Puderquasten. Sie bemalten ihre Zehen- und Fingernägel mit der roten Farbe aus den zerdrückten Blättern der Hennapflanze. Rotes Eisenoxid scheint als Rouge gedient zu haben.

Die kanaanitische Schminkschatulle aus Elfenbein in Form einer Ente (links) stammt aus der Zeit von 1550-1200 v.Chr.

Im 9. Jh. v.Chr. wurde in Samaria und Judäa oft Sandstein zur Herstellung von verzierten Kosmetikschalen verwendet.

Kopfbedeckung

In Palästina war die Sonne so heiß, dass der Kopf, der Nacken und die Augen geschützt werden mussten. Dies geschah gewöhnlich durch eine Bedeckung aus einem quadratischen, diagonal gefalteten Stück Stoff, wobei die Falte über der Stirn lag. Ein Ring aus geflochtener Wolle hielt das Tuch auf dem Kopf, und die herabhängenden Falten schützten den Nacken. Manchmal und vor allem während des Gebets wurde auch eine Kappe getragen, mit einem feinen wollenen Schal darüber, dem *Tallit*. Die Frauen hatten kleine Polster auf dem Kopf, wenn sie Wasserkrüge und andere Dinge trugen.

Parfüm

In dem heißen, trockenen Klima der Länder der Bibel war ein Öl zum Einreiben der Haut beinahe lebensnotwendig. Dem Öl zugefügtes Parfüm überdeckte Körpergeruch, wenn es nicht genug Wasser zum Waschen gab. Parfüms wurden aus Blumen, Samen und Obst oder aus Harzen gewonnen. Viele Parfüms wurden in Israel als Luxusgüter importiert. Sie waren sehr teuer und wurden in hochwertigen Flaschen und Behältern aufbewahrt.

Siehe auch

- Pflanzen (S. 88-89)
- Im Haus (S. 114-115)
- Kunst und Handwerk (S. 128-129)
- Bergbau und Metallverarbeitung (S. 134-135)
- Kleiderherstellung (S. 136-137)

Schmuck

Armbänder, Ketten, Anhänger, Fußketten und Ringe – für Ohren, Nasen und Finger – wurden in Palästina zu besonderen Gelegenheiten getragen. Sie waren aus Gold, Silber und anderen Metallen und mit Edel- oder Halbedelsteinen oder gefärbtem Glas besetzt. Die Steine wurden geschliffen und poliert, graviert und geformt. Aus Elfenbein wurden wunderschöne Kämme, Broschen und Plaketten ebenso wie Vasen und Kosmetikflakons geschnitzt.

Dieser Schmuck aus dem 13. Jh. v.Chr. wurde zusammen mit der Schmuckschatulle in Tel Naami an der Nordküste Israels gefunden.

Zelte und Häuser

In den Ländern der Bibel hat es immer „Nomaden" – Menschen, die von Ort zu Ort ziehen – gegeben wie auch solche, die feste Häuser hatten. Abrahams Nachfahren lebten mehrere hundert Jahre lang in Zelten: zuerst in Kanaan, dann in Ägypten und schließlich in der Wüste. Als sie die Kanaaniter eroberten, übernahmen sie deren Städte und kopierten deren Architektur.

Steine

In den Bergen, wo es Kalksteine und Basalt gab, und an der Küste mit ihrem Sandstein wurden grob behauene Steine für die Fundamente der Häuser verwendet, auf denen ca. 90 cm dicke, raue Stein- oder Ziegelmauern errichtet wurden. Diese dicken Mauern wurden ausgehöhlt, um Nischen zur Vorratshaltung zu schaffen. Zuerst bestanden die Mauern aus Geröll, aber mit dem Aufkommen von Eisenwerkzeugen zur Bearbeitung von Steinen konnten diese grob behauen werden.

Der Innenhof in diesem israelitischen Haus aus dem 8. Jh. v.Chr. beherbergte die Tiere. Räume wurden durch Mauern oder Säulen abgetrennt. Zum Dach hatte man Zugang über eine Leiter oder eine Außentreppe.

Das Leben in Zelten

Zu biblischen Zeiten lebten die nomadischen Völker genau wie die heutigen Beduinen in Zelten aus Ziegenhaar. Der schwarzbraun gestreifte Stoff wurde nach dem Scheren aus Ziegenhaar auf einem auf den Boden gespannten Webstuhl gewebt. Am Rand und in der Mitte des Stoffes wurden hölzerne Ringe eingenäht, durch die neun Stangen in drei Reihen gesteckt wurden. Die mittlere Stangenreihe war ca. 1,80 m hoch, die beiden äußeren Reihen waren etwas niedriger. Das Zelt bestand aus einem langen, ca. 1,80 m breiten Stück Ziegenhaarstoff, das über die Stangen gelegt wurde. Der Wohnbereich unter diesem „Dach" aus Stoff hatte an der Rückseite ein Gitter aus Ziegenhaarstoff oder verwobenen Schilfrohren und Zweigen. Er war in zwei „Räume" unterteilt. Es gab einen offenen Bereich, in dem Besucher empfangen wurden; der andere Raum war durch Vorhänge abgetrennt und für die Frauen und die Aufbewahrung der Haushaltsgeräte bestimmt. Das Familienoberhaupt war der einzige männliche Erwachsene, der diesen Bereich betreten durfte. Manchmal wurde der Boden im Zelt mit gewebten Matten bedeckt, meist war es jedoch blanke Erde. Die Zelte wurden zum Schutz in Gruppen aufgestellt.

Nachbildung eines israelitischen Hauses

Fenster und Türen

Es gab nur wenige winzige Fenster hoch oben in der Mauer, damit es im Sommer kühl und im Winter warm blieb. Auch gab es kein Glas. Stattdessen wurden Gitterfenster eingesetzt, um Eindringlinge fernzuhalten. In der kalten, nassen Jahreszeit schützten dicke, wollene Vorhänge vor dem Wetter. Zuerst bestanden die Türen aus geflochtenen Zweigen, später wurden mit zunehmenden handwerklichen Fähigkeiten Holz und Metall verwendet.

Dächer

Zur Zeit des Alten Testaments baute man das Dach, indem Balken der Breite nach auf die Mauern gelegt und kleinere Balken im rechten Winkel darüber gelegt wurden. Dazwischen kamen Schichten aus Reisig, Erde und Lehm und das Ganze wurden mit einem Steinroller festgedrückt, der auf dem Dach blieb. Mit zunehmenden Baufertigkeiten wurden massive Obergeschosse üblicher. Das Alte Testament berichtet, dass eine reiche Frau in Schunem ein besonderes Gästezimmer für den Propheten Elisa anbaute. Zur Zeit des Neuen Testaments wurden Ziegel- und Giebeldächer gebaut.

Siehe auch

- Der Auszug aus Ägypten (S. 20-21)
- Israels Einzug in Kanaan (S. 22-23)
- Im Haus (S. 114-115)
- Bauhandwerk (S. 132-133)
- Kleiderherstellung (S. 136-137)

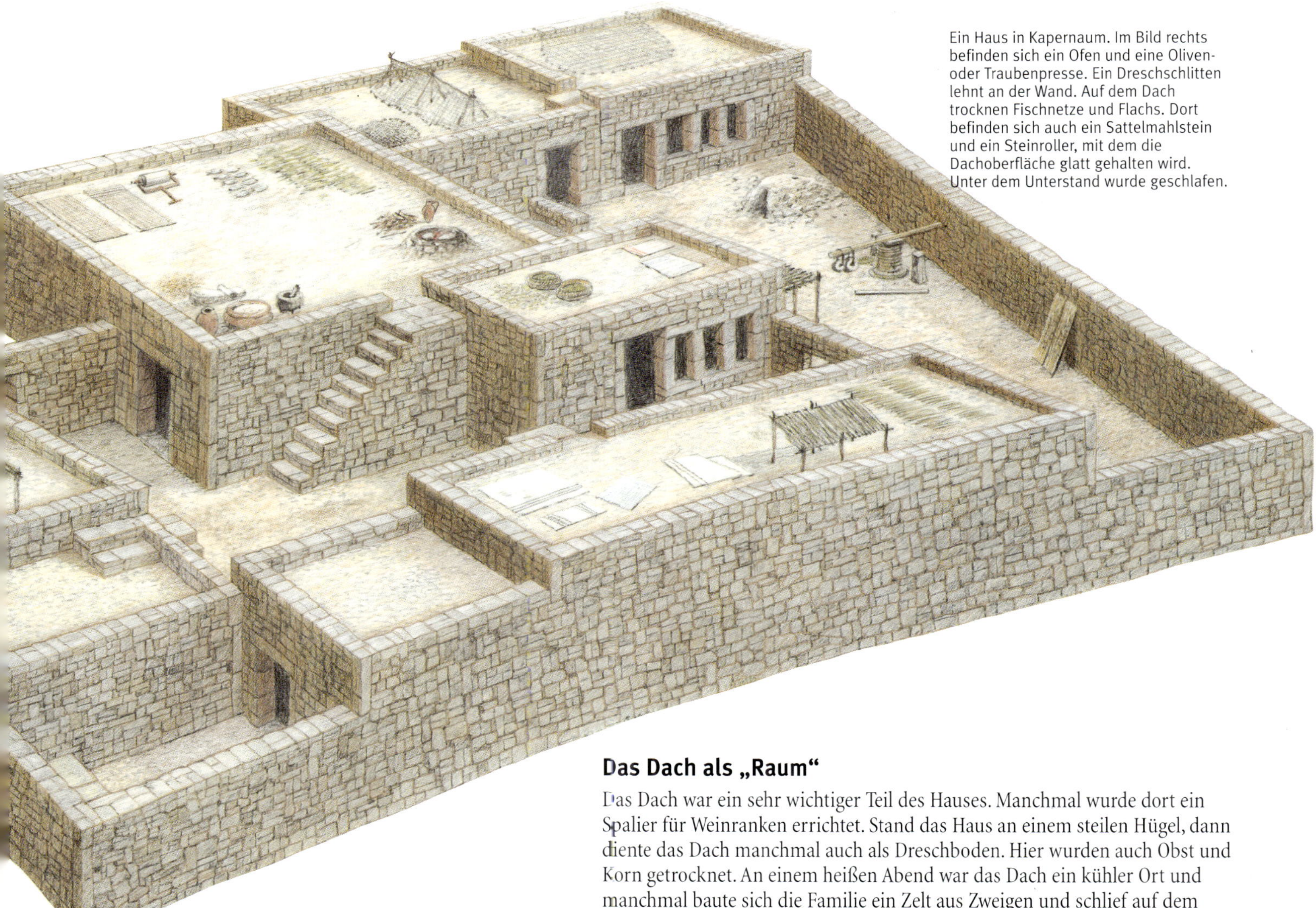

Ein Haus in Kapernaum. Im Bild rechts befinden sich ein Ofen und eine Oliven- oder Traubenpresse. Ein Dreschschlitten lehnt an der Wand. Auf dem Dach trocknen Fischnetze und Flachs. Dort befinden sich auch ein Sattelmahlstein und ein Steinroller, mit dem die Dachoberfläche glatt gehalten wird. Unter dem Unterstand wurde geschlafen.

Das Dach als „Raum“

Das Dach war ein sehr wichtiger Teil des Hauses. Manchmal wurde dort ein Spalier für Weinranken errichtet. Stand das Haus an einem steilen Hügel, dann diente das Dach manchmal auch als Dreschboden. Hier wurden auch Obst und Korn getrocknet. An einem heißen Abend war das Dach ein kühler Ort und manchmal baute sich die Familie ein Zelt aus Zweigen und schlief auf dem Dach. Die Hausbewohner unterhielten sich von Dach zu Dach über den in den Straßen herrschenden Lärm hinweg.

Lehmziegel

Die Israeliten in Kanaan machten Lehmziegel für die Hauswände, besonders für die Häuser in den Ebenen und Tälern. Zuerst gruben sie ein Loch in den Boden, das sie mit Wasser, Strohhäckseln, Palmenfasern und Muschel- und Kohlestücken füllten. Dann zerstampften sie die Masse zu einem weichen, formbaren Schlamm. Dieser wurde in hölzerne, ca. 53 cm x 25 cm x 10 cm große Ziegelformen gegeben. Die meisten Ziegel wurden in der heißen Sonne zu Trocknen ausgelegt, die festeren Ziegel aus den Brennöfen wurden für die Hausfundamente verwendet.

Fußböden

Manchmal wurden Steinsplitter in den erdigen Boden der palästinischen Häuser eingearbeitet. Aber erst unter griechischem Einfluss nach ca. 300 v Chr. entstand die Kunst der Mosaikböden. Diese wurden jedoch aus religiösen Gründen missbilligt und zu biblischen Zeiten gab es in Israel Mosaikböden nur im Palast von König Herodes dem Großen in Masada und in Häusern wohlhabender Bürger in Jerusalem.

Im Haus

Im Osten sind die Häuser auch heute noch weniger überladen als in vielen westlichen Ländern. Der Stil ist bei Arm und Reich gleichermaßen kühl und einfach – einige Matten auf dem Fußboden, Sitzgelegenheiten, kleine Tische und eine Heizmöglichkeit für den Winter.

Nachbildung eines ländlichen Hauses in Palästina mit dem Brotbackofen (dem Tabun), Steingutkrügen und -töpfen, Körben und Mahlsteinen

Das Leben im Haus

Zu biblischen Zeiten war ein Haus gewöhnlich in zwei Räume unterteilt. Im Winter wurden die Tiere in den vorderen Teil des Hauses dicht bei der Tür geholt. Die Familie lebte auf einer erhöhten Plattform am anderen Ende. Im Raum darunter wurden Werkzeuge und Krüge aufbewahrt – und vielleicht sogar kleinere Tiere. Kochgeräte, Kleidung und Bettzeug befanden sich auf der Plattform. Wenn es heiß war, wimmelte es im Haus von Insekten; wurde es kälter, war es vom Rauch des Feuers erfüllt. Es gab keine richtige Feuerstelle; das Feuer schwelte in einem Loch im Boden. Wenn die Familie reich genug war, wärmte sie sich an einem Kohlenbecken, es gab jedoch keinen Schornstein. Wenn es lange und kräftig regnete, hielten das Dach und die Wände nicht dicht. Badeeinrichtungen gab es keine.

Lampen

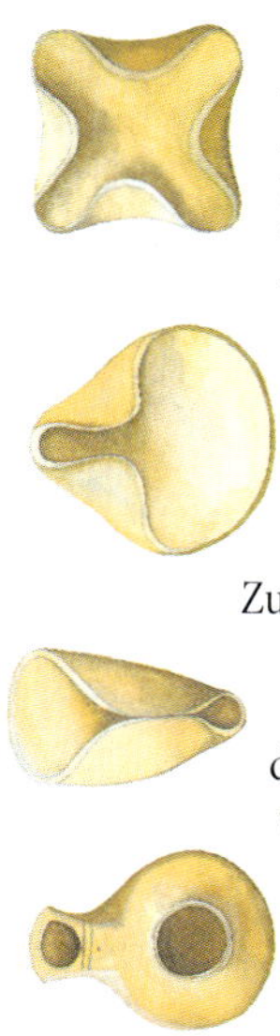

Weil es in den Häusern so dunkel war, war die Lampe einer der wichtigsten Haushaltsgegenstände. In der gesamten Zeit des Alten Testaments bestand eine Lampe einfach aus einer Steingutschale mit einem Schnabel an der Seite. In die Schale wurde Öl gegossen und ein Docht von der Mitte zum Schnabel gelegt. Eine solche Lampe konnte zwei bis drei Stunden brennen, bis sie nachgefüllt werden musste. Zur Zeit des Neuen Testaments hatten die Töpfer gelernt, geschlossene Lampen in Formen herzustellen, die nur noch ein kleines Loch für das Öl und eine Tülle für den Docht hatten. Das war sicherer und effizienter. Die Dochte waren gewöhnlich Flachs- oder Lumpenstreifen. Das für die Lampen verwendete Öl konnte Olivenöl, Öl aus anderen Samen oder Tierfett sein.

Entwicklung der Lampe während der Zeit der Bibel

Die Möbel der Armen

Während der gesamten Zeit der Bibel besaßen die Armen nur sehr wenige Möbel und Einrichtungsgegenstände. Das „Bett" war eine dünne, mit Wolle gefüllte Matratze, die jeden Abend auf dem erhöhten Teil des Fußbodens ausgerollt wurde. Die ganze Familie schlief dort unter Ziegenhaardecken. Am Morgen rollte man Bett und Bettzeug zusammen und legte es beiseite. Der Tisch war oft nur eine einfache Strohmatte auf dem Fußboden. In einigen Häusern, bei weitem jedoch nicht in allen, gab es Hocker.

Gerätschaften

Jedes Haus hatte Vorratstonnen aus Lehm oder Stein, in denen sowohl Tierfutter als auch Lebensmittel aufbewahrt wurden. Es gab besondere Krüge zur Aufbewahrung von Mehl und Olivenöl sowie Steinguttöpfe zum Tragen und Aufbewahren von Wasser, Kochtöpfe und Servierschüsseln. In wohlhabenderen Häusern waren einige dieser Gegenstände aus Metall.
Besen wurden aus Stroh gemacht. Sie wurden zusammen mit den für das Familienhandwerk erforderlichen Werkzeugen aufbewahrt.
Zur Zeit des Neuen Testaments wurde Glas aus Ägypten verwendet. Ca. 50 v.Chr. entstand in Syrien die Kunst des Glasblasens. Obwohl das Glas dadurch billiger wurde, konnten es sich nur die wenigsten Menschen leisten.

Glasgegenstände aus römischer Zeit

Der wohlhabende Haushalt

Mit König Salomo entstand eine reiche Gesellschaftsschicht in Israel, für die das Leben viel angenehmer war. Die Räume erstreckten sich um Innenhöfe und Gärten, die im Sommer Schatten und kühle Luft spendeten. Im Winter war es möglich, Räume in wärmerer, sonniger Lage zu nutzen. Das ganze Haus war viel großzügiger angelegt als die Häuser der Armen. Die Dachbalken wurden von Säulen getragen. Mit der Einführung der Säulen entstanden auch Veranden und Kolonnaden. Im Buch des Propheten Amos im Alten Testament werden die „Winter- und Sommerhäuser" der Reichen erwähnt.
In der Zeit zwischen dem Alten und dem Neuen Testament begannen die Reichen sogar damit, spezielle Badezimmer mit in den Boden eingelassenen Wannen anzubauen. Es wird gesagt, dass Sergius Orata 70 v.Chr. ein zentral beheiztes Badezimmer mit fließendem Warmwasser erfunden hat! Zur Zeit des Neuen Testaments hatten die reichen Leute in Palästina Häuser im römischen Stil mit zwei hintereinander liegenden und von Räumen umgebenen rechteckigen Innenhöfen.

Siehe auch

- Von Saul bis Salomo (S. 26-27)
- Die Geschichte Jerusalems (S. 38-39)
- Zelte und Häuser (S. 112-113)
- Kunst und Handwerk (S. 128-129)
- Töpferei (S. 130-131)
- Drei Tempel (S. 160-161)

Nachbildung der Empfangshalle eines reichen Hauses im Jerusalem des Neuen Testaments

Annehmlichkeiten der Reichen

Die Reichen hatten zu biblischen Zeiten eine ganze Reihe von Annehmlichkeiten – darunter Hochbetten, Tische, Stühle und Sofas –, von denen die ärmeren Haushalte nur träumen konnten. Oft waren diese aus Edelhölzern gemacht und mit Schnitzereien und Einlegearbeiten aus Elfenbein versehen. Es gab auch Kissen und schöne Wolldecken für die Betten. Zusätzliche Kleidungsstücke und Bettzeug wurden in Truhen aufbewahrt.
Den größten Luxus gab es in den Tempeln und Königspalästen. König Salomo baute seinen Tempel zum Beispiel aus behauenen Steinen und er verkleidete die Wände mit Zedernholz. König Ahabs Palast in Samaria hatte wunderschöne geschnitzte Elfenbeineinlegearbeiten und teure Möbel. Herodes der Große hatte zwei Paläste: einen Sommerpalast mit schönen Gärten in Jerusalem und einen Winterpalast in Jericho.

Die Reste der Säulen, die einst den Fußboden des Wärmeraumes im Badehaus des Palasts des Herodes in Masada stützten

Könige und Herrscher

Während der langen Geschichte der Bibel entwickelte sich das Regierungs- und Verwaltungssystem Israels von Anfang an als Patriarchat. In anderen Nationen gab es unterschiedliche Verwaltungssysteme, von denen das des Römischen Reiches am weitesten entwickelt war.

Der Siegelabdruck auf dem Griff dieses Steingutkruges lautet: „gehört dem König". Dies ist eines von ca. 1200 Funden dieser Art aus Juda aus der Zeit der Herrschaft Hiskias im 8. Jh. v.Chr. Alle sind aus der gleichen Lehmart gemacht, die in der Schefela zu finden ist.

Salomo teilte sein Königreich in zwölf Verwaltungsbezirke (auf der Karte nummeriert), die sich über traditionelle Stammesgrenzen hinwegsetzten. Dies spielte eine Rolle beim Übergang der Macht von den Stammesältesten auf eine zentralisierte Verwaltung.

Israel vor der Königszeit

Anfänglich entsprach die Autoritätsstruktur dem Aufbau der Familie mit dem Vater, dem „Patriarchen", als der höchsten Autorität nach Gott.

Zur Zeit des Exodus war aus Abrahams „Familie" eine Nation geworden. Die Grundstruktur blieb jedoch dieselbe. Israel war eine Volk, das aus zwölf Familiensippen bestand. Mose, ihr neuer Führer, war für die „Regierung" und die Beilegung von Streitigkeiten zuständig. Und das Volk akzeptierte Gott als seinen König und Gesetzgeber.

In Kanaan lebten die Israeliten eine Zeit lang als ein Stammesbündnis, das durch ihre gemeinsame Herkunft und die Anbetung eines Gottes verbunden war. Es gab „Richter", die bis zur Zeit Samuels jedoch nur regional beschränkte Autorität hatten. Das Volk wollte aber einen König haben wie andere Nationen auch. Und so wurde Saul zum ersten König Israels.

Statthalter und Älteste

König Salomo teilte das Land Israel in zwölf Gebiete, die jeweils einem Bezirksstatthalter unterstanden. Diese mussten aus ihrem Bezirk Lebensmittel an den König und seinen Haushalt liefern und unterstanden einem höchsten Beamten. Daneben ernannten jede Stadt und die umliegenden Dörfer einen eigenen Ältestenrat. Davon ausgenommen war die Hauptstadt Jerusalem, dessen Statthalter direkt dem König unterstand.

Das geteilte Reich

Ein großer Teil des von David und Salomo errichteten Verwaltungssystems hatte lange Zeit Bestand. So berichtet zum Beispiel das Alte Testament, dass beinahe dreihundert Jahre später, als Jerusalem von den Assyrern belagert wurde, es immer noch als wichtigste Beamte Hofmeister, Schreiber und Kanzler gab.

Die Beamten der Könige

Die Bibel nennt drei Beamtenlisten in den Regierungen der Könige David und Salomo. Darunter war der Hofmeister oder Palastvorsteher, der in den frühen Tagen der Monarchie das Eigentum des Königs verwaltet hat, dann aber zum Hauptminister des Königs wurde. Der königliche Schreiber war sowohl Privatsekretär des Königs als auch eine Art „Außenminister". Er stand im Rang unter dem Hofmeister. Die Stellung des Kanzlers ist nicht ganz klar zu bestimmen; ohne Zweifel war er jedoch am Königshof eine wichtige Persönlichkeit. Er war wohl für die Öffentlichkeitsarbeit zuständig und hat möglicherweise gleichzeitig den König über die Meinung des Volkes auf dem Laufenden gehalten.

Die Könige hatten auch Militärbeamte. Neben der persönlichen Leibwache, die aus Berufssoldaten bestand, gab es das israelitische Volksheer, bei dem im Bedarfsfall jeder taugliche Mann zu den Waffen gerufen werden konnte. Die Berufstruppen und das Volksheer hatten unterschiedliche Kommandanten; beide unterstanden direkt dem König.

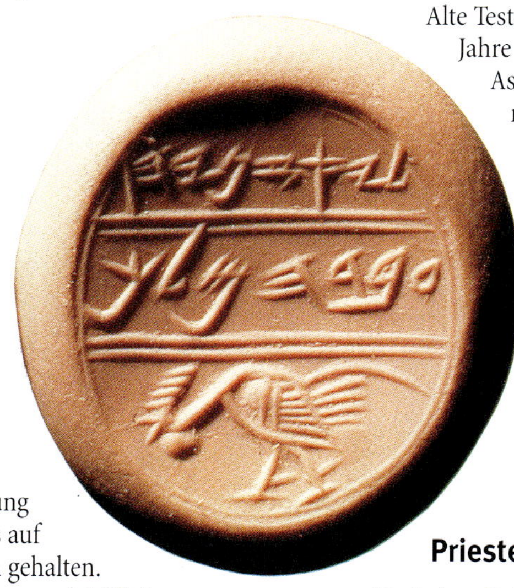

„Yaazaniahu des Königs Sklave", so lautet die Inschrift auf diesem Steinsiegel. Es wurde in Tel Mizpa gefunden und stammt aus dem 7. Jh. v.Chr.

Priester und Älteste

Nach dem Babylonischen Exil gerieten die Juden unter die politische Kontrolle verschiedener ausländischer Mächte. In religiöser Hinsicht kehrten sie jedoch zur Theokratie (Glaube an die Herrschaft Gottes) zurück und behielten ihre Identität als eine Glaubensgemeinschaft mit eigenen Gesetzen, deren Einhaltung Priester und Älteste überwachten.

Das Römische Reich

Während der Zeit des Neuen Testaments lebten die Juden unter römischer Herrschaft. Außerhalb Italiens gab es zwei Arten von Provinzen im Römischen Reich. Der Senat kontrollierte die Provinzen, in denen Frieden herrschte, und ernannte jedes Jahr Statthalter, die „Prokonsuln". Der römische Kaiser war direkt für die Provinzen zuständig, in denen Truppen zur Wahrung der Ordnung notwendig waren. Er regierte durch Stellvertreter, die jeweils für vier oder fünf Jahre ernannt wurden: „Legaten" in größeren Gebieten; „Präfekten" oder „Prokuratoren" in kleineren und unruhigeren Gebieten. In einigen Gebieten durften die einheimischen Könige regieren, so lange sie dem Willen Roms gehorchten.

Römische Regierung

Die Regierung des römischen Kaisers war für die Aufrechterhaltung von Recht und Ordnung zuständig. Sie baute und unterhielt jedoch auch die besten Straßen der Antike und errichtete lokale Regierungsgebäude, Märkte, Bäder und andere öffentliche Annehmlichkeiten. Bezahlt wurden diese mit den Steuergeldern der örtlichen Bevölkerung: Vermögenssteuer, Verkaufssteuer, Zölle – und sogar Abgaben auf Lebensmittel. Der römische Zensor beschäftigte in jeder Region Steuereintreiber und die Menschen mussten oft viel mehr als den gesetzlich geforderten Betrag zahlen.

Römische „freie Städte"

Die römischen Behörden gestatteten einigen Städten im Reich wie z. B. Athen und Ephesus die Selbstverwaltung. Dieser Status als „freie Stadt" galt nur so lange, wie Frieden herrschte. Einige „heilige Städte" behielten auch ein gewisses Maß an Kontrolle über ihre eigenen Angelegenheiten, darunter auch Jerusalem, wo der Hohepriester und der jüdische Rat, der Sanhedrin, lokale Angelegenheiten verwalteten. Ihre Autorität wurde jedoch von Rom beschränkt. Das Todesurteil über Jesus konnte zum Beispiel nur vom römischen Statthalter ausgesprochen werden.

Römisches Amphitheater in Aspendos (bei Perge), Türkei

Römische Kolonien

Viele Städte im Römischen Reich wurden römische Kolonien. Sie galten als Außenposten Roms und wurden wie die Hauptstadt von zwei Magistraten regiert. Philippi war eine der im Neuen Testament genannten Kolonien.

Siehe auch

- Der Auszug aus Ägypten (S. 20-21)
- Israels Einzug in Kanaan (S. 22-23)
- Von Saul bis Salomo (S. 26-27)
- Die Römer (S. 72-73)
- Priester und Rituale (S. 162-163)
- Alttestamentliche Geschichte – Überblick (S. 204-205)

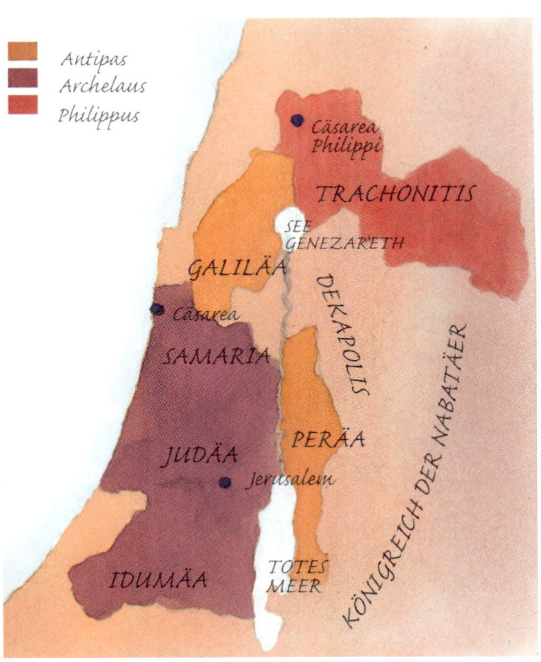

Eine römische Provinz

König Herodes der Große konnte in Judäa von 37 v.Chr. bis zu seinem Tod im Jahr 4 v.Chr. regieren. Dann wurde sein Königreich in drei Gebiete geteilt, die jeweils von einem Sohn des Herodes regiert wurden (s. Karte links). Antipas regierte in Galiläa und Peräa, Philippus in Ituräa und der Trachonitis und Archelaus in Judäa, einschließlich Samaria und Idumäa. Archelaus konnte die Ordnung nicht wahren, und im Jahr 6 n.Chr. wurde Judäa römische Provinz, die von einem dem Kaiser unterstehenden und vom „Legaten" Syriens überwachten „Präfekten" regiert wurde. Pontius Pilatus war der fünfte „Präfekt" oder „Prokurator" über Judäa. Er blieb von 26 bis 36 n.Chr.

Münzen der Familie des Herodes
Die obere Münze ist von König Herodes dem Großen und stammt aus 37 v.Chr. Darunter von links die Münzen von Herodes' Söhnen: Antipas (mit der Darstellung eines Palmenzweiges), Archelaus (mit Trauben) und Philippus (mit der Vorderseite des Tempels).

Krieg

Krieg ist im Alten Testament ein beherrschendes Thema. Schon in den Anfängen der israelitischen Geschichte war jeder Mann dazu aufgerufen, im Falle eines Falles zu den Waffen zu greifen. Unter den israelitischen Königen gab es eine strukturierte Armee, die jedoch zur Zeit des Neuen Testaments nicht mehr bestand.

Kriegsvorbereitungen

Für eine Invasionsarmee war es wichtig, dass Nahrungsmittel in Reichweite vorzufinden waren. Darum wurden die Kriege oft im Frühjahr geführt. Der Überraschungseffekt war auch wichtig; daher gab es nur selten Kriegserklärungen. Manchmal provozierten Nationen auch einen Krieg, indem sie unmögliche Forderungen stellten. Die Truppen wurden durch das Blasen in ein Widderhorn, durch Zeichen auf einem Berggipfel oder durch das Aussenden von Boten gesammelt.
Die israelitischen Könige suchten Gottes Rat gewöhnlich durch die Propheten und Priester. War Gottes Antwort günstig, zog die Armee aus und nahm Priester und manchmal auch Symbole des Glaubens wie Gegenstände aus der Stiftshütte mit. Vor der Schlacht brachten die Priester ein Opfer dar. König Saul suchte Rat in seinen Träumen und befragte einmal auch ein Medium – wodurch er mit dem religiösen Führer Samuel in Konflikt geriet.

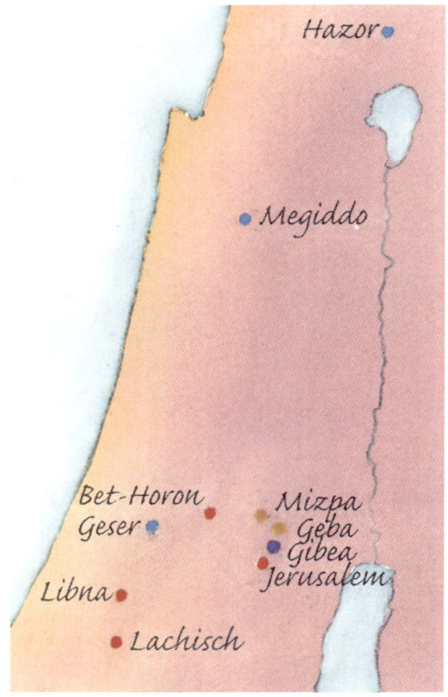

Festungen

Die israelitischen Könige bauten Festungen zum Schutz ihres Landes (s. Karte links). Saul befestigte seine Hauptstadt Gibea. David errichtete zusätzlich zu den Befestigungsarbeiten in Jerusalem die Festungen von Libna, Lachisch und Bet-Horon in den Bergausläufern als Verteidigung gegen die Philister. Salomo befestigte eine Reihe von Städten, darunter besonders Geser, Hazor und Megiddo, das den strategischen Pass durch das Karmelgebirge bewachte. Als Israel in das nördliche und südliche Königreich geteilt wurde, wurden in Geba und Mizpa Grenzfestungen errichtet.

Die israelitische Armee

König Saul gründete das erste stehende Heer in Israel, in dem 3000 Männer seinem direkten Kommando unterstanden. Es war jedoch König David, der erkannte, dass es wichtig war, dass die Armee ihren Treueid dem König und nicht der Nation leistete. Unter Davids Führung wurde die allgemeine Strategie der Kriegsführung verbessert. Die Israeliten lernten neue militärische Taktiken und begannen auch mit der Belagerung von Städten.

In dieser Szene aus der Zeit der israelitischen Richter geraten Kanaaniter mit eisernen Streitwagen in einen Hinterhalt israelitischer Fußsoldaten.

Das Relief am Tor Balawat (bei Kelach) zeigt, wie assyrische Soldaten die Mauern einer Stadt im Norden Syriens mit Rammböcken zerstören.

Die Struktur der Armee

Die Bibel spricht von Fünfzig- und Hundertschaften, aber über die genaue Organisation der Armee unter den israelitischen Königen ist nur wenig bekannt. Lange Zeit bestand die Armee fast ausschließlich aus Fußsoldaten – einige waren Bogenschützen oder Steinschleuderer, andere für den Nahkampf ausgerüstet. Kavallerie und Streitwagen, wie sie bei Ägyptern, Philistern und Kanaanitern üblich waren, wurden unter König Salomo eingeführt, aber da die Israeliten meist in den Bergen kämpften, waren diese Methoden eher unpraktisch.

Überfall und Kampf

Israel litt stark unter plündernden Banden der Wüstenstämme, besonders vor der Zeit der Könige. Ihre Angriffe kamen schnell und unerwartet und sie plünderten die Dörfer, zerstörten Ernten, stahlen das Vieh und nahmen Gefangene. Im offenen Kampf gab ein Widderhorn das Signal zum Angriff. Manchmal gab es auch einen vereinbarten Schlachtruf. Eine Linie Männer mit rechteckigen Schilden und langen Lanzen rückte vor und die Bogenschützen schossen einen Pfeilhagel zu deren Deckung ab. Trafen die Linien aufeinander, kam es zum Nahkampf. Gelegentlich wurde die Sache auch durch einen Kampf zwischen zwei oder mehreren Vertretern entschieden.

Siehe auch

- Die Zeit der Richter (S. 24-25)
- Von Saul bis Salomo (S. 26-27)
- Bergbau und Metallverarbeitung (S. 134-135)
- Priester und Rituale (S. 162-163)
- Die Propheten (S. 166-167)

Angriff und Verteidigung

Die Art des Kampfes entschied über die im Krieg verwendeten Waffen. Im Nahkampf wurden Keulen, Äxte sowie Lang- und Kurzschwerter verwendet. Es gab Wurfpfeile und Speere zum Schleudern. Als Geschosse wurden Steine und Geröll benutzt, aber auch Pfeil und Bogen.

Zu ihrem eigenen Schutz trugen die Soldaten Rüstung und Schild. Die Israeliten scheinen zwei Arten von Schilden verwendet zu haben. Ein kleines rundes, das von der leicht bewaffneten Infanterie getragen wurde, und ein großes rechteckiges, das von den Männern an der Front verwendet wurde, so dass die Kampflinie eine gerade Front bildete. Die Schilde hatten einen Korb- oder Holzrahmen, der mit Leder bespannt war, das regelmäßig eingefettet werden musste. An der Innenseite hatten sie Haltegriffe.

Griechische Regimentsabzeichen sind in Schleudersteine aus Blei eingeritzt (oben).

Der kanaanitische Dolch (links) stammt aus dem 15. Jh. v.Chr.

Nach der Schlacht

Wenn eine Stadt eingenommen wurde, war es die übliche Praxis, alle männlichen Einwohner zu töten, zu verstümmeln oder zu versklaven. Frauen und Kinder wurden gefangen genommen. Die Mauern wurden eingerissen und Gebäude verbrannt und die Soldaten konnten gewöhnlich alles plündern, wobei die wertvolleren Dinge meist vom König beansprucht wurden. Wenn sich eine Stadt ergab, wurden Geiseln genommen und ein hoher Tribut gefordert.

Nach dem Exil

Nach dem Ende des Babylonischen Exils ab dem Jahr 539 n.Chr. hatten die Juden keine feste Armee. Das änderte sich auch nicht, mit Ausnahme eines kurzen Zeitraumes, in dem ausländische Söldner, aber auch Juden als Soldaten beschäftigt wurden. König Herodes der Große hatte seine eigenen Streitkräfte, die römischem Kommando unterstanden.

Mit ihren überlegenen Waffen, einer gut entwickelten Strategie und eisernen Disziplin waren die Römer viele Jahrhunderte lang unbesiegbar.

Städte und Dörfer

Der Unterschied zwischen einer Stadt und einem Dorf bestand zu biblischen Zeiten nicht in der Größe, sondern in der Befestigung. Dörfer waren Siedlungen ohne Außenmauern, Städte wurden von Mauern umschlossen. Zur besseren Verteidigung lagen sie auf einem Hügel oder einer Erhebung aus den Ruinen früherer Städte und eine gute Wasserversorgung in der Nähe war unerlässlich.

Frühe Dörfer

Das „Dorf" zur Zeit des Alten Testaments war nur eine bäuerliche Siedlung ohne Außenmauern. Dörfer entstanden in der Nähe eines Baches oder einer Quelle, die das ganze Jahr lang Wasser führten. Archäologische Funde zeigen, dass bereits 6000 v.Chr. bei Jericho Landbau mit Hacken, Äxten und Grabstöcken betrieben wurde. Zu dieser Zeit gab es nur Dörfer, keine Städte.

Nachbildung des von König Salomo erbauten befestigten Tors von Megiddo

Die ersten Städte

Städte gab es erst ab ca. 4000 v.Chr., als die Erfindung der bronzenen Pflugschar eine erhöhte Nahrungsmittelproduktion ermöglichte. Städte waren nötig wegen der Auseinandersetzungen zwischen den ansässigen und den nomadischen Gruppen, die dieselben Wasservorkommen beanspruchten. Sie wurden als größere, geschützte Zentren der Zivilisation errichtet. Zu Friedenszeiten lebten die Menschen draußen in den Dörfern. Drohte jedoch eine Invasion, suchten sie die Sicherheit der Stadt auf.

Stadtleben

Das befestigte Tor war der wichtigste offene Platz in jeder Stadt. Am Tag herrschte an den Toren ein lärmendes, geschäftiges Treiben. Es war ein regelrechtes Kommunikationszentrum: Man traf ankommende Händler oder auch Käufer; Verhandlungen der Ältesten oder Anhörung und Beilegung von Streitigkeiten fanden dort statt; Bettler, Hausierer, Arbeiter, Schriftgelehrte, Besucher, Händler und Einkäufer – mit ihren Eseln, Kamelen und sogar Vieh –, sie alle trafen am Stadttor zusammen.
In den größeren Städten war mehr Platz für die Händler. Manchmal hatte jedes Handwerk seine eigene Ecke; eigentliche Geschäftslokale gab es allerdings nicht. Jeder Händler legte seine Waren auf einem Stand am Straßenrand aus und packte sie abends wieder weg. Die Stadttore wurden dann geschlossen und verriegelt.

Städte im frühen Israel

Die Städte im frühen Israel waren meist sehr klein mit ca. 150-250 Häusern und 1000 Einwohnern. Das Leben in den Städten war räumlich sehr beengt. Die Häuser waren schlicht und standen Wand an Wand. Wo der Boden sich neigte, baute man die Häuser übereinander. Es gab keine Straßen, nur Raum zwischen den Häusern, und kein Pflaster. Die Kanalisation bestand aus offenen Gräben. Schlamm und Müll stapelten sich im Freien, sodass die Wege oft höher lagen als der Fußboden der Häuser. Regen verwandelte alles in Morast.
Im Winter waren die Menschen in Feuchtigkeit und Schmutz zusammengepfercht. In der Sommersonne war es besser, der Gestank jedoch blieb. Dann hatten die meisten Leute die Stadt jedoch verlassen und lebten und arbeiteten auf den Feldern.
Zu Friedenszeiten wohnten die Menschen gewöhnlich zwei Drittel des Jahres in Dörfern und den Rest der Zeit in Städten.

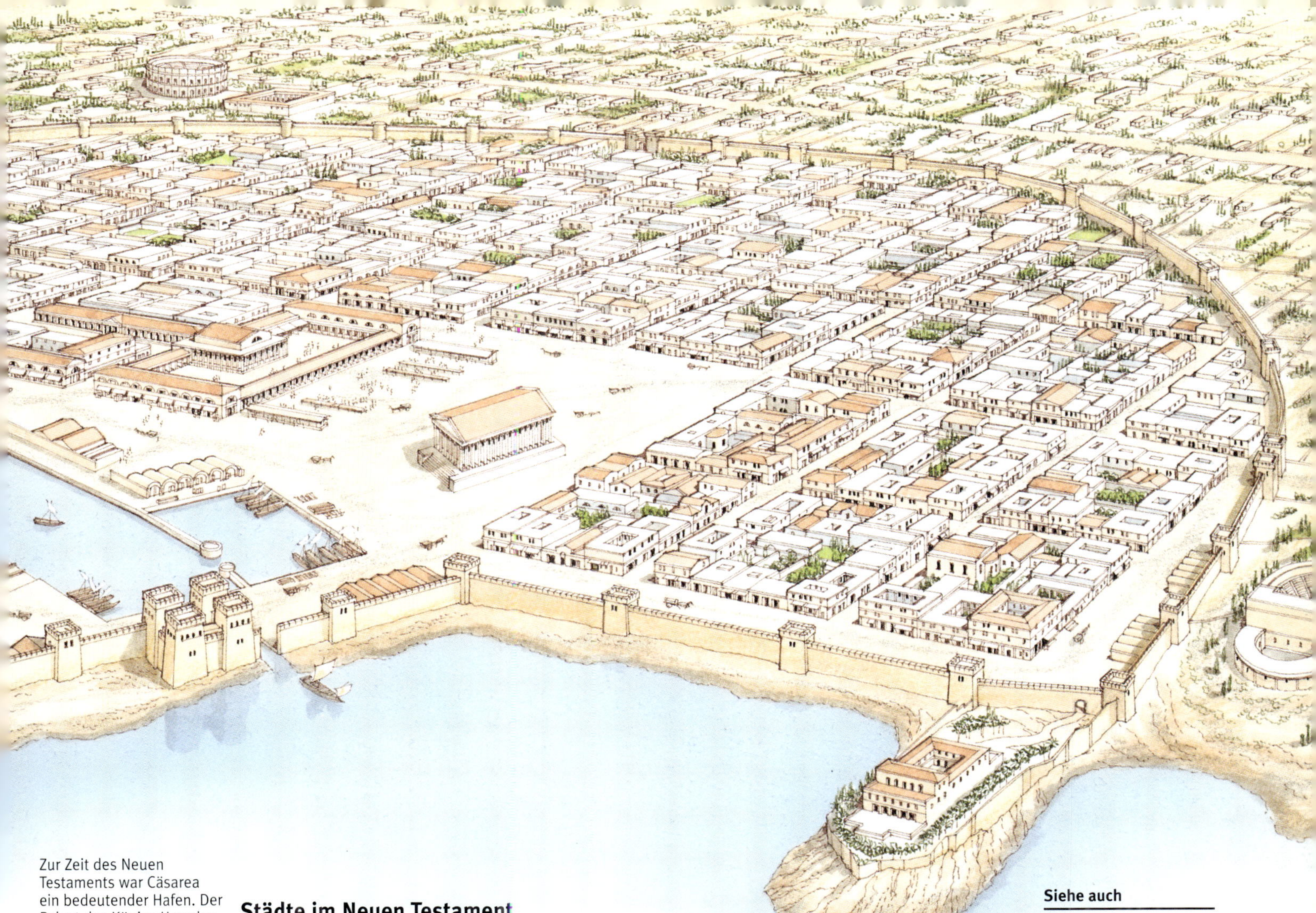

Zur Zeit des Neuen Testaments war Cäsarea ein bedeutender Hafen. Der Palast des Königs Herodes lag auf der Landspitze. Es war eine Meisterleistung, den Hafen an dieser Stelle zu bauen, an der es keine natürlichen Vorteile, dafür aber starke Strömungen gab.

Die Ausgrabungen in Tel Beerscheba förderten Stadtstrukturen aus der Königszeit zutage. Im Alten Testament markierte Beerscheba die Südgrenze Israels bzw. Judas.

Städte im Neuen Testament

Der Einfluss der Griechen und Römer führte dazu, dass die Städte in Palästina besser geplant wurden. Die Städte des Neuen Testaments waren ganz anders als die befestigten Siedlungen des frühen Israel. Viele hatten jetzt hohe Gebäude mit mehreren Stockwerken und enge Straßen. Die Römer bauten Aquädukte, um Wasser in die Städte zu bringen. Auch wurden öffentliche Bäder und bessere Kanalisationssysteme zur Ableitung der Abwässer errichtet. König Herodes der Große baute Samaria (das er Sebaste nannte) und Cäsarea nach römischem Stil um mit einer durch das Zentrum der Stadt verlaufenden Hauptstraße, die von Geschäften, Bädern und Theatern gesäumt war und im rechten Winkel von kleineren Straßen gekreuzt wurde. Häuser wurden in Viererblocks gebaut.

Siehe auch

Israels Einzug in Kanaan (S. 22-23)

Von Saul bis Salomo (S. 26-27)

Die Griechen (S. 68-69)

Die Römer (S. 72-73)

Bauhandwerk (S. 132-133)

Feste und Feiertage (S. 154-155)

Landbesitzer

Als die Israeliten nach Kanaan kamen, wurde jedem der zwölf Stämme ein Stück Land zugewiesen. Das Buch Jesaja besagt, dass das Land jedes Einzelnen ein Geschenk Gottes war und nicht ohne Grund verkauft und gekauft werden durfte. Jedes 50. Jahr war als „Erlassjahr" vorgesehen, in dem alles Land, das zur Rückzahlung einer Schuld verpfändet war, der Familie zurückgegeben wurde.
Unter den israelitischen Königen, angefangen bei David und Salomo, begann diese Gleichheit zu bröckeln. Eine neue wohlhabende Klasse von Herrschern und Beamten entstand. Sie unterdrückten die Armen und kauften Land auf. Große Ländereien verdrängten die kleinen Familienhöfe. Die Menschen, die ihr Land verloren hatten, mussten sich als Landarbeiter verdingen. Die Armen waren sehr arm und litten große Not.
Diese Veränderung in der Eigentumsstruktur führte auch zu einer Veränderung der Wohnstruktur.
Im 10. Jh. v.Chr. waren alle Häuser in einer Stadt oder einem Dorf gleich groß, im 8. Jh. v.Chr. dagegen waren einige Häuser größer und besser und lagen in einem besonderen Teil der Stadt beisammen.

Reise und Transport

Die Bibel beschreibt viele Reisen. Im Alten Testament zog Abraham zum Beispiel nach Kanaan, Jakob nach Ägypten und die Israeliten zogen durch die Wüste. Das Neue Testament erzählt detailliert von den Reisen des Paulus und anderer Christen und Jesus selbst muss während der Zeit seines öffentlichen Wirkens beträchtliche Entfernungen zurückgelegt haben.

Zu Fuß unterwegs

Zur Zeit der Bibel wurden die meisten Reisen zu Fuß unternommen. Nicht jeder konnte sich ein Lasttier leisten und auch wenn eine Familie einen Esel besaß, so musste auf einem Familienausflug doch irgendwer zu Fuß gehen.

Karren und Wagen

Zur Zeit des Alten Testaments gab es nur wenige Transportmittel auf Rädern. Von Eseln oder Ochsen gezogene Karren wurden auf den Bauernhöfen verwendet. Pferdewagen wurden in der Armee und von den Reichen benutzt, wobei ihr Einsatz durch die Bodenbeschaffenheit eingeschränkt war.

Zur Zeit des Neuen Testaments erleichterten erstklassige Straßen den größeren Einsatz von Wagen unterschiedlicher Art – von leichten Streitwagen für Rennen bis zu größeren Wagen, in denen mindestens zwei Menschen Platz hatten. In den Städten mit ihren engen Straßen reisten die, die es sich erlauben konnten, in Sänften. Diese Sänften waren mit einem Rahmen versehene Sofas, so dass Vorhänge den Reisenden verbergen konnten. Sie waren auf Stangen befestigt, die von Männern, manchmal auch von Pferden getragen wurden.

Streitwagen (Ur), 2600 v.Chr.

Die ersten Wagenräder (links) wurden hergestellt, indem Holz in Richtung der Maserung geschnitten, zu zwei Halbkreisen geformt und dann mit zwei Holzstreifen verbunden wurde.

Seefahrt

Die großen seefahrenden Nationen zur Zeit des Alten Testaments waren die Ägypter und die Phönizier. Sie bauten durch Segel und Ruder angetriebene Kriegs- und Handelsschiffe. Der einzige erfolgreiche Versuch Israels zur Bildung einer eigenen Flotte wurde unter König Salomo unternommen, zu einer Zeit, als die Phönizier das Mittelmeer beherrschten. Tatsächlich war es König Hiram von Tyrus in Phönizien, der Salomo fachliche Hilfe bei dem Bau einer Handelsflotte zuteil werden ließ, die in Ezjon-Geber an der Spitze des Golfes von Akaba stationiert war.

Zur Zeit Jesu kontrollierten die Römer das Mittelmeer. Das in Ägypten angebaute und von Alexandria aus exportierte Getreide war für die wirtschaftliche Stabilität des Römischen Reiches lebensnotwendig. Vom Staat unterhaltene Getreideschiffe transportierten es nach Italien.

Straßen

Bis zur Zeit des Römischen Reiches gab es in Palästina nur wenige gepflasterte Straßen. Die Römer bauten ein ausgezeichnetes Straßennetz, das die Provinzen des Reiches mit Rom verband und das Reich zusammenhielt – Truppen und Waren sowie kaiserliche Schreiben konnten über große Entfernungen schnell verschickt werden. Ein Kurier konnte auf römischen Straßen ca. 120 km pro Tag zurücklegen.

Römische Straßen waren ausgezeichnet gebaut und viele Teile sind sogar heute noch intakt. Sie wurden mit flachen Steinen oder mit besonders behauenen Steinblöcken auf einem Untergrund aus zwei oder drei Fundamentschichten gepflastert.

Die Straßenbauer überwanden jedes Hindernis. Sie bauten Brücken über Flüsse, Dämme durch Sümpfe und Tunnel durch Felsen. Die Auswahl der Strecken trafen lediglich die Römer für ihre Zwecke. Viele Reisen mussten immer noch auf den alten ungepflasterten und von vielen Reisenden im Laufe der Jahrhunderte abgenutzten Wegen gemacht werden.

In den Städten waren die Straßen nicht sonderlich sauber, so dass die Römer erhabene Bürgersteige und Trittsteine einführten, damit die Fußgänger den Dreck und Matsch umgehen konnten.

Dieser Reliefausschnitt aus dem Palast von König Sargon II. zeigt den Transport von Baumstämmen in Booten. König Salomo kaufte Zedernholz aus dem Libanon für den Tempelbau.

Römischer Meilenstein bei Beit Jubrin an der Straße nach Jerusalem

Karawanen

Während der gesamten biblischen Zeit reisten Händler gemeinsam in „Karawanen“ – Konvois aus Eseln und Kamelen –, auch als Schutz vor Dieben. Die Karawanenstraßen durchzogen Palästina in alle Richtungen. Mit dem Mittelmeer im Westen und der syrischen Wüste im Osten musste aller Verkehr zwischen Mesopotamien und Arabien, Ägypten und dem übrigen Afrika durch einen engen, ca. 120 km breiten Korridor ziehen. Große Städte entstanden an strategischen Punkten entlang dieser Straßen. Eine davon war Palmyra, eine von König Salomo befestigte Wüstenstadt.

Siehe auch

- Die Erzväter und ihre Welt (S. 18-19)
- Die Reisen des Paulus (S. 44-45)
- Die Religion der Römer (S. 74-75)
- Handel und Gewerbe (S. 124-125)

Schiffe der Handelsflotte von König Salomo haben im Hafen festgemacht.

Reiten

Die Wüstennomaden hatten zwar Kamele, das am weitesten verbreitete Lasttier zur Zeit der Bibel war jedoch der Esel, der lange vor dem Pferd oder dem Kamel zum Haustier wurde und stets das beliebteste Transportmittel war. Kamele wurden ab 1000 v.Chr. mit der Entwicklung des internationalen Handels, insbesondere des arabischen Gewürzhandels, häufiger in Israel eingesetzt.

Pferde waren in der Regel für den Krieg bestimmt. Sie waren im Vergleich zu Kamelen und Eseln teuer im Unterhalt und konnten nicht so viel tragen. Zur Zeit des Neuen Testaments wurden sie jedoch auch oft für zivile Zwecke eingesetzt.

Handel und Gewerbe

Zu dem lokalen Handel zur Zeit der Bibel kam schließlich auch der internationale Handel; Israel hatte sowohl für Land- als auch für Seehandelsrouten eine ausgezeichnete Lage. Zur Zeit des Neuen Testaments unterlagen Handel und Gewerbe strengen Vorschriften.

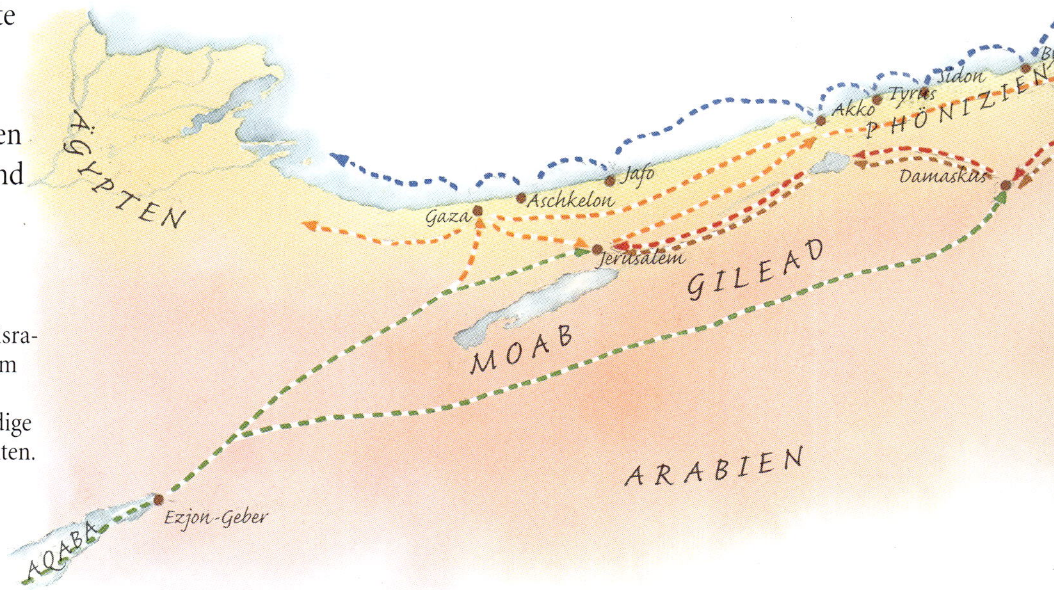

Örtlicher Handel

Zur Zeit des Alten Testaments waren die israelitischen Bauern arm. Sie produzierten im Allgemeinen nur so viel, wie die Familie brauchte, und es gab nur wenige notwendige Dinge, die sie nicht selbst herstellen konnten. Reise und Transport waren schwierig und der örtliche Handel war lange Zeit wahrscheinlich sehr schlicht. Nach und nach entwickelten sich jedoch Märkte rund um die Stadttore, auf denen landwirtschaftliche Produkte, Schafe und Ziegen verkauft wurden. Töpfer und Schmiede produzierten und verkauften ihre Waren und durchziehende ausländische Händler bauten ihre Stände auf.

Diese Tonscherbe aus Tel Qasile stammt aus dem 8. Jh. v.Chr. Die Inschrift lautet: „das Gold von Ofir fürBet-Horon, 30 Schekel" und war vielleicht eine Quittung über eine Goldlieferung.

Internationaler Handel

Drei Faktoren führten zu Israels Beteiligung am internationalen Handel, insbesondere zur Zeit der Könige: das Wachstum von „Industrien", die importierte Rohstoffe benötigten, besonders die Metallbearbeitung und Kleiderherstellung, die Eroberung neuer Gebiete, die an den internationalen Handelsrouten lagen, und das Verlangen der israelitischen Könige nach Reichtum und Luxusgütern.
Zu dieser Zeit exportierte Israel Öl und Getreide, Obst, Honig, Nüsse, Harze, Myrrhe, Wolle und Wollstoffe sowie gewebte Gewänder. Zu den Importwaren gehörten: Blech, Blei, Silber, Kupfer, Holz, Leinen und violett gefärbte Stoffe. Luxusgüter wurden über Land aus dem Osten importiert – Juwelen, Gewürze und Gold – und, über das Wasser, Elfenbein, Affen, Pfauen, Edelsteine, Almuggimholz, Gold und Silber.

Der Markt

Zur Zeit des Neuen Testaments gab es sieben verschiedene Märkte in Jerusalem. Diejenigen, die Waren auf den Markt brachten, zahlten hohe Steuern und die Preise waren hoch. Es gab einen regen Handel mit Waren, die für die Verehrung im Tempel benötigt wurden, insbesondere mit Opfertieren. Die Bibel zeigt, dass Jesus sich gegen die Abwicklung des Handels im Tempelhof aussprach. Der Tempel war wahrscheinlich der wichtigste Faktor im Handelsleben Jerusalems. Jeder Jude musste Zahlungen an den Tempelschatz leisten, was der Stadt ohne Zweifel half, die Importe zu bezahlen.
Die jüdischen Rabbiner hatten strenge Vorschriften in Bezug auf die Geschäftstätigkeit und es gab Marktinspektoren, die deren Einhaltung kontrollierten. Waagen und Gewichte mussten regelmäßig gereinigt werden. Käufer hatten das Recht zur Beschwerde und von Mitjuden durften keine Zinsen verlangt werden. Persönliche Besitztümer konnten als Sicherheit für einen Kredit übergeben werden. Lebensnotwendige Dinge wie Mäntel, Pflüge und Mahlsteine durften im Falle der Nichtzahlung jedoch nicht verkauft werden.

Landverkauf

Einer der ersten in der Bibel festgehaltenen Geschäftsabschlüsse ist Abrahams Kauf eines Feldes und einer Höhle von dem Hetiter Efron. Seit der Zeit, in der die Israeliten sich in Kanaan angesiedelt hatten, wurde der Kauf und Verkauf von Land missbilligt. Die Menschen hatten ihr Land von Gott anvertraut bekommen; sie waren nicht die Eigentümer. Jede Familie hatte ein Stück Land als eigenes Erbe erhalten. Es sollte daher Teil des Eigentums der Familie bleiben.

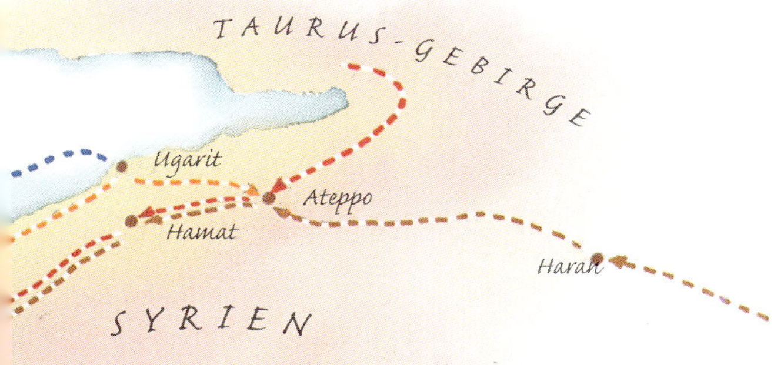

Handelsrouten auf dem Land und zur See

Israel lag dort, wo Kleinasien (die Türkei und Syrien), Ägypten und Arabien aufeinander trafen. Die alten Israeliten nutzten diese Tatsache, auch wenn es nomadische Wüstenstämme waren, die die eigentlichen Handelswaren auf Kamelkarawanen transportierten. Von Kleinasien zogen sie über das Taurusgebirge westlich der syrischen Wüste, durch Aleppo, Hamat und Damaskus nach Israel (rote Linie). Von Mesopotamien aus wanderten sie über Haran und Aleppo nördlich an der syrischen Wüste vorbei nach Israel (braune Linie). Von Arabien aus verlief ihre Route (grüne Linie) an der Küste des Roten Meeres entlang und dann in Akaba entweder nach Norden über Moab und Gilead nach Damaskus, nach Nordwesten nach Jerusalem oder nach Westen zum Hafen von Gaza.
Zur Zeit des Römischen Reiches wurde der Seehandel von den Phöniziern beherrscht. Sie befuhren das Mittelmeer nach Westen, möglicherweise bis nach Großbritannien, und betrieben eine Küstenroute (blaue Linie) vom Libanon nach Ägypten und legten in Orten wie Ugarit, Byblos, Sidon, Tyrus, Akko, Cäsarea, Joppe und in Häfen der Philisterebene an.

Handel zur Zeit des Neuen Testaments

Im lang anhaltenden Frieden unter den Römern blühte der Handel. In Palästina war der Beruf des Händlers sehr angesehen und sogar die Priester betrieben Handel.
Der Umfang von Export und Import wuchs. Jüdische Unterlagen zeigen, dass trotz der abgelegenen Lage Jerusalems im Hochland hier nicht weniger als 118 unterschiedliche Arten von Luxusgütern verkauft wurden. Zur Zeit des Neuen Testaments verkauften die Juden größere Mengen an Olivenöl nach Ägypten, das ein Staatsmonopol hatte, und hochwertiges Leinen. Neue Importwaren waren Baumwolle, Seide und andere Stoffe, griechische Weine, Pökelfisch, Gewürze, Glasschalen, Äpfel, Käse, Körbe und Sklaven.

Siehe auch

- Von Saul bis Salomo (S. 26-27)
- Völker im Norden und im Süden (S. 76-77)
- Kunst und Handwerk (S. 128-129)
- Töpferei (S. 130-131)
- Geld, Gewichte und Maße (S. 126-127)
- Bergbau und Metallverarbeitung (S.134-135)

Geld, Gewichte und Maße

Über viele Jahrhunderte herrschte in den biblischen Ländern der Tauschhandel vor, in dem die Menschen Waren tauschten, anstatt sie mit Geld zu bezahlen. Alles konnte getauscht werden, Lebensmittel und Vieh, Metalle und Holz. Solche Waren galten als Zeichen für Reichtum.

Zeitmessung

Zur Zeit der Bibel scheint es drei verschiedene Systeme zur Zeitmessung gegeben zu haben. In einem System begann der Tag mit dem Sonnenaufgang. Es gab einen Zwölfmonatskalender zu 30 Tagen mit fünf Extratagen am Ende des Jahres. Die Tage des Monats wurden markiert, indem ein Pflock in eine Knochentafel gesteckt wurde, die drei Reihen mit je zehn Löchern hatte.
Später begann der Tag bei Mondaufgang und ein ganzer Tag wurde „ein Abend und ein Morgen". Der Abend war in drei vierstündige Wachen eingeteilt. Die Römer änderten dies in vier dreistündige Wachen. Der Beginn eines neuen Monats, der 28 oder 29 Tage lang dauerte, richtete sich nach dem Mond. Einigen Jahren wurde am Ende ein Schaltmonat angefügt.

Diese Knochentafel, die in Dan gefunden wurde, scheint eine frühe Kalenderart zu sein.

Münzen im Alten Testament

Münzen scheinen im alten Israel im 7. Jh. v.Chr. eingeführt worden zu sein. Die ersten Münzen waren einfache Metallstücke mit einheitlichem Gewicht, auf die ein Siegel gedrückt war. In der Spätzeit des Alten Testaments waren Silberschekel im Umlauf. Die Persischen Könige gaben Golddariken heraus.

Geld im Neuen Testament

Zur Zeit des Neuen Testaments gab es in den römischen Provinzen Palästinas drei verschiedene Währungen. Es gab das offizielle, kaiserliche Geld (römischer Standard), das Provinzgeld (griechischer Standard) und das jüdische Geld. Geld wurde in Gold, Silber, Kupfer und Bronze oder Messing geprägt. Die gebräuchlichsten Silbermünzen im Neuen Testament waren die griechische Tetradrachme und der römische Denar, der den Tageslohn eines normalen Arbeiters ausmachte.

Römische Münzen

Quadrans

4 Quadrans = 1 Assarion

Assarion (Bronze)

16 Assarion = 1 Denar

Denar (Silber)

25 Denar = 1 Aureus

Aureus (Gold)

Griechische Münzen

Lepton (Bronze)

128 Lepton = 1 Drachme

Drachme (Silber)

4 Drachmen = 1 Stater

Stater (oder Tetradrachme) (Silber)

Jüdische Münzen

Schekel (Diese in Tyrus geprägte Münze wurde möglicherweise von den jüdischen Priestern herausgegeben, um damit die Tempelsteuer zu bezahlen).

Wegemaße im Neuen Testament	Stadion (Achtelmeile) 185 m

Gewichte und Maße

Mit der Zeit haben Metalle – Silber, Kupfer und Gold – andere Waren als Tauschwährung für Geschäfte ersetzt. Kupfer wurde in Scheiben, Silber in Klumpen gewogen. Es wurden Standardgewichte vereinbart, zuerst örtlich und später im weiteren Umkreis.

Gewichte im Alten Testament

1 Gera	ca. 0,5 g
10 Gera	1 Beka (ca. 6 g)
2 Beka	1 Schekel (ca. 11 g)
50 Schekel	1 Mine (ca. 500 g)
60 Minen	1 Talent (ca 30 kg)

Der schwere königliche Schekel wog 13 g.
Das schwere doppelte Talent wog 60 kg.

Gewichte im Neuen Testament

1 Litra (Pfund)	ca. 327 g
1 Talent	ca. 20-40 kg

Eine Sammlung von Steingewichten, die in Jerusalem gefunden wurde und aus dem 7. Jh. v.Chr. stammt. Auf jedem Stein ist sein Gewicht eingeritzt.

Trockenmaße

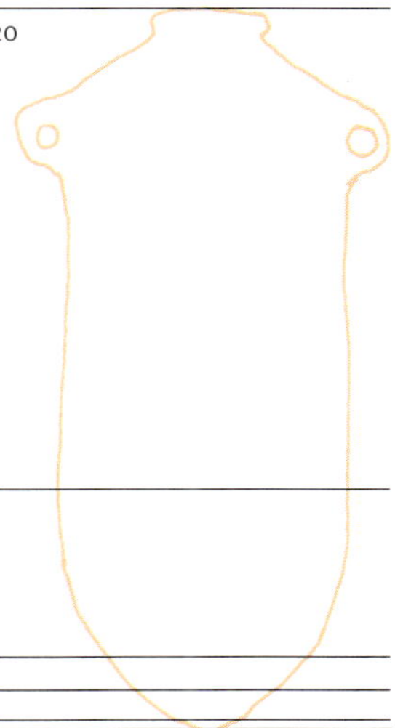

Efa = 22 Liter

(10 Efa = 1 Homer = 220 Liter)

Sea = 7,3 Liter

Gomer = 2,2 Liter

Kab = 1,2 Liter

Log = 0,3 Liter

Flüssigmaße

Bat = 22 Liter

(10 Bat = 1 Homer = eine „Eselsladung“)

Hin = 3,66 Liter

Kab = 1,2 Liter

Siehe auch

- Die Griechen (S. 68-69)
- Die Römer (S. 72-73)
- Das Jahr in der Landwirtschaft (S. 104-105)
- Handel und Gewerbe (S. 124-125)
- Bergbau und Metallverarbeitung (S. 134-135)

Entenförmige standardisierte Steingewichte aus Mesopotamien, 1100-800 v.Chr.

Längenmaße im Neuen Testament

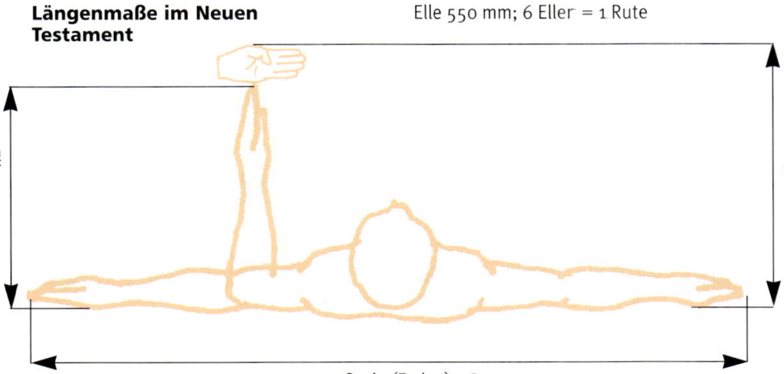

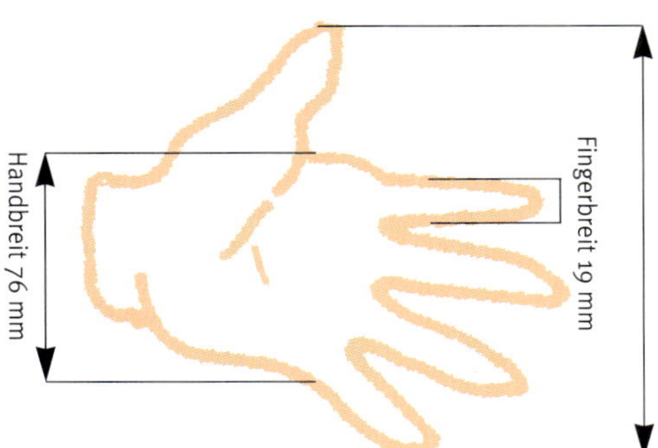

Sabbatweg: die größte Entfernung, die es an einem Sabbat erlaubt war zu reisen (2000 Ellen/914 m)

neutestamentliche Meile
1000 Fuß (römisches Maß)/1478 m

Kunst und Handwerk

Zur Zeit des Alten Testaments gab es in Israel nur wenige Handwerker, die Gegenstände um ihrer Schönheit willen herstellten. Sogar bei der Errichtung von heiligen Stätten mussten sie oft ausländische Künstler für die Verzierungsarbeiten bemühen. Es war ein armes Land und die Fähigkeiten beschränkten sich auf die Herstellung rein praktischer Gegenstände.

Dieser Angelhaken, der in Betsaida am See von Galiläa gefunden wurde, stammt aus der Zeit des Neuen Testaments.

Fischen

Zur Zeit Jesu scheint sich in Palästina ein blühendes Fischereiwesen entwickelt zu haben, dessen Zentrum am See Genezareth lag. Das Neue Testament beschreibt Fischer, die in Familiengruppen zusammenarbeiteten und oft auch noch Helfer beschäftigten. Sie flickten Netze und Segel, reparierten Boote und fischten oft bei Nacht.
Angelhaken aus Knochen oder Eisen wurden schon früh verwendet. Zur Zeit des Neuen Testaments waren zwei Netzarten verbreitet. Eines wurde von Hand vom Ufer aus ausgelegt. Das andere war ein großes Netz, ein „Schleppnetz", das vom Boot aus eingesetzt wurde und mit Schwimmern und Gewichten versehen war, so dass es sich vertikal durch das Wasser bewegte und die Fische in immer kleiner werdenden Kreisen zu den Booten oder ins flache Wasser brachte.

Gerberei in Masada, Totes Meer

Lederverarbeitung

Leder wurde zu Kleidung, Gürteln, Schuhen und anderen Dingen verarbeitet. Häute kleiner Tiere wurden zu Flaschen für Wein, Wasser und Milch zusammengenäht. Leder verwendete man als Schreibmaterial.
Mit der Lederherstellung können zwei oder drei verschiedene Handwerke verbunden gewesen sein. Zuerst mussten die Tiere gehäutet, dann die Häute gegerbt werden. Dies geschah zu Anfang wahrscheinlich durch einfaches Trocknen in der Sonne oder durch eine Behandlung mit bestimmten Pflanzensäften. Schließlich musste das Leder zugeschnitten und genäht werden.

Wasserflaschen aus Schafshaut. Die Vorderbeine sind zu einem Tragegriff zusammengebunden.

Die Stellung des Handwerks

Das Handwerk war bei den Juden zur Zeit des Neuen Testaments hoch angesehen. Handwerker waren von der Vorschrift ausgenommen, dass jeder sich in Gegenwart eines Gelehrten erheben musste. Die meisten Schriftgelehrten gingen wahrscheinlich einem Handwerk nach. Die Schriften der Rabbiner erwähnen einen Nagelmacher, einen Bäcker, einen Sandalenmacher, einen Baumeister und einen Schneider. Einige Handwerke wurden jedoch verachtet, wie zum Beispiel das der Gerberei, weil es durch den Umgang mit den Häuten toter Tiere rituell unrein machte, oder das des Zöllners, weil es Gelegenheit zu Betrügereien bot.

Handwerkerzünfte

Handwerkerzünfte wurden wahrscheinlich schon sehr früh zur Zeit des Alten Testaments gegründet, besonders in den Städten. Hier scheinen die unterschiedlichen Handwerke in besonderen Vierteln angesiedelt gewesen zu sein. Zur Zeit des Neuen Testaments waren Handwerkerzünfte im Römischen Reich weit verbreitet. Diese mussten jedoch eine Lizenz vom Kaiser haben, um nachzuweisen, dass sie nicht nur ein Deckmantel für unerwünschte politische Aktivitäten waren.

Siehe auch

- Von Saul bis Salomo (S. 26-27)
- Die Ägypter (S. 52-53)
- Die Babylonier (S. 62-63)
- Kleidung und Kosmetik (S. 110-111)
- Handel und Gewerbe (S. 124-125)

Elfenbeinschnitzereien

Israel importierte Elfenbein aus Afrika oder Syrien. König Salomo verwendete wahrscheinlich Schnitzereien und Einlegearbeiten aus Elfenbein zur Ausschmückung seines Tempels. König Ahab errichtete ein „elfenbeinernes Haus" in seiner Hauptstadt Samaria. In Samaria wurde auch die größte israelitische Sammlung an Elfenbein gefunden. Dabei handelt es sich meist um kleine Schnitzereien, Einlegearbeiten und Skulpturen.

Diese phönizische Elfenbeinplatte (oben) zeigt eine geschnitzte, geflügelte Sphinx. Sie stammt aus dem 9. Jh. v.Chr.

Parfümflaschen aus Glas (rechts) aus der Zeit des Neuen Testaments

Edelsteinschleiferei

Die Israeliten verwendeten Halbedelsteine wie Achat, Jaspis, Karneol und Bergkristall. Sie wurden zu Perlen geschliffen und poliert oder mit Mustern und manchmal auch mit dem Namen des Eigentümers graviert, um als Siegel zu dienen. Die Bibel nennt viele verschiedene Steine, von denen jedoch nicht alle identifiziert werden können. Im zweiten Buch Mose wird beschrieben, wie Steine für die Brustplatte des Hohepriesters graviert und in Gold gefasst werden.

Glasherstellung

In Israel scheint die Glasherstellung nicht verbreitet gewesen zu sein. Lange bevor die Israeliten nach Kanaan kamen, hatten die Ägypter und Babylonier entdeckt, wie man ein trübes Glas herstellen und es über einem Sandkern formen konnte. Zur Zeit des Neuen Testaments stellten die Römer transparentes Glas her und „bliesen" es in Form. Viele der in Israel gefundenen Glasgegenstände wurden zweifelsohne importiert.

Töpferei

Im Vergleich zu den Produkten aus benachbarten Ländern wirken die Töpferwaren aus dem alten Israel minderwertig und wenig künstlerisch; sie dienten eher praktischen als dekorativen Zwecken. Zur Zeit der israelitischen Könige hatte sich die Töpferei jedoch zu einem eigenen kleinen Wirtschaftszweig entwickelt mit kleinen „Fabriken", Massenproduktion, einigen Standardformen und Markennamen.

Vorbereitung des Tons

Töpferwaren wurden aus dem heimischen roten Ton hergestellt. Der Töpfer veränderte den Ton nicht, er fügte höchstens ab und zu etwas gemahlenen Kalkstein hinzu, der reichlich vorhanden war. Dadurch widerstand der fertige Topf der Hitze, es bedeutete aber auch, dass der Töpfer den Lehm bei einer niedrigeren Temperatur brennen musste, da der Kalkstein sich sonst zersetzte. Der rohe Ton wurde Sonne, Regen und Frost ausgesetzt, um ihn aufzubrechen und Unreinheiten zu entfernen. Dann wurde Wasser zugefügt und die Masse zu Schlamm zerstampft. Das war eine anspruchsvolle Tätigkeit, denn das Wasser musste genau abgemessen sein, gleichmäßig angegossen werden und die Luft aus der Masse entfernt werden.

Töpferwaren aus Judäa aus dem 6. Jh. v.Chr

Bearbeitung des Tons

Es gab drei Methoden, mit der die Töpfer den vorbereiteten Ton bearbeiten konnten. Der Ton konnte in eine Form gepresst werden; auf diese Weise entstanden die kanaanitischen Tafeln und die meisten Lampen zur Zeit des Neuen Testaments. Oder der Ton konnte frei modelliert werden; die einzigen Dinge, die in Israel auf diese Weise hergestellt wurden, scheinen Spielzeug, Öfen und einige Töpfe gewesen zu sein. Die übliche Bearbeitungsmethode war es aber, den Ton auf einer Scheibe zu formen.

Die Töpferscheibe

Die ersten Töpferscheiben waren runde Scheiben, die auf einem vertikalen Schaft rotierten. Ungefähr zur Zeit des Exodus setzte sich ein neues Modell durch, bei dem eine zweite größere Scheibe unterhalb der ersten angebracht war; dadurch erhöhte sich die Drehzahl. Töpferscheiben wurden wahrscheinlich überall benutzt, es werden jedoch nur wenige von Archäologen gefunden. Vielleicht wurden sie aus Holz oder Ton hergestellt und haben die Zeit nicht überdauert. Steinscheiben wurden in Megiddo, Lachisch und Hazor gefunden. Es gibt keine Anzeichen für eine fußbetriebene Scheibe vor 200 v.Chr., obwohl sie zur Zeit des Neuen Testaments weit verbreitet war.

Der Töpfer

Es war möglich, besonders zur Zeit der späteren israelitischen Könige, dass mehrere Töpfer zusammen mit ihren Lehrlingen in Gruppen zusammenarbeiteten. Das Alte Testament erwähnt auch eine Zunft der Töpfer „im Dienste des Königs". Sie stellten wahrscheinlich große Krüge zur Aufbewahrung der Produkte der privaten Ländereien des Königs her. Es wurden Krüge mit einem Stempel am Griff gefunden: „gehört dem König". Darunter befindet sich der Name einer der vier Städte Hebron, Zif, Socho oder Memschat.

Das Brennen

Das Brennen der Tongegenstände in einem Brennofen war die entscheidende Probe für die Fähigkeit des Töpfers. Verschiedene Tonarten erforderten eine unterschiedliche Behandlung. Über die Brennmethoden ist jedoch nichts bekannt.

Die Werkstatt des Töpfers

Der gesamte Prozess des Töpferns wurde wahrscheinlich an einem Ort vollzogen. Man brauchte eine Wasserquelle, Scheiben zum Formen des Tons und Brennöfen. Im Hof des Töpfers wurde der Ton vorbereitet.

Siehe auch

- Der Auszug aus Ägypten (S. 20-21)
- Die Kanaanäer (S. 56-57)
- Essen und Trinken (S. 106-107)
- Spiele und Sport (S. 140-141)

Getöpferte Schüsseln und Lampen

Die mit am häufigsten vom Töpfer hergestellten Gegenstände waren Schüsseln. Das konnte z.B. eine große Terrine mit vier Griffen oder eine kleine Tasse sein, die nur selten einen Griff hatte. Schüsseln wurden zum Weinmischen, Servieren von Speisen, Kochen usw. verwendet. Lampen wurden auf dieselbe Weise wie eine Schüssel gedreht und die Ränder wurden eingedrückt, solange der Ton noch weich war. Ihr Stil hat sich im Verlauf der Geschichte Israels beträchtlich verändert, das Grundmuster blieb jedoch dasselbe. Die zu verschiedenen Zeitpunkten auftretenden Änderungen ermöglichen es den Experten, sie zur Datumsbestimmung heranzuziehen.

Getöpferte Krüge

Die Töpfer stellten zu biblischen Zeiten eine Vielzahl von Krügen und Kannen her. Es gab Krüge zur Aufbewahrung von Wein, Öl und sogar Dokumenten. Kleine Krüge wurden insbesondere für Parfüm hergestellt. Andere getöpferte Gegenstände waren Wasserflaschen, Handwerkszeug und Spielzeug.

Im Vordergrund benutzt ein Töpfer eine Scheibe, während die anderen Töpfe per Hand formen und verzieren. Im Hintergrund sind Töpfe zum Brennen in einem Brennofen gestapelt.

Verzierung

Die Israeliten glasierten ihre Töpferwaren nicht, hatten aber drei Möglichkeiten der Verzierung. Sie verwendeten „geschlämmten Ton", d. h. einen feinen Ton mit einem hohen Eisengehalt, der mit Wasser verdünnt und auf den Topf gestrichen wurde. Oder sie zogen eine rote oder schwarze Linie um die Ausbuchtung oder die Mitte des Kruges. Oder sie „polierten" die Töpfe, indem sie den Ton nach dem Trocknen mit einem Werkzeug aus Stein, Knochen oder Holz abrieben; diese Flächen glänzten dann nach dem Brennen.

Diese feinen, verzierten Haushaltstöpferwaren aus Jerusalem stammen aus der Zeit des Neuen Testaments.

Bauhandwerk

In Israel hat sich das Bauhandwerk nur langsam entwickelt. Als Sklaven in Ägypten hatten die Israeliten Ziegelsteine für gewaltige Bauprojekte hergestellt. Als sie jedoch ca. 1230 v.Chr. nach Kanaan kamen, zeigten sie nur wenig Interesse am Bauen. Die Israeliten haben sogar viele kanaanitische Städte zerstört und die an deren Stelle von ihnen errichteten Gebäude waren alles andere als beeindruckend.

Bauarbeiten

Gebaut wurden Häuser und Stadtmauern, Brunnen, Zisternen, Wassertunnel und Getreidesilos, entweder von Einzelpersonen oder der Dorfgemeinschaft. Es waren nicht nur Bauleute, sondern auch Steinmetzen, Tischler und Metallarbeiter ebenso wie ungelernte Arbeiter beteiligt.
Stadtmauern wurden aus Geröll oder Felsbrocken errichtet, manchmal verputzt und mit Türmen bewehrt. Die Felsbrocken waren nur grob behauen, dafür aber sorgfältig zusammengefügt. Häuser wurden entlang der Innenseite dieser Mauern gebaut, wo immer Platz war. Darüber hinaus gab es nur wenige Versuche einer Stadtplanung.
Viele Häuser hatten eine unterirdische Zisterne zur Aufbewahrung von Regenwasser. Solche Zisternen wurden in den harten Felsen gegraben und mit gelöschtem Kalk ausgekleidet, damit kein Wasser austreten konnte. Oft wurden auch Becken zur Wasseraufbewahrung in den Felsen geschlagen und in einigen Städten haben Ausgrabungen Tunnel zu Tage gebracht, die den Zugang zum Wasser erleichtern sollten.

Megiddo war neben Jerusalem eine von König Salomos wichtigsten befestigten Städten. Dieser Wassertunnel verband die Stadt mit einer unterirdischen Zisterne. Er stammt vermutlich aus der Zeit der Herrschaft König Ahabs.

Sklaverei und Zwangsarbeit

Einige Bauprojekte erforderten eine gewaltige Anzahl an Arbeitern und im Alten Testament war Sklaverei eine akzeptierte Methode der Arbeitskräftebeschaffung. Kriegsgefangene wurden zu Sklaven. Männer und ihre Familien konnten auch zu Sklaven wohlhabenderer Haushalte werden, wenn sie nicht in der Lage waren, ihre Schulden zu bezahlen.
König David zwang Kriegsgefangene zu Arbeiten an seinen Bauprojekten. König Salomo organisierte ein System der Zwangsarbeit, das auch Israeliten einbezog. Sie mussten jeden dritten Monat für den König arbeiten. Diese Männer bauten zusammen mit den Sklaven die Straßen, Festungen und Tempel, für die Salomo so berühmt war. Sie kümmerten sich um die Landgüter des Königs und arbeiteten in seinen Fabriken und Minen.

Lohnarbeiter

Zur Zeit des Neuen Testaments gab es nur wenige Sklaven und sie wurden nicht zu harten Arbeiten gezwungen. Meist waren sie Diener in den Häusern der Reichen und am Hof.
Arbeiter für Bauprojekte wurden gewöhnlich tageweise angestellt. Als der Tempel, den König Herodes der Große begonnen hatte, im Jahr 62 n.Chr. fertiggestellt war, wurden mehr als 18000 Menschen entlassen.
Die Briefe von Paulus und Petrus an die verschiedenen Kirchengruppen enthalten Ratschläge für christliche Sklaven. Diese Männer und Frauen lebten im gesamten Römischen Reich, in dem die Sklaverei ein normaler Bestandteil des Wirtschaftssystems war.

Die Siloah-Inschrift aus dem 8. Jh. v.Chr. wurde in Hiskias Tunnel entdeckt. Sie beschreibt das Drama der Tunnelgrabung.

Der Tunnel des Königs Hiskia

Hiskias Tunnel wurde ca. 700 v.Chr. gebaut, um das Wasser von der Gihon-Quelle nach Jerusalem zu bringen. 1880 wurde eine interessante Inschrift entdeckt, die zwei Grabungsmannschaften beschreibt, die kurz davor sind, sich in 45 m Tiefe in der Mitte nach einer langen Strecke von jeder Seite aus zu treffen. Sie konnten die Hacken der anderen hören. „Am Tag des Durchbruchs schlugen die Steinschneider durch den Fels und trafen Axt an Axt auf die andere Gruppe. Dann floss das Wasser von der Quelle zum Becken …“

Phönizischer Einfluss

Erst ab dem 10. Jh. v.Chr., zur Zeit der Könige David und Salomo, wurden die Bauprojekte kunstfertiger. Diese Kunstfertigkeit kam wahrscheinlich von den phönizischen Steinmetzen und Tischlern, die im Rahmen eines Handelsabkommens mit König Hiram von Tyrus Unterstützung leisteten und Anweisungen erteilten.

Tausende von Israeliten verbrachten sieben Jahre damit, Salomos Tempel unter phönizischer Anleitung zu bauen. Gebäude, die nach dem Ende des Bündnisses mit Phönizien erbaut wurden, entstanden wieder in dem gröberen Stil.

Siehe auch

- Völker im Norden und im Süden (S. 76-77)
- Priester und Rituale (S. 162-163)
- 1. und 2. Chronik (S. 212-213)

Bauen zur Zeit Jesu

Das Bauprogramm von König Herodes zeigt, dass das Bauhandwerk zur Zeit Jesu eine wichtige Stellung in Jerusalem einnahm. Herodes soll 1000 Wagen für den Transport von Steinen vorgesehen haben, die zum Teil auch aus den Höhlen unter der Stadt stammen können. Steine von bis zu 10000 kg wurden wahrscheinlich auf Rollen zu den Gebäuden transportiert. Bögen und Gewölbe wurden nach römischem Muster gebaut.

Jerusalem zur Zeit Jesu

Das Jerusalem zur Zeit Jesu war eine typische Stadt des Römischen Reiches. Ausgrabungen haben große Häuser im üppigen Stil mit Fußbodenheizung und fließendem Wasser zu Tage gebracht. Eine gepflasterte römische Straße in einem nahegelegenen Dorf ist mit Steinhaltern für Fackeln gesäumt, die als Straßenbeleuchtung dienten. Die Häuser der Armen waren einfach, hatten aber wahrscheinlich mehr als ein Stockwerk.

Luftansicht der Festung von Herodeion im Bergland südlich von Jerusalem. Innerhalb der Mauern befanden sich ein Garten, ein Badezimmer, ein Speisesaal und private Gemächer. Am Fuß des Hügels befand sich ein zweiter Palast.

Bergbau und Metallverarbeitung

Im 5. Buch Mose verspricht Mose den Israeliten, dass Kanaan ein reiches Land sein wird, „in dessen Steinen Eisen ist, wo du Kupfererz aus den Bergen haust" (5Mo 8,9). Diese beiden Metalle gab es dort in natürlichen Vorkommen; andere Metalle wie Gold, Silber, Zinn und Blei mussten importiert werden.

Goldschmuck aus Tell El-Ajul, Mitte des 2. Jahrtausends v.Chr.

Gold und Silber

Als die Israeliten Ägypten verließen, kannten die Ägypter Gold bereits seit mehreren Jahrhunderten. Die Israeliten nahmen Schmuck aus Gold und Silber mit und sie wussten, wie diese Metalle bearbeitet wurden. Zur Herstellung solider Gegenstände wurde das Metall geschmolzen und in Formen gegossen. Gold konnte auch zum Überziehen von Gegenständen zu Blattgold gehämmert werden.

Eine Schmiede der Philister aus der Zeit der ersten Könige von Israel

Kupferabbau

Die Archäologie hat gezeigt, dass im Wüstengebiet zwischen dem Toten Meer und dem Golf von Akaba bereits Bergbau betrieben wurde, als die Israeliten in Ägypten waren – und sogar noch früher. Es gibt eine Stätte in Timna, an der unterirdische Schächte den Boden mehrere Hundert Meter in alle Richtungen und auf verschiedenen Ebenen durchdringen. Die tiefer gelegenen Bereiche befinden sich mehrere Hundert Meter unter der Oberfläche und werden durch Luftkanäle belüftet.

Das Schmelzen von Kupfer

Es wird vermutet, dass die Israeliten die Kunst des Kupferschmelzens und -bearbeitens von den Midianitern lernten. Bei Bet-Schemesch wurde ein Schmelzofen aus der Zeit der Richter des Alten Testaments gefunden. In ihm wurden kleinere Mengen Kupfer geschmolzen, wobei die Hitze wahrscheinlich durch tönerne Rohre oder Blasebalge verstärkt wurde. Andere Schmelzöfen aus der Zeit von König Salomo wurden in Israel gefunden, einige für die Bearbeitung von Kupfer, andere für Eisen. Die Schmiede bekamen das Metall, schmolzen es in einem Tontopf über dem Feuer und formten dann Gegenstände, manchmal mit Hilfe von Steinformen. Sie produzierten hauptsächlich für Armee- und Haushaltszwecke: Pfeilspitzen, Lanzen und Speerspitzen, Schwerter, Dolche, Äxte, Pflugscharen, Meißel, Nadeln, Sicherheitsnadeln, Pinzetten, Armbänder, Schalen und Eimer.

Kupferschmelzofen. Kupfer wurde in Lehmtiegeln auf Kohle geschmolzen. Durch Einsatz eines von Hand betriebenen Lederblasebalges wurde Luft zugeführt.

Kupferminenschacht bei Timna im Negeb

Die Wachsausschmelzmethode zum Gießen komplizierter Formen in Metall, erfunden im 4. Jahrtausend v.Chr. Zuerst wurde ein Modell aus Wachs hergestellt. Dieses wurde mit Lehm umgeben und erhitzt, so dass das Wachs schmolz und herauslief. Dann wurde der freie Raum mit geschmolzenem Metall gefüllt. Nach Abkühlen des Metalls wurde die Form aus Lehm zerschlagen.

Kupfer und Bronze

Kupfer war im alten Israel das am häufigsten vorkommende Metall. Es wurde durch Schmelzen aus Erz gewonnen und obwohl das Metall ziemlich weich war, konnte es durch Kalthämmern gehärtet und geformt werden. Irgendwann vor 2000 v.Chr. wurde entdeckt, dass Kupfer bei einer Zugabe von bis zu vier Prozent Zinn stabiler und härter wurde. Der Schmelzpunkt lag auch niedriger, so dass es in Formen gegossen werden konnte. So entstand die Bronze. Das hebräische Wort für Kupfer und Bronze ist jedoch dasselbe, so dass nicht klar ist, wann die Israeliten begannen, Bronze herzustellen. Ohne Zweifel wurde es für die fein geformten Arbeiten in Salomos Tempel benötigt – das große Bronzebecken auf zwölf bronzenen Stierkälbern und die Bronzesäulen, die mit Lilien und Granatäpfeln verziert waren.

Eisen

Die Verwendung von Eisen fand in Israel nur langsam Verbreitung. Eisen musste während seiner Bearbeitung erhitzt werden und war somit schwierig herzustellen. Als die Israeliten nach Kanaan kamen, hatten die Kanaaniter bereits Streitwagen mit Eisenbeschlägen und andere Ausrüstung aus Eisen.
Als die Philister die Israeliten zur Zeit von Samuel und Saul besiegten, erlaubten sie ihnen keine eigenen Schmiede, damit sie keine stabilen Schwerter und Speere herstellen konnten. Wenn die Israeliten ihre Kupferwerkzeuge schärfen oder reparieren lassen wollten, mussten sie zu den Philistern gehen, die dafür Schwindel erregende Preise verlangten. König David dagegen hatte große Eisenvorräte. Er „schaffte viel Eisen herbei zu Nägeln für die Türen der Tore und zu Klammern“ (1Chr 22,3). Ab dieser Zeit wurden Eisengegenstände häufiger.

Ein Zangenaxtkopf und die Form, in der er gegossen wurde. Diese Axtart mit ihrer langen schmalen Klinge und breiten Kante war bei den Ägyptern beliebter als die Schaftwaffe. Der hintere Teil der Klinge wurde in ein hölzernes Heft gesteckt und fest verschnürt.

Siehe auch

- Die Ägypter (S. 52-53)
- Die Kanaanäer (S. 56-57)
- Völker im Westen und im Osten (S. 78-79)
- Krieg (S. 118-119)
- Drei Tempel (S. 160-161)

Kleiderherstellung

Die wichtigsten Materialien, die zur Kleiderherstellung verwendet wurden, waren Flachs, Schafwolle, Ziegenhaar und Tierhäute. Baumwolle wurde von den Israeliten erst verarbeitet, nachdem sie sie importierten, wahrscheinlich nach dem Exil. Die Israeliten verzierten ihre Kleidung gern mit farbenprächtigen Fransen, Bordüren und Quasten. Ganz besondere Kleidungsstücke wurden mit Goldfäden bestickt.

Wolle

Zu biblischen Zeiten wurden die Schafe im Frühling nach einem Tauchbad geschoren. Die neue Wolle wurde gewaschen oder zum Bleicher geschickt, um sie von natürlichen Fetten zu reinigen. Dies geschah, indem der Bleicher die Wolle auf einem Felsen im Wasser austrat. Die Wolle wurde dann in der Sonne zum Trocknen und Bleichen ausgebreitet. Der Bleicher bearbeitete auch den neu gewebten Wollstoff und manchmal war er auch für das Färben der Wolle zuständig.

Webrahmen in einem nachgebildeten israelitischen Haus

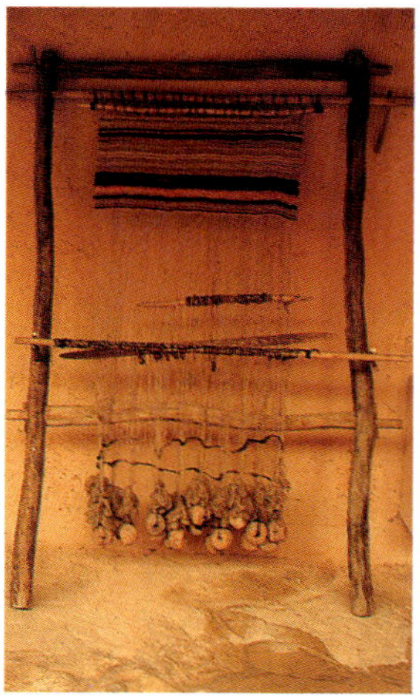

Spinnen und Weben

Die Wolle wurde gekämmt und dann zu Fäden gesponnen. Wahrscheinlich geschah dies mit einer einfachen Handspindel. In Israel gab es zwei Arten von Webrahmen: einen senkrechten und einen waagerechten. Beim senkrechten Modell stand der Weber vor dem Rahmen, wobei die senkrechten Fäden (Kettfäden) oben an einem Balken befestigt und unten mit Gewichten beschwert waren. Während der Webarbeit wurden die waagerechten Fäden (Schussfäden) nach oben geschlagen. Es konnte an fünf oder sechs Schussfäden gleichzeitig gearbeitet werden, so dass Muster entstanden. Später wurde ein sich drehender Balken am unteren Ende des Rahmens befestigt. Mit dem Weben wurde dann unten begonnen und der gewebte Stoff aufgerollt. So konnte man recht lange Stoffstücke herstellen.

Der waagerechte Webrahmen bestand aus zwei Balken, der von vier Pflöcken im Boden fixiert wurde und vor dem der Weber saß. Der Rahmen durfte nicht breiter als die Reichweite der Arme des Webers sein, wobei die Ägypter anscheinend ein System hatten, bei dem zwei Weber an einem Rahmen arbeiteten. Sowohl Wolle als auch Leinen wurden auf diesem Rahmen gewebt, und manchmal auch das gröbere Ziegen- oder Kamelhaar für dicke Hirtenmäntel und Zelte.

Färben

Die Farben, die die Bibel erwähnt, sind meist Blau, Scharlachrot und Purpur. Das könnten die im alten Israel verwendeten Grundfarben gewesen sein. Purpurfarbene Kleidung war ein Zeichen für königliche Abstammung und Reichtum. Der beste Purpur kam aus Tyrus und war sehr teuer. Es wurde aus an der östlichen Mittelmeerküste vorkommenden Mollusken gewonnen.
Einige Orte in Israel wurden zu Färbezentren. Dazu gehörten Geser, Bet-Schemesch, Bet-Zur und Debir. Ausgrabungen in Debir haben gezeigt, dass ungefähr 30 Häuser speziell zum Färben gedachte Räume hatten. Jeder enthielt zwei steinerne Bottiche, die oben kleine Öffnungen aufwiesen. Vermutlich wurden Pottasche und Löschkalk in den einen Bottich gegeben, zu denen später die Farbe kam, während der zweite Bottich noch mehr Farbe enthielt. Die Wolle wurde in beide Bäder getaucht. Die Pottasche und der Löschkalk fixierten die Farbe, und die Wolle wurde zum Trocknen ausgebreitet. Dann konnte sie gesponnen und gewebt werden.

Diese Purpurschnecke wurde gekocht, um eine purpurne Farbe freizusetzen.

Ein Mann mischt Farbe, während ein anderer Wasser aus einem Brunnen holt. Im Hintergrund spinnt eine kniende Frau Wolle, eine andere webt Stoff an einem vertikalen Webrahmen.

Kleiderherstellung
Es gab zwei Möglichkeiten, ein Kleidungsstück herzustellen. Wenn der Webrahmen breit genug war, konnte das ganze Kleidungsstück aus einem Stück gemacht werden. Der Weber begann am Ärmelrand und arbeitete sich bis zum anderen Ärmelrand vor, wobei er eine Öffnung für den Kopf ließ. Die Ärmel konnten so lang oder kurz sein, wie die Person es wünschte, und das Streifenmuster war einfach herzustellen. Nach dem Abschneiden wurden die Kettfäden in Kordeln gedreht, die die Seiten verstärkten. Manchmal wurden sie auch an den unteren Ecken als Quasten gelassen.

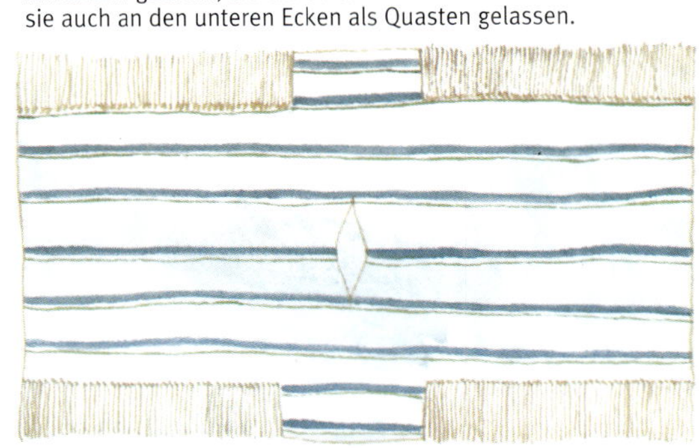

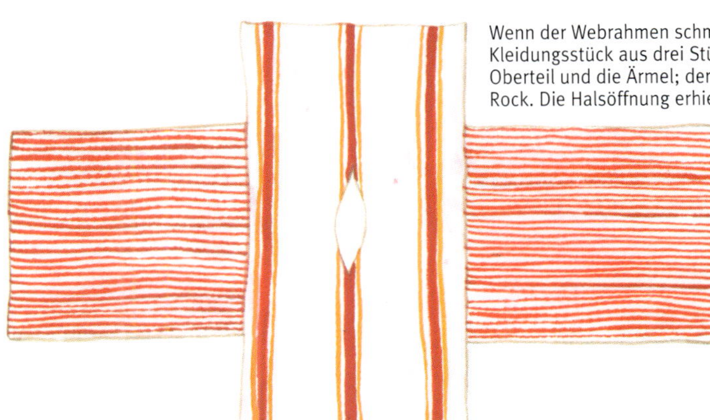

Wenn der Webrahmen schmal war, wurde das Kleidungsstück aus drei Stücken hergestellt: das Oberteil und die Ärmel; der vordere und der hintere Rock. Die Halsöffnung erhielt zur Verstärkung einen gewebten Einband.

Leinen

In Palästina wuchs Flachs nur in der südlichen Küstenebene in der Nähe von Jericho und in Galiläa, wobei zur Zeit des Neuen Testaments es auch in Galiläa zunehmend angebaut wurde. Nachdem der Flachs geschnitten und getrocknet war, wurden die Samen entfernt. Der Flachs wurde dann eingeweicht und wieder in einem Ofen getrocknet. Die Fasern wurden getrennt und konnten jetzt gesponnen und gewebt werden. Leinen wurde zur Kleiderherstellung und für Schiffssegel verwendet.

Siehe auch

- Pflanzen (S. 88-89)
- Tiere der Bibel (S. 92-93)
- Kleidung und Kosmetik (S. 110- 111)

Gesundheit und Heilkunst

In der Bibel werden eine Reihe körperlicher und geistiger Gebrechen erwähnt, aber die allgemeine Haltung der Israeliten in Bezug auf Krankheiten hatte zur Folge, dass die medizinischen Fähigkeiten relativ unterentwickelt blieben: Dem Glauben nach war Gott der einzig wahre Heiler.

Krankheiten

Auch wenn die Symptome einer Krankheit in der Bibel beschrieben werden, ist es nicht immer möglich, genau zu sagen, um welche Krankheit es sich handelte. Einige Arten von Aussatz waren weit verbreitet. Unterernährung in Dürrezeiten zusammen mit der Hitze und der schlechten Wasserversorgung führten oft zu Ruhr, Cholera, Typhus und Beriberi. Bei der staubgeschwängerten Luft war Blindheit recht verbreitet. Dann gab es noch gehörlose und verkrüppelte Menschen. Die Kindersterblichkeit war zweifellos sehr hoch.

Die Wurzeln der Narde enthielten ein wohlriechendes Öl, das zur persönlichen Hygiene verwendet wurde.

Vorbeugende Medizin

Die Gesetze Israels schafften einen Ausgleich für die allgemeine Unkenntnis der Israeliten in Bezug auf Hygiene. Es war Teil der religiösen Pflichten der Israeliten, diesen Gesetzen zu gehorchen, und dieser Gehorsam trug eindeutig auch zu ihrer Gesundheit bei.
Es gab jede Woche einen Tag des völligen Ausruhens, also für körperliche und geistige Erholung. Bestimmte Nahrungsmittel waren verboten, darunter Schweinefleisch, das in einem subtropischen Klima ein hohes Risiko an Lebensmittelvergiftung mit sich brachte. Wasser musste frei von Verunreinigungen sein.
Alle Männer mussten beschnitten sein – eine Operation, von der angenommen wird, dass sie Geschlechtskrankheiten verhindern hilft. Ein Mann darf keine Mitglieder seiner eigenen Familie heiraten. Und auf Reinheit war sorgfältig zu achten, sowohl in den täglichen persönlichen Gewohnheiten als auch in sexuellen Beziehungen.

Diese Tonfigur einer badenden Frau wurde in Achsib gefunden und stammt aus dem 8.–7. Jh. v.Chr.

Zahnärzte

Zahnheilkunde wurde schon von den alten Ägyptern praktiziert – einige der Mumien haben mit Gold gefüllte Zähne! Und der griechische Historiker Herodot berichtete, dass die Phönizier 500 v.Chr. falsche Zähne herstellten. Es gibt aber keine Anzeichen für eine derartige Praxis im alten Israel.

Behandlung von Krankheiten

Verschiedene Öle und Parfüms wurden für die persönliche Hygiene verwendet, darunter Myrte, Safran, Myrrhe und Nardenöl. Olivenöl und der „Balsam von Gilead" (ein würziges Harz) wurden eingenommen oder auf Wunden gerieben.
Bestimmte Kräuter wurden wahrscheinlich als Schmerzmittel genommen. Das Neue Testament erwähnt zum Beispiel den „Wein, gemischt mit Myrrhe", der Jesus am Kreuz angeboten wurde. Es müssen viele wirksame Kräuter bekannt gewesen sein, aber es war bestimmt auch eine Menge Aberglaube im Spiel.
Gebrochene Arme und Beine wurden fest verbunden, möglicherweise wurden Krücken verwendet. Es gibt jedoch keine Anzeichen dafür, dass im Israel des Alten Testaments umfassende Operationen durchgeführt wurden. Ausnahme sind drei Schädel, die im Lachisch des 8. Jh.s v.Chr. gefunden wurden und in die Löcher gebohrt worden waren. Diese Art der Operation sollte wohl Kopfschmerz lindern oder Dämonen vertreiben.

Hebammen

Schon von Anfang an gab es in Israel Hebammen. Manchmal starben die Mütter im Kindbett, aber die Hebamme war meist sehr geschickt. Das erste Buch Mose berichtet, dass Tamar trotz einer schwierigen Geburtslage gesunde Zwillinge zur Welt brachte.

Dieser Medizinkoffer aus römischer Zeit hat abgeteilte Fächer für die unterschiedlichen Medikamente.

Medizin zur Zeit Jesu

In Griechenland war die Medizin, vor allem auch die Chirurgie, zu einer hoch entwickelten Kunst geworden, auch wenn sie immer noch mit vielen magischen Elementen versehen war. Es war der Grieche Hippokrates, der die Grundsätze aufstellte, dass das Leben und Wohlergehen des Patienten für den Arzt an erster Stelle stehen muss, dass männliche Ärzte Patientinnen nicht missbrauchen oder Abtreibungen vornehmen durften und dass Ärzte keine vertraulichen Informationen weitergeben sollten. Eine Zeit lang waren die Ärzte vom Staat angestellt und bezahlt worden und hatten kostenlose medizinische Versorgung anzubieten.
Die Römer haben später einige dieser Praktiken übernommen. In Ausgrabungsstätten römischer Städte wurden chirurgische Instrumente und Rezepte gefunden und in Alexandria in Ägypten gab es eine Medizinschule.

In Palästina verlangten die Rabbiner, dass jede Stadt einen Arzt haben müsse, am besten auch noch einen Chirurgen. Unter den Tempelbeamten gab es immer einen Arzt, der sich um die Priester kümmerte, die barfuß arbeiteten und daher natürlich anfällig für Krankheiten waren.

Siehe auch

- Die Ägypter (S. 52-53)
- Pflanzen (S. 88-89)
- Ein neues Baby (S. 98-99)
- Antike Religionen (S. 146-147)
- Gottes Gesetz in der Praxis (S. 152-153)

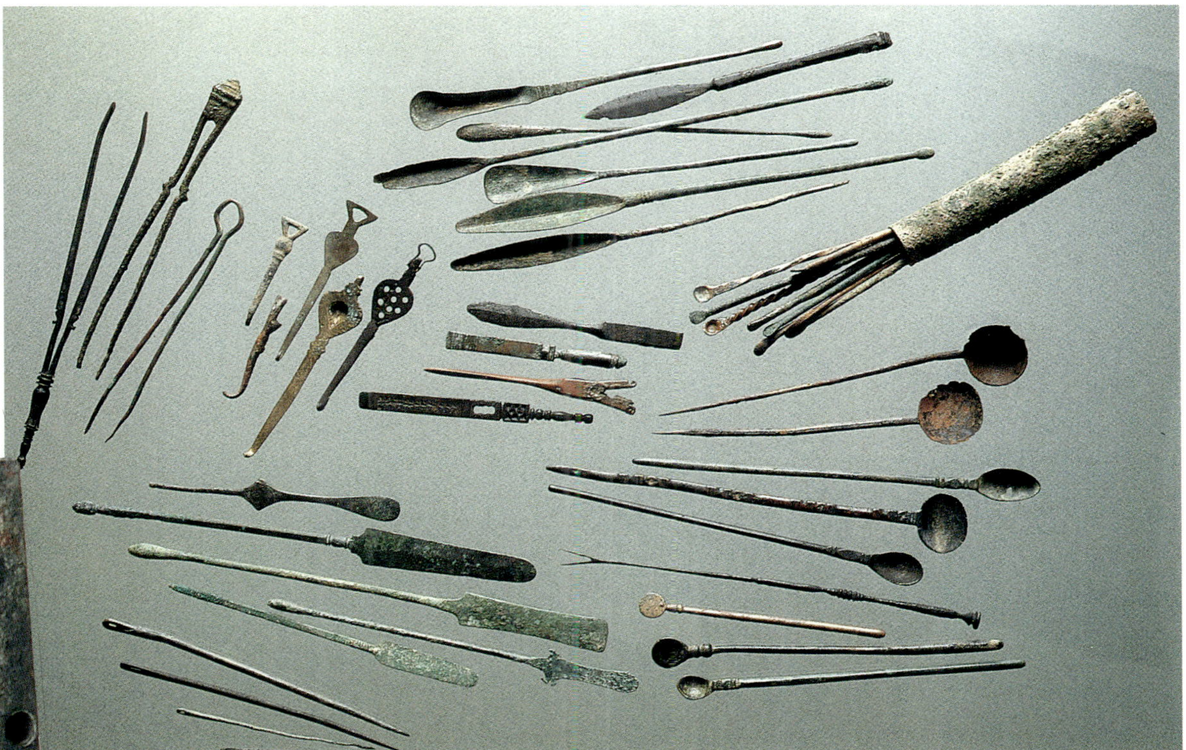

Werkzeuge eines römischen Arztes

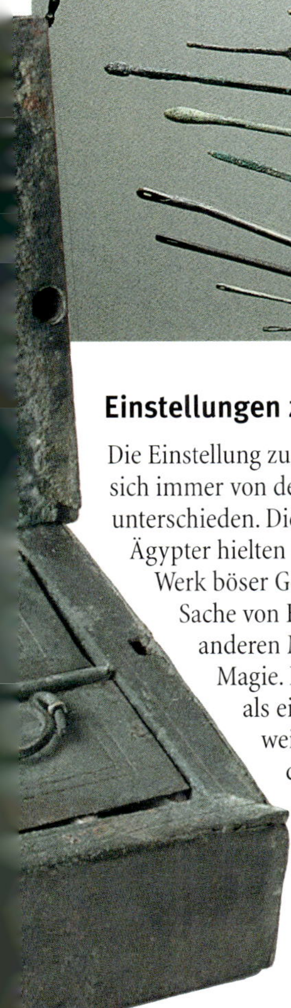

Einstellungen zur Krankheit

Die Einstellung zu Krankheiten in Israel hat sich immer von der der benachbarten Länder unterschieden. Die Mesopotamier und die frühen Ägypter hielten Krankheiten unweigerlich für das Werk böser Geister. Die Behandlung war daher Sache von Exorzisten und umfasste neben anderen Methoden Beschwörungen und Magie. Israel betrachtete Krankheiten auch als eine religiöse Angelegenheit, aber nur, weil die Menschen fest daran glaubten, dass Gott allmächtig war. Von Gott kamen Gut und Böse. Gesundheit war ein Segen Gottes. Krankheit war ein Zeichen dafür, dass die Beziehung zwischen einer Person und Gott gestört war.

Öffentliche Toiletten aus römischer Zeit in Ephesus

Ärzte

Der babylonische König Hammurapi stellte ca. 1750 v.Chr. eine Gesetzessammlung auf, in der die Arzthonorare ebenso wie die Strafen für nachlässig operierende Chirurgen festgelegt waren. Die Ägypter waren auch aktiv im Bereich der Chirurgie. Sie studierten die Anatomie durch das Sezieren von Leichen und hielten medizinische und chirurgische Notizen auf Papyrus fest. Dies war im alten Israel jedoch undenkbar. Der erste Verweis in der Bibel auf Ärzte ist kritisch: „Asa wurde krank an seinen Füßen [...] und er suchte auch in seiner Krankheit nicht den Herrn, sondern die Ärzte." (2Chr 16,12)
Im 2. Jh. v.Chr. hatte das Ansehen der Ärzte zugenommen. Im deuterokanonischen Buch Jesus Sirach wird gesagt, dass Gott zwar der Heiler ist, diese Macht jedoch durch befähigte Menschen und den Einsatz von Medizin wirken kann. Die Bibel berichtet, dass Jesus der Ansicht widerspricht, dass eine Sünde Krankheit verursacht. Er sah die Krankheit als Manifestation der Macht des Bösen in der Welt insgesamt.

Spiele und Sport

Der Arbeitstag der Menschen im alten Israel war lang und die Menschen hatten keine die Arbeit erleichternden Werkzeuge. Trotzdem hatten sowohl Erwachsene als auch Kinder die Zeit für Freizeitbeschäftigungen. Am wöchentlichen „Sabbat" zum Beispiel sollten sich die Menschen neben der Anbetung Gottes auch ausruhen und erholen. Und zu den großen religiösen Festen gab es besondere „Feiertage" und Feste.

Öffentliche Unterhaltung

Amphitheater in Cäsarea

In späteren Zeiten der Bibel begannen die Menschen, mit der Unterhaltung anderer Geld zu verdienen. Vor allen Dingen zur Zeit des Hellenismus und später unter den Römern erlebten öffentliche Aufführungen einen Boom.
In Jerusalem baute König Herodes ein Stadion für Gladiatorenkämpfe – Gladiatoren sind zum Kämpfen ausgebildete Kriegsgefangene oder Kriminelle – und für Kämpfe zwischen Menschen und Tieren. Er baute auch ein Amphitheater für Wagenrennen und Theater in Cäsarea und Sebaste, deren Überreste noch heute zu sehen sind.

Ball- und Schießspiele

Zu biblischen Zeiten waren Murmeln sehr beliebt. Sie wurden durch eine Wand mit drei Bögen gerollt, um Kegel auf der anderen Seite umzuwerfen. Im Freien wurden Himmel-und-Hölle und Wurfspiele mit Lederbällen gespielt; Schläger scheint es aber nicht gegeben zu haben. Manchmal gruben Kinder ein Loch in die Erde und wetteiferten darum, wer die meisten Steine aus einer gewissen Entfernung hineinwerfen konnte.
Kinder und Erwachsene übten auch mit Schleudern. Ein zwischen zwei Schnüren gehaltener Wollbeutel war die Schlinge. In den Beutel kam ein Stein, der herumgeschleudert wurde. Ließ die Person, die die Schlinge hielt, eine der beiden Schnüre los, dann flog der Stein in Richtung Ziel. Auch das Schießen mit Pfeil und Bogen war eine beliebte Freizeitbeschäftigung. Hier übte man Ziel- und Distanzschießen.

Athletik

Die Griechen glaubten, dass Sport zur Erhaltung eines gesunden Körpers notwendig wäre. Die griechische Athletik war bei den Juden im Neuen Testament jedoch nicht sehr beliebt. Sie empfanden es als anstößig, dass die Wettkämpfe nackt ausgetragen wurden. Die enge Verbindung zur griechischen Religion war ein weiteres Hindernis. Die Sportveranstaltungen, die Paulus in seinen Briefen im Neuen Testament erwähnt, stehen alle in Verbindung zu den griechischen Spielen. Er schreibt von Läufern, die um einen Kranz aus Lorbeeren, Kiefer- oder Olivenzweigen kämpfen. Er berichtet auch von Boxkämpfen, bei denen die Arme und Hände in mit Nägeln besetztes Leder gewickelt waren, so dass es ratsamer war, den Schlägen auszuweichen als sie abzuwehren!

Diskuswerfer nach einer Bronzestatue von Myron (ca. 450 v.Chr.)

Darstellung eines Pankration-Wettkampfes auf einer griechischen Vase, 330 v.Chr. Pankration war ein Kampfsport, in dem alles erlaubt war, außer Beißen und Augen ausstechen.

Ringen

Ringen war zu biblischen Zeiten ein beliebter Sport. In Babylonien hielten sich die Ringer gegenseitig am Gürtel fest. Das erste Buch Mose im Alten Testament berichtet von Jakobs Ringkampf und verwendet den Ausdruck „Hüfte und Schenkel", einen Fachausdruck für einen Wurf, was zeigt, dass dieser Sport auch in Israel beliebt war.

Brett- und Würfelspiele

Dieses Spielbrett aus Kalkstein mit Fayence-Spielfiguren wurde in Bet-Mirsim gefunden, ca. 2000-1700 v.Chr.

Dame wurde auf Brettern mit 20 oder 30 Feldern gespielt. Die Bretter waren aus Ton, Ebenholz und Elfenbein. Einige der gefundenen Bretter waren auf der Rückseite zur Aufbewahrung der Spielsteine ausgehöhlt. Schach wurde in Babylonien bereits vor 2000 v.Chr. gespielt, ebenso wie Mensch-ärgere-dich-nicht und Kalaha. Das, was als das „Königliche Spiel" aus dem Ur der Chaldäer bezeichnet wird, scheint eine Form des Mensch-ärgere-dich-nicht gewesen zu sein. Auch Solitär wurde gespielt.

Gesetzt wurde nach Würfen mit zwei Arten von Würfeln – zweiseitige Scheiben oder vierseitige Pyramiden, Teetotum genannt. Der heutige sechsseitige Würfel war in der Frühzeit nicht bekannt.

Die Menschen nahmen das Würfeln oder „das Los werfen" sehr ernst. Das Spiel, das die Soldaten gemäß des Neuen Testaments bei Jesu Verhandlung spielten, war ein Würfelspiel. Sie benutzten einen vierseitigen Würfel, sie setzten einen Kegel von einem zentralen Punkt auf Felder, wo er „die Amtsrobe erhielt", „gekrönt" wurde und „das Zepter erhielt", und der Soldat, dessen Zug die „Zeremonie" vollendete, war der „König" und erhielt den Einsatz.

Die griechische Vase (oben) zeigt ein Wagenrennen.

Dieses elfenbeinerne Spielbrett, ca. 1300 v.Chr., wurde in Megiddo gefunden.

Die in Jerusalem gefundenen römischen Würfel (rechts) sind aus Knochen.

Kinderspiele

Kinderspiele scheinen sich im Verlauf der Jahrhunderte kaum verändert zu haben. Man weiß zum Beispiel, dass Kinder zu biblischen Zeiten Spielzeuge hatten, die Lärm machten – wie Rasseln und Pfeifen, die von Archäologen an vielen Stellen gefunden wurden. Einige Rasseln hatten die Form von Schachteln mit Löchern auf jeder Seite, andere die von Puppen und Vögeln, waren jedoch schlecht zu greifen.

Die Mädchen spielten auch damals schon mit Puppenhäusern. Es wurden Miniaturkochtöpfe und -möbel aus Ton gefunden, die aus ca. 900-600 v.Chr. stammen. Einige Puppen hatten Gelenkarme und -beine und Haare aus Perlen und Lehm. Sie hatten Löcher in den Schultern für Marionettenfäden.

Siehe auch

- Die Geschichte Jerusalems (S. 38-39)
- Die Kultur des Hellenismus (S. 70-71)
- Töpferei (S. 130-131)
- Die Schriften der Apostel (S. 252-253)

Musikinstrumente

Musik und Tanz sind Bestandteil des Lebens aller Kulturen gewesen, so weit wir auch in der Geschichte zurückgehen. Es gab drei Arten von Instrumenten in Israel – Saiten-, Blas- und Schlaginstrumente. Sie spielten wohl miteinander im Gleichklang und nicht in harmonischem Satz. Auch scheint die Musik eher rhythmisch als melodisch gewesen zu sein, obwohl es zu einigen Psalmen bestimmte Melodien gab.

Ägyptisches Sistrum, ca. 9. Jh. v.Chr.

Blasinstrumente

Die *Halil* war die Hohlflöte des einfachen Mannes aus Rohr, Holz oder Knochen. *Halil* bedeutet „bohren“ und beschreibt, wie das Instrument gemacht wurde. Im Instrument wurde ein Schilfrohr verwendet und der Spieler hatte immer Ersatzschilfrohre in einer Tasche dabei. Das *Keren* wurde aus dem Horn eines Tieres gemacht und als Trompete verwendet. Wenn das Horn von einem Widder war, wurde das Instrument auch *Schofar* genannt, in deutschen Übersetzungen häufig „Trompete“. Es wurde zu religiösen und öffentlichen Ereignissen verwendet. Die *Hazozra* war eine Metalltrompete, die in biblischer Zeit aus Silber gemacht wurde. Im 4. Buch Mose war ein anhaltender Ton auf zwei Silbertrompeten das Zeichen, sich an der Stiftshütte zu versammeln. Mit einer Trompete wurden die Anführer zusammengerufen.

Tonfigur einer Tamburinspielerin aus dem 7. oder 6. Jh. v.Chr.

Musik im Gottesdienst

Zu biblischen Zeiten spielte Musik eine wichtige Rolle beim Gottesdienst im Tempel. Das Alte Testament beschreibt, wie König David Tempelchor und -orchester organisiert, um Musik zu singen und zu spielen. Im Tempel war der Gesang häufig ein Wechselgesang – eine Zeile wurde von einer Gruppe gesungen, eine andere sang in Antwort darauf. Der Tanz war auch oft Teil des freudigen Ausdrucks der Verehrung der Menschen. Als die Bundeslade nach Jerusalem gebracht wurde, „tanzten David und alle Menschen mit aller Macht vor Gott her“.

Schlaginstrumente

Die *Menaanim* bestand wahrscheinlich aus Scheiben, die an in einen hölzernen Rahmen gespannten Metallstangen entlang geführt wurden. *Meziltaim* sind kupferne Zimbeln. Zu biblischen Zeiten wurden sie von den Leviten im Tempel verwendet, um den Anfang, das Ende und die Pausen der gesungenen Kapitel zu markieren. Das *Tof* („Pauke“) war ein Schlaginstrument mit einer Membran, mit dem Gesang und Tanz begleitet wurde.

Da es den Israeliten nicht erlaubt war, in ihrer Kunst Menschen darzustellen, wissen wir leider nicht genau, wie diese Instrumente gespielt wurden. Bilder ähnlicher Instrumente aus Ägypten, Assyrien und Babylonien sind jedoch ein guter Anhaltspunkt. Instrumente wurden aus einer Vielzahl von Materialien hergestellt – Zedernholz, Sandelholz, Leder, Därme, Elfenbein, Muscheln, Gold und Silber.

Mädchen führen akrobatische Tänze vor; Nekropolis von Memfis, Sakkara.

Saiteninstrumente

Kinnor wird normalerweise in der Bibel mit „Harfe" übersetzt und kann eine Harfe oder eine Leier gewesen sein. Es war ein tragbares, kleines, acht- oder zehnsaitiges Instrument mit einem Holzrahmen. Wir wissen nicht, ob sie nur mit der Hand gezupft oder ob ein Plektrum verwendet wurde. Die *Kinnor* könnte das Instrument sein, das auf Grabmalereien in Beni-Hasan in Ägypten zu sehen ist.

Die *Näbäl*, „Psalter" übersetzt, war ein anderes Saiteninstrument mit Holzrahmen, das mit den Fingern gezupft wurde. Das Wort *Näbäl* bedeutet ‚Lederflasche" oder Krug, was einen gewölbten Klangkörper wie bei einer Laute vermuten lässt.

Das Alte Testament berichtet, dass König David beide Instrumente spielen konnte.

Diese Bronzefigur einer Lautenspielerin wurde in Bet-Schean ausgegraben, ca. 700-600 v.Chr.

Harfenspieler am Hof des assyrischen Königs Assurbanipal (links). Das Relief ist aus dem Königspalast in Ninive und stammt aus dem Jahr 645 v.Chr.

Auf dieser Vase aus Vulci (Etrurien), ca. 440 v.Chr., spielt Melousa eine Doppelflöte (Aulos) und Musaios eine Leier.

Auf dieser Wandmalerei aus dem Grab von Thutmosis III. (1475-1448 v.Chr.) in Theben spielen ägyptische Musiker auf einem Bankett.

Siehe auch

- Von Saul bis Salomo (S. 26-27)
- Ehe und Hochzeiten (S. 96-97)
- Bergbau und Metallverarbeitung (S. 134-135)
- Die Stifsthütte (S. 158-159)
- Priester und Rituale (S. 162-163)
- Psalmen (S. 220-221)

Teil 3: Bildnachweise

Abkürzungen:
o = oben, ol = oben links, om = oben Mitte, or = oben rechts
m = Mitte, ml = Mitte links, mr = Mitte rechts
u = unten, ul = unten links, um = unten Mitte, ur = unten rechts

Illustrationen

DA = David Atkinson, GH = Gwyn Hughes, RN = Rex Nicholls

Fotos

JA = Jon Arnold, ZR = Zev Radovan, DT = David Townsend, Reliefkarten = Lion Publishing

Seite	
82 *o*	Karte: DA
82 *m*	Nahal Bezet: JA
82 *ur*	Karte: DA
83 *mr*	Felsformationen, Sinai-Wüste: JA
84 *ul*	Küstenebene: JA
84 *or*	Galiläa: Lion Publishing/DT
84 *ur*	Jordantal: Lion Publishing/DT
85 *ol*	zentrales Hochland: Lion Publishing/DT
85 *ul*	Ostjordanland: ZR
85 *or*	Schefela: Lion Publishing/DT
85 *ur*	Ebene von Megiddo: Lion Publishing/DT
86 *or*	Karte: DA
86 *m*	Wasserfall, En-Gedi: JA
86-87 *u*	Querschnitt: DA
87 *ol*	Berg Hermon: JA
87 *mr*	Karte: DA
88 *ol*	Gerste: Nicholas Rous
88 *ml*	Getreidekorb: Lion Publishing/John Williams
88 *om*	grünes Getreide: RN
89 *or*	Distel: RN
89 *m*	Wildblumen: Lion Publishing/DT
88-89	alle anderen Farbillustrationen: Roger Kent
90	Dattelpalme: Lion Publishing/DT
90-91	alle anderen Photographien: Lion Publishing/John Williams; alle Farbillustrationen: Roger Kent; alle Schwarzweißillustrationen: Lion Publishing
92 *ml*	Kamel: Lion Publishing
92 *mr*	Löwenrelief: Lion Publishing
92 *ul*	israelitisches Tonpferd: ZR
92-93	alle Farbillustrationen: Mark Stewart
94-95	Hauptillustration: GH
96-97	Hauptillustration: GH
97 *um*	Hammurabis Gesetzessammlung: ZR
98 *ul*	Beschneidungsszene: GH
98-99	Hauptillustration: GH
99 *ml*	Bar-Mizwa: Lion Publishing/DT
100 *ml*	Krug aus Hazor: ZR
100 *m*	ägyptische Stiftschachtel: Ashmolean Museum, Oxford
101 *o*	hölzernes Schreibtablett: Lion Publishing/Sammlung des Ashmolean Museum, Oxford
101 *u*	Entwicklung des Alphabets: Joshua Smith
102 *o*	Schafspferch: RN
102 *m*	Herden: Lion Publishing/DT
102 *ml*	Pflügen: GH
102 *u*	Dorfbrunnen: ZR
103	Hauptillustration: GH
104 *ol*	Geser-Kalender: ZR
104 *or*	Das Jahr in der Landwirtschaft: DA
104 *ml*	Säen: GH
104 *u*	Weinberg: RN
104-105	Hauptillustration: GH
105 *ol*	Dreschschlitten: ZR
105 *or*	Mühlsteinolivenpresse: JA
106 *or*	Brot: RN
106 *or*	schwarzer Basaltmahlstein: ZR
106 *mr*	Getreide mahlende Frau: Ashmolean Museum, Oxford
106 *ul*	Fisch: RN
107 *o*	Wasserzisterne, Gibeon: JA
107 *ml*	Salzformationen, Totes Meer: JA
107 *mr*	Weinkeller: Joshua Smith
107 *u*	Weinkrug: ZR
108 *or*	Nahrungsmittel: Lion Publishing/DT
108-109	Hauptillustration: GH
109 *or*	Relief mit Darstellung von Opfergaben: ZR
109 *mr*	Nachbildung eines Kochherdes: ZR
110 *or*	Orthodoxer Jude: JA
110 *ml*	kanaanitischer Bronzespiegel: ZR
110 *ur*	Sandalen: ZR
111 *m*	entenförmige Schminkschatulle: ZR
111 *or*	Kosmetikschale aus Sandstein: ZR
111 *ur*	Schmuck: ZR
112 *o*	israelitisches Haus: Nick Talbott
112 *ul*	Zelt: GH
113 *ol*	Nachbildung eines israelitischen Hauses: JA
113 *m*	Häuser aus Kapernaum: RN
114 *or*	Nachbildung eines ländlichen Hauses: ZR
114 *ml*	Entwicklung der Lampen: Joshua Smith
114-115	Nachbildung eines reichen Hauses: Nick Talbott
115 *om*	Glasgegenstände: ZR
115 *ur*	Wärmeraum im Badehaus, Masada: JA
116 *om*	Siegelabdruck auf Kruggriff: ZR
116 *or*	Karte: DA
116 *u*	Steinsiegel und Eindruck: ZR
117 *ml*	römisches Amphitheater, Aspendos: JA
117 *ul*	Karte: DA
117 *ur*	Münzen: Photo Lion Publishing/Sammlung des Ashmolean Museum, Oxford
118 *om*	Karte: DA
118 *u*	Streitwagen: GH
118-119	kanaanitischer Dolch: ZR
119 *o*	Relief vom Tor in Balawat: ZR
119 *ml*	Bleischleudersteine: ZR
119 *ur*	römischer Soldat: Martin Sanders
120 *ml*	Nachbildung des Tores in Megiddo: Nick Talbott
120-121 *o*	Nachbildung von Cäsarea: Stephen Conlin
121 *ul*	Tel Beerscheba: ZR
122 *om*	Streitwagen: ZR
122 *m*	Wagenräder: Joshua Smith
122 *ul*	Relief von transportierten Baumstämmen: ZR
122 *um*	römischer Meilenstein: ZR
123	Hauptillustration: GH
124 ml	Lehmtäfelchen: ZR
124-125 *o*	Karte: DA
124-125 *u*	Marktszene: GH
126 *ul*	Knochentafel: ZR
126 *ur*	Münzen: Photo Lion Publishing/Sammlung des British Museum
127 *or*	Steingewichte: ZR
127 *u*	entenförmige Gewichte: ZR
128 *ml*	Angelhaken: ZR
128 *or*	Wasserflasche aus Schafshaut: ZR
128 *m*	Gerberei, Masada: JA
128 *u*	Fischerboote: GH
129 *l*	phönizische Elfenbeintafel: ZR
129 *r*	gläserne Parfümflaschen: ZR
130 *l*	Töpferwaren aus Judäa: ZR
130-131	Hauptillustration: GH
131 *ul*	verzierte Haushaltstöpferwaren: ZR
132 *ml*	Wassertunnel: Sonia Halliday Photographien/Jane Taylor
132 *um*	Siloah-Inschrift: ZR
132-133 *o*	Hauptillustration: GH
133 *um*	Herodeion: Comstock GB 1998
134 *o*	Goldschmuck: ZR
134 *u*	Schmied: GH
135 *or*	Kupferschmelzofen: Joshua Smith
135 *mr*	Metallgießen: Joshua Smith
135 *ml*	Kupferminenschacht: JA
135 *um*	Zangenaxtkopf: ZR
136 *ul*	Webrahmen: JA
136-137 *o*	Hauptillustration: GH
137 *or*	Purpurschnecke: ZR
137 *ur*	Kleiderherstellung: Joshua Smith
138 *om*	Narde: RN
138 *ul*	Tonfigur: ZR
138 *ur*	Medizinkoffer: ZR
139 *m*	Werkzeuge eines römischen Arztes: ZR
139 *u*	römische öffentliche Toiletten: JA
140 *or*	Amphitheater in Cäsarea: ZR
140 *ul*	Diskuswerfer: Lion Publishing
140 *um*	griechische Vase: © Michael Holford/Sammlung des British Museum
140-141 *m*	griechische Vase: © The British Museum
141 *ol*	Spielbrett aus Kalkstein: ZR
141 *mr*	elfenbeinernes Spielbrett: ZR
141 *ul*	römische Würfel: ZR
142 *m*	Tonfigur: ZR
142 *ul*	Darstellung akrobatischer Tänze: ZR
142 *r*	ägyptisches Sistrum: Photo © Michael Holford/Sammlung des British Museum
143 *ol*	Leier: RN
143 *ml*	Relief mit Harfenspieler: ZR
143 *m*	Bronzefigur: ZR
143 *or*	griechische Vase: © The British Museum
143 *u*	Wandmalerei mit ägyptischen Musikern: ZR

Religion

Teil 4

RELIGION

Antike Religionen

Seit frühester Zeit hatten die Menschen das Bedürfnis, jemanden oder etwas anzubeten oder zumindest Achtung zu erweisen, das größer als sie selber ist. Zu allen Zeiten versuchten die Menschen, einen mächtigen „Gott“ oder mehrere „Götter“ zu beschreiben und darzustellen oder haben unbewusst nach einem Ersatz für diese Götter gesucht.

Dieses Wandgemälde aus dem Grab Haremhabs in Theben stellt Haremhab dar, wie er dem ägyptischen Gott Osiris Salben opfert.

Gaben und Opferungen

In der Antike haben die Menschen den Göttern aus vielfältigen Gründen Gaben dargebracht. Einige dieser Gaben waren beinahe eine Art „Bestechung“ – man begehrte von dem Gott als Antwort einen bestimmten Gunsterweis; andere waren Gaben der Dankbarkeit nach einem unverhofften Ereignis. Weil man glaubte, dass die Götter ihren Unmut ausdrücken, indem sie Krankheit und Unglück verursachen, brachte man besondere Opfer zur Beschwichtigung dar. Die Beter bekannten ihre Verfehlungen vor den Göttern und baten um Vergebung.

Götter der Antike

In der Antike wurden die Götter herkömmlicherweise als Menschen oder Tiere mit der jeweils entsprechenden Stärke dargestellt. Führende Götter oder Göttinnen waren wie menschliche Könige und Königinnen. Die geringeren Götter waren ihre „Familie“ oder ihr „Hofstab“. Die Götter verhielten sich untereinander und zu den Geschöpfen unter ihrer Kontrolle wie menschliche Wesen: Sie liebten, hassten, kämpften, bestraften oder belohnten einander.

Heilige Stätten

Seit frühester Zeit galten einige Stätten als „heilige“ – Orte, von denen man glaubte, dass die Götter dort wohnen oder man den Göttern dort begegnen könne. Einige dieser Stätten waren in Privatbesitz, meistens jedoch handelte es sich um öffentliche Tempel, in denen viele Menschen anbeteten.

Antike Religion

Sowohl für die Israeliten wie auch für ihre Nachbarn berührte die Religion sämtliche Lebensbereiche. Die Sonne, Stürme, die Erde, das Meer und andere Naturelemente wurden entweder als Mächte in sich selbst oder als das Werk von Über-Menschen – eben der Götter – behandelt. Unter dem Einfluss der Propheten gelangten die Israeliten zum Glauben an einen allmächtigen, einzigen Gott.

Hellseherei

Hellseherei, um den Willen der Götter zu erkennen, war in der Antike des Mittleren Ostens üblich. Unterschiedliche Methoden wurden angewandt, z.B.: Hepatoskopie (Leberschau), Hydromantie (Vermischung von Flüssigkeiten) und Nekromantie (Totenbeschwörung).

Magie

Die Literatur der Antike bezeugt, dass Magie sowohl von Menschen wie auch in den entsprechenden Mythen von den Göttern angewandt wurde. In der babylonischen Schöpfungsgeschichte (*Enuma Elisch*) ermordet der Gott der Weisheit seinen Vater, nachdem er eine Zauberformel ausgesprochen hat. Das Alte Testament verbot den Israeliten, Magie anzuwenden. Dennoch gibt es Berichte, nach denen die Israeliten dieses Gebot missachteten.

Schöpfungsglaube

Die Menschen der Antike sahen sich als Geschöpf eines oder mehrerer Götter. Weil sie für den Unterhalt ihrer Familien arbeiten mussten, glaubten sie, dass die Götter sie schufen, um auch für deren Unterhalt zu sorgen. So wurde ein Teil der eigenen Mahlzeit für den Gott beiseite gelegt oder es wurden ihm besondere Speisen zubereitet.

In Stein geritzte Inschriften, entdeckt in Cäsarea Philippi, belegen, dass die Verehrung des griechischen Gottes Pan bis ins 3. Jh. n.Chr. anhielt.

Assyrischer Tempeldiener

Eine Gruppe geweihter sumerischer Statuen aus dem Tempel des Gottes Abu aus Ashnunak (2900-2600 v.Chr.). Geformt aus Kalkstein, Alabaster und Gips wurden sie zur Erfüllung eines Gelübdes geopfert oder geweiht.

Wahrsagerei

Die Götter der Antike waren unberechenbar und deshalb kannten die Menschen keine Sicherheit für ihre Zukunft. Man war bereit, auf alle zu hören, die einem glaubhaft machen konnten, eine Botschaft der Götter zu haben. So gab es in beinahe allen Kulturen Propheten, Wahrsager, Hexen, Magier und Priester.

Die Rolle der Priester

Priester galten oft als Verbindungsglieder zu einer Gottheit bzw. als Sprachrohr der Götter. Sie trafen die „richtige" Deutung – ob ein Gott zufrieden mit den Handlungen der Menschen war oder nicht – und konnten demzufolge festlegen, was die Menschen zu opfern hatten. Vielfach wurden sie als „Stimme Gottes" vor politischen Entscheidungen konsultiert.

Statuen der ägyptischen Götter Isis, Osiris und Horus (950 v.Chr.)

Götzendienst

Die Menschen der Antike schufen Statuen ihrer Götter, um diese anzubeten. In ihrer Form waren diese Statuen von menschlicher oder tierischer Gestalt. Die Praxis des Götzendienstes war im Nahen Osten so üblich, dass es für die Israeliten trotz der alttestamentlichen Gebote schwer war, sich davon fern zu halten. Die Verehrung von Götzen behielt auch in der hellenistisch-römischen Welt ihren Platz und die erste Gemeinde musste sich in diesem Zusammenhang mit Problemen auseinandersetzen.

Siehe auch

- Die Religion der Ägypter (S. 54-55)
- Die Kanaanäer (S. 56-57)
- Die Religion der Babylonier (S. 64-65)
- Der Tod und das Leben danach (S. 164-165)

RELIGION

Der Schöpfergott Israels

Die alten Israeliten waren umgeben von Völkern, die Vielgötterei betrieben, Götzen anbeteten und bei denen Magie und Wahrsagerei üblich waren. Israels Glaube an einen allmächtigen Gott, der eine aktive Rolle in ihrem gesellschaftlichen und privaten Leben spielte, unterschied sich stark vom Glauben der anderen Völker und führte oft zu Missverständnissen.

Der Gott aller Völker

Manchmal führte Gottes Eingreifen in Israels Geschichte zu Missverständnissen. Die Israeliten glaubten Gottes „Lieblinge" zu sein (was in gewisser Weise auch stimmte). Doch die alttestamentlichen Propheten wussten, dass Gottes Absichten über diese Vorstellung hinausgehen. Gottes Ziel ist die Errettung aller Nationen – Jahwe, der Gott Israels, will der Gott aller Völker sein.

Statuette der kanaanäischen Liebes- und Kriegsgöttin Astarte (1300-1000 v.Chr.)

Wer ist Gott?

Für die Israeliten war die Existenz Gottes selbstverständlich und die Frage „Wer ist Gott?" wird im Alten Testament nie direkt behandelt, obwohl durchaus auch Fragen über Gott gestellt werden. In schwierigen Zeiten in Israels Geschichte fragte sich das Volk manchmal sogar, ob seine Verehrung eines einzigen Gottes nicht zum Zerfall der Nation beitrage. Oft schlossen sie sich auch aus Opportunismus den Kulten ihrer Umgebung an. Aber immer wieder kehrten die Israeliten zur Wirklichkeit und zur Stärke ihres Schöpfergottes zurück. Jedoch erst nach dem Exil waren sie so weit, die Existenz anderer Götter ganz zu verneinen.

Herr über der Natur

In den meisten Religionen des Nahen Ostens versuchte man, die Natur mit Hilfe von Mythen zu erklären oder durch kultische Handlungen Einfluss auf sie zu nehmen. Die Götter waren selbst „Geschöpfe". Die Israeliten glaubten jedoch, dass ihr Gott nicht Teil der Schöpfung, sondern darüber erhaben sei. Gott wird in der Bibel zwar mit Naturerscheinungen wie Licht oder Feuer *beschrieben*, aber nie mit solchen *identifiziert*.

Statue des kanaanäischen Wettergottes Baal (1. Jh. n.Chr.)

Ein erfahrbarer Gott

Die alten Israeliten versuchten nie, Gott zu analysieren. Die Welt des Abstrakten war ihrem Denken fremd. Anstatt Gott metaphysisch zu definieren und zu fragen, woraus er bestehe, beschrieben sie Gott in seinem Bezug zur Wirklichkeit und zur Erfahrung des menschlichen Lebens.

„Denn du (Gott) bist der Geringen Schutz gewesen, der Armen Schutz in der Trübsal, eine Zuflucht vor dem Ungewitter, ein Schatten vor der Hitze" (Jes 25,4).

Ein unsichtbarer Gott

Der Gott Israels unterscheidet sich grundlegend von den Göttern anderer Völker. Der Gott Israels ist „unsichtbar". Andere Völker in der Umgebung Israels schufen sich Bilder ihrer Götter in Form von Menschen oder Tieren. Das Alte Testament verbot dies den Israeliten mit Nachdruck.

Wie Gott beschrieben wird

Die Schreiber des Alten Testaments zeigen Gott nicht als Macht oder abstrakten Willen, sondern als Person. Gott wird ganz unterschiedlich beschrieben. So kann er mit einem Vater wie auch mit einer Mutter verglichen werden, in 5. Mose 32,18 sogar im selben Vers: „An den Fels, der dich gezeugt hat, dachtest du nicht mehr, du vergaßest den Gott, der dich geboren hat.“*
Oft wird Gott auch als Herrscher und König beschrieben. Bekannt sind auch andere Bilder: Gott als Hirte, als Zufluchtsort, als Feuer und viele andere.

* zitiert nach der Einheitsübersetzung

Münze des seleukidischen Königs Antiochus IV Epiphanes, der sich selber zum Gott erhob. Der vom König angenommene Titel „Epiphanes“ bedeutet „Erscheinung Gottes“.

Siehe auch

- Die Kanaanäer (S. 56-57)
- Das Gebet (S. 174-175)
- Jesus, der Lehrer (S. 182-183)
- Exodus/2. Mose (S. 200-201)

„Denn der Herr, dein Gott, ist ein verzehrendes Feuer ...“ (5Mo 4,24).

Ein persönlicher Gott

Das Alte Testament macht deutlich, dass Gott die Welt und ihre Bewohner liebt. Er distanziert sich nicht von den Menschen und ihren Nöten. Zahlreiche alttestamentliche Geschichten berichten von Gott, wie er mit Menschen spricht, sich auf sie einlässt, ja, manchmal sogar im Gespräch seine Meinung ändert. Gott hatte eine enge Verbindung zu Israel als Nation, aber er kümmerte sich auch persönlich um den Einzelnen.

Ein handelnder Gott

Das Alte Testament gibt zu verstehen, dass Gott in allen Lebensbereichen Israels, sowohl als Nation wie auch beim Einzelnen, wirksam ist. Es schildert Gott als Herrn über die Geschichte Israels. Von Anfang an wurde Israel erwählt, Gottes Volk zu sein. Von Israel erwartete Gott, dass es auf diese Liebe mit Gehorsam antwortet. War Israel treu, ging es ihm gut, fielen die Israeliten ab, kam das Verderben.

Israels Glaube

Die Religion des Volkes Israel hat eine lange Geschichte und beginnt mit Gottes Verheißung an Abraham, erzählt im ersten Buch Mose. Während dieser Zeit sprach Gott eine Reihe von Verheißungen an einzelne Personen (Abraham, Isaak, Jakob) aus. Darin traten unterschiedliche Seiten von Gottes Wesen zutage.

Die Oase Yotvata im Tal Arava, Negeb

Gott greift ein

Indem Jahwe die Israeliten aus Ägypten befreite, um seine Verheißungen an ihre Vorväter zu erfüllen, erwies er sich als Gott, der seine Versprechen auch hält. Als das Volk durch die unbekannte Wüste geführt, mit Wasser und Nahrung versorgt und trotz vieler Rebellionen gegen Gott immer wieder von Gott auf die Füße gestellt wurde, zeigte Gott, dass er lebt und eingreift.

Der Gott, den man kennen kann

Die alttestamentliche Geschichte von Abraham veranschaulicht einen grundlegenden Aspekt von Israels Glauben. Es war die Gewissheit, dass Gott eine wirkliche Person ist und dass Menschen, individuell oder als Gruppen, Gott kennen können.

Abrahams Glaube

Die Geschichte der israelitischen Vorväter begann an dem Tag, an dem Gott zu Abraham sprach und ihn aufforderte, seine Familie und sein Land zu verlassen, um in ein neues Land zu ziehen. Die Bibel erzählt, wie Gott an jenem Tag Abraham versprach, ihn zum Stammvater einer großen Nation zu machen. Abraham „glaubte dem Herrn, und das rechnete er ihm zur Gerechtigkeit" (1Mo 15,6). Abraham zog in das „verheißene Land" Kanaan, baute an allen Stationen seiner Reise einen Altar und betete Gott an.

Jakob und das Volk Israel

Von Abrahams Enkel Jakob und dessen zwölf Söhnen stammen die zwölf Stämme Israels. „Ich bin der Herr, der Gott Abrahams und Isaaks", sprach Gott zu Jakob. „Das Land … will ich dir und deinen Nachkommen geben … ich will dich wieder herbringen in dies Land. Denn ich will dich nicht verlassen, bis ich alles tue, was ich dir zugesagt habe" (1Mo 28,15).
Eine Hungersnot brach an. Jakob und seine Söhne folgten Jakobs Sohn Josef nach Ägypten. Ihre Nachkommen blieben einige Jahrhunderte dort. Gottes Verheißung blieb jedoch fest. Diese Familie, diese Nation war Gottes Volk. Als die Ägypter sie versklavten und sie zum Herrn um Hilfe schrien, hörte Gott.

Das „verheißene Land": das Bergland um Jerusalem in der Nähe von Ein Kerem

Auf diesem Bodenmosaik der Synagoge in Tiberias (4.-5. Jahrhundert n.Chr.) ist die Bundeslade umgeben von der Menorah und anderen rituellen Gegenständen.

Mose und das Gesetz

Das Alte Testament berichtet, dass eines Tages Gott in der Wüste zu Mose sprach: „Ich will dich zum Pharao senden, damit du mein Volk, die Israeliten, aus Ägypten führst“ (2Mo 3,10). Mose musste wissen, wie er seinem Volk Gott beschreiben könne. Und so erfuhr er Gottes persönlichen Namen, Jahwe („der Herr”), was bedeutet; „Ich bin” oder „Ich werde sein, der ich sein werde”. Dies verdeutlicht zwei Aspekte Gottes: Er ändert sich nicht, ist zuverlässig und er ist lebendig und schöpferisch. Diese Gotteserkenntnis brachte Mose seinem Volk.

Die Propheten

Der größte Beitrag der alttestamentlichen Propheten zum Glauben Israels war die fortwährende Aufforderung an das Volk, dem treu zu bleiben, was sie von Gott aus jener Zeit des Exodus wussten. Die Propheten sprachen das Gewissen Israels an und warnten die Menschen vor dem drohenden Unheil. Aber sie vermittelten auch Hoffnung für eine neue Zukunft, wenn sich das Volk nur von seinem Unrecht abwenden würde.

In der Stadt Arad im Negeb gab es gegen Ende des 9. Jahrhunderts ein israelitisches Heiligtum. Das Bild zeigt die Überreste des Allerheiligsten.

Die Zucht Gottes

Viele Israeliten sahen das Exil nur als Verderben. Diejenigen, die im Exil auch Gottes Gericht an einem ungehorsamen Volk sehen konnten, nahmen das Exil auch als Zeit der Läuterung war. Sie erkannten, dass sie nur überleben konnten, indem sie sich von den anderen Völkern absonderten und indem sie auf einem erneuerten Gehorsam gegenüber Gott bestanden.

Siehe auch

- Die Erzväter und ihre Welt (S. 18-19)
- Der Auszug aus Ägypten (S. 20-21)
- Zwei Königreiche (S. 28-29)
- Die Propheten (S. 166-167)
- Genesis/1. Mose (S. 198-199)
- Exodus/2. Mose (S. 200-201)

Diese Tonscherbe aus Arad (6. Jh. v.Chr.) trägt die Inschrift *Bet Yahw'h* („Haus Jahwes").

Die Größe Gottes

Während der Zeit Davids und Salomos wurde ein neues Bewusstsein der Größe Gottes im Tempel und im Gottesdienst spürbar. Die Psalmen, die im Tempel gesungen wurden, proklamieren Jahwe als großen Gott, ein großer König über alle Götter“ (Ps 95,3). Gekoppelt an die Feierlichkeiten im Tempel, herrschte ein Ton der Freude: „Der Herr ist König; des freue sich das Erdreich und seien fröhlich die Inseln …” (Ps 97,1).

Die Zeit der Könige

Zur Zeit der alttestamentlichen Könige wurde Israel erstmals eine unabhängige Nation. Die Israeliten waren beeindruckt von Prunk und Glanz der Monarchie, aber sie erkannten, dass die Majestät ihrer irdischen Könige nur ein Abglanz der Herrlichkeit des Königs der Könige war.

Die Zeit des Exils

Notgedrungen erlebten die Israeliten während des Exils wie nie zuvor, wie sehr sie und ihr Gott miteinander verbunden waren. Sobald Israel sich nicht mehr als Volk Gottes sah, hörte es auf, sich von den anderen Nationen zu unterscheiden. Dann könnte es ebenso leicht von der Karte ausgelöscht werden, wie so viele andere Völker im Verlauf der Geschichte.

Gottes Gesetz in der Praxis

Die alttestamentlichen Gesetze sind zusammengefasst in den Zehn Geboten, die dem Volk Israel durch Mose am Berg Sinai übermittelt wurden. Sie richteten sich an das Volk als Ganzes, aber auch an den einzelnen Israeliten. Es handelte sich dabei nicht ausschließlich um Gebote für den Gottesdienst oder religiöse Anlässe; sie sprachen alle Lebensbereiche an.

Zwei Kopien

Die Bibel berichtet, dass die Zehn Gebote auf zwei Steintafeln geschrieben waren. Möglicherweise waren dies zwei Kopien. Wenn in der Antike ein schriftliches Bündnis besiegelt wurde, war es üblich, dass jede der Bündnisparteien eine Kopie des Inhaltes für sich hatte. Wenn der Bund zwischen zwei Nationen geschlossen wurde, z.B. zwischen den Hetitern und den Ägyptern, wurden die zwei Kopien jeweils getrennt aufbewahrt, im entsprechenden Land in dem Tempel eines Gottes.
Im Falle Israels wurde der Bund zwischen Gott und dem Volk geschlossen. Daher wurden beide Kopien in der Bundeslade aufbewahrt. Diese wurde im Inneren des Heiligtums aufgehoben, als sichtbarer Thron des unsichtbaren Gottes Israels – ein besonderes Zeichen der Gegenwart Gottes.

Die Absicht des Gesetzes

Das Gesetz sollte ein Leitfaden zu einer guten Beziehung mit Gott und den Mitmenschen sein. Im Gesetz erläutert Gott den Israeliten, wie sie zu ihrem eigenen Wohlergehen leben sollen.
Das hebräische Wort, das üblicherweise mit „Gesetz" *(Tora)* übersetzt wird, bedeutet „Führung" oder „Unterweisung". Diese Gebote sollten nie eine lange Liste von „Tue" und „Tue nicht" sein, die das Leben nur schwer machen. Das Gesetz spiegelt Gottes Wesen wider – Heiligkeit, Gerechtigkeit und Güte – und drückt seinen Willen aus. Es gibt den Menschen die praktische Wegweisung, die sie brauchen, um Gottes Gebot zu gehorchen: „Ihr sollt heilig sein, denn ich bin heilig" (3Mo 19,2).

Die zehn Gebote

Du sollst außer mir keine anderen Götter verehren!

Fertige dir keine Götzenstatue an, auch kein Abbild von irgend etwas am Himmel, auf der Erde oder im Meer. Wirf dich nicht vor solchen Götterfiguren nieder, bring ihnen keine Opfer dar! Denn ich bin der Herr, dein Gott. Ich dulde keinen neben mir! Wer mich verachtet, den werde ich bestrafen. Sogar seine Kinder, Enkel und Urenkel werden die Folgen spüren! Doch denen, die mich lieben und sich an meine Gebote halten, bin ich gnädig. Über Tausende von Generationen werden auch ihre Nachkommen meine Liebe erfahren.

Du sollst meinen Namen nicht missbrauchen, denn ich bin der Herr, dein Gott! Ich lasse keinen ungestraft, der das tut!

Achte den Sabbat als einen Tag, der mir allein geweiht ist! Sechs Tage sollst du deine Arbeit verrichten, aber der siebte Tag ist ein Ruhetag, der mir, dem Herrn, deinem Gott, gehört. An diesem Tag sollst du nicht arbeiten, weder du noch deine Kinder, weder dein Knecht noch deine Magd, auch nicht deine Tiere oder der Fremde, der bei dir lebt. Denn in sechs Tagen habe ich, der Herr, den Himmel, die Erde und das Meer geschaffen und alles, was lebt. Aber am siebten Tag ruhte ich. Darum habe ich den Sabbat gesegnet und für heilig erklärt.

Ehre deinen Vater und deine Mutter, dann wirst du lange in dem Land leben, das ich, der Herr, dein Gott, dir gebe.

Du sollst nicht töten!

Du sollst nicht die Ehe brechen!

Du sollst nicht stehlen!

Sag nichts Unwahres über deinen Mitmenschen!

Begehre nicht, was deinem Mitmenschen gehört: weder sein Haus noch seine Frau, seinen Knecht oder seine Magd, Rinder oder Esel oder irgend etwas anderes, was ihm gehört.

(2Mo 20,3-17 nach der Bibelübersetzung „Hoffnung für Alle")

Das vierte Gebot verbot, am Sabbat zu arbeiten. Das galt für Menschen und Arbeitstiere gleichermaßen.

Das „Bundesbuch"

Die erste wesentliche Sammlung ergänzender Gesetze befindet sich im zweiten Buch Mose. Sie beinhaltet ethische, zivilrechtliche und religiöse Gesetze. Anweisungen bezüglich des Gottesdienstes werden gefolgt von Geboten über die Rechte der Sklaven, Mord und Verletzung menschlichen Lebens, Beschädigung fremden Eigentums, soziale und religiöse Verpflichtungen und andere. Zum Schluss folgen Anweisungen für die drei großen religiösen Feste: das Passa, das Fest der Ernte (Pfingsten) und das Wochenfest.

Einzelne Elemente des Gesetzes erinnerten die Israeliten daran, dass sie einmal Sklaven in Ägypten waren und dass Gott sie aus der Sklaverei befreit hatte. So z.B. jeder, der einen Israeliten als Arbeiter erwarb, durfte diesen nicht als Sklaven, sondern nur als Angestellten betrachten. Nach sieben Jahren sollte der Arbeiter aus seiner Verpflichtung entlassen und dabei mit dem Nötigen an Nahrungsmitteln und Vieh ausgestattet werden.

Ergänzende Gesetze

In jeder Gesellschaft sind detaillierte Gesetze nötig. Für die Israeliten mussten die grundlegenden Zehn Gebote erweitert werden. Das Alte Testament enthält viele Gesetze für Einzelfälle zur Ergänzung der Zehn Gebote. Einige dieser Gesetze waren derer anderer Nationen ähnlich. Es lassen sich drei Sammlungen von Gesetzen unterscheiden.

Das fünfte Buch Mose zählt Tiere auf, die das Volk gemäß dem Gesetz essen oder nicht essen durfte. Zu den Tieren, die gegessen werden durften, zählten die Wiederkäuer und die mit gespaltenen Hufen, wie z.B. Schafe, Kühe und Rehe. Schweine fielen nicht in diese Kategorie und waren deshalb als „unrein" klassifiziert.

Siehe auch

- Der Auszug aus Ägypten (S. 20-21)
- Priester und Rituale (S. 162-163)
- Jüdischer Glaube im Neuen Testament (S. 170-171)
- Exodus/2. Mose (S. 200-201)
- 3., 4. und 5. Mose (S. 202-203)

Die Heiligkeitsgesetze

Das dritte Buch Mose (Levitikus) enthält die zweite wichtige, ergänzende Gesetzessammlung. Diese Gesetze drehen sich überwiegend um den Gottesdienst und die damit verbundenen Rituale in der Stiftshütte und im Tempel. Sie beschäftigen sich mit dem alltäglichen Verhalten. Der Grundton ist das Gebot an die Israeliten: „Ihr sollt heilig sein, denn ich bin heilig, der Herr, euer Gott" (3Mo 19,2).

Das Deuteronomium/5. Buch Mose

Die dritte, detaillierte Sammlung ergänzender Gesetze ist in Form einer Predigt des Mose wiedergegeben. Es ist das Deuteronomium, das fünfte Buch Mose. In diesem Buch werden viele ähnliche Themen wie im 2. und 3. Buch Mose behandelt. Es enthält an vielen Stellen Ermutigungen, das Gesetz Gottes zu halten sowie auch Warnungen an das Volk vor den Konsequenzen des Ungehorsams.

Orthodoxe Juden der Neuzeit mit einer Schriftrolle des Gesetzes an der Klagemauer

Das Gesetz beinhaltete Anweisungen über das Säen und Ernten von Getreide. Die Schnitter wurden angewiesen, die Ecken und Ränder der Felder nicht abzuernten und auch kein zweites Mal über das Feld zu gehen. Die Nachlese sollte für die Armen und Landlosen übrig gelassen werden. Getreide durfte während sechs aufeinander folgenden Jahren angepflanzt werden, aber im siebten Jahr sollte das Feld brach liegen, damit sich die Erde erholen konnte. Gott versprach, dass die Ernte im sechsten Jahr genügend groß sein werde, um auch für das siebte Jahr genügend Nahrung zu garantieren.

Feste und Feiertage

Seit frühester Zeit beachteten die Israeliten Feiertage und Feste als Teil ihrer Religion und ihres Lebens. Feste galten als Zeichen der Dankbarkeit gegenüber Gott für die Ernte oder als Erinnerung an besondere Zeiten in Israels Geschichte.

Jahreszeiten

Israels wesentlichste Feste waren bedingt durch die Jahreszeiten und angelehnt an das landwirtschaftliche Jahr in Kanaan. Die Feste wurden im Frühjahr, Sommer und Herbst gefeiert. Bei diesen Gelegenheiten wurde erwartet, dass die Israeliten zum nächsten, regionalen Heiligtum gingen, um Gott ihre Opfer darzubringen. Nach dem 7. Jh. v.Chr. wurden diese „Pilgerfeiern" nur noch in Jerusalem abgehalten. Zur Zeit Jesu wuchs die für Jerusalem übliche Einwohnerzahl während des Passafestes von 40000 auf etwa 150000 an.

Fastenzeiten

Die Menschen fasteten als Zeichen echter Buße. Während dieser Fastenzeiten aßen und tranken sie nichts. Oftmals wurde Fasten und Beten verbunden. Einige Leute zerrissen während solcher Fastenzeiten ihre Kleider, hüllten sich in Säcke, streuten Asche auf ihr Haupt und kämmten und wuschen sich nicht.
Das Alte Testament und später auch Jesus bezeugen klar, dass solche äußeren Merkmale des Fastens nicht entscheidend sind. Letztlich zählt nur eine wirkliche Herzensveränderung.

Regelmäßige Fastentage

Das Alte Testament verlangte von den Israeliten, jährlich einen Tag für ein nationales Fasten auszusondern: der Tag der Sühne, gehalten am „zehnten Tag im siebten Monat" (Ende September, Anfang Oktober). Während des Babylonischen Exils wurden auch im fünften und siebten Monat besondere Fastentage beachtet, um die Zerstörung des Tempels und die Ermordung Gedaljas, des Statthalters von Juda, zu beklagen.

Siehe auch

Das Jahr in der Landwirtschaft (S. 104-105)

Jährliche Feste (S. 156-157)

Jesus, der Prophet (S. 186-187)

Halte „das Fest der Ernte, der Erstlinge deiner Früchte, die du auf dem Felde gesät hast, und das Fest der Lese am Ausgang des Jahres, wenn du den Ertrag deiner Arbeit eingesammelt hast vom Felde" (2Mo 23,16).

Das Jubeljahr

Dieses Gesetz forderte, dass in jedem 50. Jahr (das Jahr nach sieben Sabbatjahren) Land und Besitztümer (außer Häuser in der Stadt) ihren ursprünglichen Besitzern zurückgegeben werden sollten. Ebenso sollten Sklaven frei, Schulden erlassen, und das Land brach gelassen werden. Vielleicht war es den Israeliten zu umständlich, das Jubeljahr einzuhalten – wir wissen nicht, ob es je praktiziert wurde. Für die Zukunft wird dieser Gedanke allerdings aufgegriffen als „angenehmes Gnadenjahr des Herrn", wie es von Jesaja und Jesus proklamiert wurde.

Sabbatjahr

So wie jeder siebte Tag ein Ruhetag sein sollte, so sollte jedes siebte Jahr ein Sabbatjahr für das Land sein, und damit dem Herrn geweiht. Offensichtlich konnte nicht das ganze Land gleichzeitig brach liegen. Wahrscheinlich lag jedes Feld im siebten Jahr nach der ersten Aussaat brach. Alles was während eines solchen Jahres wuchs, durfte von den Armen geerntet werden. Diese Einrichtung sollte die Israeliten daran erinnern, dass das Land nicht ihnen gehörte. Es war „heilig" (es gehörte Gott). Ebenso sollten im siebten Jahr alle israelitischen Sklaven frei und alle Schulden erlassen werden.

Neumond

Der Tag des Neumonds kennzeichnete den Anfang des neuen Monats. Hörner wurden geblasen und besondere Opfer wurden dargebracht. Der Neumondtag erinnerte daran, dass Gott eine wohl geordnete Welt schuf. An diesem Tag wurde keine Arbeit ausgeführt, aber es gab besondere Mahlzeiten und religiöse Unterweisung.

Der Sabbat

Der Sabbat war Israels besonderer Feiertag. Andere Nationen kannten Erntedankfeste und Neumondrituale, aber nur Israel hatte den Sabbat, der sich durch die Jahreszeiten hindurchzog. Jeder siebte Tag wurde für die Ruhe ausgesondert. Dies war der „Sabbat" und gehörte Gott. An diesem Tag sollten sich alle daran erinnern, was Gott getan hatte, besonders an die Befreiung aus der Sklaverei von Ägypten.
„Achtet den Sabbat als einen heiligen Tag, der mir gehört!", sprach Gott zu Jesaja, „entehrt ihn nicht dadurch, dass ihr euren Beschäftigungen nachgeht. Entweiht ihn nicht durch Reisen oder durch Arbeit oder irgendwelche Geschäfte. Betrachtet ihn nicht als eine Last, sondern als einen Anlass zur Freude!"*
Zur Zeit des Neuen Testaments wurde die Sabbateinhaltung durch Regeln so kompliziert gemacht, dass Jesus das Volk daran erinnern musste, dass „der Sabbat für den Menschen, und nicht der Mensch für den Sabbat" da sei (Mk 2,27).

* Übersetzung nach der Gute Nachricht Bibel

Jährliche Feste

Der Sabbat sowie die meisten großen Feste der jüdischen Religion wurden seit der frühesten Periode der Geschichte Israels beachtet. Zwei wesentliche Feiertage wurden erst später eingeführt: das Purimfest (ab dem 5. Jh. v.Chr.). und das Chanukka (ab dem 2. Jh. n.Chr.).

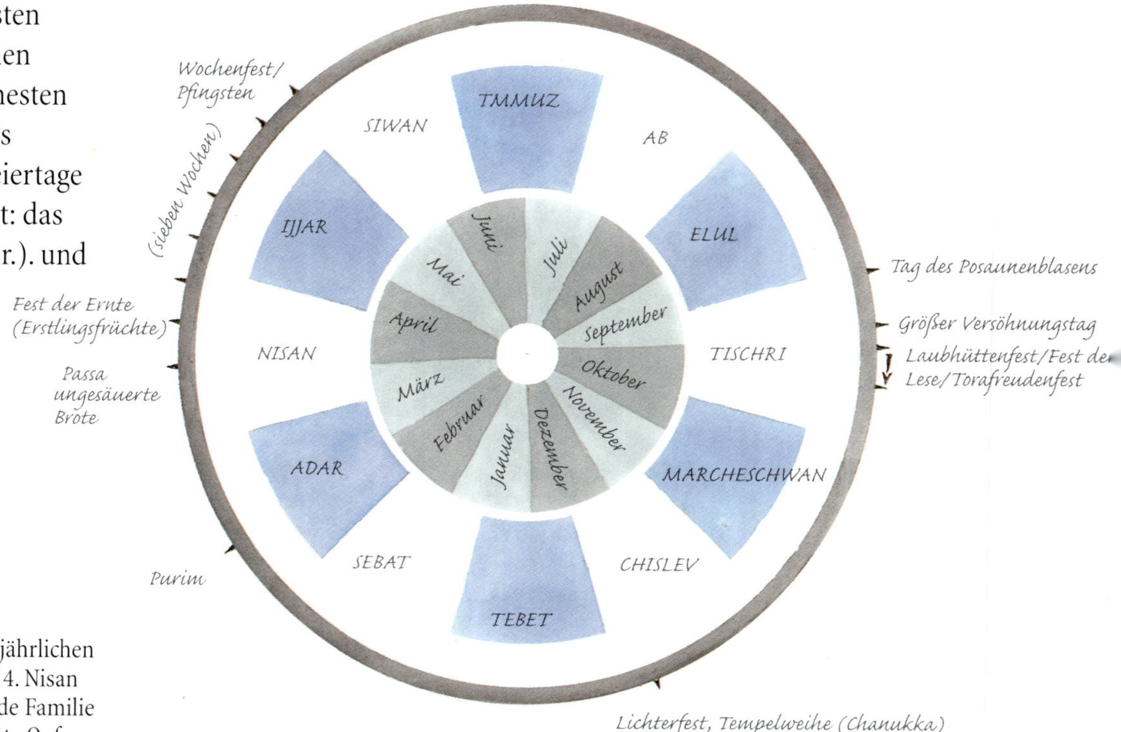

Passa

Das Passa war eines der wichtigsten jährlichen Feste. Es wurde am Abend vor dem 14. Nisan gefeiert. An diesem Abend opferte jede Familie ein Lamm zur Erinnerung an das erste Opfer dieser Art, unmittelbar vor dem Auszug aus Ägypten. Bei jenem Ereignis zog Gott bei den israelitischen Häusern, deren Türrahmen mit dem Blut des Lammes angestrichen waren, vorüber und verschonte das Leben des Erstgeborenen.

Beim Passa und in der folgenden Woche, dem „Fest der ungesäuerten Brote“, welches sieben Tage dauerte, wurde ungesäuertes Brot gegessen, das schnell und ohne Hefe zubereitet wurde. Auch dies geschah zur Erinnerung an die hastige Vorbereitung, nachdem der Pharao den Israeliten endlich erlaubt hatte, Ägypten zu verlassen. Es ist auch zum Gedenken an das erste Brot, gebacken „von neuem Weizen“, vier Tage nachdem die Israeliten in Kanaan eindrangen.

Die Passafeier fand immer in den Häusern statt. Zur Zeit des Neuen Testaments war es das größte Pilgerfest, das in Jerusalem gefeiert wurde. Selbst dann noch war es eine Familienfeier und die Pilger mieteten sich zu diesem Zweck Räume – so wie Jesus und seine Jünger es taten. Bis heute ist es eines der wesentlichsten Feste des Judentums.

Widderhörner (Posaunen)

Der Anfang eines neuen Monats sowie eines Feiertages wurde mit Blasen eines Widderhorns (bei Luther: Posaune) angekündigt. Am ersten Tag des 7. Monats erklangen die Hörner für eine besondere Feierlichkeit. Dies war ein Tag der Ruhe und Anbetung und wichtiger als der Sabbat. Er machte den 7. Monat zum außergewöhnlichsten Monat des Jahres. Nach dem Exil wurde das Fest der Trompeten zum Neujahrsfest (*Rosch Haschana*).

Wochenfest

Das Wochenfest war das zentrale Erntefest. Am Ende der Weizenernte opferten die Priester zusammen mit Tieropfern auch zwei Brote, gebacken aus dem neuen Mehl. Dies ereignete sich 50 Tage (sieben Wochen plus ein Tag) nach dem Passa und dem Beginn der Ernte. Dieses Fest wurde später als das Pfingstfest bekannt, abgeleitet vom griechischen Wort *pentekonta* („fünfzig“). Es war eine Zeit großer Freude und Dankbarkeit für Gottes Gabe der Ernte.

Chanukka

Chanukka, das Fest der Tempelweihe, erinnert an die Reinigung und Neuweihung des Tempels durch Judas Makkabäus im Jahre 164 v.Chr. Zuvor wurde der Tempel durch den seleukidischen Herrscher Antiochus IV. Epiphanes verunreinigt. Das Fest wird auch „Lichterfest" genannt, weil an jedem Abend in den Synagogen und Häusern Lampen angezündet werden.

Purim

Purim war ein lebhaftes und lautes Fest und traditionell mit der Bewahrung der Israeliten vor einem Massaker zur Zeit des persischen Königs Artaxerxes verbunden. Diese Geschichte wird im alttestamentlichen Buch Ester erzählt. Purim bedeutet „Lose" und bezieht sich auf das Werfen der Lose durch die führenden Minister des Königs, um den Tag festzulegen, an dem das Massaker an den Juden stattfinden sollte.

Der Große Versöhnungstag

Am Großen Versöhnungstag (*Jom Kippur*) bekannte ganz Israel seine Sünden und bat um Gottes Vergebung und Reinigung. Der Hohepriester, gekleidet in weißes Leinen, brachte zuerst ein Opfer für sich und die Sünden der Priester dar und dann opferte er für die Sünden des gesamten Volkes.
Dies war der einzige Tag, an dem der Hohepriester in das „Allerheiligste" ging – den innersten, heiligsten Teil des Tempels. Dort versprengte er das Blut des Opfertieres. Darauf nahm er einen Ziegenbock, bekannt als „Sündenbock", und sandte ihn, nachdem er ihm die Hände auf den Kopf gelegt hatte, in die Wüste. Dies geschah zum Zeichen, dass die Sünden des Volkes weggenommen worden waren.

Erstlingsfrüchte

Diese Zeremonie fand am letzten Tag des Passafests statt. Während der Zeremonie wurde die erste Garbe der Gerstenernte Gott geweiht.

Erntefest

Das Erntefest, auch bekannt als Laubhüttenfest, war das beliebteste und fröhlichste aller Feste. Es wurde im Herbst gefeiert, nachdem die Weizenernte eingebracht worden war. Zur Feier gehörte es, in den Gärten und auf den Hausdächern in Hütten aus Palmzweigen gewissermaßen zu „campen". Die Hütten sollten an die Zeit erinnern, als Israel in der Wüste in Zelten wohnte.

Siehe auch

- Der Auszug aus Ägypten (S. 20-21)
- Das Jahr in der Landwirtschaft (S. 104-105)
- Essen und Trinken (S. 106-107)
- Priester und Rituale (S. 162-163)
- 2., 3. und 4. Mose (S. 200-202)
- Ester (S. 214-215)

Die Stiftshütte

Das Alte Testament beschreibt die Stiftshütte als das Zentrum des religiösen Lebens Israels nach dem Exodus. Die Stiftshütte war ein Wanderheiligtum und wurde auch „Zelt der Begegnung" (zwischen Gott und seinem Volk) genannt. Der Aufbau der Stiftshütte spiegelt sich auch im späteren Jerusalemer Tempel wider.

Geschnitztes Bild der Bundeslade

Die Bundeslade

Die Bundeslade war eine rechteckige Kiste, etwa 115 x 70 x 70 cm. Sie war aus Akazienholz gebaut und mit Gold überzogen. Getragen wurde sie mit Stangen, die durch Ringe an den vier Ecken gestoßen wurden. Laut Tradition enthielt sie die zwei Tafeln der Zehn Gebote, einen goldenen Behälter mit Manna und Aarons Stab, ein Mandelzweig. Der Deckel war aus Gold und an beiden Enden waren die Figuren zweier Cherubim, die ihre Flügel zum Zeichen des Schutzes Gottes ausgebreitet hatten.
Die Bundeslade stand im „Allerheiligsten". Sie wurde als Thron des unsichtbaren Gottes verstanden, weil Gott sagte: „Dort will ich dir begegnen, und vom Gnadenthron aus, der auf der Lade mit dem Gesetz ist, zwischen den beiden Cherubim will ich mit dir alles reden, was ich dir gebieten will für die Israeliten" (2Mo 25,22). Manchmal wurde sie als Zeichen des Schutzes Gottes mit in die Schlacht getragen. Die Tatsache, dass sie einmal von den Philistern erbeutet wurde, zeigte, dass sie in sich selber keine Macht besaß. Sie war auch Zentrum des späteren Tempels zu Jerusalem.
Während Israels Frühzeit in Kanaan befand sich die Stiftshütte mit der Bundeslade in Silo. Als David Jerusalem zu seiner Hauptstadt machte, brachte er die Lade als Zeichen seiner rechtmäßigen Herrschaft nach Jerusalem.

Die Stiftshütte

Das Alte Testament beschreibt die Stiftshütte als großes Zelt, gebaut nach den Anweisungen, die Gott auf dem Sinai an Mose gab. Die Stiftshütte war der Ort, an dem die Israeliten Gott während ihrer Reise von Ägypten nach Kanaan anbeteten. Sie stand inmitten des Lagers, auf allen vier Seiten umgeben von den Zelten der Leviten. Dahinter standen die Zelte der zwölf Stämme Israels, drei Stämme auf jeder Seite.

Das Allerheiligste

Im Inneren war die Stiftshütte in zwei Räume aufgeteilt. Der kleinere, weiter vom Eingang entfernte, wurde „das Allerheiligste" genannt. Nur der Hohepriester durfte das Allerheiligste einmal im Jahr, am Großen Versöhnungstag, betreten. Ein Leinenvorhang trennte es vom Raum davor, der „das Heiligtum" genannt wurde. Der Eingang dazu war durch einen anderen gestickten Leinenvorhang abgetrennt.

Bezüglich des Baus der Stiftshütte wurden im Gesetz detaillierte Anweisungen gegeben. Vorhänge aus feinem Leinen umgaben den Hof, in dem die Stiftshütte, der Altar und das Waschbecken standen.

Der Tisch mit den Schaubroten

Der Tisch mit den Schaubroten, auch „Brote der Gegenwart“ genannt, war ein mit Gold überzogener Tisch im Heiligtum. Jeden Sabbat wurden zwölf Brote – eines für jeden Stamm – als Opfer auf den Tisch mit den Schaubroten gelegt.

Der Vorhof

Die Stiftshütte stand in einem Hof, der etwa 50 x 25 m groß war. Dieser Vorhof war umgeben von einer Wand aus Leinenvorhängen. Auf jeder Seite gab es einen Eingang mit einem Vorhang aus besticktem Leinen.

Der Räucheraltar

Im Heiligtum, vor dem Vorhang, der das Allerheiligste abtrennte, stand ein kleiner Altar, auf dem jeden Morgen und Abend Weihrauch verbrannt wurde. Er war aus Akazienholz angefertigt und mit Gold überzogen. An jeder Seite befand sich ein Horn und an zwei Seiten waren Ringe angebracht, um ihn zu tragen.

Auswahl von in Stein gemeißelten, verzierten Löffeln, die möglicherweise benutzt wurden, um Salbölflaschen zu verschließen (1200-800 v.Chr.)

Der Brandopferaltar

Opfer von Lämmern, Ochsen, Ziegen oder anderen Tieren wurden auf dem Brandopferaltar dargebracht. Auch er war aus Akazienholz und mit Bronze überzogen. Er war etwa 2,5m² groß und etwa 1,5 m hoch. Etwa auf halber Höhe befand sich ein Vorsprung und es scheint, dass die Priester darauf standen, um die Opferungen vorzunehmen. Der Altar war möglicherweise mit Erde aufgefüllt oder er war leer und wurde als Verbrennungsofen benutzt.

Die Gestaltung der Stiftshütte

Die Stiftshütte wurde durch einen Rahmen aus Akazienholz getragen. Sie war etwa 14 m lang, 4 m breit und 5 m hoch. Vier verschiedene Arten von Decken wurden über den Rahmen gehängt. Zuerst kamen Leinenvorhänge, verziert mit blauen, violetten und scharlachroten Stickereien. Diese waren von innen sichtbar. Danach kamen Vorhänge aus Ziegenhaar. Sie waren etwas länger als die Leinenvorhänge und einer davon diente als Türe zum Zelt. Darüber lag eine wetterfeste Schicht aus rot gefärbter Widderhaut. Schließlich gab es noch eine wetterfeste Schutzschicht, hergestellt aus der Lederhaut anderer Tiere.

Der goldene Leuchter

Der siebenarmige goldene Leuchter (die *Menora*) war die einzige Lichtquelle in der Stiftshütte. Er wurde aus einem Stück Gold geschmiedet und wog 30 kg oder mehr. Ebenfalls wurde er mit Blumen und Knospen, ähnlich wie Mandelblüten, verziert.

Wasserbecken

Das Wasserbecken war ein großer bronzeartiger Behälter. Jedesmal wenn die Priester die Stiftshütte betraten, um Opfer darzubringen, wuschen sie ihre Hände und Füße im Wasserbecken.

Siehe auch

- Der Auszug aus Ägypten (S. 20-21)
- Gottes Gesetz in der Praxis (S. 152-153)
- Drei Tempel (S. 160-161)
- Priester und Rituale (S. 162-163)

Der Tisch mit den Schaubroten war mit Ringen und Stangen ausgestattet, um so getragen werden zu können. Er wurde als zu heilig betrachtet, als dass man ihn hätte berühren dürfen.

Drei Tempel

In der langen Geschichte der Israeliten gab es zu unterschiedlichen Zeiten drei Tempel: den Tempel Salomos, den so genannten zweiten Tempel und den Tempel des Herodes.

Der Tempel Salomos

Gemessen an vielen heutigen Gebäuden war Salomos Tempel nicht groß, aber es muss das größte Gebäude gewesen sein, das die Israeliten bis zu jenem Zeitpunkt gebaut hatten. Er maß etwa 9 x 27 m und war etwa 13,5 m hoch. Er stand in Jerusalem und wurde bald zum Zentrum des Gottesdienstes im Königreich Juda.

Bauweise des salomonischen Tempels

In seinem Grundriss war Salomos Tempel den Tempeln anderer Nationen ähnlich. Die Priester betraten das Gebäude durch ein großes Tor. Dann folgte der Haupttrakt, das „Heiligtum". Darin befanden sich der Räucheraltar, der Tisch mit den Schaubroten und fünf Leuchterpaare. Der innere Raum war das „Allerheiligste" und wahrscheinlich über eine Treppe vom Heiligtum aus erreichbar. Im Allerheiligsten befand sich die Bundeslade zusammen mit den zwei Cherubim, geschnitzt aus Olivenholz und mit Gold überzogen.
Die Wände der Räume waren mit Zedernholz vertäfelt, das mit geschnitzten Blumen- und Palmenmustern sowie Cherubimdarstellungen versehen und mit Gold überzogen war. Von innen konnte kein Mauerwerk gesehen werden. Das Heiligtum wurde durch vergitterte Fenster sowie die Leuchter nur spärlich beleuchtet. Im Allerheiligsten gab es keine Fenster, so dass es dort vollkommen dunkel war.

Der Tempel des Herodes

Im Jahre 19 v.Chr. begann Herodes der Große die Arbeit an einem neuen Tempel. Er wollte die Gunst seiner Untertanen gewinnen sowie die römische Welt durch sein prunkvolles Bauwerk beeindrucken. Der Tempel wurde erst im Jahre 62 n.Chr. fertiggestellt, lange nachdem Herodes' Herrschaft zu Ende war. Gebaut nach den Vorgaben des salomonischen Tempels, war dieser dritte Tempel aber weitaus größer. Er war doppelt so hoch und mit viel Gold überzogen.

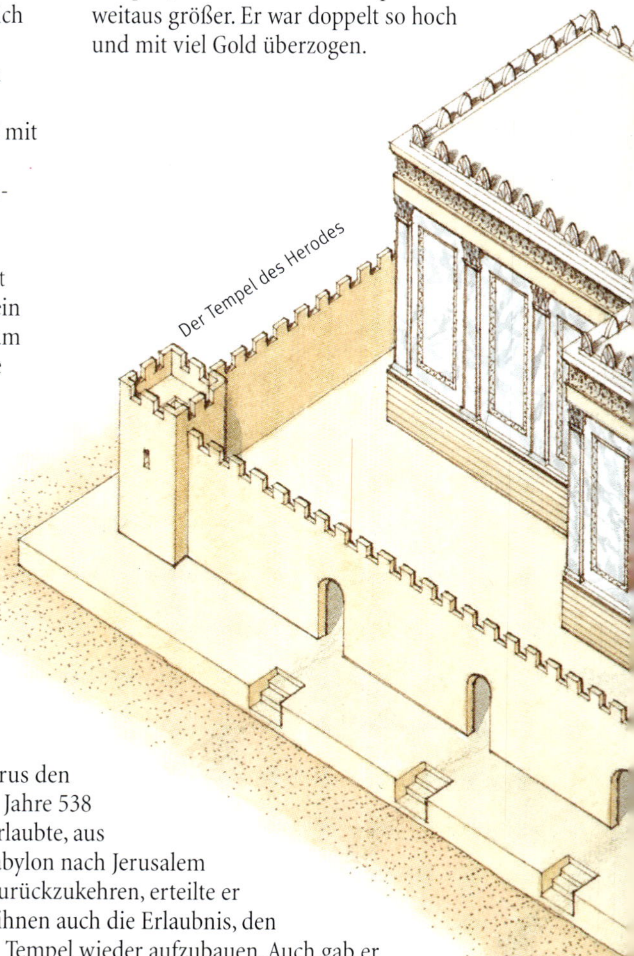

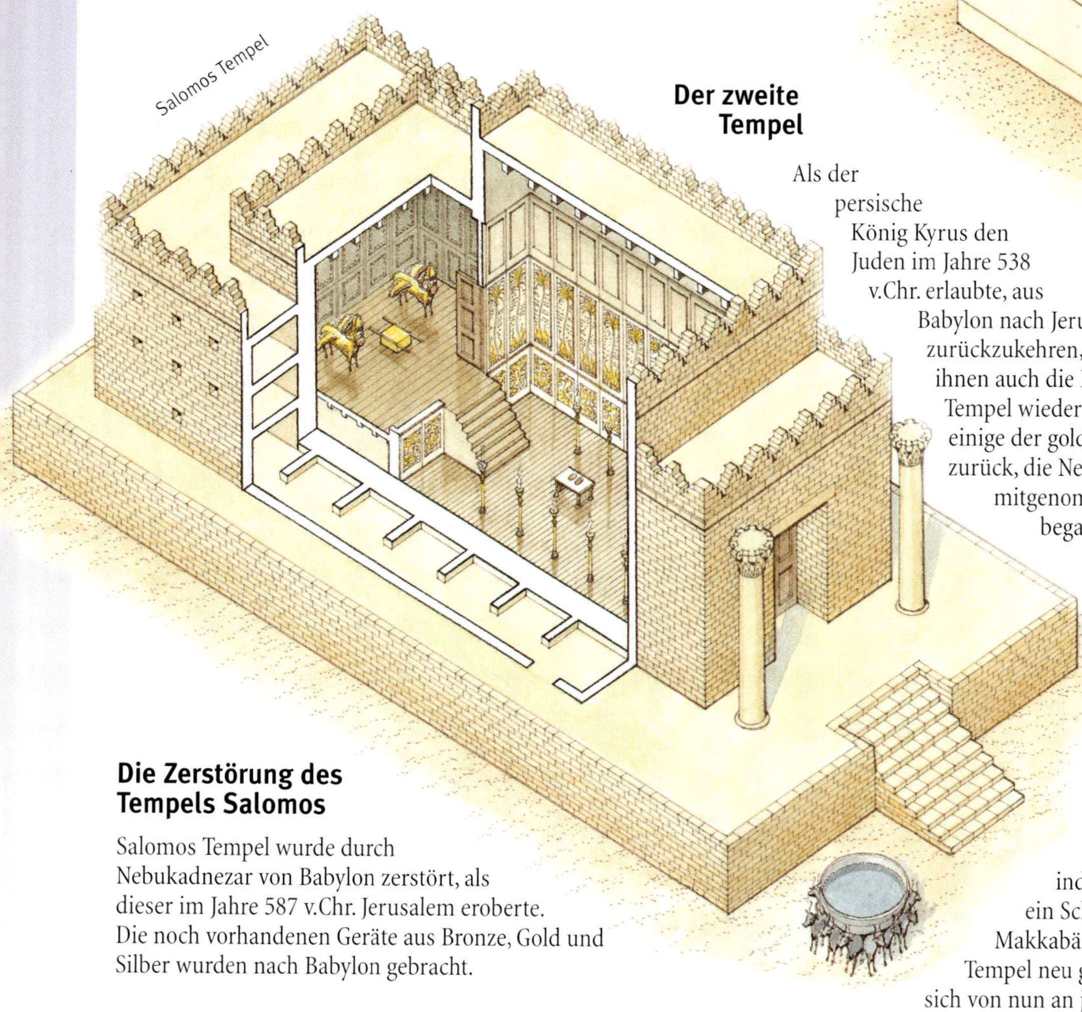

Der zweite Tempel

Als der persische König Kyrus den Juden im Jahre 538 v.Chr. erlaubte, aus Babylon nach Jerusalem zurückzukehren, erteilte er ihnen auch die Erlaubnis, den Tempel wieder aufzubauen. Auch gab er einige der goldenen und silbernen Geräte zurück, die Nebukadnezar aus dem Tempel mitgenommen hatte. Die Rückkehrer begannen unverzüglich mit der Arbeit, ließen diese aber bald entmutigt ruhen. Erst nachdem die Propheten Haggai und Sacharja sie anspornten, wurde der Tempel im Jahre 515 v.Chr. fertiggestellt. Obwohl er 500 Jahre lang bestand, wissen wir sehr wenig über ihn. Ziemlich sicher folgte der Tempel in seiner Bauweise dem Tempel Salomos, war aber nicht annähernd so prachtvoll. Als der seleukidische Herrscher Antiochus IV. Epiphanes (175-164 v.Chr.) ihn entweihte, indem er darin seinen (griechischen) Göttern ein Schwein opferte, führte dies zum Makkabäeraufstand. Drei Jahre später wurde der Tempel neu geweiht – an diese Tempelweihe erinnerte man sich von nun an jährlich mit dem Chanukka-Fest.

Die Zerstörung des Tempels Salomos

Salomos Tempel wurde durch Nebukadnezar von Babylon zerstört, als dieser im Jahre 587 v.Chr. Jerusalem eroberte. Die noch vorhandenen Geräte aus Bronze, Gold und Silber wurden nach Babylon gebracht.

Diese griechische Inschrift verbietet den Nichtjuden, den geweihten Tempelbezirk zu betreten.

Tempelhof

Ein überdachter Säulengang führte rings um den äußeren Hof des herodianischen Tempels. Der Haupteingang befand sich im Süden und führte zum Vorhof der Heiden. Jedermann durfte diesen Bereich des Tempels betreten. Aber Inschriften in Griechisch und Lateinisch verboten den Nichtjuden, den Innenhof zu betreten. Eine Missachtung dieses Gebotes wurde wahrscheinlich mit der Todesstrafe geahndet. Der nächste Bereich war der Vorhof der Frauen, die nicht weiter in den Tempel eintreten durften. Den Männern war es gestattet, bis in den Israelitenvorhof zu gehen und am Laubhüttenfest konnten sie sogar das Heiligtum betreten, um an der Prozession um den Altar teilzunehmen.

Die Kuppel des Hulda-Tores, einer der Eingänge in den herodianischen Tempel

Siehe auch

- Aus dem Exil in die Heimat (S. 34-35)
- Die Geschichte Jerusalems (S. 38-39)
- Bergbau und Metallverarbeitung (S. 134-135)
- Priester und Rituale (S. 162-163)

Das Plateau des herodianischen Tempels

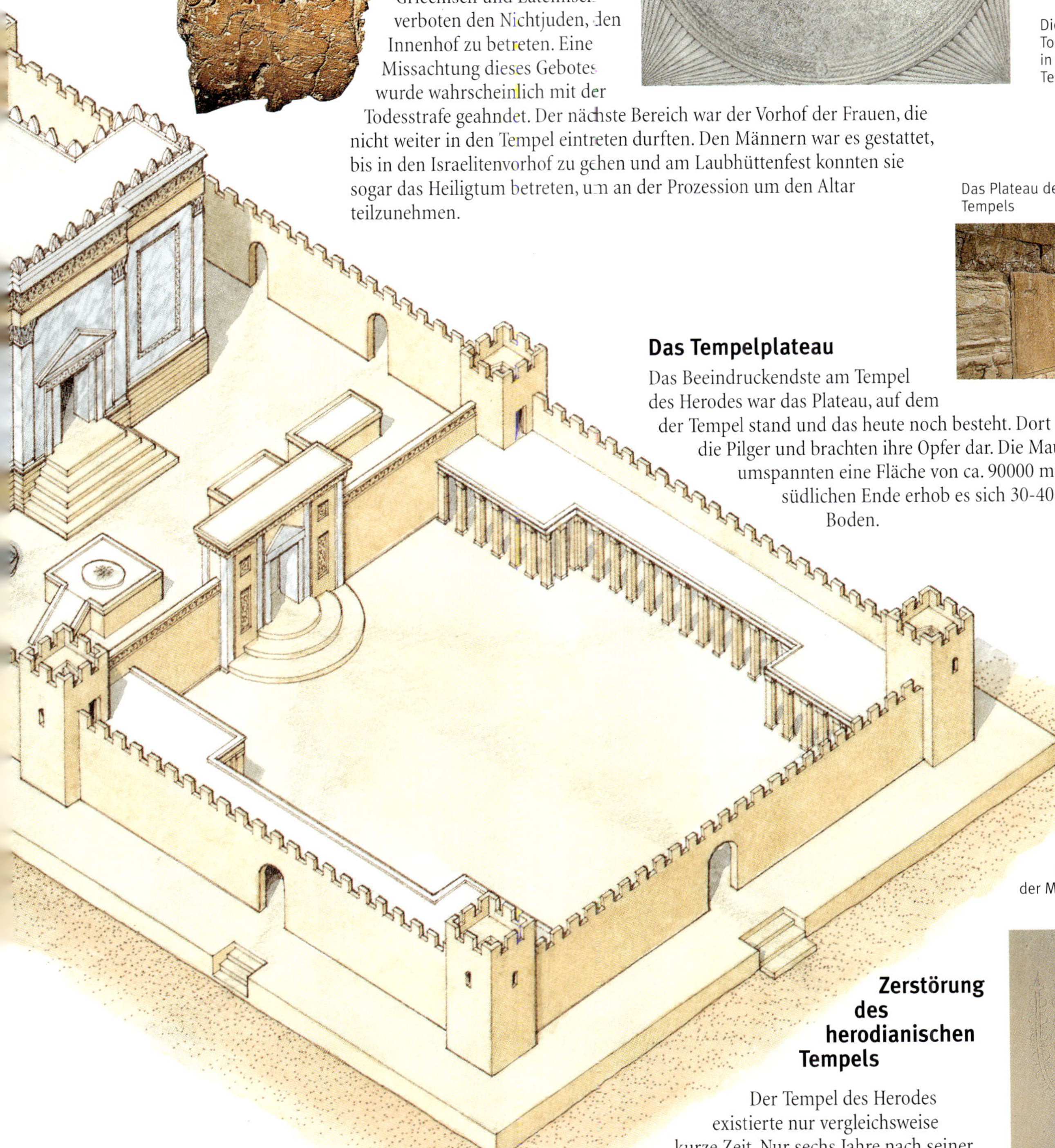

Das Tempelplateau

Das Beeindruckendste am Tempel des Herodes war das Plateau, auf dem der Tempel stand und das heute noch besteht. Dort versammelten sich die Pilger und brachten ihre Opfer dar. Die Mauern dieses Plateaus umspannten eine Fläche von ca. 90000 m². An ihrem südlichen Ende erhob es sich 30-40 m über dem Boden.

Diese Gipsfragmente wurden in den Ruinen eines herodianischen Hauses in Jerusalem gefunden. Sie stellen die älteste bekannte Ansicht der Menora dar, die im Tempel stand.

Zerstörung des herodianischen Tempels

Der Tempel des Herodes existierte nur vergleichsweise kurze Zeit. Nur sechs Jahre nach seiner Vollendung wurde er von den Römern während des jüdischen Aufstandes im Jahre 70 n.Chr. zerstört. Seine Schätze wurden nach Rom überführt.

Priester und Rituale

Im alten Israel waren die Priester für die Darbringung der Opfer und Gaben zuständig. Opferungen waren auch außerhalb des Alten Testaments im Altertum eine selbstverständliche Angelegenheit. Bei den Nachbarvölkern Israels durften Opfer auch Könige, bedeutende lokale Oberhäupter und Priester darbringen.

Aufgaben der Priester und Leviten

Die Aufgaben der Priester und Leviten hingen meist mit dem Tempel und dem Gottesdienst zusammen. Sie hatten jedoch auch einige andere Verpflichtungen, wie z.B. Menschen zu segnen und in schwierigen Fällen Rat zu geben, was den Willen Gottes angeht. Die Priester und Leviten waren auch für die Unterweisung in der Tora verantwortlich.

Die ersten Priester

Die alttestamentlichen Anweisungen für die Priester finden sich in der Tora neben den Beschreibungen der Stiftshütte. Aaron und seine vier Söhne wurden als Vorläufer aller Priester gesehen. Für ihre Verpflichtungen, Rituale und Kleider gab es detaillierte Regeln. Die Priester lebten von den Gaben des Volkes und erhielten sogar einen Teil des Fleisches, das geopfert wurde.

Die Leviten

Aaron kam aus dem Stamme Levi, daher hatten die Leviten eine Sonderstellung. Sie galten als Gott geweiht und von den anderen Stämmen für die religiösen Verpflichtungen ausgesondert. Es gab zu viele Leviten, als dass alle als Priester hätten dienen können. Diejenigen, deren Ahnenreihe nicht direkt auf Aaron zurückging, führten im Tempel Hilfstätigkeiten aus. Die Leviten besaßen kein Land und wurden von den übrigen Stämmen durch die Abgabe des Zehnten der Ernte und des Viehs unterstützt, der Gott gegeben wurde.

Brandopfer

Beim Brandopfer wurden ganze Tiere ohne deren Haut geopfert. Die Tiere mussten fehlerlos sein. Die Opfernden mussten ihre Hände auf das Tier legen, als Zeichen, dass das Tier für ihre eigenen Verfehlungen geopfert wurde. Als weiteres Zeichen, dass das getötete Tier Gott geweiht war, wurde sein Blut über den Altar gesprengt.

Friedensopfer

Das Ritual des Friedensopfers war dem des Brandopfers ähnlich. Allerdings wurde hier nur das Fett – von den Israeliten als der beste Teil geachtet – auf dem Altar verbrannt. Das übrige Fleisch wurde vom Opfernden und dessen Familie gegessen. Da Gott auch vom Opfer genoss, wurde es als ein Freundschaftsmahl mit ihm verstanden.

Tieropfer

In alttestamentlicher Zeit haben Tieropfer vielfältige Bedeutung. Zumeist wurden sie als Bußhandlung gesehen, durch die der Opfernde Frieden mit Gott erwirken konnte.

Weihrauch spielte sowohl bei den kultischen Zeremonien Israels wie auch bei denen ihrer Nachbarn eine wesentliche Rolle. Dieses stehende kanaanäische Tongefäß aus dem 11. Jh. v.Chr. wurde verwendet, um Weihrauch darzubringen.

Der Hohepriester trug eine Brustplatte mit zwölf unterschiedlichen, kostbaren Steinen. In jedem war einer der Namen der Stämme Israels eingraviert. Auf jeder Schulter waren sechs Steine angebracht, die ebenfalls die zwölf Stämme repräsentierten. Wenn der Hohepriester gesalbt wurde, floss das Öl von seinem Haupt auf die Schultern und war symbolisch für den Segen Gottes, der über jeden der Stämme Israels floss.

Speisopfer

Ein Speisopfer bestand aus Mehl, gebackenen Fladen oder rohem Weizen, vermischt mit Öl und Weihrauch. Es war ein freiwilliges Opfer für Gott. Ein Teil des Speisopfers, das Gedenkopfer, wurde am Altar verbrannt. Der Rest wurde von den Priestern verzehrt. Somit war es auch ein Beitrag zum Lebensunterhalt des Priesters. Mit dem Speisopfer bat der Opfernde Gott, seiner mit Wohlwollen zu gedenken.

Siehe auch

- Könige und Herrscher (S. 116-117)
- Antike Religionen (S. 146-147)
- Feste und Feiertage (S. 154-155)
- Religiöse Gruppierungen (S. 168-169)

Die Inschrift lautet: „Das Haus der Trompeten". Sie wurde in der Nähe der südwestlichen Ecke des Tempelberges entdeckt. Wahrscheinlich war sie im Turm des herodianischen Tempels angebracht, wo die Priester standen, um das *Schofar* (Widderhorn) zum Beginn des Sabbats zu blasen.

Am jährlichen Versöhnungstag brachte der Hohepriester zwei Opfer dar: Zuerst opferte er einen Stier zur Sühne der eigenen Sünden und der der Priester. Dann opferte er einen Ziegenbock für die Sünden des Volkes. Er legte seine Hände auf den Kopf eines zweiten Bocks – des „Sündenbocks" –, um dadurch symbolisch die Sünden des Volks auf diesen zu übertragen. Der Sündenbock wurde dann in die Wüste geschickt.

Sündopfer

Ein Sündopfer wurde nach einem Vergehen gegenüber einer anderen Person oder gegenüber Gott dargebracht. Die Sünde verursachte kultische Unreinheit und musste gesühnt werden. Das Blut des Opfertiers wurde versprengt, als Zeichen, dass die Unreinheit durch den Tod des Tieres beseitigt worden war. Ein Teil des Opfers diente dem Priester zum Verzehr.

Der Tod und das Leben danach

In der Frühzeit glaubten die Israeliten, dass Leib und Seele eins seien und dass das Sterben dem ganzen „Selbst" den Tod brachte. Später im Verlauf ihrer Geschichte begannen sie über ein Leben nach dem Tod nachzusinnen.

Zur Zeit des Neuen Testaments war es üblich, dass Gräber zwei Kammern hatten: eine, um die Gebeine der Verstorbenen in einem Gefäß (Ossuar) aufzubewahren, und eine mit einer Bank, wo Verstorbene einbalsamiert lagen. Ein runder Mühlstein in einer Rinne verdeckte den Eingang.

Auferstehung

Nach dem Exil veränderten sich die jüdischen Vorstellungen über den Tod und das Leben danach. Das Buch Daniel deutet den Glauben an ein Weiterleben an, obwohl es verschiedene Ansichten darüber gab, was man sich darunter vorzustellen habe. Zur Zeit des Neuen Testaments gab es diesbezüglich auch unter den unterschiedlichen jüdischen Gruppen Auseinandersetzungen. Die Pharisäer z.B. glaubten an eine Auferstehung, die Sadduzäer nicht.

Scheol

In den Anfängen des Alten Testaments glaubten die Menschen, dass, wenn jemand sterbe, er zum Ort der Toten tief im Erdinneren – Scheol genannt – hinabsteige.

Phönizische Totenmaske aus Terrakotta (3. Jh. v.Chr.)

Annahme des Todes

Durch das Alte Testament hindurch wurde der Tod sowohl als etwas Normales wie auch als ein Einschnitt verstanden. Der Tod wurde am Ende eines langen und erfüllten Lebens positiv angenommen. Viele Kinder zu haben, verbunden mit der Gewissheit, dass dadurch die Familie weiterleben würde, sowie ein ehrenvolles Begräbnis galten als Quelle des Trostes. Wenn der Tod einem Leben zu früh ein Ende bereitete oder wenn keine Kinder vorhanden waren, galt er als Einschnitt oder als Fluch.

Das Weiterleben

Die alten Israeliten glaubten, dass die Toten weiterhin eine aktive Rolle in dieser Welt spielen. Wie bei vielen umliegenden Nationen, so praktizierten auch viele Israeliten Totenbeschwörung oder kommunizierten mit den Verstorbenen mittels eines Mediums. Diese Praxis wurde von den Propheten entschieden verurteilt; es war ihnen jedoch unmöglich, sie zu unterbinden.

Das Grab der Herodesfamilie, Jerusalem

Der neutestamentliche Glaube

Das Neue Testament zeigt, dass die Lehre Jesu den Glauben an eine Auferstehung voraussetzt. Nach Jesu Tod und Auferstehung waren die Christen davon überzeugt, dass es ein Leben nach dem Tod gebe – der Tod verlor seine Schreckensmacht. Als der Missionar Paulus mit dem eigenen Tod konfrontiert wurde, schrieb er: „Christus ist mein Leben und Sterben ist mein Gewinn“ (Phil 1,21).

Ungefähr ein Jahr nach dem Tod wurden die Gebeine der verstorbenen Person in einen Gebeinekasten (Ossuar) gelegt.

Diese Grabstätten im Kidrontal bei Jerusalem wurden im 1. und 2. Jh. v.Chr. von reichen Familien erbaut.

Bestattungsbräuche

Wegen des heißen Klimas war in Palästina eine schnelle Bestattung erforderlich. Wenn eine Person starb, wurden ihr die Augen geschlossen, der Leib gewaschen und mit Leinenbändern eingewickelt. Der Leib wurde nicht in einen Sarg gelegt, sondern auf einer hölzernen Bahre zum Bestattungsort gebracht. Familien und Freunde drückten ihre Trauer öffentlich aus: weinen, klagen, das Tragen von unbequemen Kleidern, barfuß gehen, Asche auf die Haare streuen, die Kleider zerreißen und die Bärte abrasieren. Manchmal wurden berufsmäßige Klageweiber eingestellt, um mitzutrauern. Die Klage dauerte in der Regel sieben Tage, aber für eine wichtige Person noch länger – z.B. 70 Tage für Josef und 30 Tage für Mose. Die Klagezeit war von einer Fastenzeit begleitet. Bei der Grabstätte fand eine Trauerfeier statt.

Särge und Mumie eines ägyptischen Würdenträgers aus der Stadt Theben (828-712 v.Chr.)

Bestattung

Oft begruben die Israeliten ihre Verstorbenen in Höhlen. Einige waren groß genug für die ganze Familie und konnten, wenn nötig, vergrößert werden, indem man „Regale“ in die Felsen hieb, auf die dann die Leichname gelegt wurden. Zur Zeit des Neuen Testaments wurde manchmal ein großer Stein in einer Rinne vor das Grab gelegt, um den Eingang zur Höhle zu blockieren. Weil Gräber nur begrenzt vorhanden waren, wurden die Knochen oft in einen Gebeinekasten (Ossuar) aus Holz oder Stein gelegt.
Reiche Leute hatten oft Gräber mit einer Treppe, die durch den festen Felsen hinunter zur Grabkammer führte. Eine Steinplatte mit einem Felsblock wurde davor gelegt. Die Armen wurden auf öffentlichem Grund und Boden in flachen Gräbern beerdigt. Eine Reihe Steine wurde um den Leichnam gelegt und der Leerraum zwischen den Verstorbenen wurde mit Kieselsteinen und Erde aufgefüllt. Ein Steinmal wurde darauf aufgestellt. Alle Gräber waren weiß bemalt, um die Menschen davor zu warnen, sie nicht zu berühren; jegliche Berührung mit einem Toten konnte einen Menschen kultisch „unrein“ machen.

Siehe auch

- Antike Religionen (S. 146-147)
- Jesus, der Erlöser (S. 190-191)

Die Propheten

Der erste Mensch im Alten Testament, der als „Prophet“ bezeichnet wird, ist Mose. Die meisten Propheten wirkten zur Zeit des Königtums bzw. während und nach dem Babylonischen Exil. Die Botschaft der Propheten sprach zumeist in konkrete Situationen hinein.

Boten

Die Propheten werden am besten als Boten verstanden. Ihre Reden begannen oft mit den Worten „Der Herr spricht“ oder „Der Herr sprach“. So leitete in der Antike ein Abgesandter die Botschaft einer bedeutenden Person ein. Die Propheten wurden von Gott berufen, um seine Pläne und seine Botschaft zu vernehmen und diese den Israeliten mitzuteilen.
Ein Prophet empfing von Gott Botschaften durch Visionen, Auditionen („Hör-Visionen“) oder auf nicht näher erklärte Weise. In ihren Predigten benutzten sie auch Gleichnisse oder auch Zeichenhandlungen. Die Propheten waren stets vollkommen davon überzeugt, dass das, was sie sagten, eine Botschaft von Gott sei.

Gegen den Strom

Normalerweise widersetzten sich die Propheten der allgemein vorherrschenden Meinung. Wenn alles gut zu gehen schien, klagten sie die Missstände der Gesellschaft an und verkündeten Gericht. Wenn das Volk pessimistisch war, verkündeten sie Hoffnung. Sie übermittelten diese unbequemen, herausfordernden Worte Gottes, weil Gottes Ruf in ihr Leben hereingebrochen war und sie einschneidend verändert hatte.

Die Botschaft der Propheten

Die Botschaft der Propheten blickte in die Vergangenheit und rief Israel zu erneutem Gehorsam; sie schaute in die Gegenwart und sprach die Glaubenskrise an, in der sich Israel befand; und sie sah in die Zukunft, weil sie darauf vertraute, dass Gott Israel treu bliebe. Gottes Treue gegenüber Israel mochte zwar die zeitweilige Zerstörung des Volkes beinhalten, aber gleichzeitig auch Anlass zur Hoffnung geben.

Die israelitischen Propheten verkündigten Gottes Warnungen und Verheißungen, indem sie eindrückliche Bilder benutzten, wie z.B. Jeremia das zerbrochene Tongefäß, Hesekiel die Vision der Totengebeine oder Sacharja den goldenen Leuchter.

Samuel

Zur Zeit Samuels tauchten Propheten zuerst in Gruppen auf. Samuel selbst wurde als solcher beschrieben. Bemerkenswert ist, dass Gott durch ihn, wie durch andere Propheten, bekannt gab, welchen König er auserwählt hatte. Samuel salbte Saul und später auch David als Gottes erwählte Herrscher.

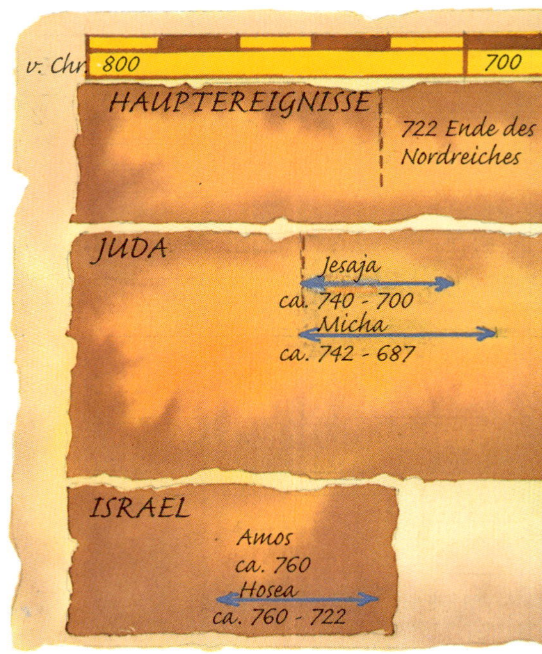

Vor dem Exil

Die Propheten vor dem Exil – Männer wie Amos und Hosea in Israel und Jeremia in Juda – warnten, dass das Gericht unabwendbar sei. Soziale Ungerechtigkeit, Korruption und Untreue gegenüber Gott waren weit verbreitet. Die Propheten riefen das Volk zur Buße auf, aber sie mussten erkennen, dass das Volk dazu oft unwillig war.

Lehrer

Die Propheten waren auch Lehrer und riefen Israel zu erneutem Gehorsam gegenüber Gottes Gesetz auf. Eines der Hauptthemen war die Rückkehr zum ursprünglichen Glauben der Vorväter.

Frühe Propheten

Zur Zeit der frühen Propheten stellten die Philister Israels Hauptbedrohung dar. Der Enthusiasmus dieser frühen Propheten für den Gott Israels stärkte die Entschlossenheit des Volkes, frei und unabhängig zu sein. Aber erst Mitte des 9. Jh.s v.Chr. trat der prophetische Dienst durch Elia und Elisa in den Vordergrund.

Späte Propheten

Die Epoche vom 8. bis 5. Jh. v.Chr. ist bekannt als die „klassische Periode der Prophetie". Die Krise, die dieser neuen Epoche zugrunde lag, war die veränderte politische Situation. Sie führte zuerst zur Zerstörung Samarias durch die Assyrer (712 v.Chr.) und dann nach der Zerstörung Jerusalems durch die Babylonier (586 v.Chr.) zum Exil Judas.
Die Botschaft der „späteren Propheten" jener Zeit kreist um das Exil. Einige sahen es voraus; andere dachten über seine Bedeutung nach. Die Propheten ermutigten zum Neuaufbau der Nation nach der Katastrophe.

Siehe auch

- Zwei Königreiche (S. 28-29)
- Die Macht der Babylonier (S. 32-33)
- Aus dem Exil in die Heimat (S. 34-35)
- Die Propheten – Übersicht (S. 222-223)

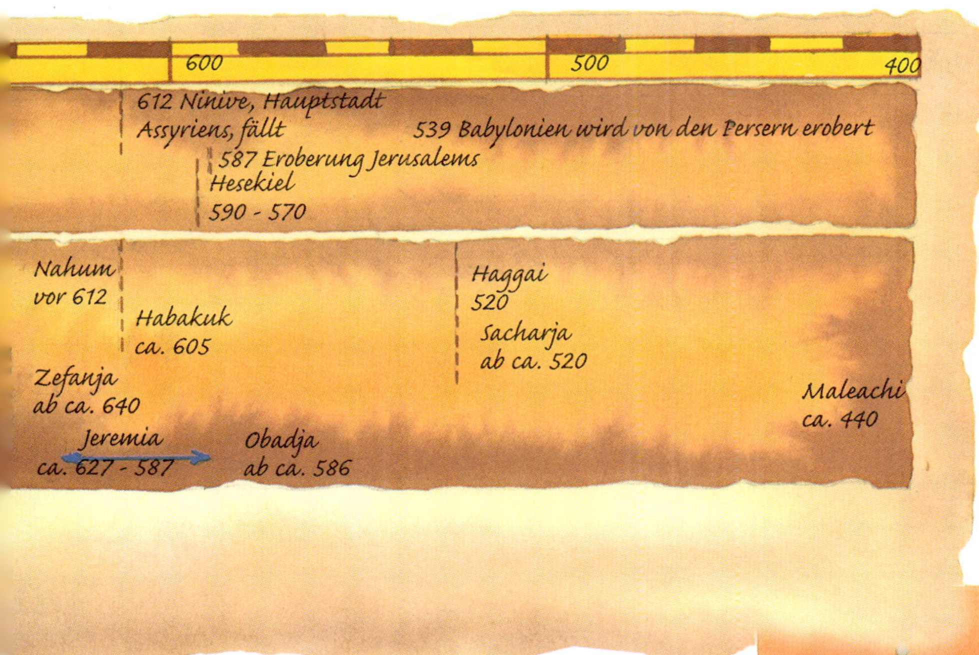

Während des Exils

Als Juda und Israel ins Exil geführt wurden, erkannten wenigstens einige, dass sie diese Strafe verdient hatten. Die Propheten weckten Hoffnung. Hesekiel z.B. sah, wie Israel, gegenwärtig tot wie ein Haufen lebloser Knochen, wieder zu neuem Leben komme, indem Gott es durch seinen Geist zu neuem Leben erweckte. Er erwartete den Wiederaufbau des Tempels und die Neubesiedlung des Landes.

Nach dem Exil

Nachdem die ersten Juden aus dem Exil nach Juda zurückgekehrt waren, trat eine neue Generation von Propheten auf den Plan, um der Entmutigung und der Hoffnungslosigkeit zu begegnen. Hätten Haggai und Sacharja nicht das Volk ermutigt, den Tempel wieder aufzubauen, wäre er nie fertiggestellt worden. Zu jener Zeit wurde die Wiederbelebung des regulären Gottesdienstes zur Priorität.

Falsche Propheten

Zu jeder Zeit in Israels Geschichte standen falsche Propheten auf, die behaupteten, eine Botschaft von Gott zu haben, wenn dem auch nicht so war. Auch diese Propheten begannen ihre Verkündigung mit „So spricht der Herr", doch war dies keine Garantie, dass es sich tatsächlich um ein Wort Jahwes handelte. Das Problem war so weit verbreitet, dass es zum Umgang damit Regeln in der Tora gab.
Ein Prophet, der etwas ankündigte, was nicht eintraf, galt als falscher Prophet. Und wenn seine Botschaft das Volk von Gottes Gebot entfernte, war es eine falsche Botschaft.

Religiöse Gruppierungen

In den Jahrhunderten vor Christi Geburt entstanden in Palästina eine Anzahl jüdischer religiöser Gruppierungen. Die meisten Juden gehörten keiner dieser Gruppen an, doch deren Mitglieder hatten oft hohes Ansehen und großen Einfluss.

Die Chasidim (die „Frommen")

Die Chasidim (Hasidäer) waren keine organisierte Gruppe. Dieser Name wurde jenen Juden gegeben, die den hellenistischen Einflüssen widerstanden. Im 2. Jh. v.Chr. schlossen sich einige von ihnen den Makkabäern in deren bewaffnetem Kampf gegen die griechischen Herrscher an. Andere wiederum waren Pazifisten. Alle waren jedoch treue Anhänger der Gesetze Gottes und Gruppen wie die Pharisäer oder die Essener haben ihren Ursprung in den Chasidim.

Die Pharisäer

Die Pharisäer waren eine strenge jüdische Sekte, deren Ursprung wahrscheinlich ins 2. Jh. v.Chr. zurückgeht, aber ansonsten nicht ganz geklärt ist. Es waren Laien, keine Priester, die sich eng an die Gebote Gottes hielten und die alten Traditionen regelmäßig auf den neuesten Stand brachten, damit sie den veränderten Situationen entsprachen. Oft erweiterten sie dabei die Anwendung der Gesetze und fügten neue Gebote zum Schutz des Gesetzes hinzu. Indem die Leute jene Gebote hielten, waren sie weniger gefährdet, dem eigentlichen Gesetz nicht zu gehorchen.
Obwohl die Pharisäer die größte religiöse Gruppe zur Zeit Jesu war, zählte auch sie nur etwa 6000 Personen. Sie waren sehr fromm, konnten aber auch jene Menschen verachten, die ihre Lebensart nicht teilen wollten oder konnten.

Die Pharisäer waren eine gottesfürchtige Gruppe, was sich in ihrer Kleidung widerspiegelte. Auf der Stirn trugen sie eine Tefillin (kleiner lederner Behälter; Gebetsriemen), die vier kleine Pergamente enthielt, auf denen je eine Schriftstelle stand. Eine weitere solche Schatulle mit einem Pergament war um den linken Arm gewickelt.

Höhlen in Qumran. In der Nähe befand sich ein Kloster der Essener-Gemeinschaft.

Die Essener

Die Essener waren eine kleinere und exklusivere Gruppe als die Pharisäer. Ihr Ursprung geht ins 2. Jh. v.Chr. zurück, wo sie eine Protestbewegung war gegen griechische Einflüsse auf die jüdische Religion, gegen korrupte Könige und gegen die zunehmende Gleichgültigkeit des jüdischen Volkes gegenüber dem Gesetz. Sie waren noch strenger als die Pharisäer, die sie als „solche, die bequeme Auslegungen geben" bezeichneten. Sie distanzierten sich so von der jüdischen Gesellschaft, dass viele es vorzogen, in klosterähnlichen Gemeinschaften zu leben. Sie erwarteten eine endzeitliche Wende und rechneten damit, im kommenden messianischen Zeitalter eine wesentliche Rolle zu spielen.
Die Qumrangemeinschaft, welche die Schriftrollen vom Toten Meer schrieb, war wahrscheinlich Teil der Essener.

Die Festung Masada war für die Zeloten Schauplatz einer Tragödie. Während des Aufstandes gegen Rom (66-73 n.Chr.) hielt eine Gruppe von Zeloten für kurze Zeit die Festung. Die Römer waren gezwungen, eine große Rampe zu bauen, um die Festung zu erobern. Als sie jedoch durch die Mauern brachen, entdeckten sie, dass alle 900 Personen, Männer, Frauen und Kinder, Selbstmord begangen hatten, um dadurch der Gefangenschaft zu entgehen.

Die „Tempelrolle" aus Qumran

Die Zeloten

Diese Gruppe hielt den Geist des Judas Makkabäus lebendig, des Führers des Makkabäeraufstands, der erfolgreich die Armee des Antiochus IV. bekämpfte (2. Jh. v.Chr.). Sie weigerten sich, den Römern Steuern zu bezahlen, und hielten sich für den Krieg bereit, der Gottes Reich herbeiführen würde. Zur Zeit des Neuen Testaments schürten sie einige Revolten. Eine davon endete erst mit der Zerstörung Jerusalems durch die Römer im Jahre 70 n.Chr.

Bad für rituelle Waschungen, Qumran

Die Schriftgelehrten

Die Schriftgelehrten waren keine religiöse oder politische Gruppe. Sie waren professionelle Experten im alttestamentlichen Gesetz. Sie wurden auch Gesetzeslehrer oder Rabbis genannt. Sie legten das Gesetz aus und wandten es auf das Alltagsleben an.

Die Sadduzäer

Diese Gruppe war kleiner, aber einflussreicher als die Pharisäer.
Die meisten Sadduzäer stammten aus Priesterfamilien. Sie unterstützten den hasmonäischen Hohenpriester und später die römischen Herrscher.
Im Gegensatz zu den Pharisäern sahen sie keine Notwendigkeit darin, die alten Traditionen neu aufzuwerten. Vom Alten Testament erkannten sie nur die Tora als bindend an. Sie glaubten nicht an eine Auferstehung der Toten, nicht an Engel und Geister und hielten nichts von den apokalyptischen Schriften.

Siehe auch

- Ausbildung und Unterricht (S. 100-101)
- Gottes Gesetz in der Praxis (S. 152-153)
- Priester und Rituale (S. 162-163)
- Jesus, der Prophet (S. 186-187)

Jüdischer Glaube im Neuen Testament

Feste, Opfer, die Synagoge, Gottesdienste sowie Fasten- und Gebetszeiten bildeten die Grundlagen jüdischer Religion. Das Judentum prägte jedoch auch andere Lebensbereiche.

Diese Synagoge in Kapernaum ersetzte jene, in der einst Jesus wirkte.

Im Tempel

Zur Zeit des Neuen Testaments war der Tempel immer noch das Zentrum des religiösen Lebens der Juden. Zu den großen jährlichen Festen erschienen große Scharen von Pilgern. Er war auch ein Zentrum der religiösen Unterweisung. Die Priester führten im Tempel noch immer die Opferungen und Rituale aus, die in der Tora vorgegeben waren.

Tempelrituale

Im Tempel begann der Tag mit der Vorlesung von Bibelstellen sowie mit Gebeten. Die wichtigsten Rituale waren das Morgen- und das Abendopfer. Darauf wandte sich der Priester den Tempelbesuchern zu und sprach den Segen aus dem 4. Buch Mose:

Der HERR segne dich und behüte dich;

der HERR lasse sein Angesicht leuchten über dir und sei dir gnädig;

der HERR hebe sein Angesicht über dich und gebe dir Frieden.

Der Tempelchor sang Loblieder und manchmal stimmte das Volk dabei mit ein, besonders während der Fackelprozession beim Laubhüttenfest.

Eines der jüdischen Motive ist der Stern Davids, hier in Stein gemeißelt in der Synagoge von Kapernaum.

Speisegesetze

Das alttestamentliche Gesetz beinhaltet eine lange Liste jener Tiere, die nicht gegessen werden durften. Um zu vermeiden, dass jemand Blut aß, gab es strenge Anweisungen, wie die essbaren Tiere geschlachtet werden mussten. Diesem Gesetz entsprechend geschlachtetes Fleisch, wie auch sonst das, was rituell als rein und unbedenklich gilt, nennt man heute *koscher*.

Häusliche Sitten

Es wurde erwartet, dass jeder Jude zu Hause morgens, mittags und abends das „Achtzehnbittengebet" sprach. Jede Bitte beginnt mit „Gesegnet seist Du, O Herr, König des Universums". Alle Bitten preisen Gott – für seine Verheißung des Erlösers oder für die Auferstehung der Toten, für die Gabe der Buße oder für die Heilung der Kranken etc.
Vor den Mahlzeiten sagte der Vater: „Gesegnet seist Du, unser Gott, König des Universums: Du schufst die Frucht des Weinstocks" (oder auch „Du lässt aus der Erde Frucht wachsen" oder „Du bringst die Frucht der Bäume hervor").

Der Zehnte und die Steuern

Jedes Jahr wurde der Zehnte an den Tempel für den Lebensunterhalt der Priester bezahlt. Eine zweite Steuer wurde für die Opfermahlzeiten verwendet, an welcher der Opfernde und seine Familie während eines der Feste teilnahmen. Eine dritte Steuer diente der Armenunterstützung.

Unreinheit

Viele Dinge machten einen Menschen rituell „unrein" und damit unfähig, am Gottesdienst teilzunehmen. Dazu gehörte etwa die Menstruationsblutung, aber auch das Berühren von Leichnamen oder der Genuss von Fleisch, das Blut enthält. Für alle Lebensumstände gab es Riten, um die verloren gegangene Reinheit wieder herzustellen.

In der Synagoge

Die Synagoge nahm ihren Anfang im Exil, als es keinen Tempel für die Juden gab und sie weit weg von Jerusalem waren. Zur Zeit Jesu trafen sich die Juden am Sabbat üblicherweise in der örtlichen Synagoge. Der Gottesdienst in der Synagoge bestand hauptsächlich aus einer Schriftlesung (normalerweise ein Abschnitt aus dem Gesetz und einer aus den Propheten) sowie Gebeten. Die Synagoge diente als Schule, Zentrum der örtlichen Verwaltung und als Gottesdienstraum. In jeder Synagoge befand sich ein Behälter, der Toraschrein, in welchem die Schriftrollen des Gesetzes aufbewahrt wurden. Die Leiter saßen vor der Lade, den übrigen Gottesdienstbesuchern zugewandt. Männer und Frauen saßen getrennt.

Dieser Steinsitz aus Galiläa wurde aus einem einzigen Basaltstein gehauen (100 n.Chr.). Die Inschrift lautet: „Möge May Yudan, Sohn des Ismael, der diese Halle und dessen Treppe baute für immer in guter Erinnerung bewahrt bleiben. Als Belohnung möge er seinen Anteil mit den Gerechten empfangen"

Der Gottesdienst in der Synagoge

Der Gottesdienst in der Synagoge begann mit dem *Schema* aus dem 5. Buch Mose: „Höre, Israel, der HERR ist unser Gott, der HERR allein. Und du sollst den HERRN, deinen Gott, lieb haben von ganzem Herzen, von ganzer Seele und mit all deiner Kraft." Die Bibeltexte wurden in Hebräisch gelesen. Weil jedoch die meisten Juden zur Zeit Jesu Aramäisch sprachen, wurde durch einen Übersetzer eine Vers-für-Vers-Übersetzung und -Erklärung gegeben. Manchmal wurden auch Predigten gehalten.

Die Synagoge von Kapernaum stand im Zentrum dieser Stadt am See Genezareth, die im Neuen Testament sehr häufig in Verbindung mit dem Wirken Jesu genannt wird.

Siehe auch

- Speisegesetze und -Sitten (S. 108-109)
- Gottes Gesetz in der Praxis (S. 152-153)
- Feste und Feiertage (S. 154-155)
- Jesus, der Lehrer (S. 182-183)
- Evangelien und Apostelgeschichte (S. 242-243)

Die ersten Christen

Der Gottesdienst der ersten Christen beinhaltete Elemente aus dem jüdischen Kult. Im Laufe der Zeit fügten die Christen nicht nur von Jesus eigens gestiftete Riten wie z.B. das Abendmahl ein, sondern sie trennten sich auch von gewissen jüdischen Gebräuchen.

Ein neues Leben

Im Neuen Testament ließen sich die Leute taufen, sobald sie sich dafür entschieden hatten, an Jesus Christus zu glauben. Wahrscheinlich wurden bei der Taufe die Leute in einem Becken oder einem Fluss untergetaucht. Das Neue Testament erklärt, dass die Person im Unter- und Auftauchen symbolisch den Tod, das Begräbnis und die Auferstehung erlebe.

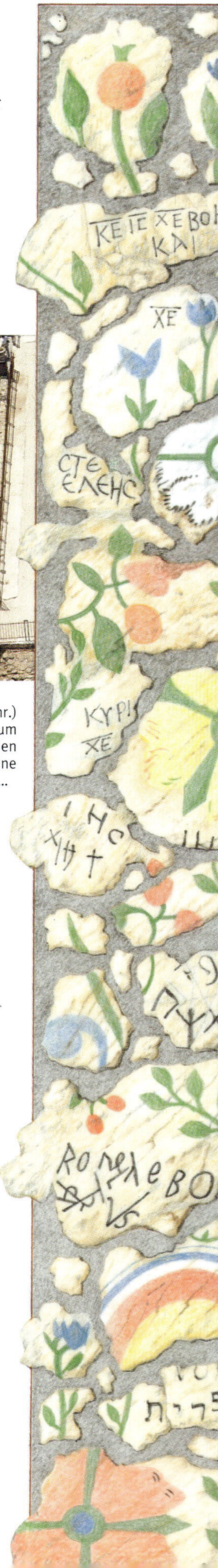

Solche Mörtelüberreste (möglicherweise aus dem 2./3. Jh. n.Chr.) wurden bei Ausgrabungen im Haus des Petrus in Kapernaum entdeckt. Etwa 131 Inschriften in Griechisch und Aramäisch wurden gefunden, auf einigen fanden sich die Namen Jesus und Petrus. Eine Einschrift gibt ein Gebet wieder: „O Herr Jesus Christus hilf … und …“ (die zwei fehlenden Namen sind nicht identifizierbar).

Tempel und Synagogen

Die ersten Christen waren allesamt Juden. So ist es nicht erstaunlich, dass sie in ihren Gottesdienst vieles aus ihrem jüdischen Hintergrund einbezogen. Sie beteten weiterhin im Tempel in Jerusalem an, fügten aber ein besonderes christliches Mahl hinzu. Im Laufe der Zeit erkannten die Christen jedoch, dass die Opferungen nicht mehr erforderlich waren, denn sie glaubten, dass Jesu Tod das endgültige Sühneopfer sei. Die Heidenchristen haben allerdings nie am Tempelgottesdienst teilgenommen.
Während mehrerer Jahrzehnte besuchten Judenchristen noch regelmäßig die Synagoge. Der synagogale Gottesdienst mit seinen Lesungen, Gebeten und der Predigt, wurde zum Modell für frühchristliche Gottesdienste.

Die Überreste des Petrus zugeschriebenen Hauses

Glaubensbekenntnisse und Hymnen

Die neutestamentliche Gemeinde war eine Gemeinschaft, die an gewisse grundlegende Wahrheiten glaubte. Diese wurden nicht nur im Neuen Testament festgehalten, sondern auch im Gottesdienst ausgedrückt, oft in Form von Liedern.
Einige der frühchristlichen Bekenntnisse sind einfach und kurz. „Jesus ist Herr” war das grundlegendste. Dies waren wohl Worte, die jede Neubekehrte sprach. Einige Bekenntnisse beinhalten zwei oder drei Glaubensaussagen. „Es gibt nur einen Gott und nur einen Mittler zwischen Gott und den Menschen, nämlich Christus Jesus, der selber Mensch wurde”, „Ein Herr, ein Glaube, eine Taufe”.
Zuweilen haben die neutestamentlichen Autoren frühchristliche Glaubensbekenntnisse zitiert. Die folgenden Worte aus dem Timotheusbrief stammen aus einem Glaubensbekenntnis und sind in der Form eines Hymnus wiedergegeben, in dem von Christus gesagt wird:

Der geoffenbart worden ist im Fleisch,

gerechtfertigt im Geist,

gesehen von den Engeln,

gepredigt unter den Nationen,

geglaubt von der Welt

*aufgenommen in Herrlichkeit.**

Noch detailliertere Bekenntnisse zur Person und zum Werk Jesu finden sich bei Paulus im Philipperbrief. Der Hymnus endet mit dem Bekenntnis des Neubekehrten: „Alle Zungen sollen bekennen, dass Jesus Christus derHerr ist.”

* aus 1Tim 3,16 nach Rev. Elberfelder Bibel

Das Mosaik in Tabga, Galiläa, zeigt Brote und Fische, welche symbolisieren, was Jesus an diesem Ort getan hat.

Das Abendmahl

Jesus setzte dieses gemeinsame Mahl während des Passafestes ein, das er mit seinen Jüngern vor seinem Tod feierte. Beim Passa schauten die Juden zurück auf die Befreiung ihrer Vorfahren aus der ägyptischen Sklaverei und voraus auf das kommende Reich Gottes. Das Abendmahl schaut zurück auf den Tod Jesu und voraus auf die Zeit seines Wiederkommens. Zur Zeit des Neuen Testaments war das Abendmahl eine richtige Mahlzeit, eingenommen in den Häusern der Gläubigen. Erst später wurde die Feier in ein besonderes Gebäude verlegt und christliche Gebete und Lobgesänge, die sich aus den Gottesdiensten der Synagogen oder von anderswo entwickelt hatten, zu einer in den meisten Kirchen liturgisch durchgestalteten Zeremonie zusammengefügt.

Taufe

Jesu Nachfolger tauften jene, die sich ihnen anschlossen. Auch dieser Ritus hatte einen jüdischen Hintergrund. In der Zeit zwischen den Testamenten wurden Menschen, die zum Judentum konvertierten, getauft oder in Wasser untergetaucht. Üblicherweise geschah dies in einem Fluss als Zeichen der Reinigung. Johannes der Täufer taufte viele als Zeichen ihrer Buße und inneren Reinigung durch Gott.

Siehe auch

- Die Entstehung des Christentums (S. 42-43)
- Die ersten Gemeinden (S. 46-47)
- Das Gebet (S. 46-47)
- Jesus, der Erlöser (S. 190-191)

Brot und Wein

Brot und Wein sind wesentlich beim Abendmahl. Jesu Tod wurde als Opfer verstanden, das einen neuen Bund zwischen Gott und den Menschen begründete. Der Wein ist ein Zeichen für das Blut oder den Tod Jesu. Der Wein deutet auch auf das kommende Reich Gottes. Als die Christen das Brot brachen, identifizierten sie es mit dem „Leib Christi" und betonten, dass Jesu unter ihnen sei.

Gebet

Das Neue Testament berichtet sowohl von Gebeten Einzelner, wie auch von Gebeten in Gruppen. Diese waren spontan und stark geprägt vom Geist und der Sprache des Alten Testaments.

Dieses Wandgemälde aus der griechischen Kapelle der Katakombe der Priscilla zeigt eine Abendmahlsfeier.

Das Gebet

Durch die ganze Bibel hindurch wird das Gebet als ein Dialog zwischen Gott und den Menschen gesehen. Die Menschen glaubten, dass das Gebet wirklich etwas in ihrem Leben bewege und dass es zu einer engeren Gottesbeziehung führe.

Beten im Alten Testament

Im Alten Testament sind Dutzende von Gebeten festgehalten. Einige waren kurz, andere länger und etliche literarisch durchgestaltet. Vielfach sind es Gebete Einzelner während Zeiten der Not, doch es finden sich auch öffentliche Gebete. Als die Juden während des Exils nicht mehr zum Tempel gehen konnten, wurden die täglichen Gebete Grundlage ihrer Frömmigkeit.

Die Psalmen

Das Buch der Psalmen ist die größte Sammlung von Gebeten in der Bibel. Sie umfassen die ganze Spannbreite menschlicher Emotionen. Einige Psalmen sind fröhliche Loblieder auf Gott, andere sind Klagen über Situationen voller Qual und Sorgen.

„Denn vom Aufgang der Sonne bis zum Niedergang ist mein Name herrlich unter den Heiden, und an allen Orten wird meinem Namen geopfert und ein reines Opfer dargebracht; denn mein Name ist herrlich unter den Heiden, spricht der HERR Zebaoth." (Mal 1,11)

Jesu Anweisungen zum Gebet

Jesus lehrte seine Nachfolger, dass niemand beten solle, nur um andere zu beeindrucken. In Gruppen zu beten war gut, aber das Gebet sollte auch etwas Privates sein. Das Gebet sollte schlicht sein, nicht sonderlich lang oder wortgewandt. Jesus lehrte auch, dass die Menschen im Gebet ausdauernd sein sollen im Bewusstsein, dass Gott sie hört, und nicht unbedingt eine sofortige Antwort erwarten sollen.

Im Neuen Testament wird berichtet, wie Jesus eine Geschichte von Menschen erzählte, die sich ihrer eigenen Frömmigkeit sehr sicher waren. Er verglich die Einstellung eines selbstgerechten Pharisäers mit der eines reuigen Zöllners beim Beten. Der Zöllner näherte sich Gott in Demut und bettelte um Gottes Gnade. Von diesem Mann sagte Jesus, dass er im Frieden nach Hause ging. „Denn wer sich selbst erhöht, der soll erniedrigt werden; und wer sich selbst erniedrigt, der soll erhöht werden" (Lk 14,11).

Siehe auch

Jesus, der Lehrer (S. 182-183)

Die ersten Christen (S. 172-173)

Psalmen (S. 220-221)

Das Gebet und die ersten Christen

Das Neue Testament berichtet von vielen Gelegenheiten, bei denen Jesus betete. Es ist offensichtlich, dass er in entscheidenden Momenten seines Lebens im Gebet vor Gott stand. Die ersten Christen folgten dem Beispiel Jesu. Sie beteten z.B. regelmäßig bei der Wahl von Leitern, für Mut in Zeiten der Verfolgung und für den Erfolg der Missionsarbeit des Paulus und Barnabas. In der Tat, die erste Gemeinde kennzeichnete sich durch das Gebet.

Worte aus neutestamentlichen Gebeten

Einige Worte aus den Gebeten der ersten Christen erscheinen im Neuen Testament unübersetzt.

Marana tha. Diese zwei aramäischen Worte bedeuten „Unser Herr, komm". Die ersten Christen sprachen Jesus so an, um ihn „Herr" zu nennen, so wie die Juden nur Gott allein nannten.

Abba. Jesus selber sprach Gott so an. Es ist ein aramäisches Wort und bedeutet „lieber Vater". Kinder sprachen so von ihren Vätern und einige Menschen fanden es unpassend, Gott in dieser Art anzusprechen. Aber Jesu Beziehung zu Gott war vertraut genug, dass er sich frei fühlte, dieses vertrauliche Wort zu benutzen und er ermutigte seine Jünger, es ebenso zu tun.

Amen. Dieses hebräische Wort wurde im Tempel und in den Synagogengottesdiensten am Ende der Gebete gebraucht. Es bedeutet „Dies ist sicher" oder „Darüber besteht kein Zweifel".

Segenszuspruch

Viele Christen haben über die Jahrhunderte hinweg die Worte aus dem zweiten Korintherbrief als Segensspruch benutzt: „Die Gnade unseres Herrn Jesus Christus und die Liebe Gottes und die Gemeinschaft des heiligen Geistes sei mit euch allen!" (2Kor 13,13)

Das Vaterunser

Das Neue Testament erzählt, wie Jesus seinen Jüngern das Vaterunser lehrte, als diese ihn fragten, wie sie beten sollten (Mt 6,9-13).

Unser Vater im Himmel!

Dein Name werde geheiligt.

Dein Reich komme.

Dein Wille geschehe

wie im Himmel so auf Erden.

Unser tägliches Brot gib uns heute.

Und vergib uns unsere Schuld,

wie auch wir vergeben unsern Schuldigern.

Und führe uns nicht in Versuchung,

sondern erlöse uns von dem Bösen.

Teil 2: Bildnachweise

Abkürzungen:
o = oben, ol = oben links, om = oben Mitte, or = oben rechts
m = Mitte, ml = Mitte links, mr = Mitte rechts
u = unten, ul = unten links, um = unten Mitte, ur = unten rechts

Illustrationen
DA = David Atkinson, GH = Gwyn Hughes,
RN = Rex Nicholls

Fotos
JA = Jon Arnold, ZR = Zev Radovan,
Reliefkarten = Lion Publishing

Seite
146 *o* Wandgemälde: Mary Jelisse, The Ancient Art and Architecture Collection
146-147 *u* sumerische geweihte Statuen: Courtesy of the Oriental Institute of the University of Chicago
147 *om* in Stein gemeißelte Inschriften: TZ
147 *m* Assyrische Tempeldiener: Lion Publishing
147 *mr* Statuetten ägyptischer Götter: The Ancient Art and Architecture Collection
148 *or* Figur einer kanaanäischen Göttin: Ashmolean Museum, Oxford
148 *m* Baalsstatue: Sonia Halliday Photographs
148 *um* Höhle: JA
148-149 *u* große Illustration: Linda Smith
149 *om* Münze des Antiochus IV.: ZR
150 *om* Oase Yotvata: JA
150 *u* Hügelland bei Jerusalem: JA
151 *ol* Darstellung eines Toraschreins: ZR
151 *m* israelitischer Tempel in Arad: JA
151 *ur* Tonscherbe: ZR
152-153 *u* orthodoxer Jude: JA
153 *ol* Esel: RN
153 *om* Sklaven: Lion Publishing
153 *m* Schweine: RN
153 *u* Ähren: RN
154 *u* Mann: Martin Sanders
154-155 große Illustration: Linda Smith
156 jährliche Feste: DA
156 Trompeter: Martin Sanders
158 *om* Bundeslade: RN
158 *u* Stiftshütte: RN
159 *o* Weihrauchlöffel: ZR
159 *u* Tisch der Schaubrote: RN
160 *ul* Salomos Tempel: Stephen Collin
160-161 Tempel des Herodes: Stephen Collin
161 *ol* griechische Inschrift: ZR
161 *om* Deckengewölbe: RN
161 *mr* Tempelplateau: Lion Publishing/David Townsend
161 *ur* Gipsfragment: ZR
162 große Illustration: Martin Sanders
163 *ol* Weihrauchständer: ZR
163 *or* Brustplatte: RN
163 *ur* Inschrift: ZR
164 *om* Gräber: Joshua Smith
164 *ml* phönizische Terrakotta-Totenmaske: ZR
164-165 Särge und Mumie: Ashmolean Museum, Oxford
165 *ol* Familiengrab des Herodes: JA
165 *or* Gebeinekasten: RN
165 *m* Gräber im Kidrontal: RN
166-167 Zeitskala: DA
167 *ul* Karte: DA
168 *ul* Pharisäer: Lion Publishing/Mark Astell
168-169 Festung Masada: Comstock UK 1998/Ted Spiegel
169 *om* Qumranhöhle: JA
169 *mr* „Tempelrolle" aus Qumran: ZR
169 *ur* rituelles Bad: Lion Publishing/David Townsend
170 *ml* Eingemeißelter Davidstern: RN
170-171 Synagoge in Kapernaum: JA
171 *mr* aus Stein gehauener Sitz: RN
171 *ur* Synagoge in Kapernaum: ZR
172 *ul* Mosaik: JA
173 *m* Tongefäße: ZR
173 *u* Wandgemälde: Lion Publishing/Benedettine di Priscilla
174-175 *u* große Illustration: Linda Smith
175 *o* Pharisäer und Zöllner: GH

Jesus Christus

Teil 5

Die Anfänge

Seit 2000 Jahren ist Jesus Christus die zentrale Gestalt der Menschheitsgeschichte. Unsere Zeitrechnung richtet sich nach dem Datum seiner Geburt aus. Über zwei Milliarden Menschen sehen ihn als den Sohn Gottes an. Aber nicht nur die Christen bewundern ihn. Auch Angehörige anderer Religionen, wie etwa Mahatma Gandhi, der Gründer des modernen Indien, ließen sich stark von ihm inspirieren. Auch der Koran lobt Jesus als Menschen mit einzigartigen Erkenntnissen über das Wesen Gottes.

Wer war Jesus?

Wer war Jesus? Und was weiß man über ihn? Es kann kein Zweifel daran bestehen, dass Jesus wirklich gelebt hat, dass er von etwa 27 bis 30 n.Chr. als Wanderprediger durch Israel (damals aufgeteilt in römische Provinzen) zog, dass er von den Römern gekreuzigt wurde und dass seine Anhänger glaubten, dass er von den Toten auferstand. Der jüdische Geschichtsschreiber Josephus beschrieb ihn mit den Worten: „In dieser Zeit trat Jesus auf, ein weiser Mensch, wenn es überhaupt rechtens ist, ihn als Menschen zu bezeichnen. Denn er vollbrachte wunderbare Taten und lehrte die Menschen, die gern die Wahrheit hören. Er zog viele zu sich, sowohl Juden als auch Heiden …" In den vier Evangelien des Neuen Testaments – Matthäus, Markus, Lukas und Johannes – sind die ausführlichsten Beschreibungen von Jesu Leben und Lehre erhalten.

Die Geschenke der Weisen für Jesus hatten für die Kunstgeschichte tiefe symbolische Bedeutung: Gold, das kostbarste Metall der Antike, repräsentierte Jesu Königsherrschaft; Weihrauch, das bei Gottesdiensten verbrannt wurde, war ein Symbol für das Gebet und ein Hinweis auf Jesu Rolle als „Priester", der die Menschen näher zu Gott bringt; Myrrhe, mit dem normalerweise die Toten einbalsamiert wurden, war ein Hinweis auf die furchtbare Tatsache, dass Jesus sein Leben lassen würde.

„Die Anbetung der Magier", Hieronymus Bosch (ca. 1450-1516)

Jesu Kindheit

In den Evangelien des Neuen Testaments sind Geschichten über Jesu Geburt erhalten, aber erstaunlich wenig über seine Kindheit. Diese unübersehbare Lücke veranlasste spätere Generationen, ihre eigenen Erzählungen über Jesus als Kind und Jugendlichen zu erfinden. Aus dem zweiten Jahrhundert und danach sind mehrere solcher Geschichten erhalten. Sie haben Titel wie *Das Evangelium von der Geburt Marias, Die Geschichte Josefs, des Zimmermanns* und *Das Kindheitsevangelium nach Thomas.* Bei diesen „Evangelien" handelt es sich unübersehbar um Legenden. Ihr Hauptanliegen ist es, zu „beweisen", dass Jesus auch als Kind schon über Wunderkräfte verfügte – Kräfte, die er angeblich nutzte, um sowohl seine Familie als auch die religiöse Führungsschicht in Verlegenheit zu bringen.

Die Landschaft um die Stadt Bethlehem, Jesu Geburtsstadt

Jesu Familienhintergrund

Jesus war nicht das einzige Kind seiner Familie. In den Evangelien des Neuen Testaments werden Brüder und Schwestern und auch seine Mutter Maria erwähnt. Sein Vater Josef taucht jedoch nach Jesu Geburt nicht mehr auf, was zu Spekulationen führte, er könnte gestorben sein, bevor Jesu öffentliches Auftreten begann.

Unter seinen Geschwistern ragt besonders Jakobus heraus, der später der führende Kopf der Jerusalemer Gemeinde wurde. Er gilt als der Verfasser des biblischen Jakobusbriefs und wurde im Jahre 62 n.Chr. gesteinigt. Auch Judas, einem weiteren Bruder Jesu, verdanken wir einen nach ihm benannten neutestamentlichen Brief.

Nur eine einzige Geschichte über Jesu Kindheit findet sich in der Bibel. Im Alter von zwölf Jahren ging Jesus mit seiner Familie zum Passafest nach Jerusalem. Als sich seine Familie auf den Heimweg begab, blieb Jesus unbemerkt zurück. Nach drei Tagen fanden seine Eltern ihn im Tempelvorhof, wo er mit den religiösen Lehrern diskutierte.

„Der Heiland als Zwölfjähriger im Tempel", William Holman Hunt (1827-1910)

Ereignisse im Leben Jesu

	Matthäus	Markus	Lukas	Johannes
Ankündigung der Geburt Johannes des Täufers			1,5-23	
Ankündigung der Geburt Jesu	1,18-24		1,26-38	
Jesu Mutter Maria besucht Elisabeth			1,39-56	
Geburt Johannes des Täufers			1,57-79	
Geburt Jesu	1,25		2,1-39	
Besuch der Hirten			2,8-20	
Besuch der Weisen	2,1-12			
Flucht nach Ägypten und Rückkehr nach Nazareth	2,13-23			
Jesus als Zwölfjähriger im Tempel in Jerusalem			2,41-50	
Predigt Johannes des Täufers	3,1-12	1,1-8	3,1-18	1,19-28
Jesu Taufe	3,13-17	1,9-11	3,21-22	1,29-34
Jesu Versuchung	4,1-11	1,12-13	4,1-13	
Das erste Passafest				2,13-25
Begegnung mit Nikodemus				3,1-21
Begegnung mit der Samariterin				4,1-42
Gefangennahme Johannes des Täufers	14,3-5	6,17-20	3,19-20	
Jesu Ablehnung in Nazareth			4,16-30	
Berufung der Jünger Andreas, Simon, Jakobus und Johannes	4,18-22	1,16-20	5,1-11	
Berufung des Matthäus (Levi)	9,9-13	2,13-17	5,27-32	
Das zweite Passafest				5,1-47
Erwählung der 12 Jünger	10,2-4	3,13-19	6,12-16	
Die Bergpredigt	5,1-7,28		6,20-49	
Aussendung der 12 Jünger	10,1-11,1	6,6-13	9,1-6	
Tod Johannes des Täufers	14,1-12	6,14-29	9,7-9	
Das dritte Passafest			6,1-71	
Petrus bekennt Jesus als den Christus	16,13-20	8,27-30	9,18-21	
Jesus sagt seinen Tod und seine Auferstehung voraus	16,21-28	8,31-9,1	9,22-27	
Die Verklärung Jesu	17,1-13	9,2-13	9,28-36	
Aussendung der 70 Jünger			10,1-20	
Jesus beim Laubhüttenfest in Jerusalem				7,1-52
Jesus bei Marta und Maria			10,38-42	
Jesus in Jerusalem beim Fest der Tempelweihe				10,22-39
Letzter Besuch in Jerusalem	20,17-28	10,32-34		
In Jericho			19,1-10	
Bartimäus	20,29-34	10,46-52		
Jesu Einzug nach Jerusalem	21,1-11	11,1-11	19,28-44	12,12-16
Judas' Verrat und Verschwörung der Führungsschicht gegen Jesus	26,1-5.14-16	14,1-2.10-11	20,19;22,1-6	11,45-57
Passa/Letztes Abendmahl	26,17-29	14,12-25	22,7-38	13,1-20
Gethsemane	26,36-46	14,32-42	22,39-46	
Jesu Verhaftung	26,47-56	14,43-52	22,47-53	18,2-12
Jesus vor Kaiphas und dem Hohen Rat	26,57-27,1	14,53-15,1	22,54-71	18,13-24
Petrus verleugnet Jesus	26,69-75	14,66-71	22,54-62	18,15.25-27
Jesus vor Pilatus	27,2-30	15,1-19	23,1-25	18,28-19,15
Jesu Kreuzigung und Grablegung	27,31-66	15,20-47	23,26-56	19,16-42
Auferstehung und Erscheinung des Auferstandenen in einem Zeitraum von 40 Tagen	28,1-15	16,1-8.9-14	24,1-49	20,1-21,23
Jesu Himmelfahrt		16,19-20	24,50-53	

Siehe auch

- Auf den Spuren Jesu (S. 40-41)
- Religiöse Gruppierungen (S. 168-169)
- Evangelien und Apostelgeschichte (S. 242-243)

Die Sprache Jesu

Jesus schrieb seine Lehren nicht auf; er gab alles mündlich weiter. Wahrscheinlich verwendete Jesus dabei drei Sprachen: Hebräisch, Aramäisch und Griechisch.

Jesu Beruf

Die Evangelien beschreiben den Beruf von Jesu Vater, Josef, mit dem griechischen Wort *tekton*. Obwohl Generationen von christlichen Künstlern Josef als einfachen „Zimmermann" darstellten, der sein Leben damit verbrachte, Holzgegenstände für den ländlichen Gebrauch wie z.B. Pflüge, Joche und Dreschschlitten herzustellen, war dies wahrscheinlich nur ein kleiner Teil seiner Beschäftigung. In einem Dorf wie Nazareth war Josef vielmehr der Baumeister des Ortes, der viele Handwerke beherrschte. Solche Baumeister hatten in Galiläa Hochkonjunktur: In der Zeit, in der Jesus aufwuchs, ließ Herodes Antipas die Stadt Sepphoris, nur wenige Kilometer von Nazareth entfernt, wieder aufbauen und erweitern. Gleichzeitig wurde Tiberias am Westufer des Sees Genezareth errichtet. Derartige Projekte müssen gut ausgebildeten Handwerkern hervorragende Beschäftigungsmöglichkeiten geboten haben.

Wie wir aus Markus 6,3 wissen, hat auch Jesus das Handwerk seines Vaters erlernt.

Jesus, der Führer

Am Anfang des Wirkens Jesu steht seine Begegnung mit Johannes dem Täufer. Johannes hatte viel Ähnlichkeit mit dem alttestamentlichen Propheten Elia. Seine Kleidung, Ernährungsweise und sein Auftreten erinnerten sehr an Elia. Wie Elia sah er einen Zusammenhang zwischen den gesellschaftlichen und politischen Problemen seiner Zeit und dem moralischen und geistlichen Ungehorsam der Menschen und forderte sie auf, sich als Zeichen für ihre Bereitschaft, sich zu ändern, taufen zu lassen. Die Taufe war ein bekanntes Zeremoniell, durch das Nichtjuden in den jüdischen Glauben aufgenommen wurden. Johannes verkündete die Taufe als Zeichen der Buße. Jesus zögerte nicht, sich von Johannes taufen zu lassen.

Jesu Taufe

Jesu Taufe bildete die Grundlage für alles, was danach folgen sollte. Bei der Beschreibung der Taufe zitieren die Evangelien zwei Verse aus dem Alten Testament, um herauszustellen, wie die Prioritäten seiner gesamten Mission damals schon feststanden: ein Hinweis auf den kommenden Messias aus dem Buch der Psalmen und ein Zitat aus dem Buch Jesaja über den „Gottesknecht, der um anderer willen leiden würde". Jesus sollte der Messias sein – aber nicht so, wie er traditionell erwartet wurde. Er würde Gottes Willen durch Leiden und Dienen erfüllen, nicht durch militärische Macht und Zwang. Schlussendlich wird er sogar sein Leben für die Menschen geben.

Am Jordan taufte Johannes der Täufer die Menschen, die ihre Beziehung zu Gott ändern wollten.

Jesu Versuchung

Die Evangelien beschreiben eine Reihe von Versuchungen am Anfang von Jesu öffentlichem Wirken, mit denen ihn der Teufel herausfordern wollte. Durch seine Reaktion auf diese Versuchungen stellte Jesus seine grundlegenden Ziele klar und deutlich heraus.

Die Versuchung, Steine in Brot zu verwandeln. Jesus hatte zuvor vierzig Tage lang gefastet. Wie nahe liegend war also die Versuchung, sich auf diese Weise Nahrung zu beschaffen. Doch wenn Jesus auf die entsprechende Aufforderung des Teufels reagiert hätte, hätte er sich ihm bereits unterworfen. Vielmehr weist Jesus den Teufel aber hier mit einem Wort aus dem Alten Testament zurecht.

Die Versuchung, mit einem Sprung von einem hohen Turm des Tempels in Jerusalem zu beweisen, dass er besondere Mächte besaß. Eine Prophezeiung aus dem alttestamentlichen Buch Maleachi konnte so gedeutet werden, dass der Messias das tun würde. Vielleicht sollte Jesus es versuchen, nur um zu beweisen, dass Gott wirklich auf seiner Seite stand? Doch Jesus wusste, dass seine Botschaft nicht irgendwelche Sensationslüste befriedigen durfte. Wieder untermauerte er seine Entscheidung mit einem Zitat aus dem Alten Testament.

Sollte er ein militärischer Führer werden, ein Messias, wie ihn die meisten erwarteten? Jesus wurden alle Reiche der Erde angeboten, wenn er dafür als Gegenleistung den Teufel anbetete. Doch war es nicht Gottes Wille, dass Jesus auf diese Weise seine Macht zeigen sollte.
Die neutestamentlichen Evangelien nach Matthäus und Lukas schildern Jesus im Dialog mit dem Teufel persönlich. Aber diese und ähnliche Fragen wurden während Jesu Wirken auch immer wieder von gewöhnlichen Menschen gestellt. Wunderforderungen und Fangfragen begegnen uns in den Evangelien häufig. Der Hebräerbrief zeigt, dass Jesus in allem in gleicher Weise versucht worden ist wie wir (Hebr 4,15).

Jesu Botschaft

Jesu Botschaft war einfach: „Die Zeit ist erfüllt und das Reich Gottes ist herbeigekommen! Tut Buße und glaubt an das Evangelium" (Mk 1,15). Einige waren von dem Gedanken fasziniert, dass Gottes „Reich" das Römische Reich ablösen und wieder einen selbstständigen jüdischen Staat schaffen würde. Andere waren fasziniert von den geistlichen Möglichkeiten, dass man sein Leben ändern und eine Neuorientierung finden kann. Aber die meisten waren einfach von Jesus als Person fasziniert und wollten in seiner Nähe sein. So wurden Simon und sein Bruder Andreas Jesu Jünger, und auch zwei andere Brüder, Jakobus und Johannes – ganz zu schweigen von unzähligen anderen, deren Namen wir nicht kennen.

Jesu radikale Art war eine Provokation für alle selbstgerechten Menschen. Jesus hatte keine Angst, sich mit denen zu umgeben, die von der Gesellschaft geächtet wurden. In diesem Bild ist dargestellt, wie Jesus Matthäus – den Zöllner – zu seinem Jünger beruft. Die Kleidung der Menschen entspricht hier allerdings der Mode des 16. Jahrhunderts.

„Die Berufung des Matthäus", Caravaggio (ca. 1571-1610)

Jesu Jünger

Die Jünger mussten vieles lernen – über Jesus, über Gott, über sich selbst und über die Welt. Aber das war ein langer Prozess. Ein Jünger zu sein, bedeutete nicht, irgendwelche religiösen Rituale zu befolgen. Ebenso wenig wurde von ihnen verlangt, alle Beziehungen zu ihren früheren Freunden abzubrechen. Jesus ließ ihnen Raum, das zu tun, was sie im jeweiligen Stadium ihrer Beziehung zu ihm mit Freude tun konnten. Auf der anderen Seite sprach er ihnen aber auch mitten ins Herz, in ihre jeweils persönlichen Schwierigkeiten hinein. Dieselbe persönliche Offenheit und Direktheit charakterisierte alle seine Beziehungen und faszinierte viele Menschen.

Siehe auch

- Auf den Spuren Jesu (S. 40-41)
- Jüdischer Glaube im Neuen Testament (S. 170-171)
- Sacharja, Maleachi (S. 234-235)
- Markus (S. 244-245)
- Lukas, Apostelgeschichte (S. 248-249)

Jesus lehrte seine Anhänger, was es wirklich bedeutet, ein Führer zu sein. Dadurch, dass er den Jüngern die Füße wusch, demonstrierte er anschaulich, dass Führersein bedeutet, ein Sklave zu sein. „Wenn nun ich, euer Herr und Meister, euch die Füße gewaschen habe, so sollt auch ihr euch untereinander die Füße waschen" (Joh 13,14).

„Die Fußwaschung", Duccio di Buoninsegna (1278-1318)

Jesus, der Lehrer

Viele Lehrer zur Zeit der Bibel erwarteten von ihren Anhängern, dass sie ihre Lehren auswendig lernten. Aber Jesus gab den Menschen die Freiheit, selbst zu denken, und ermutigte sie, herauszufinden, was Gott zu ihnen persönlich sagte. Er benutzte Sprichwörter und Rätsel, anschauliche Bilder und dichterische Wendungen.

Das Reich Gottes

Wenn Jesus vom „Reich Gottes" sprach, meinte er damit die Herrschaft Gottes in allen Lebensbereichen. Aber um Gott wirklich Herr sein zu lassen, mussten die Menschen zunächst erkennen, dass sie Gott brauchten. Jesus lehrte, dass man Gott vertrauen müsse, genauso wie Kinder ihren Eltern vertrauen. Religiösen Menschen war diese Sicht oft zu simpel und provozierend, aber die Randgruppen und die Unterdrückten identifizierten sich mit Jesu Botschaft.

Verloren und gefunden

Drei Gleichnisse im Lukasevangelium drehen sich um dieses Thema. *Das verlorene Schaf* wird gefunden, weil der Hirte sich um das Tier kümmert und sich auf die Suche nach dem Ausreißer begibt. *Die verlorene Münze* kommt ans Licht, als die Besitzerin ihr ganzes Haus gründlich kehrt.
Der verlorene Sohn, der sich von seinem Zuhause verabschiedet und schließlich in einer feindlichen Umgebung in Armut lebt, erkennt, dass er nach Hause gehen muss, wo er von seinem Vater mit offenen Armen empfangen wird. Kaum zurückgekehrt, ist er allerdings Gegenstand einer Auseinandersetzung. Der Sohn gibt sein Fehlverhalten zu und ist gern bereit, die Großzügigkeit seines Vaters anzunehmen. Viel zu bereit nach Meinung seines daheim gebliebenen Bruders, dem es, wie so vielen, schwer fällt zu akzeptieren, dass jemand etwas umsonst bekommt. Aber Gott ist genauso wie dieser großzügige Vater, sagt Jesus!

„Selig sind, die da geistlich arm sind, denn ihrer ist das Himmelreich" (Mt 5,3). So begann Jesus, seine Jünger auf einem Berg in Galiläa zu lehren. Die Bergpredigt stellt klar heraus, was Jesus von seinen Nachfolgern erwartet, die, wie er sagt, „das Salz der Erde" und „das Licht der Welt" sind.

„Die Bergpredigt",
Fra Angelico (ca. 1387-1455)

Was Gott die Welt bedeutet

Jesus lehrte, dass Gott diese Welt wichtig ist. Oft benutzte er die Schönheit der Natur als Bild dafür, was es bedeutet, ein Jünger zu sein. Im Matthäusevangelium ermutigt Jesus seine Jünger, Gott unbesorgt zu vertrauen. Denn sogar die Vögel finden stets Nahrung und auch die Blumen werden von Gott versorgt – und wie viel mehr wert ist doch der Mensch!

Die Aufgabe der Jünger

Jesus lehrte, dass die Jünger in allem, was sie tun, Boten und Zeugen von Gottes Reich sein sollten. Das bedeutete sogar, Gottes außergewöhnliche Großzügigkeit nachzuahmen. Das Markusevangelium berichtet, dass Jesus zu einem Reichen sagte: „Verkaufe alles, was du hast, und gib's den Armen" (Lk 18,22). Und wenn ein römischer Soldat sie im Vorübergehen zwang, seine Taschen eine Meile weit zu tragen (im besetzten Palästina eine alltägliche Erfahrung), dann sollten die Jünger zwei Meilen mitgehen; sie sollten die andere Wange hinhalten und Böses mit Gutem vergelten. Das schienen zunächst absurde Vorschläge zu sein – aber sie entsprachen der Art Gottes. Gleichzeitig zeigten sie auf, wie weit der Mensch von Gottes Maßstäben entfernt lebt.

Siehe auch

- Auf den Spuren Jesu (S. 40-41)
- Markus (S. 244-245)
- Lukas, Apostelgeschichte (S. 248-249)

Die Gleichnisse Jesu

	Matthäus	Markus	Lukas
Das Licht unter dem Scheffel	5,14-16	4,21-22	8,16;11,33
Auf Sand und auf Fels gebautes Haus	7,24-27	6,47-49	
Neuer Flicken auf altem Kleid	9,16	2,21	5,36
Neuer Wein in alten Schläuchen	9,17	2,22	5,37-38
Der Sämann und das vierfache Ackerfeld	13,3-9.18-23	4,3-8.13-20	8,5-8.11-15
Das Senfkorn	13,30-31	4,30-32	13,18-19
Der Weizen und das Unkraut	13,24-30.36-43		
Der Sauerteig	13,33		13,20-21
Der verborgene Schatz	13,44		
Die kostbare Perle	13,45-46		
Das Fischnetz	13,47-50		
Das verlorene Schaf	18,12-14		15,4-7
Die zwei Schuldner (der „Schalksknecht")	18,23-25		
Die Arbeiter im Weinberg	20,1-16		
Die zwei Söhne	21,28-32		
Die bösen Weingärtner	21,33-44	12,1-9	20,9-16
Die königliche Hochzeit; Mann ohne Hochzeitsgewand	22,2-14		
Der Feigenbaum als Bote des Sommers	24,32-33	13,28-29	21,29-31
Die zehn Jungfrauen	25,1-13		
Die Talente (Matthäus) bzw. Pfunde (Lukas)	25,14-30		19,12-27
Die Schafe und die Böcke	25,31-46		
Saat- und Erntezeit		4,26-29	
Der Gläubiger und die Schuldner			7,41-50
Der barmherzige Samariter			10,30-37
Der bittende Freund			11,5-10
Der reiche Kornbauer			12,16-21
Die wartenden Knechte			12,35-40
Der treue Knecht			12,42-48
Der Feigenbaum ohne Frucht			13,6-9
Die Ehrenplätze beim Hochzeitsfest			14,7-14
Das große Abendmahl und die widerwilligen Gäste			14,16-24
Vom Überschlagen der Kosten			14,28-33
Das verlorene Schaf			15,3-7
Die verlorene Münze			15,8-10
Der verlorene Sohn			15,11-32
Der unehrliche Verwalter			16,1-8
Der reiche Mann und der arme Lazarus			16,19-31
Der Knechtslohn			17,7-10
Die bittende Witwe und der ungerechte Richter			18,2-8
Der Pharisäer und der Zöllner			18,10-14

„Liebe deinen Nächsten"

Jesus lehrte, wie wichtig es ist, andere zu akzeptieren und zu schätzen. Das Markusevangelium berichtet, dass Jesus das alttestamentliche Gebot wiederholte, dass die Menschen ihre Nächsten wie sich selbst lieben sollen. Eines seiner eindringlichsten Gleichnisse – das vom barmherzigen Samariter – war Jesu Antwort auf die Frage „Wer ist mein Nächster?" Gleichzeitig erwartete Jesus, dass der Umgang der Jünger untereinander andere Menschen in Gottes Reich führen würde.

Jesu Gleichnisse

Jesus benutzte gern Gleichnisse – Geschichten, die unterhielten und gleichzeitig halfen, über das Leben und seine Bedeutung nachzudenken. Die Gleichnisse sind keine Geheimcodes, bei denen jede Einzelheit als Symbol für etwas steht. Vielmehr sind sie einfache Geschichten mit einer, gelegentlich auch zwei oder drei Kernaussagen. Viele von ihnen haben zum Inhalt, dass man sich Gottes Liebe nicht durch „Religiosität" verdienen kann, sondern dass sie jedem umsonst angeboten wird.

Jesus heilt Kranke

Das Lukasevangelium berichtet, dass Johannes der Täufer Jesus aus dem Gefängnis fragen ließ, ob er wirklich der erwartete Messias sei. Jesus antwortete: „Geht hin und sagt Johannes wieder, was ihr hört und seht: Blinde sehen und Lahme gehen, Aussätzige werden rein und Taube hören, Tote stehen auf, und Armen wird das Evangelium gepredigt; und selig ist, wer sich nicht an mir ärgert" (Mt 11,4-6).

Antiker Aberglaube?

In der westlichen Welt sind in den letzten 200 – 300 Jahren die Wundergeschichten des Neuen Testaments als Produkte antiken Aberglaubens abgetan worden. Doch am Ende des 20. Jahrhunderts hat diese Sichtweise mehr an Glaubwürdigkeit verloren, als man je erwartet hätte. Doch zeigen die Jahrhunderte bis heute, dass der Mensch der Antike auch nicht leichtgläubiger oder naiver war als sein moderner Nachkomme. Je mehr die Wissenschaft entdeckt, um so mehr Wunder gibt es in vielen Bereichen, einschließlich im Bereich der Krankheiten und ihrer Heilung.

Die Menschen der Bibel wurden von Jesu Wirken als Wunderheiler nicht abgeschreckt. Im Gegenteil, Jesu Ruf ging ihm voraus, und wohin er auch kam, folgten ihm die Menschenmassen und baten um seine heilende Berührung. Das Matthäusevangelium berichtet: „Die Leute ... brachten alle Kranken zu ihm und baten ihn, dass sie nur den Saum seines Gewandes berühren dürften. Und alle, die ihn berührten, wurden gesund" (Mt 14,36).

„Jesus heilt die Kranken", Rembrandt van Rijn (1606-69)

Zeichen und Wunder

Die neutestamentlichen Evangelien betonen, dass Jesus Gottes Reich durch Taten und durch Worte proklamierte. Johannes beschreibt die Wunder Jesu als „Zeichen", die allen, die es sehen wollten, die Wirklichkeit von Gottes Gegenwart vor Augen führte. Das Matthäusevangelium berichtet, dass Jesus, als er die Jünger aussandte, ihnen auftrug, dasselbe zu tun: „Geht aber und predigt und sprecht: Das Himmelreich ist nahe herbeigekommen. Macht Kranke gesund, weckt Tote auf, macht Aussätzige rein, treibt böse Geister aus …" (Mt 10,7-8). Jesu Worte und Jesu Wunder waren zwei Seiten derselben Medaille.

Die Schreiber des Neuen Testaments berichten von mindestens zwei Gelegenheiten, bei denen Jesus mit wenigen Fischen und Broten Tausende von Menschen satt machte.

Wunderheilungen

Zur Zeit Jesu überraschte es wenig, dass Jesus Menschen auf wundersame Weise heilte. Das taten auch andere. Das Neue Testament berichtet, dass Jesus selbst – offenbar in positiver Weise – von anderen Menschen sprach, die Dämonen austrieben. Und er erwartete von seinen eigenen Jüngern denselben Dienst. Sowohl in der jüdischen als auch in der römischen Literatur jener Zeit finden sich Geschichten von Heilungswundern verschiedenster Art. Entscheidend ist aber, was Jesus mit diesen Heilungen bezweckte.

Rationalismus contra Spiritualität

Je mehr die westlichen Völker über andere Kulturen lernen, umso offensichtlicher wird es, dass der Rationalismus mit seinem Beharren auf „logischen“ Erklärungen von Ursache und Wirkung nur eine Möglichkeit ist, die Welt zu sehen.
Viele nicht-westliche Kulturen – die Mehrheit der Weltbevölkerung – glauben an eine spirituelle Welt, die über das, was man im Westen normalerweise sieht und versteht, hinausgeht. Und schließlich wächst die Akzeptanz des Übernatürlichen auch im Westen, wie etwa die New-Age-Bewegung zeigt.

Liebe in Wort und Tat

Jesu Wunder haben denselben Grundtenor wie seine gesprochenen Botschaften. Genauso wie Jesus in Worten und mit seinem Verhalten lehrte, dass Gott alle Menschen liebt, wirkt er seine Wunder oft an den Außenseitern der Gesellschaft. Seine Worte von Gottes Liebe waren nicht nur leeres Gerede; sie verlangten klares Handeln. Außerdem gingen bei ihm, wie Markus in seinem Evangelium deutlich macht, Heilung und Vergebung Hand in Hand. Von dem, der geheilt wurde, wurde auch Glaube verlangt. Mindestens eine Geschichte im Markusevangelium deutet an, dass das Fehlen von Glauben ein Hinderungsgrund für die Heilung sein konnte.

Jairus, ein Synagogenvorsteher, bittet Jesus, seine todkranke Tochter zu heilen, aber als sie bei seinem Haus ankommen, scheint es zu spät zu sein. Als Jesus erklärt, dass das Mädchen „nicht tot ist, sondern nur schläft“, lachen ihn die Menschen aus. Doch wenige Minuten später, so berichtet die Bibel, steht das Mädchen auf und geht umher.

„Die Auferweckung der Tochter des Jairus“, George Percy Jacomb-Hood (1857-1927)

Siehe auch

- Gesundheit und Heilkunst (S. 138-139)
- Feste und Feiertage (S. 154-155)
- Lukas, Apostelgeschichte (S. 248-249)
- Johannes (S. 250-251)

Die Wunder Jesu

	Matthäus	Markus	Lukas	Johannes
Wunderheilungen				
Der Aussätzige	8,2-4	1,40-44	5,12-14	
Der Knecht des Hauptmanns von Kapernaum	8,5-13		7,1-10	
Die Schwiegermutter des Petrus	8,14-15	1,30-31	4,38-39	
Der Besessene	8,28-34	5,1-15	8,27-35	
Der Gelähmte	9,2-7	2,3-12	5,18-25	
Die blutflüssige Frau	9,20-22	5,25-34	8,43-48	
Die zwei Blinden	9,27-31			
Der Stumme und Besessene	9,32-33			
Der Mann mit der verdorrten Hand	12,10-13	3,1-5	6,6-10	
Der Besessene, der blind und stumm war	12,22			
Die Tochter der kanaanitischen Frau	15,21-28	7,24-30		
Der mondsüchtige Junge	17,14-18	9,17-29	9,38-43	
Bartimäus und ein anderer Blinder	20,29-34	10,46-52	18,35-43	
Der Taubstumme		7,31-37		
Der Besessene in der Synagoge		1,23-26	4,33-35	
Der Blinde in Betsaida		8,22-26		
Die verkrümmte Frau			13,11-13	
Der Wassersüchtige			14,1-4	
Die zehn Aussätzigen			17,11-19	
Das Ohr des Malchus			22,50-51	
Der Sohn des Beamten in Kapernaum				4,46-53
Der Kranke am Teich Betesda				5,1-9
Der Blindgeborene				9
Macht über die Naturgewalten				
Stillung des Sturms	8,23-27	4,37-41	8,22-25	
Gehen auf dem Wasser	14,25-31	6,48-51		6,19-21
Speisung der 5000	14,15-21	6,35-44	9,12-17	6,5-13
Speisung der 4000	15,32-38	8,1-9		
Die Münze im Maul des Fisches	17,24-27			
Der verdorrte Feigenbaum	21,18-22	11,12-14.20-26		
Der Fischfang			5,1-11	
Verwandlung von Wasser in Wein				2,1-11
Ein weiterer Fischfang			21,1-11	
Totenauferweckungen				
Die Tochter des Jairus	9,18-19.23-25	5,22-24.38-43	8,41-42.49-56	
Der Sohn der Witwe von Nain		7,11-15		
Lazarus				11,1-44

Das Unverwechselbare

Das Unverwechselbare an Jesu Wundern ist nicht so sehr, *was* er getan hat, sondern *wann* er es getan hat – und *an wem*. Die geheilten Menschen – die Tauben, die Stummen und Gelähmten – tauchen in zeitgenössischen Geschichten jüdischer Wunderheiler überhaupt nicht auf.
Das alttestamentliche Buch Jesaja kündigte an, dass die Liebe zu solchen Menschen ein Zeichen des kommenden Gottesreiches sein werde. Dieses Phänomen blieb von denen, die Jesu Absichten mit Argwohn beäugten, nicht unbemerkt.
Ebenso wenig entging es ihrer Aufmerksamkeit, dass Jesus Menschen oft unter Umständen heilte, unter denen er die jüdischen Gesetze brach. Das Neue Testament berichtet, dass Jesus am Sabbat, normalerweise ein Ruhetag für die Juden, Menschen heilte. Jesus heilte auch Menschen, die nach den jüdischen Reinheitsritualen als „Nicht-Menschen“ betrachtet wurden: Menschen niederer bzw. heidnischer Herkunft oder solche, die als rituell unrein galten.

Jesus, der Prophet

Jesus genoss eine ungeheure Popularität, besonders bei den einfachen Leuten. Aber die religiöse Führung sah ihn im Laufe der Zeit immer mehr als Bedrohung an. Er verbrachte zu viel Zeit mit Menschen, die als Außenseiter geächtet waren – mit Zöllnern, Prostituierten, Aussätzigen – und forderte die geltenden Wertmaßstäbe der anständigen Bürger heraus.

„Die Ehebrecherin", Giovanni Guercino (1591-1666)

Ein Mann des Volkes

Jesus konnte die alttestamentlichen Schriften auf Hebräisch lesen, was nicht jeder beherrschte, und er hatte keine Schwierigkeiten, theologische Diskussionen zu führen, die unter den jüdischen Gelehrten üblich waren. Jedoch galt er bei seinen Zeitgenossen als Mann des Volkes. Seine Worte waren konkret und direkt und sprachen die Menschen unmittelbar an. Das machte ihn bei den Massen beliebt. Aber solch ein unkonventioneller Stil musste die religiöse Führungsschicht unweigerlich nervös machen, in deren Schema sie Jesus einfach nicht einfügen konnte.

Jesus und das alttestamentliche Gesetz

Jesus kam mit dem alttestamentlichen Gesetz, wie es zur damaligen Zeit von der religiösen Führung verstanden wurde, mehr als einmal in Konflikt. Der Streit über das Halten des Sabbats als Ruhetag tauchte gleich am Anfang seines Wirkens auf und war auch später immer wieder ein kritscher Punkt. Das Halten des Sabbats war in den Zehn Geboten vorgeschrieben, aber mit Hilfe ausgeklügelter menschlicher Regeln konnte man es problemlos umgehen – was oft geschah. Genauso war es mit den Speisegeboten, die rituelle Reinheit gewährleisten sollten.
Bei einigen Gelegenheiten forderte Jesus die religiöse Führung auch politisch heraus: Als er zum Beispiel eine Peitsche nahm und die Händler und Geldwechsler aus dem Tempel jagte oder als eine Frau, die beim Ehebruch ertappt worden war, zu ihm gebracht wurde und er sich weigerte, die Todesstrafe über sie zu verhängen – etwas, das im Gesetz eindeutig festgelegt war.
Er ging sogar noch weiter und deutete an, dass ihre Ankläger mindestens genauso viel gesündigt hätten wie sie. Diejenigen, die sich als Hüter der alten Überlieferungen betrachteten, sahen Jesus darum als gefährlichen Ketzer an.
Dennoch stellte er sich in allem nicht gegen das Gesetz, die Tora: „Ihr sollt nicht meinen, dass ich gekommen bin, das Gesetz oder die Propheten aufzulösen; ich bin nicht gekommen aufzulösen, sondern zu erfüllen" (Mt 5,17).

Jerusalem und der Tempel

Die Pharisäer

Besonders die Pharisäer mochten Jesus nicht. Ihre Lehren unterschieden sich oft nicht sehr von dem, was Jesus selbst auch sagte. Doch trugen sie oft eine moralische Überheblichkeit zur Schau und erweckten den Eindruck, sie wären die Einzigen, die über Gott wirklich Bescheid wissen. Für sie ergaben Jesu Predigten von einem Gott, der die Randgruppen und die Ausgestoßenen besonders liebt, wenig Sinn und beschworen Konflikte herauf.

Jesus forderte die Überlieferung direkt heraus, indem er die vielen Regeln und Bestimmungen in Frage stellte, die um das mosaische Gesetz herum aufgebaut worden waren. Diese Bestimmungen hatten die Pharisäer eigentlich aus einem leicht verständlichen Grund aufgestellt: um den jahrhundertealten Gesetzestext in ihre Zeit zu übertragen und ihn den veränderten Umständen späterer Generationen anzupassen.

Jesus stellte die Regeln der Pharisäer zu rituellen Waschungen in Frage.

Wie ein Mensch diese Regeln einhielt, so wurde er innerhalb der Gesellschaft bewertet. Menschen wie die Pharisäer, die alle Bestimmungen peinlich genau einhielten, blickten darum auf andere als zweitklassige Bürger herab und verachteten sie als geistlich verdorben und minderwertig. Wenn Jesus davon sprach, dass Gott gerade solche Menschen annimmt, forderte er damit nicht nur die theologischen Lehren heraus, sondern stellte das Wertesystem der Menschen auf den Kopf und die Struktur der ganzen Gesellschaft in Frage.

Siehe auch:

- Handel und Gewerbe (S. 124-125)
- Gottes Gesetz in der Praxis (S. 152-153)
- Religiöse Gruppierungen (S. 168-169)
- Markus (S. 244-245)

Ein besonderes Verhältnis

In dem, was Jesus sagte, stellte er auch sehr gewagt erscheinende Behauptungen über sich selbst auf. Obwohl er sich selten direkt als Messias bezeichnete, deutete er es doch häufiger an. Zum Beispiel berichtet das Lukasevangelium, dass Jesus aus dem alttestamentlichen Buch Jesaja vorlas und dann erklärte: „Heute ist dieses Wort der Schrift erfüllt vor euren Ohren" (Lk 4,21). Im Markusevangelium vergibt Jesus Sünden und treibt Dämonen aus – beides deutet auf eine besondere Beziehung zu Gott hin.

Wachsender Widerstand

Die wachsende Opposition der religiösen Führung gegen Jesus stand in einem starken Kontrast zu dem immer größer werdenden Glauben seiner Jünger. Die Schriftgelehrten behaupteten, alle Antworten zu kennen, aber den größten Glauben fand Jesus bei den einfachen Menschen. Jesus stellte die überlieferten Meinungen in Frage und forderte sie heraus. Damit wirkte er gleichzeitig faszinierend und provozierend und es war nur eine Frage der Zeit, wann die Opposition gegen ihn übermächtig würde und der Konflikt auf eine Machtprobe in Jerusalem hinausliefe.

Jesus hatte keine Angst, die Überlieferungen der religiösen Führung in Frage zu stellen. Als er die Händler und Geldwechsler aus dem Tempel jagte, lehrte Jesus: „Steht nicht geschrieben: ‚Mein Haus soll ein Bethaus heißen für alle Völker.' Ihr aber habt eine Räuberhöhle daraus gemacht." Die Bibel berichtet weiter: „Und es kam vor die Hohenpriester und Schriftgelehrten, und sie trachteten danach, wie sie ihn umbrächten" (Mk 11,17-18).

„Vertreibung der Händler aus dem Tempel", El Greco (1514-1614)

Jesus als Gefangener

Ungefähr die Hälfte des Markusevangeliums beschäftigt sich nur mit der letzten Woche von Jesu Leben. Diese wenigen Tage sind also offenbar entscheidend, um sein gesamtes Wirken zu verstehen. Es war eine Zeit wachsender Spannungen zwischen Jesus und der religiösen Führung, die in seiner Verhaftung, seinem Prozess und seiner Kreuzigung ihren Höhepunkt fand.

„Hosianna! Gelobt sei, der da kommt in dem Namen des Herrn! Gelobt sei das Reich unseres Vaters David, das da kommt! Hosianna in der Höhe!" Mit diesen Worten, so berichtet die Bibel in Mk 11,9-10, wurde Jesus bei seinem letzten Einzug nach Jerusalem begrüßt.

Illustration des Evangeliums aus dem 6. Jh. aus der Bibliothek der Kathedrale in Rossano, Italien.

Einzug in Jerusalem

Den größten Teil seines Wirkens verbrachte Jesus in Galiläa. Doch sein Ziel war es, seine Botschaft auch in der geistlichen Hauptstadt seines Volkes, Jerusalem, zu verkünden. Jesu Einzug in die Stadt sorgte für Aufsehen – er ritt auf einem Esel. Der Prophet Sacharja hat einen solchen Auftritt für den Messias angekündigt: „Du, Tochter Zion, freue dich sehr, und du, Tochter Jerusalem, jauchze! Siehe, dein König kommt zu dir, ein Gerechter und ein Helfer, arm und reitet auf einem Esel, auf einem Füllen der Eselin" (Sach 9,9).

Es war die Woche des Passafestes und in Jerusalem hielten sich viele Besucher auf. Einige von ihnen bildeten eine Ehrengarde entlang Jesu Weg, als wären sie die königliche Gefolgschaft eines orientalischen Monarchen. Andere legten ihre Kleider als Sattel auf das Tier und warfen ihre Umhänge auf den Weg, als Jesus vorüberzog. Sie rissen Palmzweige ab und stimmten gemeinsam einen begeisterten Lobgesang aus dem Buch der Psalmen an.

Der gewählte Psalm war einer der „Hallel"-Psalmen, die bei den Passafeiern oft zitiert wurden. In dieser Woche war dieser Psalm vielen Menschen im Ohr. Dadurch, dass sie Jesus mit dem Ruf „Hosianna" („Herr erlöse uns") empfingen und ihn als den ausriefen, „der im Namen des Herrn kommt", begrüßte die Menge bewusst den König in ihrer Hauptstadt. Aber dieser Einzug war eben kein Siegeszug, um die Römer zu verjagen. Stattdessen schaute er sich ruhig um und kehrte dann nach Betanien zurück, um den Abend im Kreis seiner Jünger zu verbringen.

Jesu Verhaftung

Jesus predigte weiterhin in Jerusalem, und es dauerte nicht lange, bis er seinen Feinden genug Anklagematerial geliefert hatte, das ein offizielles Eingreifen gegen ihn ermöglichte – und bis seine Unterstützung im Volk abzunehmen begann. Selbst einer seiner eigenen Jünger – Judas Iskariot – verließ ihn und als Jesus nach dem Abendmahl mit den andere Jüngern in den Garten Gethsemane kam, wartete Judas auf ihn und war bereit, ihn an seine Feinde zu verraten. Vielleicht hoffte Judas immer noch, ein militärischer Messias würde den letzten Feldzug gegen die verhassten Römer anführen. Wenn Jesus wirklich der Messias war, könnte er durch die Gefangennahme vielleicht zum Handeln gezwungen werden. Wenn nicht, dann verdiente er ohnehin den Tod.

Jesus wurde verhaftet, bevor die anderen Jünger überhaupt richtig wussten, was geschah. Er wurde zum Haus des Hohenpriesters Kaiphas geschleppt, wo ein informelles Verhör durch den jüdischen Hohen Rat erfolgte, um die Beweise zu erarbeiten, mit denen man Jesus vor dem römischen Statthalter, Pontius Pilatus, anklagen könnte.

Gethsemane

Die Bibel berichtet, dass Pilatus erstaunt war, als Jesus sich weigerte, auf die Anklagen, die ihm vorgeworfen wurden, zu antworten. Auf die Frage „Bist du der König der Juden?" antwortete er: „Du sagst es." Jesu Schicksal war endgültig besiegelt, als die Menschenmasse schrie: „Kreuzige ihn!"

„Ecce Homo", Antonio Ciseri (1821-91)

Ein letztes Zeichen vor der Verhaftung

Als Jesus in den Tempel von Jerusalem zurückkehrte und die Geldwechsler hinauswarf und sie mit denselben Worten beschuldigte, mit denen Jeremia Jahrhunderte vorher Gottes Gericht über das Volk ausgerufen hatte, war seine Botschaft für jeden, der einen Sinn für Geschichte hatte, unmissverständlich. Die religiösen Führer meinten, jetzt eingreifen zu müssen. Sein Einzug nach Jerusalem inmitten einer großen Volksmenge und sein nachfolgendes Verhalten mussten bedeuten, dass Jesus einen Aufstand plante.

Jesus vor Pilatus

Pontius Pilatus war bereits in Jerusalem, weil es die Zeit des Passafestes war. Er hatte kein Interesse an der Religion der Juden und interessierte sich nicht dafür, ob Jesus Gott lästerte. Aber Jesus wurden noch drei andere Vergehen vorgeworfen: dass er das Volk in die Irre führe, dass er verbiete, dem Kaiser Steuern zu zahlen, und dass er behaupte, ein König zu sein. Pilatus konnte sehen, dass Jesus sich die religiöse Führungsschicht zum Feind gemacht hatte. Aber war er nach römischem Recht wirklich irgendeines Verbrechens schuldig? Pilatus war ein schwacher und unentschlossener Mann und stand jetzt vor einer heiklen Entscheidung. Als Jesu Ankläger auch noch andeuteten, Pilatus sei kein Freund des Kaisers, wenn er Jesus frei ließe, blieb ihm kaum noch eine andere Wahl. Es hieß; entweder seine Karriere oder Jesu Leben – und so verurteilte er, wenn auch widerwillig, Jesus zum Tod.

Siehe auch

- Die Geschichte Jerusalems (S. 38-39)
- Auf den Spuren Jesu (S. 40-41)
- Jährliche Feste (S. 156-157)
- Markus (S. 244–245)

Jesus, der Erlöser

Als Jesus mit seinen Jüngern bei ihrem letzten Abendessen zusammensaß, nahm er bekannte Nahrungsmittel – Brot und Wein – und segnete sie, wie es bei den Juden Tradition war. Es war Passazeit, in der sich die Familien des Volkes versammelten, um Gottes Bund mit ihren Vorfahren zu feiern. In seinem Gespräch mit den Jüngern blickte Jesus auf diesen Bund zurück, aber er sprach weiter, dass das Abendmahl, das sie miteinander einnahmen, der Anfang eines vollkommen neuen Kapitels von Gottes Wirken in der Welt sei. Denn er würde sterben und durch sein Leiden würde ein „neuer Bund" geschlossen.

Jesu schrecklicher Tod durch die Kreuzigung hatte viele grausame Begleitumstände. Eine Dornenkrone wurde ihm auf den Kopf gesetzt. Er wurde in die Seite gestochen und ein Schild oben auf seinem Kreuz verspottete ihn als: „Jesus, der König der Juden." Die Menschen beleidigten ihn: „Er hat andern geholfen und kann sich selbst nicht helfen ... Er hat Gott vertraut; der erlöse ihn nun." Aber als Jesus starb, so berichtet die Bibel, wurde das Land durch ein Erdbeben erschüttert und die Männer, die Jesus bewachten, „erschraken sehr und sprachen: ‚Wahrlich, dieser ist Gottes Sohn gewesen!'"

„Die Kreuzigung",
Diego Velazquez (1599-1660)

Das Markusevangelium berichtet, dass Jesus auf Golgatha gekreuzigt wurde. Einige glauben, diese schädelförmige Felsformation könnte die Hinrichtungsstätte gewesen sein.

Jesu Kreuzigung

Die Kreuzigung war eine römische Strafe – es konnte Tage dauern, bis man auf diese Weise starb. Aber für Jesu Anhänger wurde das Kreuz zum Symbol großer Hoffnung und neuen Lebens. Jesus wurde zwar an einem Kreuz getötet, aber sein Tod – und vor allem das, was danach kam – gab seinen Jüngern eine völlig neue Kraft, die sie nicht aus sich selbst hervorgebracht haben.

Jesu Auferstehung

Die neutestamentlichen Berichte erklären, dass Jesus nach drei Tagen wieder von den Toten auferstand. Diese Tatsache wurde zum Mittelpunkt des christlichen Glaubens.

Immer, wenn von Jesus erzählt wurde, war seine Auferstehung ein unabdingbarer Teil des Geschehens. Namenslisten von Menschen, die den auferstandenen Jesus gesehen haben, wurden aufgeführt. Manchmal ist im Lauf der Geschichte behauptet worden, seine ersten Jünger wären einer Halluzination erlegen. In diesem Zusammenhang ist der Bericht des Paulus in 1Kor 15,5-8 besonders erwähnenswert. Denn sein Bericht ist nicht nur der älteste uns vorliegende Text zur Auferstehung; Paulus war auch sicher, dass alles, was er sah, als er dem auferstandenen Jesus begegnete, keine Einbildung war.

Ein leeres Grab

Die neutestamentlichen Evangelien berichten übereinstimmend, dass Jesu Grab leer war. Wie war so etwas möglich? Es ist nur schwer vorstellbar, dass die Jünger den Leichnam gestohlen und dann ihren Glauben auf einer selbst erfundenen Lüge gegründet haben sollen – besonders wenn sie bereit waren, für ihren Glauben an die Auferstehung zu sterben. Genauso unwahrscheinlich ist es, dass die Römer oder Juden den Leichnam, falls sie ihn aus irgendeinem Grund entfernt hätten, nicht wieder hervorgebracht hätten, um die Geschichten von Jesu Auferstehung zu widerlegen. Die Jünger glaubten ohne jeden Zweifel daran, dass Jesus wieder lebte. Seine Auferstehung bildet den Mittelpunkt des christlichen Glaubens.

Siehe auch

- Jährliche Feste (S. 156-157)
- Der Tod und das Leben danach (S. 164-165)
- Die ersten Christen (S. 172-173)
- Lukas, Apostelgeschichte (S. 248-249)
- Johannes (S. 250-251)

Jesu letzte Tage

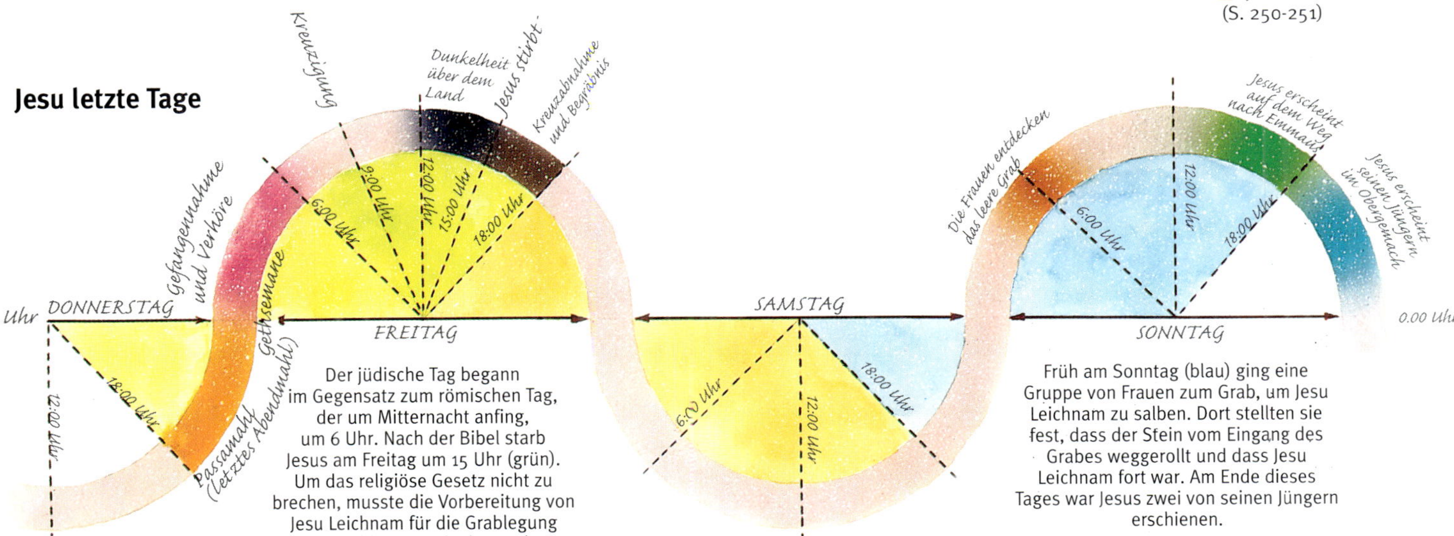

Der jüdische Tag begann im Gegensatz zum römischen Tag, der um Mitternacht anfing, um 6 Uhr. Nach der Bibel starb Jesus am Freitag um 15 Uhr (grün). Um das religiöse Gesetz nicht zu brechen, musste die Vorbereitung von Jesu Leichnam für die Grablegung abgeschlossen sein, bevor der Sabbat begann (Samstag/gelb).

Früh am Sonntag (blau) ging eine Gruppe von Frauen zum Grab, um Jesu Leichnam zu salben. Dort stellten sie fest, dass der Stein vom Eingang des Grabes weggerollt und dass Jesu Leichnam fort war. Am Ende dieses Tages war Jesus zwei von seinen Jüngern erschienen.

Die Bibel berichtet, dass Jesu Jünger, Thomas, einen greifbaren Beweis brauchte, ehe er glaubte, dass Jesus tatsächlich lebte. „Wenn ich nicht in seinen Händen die Nägelmale sehe und meinen Finger in die Nägelmale lege und meine Hand in seine Seite lege, kann ich's nicht glauben," sagte er (Joh 20,25). Als Jesus den Jüngern erneut erschien, forderte er Thomas auf, genau das zu tun.

„Der ungläubige Thomas", Giovanni Guercino (1591-1666)

Jesu Himmelfahrt

Die Geschichte von Jesus endet mit seiner Himmelfahrt, die den Schlusspunkt unter die leibhaftigen Erscheinungen des Auferstandenen setzte. Die Himmelfahrtsgeschichten beschreiben – ohne es genau zu erklären – ein besonderes Ereignis, bei dem Jesus seine Jünger verließ und in den Himmel aufgenommen wurde.

Der „Menschensohn"

Heute stellen sich die meisten Menschen das Universum nicht mehr wie die Menschen der Antike als eine Art dreigeteiltes Gebilde vor, bei dem die Erde zwischen Himmel und Hölle eingeschoben ist. Auch in den Himmelfahrtstexten des Neuen Testaments bleibt vieles offen. Das Neue Testament ist nicht an den räumlichen Dimensionen von Jesu Himmelfahrt interessiert. Stattdessen konzentriert es sich auf die Überzeugung, dass Jesus selbst in den Himmel zurückgekehrt ist, um bei Gott in Herrlichkeit erhöht zu werden. Das steckte auch schon in dem Titel „Menschensohn", mit dem Jesus sich häufig selbst bezeichnete. Dies ist ein schillernder Begriff, der im Alten Testament Niedrigkeit bedeuten (Ps 8), aber auch für die Hoheit seines Trägers stehen kann, denn in dem alttestamentlichen Buch Daniel bekam dieser Menschensohn „Macht, Ehre und Reich".

Jesu Kreuzigung kann man als seinen letzten Kampf mit den Mächten des Bösen verstehen, und seine Auferstehung als Beweis für seinen Sieg. Es ist nun allen, die glauben, deutlich, dass der historische Jesus von Nazareth auch der Christus ist, der nun zur Rechten Gottes sitzt und am Ende der Zeit wiederkommen wird.

Teil 2: Bildnachweise

Abkürzungen:
o = oben, ol = oben links, om = oben Mitte, or = oben rechts
m = Mitte, ml = Mitte links, mr = Mitte rechts
u = unten, ul = unten links, um = unten Mitte, ur = unten rechts

Illustrationen
RN = Rex Nicholls

Fotos
JA = Jon Arnold

Seite
178 *m* Landschaft um Bethlehem: JA
178 *o* „Die Anbetung der Magier“, ca. 1510 von Hieronymus Bosch (ca. 1450-1516)/Prado, Madrid/Bridgeman Art Library, London/New York
178 *u* „Der Heiland als 12-jähriger im Tempel“, 1854-60 von William Holman Hunt (1827-1910)/ Birmingham Museum and Art Gallery/Bridgeman Art Library London/New York
179 *ur* Werkbank eines Zimmermanns: RN
180 *om* der Jordan in Degany: JA
180 *m* Kieselsteine: RN
180 *ul* Tempel: RN
180-181 *u* „Die Fußwaschung“, 1308-11 von Duccio di Buoninsegna (ca. 1278-1318)/Museo dell'Opera del Duomo, Siena/Bridgeman Art Library, London/New York
181 *ol* „Die Berufung des Matthäus“, ca. 1598-1601 von Michelangelo Merisi da Caravaggio (1571-1610)/Contarelli-Kapelle, S. Luigi die Francesi, Rom/Bridgeman Art Library London/New York
182 *o* Öllampe: RN
182 *u* „Die Bergpredigt“, 1442 (Fresko) von Fra Angelico (Guido di Pietro) (ca. 1387-1455)/ Museo di San Marco dell'Angelico, Florenz/Bridgeman Art Library, London/New York
183 *o* Beutel und Münzen: RN
183 *u* Weizen: RN
184 *m* „Jesus heilt die Kranken“, Rembrandt van Rijn (1606-69); freundlicherweise zur Verfügung gestellt vom Victoria and Albert Museum
184 *u* Brot und Fische: RN
185 „Die Auferweckung der Tochter des Jairus“ von George Percy Jacomb-Hood (1857-1927)/ Guildhall Art Gallery, Corporation of London/Bridgeman Art Library, London/New York
186 *ol* „Die Ehebrecherin“ von Guercino (Giovanni Francesco Barbieri) (1591-1666)/Dulwich Picture Gallery/Bridgeman Art Library, London/New York
186 *ul* Jerusalem und der Tempel: RN
186-187 „Vertreibung der Händler aus dem Tempel“, El Greco (1541-1614): © National Gallery, London
188 *ml* Bild aus dem sechsten Jahrhundert, das den Palmsonntag zeigt: Scala, Florenz
188 *ur* Gethsemane: RN
188-189 „Ecce Homo“ von Antonio Ciseri (1821-91)/Galleria Deuteronomium'Arte Moderna, Florenz/Bridgeman Art Library London/New York
189 *o* Dornenkrone: RN
190 *o* „Kreuzigung“ von Diego Rodriguez de Silva y Velazquez (1599-1660)/ Prado, Madrid/Bridgeman Art Library, London/New York
190 *ul* Golgatha: JA
191 *o* Jesu letzte Tage: David Atkinson
191 *m* zusammengelegte Grabtücher: RN
191 *u* „Der ungläubige Thomas“ von Giovanni Guercino (1591-1666)/Scala, Florenz

DIE BIBLISCHEN BÜCHER

Teil 6

Die Bibel richtig verstehen

Die einzelnen Bücher der Bibel wurden über viele Jahrhunderte verteilt von verschiedenen Verfassern für verschiedene Adressaten in unterschiedlichem Stil und verschiedenen Sprachen geschrieben.

In der hier abgebildeten Reihenfolge sind die biblischen Bücher in den meisten heute verwendeten Bibelausgaben zu finden. (Ausnahme: Klagelieder folgt Jeremia.)

Bücher des Alten Testaments

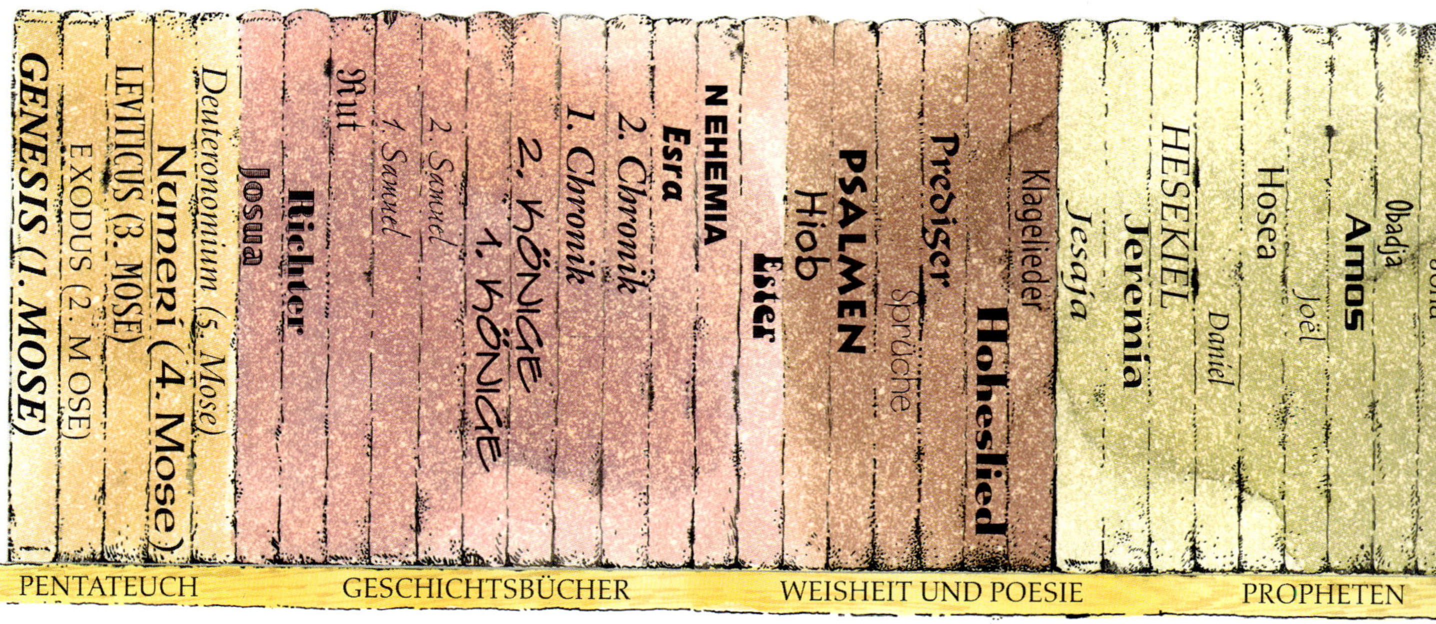

Das Alte Testament

Diese Bücher wurden in einem Zeitraum von vielen Jahrhunderten in Israel nach und nach gesammelt. Erst nach der Babylonischen Gefangenschaft begannen die Juden, über den Status der verschiedenen Bücher nachzudenken und gegen 400 v.Chr. wurden die „fünf Bücher Mose" als geltende Heilige Schrift festgelegt. Daneben waren ab dem Anfang des 2. Jh.s v.Chr. die „frühen Propheten" und die „späten Propheten" anerkannt.

Die genaue Zusammensetzung der „Schriften" war für einige Zeit noch offen. Sie wurde durch die Abfassung neuer Bücher, die in diesem Zeitraum auf Griechisch geschrieben wurden, erschwert. Erst am Ende des ersten Jh.s v.Chr. trafen sich jüdische Gelehrte in Jawne, wo sie eine Liste aus 39 Büchern erstellten, aus denen die ursprüngliche hebräische Bibel bestand, die von den Christen heute als das Alte Testament bezeichnet wird. Für katholische Christen zählen aber auch die griechischen Spätschriften des Alten Testaments, die so genannten Apokryphen, zur Heiligen Schrift.

Text und Interpretation

Aufgrund der Geschichte und Natur der Texte ist mehr als das bloße Lesen nötig, um die Bibel zu verstehen. Sie ist kein religionsphilosophisches Buch und jeder einzelne ihrer Bestandteile entstand in seinem eigenen Kontext. Beim Lesen jeder Stelle ist es wichtig, drei Aspekte des Textes zu berücksichtigen: Ort und Zeit, Absicht und Textgattung.

ORT UND ZEIT

Der historische Hintergrund einer Bibelstelle ist entscheidend: Ein Text, der während der Zeit der israelitischen Könige geschrieben wurde, verfolgt andere Anliegen als ein Text, der während der römischen Besatzung Palästinas zu Papier gebracht wurde; ein Text aus der Babylonischen Gefangenschaft unterscheidet sich von einem Buch, das Jahrhunderte später in Italien oder Griechenland verfasst wurde. Die Ereignisse der Weltgeschichte jener Zeit müssen berücksichtigt werden, um einen Text richtig zu verstehen.

ABSICHT

Was versuchte ein bestimmter Verfasser zu erreichen? Ein Geschichtenerzähler verfolgt andere Ziele als ein Historiker, und jemand, der Gesetze aufschreibt, ist kein Visionär. Literatur, die geschrieben wurde, um falsche Glaubensüberzeugungen zu korrigieren, muss ganz anders betrachtet werden als ein Brief, der Freunden in einer schweren Situation Mut machen will. Die Absicht eines Verfassers zu verstehen kann schwer sein, denn die einzige Grundlage für eine Interpretation ist das, was er geschrieben hat – und wie oft herrscht die Tendenz, das Geschriebene so zu interpretieren, dass es mit unseren Vorstellungen übereinstimmt!

TEXTGATTUNG

In der Bibel gibt es viele verschiedene, klar identifizierbare Literaturformen: Chroniken, Gesetzestexte, Erzählungen, Visionen, Gedichte, Evangelien, Briefe, liturgische Texte, ethische Anweisungen oder Glaubenszeugnisse. Keine Gattung ist „wahrer" als eine andere; alle bezeugen auf ihre unterschiedliche Art die Hauptbotschaft der Bibel. Aber um eine Stelle genau zu verstehen, müssen wir zuerst ihre Gattung bestimmen und dann die Fragen stellen, die dieser Textgattung entsprechen. Zu erwarten, dass eine Erzählung oder Dichtung genauso zu lesen wäre wie ein historischer Bericht, wäre unsinnig.

Das Neue Testament

Die Entstehung des Neuen Testaments verlief ganz anders als die des Alten Testaments: Alle Bücher wurden in einem Zeitraum von weniger als 100 Jahren geschrieben und von den christlichen Gemeinden von Anfang an regelmäßig benutzt. Ungefähr 150 n.Chr. verließ Marcion die Gemeinde in Rom und erklärte, er habe ein neues Verständnis von der christlichen Botschaft, die auf seiner eigenen Sammlung heiliger Bücher basiere, von denen die Gemeindeleiter viele jedoch nicht als authentische Schriften der Apostel anerkannten. Das zwang diese, ihren eigenen Kanon der Schriften, die als authentisch galten, zu erstellen. Mit diesem Schritt verliehen sie den Büchern keine besondere Vollmacht, sondern bestätigten nur die bestehende Praxis der Gemeinden, die diese Bücher lasen und wertschätzten. Schließlich wurde bei dem Konzil von Karthago 397 n.Chr. eine endgültige Liste mit den 27 Büchern des Neuen Testaments aufgestellt.

Bücher des Neuen Testaments

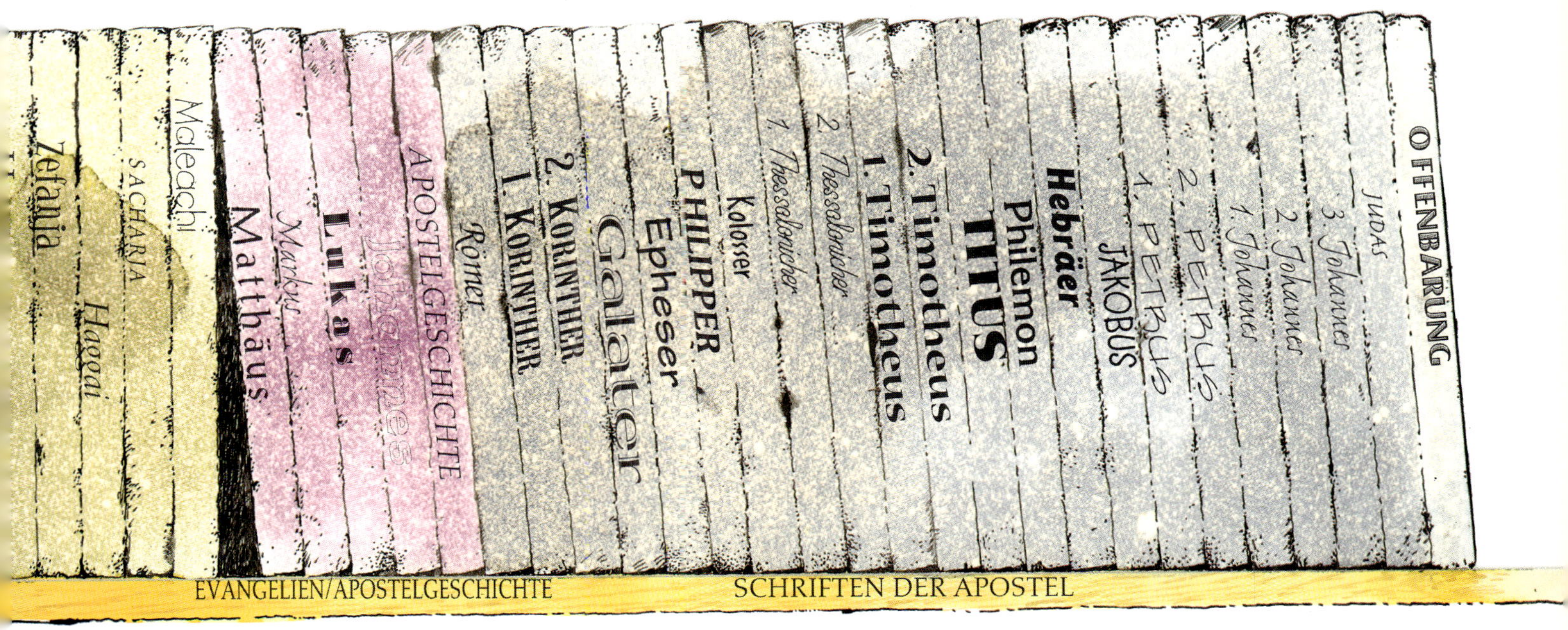

Wenn wir auf diese Weise an eine Bibelstelle herangehen und verstehen, was sie für ihren ursprünglichen Leser bedeutete und wie sie von Generation zu Generation verwendet wurde, können wir auch ihre Bedeutung für die heutige Welt mit einiger Sicherheit herausfinden. Aber man sollte dabei nie vergessen, dass jeder Leser seine eigenen Fragen an den Text hat. Jahrhundertelang dachte niemand daran zu fragen, was die Bibel über Sklaverei oder die Beziehung von Frauen und Männern zu sagen habe, da das Patriarchat und die Sklaverei als selbstverständliche Teile des täglichen Lebens hingenommen wurden. Deshalb muss die Bibel für jede Generation neu interpretiert werden. Zu ihren erstaunlichsten Eigenschaften gehört es, Material für immer neue Themen zu bieten. Das liegt zum großen Teil daran, dass sie viele Geschichten enthält. Geschichten geben selten umfassende Antworten, sondern lenken die Aufmerksamkeit immer auf die „richtigen" Fragen – im Fall der Bibel läuft das immer auf Fragen über den letzten Sinn des Lebens hinaus, die gleichzeitig Fragen über Gott sind.

Die Spätschriften des Alten Testaments
(auch Apokryphen oder deuterokanonische Bücher genannt; s. Seite 240-243)

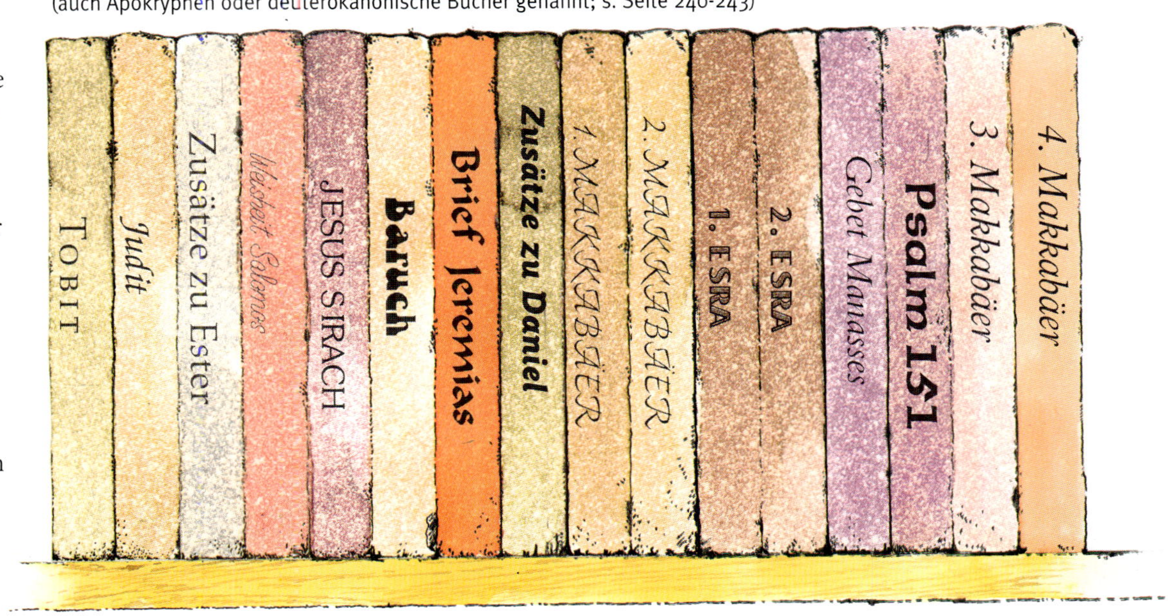

Die Tora oder der Pentateuch

Die ersten fünf Bücher der Bibel sind: Genesis, Exodus, Levitikus, Numeri und Deuteronomium bzw. die fünf Bücher Mose. In der hebräischen Bibel und durch die ganze Geschichte des Judentums hindurch sind sie als die *Tora* bekannt, das hebräische Wort für „Führung" oder „Anleitung". Sie bilden den Teil der hebräischen Bibel, der als das Gesetz bekannt ist. Etwa zu Beginn der christlichen Zeitrechnung waren sie ins Griechische übersetzt worden. Daher kommt der Begriff „Pentateuch": „die fünf Schriftrollen".

Der hebräische Begriff gibt einen Hinweis auf ihre eigentliche Bedeutung, denn diese Bücher spiegeln die Lebenseinstellung wider, auf der der biblische Glaube begründet ist. Sie befassen sich mit grundsätzlichen Themen wie dem Wesen Gottes, dem Wesen der Menschen und den Beziehungen zwischen Gott, den Menschen und der natürlichen Welt. Sie enthalten auch die überlieferten Geschichten der Israeliten, die ihnen helfen, ihr Erbe und ihren Platz in Gottes Plan für die Menschheit zu verstehen. Diese Themen ziehen sich wie rote Fäden durch diese Bücher, die oberflächlichen Betrachtern wie eine zusammenhanglose Mischung aus Geschichten und Gesetzen aussehen könnten.

1. Mose (Genesis)

Im Hebräischen wurde dieses Buch nach seinem ersten Wort benannt: „im Anfang". Der griechische Titel, „Genesis", bedeutet das Gleiche. Es besteht aus einer Sammlung von Geschichten über Anfänge, von der Erschaffung der Welt bis hin zu den Geschichten von den Vätern (und Müttern) des Volkes Israel: Abraham, Sara, Rahel, Isaak, Jakob, Josef und ihre Familien.

2. Mose (Exodus)

Der griechische Titel dieses Buches weist auf die darin beschriebene Geschichte hin, denn das Wort „Exodus" bedeutet „Auszug". Am Anfang des Buches sind die Vorfahren Israels in einem fremden Land versklavt – an seinem Ende sind sie, unter Moses Führung, der ihre Flucht aus der Tyrannei Ägyptens und seiner Herrscher in die Wege leitete, auf dem Weg in ein neues Land. Sie finden nicht sofort eine neue Heimat, in der sie sich ansiedeln können. Das Buch beschreibt sie auf ihrer jahrelangen Wanderung durch die Sinaiwüste. In dieser Zeit erhielten sie Gesetze und Lebensregeln, die sie für ihr künftiges sesshaftes Leben ausrüsteten. Die Zehn Gebote sind im Buch Exodus festgehalten, aber die meisten Gesetze in diesem Buch beziehen sich auf den Gottesdienst und andere rituelle Fragen.

3./4. Mose (Levitikus und Numeri)

Diese Bücher enthalten Regeln, die jeden nur vorstellbaren Bereich des Lebens abdeckten, das Israel später im Land Kanaan führte. Sozialgesetze, Speisegesetze, Regeln für Richter und andere Verantwortungsträger – sie werden alle hier behandelt und noch vieles mehr. Darüber hinaus finden sich Beschreibungen der regelmäßigen religiösen Feste in Israel und Anweisungen, wie sie gefeiert werden sollten.

5. Mose (Deuteronomium)

Dieses Buch setzt einen großen Teil der Sozialgesetzgebung aus Levitikus und Numeri fort, legt aber zusätzlich ein starkes Gewicht auf den Gottesdienst Israels in seinem einzigen, zentralen Heiligtum. Im Rahmen dieser frühen Geschichten handelt es sich dabei um ein Gottesdienstzelt, die Stiftshütte, das auf der Wanderung von Ägypten nach Palästina benutzt wurde.

Verfasser

Die Bücher nennen keinen Verfassernamen. Der Tradition nach werden sie Mose zugeschrieben. Der Grundstock des Geschriebenen geht auch wahrscheinlich in weiten Teilen auf Mose selbst zurück. Die Bücher sind aber in ihrer Gesamtheit und in ihrer letztlichen Ausgestaltung Ergebnis eines jahrhundertelangen Überlieferungsprozesses. Geschichten, die spätere Generationen inspirierten, wurden immer wieder erzählt und schließlich für die Zukunft schriftlich festgehalten. Zweifellos wurde dieses Material über einen langen Zeitraum hinweg gesammelt, bevor es schließlich, wahrscheinlich ungefähr in der Zeit der Babylonischen Gefangenschaft (587-539 v.Chr.), seine heutige Form bekam.

Literarische Gattung

Dieser Teil der Bibel enthält mehr unterschiedliche Textgattungen als die meisten anderen Teile. Die ersten Abschnitte des ersten Buches Mose, in denen von den Anfängen der Schöpfung wie auch menschlicher Zivilisation berichtet wird, gehören unübersehbar zu einer anderen Literaturgattung als die vielen Gesetze in den Büchern Levitikus und Numeri. Die Geschichten der hebräischen Erzväter sind wieder anders einzuordnen. Gemischt mit all diesen Gattungen, stoßen wir auf poetische Texte, ethische Anweisungen, Richtlinien für den Gottesdienst und vieles mehr. Obwohl sie so unterschiedlich sind, erzählen diese fünf Bücher alle zusammen eine einzige Geschichte: Alle Seiten sind von der eindringlichen Botschaft durchzogen, dass unsere Welt Gottes Welt ist, und dass Gott darin am Werk ist, in der Natur genauso wie im Leben einzelner Menschen und ganzer Völker.

Blick vom Berg Sinai, Ägypten

Genesis/1. Mose

Das erste Buch Mose (Genesis) ist das Buch der Anfänge: Der Anfang der Welt, ein Neuanfang nach einer Sintflut, der Anfang des Volkes Israel.

„Die Erschaffung Adams", Michelangelo Buonarroti (1475-1564)

Gliederung

DER ANFANG DER DINGE
(1Mo 1-11)

Die Welt, die Menschen und Gott (1Mo 1-3)
Von Adam bis Noah (1Mo 4-5)
Noah und die Sintflut (1Mo 6-10)
Der Turmbau zu Babel (1Mo 11)

ABRAHAM UND SEINE FAMILIE
(1Mo 12-50)

Abraham, Isaak, Esau und Jakob (1Mo 12-36)
Josef und seine Brüder (1Mo 37-45)
Jakob und seine Familie in Ägypten (1Mo 46-50)

„Adam und Eva nach der Verbannung aus dem Paradies" (Ausschnitt), Tommaso Masaccio (1407-28)

Botschaft

1Mo 1-11 enthalten überlieferte Geschichten, die die Grundlage der ganzen Bibel bilden. Sie zeigen, wie wichtig Gott die Welt ist und die Rolle der Menschen als Teil der Natur, die sie pflegen und erhalten sollen. Der perfekte Zustand der Welt ist ein Zustand, in dem Menschen, Gott, Tiere und Pflanzen im Frieden miteinander leben – etwas, das die Menschen nur schwer akzeptieren können, da sie den Drang haben, alles andere zu beherrschen. Als die ersten Menschen, Adam und Eva, durch Ungehorsam die ursprüngliche Harmonie zerstörten, führt dies für die gesamte Menschheit zum Verderben. Aber die Hoffnung auf eine Wiederherstellung des alten Zustands zieht sich durch die ganze Erzählung, als mit Noah und später mit Abraham ein Neuanfang gemacht wird.
Die Botschaft Gottes zeigt sich besonders an den Abrahamgeschichten: Sie stellen die Beständigkeit Gottes auch angesichts menschlichen Versagens heraus.

Hauptpersonen

Adam und Eva, Kain und Abel, Noah, Abraham, Sara, Hagar, Ismael, Lot, Isaak, Rahel, Lea, Rebekka, Jakob, Esau, Josef und seine Brüder (die zwölf Söhne Jakobs, von denen der Überlieferung zufolge die zwölf Stämme Israels abstammten).

Themen und Geschichten

Gottes Segen über die Natur und die Menschen, ihre Auseinandersetzung mit der Sünde (1Mo 1-3)
Rettung Noahs und seiner Familie vor der Sintflut (1Mo 6-10)
Gottes Verheißung an Abraham (1Mo 12)
Abrahams Familie (1Mo 12-25)
Isaak (1Mo 21-28; 35)
Jakob (1Mo 25-50)
Josef (1Mo 30; 37-50)

Abraham

Abrahams Geschichte beginnt in der Stadt Ur am Euphrat, bewegt sich dann weiter nach Haran, mehrere hundert Kilometer im Nordwesten, und von dort aus nach Kanaan. Von Gott berufen und vom Traum von einer festen Heimat für seine Nachkommen motiviert, zieht Abraham mit seinen Schaf- und Rinderherden von Ort zu Ort.
Abraham wird als Mensch mit großem Glauben geschildert, der Gottes Verheißung vertraut und überall, wohin er auch kommt, Altäre baut und Gott anbetet. Gleichzeitig gerät er ständig in Krisen und begeht viele Fehler. Während einer Hungersnot gibt er z.B. seine Frau Sara als seine Schwester aus, was zu erheblichen Verwicklungen führt.
Gott verheißt ihm so viele Nachkommen wie Sterne am Himmel, obwohl er und seine Frau schon sehr alt sind. Später bekommt er dann tatsächlich einen Sohn (Ismael), allerdings von Saras Sklavin, Hagar. Er verstößt beide aber später, als auch Sara schwanger wird und ein Kind – Isaak – zur Welt bringt, das dann der rechtmäßige Erbe seiner Familie werden sollte. Zuvor befahl aber Gott Abraham, seinen Sohn auf einem Altar zu opfern – eine Gehorsamsprobe, die Gott Abraham auferlegte. Abraham gehorchte dem schweren Befehl – und Isaak durfte am Leben bleiben.

1Mo 11,31-32; 12,1ff; 17,1-8; 22,1-14; Röm 4,1-3; Hebr 11,8-19; Jak 2,21-23

Familienstammbaum:
Von Terach bis zu den zwölf Stämmen Israels

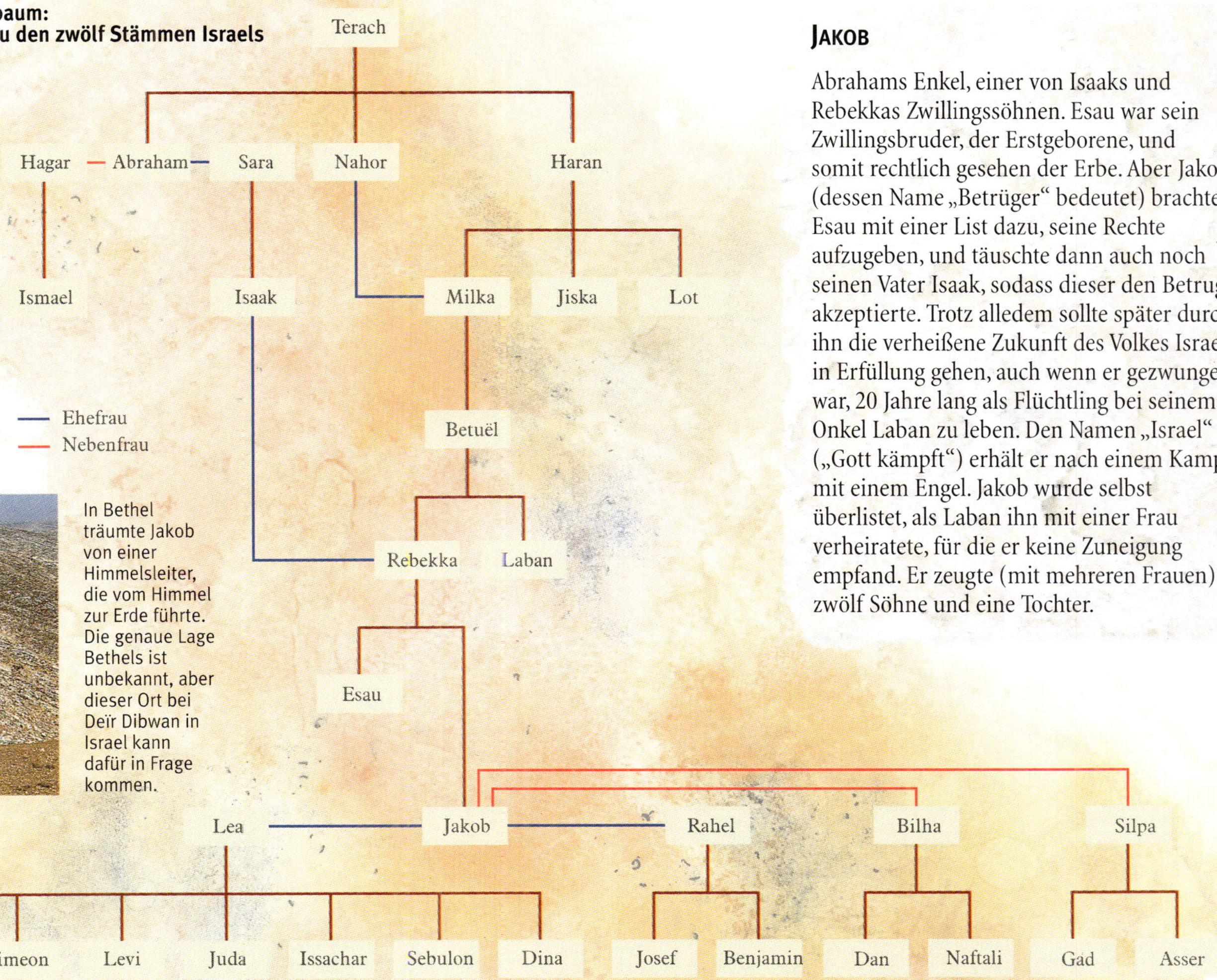

In Bethel träumte Jakob von einer Himmelsleiter, die vom Himmel zur Erde führte. Die genaue Lage Bethels ist unbekannt, aber dieser Ort bei Deïr Dibwan in Israel kann dafür in Frage kommen.

Jakob

Abrahams Enkel, einer von Isaaks und Rebekkas Zwillingssöhnen. Esau war sein Zwillingsbruder, der Erstgeborene, und somit rechtlich gesehen der Erbe. Aber Jakob (dessen Name „Betrüger“ bedeutet) brachte Esau mit einer List dazu, seine Rechte aufzugeben, und täuschte dann auch noch seinen Vater Isaak, sodass dieser den Betrug akzeptierte. Trotz alledem sollte später durch ihn die verheißene Zukunft des Volkes Israel in Erfüllung gehen, auch wenn er gezwungen war, 20 Jahre lang als Flüchtling bei seinem Onkel Laban zu leben. Den Namen „Israel“ („Gott kämpft“) erhält er nach einem Kampf mit einem Engel. Jakob wurde selbst überlistet, als Laban ihn mit einer Frau verheiratete, für die er keine Zuneigung empfand. Er zeugte (mit mehreren Frauen) zwölf Söhne und eine Tochter.

Holzmodell einer Kornkammer, wie sie im antiken Ägypten benutzt wurde.

Das erste Buch Mose berichtet: Als die Wasser der Sintflut zurückgingen, kam Noahs Arche auf dem Berg Ararat in der Nordosttürkei zum Stehen.

Siehe auch
- Die Erzväter und ihre Welt (S. 18-19)
- Die Sumerer (S. 50-51)
- Die Ägypter (S. 52-53)

Josef

Josef war Jakobs Lieblingssohn von seiner Lieblingsfrau Rahel. Als solcher führte er ein behütetes Leben, sehr zum Ärger seiner Brüder, die sich gegen ihn verschworen, um ihn loszuwerden. Er wurde als Sklave verkauft und nach Ägypten gebracht, wo er Berühmtheit erlangte und schließlich in einer Zeit der Hungersnot vom Pharao zum obersten Beamten ernannt wurde. Während der Hungersnot reisten seine Brüder auf der Suche nach Nahrungsmitteln nach Ägypten, wo sie Josef gegenübertraten, ohne ihn jedoch zu erkennen. Später versöhnten sie sich und Josef forderte seinen Vater und seine Brüder zum Umzug nach Ägypten auf, wo ihre Nachkommen in Frieden und Sicherheit lebten.

1Mo 30,24; 37-50

Exodus/2. Mose

Der griechische Name für das zweite Buch Mose, Exodus, bedeutet „Auszug" oder „Weggang". Die Schlüsselgeschichte dieses Buches erzählt, wie Gott Mose bevollmächtigte, das Volk Israel aus der Sklaverei, in der es sich inzwischen befand, zu retten.

Dieses Wandgemälde aus dem Tempel von Beit El-Wali zeigt den ägyptischen Pharao Ramses II. im Kampf gegen die Nubier.

Gliederung

ISRAEL ENTKOMMT DER SKLAVEREI IN ÄGYPTEN (2Mo 1-15)
Sklaven in Ägypten (2Mo 1)
Moses erste Jahre (2Mo 2-4)
Aaron und der Pharao (2Mo 5-11)
Flucht, Passa und Durchquerung des Meeres (2Mo 12-15)

WÜSTENWANDERUNG ZUM BERG SINAI (2Mo 16-18)

BUND MIT GOTT AUF DEM BERG SINAI UND GESETZE FÜR EIN NEUES VOLK (2Mo 19-24)

ANWEISUNG ZUM BAU EINES ZELTES FÜR DEN GOTTESDIENST (DIE STIFTSHÜTTE) UND REGELN FÜR DEN GOTTESDIENST (2Mo 25-40)

Hauptpersonen

Mose, sein Bruder Aaron, seine Schwester Mirjam; Pharao, der König von Ägypten.

Ort

Die Ereignisse im Buch Exodus finden im Nildelta von Ägypten und auf der Sinai-Halbinsel statt.

Zeit und literarische Form

Das zweite Buch Mose weist zwei völlig unterschiedliche Textformen auf: Erzählungen und Gesetzestexte. Die Gesetze sollten die moralische und religiöse Grundlage für das israelische Volk nach der Einnahme des Landes Kanaan schaffen.
Die Ereignisse lassen sich in die Zeit zwischen 1325 und 1225 v.Chr. datieren. Ramses II. (1290-1224 v.Chr.) ist wahrscheinlich der Pharao, mit dem es Mose zur Zeit des Auszugs zu tun hat.

Blick über den Nil auf Luxor, Ägypten

Themen und Geschichten

Rettung Moses als Säugling (2Mo 2)
Mose und der brennende Dornbusch (2Mo 3)
Die zehn Plagen (2Mo 7-12)
Das erste Passa (2Mo 12)
Durchquerung des „Schilfmeeres" (2Mo 14)
Die Zehn Gebote (2Mo 20)
Gott und Israel schließen einen Bund (2Mo 23-24)
Anbetung des Goldenen Kalbes (2Mo 32)
Bau eines Zeltes für den Gottesdienst (2Mo 36)

Bedeutung und Botschaft

Der Auszug aus Ägypten wird gelegentlich als das „Evangelium des Alten Testaments" bezeichnet. In der Tat wurde im Lauf der Geschichte Israels, vor allem bei den Propheten, immer wieder auf den Exodus zurückgegriffen, an ihn als die große geschichtliche Heilstat Gottes erinnert, vor allem dann, wenn das Volk sich von Gott entfernte und Gottes Rettungshandeln vergaß. Das religiöse Hauptfest der Juden, das Passa (in 2Mo 12 beschrieben), hilft auch dabei, die Erinnerung an dieses Ereignis wachzuhalten.
Im zweiten Buch Mose bekommt das religiöse Leben deutliche Konturen bis ins Alltagsleben hinein. Gott wird hier nicht in abstrakten religiösen Begriffen beschrieben, sondern in Beziehung zu den alltäglichen Bedürfnissen gewöhnlicher Menschen. Neben dem Hauptgebot, Gott zu ehren und nicht anderen Göttern zu dienen, wird immer wieder auch die Gerechtigkeit für die Unterdrückten und Randgruppen angesprochen. Gott sieht die Menschen, die leiden, er hört ihr Schreien und leitet eine Änderung in die Wege.

Die Israeliten werden aufgefordert, nach Gottes Wertmaßstäben zu leben und ihr Ja zu diesem Bund, den Gott mit ihnen schließt, zu bestätigen und diesen dann nicht nur in ihrem Gottesdienst, sondern auch in der Art, wie sie ihre Gesellschaft aufbauen, zum Ausdruck zu bringen. Aus diesem Grund finden sich im zweiten Buch Mose Gesetze über den Gottesdienst neben grundlegenden ethischen Lehren und Bestimmungen für die Errichtung eines nach Gottes Maßstäben lebenden Volkes. Doch die Erzählungen der Bibel zeigen, wie schwierig es war, diesem Ideal gerecht zu werden. Selbst viele Führer des Volkes, die Könige, verstießen gegen diese Gebote und die Propheten mussten die Missstände anklagen.

Mose

Mose war der Führer, der die Israeliten aus der Knechtschaft in Ägypten befreite und sie durch die Wüste bis an die Grenzen Kanaans brachte. Als Kind israelitischer Eltern geboren, wurde Mose in die ägyptische Königsfamilie adoptiert. Als Erwachsener erschlug er, als er sich in einen Streit einmischte, einen Ägypter und musste fliehen. Nach seiner Flucht, als Schafhirte in der Wüste, hatte er ein Erlebnis mit Gott, der aus einem Dornbusch, der brannte, aber nicht verbrannte, zu ihm sprach. Von Gott dazu beauftragt, kehrte er nach Ägypten zurück und forderte die Freiheit für sein Volk. Schließlich entkamen die Sklaven. Die Armee des Pharaos nahm die Verfolgung auf, aber durch eine wunderbare Durchquerung des „Schilfmeeres" wurden sie gerettet.
Als sie in der Wüste waren, führte Mose das Volk zum Berg Sinai. Dort überbrachte er ihnen von Gott die Zehn Gebote und verschiedene Anweisungen für den Bau eines Gottesdienstzeltes, die so genannte Stiftshütte. Nach einer langen Wüstenwanderung von einer Oase zur nächsten erreichte das Volk die Grenzen des Landes, in dem es sich ansiedeln sollte: Kanaan. Inzwischen waren viele der ehemaligen hebräischen Sklaven gestorben. Vor seinem Tod setzte Mose Josua als seinen Nachfolger ein. Als Überbringer des Gesetzes wurde er zu einer Schlüsselfigur in der späteren jüdischen Überlieferung und wird auch im Neuen Testament als entscheidende Gestalt des Alten Testaments erwähnt.

2Mo 2 – 5Mo 34; Lk 9,28ff

Die Oase Paran im südlichen Sinai. Die Bibel berichtet, dass die Israeliten nach dem Auszug durch Paran zogen.

Siehe auch

- Der Auszug aus Ägypten (S. 20-21)
- Die Ägypter (S. 52-53)
- Der Schöpfergott Israels (S. 148-149)
- Israels Glaube (S. 150-151)

„Israel in Ägypten", Edward John Poynter (1836-1919)

Levitikus/3. Mose

Dieses Buch besteht aus Gesetzen zur rituellen Reinheit. Dazu kommen Speisevorschriften sowie Anweisungen für den Gottesdienst. Sein griechischer Name Levitikus ist von den Leviten abgeleitet, dem traditionellen Priestergeschlecht in Israel.

Gliederung

GESETZE ÜBER OPFER (3Mo 1-7)

BESTIMMUNGEN ZU DER EINSETZUNG UND DEM VERHALTEN DER PRIESTER (3Mo 8-10)

GESETZE ÜBER HYGIENE; SPEISEN UND RITUELLE REINIGUNG (3Mo 11-15)

DER VERSÖHNUNGSTAG (3Mo 16)

DIE REGELMÄSSIGEN GLAUBENSFESTE (3Mo 17-27)

Dieses Tefillin stammt aus dem 1. Jh. n.Chr.

Hauptthemen

Die ungewöhnliche Kombination aus Speisevorschriften und Bestimmungen zur persönlichen Hygiene mit Regeln über das Verhalten im Gottesdienst zeigt, dass die Bibel den Glauben als Bestandteil eines umfassenden Lebensstiles sieht, der alle Aspekte des täglichen Lebens berührt und nicht nur das, was an Gottesdienststätten geschieht. Das Opfern – sowohl von Tieren als auch von Pflanzen – spielte im alttestamentlichen Gottesdienst eine zentrale Rolle. Hier wurden symbolisch die Schranken zwischen Gott und dem Volk niedergerissen.

Bekanntester Vers

Liebe deinen Nächsten wie dich selbst. (3Mo 19,18)

Die Israeliten fingen in der Wüste Wachteln als Speise. Dieses ägyptische Wandgemälde aus dem Grabmal Nefermaats zeigt einen Mann bei der Vogeljagd.

Numeri/4. Mose

Dieses Buch enthält weitere Geschichten über das israelitische Volk während seines Nomadendaseins auf der Sinai-Halbinsel nach dem Exodus sowie zusätzliche Bestimmungen für Priester. Seinen griechischen Titel, Numeri, hat es von den zwei Volkszählungen, die in diesem Buch geschildert werden (4Mo 1 und 26).

Gliederung

WEITERZUG VOM BERG SINAI (4Mo 1-9)
Volkszählung (4Mo 1)
Listen der Stämme (4Mo 2)
Weitere Regeln für Priester und Leviten (4Mo 3-8)
Passafest (4Mo 9)

VOM BERG SINAI NACH MOAB (4Mo 10-21)

EREIGNISSE IN MOAB: GESCHICHTEN VON BILEAM UND BALAK (4Mo 22-32)

ENDE DER REISE (4Mo 33-36)

Themen und Geschichten

Mirjams Bestrafung (4Mo 12)
Die zwölf Kundschafter und ihr Bericht (4Mo 13)
Klagen, Aufstand und 40 Jahre Wanderschaft (4Mo 14)
Herausforderungen an die Führung (4Mo 16-17)
Giftschlangenplage (4Mo 21)
Bileam und sein Esel (4Mo 22)
Josua übernimmt die Führung (4Mo 27)

Hauptpersonen

Mose und Aaron, Kaleb und Josua, Bileam und Balak.

Bekanntester Vers

Der Herr segne dich
und behüte dich;
der Herr lasse sein
Angesicht leuchten über
dir und sei dir gnädig;
der Herr erhebe sein
Angesicht über dich
und gebe dir Frieden.
(4Mo 6,24-26)

Hauptthema

Das vierte Buch Mose betont die Treue Gottes und den Ungehorsam des Volkes: Treue führt zum Erfolg, aber Ungehorsam führt ins Verderben. Das ist eine der zentralen Botschaften des ganzen Alten Testaments. Sie taucht besonders in der Verkündigung der Propheten und der späteren Bücher der Geschichte des Volkes Israel auf.

Deuteronomium/ 5. Mose

Der griechische Name dieses Buches, Deuteronomium, bedeutet „das zweite (wiederholte) Gesetz", da Mose vor der Einnahme des Landes Kanaan dieses Gesetz zum zweiten Mal dem Volk vortrug. Am Ende dieses Buches stellt Mose das Volk Israel vor die Entscheidung für oder gegen Jahwe.

„Da machte Mose eine eherne Schlange" (4Mo 21,9). Diese Bronzeschlange stammt aus dem 12. Jh. v.Chr.

Aaron

Aaron war der ältere Bruder Moses und Mirjams. Er unterstützte treu Moses Initiativen beim Auszug aus Ägypten. Obwohl Aaron am Berg Sinai ein goldenes Kalb, ein Götzenbild, aufstellte, das die Israeliten während Moses Abwesenheit anbeten konnten, wurde er später Hoherpriester mit der Verantwortung für den Gottesdienst des Volkes. Von den späteren Generationen wurde er als der Stammvater aller Priester betrachtet. Der Überlieferung zufolge starb er, bevor die Israeliten in das Land Kanaan einzogen. Sein Sohn Eleasar wurde nach ihm Hoherpriester.

2Mo 4,14; 5-12; 28,1; 32,1; 4Mo 20,23-29

"Der Sündenbock", William Holman Hunt (1827-1910)

Siehe auch

- Speisegesetze und -Sitten (S. 108-109)
- Gottes Gesetz in der Praxis (S. 152-153)
- Jährliche Feste (S. 156–157)
- Priester und Rituale (S. 162-163)

Themen und Geschichten

Die zwölf Kundschafter (5Mo 1)
Wüstenwanderungen (5Mo 2)
Die Zehn Gebote (5Mo 5)
Josuas Berufung (5Mo 31)
Moses Tod (5Mo 34)

Gliederung

MOSE ERINNERT AN EREIGNISSE WÄHREND DER WEITERWANDERUNG VOM BERG SINAI (5Mo 1-4)

EIN AUFRUF ZUM ERNEUTEN GEHORSAM GEGENÜBER GOTTES GESETZEN (5Mo 5-26)

ERNEUERUNG DES BUNDES ZWISCHEN GOTT UND DEM VOLK (5Mo 29-30)

MOSES LETZTE ANWEISUNGEN (5Mo 31-33)

MOSES TOD (5Mo 34)

Apis, der heilige Stier, der von den Ägyptern der Antike in Memfis angebetet wurde

Bekannteste Verse

Du sollst den Herrn, deinen Gott, lieb haben von ganzem Herzen, von ganzer Seele und mit all deiner Kraft. (5Mo 6,4-6)
Der Mensch lebt nicht vom Brot allein, sondern von allem, was aus dem Mund des Herrn geht. (5Mo 8,3)

Hauptthemen

Das fünfte Buch Mose bildet eine Brücke zwischen den Gesetzbüchern (*Tora*) im Alten Testament und den Geschichtsbüchern, die danach folgen. Man kann es gewissermaßen als Vorwort zu den Geschichtsbüchern des häufig so genannten „deuteronomistischen Geschichtswerkes" (5Mo – 2Kön) verstehen. Es stellt das große Thema heraus, das die Verfasser aller dieser Bücher motivierte: Gehorsam gegenüber Gott bringt Segen, während Ungehorsam ins Verderben führt. Diese Einsicht tritt besonders bei den Propheten zutage, die die schlechten Verhältnisse auf das Abwenden von Gottes Geboten zurückführten.

Alttestamentliche Geschichte – Überblick

Ein wichtiger Teil des Alten Testaments besteht aus Geschichtsbüchern, die aus verschiedenen Perspektiven die Geschichte Israels von der frühesten Zeit bis zu der Babylonischen Gefangenschaft und der Zeit danach erzählen. Diese Bücher lassen sich zu zwei deutlich voneinander verschiedenen Teilen zusammenfassen: (a) Josua, Richter, 1. und 2. Samuel und 1. und 2. Könige und (b) 1. und 2. Chronik, Esra und Nehemia.

Die alttestamentliche Geschichte wird stark von der Beziehung Israels zu den jeweiligen internationalen Großmächten jener Zeit beherrscht: Ägypten, Syrien, Assyrien und Babylon. Trotz der Verheißung Gottes, dass sie ein großes Volk werden sollten, sah die sichtbare Wirklichkeit für das Volk Israel oft ganz anders aus. Ob sie nun darum kämpften, ihren eigenen Staat inmitten einer kanaanitischen Kultur zu errichten, oder ob sie versuchten, die Übergriffe ihrer Feinde abzuwehren, ihre nationalen Erfolge erfüllten nie ganz ihre Erwartungen. Die verschiedenen historischen Berichte des Alten Testaments wurden geschrieben, um diese durchkreuzten ehrgeizigen Absichten zu dokumentieren und die Hintergründe zu erklären.

(a) Josua – 2. Könige

Das fünfte Buch Mose spricht von einem Bund zwischen Gott und seinem Volk und stellt die Regeln und Bedingungen dieses Bundes auf.
Die folgenden Bücher erarbeiten dann, wie und warum das Volk den Bund missachtete, was zum nationalen Untergang der Israeliten zuerst durch die Assyrer (722 v.Chr.) und dann durch die Babylonier (587 v.Chr.) führte.
Diese Büchersammlung enthält Material, das sich aus vielen alten Quellen zusammensetzt. Als vollständige Einheit wurde sie wahrscheinlich während der Babylonischen Gefangenschaft, jedoch vor der Machtübernahme der Perser und ihrem Sieg über die Babylonier (539 v.Chr.) zusammengestellt. Es war nur natürlich, in einer solchen Zeit die Geschichten des Volkes zu bewahren und sich damit auseinander zu setzen, um herauszufinden, worin die Ursachen für die Fehlentwicklung lagen.

Diese Analyse erfolgt an Schlüsselstellen in der Erzählung in der Form von Reden. Hier wird herausgestellt, dass der Gehorsam Gottes Gesetzen gegenüber zum Erfolg führte und dass Ungehorsam Unheil brachte (siehe Jos 23; 1Sam 12; 2Sam 7; 1Kön 8,22-53). Nicht Gott, sondern das Volk hatte die am Berg Sinai getroffene Abmachung nicht eingehalten. Dieser Bundesbruch war die Hauptursache für die Katastrophen, die sie erlitten hatten. Aber noch war nicht alles verloren, denn selbst in einer scheinbar hoffnungslosen Situation galten Gottes Verheißungen immer noch. Wenn das Volk bereit war, sich zu ändern, konnten die Verheißungen an Abraham immer noch wahr werden. Diese Perspektive wird in 5Mo 4,27-31, das von der Gefangenschaft spricht, deutlich herausgestellt, während die ganze Geschichte mit einem optimistischen Bericht, der Freilassung Jojachins (des früheren Königs von Juda) aus dem Gefängnis in Babylon endet (2Kön 25,27-30).

(b) 1. Chronik – Esra

Als König Kyrus von Persien die Babylonier besiegte (539 v.Chr.), erlaubte er den jüdischen Gefangenen, in ihre Heimat zurückzukehren. Ein Teil der Juden machte von diesem Angebot Gebrauch. Unter der Leitung Serubbabels bauten die Heimkehrer den Tempel in Jerusalem wieder auf (520-515 v.Chr.). Im Verlauf des nächsten Jahrhunderts kehrten weitere Juden in ihre Heimat zurück. Den Höhepunkt bildeten die starken Bemühungen unter Esra und Nehemia, wieder einen mächtigen jüdischen Staat zu errichten, der nach den Richtlinien der überlieferten Gesetze Gottes funktionieren sollte.
Die Bücher 1. und 2. Chronik wurden in dieser Zeit verfasst, um das Volk bei dieser Aufgabe zu ermutigen. Diese Bücher erwähnen das Edikt des Königs Kyrus (2Chr 36,22-23); sie müssen also nach 539 v.Chr. geschrieben worden sein. Es ist jedoch schwer, ihr Entstehungsdatum genauer festzulegen. Die Schlussworte von 2. Chronik werden im ersten Absatz des Buches Esra wiederholt, was auf eine Verbindung zwischen diesen Büchern hinweist, auch wenn die Bücher Esra und Nehemia sich in ihrer Art sehr von den Chronikbüchern unterscheiden: Während 1. und 2. Chronik einen sorgfältig formulierten Bericht bieten, enthalten Esra und Nehemia eine Sammlung von offenbar nur lose zusammenhängenden Geschichten. Sie sind aber deshalb nicht weniger wertvoll, da sie allem Anschein nach ungefähr zu der Zeit geschrieben wurden, in der die Ereignisse, die sie beschreiben, stattfanden, also um das Jahr 400 v.Chr. herum. Möglicherweise wurden die Chronikbücher nur wenig vorher geschrieben und die Bücher Esra und Nehemia sollten den Fortgang der Geschichte festhalten und auf den aktuellen Stand bringen.

Zwei Einzelschicksale

Die Bücher Ester und Rut unterscheiden sich stark von den großen Geschichtsbüchern. Sie erzählen die Geschichten von zwei Frauen, deren Treue zu Gott und ihrem Volk späteren Generationen als Beispiel dienen sollte. Auf ihre unterschiedliche Art stellten sie beide heraus, dass Gottes Absichten für sein Volk in Erfüllung gehen, wenn Menschen treu sind.

Blick auf die Altstadt Jerusalems von der Erlöserkirche

Josua

Dieses Buch erzählt von der israelitischen Einnahme des Landes Kanaan unter Leitung von Josua, Moses Nachfolger.

Zeit

Ungefähr 1230 bis 1200 v.Chr.

Hauptpersonen

Josua sowie Rahab und Kaleb.

Hauptereignisse

Die zwei Kundschafter (Jos 2)
Überquerung des Jordan (Jos 3)
Kampf um Jericho (Jos 6)

Bekannteste Verse

Sei getrost und unverzagt. (Jos 1,5-9)
Ich aber und mein Haus wollen dem Herrn dienen. (Jos 24,15)

Hauptthemen

Das Buch Josua beschreibt die erfolgreiche Eroberung größerer kanaanitischer Städte durch die israelitischen Streitkräfte, die als vereinigte, disziplinierte Armee auftreten. Die einzige Ausnahme hinsichtlich der Stadt Ai stellt das die ganze Geschichte des Alten Testaments durchdringende Thema heraus: Ungehorsam führt ins Verderben, während treuer Gehorsam den Sieg sichert. Am Ende des Buches Josua ist Kanaan eingenommen und der Bund zwischen Gott und dem Volk wird erneuert. Es gibt archäologische Beweise für eine radikale Veränderung in der kanaanitischen Kultur in der Zeit zwischen 1400 und 1200 v.Chr. und Hinweise darauf, dass einige der Städte, die in Josua erwähnt werden, tatsächlich in dieser Zeit erobert wurden. Andere Hinweise zeigen, dass der Kampf um Land danach noch lange weiterging.

Einige der Säulen der kanaanitischen „Höhe" in Geser. Die Stadt lag nahe an der Hauptstraße zwischen Ägypten und Mesopotamien und war damit von strategischer Bedeutung. Die Bibel berichtet, dass Josua den König von Geser besiegte, die Stadt aber nicht einnahm.

Josua

Josua wurde nach Moses Tod der Anführer der Israeliten. Sein Name bedeutet „Gott ist Rettung". Josua trat das erste Mal in Erscheinung als einer der zwölf Kundschafter, die die Situation im Land erkunden sollten, als Israel noch in der Wüste war.

2Mo 17,9 ff; 4Mo 13-14; Jos

Widderhorn („Posaune")

Gliederung

ERFOLG UND NIEDERLAGE IM KAMPF (Jos 1-12)
Überquerung des Jordan (Jos 1-5)
Die Eroberung Jerichos und ihre Folgen (Jos 6-7)
Niederlage in Ai (Jos 8)
Feldzug im Süden (Jos 9-10)
Feldzug im Norden (Jos 11-12)

DAS LAND WIRD UNTER DEN STÄMMEN AUFGETEILT (Jos 13-21)

DIE ÖSTLICHEN STÄMME UND JOSUAS ABSCHIEDSWORTE (Jos 22-24)

Elfenbeinplatte aus Megiddo aus der Zeit zwischen 1300 und 1200 v.Chr. Sie zeigt einen Herrscher, wahrscheinlich den König von Megiddo, der, von Dienern umringt, auf seinem Thron sitzt und Gefangene begutachtet.

Richter

Dieses Buch enthält Geschichten über verschiedene Helden oder „Richter" aus ungefähr der gleichen Zeit wie die Erzählungen im Buch Josua.

Gliederung

VERSCHIEDENE KÄMPFE ZWISCHEN KANAANITERN UND ISRAELITEN (Ri 1-2)

GESCHICHTEN DER „RICHTER" (Ri 2-16)
Otniël, Ehud und Schamgar (Ri 3)
Debora und Barak (Ri 4-6)
Gideon (Ri 6-8)
Abimelechs Versuch, König zu werden (Ri 9)
Tola, Jaïr und Jeftah (Ri 10-12)
Simson (Ri 13-16)

WEITERE GESCHICHTEN ÜBER GEWALT UND KRIEG (Ri 17-21)

Die Richter und ihre Gegner

Richter	*Gegner*
Otniël aus Juda	Kuschan-Rischatajim von Mesopotamien
Ehud aus Benjamin	Eglon von Moab
Schamgar	die Philister
Debora (Ephraim) und **Barak** (Naftali)	Jabin (ein kanaanitischer König) und Sisera (sein Oberbefehlshaber)
Gideon (von Manasse)	die Midianiter und Amalekiter
Tola aus Issachar	
Jaïr aus Gilead	
Jeftah aus Gilead	die Ammoniter
Ibzan aus Bethlehem	
Elon aus Sebulon	
Abdon aus Ephraim	
Simson aus Dan	die Philister

Hauptthema

Das Buch Richter beschreibt die schrittweise Eroberung Kanaans. Die Richter – regionale Führer – handeln Verträge mit anderen Volksgruppen aus (Ri 1,27-36) und führen Schlachten gegen eine Vielzahl von Gegnern. Es stehen jeweils einzelne Stämme des Volkes Israel im Mittelpunkt, auch wenn es unter den verschiedenen Stämmen ein starkes Einheitsgefühl gibt, das sich auf ihren Gottesdienst und ihre gemeinsame Bundesverpflichtung konzentriert. Der allgemeine Eindruck zeigt ein zersplittertes und demoralisiertes Volk, das bei seinem Versuch, eine eigene Nation in diesem Land aufzubauen, sehr viel Mühe hatte.

Gideon

Die Bibel erzählt, wie Gideon 300 Männer auswählte und sie nur mit einem leeren Krug, einer brennenden Fackel und einer Posaune bewaffnete. In drei Gruppen überraschten sie die Kanaaniter bei Nacht und lösten unter den Feinden eine solche Panik aus, dass diese sich gegenseitig bekämpften und die Flucht vor den Israeliten ergriffen.

Ri 6,11-23. 36-39; 7,1-23

Siehe auch
- Israels Einzug in Kanaan (S. 22-23)
- Die Zeit der Richter (S. 24-25)
- Die Kanaanäer (S. 56-57)
- Die Länder der Bibel (S. 82-83)

Blick über die Jesreel-Ebene vom Berg Tabor, der Ort, an dem die kanaanitische Armee von Debora und Barak besiegt wurde.

Debora

Debora war die einzige Frau unter den Richtern. Zusammen mit Barak besiegte sie den kanaanitischen General Sisera. „Deboras Siegeslied", das diesen Sieg feiert (Ri 5), gilt als eines der ältesten poetischen Texte in der Bibel.

Ri 4; 5

Simson

Simson war von Geburt an als Nasiräer Gott geweiht. Als Zeichen dafür ließ er sich nie die Haare schneiden. Als Erwachsener entwickelte er große körperliche Stärke, deren Geheimnis seine langen Haare waren. Er kämpfte allein gegen die Philister, verliebte sich aber in die Philisterin Delila. Als Delila das Geheimnis von Simsons Kraft herausfand, ließ sie ihm im Schlaf die Haare abschneiden. Die Philister stachen Simson die Augen aus und nahmen ihn gefangen, aber als seine Haare länger wurden, begann auch seine Kraft zurückzukehren. Als er zur Volksbelustigung im Philistertempel angekettet wurde, sah er eine Gelegenheit zur Rache. Er betete um Kraft und setzte sie ein, um das Gebäude zu zerstören. Dabei starb er selbst und viele Philister mit ihm.

Ri 13-16

1. und 2. Samuel

Die Samuelbücher beschreiben die Geschichte Israels von der Zeit der Richter bis zur Regierungszeit König Davids.

Die Bibel berichtet, wie Gott Davids Leben veränderte, als der einfache Hirtenjunge ein großer König wurde.

Gliederung

SAMUELS GEBURT UND LEITUNGSAMT (1Sam 1-7)

SAUL WIRD ISRAELS ERSTER KÖNIG (1Sam 8-10)

SAUL VERLIERT DIE ÖFFENTLICHE UNTERSTÜTZUNG (1Sam 11-15)

DAVID WIRD ALS NÄCHSTER KÖNIG ERWÄHLT (1Sam 16)

DAVID KÄMPFT GEGEN GOLIAT (1Sam 17)

DAVID, DER GEÄCHTETE (1Sam 18-30)

SAULS UND JONATANS TOD (1Sam 31 – 2Sam 1)

DAVID WIRD KÖNIG VON JUDA (2Sam 2-4)

DAVID WIRD KÖNIG ÜBER GANZ ISRAEL (2Sam 5-7)

VERSCHIEDENE KRIEGE (2Sam 8-10)

DAVIDS EHEBRUCH MIT BATSEBA (2Sam 11-12)

FAMILIENPROBLEME UND POLITISCHE UNRUHEN (2Sam 13-20)

DAVIDS SPÄTE JAHRE (2Sam 21-24)

Könige Israels vor der Reichsteilung

In der israelitischen Stadt Silo hatte Josua die Stiftshütte und die Bundeslade aufgestellt.

Saul

Saul aus dem kleinen Stamm Benjamin war der erste König Israels. Ihm fehlten die nötigen Mittel und die Unterstützung, um sich gegen die Philister zu behaupten (die, genauso wie Israel, von außen in das Land gekommen waren und versuchten, ihren eigenen Staat aufzubauen). Als Saul den Rat Samuels und anderer religiöser Führer verwarf, waren seine Tage gezählt. David war eine attraktivere Persönlichkeit und seine Popularität verstärkte Sauls Isoliertheit noch mehr. Die Geschichten der beiden sind miteinander verwoben. David ist nicht nur Sauls Rivale, sondern auch Sauls persönlicher Musiker, der Saul auf der Leier vorspielte, wenn dieser von Depressionen geplagt wurde. Saul wird zur tragischen Figur, die bei einer Wahrsagerin Hilfe sucht, bevor er sich vor Verzweiflung über den Verlust seiner Macht selbst tötet.

1Sam 8-31; 2Sam 1ff

Familienstammbaum:
König Davids Frauen und Kinder

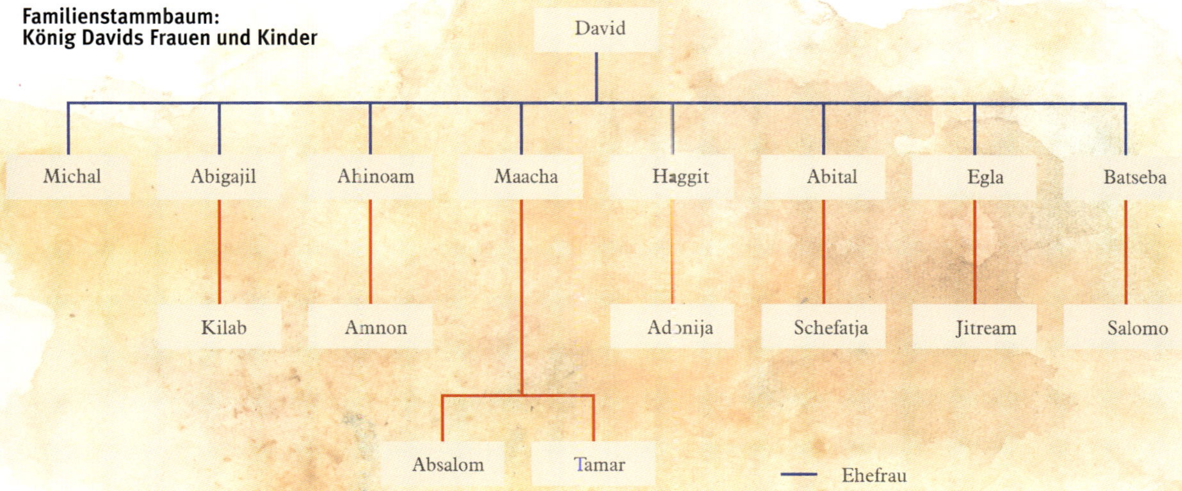

Siehe auch

Von Saul bis Salomo (S. 26-27)

Die Philister (S. 58-59)

Könige und Herrscher (S. 116-117)

Ort und Zeit

Israel kämpft immer noch um die Herrschaft im Land. Erst David schafft schließlich sichere Grenzen und die Voraussetzungen für Stabilität und Wohlstand. Diese Geschichten können in einen genauen historischen Kontext, in die Zeit zwischen 1075 und 975 v.Chr., eingeordnet werden.

Hauptereignisse

Hannas Gebet und Samuels Geburt (1Sam 1-2)
Das Kind Samuel hört Gottes Stimme (1Sam 3)
Ergreifung und Rückführung der Bundeslade (1Sam 4-6)
Davids Freundschaft mit Jonatan (1Sam 18-20)
Davids Klage um Saul und Jonatan (2Sam 1)
Gottes Verheißung an Davids Familie (2Sam 7)
Nathans Geschichte von dem Schaf des armen Mannes (2Sam 12)
Davids Siegeslied (2Sam 22)

Hauptthemen

Saul und David werden beide nach ihrer Haltung zum Bund zwischen Gott und dem Volk gerichtet. Wenn sie Gott vertrauen und die Gesetze des Bundes halten, haben sie Erfolg. Die Abweichung von diesem Ideal führt zur Katastrophe. Hinter diesem Gericht steckt der Gedanke, dass die israelitischen Könige nur Vollmacht haben, wenn sie ihnen von Gott gegeben ist. Ein großer Teil der Erzählung dreht sich darum, zu zeigen, wie und warum Davids Familie das Königtum in Jerusalem auf Dauer erben sollte. Als die Bücher ihr heutiges Bild bekamen, wurde die Verheißung an David durch Nathan ein wichtiger Hinweis auf den kommenden Messias.

David

Im Gegensatz zu Saul begriff David, wie wichtig die Einheit unter den Stammesparteien in Israel war, und ging daran, eine Machtbasis zu schaffen, die in mehr als nur seiner persönlichen Popularität begründet war. Statt sich auf lokale Armeen aus Freiwilligen zu verlassen, stellte er ein Berufsheer auf, nahm die Stadt Jerusalem ein und brachte die Bundeslade dorthin – womit sichergestellt war, dass die religiöse Verpflichtung des Volkes gleichzeitig eine Verpflichtung ihm als König gegenüber wäre. Bei diesem Prozess wandelte er die politische Struktur des Volkes um und sicherte die Fortsetzung der Herrschaft durch seine Familie auch nach seinem Tod.

David war ein Mann mit vielen Facetten: ein großer Musiker und Dichter, ein guter Vater, ein treuer Freund – aber auch ein Ehebrecher und sogar ein Mörder, der es trotzdem schaffte zu überleben, als er sein Fehlverhalten bekannte und Vergebung suchte. Aber selbst in seiner eigenen Familie gab es Unzufriedenheit über seine Machtzentralisierung und zwei seiner Söhne (Absalom und Adonija) führten zu verschiedenen Zeiten eine Verschwörung gegen ihn an.

1Sam 16 – 1Kön 2;
1Chr 11-29

„David und Jonatan",
Giovanni Battista Cima da Conegliano (ca. 1459-1518)

1. und 2. Könige

Die Königsbücher beginnen mit Israels „goldenem Zeitalter", der Regierungszeit Salomos (970-930 v.Chr.), und dokumentieren dann den Aufstieg und Untergang der zwei Reiche Israel und Juda. Sie umspannen die Zeit von 975 bis 587 v.Chr.

Hauptereignisse

Salomos Weisheit (1Kön 3)
Bau und Einweihung des Tempels (1Kön 6-8)
Die Königin von Saba (1Kön 10)
Elia und die Witwe von Zarpat (1Kön 17)
Elia und die Baalspropheten (1Kön 18)
Elia redet mit Gott am Horeb (1Kön 19)
Nabots Weinberg (1Kön 21)
Elia und der feurige Wagen (2Kön 2)
Elisa und die Frau aus Schunem (2Kön 4)
Naaman (2Kön 5)
Isebels Tod (2Kön 9)
Assyrien nimmt Samaria ein (2Kön 17-18)
Zerstörung des Jerusalemer Tempels (2Kön 25)

Hauptthema

König Salomos autokratischer Regierungsstil erzeugte Unmut in der Bevölkerung. Als sein Nachfolger Rehabeam Reformen ablehnte, zerfiel das Königreich Israel in die zehn nördlichen Stämme (Israel) und die zwei südlichen Stämme (Juda). Juda blieb der Linie König Davids treu, während Israel versuchte, einen Lebensstil einzuführen, der eher an das Leben der israelitischen Stämme vor der Eroberung Kanaans in der Wüste erinnerte. Da die Bundeslade und der Tempel immer noch in Jerusalem waren, baute Israel seine eigenen Heiligtümer, um nationale Einheit zu schaffen – was unweigerlich zur Übernahme von Elementen kanaanitischer Gottesdienste führte.

Der Norden war politisch instabil. Nur der Familie des Königs Omri gelang für relativ kurze Zeit so etwas wie eine Dynastie. 722 v.Chr. wurden die Bewohner des Landes von den Assyrern in die Gefangenschaft geführt. Die Aufmerksamkeit konzentriert sich dann auf Juda, das seinerseits den mächtigen Babyloniern unterlag, was im Jahr 587 v.Chr. zur Zerstörung Jerusalems führte. Die Geschichtsschreiber stellen die Krisen beider Reiche in Zusammenhang mit der viel zu bereitwilligen Übernahme heidnischer religiöser Praktiken durch die meisten Könige.

Gliederung

SALOMO FOLGT DAVID AUF DEN THRON (1Kön 1-2)

SALOMOS REGIERUNG (1Kön 3-11)
Salomos Ansehen (1Kön 3-4)
Der Tempel in Jerusalem (1Kön 5-8)
Projekte und Geschäftsverbindungen (1Kön 9-10)
Salomos Tod (1Kön 11)

DAS GETEILTE REICH (1Kön 12 – 2Kön 17)
Die Nordstämme rebellieren (1Kön 12-14)
Könige von Israel und Juda (1Kön 14-16)
Geschichten über Elia (1Kön 17-19)
Ahab von Israel (1Kön 20-22)
Juda und Israel (2Kön 1)
Geschichten von Elisa (2Kön 2-8)
Könige von Israel und Juda (2Kön 8-16)
Assyrien zerstört Israel (2Kön 17)

JUDA (2Kön 18-25)
Hiskia und Assyrien (2Kön 18-20)
Manasse und Amon (2Kön 21)
Josias Reformen (2Kön 22-23)
Die letzten Könige Judas (2Kön 24)
Babylon zerstört Jerusalem (2Kön 25)

Bald nach dem Tod König Salomos fiel der ägyptische Pharao Schischak in Juda ein und plünderte den Tempel. Dieser goldene Armreif, der Schischaks Sohn gehörte, wurde möglicherweise aus dem Tempelgold angefertigt.

Könige Israels

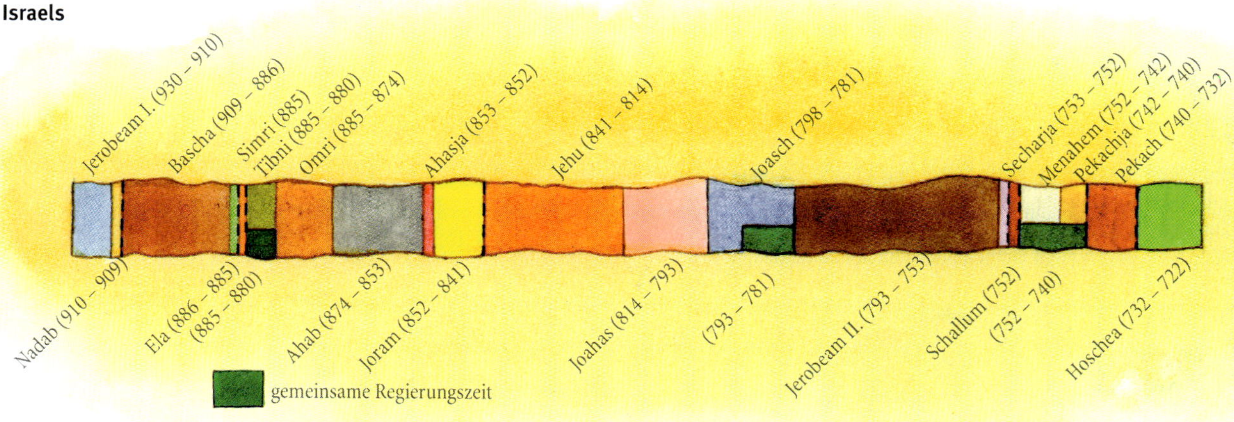

Tafel von dem schwarzen Obelisken König Salmanassars III., ungefähr 825 v.Chr. Sie zeigt israelitische Lastenträger, die dem assyrischen König Tribut zahlen.

Siehe auch

- Zwei Königreiche (S. 28-29)
- Der Aufstieg Assyriens (S. 30-31)
- Die Babylonier (S. 62-63)
- Die Propheten (S. 166-167)

Rehabeam

Rehabeam war Salomos Sohn und Erbe, aber er war ein schwacher König, dessen Unnachgiebigkeit in Fragen um Steuern und Leibeigenschaft zu dem Aufstand führte, der schließlich das Reich Israel teilte.

1Kön 11,43-14.31; 2Chr 9,31-12,16

Jerobeam I.

Jerobeam I. war der erste Herrscher des Nordreiches Israel (930-910 v.Chr.). Um die Loyalität des Volkes zu Jerusalem und dem Tempel zu brechen, errichtete er in Dan und Bethel Heiligtümer und stellte dort goldene Stiere auf – die, wie die Bundeslade in Jerusalem, als sichtbare Throne des unsichtbaren Gottes dienen sollten. Aber der Stier war auch ein Symbol des kanaanitischen Fruchtbarkeitsgottes Baal und die Verfasser des ersten Buches der Könige führen alle späteren Probleme Israels auf diesen Götzendienst zurück.

1Kön 11,26-14,20

König Hasaël von Damaskus, der gegen Jehu und Joahas von Israel kämpfte, hat Möbel mit Elfenbein verzieren lassen, unter anderem diese Elfenbeinfigur, die in einem syrischen Palast gefunden wurde. 841 und 837 v.Chr. kämpfte Hasaël auch gegen den assyrischen König Salmanassar III. Dreißig Jahre später unterwarf sich der alternde König der assyrischen Macht.

Bronzering mit der Inschrift: „Ahab, König von Israel".

Ahab und Isebel

Ahab war der siebte König Israels (874-853 v.Chr.). Sein Vater Omri hinterließ ihm einen florierenden Staat und eine neue Hauptstadt, Samaria. Er heiratete Isebel, eine kanaanitische Prinzessin, und räumte der Anbetung Baals großen Raum ein. Gleichzeitig führte er einen großspurigen Lebensstil, den der Prophet Elia als unvereinbar mit den Werten des Bundes mit Gott anprangerte. Isebel überlebte Ahab. Bald nach Ahabs Tod führte Jehu einen Aufstand an, in dessen Verlauf Isebel ein gewaltsames Ende fand, das die Geschichtsschreiber als gerechte Vergeltung für ihre verdorbenen religiösen Praktiken ansahen.

1Kön 16,29-34; 18; 19,1-2; 21; 22; 2Kön 9,30-37

Elia und Elisa

Elia war ein leidenschaftlicher Prophet, der einen asketischen Lebensstil führte, ähnlich den Entbehrungen jener israelitischen Sklaven, die mit Mose die Wüste durchquert hatten. Er forderte Ahab und Isebel auf, zu den Wertmaßstäben jener Tage zurückzukehren und eine Gesellschaft nach Gottes Willen zu entwickeln. Geächtet und verfolgt, forderte Elia die Propheten des kanaanitischen Sturmgottes Baal zu einem Machtbeweis heraus, der in seinem Triumph und mit dem Tod seiner Gegner endete. Wie auch andere Propheten war Elia politisch aktiv und setzte sich dafür ein, Ahabs Haus durch Jehu abzulösen, von dem er hoffte, dass er den Bund treuer halten würde. Elisa, sein Schüler, setzte seine Arbeit nach Elias Tod fort.

1Kön 17 – 2Kön 9; 13,14ff

1. und 2. Chronik

Die Chronikbücher beschreiben Ereignisse, die auch in 2. Samuel und in den Büchern der Könige berichtet werden. Hier werden sie aber aus der Sicht der Heimkehrer aus der Babylonischen Gefangenschaft nach Jerusalem und ihrer Vorfahren im Reich Juda beschrieben.

Hauptereignisse

Die Bundeslade kommt nach Jerusalem (1Chr 15-16)
Davids Lobgesang und Salomos Thronbesteigung (1Chr 29)
Salomo weiht den neuen Tempel ein (2Chr 5-7)
Hiskia weiht den Tempel erneut Gott (2Chr 29)

Siegeldruck mit den Worten „Schema, Diener Jerobeams". Es wurde in Megiddo gefunden und bezieht sich möglicherweise auf Jerobeam II. von Israel.

Hauptthemen

Die Bücher der Chronik beginnen mit Adam, dem ersten Menschen, richten aber die Hauptaufmerksamkeit auf die Herrschaft Davids und Salomos, auf den Tempelbau und den Gottesdienst im Tempel. Die aus der Gefangenschaft heimkehrenden Juden werden ermutigt, den zerstörten Tempel wieder aufzubauen und den Gottesdienst erneut einzuführen. Davids und Salomos Versagen taucht hier nirgends auf, ebenso wenig wird das Reich Israel erwähnt – vielleicht, um die Heimkehrer davon abzuhalten, zu den Menschen aus den Nordstämmen, die immer noch in und um Jerusalem lebten, Kontakt aufzunehmen.

Gliederung

VERSCHIEDENE FAMILIENSTAMMBÄUME (1Chr 1-9)

DAVID (1Chr 10-29)
Sauls Tod (1Chr 10)
Davids Erfolge (1Chr 11-21)
David und der Tempel (1Chr 22-29)

SALOMO (2Chr 1-9)
Weisheit und Reichtum (2Chr 1)
Tempelbau (2Chr 2-7)
Internationale Beziehungen (2Chr 8-9)

KÖNIGE IN JUDA (2Chr 10-36)
Rehabeam bis Asa (2Chr 10-16)
Joschafats Reformen (2Chr 17-20)
Joram bis Ahas (2Chr 21-28)
Hiskias Reformen (2Chr 29-32)
Manasse und Amon (2Chr 33)
Josias Reformen (2Chr 34-35)
Das Ende Judas und Jerusalems (2Chr 36)

„Der Besuch der Königin von Saba bei König Salomo", Edward John Poynter (1836-1919)

Salomo

Salomo war Davids Sohn mit Batseba. Er war Israels erfolgreichster König. Salomo verteidigte mit einer starken Armee den Frieden für Israel. Er schloss Verträge mit vielen umliegenden Völkern, heiratete in andere Königsfamilien ein und baute sein Reich als wichtige Handels- und Industrienation aus. Sein riesiger Reichtum half ihm, den Bau des Tempels in Jerusalem zu finanzieren, für den er Baumaterial und Fachkräfte aus anderen Kulturen einsetzte. Außerdem baute er Paläste für sich und seine vielen Frauen und finanzierte einen großen Teil dieses Lebens durch eine hohe Besteuerung seiner Untertanen. Wer nicht bezahlen konnte, wurde zur Zwangsarbeit herangezogen. Am Ende seiner Regierungszeit hatte er nur noch wenig Unterstützung im Volk. Die alttestamentlichen Geschichtsbücher beschreiben ihn als einen Mann, der seinen eigenen luxuriösen Lebensstil über Gottes Gesetze und den Bund mit Gott stellte.

1Kön 1-11; 1Chr 22,5-23,1; 1Chr 28 – 2Chr 9

Könige Judas

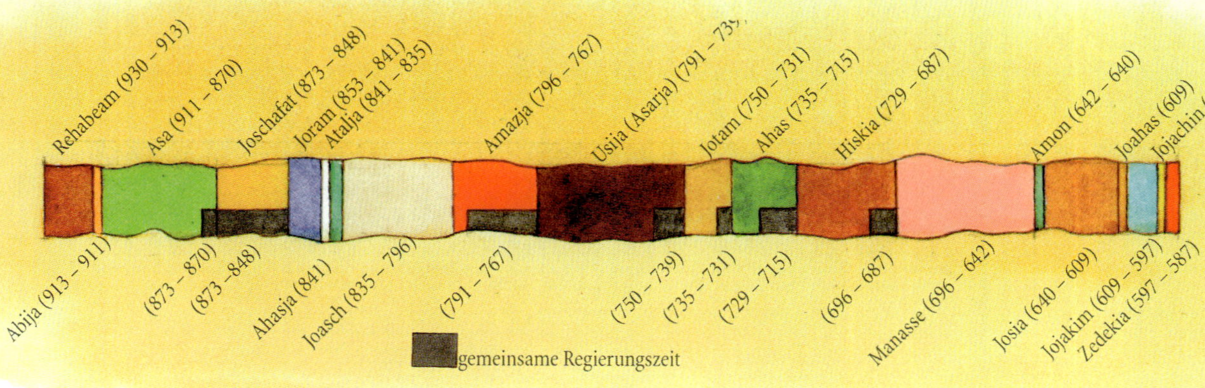

Josia

Josia wurde mit acht Jahren zum König über Juda gekrönt (640-609 v.Chr.). Er regierte in den letzten Jahren des Assyrerreiches und konnte sein Land von der Fremdherrschaft befreien. Er führte den Gottesdienst im Tempel in Übereinstimmung mit den Anweisungen aus dem fünften Buch Mose wieder ein und versprach zusammen mit dem ganzen Volk in einer feierlichen Bundeserneuerung die Treue zu den Überlieferungen seiner Väter.

2Kön 21,24-23,30; 2Chr 33,25-35,27; Jer 22,15-16

Hazor war eine antike kanaanitische Stadt, die unter den Königen Omri und Ahab großflächig wieder aufgebaut wurde. Die Säulenhalle mit den drei Gängen wurde wahrscheinlich von König Ahab als Lagerhalle genutzt.

Hiskia

Hiskia, König von Juda von 729-687 v.Chr., sah die Möglichkeit, den Griff der Assyrer auf seine Wirtschaft zu lockern, und stellte die Unabhängigkeit seines Volkes wieder her, indem er assyrische religiöse Symbole entfernte, Steuerzahlungen verweigerte und seine Armee stärkte. Seine Hoffnungen waren nur von kurzer Dauer. Der assyrische König Sanherib belagerte Jerusalem. Die Belagerung wurde jedoch wieder aufgegeben, ohne dass die Stadt eingenommen wurde. Sowohl der Verfasser der Bücher der Könige als auch der Schreiber der Chronikbücher sahen dies als Beweis für Hiskias Gehorsam gegenüber den Glaubensüberlieferungen seines Volkes an und beschrieben ihn als einen der Reformkönige.

2Kön 18-20; 2Chr 29-32; Jes 36-39

Dieses Siegel stammt aus dem 6. Jh. v.Chr. und trägt die Inschrift „Pedaja, Sohn des Königs“. Dieser Name wird in der Bibel als einer der Söhne des Königs Jojakim von Juda erwähnt.

Esra

Die jüdischen Heimkehrer aus der Gefangenschaft bauen den Tempel wieder auf und entdecken ihre alten Gesetze neu.

Gliederung

DIE HEIMKEHRER MIT SERUBBABEL (Esra 1-2)

DER TEMPEL WIRD WIEDER AUFGEBAUT (Esra 3-6)

Beginn der Arbeit (Esra 3)
Behinderung durch die umliegenden Bewohner und persische Unterstützung (Esra 4)
Weiterführung des Wiederaufbaus (Esra 5,1-6,12)
Einweihung des neuen Tempels (Esra 6,13-22)

WEITERE HEIMKEHRER MIT ESRA (Esra 7-10)

Geschichten von der Reise (Esra 7-8)
Ethnische Probleme (Esra 9-10)

Zeit und Ort

Über einen langen Zeitraum verteilt, kehrten Juden aus Babylon nach Jerusalem zurück. Ihr Tempel lag in Trümmern, das Land war von Menschen unterschiedlicher Herkunft besetzt, darunter auch Juden, die nie in die Gefangenschaft verschleppt worden waren, und Nachkommen der Bevölkerung aus dem ursprünglichen Nordreich Israel. Die Geschichten im Buch Esra umspannen die Jahre 538 bis 428 v.Chr.

Hauptthemen

Dieses Buch schließt an die Bücher der Chronik an und führt deren Themen fort, erweitert sie aber um die Sorge um die Reinheit des jüdischen Volkes, die dessen weiteres Überleben sichern sollte, und die Ablehnung fremder religiöser Einflüsse.

Esra

Ein religiöser Lehrer, der entweder kurz vor oder kurz nach Nehemia aus Babylon nach Jerusalem zurückkehrte. Er fand einen wieder aufgebauten Tempel vor, aber keine Begeisterung, die mosaischen Gesetze zu befolgen, und wenig Sinn für nationale Identität. Er versuchte, das Gesetz den neuen Umständen anzupassen, und ergriff Maßnahmen, das Volk wieder auf den Boden des Judentums zurückzuführen, indem er Mischehen verbot.

Esra 7-10; Neh 8-10

Nehemia

Gliederung

NEHEMIA KEHRT NACH JERUSALEM ZURÜCK (Neh 1-7)

Nehemia bekommt schlechte Nachrichten und betet für Jerusalem (Neh 1)
Die Rückkehr (Neh 2)
Wiederaufbau der Stadtmauer (Neh 3,1-7,3)
Listen der Heimkehrer aus der Gefangenschaft (Neh 7,4-72)

RELIGIÖSE REFORMEN (Neh 8-10)

Esra fordert zu Veränderungen auf (Neh 8)
Bußgebet und Schuldbekenntnis (Neh 9,1-37)
Erneuerung des Bundes (Neh 10)

NEHEMIA ALS STATTHALTER (Neh 11-13)

Listen: Bewohner und Obere des Volkes (Neh 11,1-12,26)
Einweihung der neuen Stadtmauer (Neh 12,27-43)
Nehemias Reformen (Neh 12,44-13,31)

Nehemia

Nehemia war ein jüdischer Mundschenk am persischen Königshof. Von 445 v.Chr. an war er für zwölf Jahre Statthalter von Juda und fing an, Jerusalem wieder aufzubauen. Diese Arbeit hob die Moral und bereitete den Weg für Esras religiöse Reformen.

Hauptereignisse

Nehemias Gebet (Neh 1)
Das Bußgebet des Volkes (Neh 9)

Siehe auch

- Zwei Königreiche (S. 28-29)
- Aus dem Exil in die Heimat (S. 34-35)
- Drei Tempel (S. 160-161)
- Die Propheten (S. 166-167)

Rut

Die Geschichte des Buches Rut spielt in der Zeit der Richter. Sie erzählt, wie Elimelech, der aus Bethlehem abstammte, während einer Hungersnot nach Moab auswanderte. Er wurde begleitet von seiner Frau Noomi und seinen zwei Söhnen, die beide Moabiterinnen heirateten. Der Vater und die zwei Söhne starben in Moab und Noomi beschloss, zu ihrem Volk nach Bethlehem zurückzukehren. Rut, ihre moabitische Schwiegertochter, bestand darauf, mit ihr zu gehen. Bei ihrer Rückkehr lebten die zwei Frauen in Armut. Als Ausländerin musste Rut noch weitere Nachteile ertragen. Rut lernte Boas kennen, einen entfernten Verwandten der Familie ihres ersten Mannes. Von ihrer Treue zu Noomi angerührt, erfüllte Boas seine Familienpflicht und heiratete sie, obwohl Rut keine Israelitin war. Aufgrund dieser Heirat wurde Rut, eine Moabiterin, die Urgroßmutter König Davids.

Blick auf die Berge von Moab

Hauptthema

Das Buch Rut verdeutlicht vor allem auch das, was das Hebräische unter Güte und Gerechtigkeit versteht: Rut verlässt Noomi nicht, die wiederum für Rut sorgt; Boas löst den Acker des entfernten Verwandten aus und zeugt ihm einen Nachkommen. Vor allem aber dokumentiert es die Güte und Gerechtigkeit Gottes. Dazu ist es eine Geschichte über eine Ausländerin, die in eine israelitische Familie einheiratete und dann zur Vorfahrin Davids wurde.

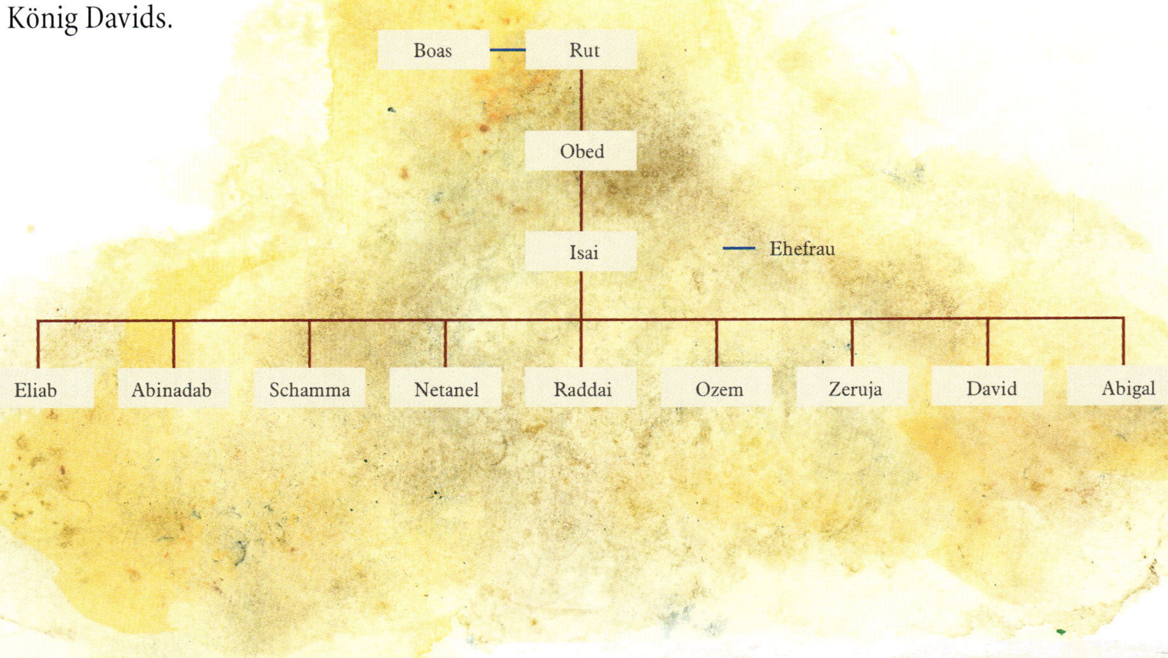

Rut

Rut stammte aus Moab und war somit keine Israelitin. Jedoch brachte ihr ihre Treue und Liebe zu ihrer israelitischen Schwiegermutter Noomi den Respekt von Noomis Verwandtschaft ein. Rut wurde schließlich als vollwertiges Mitglied des Volkes Israel aufgenommen. Sie wurde sogar eine zentrale Gestalt in der Geschichte des Volkes, da ihr Sohn Obed Großvater von König David und letztendlich einer der Vorfahren Jesu werden sollte.

Rut 1-4

Zeit und Ort

Das Buch Rut ist in die „Schriften", den letzten Teil der ursprünglichen hebräischen Bibel, aufgenommen. Die Abfassungszeit ist unklar, vermutlich entstand es in der späten Königszeit, aber auch die Zeit nach dem Exil wird als mögliches Datum angenommen.

Ester

Ester, eine attraktive Jüdin, wurde die Frau des persischen Königs Xerxes (485-464 v.Chr.) und deckte ein Komplott auf, das darauf gerichtet war, alle Juden im persischen Reich zu töten. Haman, der führende Politiker des Königs, war Drahtzieher dieser Verschwörung. Als der König von diesen Vorgängen erfuhr, wurde Haman hingerichtet und Esters jüdischer Vormund, Mordechai, wurde an seiner Stelle in sein Amt befördert.

Dieser persische Goldschmuck stammt aus der Herrschaftszeit von König Darius I. im 5. Jh. v.Chr.

Ester

Ester war eine jüdische Waise im Exil in Persien und wurde von ihrem Verwandten Mordechai großgezogen. Als der Perserkönig Xerxes sich von seiner Frau Wasti wegen ihrer Weigerung, sich als Vorführobjekt vorzeigen zu lassen, scheiden ließ, wurde Ester neue persische Königin, obwohl sie verheimlichte, dass sie Jüdin war. Ohne Wissen des Königshofes wurde sie deshalb ein potentielles Opfer, als der Plan, alle Juden auszulöschen, bekannt wurde. Mit einer Mischung aus Charme und Klugheit gelang es Ester, das Blatt zu wenden. Die Feinde des jüdischen Volkes starben, während die Juden überlebten und dabei sogar ihre gesellschaftliche Stellung verbesserten.

Est 1-10

Ort und Zeit

Als Teil der Schriften tauchte das Buch Ester im letzten Teil der hebräischen Bibel auf, auch wenn es schwer ist, Genaueres über seine mögliche Entstehungszeit zu sagen. Die Geschichte spielt in Susa, der königlichen Residenz des persischen Reiches im Westen der Hauptstadt Persepolis, in den Jahren, als viele Juden aus der Babylonischen Gefangenschaft nach Jerusalem zurückkehrten.

Hauptthema

Die Geschichte von Ester und ihrem Verhältnis zu einem nichtjüdischen Staat wird lebendig und mit Feingefühl erzählt. Es ist das einzige Buch im gesamten Alten Testament, in dem Gott kein einziges Mal erwähnt wird, obwohl man sagen kann, dass Gott durch Ester gewirkt hat, um die Juden vor der Vernichtung zu retten. Das Buch wurde später um verschiedene Zusätze ergänzt, die den Namen Gottes einfügten und die wichtige Rolle von Träumen und Visionen in Esters Leben hervorhoben. Diese Ergänzungen finden sich in den sog. Spätschriften (Apokryphen) des Alten Testaments.
Thema des Buches ist Gottes Treue, mit der er das jüdische Volk auch in Zeiten großer Gefahr und besonders angesichts der zerstörerischen Pläne ausländischer Herrscher bewahrt. Das war ein Hauptanliegen in der ganzen späteren jüdischen Geschichte. Außerdem erklärt das Buch Ester den Ursprung des Purimfestes.

Das Grabmal des Perserkönigs Xerxes I. bei Persepolis. Vier Generationen von Perserkönigen wurden in Grabstätten beigelegt, die aus dem Felsen gehauen waren.

Dieser Löwe mit Flügeln mit dem Kopf eines Widders und den Klauen eines Greifvogels stammt aus dem Palast von Darius I. in Susa aus der Zeit um 500 v.Chr.

Siehe auch

- Die Zeit der Richter (S. 24-25)
- Aus dem Exil in die Heimat (S. 34-35)
- Die Perser (S. 66-67)

Weisheitsliteratur und poetische Bücher

Weisheitsliteratur

Die Bücher Hiob, Sprüche und Prediger werden als „Weisheitsliteratur“ bezeichnet. Die historischen Bücher betrachten vor allem die großen Ereignisse der Völker und Menschen und sehen Gott in erster Linie auf der Bühne der internationalen Politik am Werk. Bei den Weisheitsbüchern verhält es sich ganz anders: Sie sind nachdenklicher und persönlicher, stellen aber trotzdem dieselben Fragen nach Gottes Beziehung zur Welt und zum Leben der Menschen. In vielerlei Hinsicht sind sie die Philosophiebücher der Bibel; sie greifen die großen Fragen auf, die die Menschen schon immer und überall beschäftigen: Das Buch Hiob fragt, warum unschuldige Menschen leiden, das Buch Prediger setzt sich mit der Frage nach dem Sinn des Lebens auseinander. Das Buch der Sprüche enthält Ratschläge über das richtige Verhalten in den verschiedensten Situationen zwischenmenschlicher Beziehungen.

STIL UND EIGENART

Stil und Eigenart der Weisheitsbücher spiegeln an vielen Stellen die jahrhundertelange Auseinandersetzung mit dem Denken anderer Völker wider – von König Salomo bis zur Zeit des griechischen Reiches unter Alexander dem Großen (333-323 v.Chr.). In der antiken Welt beschäftigte man sich in vielen Fachgebieten mit der Suche nach „Weisheit“. An den Königshöfen wurden professionelle Gelehrte beschäftigt, deren Interessen von Diplomatie bis zu Fachwissen über Botanik und Zoologie reichten.

Die Weisheitsbücher sind stark auf die Schöpfung konzentriert und benutzen Bilder aus der Welt der Natur, um Gottes Charakter und Willen zu beschreiben. Gleichzeitig teilen sie das starke Engagement für soziale Gerechtigkeit aus den alttestamentlichen Gesetzen (dem Pentateuch). Während der Pentateuch betont, dass alle Menschen auf der Grundlage von Gottes direkter Offenbarung grundsätzlich gleich sind, richten die Weisheitsbücher das Hauptaugenmerk auf die Art, wie die Welt geschaffen ist, gelangen aber zu denselben Aussagen. Die Verfasser der Weisheitsbücher beziehen diese Aussagen auf den Alltag zu Hause und bei der Arbeit und beschäftigen sich weniger mit religiösen Einrichtungen wie dem Tempel.

HERKUNFT

In der jüdischen Überlieferung wurden die Weisheitsbücher mit dem Namen des Königs Salomo in Verbindung gebracht, aber angesichts ihrer zeitlosen Botschaft ist es schwer, sie genau zu datieren. Da sie Teil der „Schriften“ in der hebräischen Bibel sind, erreichten sie ihre jetzige Form vermutlich erst nach der Babylonischen Gefangenschaft.

Poetische Bücher

Ein großer Teil des Alten Testaments ist in poetischer Form geschrieben. Dazu gehören nicht nur das Buch der Psalmen, das Hohelied Salomos und die Klagelieder, sondern fast alle Botschaften der Propheten sowie das Buch Hiob und die Sprüche Salomos. Auch in einigen historischen Büchern sind Gedichte zu finden. Einige der ersten Teile des Alten Testaments, die auswendig gelernt und niedergeschrieben wurden, wie das Lied der Mirjam und das Lied der Debora, waren ebenfalls poetische Texte.

POETISCHER STIL

Jede Sprache hat ihre eigenen poetischen Konventionen und im Hebräischen war das Hauptmerkmal für ein Gedicht nicht seine metrische Form, sondern sein Parallelismus. In seiner einfachsten Form wiederholt beim „synonymen Parallelismus" die zweite Zeile eines typischen Verspaares die Gedanken der ersten Zeile mit anderen Worten. Ein Beispiel dafür ist Ps 24,3:

Wer darf auf des Herrn Berg gehen,
und wer darf stehen an seiner heiligen Stätte?

In einer anderen Form, dem „antithetischen Parallelismus", kann dieselbe Aussage gemacht werden, indem die erste Hälfte eines Paares Dinge positiv ausdrückt und die zweite Zeile sie negativ formuliert Zum Beispiel Spr 10,7:

Das Andenken des Gerechten bleibt im Segen;
aber der Name der Gottlosen wird verwesen.

Noch viele andere, subtilere und komplexere Formen hebräischer Dichtung sowie weitere literarische Mittel sind in der Weisheitsliteratur und in den poetischen Büchern des Alten Testaments anzutreffen. Das Buch Hiob ist als Dialog zwischen Hiob und seinen Freunden geschrieben und gleicht einem Kammerspiel. Rätsel und Gleichnisse können ebenfalls zur literarischen Gestaltung eingesetzt werden. Ein weiteres beliebtes Mittel war das Akrostichon: ein längeres Gedicht, bei dem jeder Vers oder Abschnitt mit dem nächsten Buchstaben des Alphabets beginnt, angefangen beim ersten Buchstaben. Psalm 119 ist das längste und herausragendste Beispiel. Spr 31,10-31 benutzt dieselbe Technik in verkürzter Form.

THEMEN

Vieles in den poetischen Büchern des Alten Testaments dreht sich um Gott, ob in den gesellschaftskritischen Botschaften der Propheten oder im feierlichen Lob Gottes in den Psalmen. Das Hohelied Salomos ist ein von zwei Verliebten geschriebenes Liebesgedicht, während viele der Ratschläge im Buch der Sprüche wahrscheinlich nur in Gedichtform verfasst sind, um leichter auswendig gelernt werden zu können. Aber durch diese ganze Literatur hindurch wird betont, dass Gott ein Teil des gesamten Lebens sein soll. Für ihre Verfasser war der Glaube nicht auf das beschränkt, was an religiösen Orten wie dem Tempel geschah. Ebenso wenig beschränkte sich Gottes Handeln auf die großen Ereignisse in der Geschichte des Volkes. Es war genauso selbstverständlich in der Natur und in den zwischenmenschlichen Beziehungen zu finden.

Der See Genezareth von den Golanhöhen aus betrachtet

Hiob

Eine dramatische Geschichte über einen guten und gerechten Menschen, der alles verlor und große Mühe hatte, Gott in seinem Leiden zu finden.

Gliederung

HIOB WIRD VOM FEIND (SATAN) GEPRÜFT UND ERLEBT VERSCHIEDENE KATASTROPHEN (Hiob 1-2)

GESPRÄCH ZWISCHEN HIOB UND DREI FREUNDEN (Hiob 3-31)
Klagen gegen Gott (Hiob 3)
Hiob stellt Gott Fragen (Hiob 4-14)
Warum geht es den Gottlosen gut? (Hiob 15-21)
Hiob beharrt trotz der Verurteilung durch seine Freunde auf seiner Unschuld (Hiob 22-31)

ELIHUS FALSCHES BILD VON EINEM FERNEN, LIEBLOSEN GOTT (Hiob 32-37)

GOTTES GRÖSSE WIRD OFFENBART (Hiob 38,1-42,6)
Gott in der Schöpfung (Hiob 38-41)
Hiobs Antwort (Hiob 42,1-6)

HIOB WIRD ERNEUT GESEGNET (Hiob 42,7-16)

„Satan schlägt Hiob mit Beulen", William Blake (1757-1827)

Bekannteste Verse

Ich weiß, dass mein Erlöser lebt. (Hiob 19,25)
Das Lied von der Weisheit Gottes (Hiob 28)

Botschaft und literarische Form

Prolog und Epilog sind in Prosa geschrieben; der Rest ist poetisch gestaltet. Die Prosateile erzählen die Geschichte von einem gerechten Menschen, der sein ganzes Vermögen und seine Gesundheit verliert, während der poetische Buchteil der Frage nach dem unverdienten Leiden nachgeht. Hiobs Freunde vertreten die hergebrachte Ansicht, dass großes Leiden die Folge von Fehlverhalten sein muss, aber Hiob bestreitet das und macht Gott für sein Leiden verantwortlich. Auf seine Fragen bekommt er keine Antwort. Aber als Gott sich ihm offenbart, antwortet Hiob mit Anbetung und einer neuen Hingabe an Gott in der Gewissheit, dass Gott sich auch inmitten von Leid und Schmerz um ihn kümmert.

Zeit

Die Hiobgeschichte könnte innerhalb der alttestamentlichen Spanne aus fast jeder Zeit stammen. Heute wird meist eine Abfassung nach der Babylonischen Gefangenschaft vermutet.

Hiobs Leiden veranlasst ihn, Gottes Gerechtigkeit in Frage zu stellen, aber Hiob bekommt eine klare Perspektive, als er Gottes Hand in den Wundern der Natur sieht. Dieses Foto zeigt einen Sonnenaufgang über dem Berg Sinai.

Sprüche

Sprichwörter von Israels Weisheitslehrern mit einer einfachen Botschaft: Gutes zu tun führt zu Wohlstand und Erfolg.

Gliederung

LOB DER WEISHEIT (Spr 1-9)

WEISHEITSSPRÜCHE (Spr 10-31)

Salomos Lehren von Weisheit und Frömmigkeit (Spr 10,1-22,16)
Worte der Weisen (Spr 22,17-24,22)
Weitere Sprichwörter (Spr 24,23-33)
Hiskias Sprichwörtersammlung (Spr 25-29)
Weisheit Agurs (Spr 30)
Sprichwörter von König Lemuëls Mutter (Spr 31,1-9)
Lob der tüchtigen Hausfrau (Spr 31,10-31)

Ort und Zeit

Das Buch wird mit König Salomo in Verbindung gebracht, den die jüdische Überlieferung mit der Weisheitsüberlieferung in Israel identifizierte. Aber da König Hiskia (729-687 v.Chr.) erwähnt wird, kann es nicht vor seiner Zeit zusammengestellt worden sein. Wahrscheinlicher ist es, dass das Buch sein endgültiges Bild erst um das 3. Jh. v.Chr. bekam, obwohl die praktischen Ratschläge darin so allumfassend sind, dass es unmöglich ist, seine Entstehungszeit genauer zu benennen.

Bekannteste Verse

Die Furcht des Herrn ist der Anfang der Weisheit. (Spr 1,7)
Vertraue auf den Herrn von ganzem Herzen. (Spr 3,5-6)
Gerechtigkeit erhöht ein Volk; aber die Sünde ist der Leute Verderben. (Spr 14,34)

Hauptthemen

Ratschläge, wie sie im Buch der Sprüche gefunden werden, sind in vielen Kulturen geläufig: Anweisungen für ein gutes Verhalten, für die Beziehung zwischen Eltern und Kindern, die Arbeitssituation und so weiter. Einige Parallelen gibt es in alten Texten aus Ägypten (Spr 22,17-25,7) und Ugarit (Spr 25,2-7), aber das Buch der Sprüche ist mit Israels Bundesüberlieferung fest verwurzelt. Das Buch vertritt die feste Überzeugung, dass die Natur Gottes Herrschaft untersteht und ein Teil des Willens Gottes ist. Die Weisheit erscheint hier beinahe wie eine Art Prinzip, wie ein Mittel, durch das Gott alle Dinge schuf (Spr 8,22-31) – ein Gedanke, der später von der frühen Kirche benutzt wurde, um die Bedeutung Jesu zu erklären.

Prediger

Das Buch Prediger denkt über eine zeitlose Frage nach: Warum erscheint das Leben oft sinnlos?

Siehe auch
Aus dem Exil in die Heimat (S. 34-35)
Ausbildung und Unterricht (S. 100-101)
Die Propheten (S. 166-167)

Verfasser und Zeit

Der hebräische Titel des Buches lautet *Kohelet* („jemand, der zu der Gemeinde spricht"). Er wird als Davids Sohn, König in Jerusalem, bezeichnet – also König Salomo, der für seine Weisheit bekannt war. Eine andere Person oder Gruppe hat die Sprüche dann gesammelt und veröffentlicht.

Bekannteste Verse

Alles hat seine Zeit. (Pred 3,1-8)
Denk an deinen Schöpfer in deiner Jugend! (Pred 12,1-2)

Hauptthemen

Im Gegensatz zum Buch der Sprüche hat das Buch Prediger eine sehr pessimistische Einstellung. Es ist ein Buch, in dem die Skepsis dominiert; das Buch zeigt ein tiefes Wissen um die Vergänglichkeit aller Dinge: „Es ist alles eitel" und „Haschen nach Wind". Auch wenn der Verfasser zu einer glaubenden Gemeinde gehört, fällt es ihm schwer, einen Sinn im Leben zu finden oder in der Wiederholung überlieferter religiöser Dogmen zu sehen. Wenn es im Leben Erfüllung gibt, ist sie wahrscheinlich durch harte Arbeit zu finden, die ihren eigenen Lohn hat. Aber trotzdem lohnt es sich, an Gott zu glauben, und selbst wenn das nicht immer einen sofortigen Lohn zu haben scheint, ist die Teilnahme am Leben von Gottes Volk der Schlüssel zum letzten Glück.

„Ich sah an alles Tun, das unter der Sonne geschieht", schreibt der Prediger, „und siehe, es war alles eitel und Haschen nach Wind." (Pred 1,14)

Blühender Orangenhain in Banyas, Golan. „Ein Jegliches hat seine Zeit und alles Vorhaben unter dem Himmel hat seine Stunde", bemerkt der Prediger (Pred 3,1).

Psalmen

Das Buch der Psalmen ist eine Sammlung von Liedern, Gebeten und Gedichten, in denen Gefühle jeglicher Art zum Ausdruck gebracht werden, zur Verwendung in einer Vielzahl von Situationen in der Gemeinde oder im persönlichen Leben.

Zeit und Ort

Das Buch der Psalmen, wie es heute besteht, wurde zur Verwendung im Tempel in Jerusalem, der nach der Rückkehr aus der Babylonischen Gefangenschaft wieder aufgebaut wurde, zusammengestellt, aber die Einzelteile wurden ab mindestens 1000 v.Chr. über einen langen Zeitraum hinweg geschrieben. Einige von ihnen beziehen sich unmissverständlich auf das Leben in Israel unter den Königen David und Salomo, viele stammen aus der Zeit, als das Volk in die zwei Reiche Israel und Juda gespalten war. Oft geht man davon aus, dass verschiedene frühere Sammlungen durch die Namen, die im Untertitel (David, Söhne Korachs, Söhne Asafs und andere) genannt werden, zugeordnet werden können. Die jüdische Überlieferung bezeichnet König David als den Verfasser der Psalmen. Gewiss hat er nicht alle verfasst, doch ein großer Teil der Psalmen stammt von ihm selbst.

Gliederung

Die Psalmen wurden ursprünglich in fünf Teile gegliedert: Ps 1-41, Ps 42-72, Ps 73-89, Ps 90-106 und Ps 107-150. Jeder Teil schloss mit Worten des Lobes. Am sinnvollsten lassen sich die Psalmen jedoch nach ihrem Literaturtyp einteilen.
Mehrere größere Kategorien sind leicht zu erkennen:
Lobgesänge auf Gott (z.B. Ps 40, 92, 116 und 138);
Klagelieder der Gemeinde (z.B. Ps 44, 74, 80 und 83);
persönliche Klagelieder (z.B. Ps 13 und 71), manchmal mit einem Schuldbekenntnis (z.B. Ps 51 und 130);
persönlicher Dank (z.B. Ps 30, 92 und 116);
Wallfahrtspsalmen (z.B. Ps 120-134).

Wüstenblumen in Petra (Jordan)

Hauptthemen

Die Psalmen sind sehr unterschiedlich, sodass man sie nicht verallgemeinernd betrachten kann. Ein sehr großer Teil von ihnen hatte seinen Ursprung im Tempelgottesdienst in verschiedenen Phasen von Israels Geschichte. Viele davon sind nicht lediglich Loblieder, sondern ganze Liturgien und spiegeln die Vielfalt der Gottesdienste mit Prozessionen, Tanz, Musik und Gesängen wider. Einige Themen wiederholen sich. Zentrale Themen sind Gottes Macht über die Mächte des Bösen (zum Beispiel Ps 29), der Exodus (Ps 68), der Tempel als Zeichen für Gottes Gegenwart (Ps 48), der Fall Jerusalems und die Babylonische Gefangenschaft (Ps 79 und 137) und die Rückkehr aus der Gefangenschaft (z.B. Ps 126). Einige bringen den Glauben des ganzen Volkes zum Ausdruck, während andere individuell und zutiefst persönlich sind. Aber sie alle zeigen eine realistische Einstellung zu den Nöten des Lebens, verbunden mit einem unerschütterlichen Glauben an Gott.

Bekannteste Psalmen

Wohl dem, der nicht wandelt im Rat der Gottlosen (Ps 1)
Die Himmel erzählen die Ehre Gottes (Ps 19)
Der Herr ist mein Hirte (Ps 23)
Gott ist unsre Zuversicht und Stärke (Ps 46)
Schaffe in mir, Gott, ein reines Herz (Ps 51)
Singt dem Herrn ein neues Lied (Ps 96)
Lobe den Herrn, meine Seele (Ps 103)
Ich hebe meine Augen auf zu den Bergen (Ps 121)
Herr, du erforschst und du kennst mich (Ps 139)

„Du suchst das Land heim und bewässerst es und machst es sehr reich; Gottes Brünnlein hat Wasser die Fülle. Du lässest ihr Getreide gut geraten; denn so baust du das Land. Du tränkst seine Furchen und feuchtest seine Schollen; mit Regen machst du es weich und segnest sein Gewächs." (Ps 65,10-11)

Das Hohelied

Eine Sammlung von Liebesgedichten, in denen ein Mann und eine Frau ihre Liebesbeziehung feiern.

Verfasser und Zeit

König Salomo wird im Hohelied mehrmals erwähnt, aber es besteht kein offensichtlicher Zusammenhang zwischen seiner Person und diesem Buch. Das Vorhandensein sowohl persischer als auch griechischer Worte kann auf eine viel spätere Entstehungszeit, etwa nach dem Aufstieg des Perserreiches im Jahr 539 v.Chr. hindeuten. Präzisere Angaben zu machen ist praktisch unmöglich. Einiges deutet auf eine frühere Entstehung hin. Hinweise auf ähnliche Gedichte gibt es aus anderen Völkern lange vor der Zeit Salomos. Wahrscheinlich handelt es sich aber um eine Anthologie aus Gedichten verschiedener Herkunft, die nach der Babylonischen Gefangenschaft zusammengestellt wurde.

Hauptthema

Das Hohelied Salomos dreht sich um das Wunder der Liebe, auch der körperlichen Liebe. Ihre Aufnahme in die Bibel unterstreicht, wie eng der Bezug des biblischen Glaubens zum ganzen Leben war: Gott ist der Schöpfer aller Dinge, einschließlich der Sexualität. Somit war ein Buch aus Liebesgedichten nicht weniger fehl am Platz als die Schilderung von Gottes Wirken in der Geschichte oder der Bericht davon, wie Mose auf dem Berg Sinai die Zehn Gebote gegeben wurden.

Klagelieder

Dieses Buch besteht aus fünf Gedichten. Die ersten vier sind als Akrostichen auf der Grundlage der Buchstaben des hebräischen Alphabets geschrieben. Sie alle bringen die Traurigkeit des Volkes über die Zerstörung Jerusalems durch die Babylonier zum Ausdruck. Der Verfasser hat den Sturz der Stadt im Jahr 587 v.Chr. offenbar selbst miterlebt. Er wurde nicht nach Babylon verschleppt, sondern zurückgelassen, wo er zusammen mit anderen zwischen den Ruinen des Landes ein erbärmliches Dasein fristete.

Hauptthema

Die Gedichte sind Klagen. Es ist schon schlimm genug, dass Jerusalem besiegt wurde und die Bewohner leiden. Aber noch schlimmer ist der Grund dafür: Gott hat das Volk wegen seiner Untreue offenbar aufgegeben und unternimmt nichts gegen sein Leid. Aber trotzdem scheint immer noch ein Hoffnungsfunke durch, als der Verfasser sein Vertrauen in Gottes unerschütterliche Gnade ausdrückt (Klgl 3,21-27).

Siehe auch

- Die Macht der Babylonier (S. 32-33)
- Aus dem Exil in die Heimat (S. 34-35)
- Das Gebet (S. 174-175)

Die Propheten – Übersicht

Menschen, die als Propheten bezeichnet werden, tauchen im ganzen Alten Testament immer wieder auf. Das hebräische Wort für Prophet, *nabi*, beschreibt einen Menschen, der von Gott in besonderer Weise berufen wurde und als Folge davon die Fähigkeit besaß, anderen Menschen Gottes Willen zu verkünden. Das geschah manchmal auch durch ungewöhnliche Handlungen, aber meistens waren die hebräischen Propheten Prediger, die Fluch und Segen aussprachen und ihre Herrscher herausforderten, wenn sie von dem Lebensstil und den Werten abwichen, die Gottes Bund mit dem Volk vorschrieb.

Die ersten Propheten

Frühe Propheten waren Männer wie Elia, Elisa und Nathan. Die Propheten, deren Worte im Alten Testament erhalten sind, traten ab dem 8. Jh. v.Chr. und später auf. Zu einer Zeit, als sowohl das Nordreich Israel als auch der südliche Teil, Juda, angesichts der Bedrohung durch ihre mächtigeren Nachbarn ums Überleben kämpften, verkörperten die Propheten das religiöse und moralische Gewissen ihres Volkes und erinnerten die Könige und das Volk an die feierlichen Versprechen ihrer Vorväter und daran, wie nötig es war, die Verpflichtungen, die in der Bundesbeziehung zwischen ihnen und ihrem Gott festgelegt waren, ernst zu nehmen. Die Propheten kamen aus allen gesellschaftlichen Schichten: Jesaja war Mitglied der Königsfamilie von Juda; Amos und Micha waren Bauern. Einige Propheten traten anscheinend neben Priestern an religiösen Heiligtümern auf.

Die Bücher der Propheten

Dieser Teil des Alten Testaments enthält 16 Bücher. Davon werden die vier längsten als die „großen Propheten“ bezeichnet: Jesaja, Jeremia, Hesekiel und Daniel. Die restlichen zwölf Bücher sind die „kleinen Propheten“: Hosea, Joël, Amos, Obadja, Jona, Micha, Nahum, Habakuk, Zefanja, Haggai, Sacharja und Maleachi.

Zeit und Ort

Die Bücher der Propheten stehen nicht in chronologischer Reihenfolge in der Bibel. Gemeinsam dokumentieren sie das Wirken der Propheten, das sich durch Israels ganze Geschichte hindurchzieht. Einige (Amos und Hosea) traten in den letzten Tagen des Königreichs Israel auf, als die Bedrohung durch Assyrien immer stärker wurde. Andere

(Jesaja und Micha) sprachen in die Situation im Südreich Juda hinein, ungefähr zu der Zeit, in der Israel zerstört wurde (722 v.Chr.). Andere versuchten, das Volk in den dunklen Tagen, die schließlich in Jerusalems Zerstörung durch den babylonischen König Nebukadnezar (587 v.Chr.) ihren Höhepunkt fanden, zum Umdenken zu bewegen. Zu ihnen gehören Zefanja, Nahum und Habakuk sowie Jeremia, dessen Wirken noch in die Zeit der Babylonischen Gefangenschaft hinein reichte, und Hesekiel. Nach der Rückkehr der Juden aus der Gefangenschaft traten Haggai, Sacharja, Obadja, Joël und Maleachi auf. Das Buch Daniel ist zeitlich schwieriger einzuordnen und unterscheidet sich auch in seinem Stil von den anderen Büchern. Das veranlasste manche zu dem Schluss, das Buch stamme wahrscheinlich aus der Zeit des Makkabäeraufstandes Mitte des 2. Jh.s v.Chr. Andere halten an der Meinung fest, dass das Buch im 6. Jh. v.Chr. von dem Propheten selbst verfasst wurde.

Verkündigungsweise der Propheten

Die Propheten hielten selten lange Reden. Stattdessen gaben sie normalerweise kurze Botschaften weiter, die leicht im Gedächtnis blieben – oft im Stil von poetischen Texten. Sie waren auch Geschichtenerzähler und verdeutlichen manchmal etwas durch zeichenhafte Handlungen (ein Joch auf dem Rücken etc.), doch waren sie im engeren Sinn keine Schriftsteller. Bei einer Gelegenheit wies Jeremia seinen Freund Baruch an, seine Botschaften niederzuschreiben und sie dann auf den Straßen Jerusalems vorzulesen. Aber viel öfter gaben die Anhänger der Propheten ihre Lehren viele Jahre lang mündlich weiter, bevor sie irgendwann aufgeschrieben wurden.

Die Propheten und Gott

Alle Propheten waren sich bewusst, dass Gott ihnen eine besondere Einsicht in seinen Willen offenbart hatte. Sie gaben ihre Botschaft weiter, als spreche Gott persönlich durch sie, und schickten ihren Worten oft die Einleitung voraus: „So spricht der Herr…“ oder endeten mit: „Das ist das Wort des Herrn“. Sie hatten ungewöhnliche Erfahrungen, die sie ihrer Berufung durch Gott zuschrieben (z.B. Jes 6, Jer 1 und Hes 1-3), und nahmen für sich die direkte Inspiration durch Gottes Geist in Anspruch. Einige von ihnen hatten Visionen, übernatürliche Erfahrungen und andere geistliche Erlebnisse.

Hauptthemen

Die Propheten wirkten alle in Zeiten, in denen ihr Volk von Krisen und Wirren geschüttelt war. Es gab sehr schnelle Veränderungen, ein Weltreich löste das andere ab. Jedes Reich stellte die Israeliten vor neue Herausforderungen. Dazu gehörte besonders der Druck, den neuen politischen Machthabern ihre Treue zu bekunden. Oft wurde verlangt, dass sie Statuen ihrer Götter und Göttinnen an Israels Heiligtümern aufstellten. Wie konnte das Volk Gott treu bleiben und trotzdem in dieser politischen Wirklichkeit überleben? Wie konnten die alten Formen auf die neuen Situationen übertragen werden? Und warum waren sie überhaupt auf die Gnade ihrer Feinde angewiesen, wenn sie doch angeblich Gottes auserwähltes Volk waren? Das waren die Schlüsselfragen, die von den Propheten angesprochen wurden. Ihre Antwort war einfach und ist auch in den Werken der Geschichtsschreiber zu lesen, die nach den Propheten kamen: Das Volk muss seinen Wurzeln treu bleiben, Gottes Gesetz halten und darauf vertrauen, dass Gott ihnen Sicherheit gibt und alle seine Verheißungen erfüllen wird.

Nachal Zin vom Grabmal Ben Gurions aus gesehen (Israel)

Amos

Der Prophet Amos stammte aus der Stadt Tekoa in Juda, verkündete aber seine Botschaften im Nordreich Israel, in Bethel und wahrscheinlich auch in Samaria. Obwohl das Land reich war, gab es wenig soziale Gerechtigkeit für die Benachteiligten. Amos betrachtete dies als eine direkte Verletzung des Bundesgesetzes. Er prangerte den korrupten Lebensstil der Reichen an und warnte sie, dass das Gericht und die Zerstörung unausweichlich kommen würden.

Gliederung

PROPHEZEIUNGEN GEGEN ANDERE VÖLKER (Am 1,1-2,5)

PROPHEZEIUNGEN GEGEN ISRAEL (Am 2,6-6,14)

FÜNF VISIONEN (Am 7,1-9,10)

KÜNFTIGER WIEDERAUFBAU (Am 9,11-15)

Bekanntester Vers

Es ströme aber das Recht wie Wasser und die Gerechtigkeit wie ein nie versiegender Bach. (Am 5,24)

„Wehe euch, die ihr schlaft auf elfenbeingeschmückten Lagern ..." (Am 6,4). Die „elfenbeingeschmückten Lager", die Amos hier anspricht, sind mit Elfenbeinarbeiten verzierte Liegen, auf denen es sich die Gäste während der heidnischen Feste bequem machten. Diese Szene, bei der eine Kuh ihr junges Kalb säugt, wurde von den Phöniziern geschnitzt und stammt von einer solchen Liege aus dem 8. Jh. v.Chr.

Hauptthemen

Das Volk im Reich Jerobeams II. glaubte, nichts könne schief laufen. Sie hatten Frieden und Sicherheit und ihr Wohlstand wuchs. Überall um sie herum waren äußere Zeichen des Reichtums zu sehen: neue Gebäude, luxuriös eingerichtete Häuser und Heiligtümer, die kaum groß genug waren, um allen Platz zu bieten, die an den Gottesdiensten teilnehmen wollten. Die Reichen glaubten, sie seien reich, weil sie sehr religiös waren, aber Amos sah es anders: Die Reichen hatten nur so viel Vermögen angehäuft, weil sie die fundamentalen Werte ihres Glaubens missachtet hatten. Sie hatten die Herkunft ihres eigenen Volkes als Sklaven in Ägypten vergessen, und statt sich der Armen besonders anzunehmen, beuteten sie diese bei jeder Gelegenheit aus. In diesem Licht waren ihre ganzen selbstzufriedenen Gottesdienste nur Heuchelei. Amos verurteilte diesen Gottesdienst als etwas, das Gott ablehnte. Statt die Straßen mit dem Blut ihrer vielen Tieropfer zu tränken, sollten sie das Land mit Gerechtigkeit und Recht tränken, denn das wollte Gott mehr als alles andere.

Amos war ein Realist. Er sah, dass niemand auf ihn hören wollte. Als er aus dem Hauptheiligtum in Bethel hinausgeworfen wurde, rief er vernichtende Urteile gegen die Priester und das Volk aus und versicherte ihnen, dass „der Tag des Herrn" nahe herbeigekommen sei und dass er das Gericht bringen würde. Die großen Gebäude würden zerstört und das Volk würde ins Exil geführt werden – was bald danach geschah, als die Assyrer in das Land einfielen und die Hauptstadt Samaria besetzten.

„Und der Herr sprach zu mir: ‚Was siehst du, Amos?' Ich sprach: ‚Ein Bleilot.' Da sprach der Herr zu mir: ‚Siehe, ich will das Bleilot legen an mein Volk Israel und ihm nichts mehr übersehen ...'" (Am 7,8)

Der Prophet Amos warnte vor der drohenden Zerstörung Israels, wenn das Volk nicht umkehrte. Hier sind israelitische Gefangene auf einem assyrischen Relief abgebildet.

Zeit

Amos' Wirken kann ziemlich genau datiert werden: in die Regierungszeit Jerobeams II., wahrscheinlich gegen Ende dieser Periode um 750 v.Chr. Es war eine der wenigen ruhigen Zeiten während des kurzen Bestehens des Nordreiches Israel. Die Feinde waren besiegt und nichts behinderte das wirtschaftliche Wachstum.

Hosea

Das Buch Hosea klingt ganz anders als Amos' harte Botschaften von Verderben und Gericht. Dieser Prophet war ein sehr sensibler Mensch, der selbst Ablehnung und Verletzung in seinem persönlichen Leben erfahren hatte. Dadurch konnte er nachempfinden, wie Gott sich seiner Ansicht nach fühlen musste, als Israel den Bund brach und seine Liebe ablehnte.

Gliederung

HOSEAS EHE ZERBRICHT (Hos 1-3)

HOSEAS FRAU UND KINDER (Hos 1,1-2,1)

UNTREUES ISRAEL (Hos 2,2-23)

HOSEAS FRAU KEHRT ZURÜCK (Hos 3)

GOTTES LIEBE ZU ISRAEL (Hos 4-13)

VERHEISSUNG DER WIEDERHERSTELLUNG DES UNGEHORSAMEN ISRAEL (Hos 14)

„Ich will für Israel wie ein Tau sein, dass es blühen soll wie eine Lilie, und seine Wurzeln sollen ausschlagen wie eine Linde und seine Zweige sich ausbreiten, dass es so schön sei wie ein Ölbaum und so guten Geruch gebe wie die Linde."
(Hos 14,6-7)

Zeit und Ort

Hoseas Wirken begann nach Amos, aber trotzdem noch unter der Regierung Jerobeams II. Er setzte seinen Dienst in den folgenden 20 Jahren fort, in denen sechs schwache Könige regierten und an deren Ende Samaria im Jahr 722 v.Chr. von den Assyrern eingenommen wurde.

Hauptthemen

Das Buch beginnt mit der Geschichte von Hoseas Ehe mit einer Frau namens Gomer. Sie verließ ihn, um mit einem anderen Mann zusammenzuleben, und endete schließlich als Prostituierte, die auf dem öffentlichen Marktplatz feilgeboten wurde. Gott befahl Hosea Gomer aus dieser Versklavung freizukaufen und sie wieder in sein Haus aufzunehmen. Diese Erfahrung wird der Schlüssel zu Hoseas Verständnis von Israels Beziehung zu Gott. Die Menschen handeln wie die untreue Gomer. Sie verlassen die Bundesbeziehung mit Gott zugunsten verbotener Beziehungen zu dem kanaanitischen Fruchtbarkeitskult und seinen Naturgöttern (zu deren Götzendienst oft Prostitution und andere sexuelle Akte gehörten). Genauso wie Hoseas zerbrochene Ehe ihm und seinen drei Kindern Schmerzen bereitete, bereitet Israel Gott Schmerzen und zerbricht die besondere Beziehung, die ihrem Vorvater Abraham verheißen war. Aber genauso wie Hosea seine Frau, liebte Gott dieses Volk immer noch und würde alles tun, um ihre Beziehung wieder zu heilen. Die Zerstörung durch die assyrischen Armeen kündigte sich bereits drohend an, aber es bestand immer noch eine Chance, dieses Leid abzuwenden, wenn die Menschen sich änderten und zum wahren Gottesdienst zurückkehrten. Wenn nicht, würden sie die Folgen ihres Handelns tragen müssen. Aber Gott würde Israel nie aufgeben, ebenso wenig wie Hosea seine Frau hatte aufgeben können – eine Botschaft, die immer brisanter wurde, als eine Krise nach der anderen kam.

Statuette der kanaanitischen Fruchtbarkeitsgöttin Astarte aus dem 13. Jh. v.Chr.

Wichtigste Texte

Gottes Liebe zu Israel (Hos 11,1-4)

Gottes Segensverheißung (Hos 14,4-9)

Siehe auch

- Der Schöpfergott Israels (S. 148-149)
- Israels Glaube (S. 150-151)
- Die Propheten (S. 166-167)

Jesaja

Das Buch Jesaja ist das längste Buch in der Bibel. Es enthält prophetische Aussagen über Ereignisse von etwa 740 v.Chr. bis 530 n.Chr., die alle vom Südreich Juda, seinem Niedergang, der Gefangenschaft und der Wiederherstellung sprechen.

Gliederung

DIE BEDROHUNG DURCH ASSYRIEN (JES 1-39)

Gottes Botschaft für Juda und Jerusalem (Jes 1-5)
Jesajas Vision (Jes 6)
Das Reich in der Gegenwart und Zukunft (Jes 7-12)
Gericht über die Völker (Jes 13-23)
Gottes letztes Gericht und Sieg (Jes 24-27)
Künftige Gerichte und Segen (Jes 28-35)
Die aktuelle Krise (Jes 36-39)

BOTSCHAFTEN FÜR DIE GEFANGENEN IN BABYLON (JES 40-55)

Am Rand der Freiheit (Jes 40-48)
Der Gottesknecht und die Erlösung, die er bringt (Jes 49-55)

DIE HEIMKEHRER AUS DER GEFANGENSCHAFT (JES 56-66)

Ein Ruf zur Umkehr und Verheißung der Wiederherstellung (Jes 56-59)
Künftige Herrlichkeit (Jes 60-62)
Gericht über Edom (Jes 63,1-6)
Ein Gebet für Gottes Volk (Jes 63,7-64,12)
Neuer Himmel und neue Erde (Jes 65-66)

Ort und Zeit

Zwei ganz konkrete Situationen sind im Buch Jesaja zu erkennen. Das Auftreten des Jesaja ist sehr präzise datiert. Es beginnt in dem Jahr, in dem König Usija von Juda starb, und setzt sich durch die Regierungszeit von Jotam, Ahas und Hiskia fort (ungefähr 750-687 v.Chr.) Während dieser Zeit war Assyrien die beherrschende Großmacht dieser Region. Jesaja lebte während des Sturzes des Nordreichs Israel und sah, wie sein eigenes Volk, Juda, durch das Expansionsstreben der Assyrer ernsthaft bedroht wurde. Nach dem Sturz Samarias gab es für Juda keine Möglichkeit, ebenfalls der Unterwerfung durch Assyrien zu entkommen.

Diese Inschrift (1. Jh. n.Chr.) heißt: „Hierher wurden die Gebeine Usijas, des Königs von Juda, gebracht. Nicht öffnen."

Jesaja gab sowohl Ahas als auch seinem Nachfolger Hiskia politische Ratschläge. Manchmal riet er zu Widerstand, andere Male schlug er eine Kollaboration mit den Assyrern vor – und immer bestand er auf die Treue zu dem Bund mit Gott.

Im 6. Jh. v.Chr. war die assyrische Vorherrschaft durch die Babylonier abgelöst worden. Sie waren diejenigen, die schließlich im Jahr 587 v.Chr. Juda zerstörten und seine führenden Bürger in die Gefangenschaft nach Babylon führten. Die babylonische Vorherrschaft war nur von kurzer Dauer und als König Kyrus von Persien eine ernsthafte Alternative wurde, hatten die jüdischen Gefangenen große Hoffnung auf eine Rückkehr in ihre Heimat. Diese Situation wird in Jesaja 40-55 angesprochen, wo Kyrus als Werkzeug Gottes für eine politische Veränderung bezeichnet und der Sturz Babylons jeden Tag erwartet wird. Viele glauben, dass die prophetischen Botschaften in diesen Kapiteln von einem Schüler Jesajas geschrieben wurden, doch kann es sich hierbei auch um prophetische Aussagen Jesajas selbst handeln. Das gilt auch für die Kapitel 55-66, die sich aber wohl auf die Zeit der Desillusionierung nach der Rückkehr der ersten Gruppe aus der Gefangenschaft, allerdings vor der Ankunft Nehemias und Esras, beziehen. Unabhängig von der Entstehung dieses Buches stellen seine Botschaften eine unübersehbare Einheit dar, die auf das Wirken Jesajas zurückgeführt werden kann, der ungefähr ab 740 v.Chr. in Jerusalem auftrat.

Das unermüdliche Vordringen der assyrischen Streitkräfte beim Angriff auf Lachisch ist auf diesem Relief abgebildet. Während Bogenschützen die Stadt mit Pfeilen angreifen, werden gefangene Häftlinge hingerichtet. Der Prophet Jesaja lebte, als die Assyrer dem Nordreich Israel ein Ende setzten, und er war in Jerusalem, als die assyrischen Armeen die Stadt bedrohten.

Siehe auch

- Der Aufstieg Assyriens (S. 30-31)
- Die Macht der Babylonier (S. 32-33)
- Die Propheten (S. 166-167)

Hauptthemen

Lachisch wurde 701 v.Chr. von König Sanherib belagert. Dieses Fragment eines hebräischen Briefes erzählt das Schicksal eines hebräischen Propheten.

Ein Thema zieht sich durch das ganze Buch hindurch. Es wird in der Geschichte von Jesajas Berufung zum Propheten erwähnt (Jes 6) und an vielen nachfolgenden Stellen wiederholt und bekräftigt. Das gesamte Buch konzentriert sich auf Gottes Macht und Majestät, die größer ist als jede andere Macht der Welt. Die Belange aller Völker stehen unter Gottes Kontrolle. Allen, die Gottes Willen missachten, droht unweigerlich das Gericht – einschließlich Juda. Trotzdem ist Gottes umfassende Absicht das Heil der gesamten Schöpfung. Israels besondere Bundesbeziehung wird falsch verstanden, wenn sie nur als auf das Volk bezogene Exklusivität gesehen wird: In Wirklichkeit sollte Israel die Tür zum Frieden und Segen für alle Völker sein. Dies machen auch die Texte deutlich, die später auf Jesus Christus bezogen wurden, wie etwa die Immanuel-Weissagung oder die Lieder vom Gottesknecht.

Wichtigste Texte

Jesajas Vision und Gottes Berufung (Jes 6)
Die Immanuel-Weissagung (Jes 7,13-16)
„Uns ist ein Kind geboren" (Jes 9,2-7)
Der kommende König: Ein Reis aus dem Stamm Isais (Jes 11,2-9)
Die Wüste wird sich freuen: Gottes Weg (Jes 35)
Tröstet, tröstet mein Volk (Jes 40,1-31)
Der Gottesknecht (Jes 42,1-4; 49,1-6; 50,4-9; 52,13-53,12)
Kommt alle, die ihr dürstet (Jes 55)
Neuer Himmel und neue Erde (Jes 65,17-25)

„Es werden Wasser in der Wüste hervorbrechen und Ströme im dürren Lande." (Jes 35,6)

Struktur

Es ist in der Theologie umstritten, ob das Buch Jesaja wirklich in seiner Gesamtheit von Jesaja stammt, oder ob dies nur für die Kapitel 1-39 gilt. Die universitäre Theologie geht heute weithin davon aus, dass in den Kapitel 40-55 ein anonymer Prophet, „Deuterojesaja" genannt, zu Wort kommt, während es sich nach dieser Auffassung bei den Kapiteln 55-66 (sog. „Tritojesaja") um eine Sammlung von Prophetensprüchen verschiedener Verfasser handelt. Neben stilistischen Gründen beziehen sich die Hauptargumente dieser Position auf die unterschiedlichen Situationen, die in diesen drei Abschnitten angesprochen werden. Die evangelikale Theologie geht demgegenüber weithin davon aus, dass Jesaja als Verfasser des gesamten Buches anzusehen, da sie die Möglichkeit postuliert, Jesaja habe als Prophet auch in die Zukunft hinein sprechen können.

Micha

Micha gehörte neben Amos, Hosea und Jesaja von Jerusalem zu den Propheten aus dem 8. Jh. Als Bauer aus dem Bergland sprach er in seiner Botschaft aus seiner eigenen Erfahrung von Ungerechtigkeit, Armut und Ausbeutung.

Gliederung

DIE SÜNDE JUDAS UND ISRAELS (Mi 1-3)

WIEDERHERSTELLUNG UND FRIEDEN (Mi 4-5)

AUFFORDERUNG AN DIE MENSCHEN, ZU DEN WURZELN IHRES BUNDES ZURÜCKZUKEHREN (Mi 6,1-7,7)

UMKEHR UND HOFFNUNG (Mi 7,8-20)

Ort und Zeit

Micha wirkte während der Regierungszeiten Jotams, Ahas' und Hiskias und machte Aussagen über Juda und auch über Israel (bis zu dessen Untergang im Jahr 722 v.Chr.).

Wichtigste Texte

Gottes Friedensreich (Mi 4,1-4)
Ein König aus Bethlehem (Mi 5,2-4)
Ein Aufruf zur Gerechtigkeit (Mi 6,6-8)

Hauptthemen

Genauso wie Amos klagt Micha den lediglich formalen religiösen Gottesdienst an, der nicht mit echter Frömmigkeit gefüllt ist. Er blickt in Israels Geschichte zurück bis vor die Zeit des Tempelbaus, um zu sehen, was in der Anfangszeit den Glauben motiviert hatte, und argumentiert, dass ein authentisches geistliches Leben zu Strukturen führen sollte, die soziale Gerechtigkeit fördern. Für Menschen, die den Glauben ihrer Väter so pervertiert hatten, dass sie gewissenlos die Armen ausbeuten konnten, gab es wenig Hoffnung. Gottes Gericht wäre so streng, dass selbst der Tempel verwüstet würde – aber auch über die Zerstörung hinaus würden Gottes Verheißungen immer noch bestehen bleiben.

Zefanja

Von Zefanja heißt es, dass er ein Nachkomme von König Hiskia war. Er lebte in einer Zeit, in der die assyrische Macht über Juda schwächer zu werden begann.

Gliederung

DER TAG DES GERICHTS (Zef 1,1-2,3)

URTEIL ÜBER DIE VÖLKER (Zef 2,4-15)

HOFFNUNG FÜR DEN TREUEN REST (Zef 3,1-13)

EIN LIED DER FREUDE (Zef 3,14-20)

Ort und Zeit

Die Botschaften Zefanjas beziehen sich auf die Herrschaft König Josias von Juda (640-609 v.Chr.). Die ersten zwei Kapitel stammen wahrscheinlich aus dem Anfang dieser Periode (640-622 v.Chr.), das dritte entstand nach 612 v.Chr., als Josias Bemühungen, den Gottesdienst zu reformieren, weitgehend niedergeschlagen wurden. Der Hinweis auf die Rückkehr aus der Gefangenschaft in Zef 3,20 lässt vermuten, dass das Buch zu einem späteren Zeitpunkt in seiner jetzigen Form abgefasst wurde.

Dann sollen am Meer hin Hirtenfelder und Schafhürden sein. Und das Land am Meer soll den Übriggebliebenen vom Hause Juda zuteil werden, dass sie darauf weiden (...), wenn nun der Herr, ihr Gott, sie wiederum heimsuchen und ihre Gefangenschaft wenden wird." (Zef 2,6-7)

Hauptthemen

Zefanja wiederholt einige bekannte Themen: Gott übt Gericht über das Volk, weil es seinen Bundesglauben vernachlässigt, fremde Werte und Lebensweisen übernimmt und seine religiösen Verpflichtungen missachtet. Aber er fragt weiter, wie solche Gerichts- und Zerstörungsankündigungen mit der Botschaft von einer hoffnungsvollen Zukunft zusammenpassen. Er verkündet, dass das Gericht eine Art Reinigung für das Volk ist und seinen Stolz und seine Selbstzufriedenheit beseitigen soll. Aber nur eine kleine Minderheit (ein „Rest") des Volkes wird an Gott glauben und erlöst werden.

Nahum

Nahum wirkte gegen Ende der Regierungszeit Josias, etwa um 612 v.Chr., als die assyrische Hauptstadt Ninive von den Babyloniern eingenommen wurde.

Hauptthemen

Das Buch Nahum beschreibt den Untergang Ninives in einer so lebendigen Sprache (Nah 2-3), dass viele es für einen Augenzeugenbericht des Geschehens halten. Das Buch hat über Juda als solches nichts zu sagen; sein ganzes Augenmerk ist auf Ninive gerichtet – als Beispiel für ein Volk, das seine Macht übertrieben und nicht anerkannt hat, dass Jahwe der Herr aller Völker ist – ja, der Herr der ganzen Geschichte.
Die Form dieses Buches lässt vermuten, dass es als Liturgie zur Verwendung im Jerusalemer Tempel verfasst wurde, um den Zusammenbruch der assyrischen Macht zu feiern und um die Gläubigen an Gottes große Macht zu erinnern.

Bekannteste Verse

Der Herr ist gütig und eine Feste zur Zeit der Not und kennt die, die auf ihn trauen. (Nah 1,7)
Der Gerechte aber wird durch seinen Glauben leben. (Hab 2,4)

Habakuk

Über Habakuk sind keine persönlichen Einzelheiten bekannt. Er spricht eine jahrhundertealte Frage an: Wie kann Gott zulassen, dass es bösen Menschen gut geht? Wo bleibt die Gerechtigkeit, wenn Juda für relativ kleine Übertretungen durch ein Volk wie die Babylonier bestraft wird, das schlimme Grausamkeiten begeht und scheinbar ungestraft davonkommt?

Auch wenn der Feigenbaum nicht blüht und am Weinstock keine Trauben hängen, wird er sich trotzdem an Gott freuen. (Hab 3,17)

Gliederung

WARUM GEHT ES BÖSEN MENSCHEN GUT? (Hab 1)

GOTTES ANTWORT (Hab 2)

EIN LOBPSALM (Hab 3)

Ort und Zeit

Der Inhalt des Buches deutet darauf hin, dass es nach dem Sieg Babylons über Ägypten in der Schlacht von Karkemisch (605 v.Chr.) und vor dem ersten Angriff auf Jerusalem 597 v.Chr. einzuordnen ist. Seine Botschaften sprechen deshalb in eine etwas spätere Zeit als Nahum, aber trotzdem noch in die Regierungszeit Jojakims (609-597 v.Chr.). Habakuk muss ungefähr ein Zeitgenosse Jeremias gewesen sein.

Hauptthema

Das Buch beginnt mit einer Auseinandersetzung zwischen Habakuk und Gott um die Frage, warum Gott nicht eingreift und das schlimme Leiden des Volkes unter Eroberern wie den Assyrern und Babyloniern beendet. Die Antwort lautet, dass diese anderen Mächte bald selbst für ihre Grausamkeit bestraft werden. Das ist den Juden in ihrer Not nur wenig Trost, aber das Buch Habakuk löst das Problem schließlich, auf ähnliche Weise wie das Buch Hiob, in einem großen Gedicht, in dem Gottes Liebe und Herrlichkeit gelobt werden und den Lesern versichert wird, dass Gott das Ruder in der Hand hat und dass man ihm vertrauen kann.

Siehe auch

- Zwei Königreiche (S. 28-29)
- Der Aufstieg Assyriens (S. 30-31)
- Die Macht der Babylonier (S. 32-33)
- Die Propheten (S. 166-167)

„Ihre Rosse sind schneller als die Panther und bissiger als die Wölfe am Abend. Ihre Reiter fliegen in großen Scharen von ferne daher, wie die Adler eilen zum Fraß." (Hab 1,8)

Jeremia

Dieses Buch ist in die Regierungszeit der letzten fünf Könige Judas einzuordnen. Dazu gehören die Ereignisse, die zum Fall Jerusalems führten. Jeremia war ein sensibler Mann und hatte mit der Gerichtsbotschaft, die er dem Volk bringen musste, große Mühe.

Zeit und Ort

Jeremia wurde in einer Priesterfamilie in Anatot bei Jerusalem geboren. 627 v.Chr. wurde er zum Propheten berufen. Sein Dienst begann somit in einer Zeit, in der es Juda gut ging, unter der Regierung Josias (640-609 v.Chr.), und setzte sich während der Regierungszeiten Jojakims (609-597 v.Chr.), Jojachins (597 v.Chr.) und Zedekias (597-587 v.Chr.) fort.
Es war für Juda eine Zeit großer Ungewissheit. Assyrien wurde von den Babyloniern verdrängt und die Stimmung in Jerusalem schwankte zwischen Optimismus und Verzweiflung. Es sollten die letzten Tage der Unabhängigkeit Judas werden. Am Ende von Jeremias Lebenszeit war der Tempel zerstört und die führenden Bürger Jerusalems waren in die Gefangenschaft nach Babylon geführt worden – ohne Aussicht auf eine Erneuerung des nationalen Lebens und einen Wiederaufbau der Einrichtungen im Land.

„Dies ist das Wort, das geschah vom Herrn zu Jeremia: ‚Mach dich auf und geh hinab in des Töpfers Haus; dort will ich dich meine Worte hören lassen.' (...). Da geschah des Herrn Wort zu mir: ‚Kann ich nicht ebenso mit euch umgehen, ihr vom Hause Israel, wie dieser Töpfer?', spricht der Herr. ‚Siehe, wie der Ton in des Töpfers Hand, so seid auch ihr vom Hause Israel in meiner Hand.'" (Jer 18,1.2.5.6)

Gliederung

JEREMIAS BERUFUNG ZUM PROPHETEN (Jer 1)

GEDANKEN ZU ISRAELS GESCHICHTE (Jer 2-6)

PREDIGTEN UND SCHULDBEKENNTNISSE (Jer 7-24)
...in Bezug auf Jojakim (Jer 7-20)
...zur Zeit Zedekias (Jer 21-24)

KONFLIKTREICHE GESCHICHTEN UND BOTSCHAFTEN (Jer 25-45)
Ankündigungen gegen die Völker (Jer 25)
Jeremias persönliche Notlage (Jer 26-28)
Briefe an die Verbannten in Babylon und an Schemaja (Jer 29)
Hoffnung auf Rückkehr und einen Neuanfang (Jer 30-33)
Ausgewählte Ereignisse aus Jeremias Leben (Jer 34-45)

GOTT WIRD DIE VÖLKER RICHTEN (Jer 46-51)

DER STURZ JERUSALEMS (Jer 52)

Wichtigste Texte

Jeremias Berufung (Jer 1,1-19)
Gesegnet sind, die dem Herrn vertrauen (Jer 17,5-8)
Das trügerische menschliche Herz (Jer 17,9)
Jeremias Klage (Jer 20,7-18)
Der falsche und der wahre Prophet (Jer 23,15-32)
Der neue Bund (Jer 31,31-34)

„Der Prophet Jeremia beklagt die Zerstörung Jerusalems“, Rembrandt van Rijn (1606-1669)

Der Herr sprach zu Jeremia: „Und du sollst den Krug zerbrechen vor den Augen der Männer, die mit dir gegangen sind, und zu ihnen sagen: So spricht der Herr Zebaoth: Wie man eines Töpfers Gefäß zerbricht, dass es nicht wieder ganz werden kann, so will ich dies Volk und diese Stadt zerbrechen...“ (Jer 19,10-11)

Siehe auch

- Die Macht der Babylonier (S. 32-33)
- Aus dem Exil in die Heimat (S. 34-35)
- Die Propheten (S. 166-167)

Der Prophet Jeremia

Die meisten alttestamentlichen Propheten sind nur durch ihre Botschaften bekannt, man weiß nur wenig über sie als Menschen. Jeremia gehört zu den wenigen Ausnahmen. In diesem Buch werden viele Einblicke in seinen Charakter und seine Persönlichkeit gegeben sowie in die Vielfalt, mit der er seine Botschaft weitergab. Er wird als zutiefst geistlicher Mensch vorgestellt, voll Vertrauen in das, was er von Gott gelernt hat, und mit der starken Überzeugung, dass sein Volk zu den Werten der Gesetze des Bundes, deren Wurzeln in den Tagen nach dem Auszug aus Ägypten liegen, zurückkehren muss. Gleichzeitig hat er ein starkes Gespür für seine eigene Unzulänglichkeit angesichts dieser Aufgabe und Mühe, sich mit der harten Botschaft, die ihm gegeben wurde, abzufinden, und sogar Zweifel, ob er wirklich von Gott berufen ist. Dabei ist er nicht nur ein Sprecher, sondern auch Schriftsteller und Poet. Genauso wenig ist er jemand, der seine Botschaft ausschließlich mit Worten weitergibt: Mehrere Geschichten zeigen ihn als schweigenden Schauspieler, der auf diese Weise das, was Gott ihm aufgetragen hat, an seine Mitmenschen zu vermitteln.

Hauptthemen

Es ist nicht möglich, das Buch Jeremia vom Anfang bis zum Ende durchzulesen und eine durchgehende Argumentationslinie zu finden. Die verschiedenen Botschaften und Geschichten sind weder thematisch noch chronologisch geordnet. Botschaften aus den frühen Jahren von Jeremias Leben sind regelmäßig neben Stellen aus seinen letzten Jahren zu finden. Das Buch scheint nach den literarischen Gattungen der verschiedenen Texte gegliedert zu sein.

Dieser Stempelabdruck trägt die Inschrift: „Eigentum von Brechjahu, Sohn Nerijahus des Schreibers.“ Baruch, der Sohn Nerijas, wird in der Bibel als Prophet und Jeremias treuer Sekretär erwähnt (Jer 36,4 und 36,8).

Das vorherrschende Thema ist allerdings unübersehbar. Es war eine Zeit großer Krisen im Leben Judas mit politischer Ungewissheit und sozialen Unruhen. Jeremia versucht, das alles im Auftrag Jahwes im Kontext des Bundes zwischen Gott und dem Volk einzuordnen, und fragt, welche Zukunft die Verheißungen Gottes an Abraham und seine Nachkommen jetzt noch haben können. Es herrschte ein starker Optimismus im Volk und der naive Glaube, weil der Tempel in Jerusalem stehe, sei die Sicherheit der Stadt garantiert. Jeremia stellt heraus, dass das Vertrauen in solche materiellen Symbole für Gottes Gegenwart sinnlos ist, wenn die tiefer gehenden Anforderungen des Bundesglaubens missachtet werden.

Es sei nutzlos, sich an Gottes Verheißungen, das Volk zu beschützen, zu klammern und gleichzeitig weiterhin Gottes Geboten ungehorsam zu sein. Jeremia warnt immer wieder, dass Jerusalem zerstört würde – einmal wurde er wegen dieser Worte sogar ins Gefängnis geworfen. Aber er bringt auch Hoffnung zum Ausdruck, als er noch kurz vor dem letzten babylonischen Angriff Geld in Grundbesitz in Juda investiert. Doch erklärte er unmissverständlich, dass die Rückkehr aus der Gefangenschaft, wenn sie käme, keine Erneuerung dessen sein würde, was vorher gewesen war. Eine radikale Veränderung auf Seiten der Menschen wäre nötig – die er als einen neuen Bund beschrieb, der das Herz und den Verstand von Gottes Volk viel stärker einbeziehen würde als der alte Bund.

Hesekiel

Hesekiels Wirkungszeit lag zwischen 593 und 571 v.Chr., als er in der Gefangenschaft in Babylon lebte.

„Des Herrn Hand kam über mich und er führte mich hinaus im Geist des Herrn und stellte mich mitten auf ein weites Feld; das lag voller Totengebeine.“ (Hes 37,1)

Gliederung

HESEKIELS BERUFUNG (Hes 1-3)

BOTSCHAFTEN FÜR JERUSALEM (Hes 4-24)

Ein lebendiges Gleichnis für Jerusalems Sturz (Hes 4-5)
Das Ende ist gekommen (Hes 6-7)
Jerusalems Schuld (Hes 8-11)
Gleichnisse, Allegorien und Prophezeiungen (Hes 12-17)
Die Verantwortung des Einzelnen (Hes 18)
Israels Rebellion (Hes 19,1-20,44)
Feuer und Schwert (Hes 20,45-21,32)
Israels Schicksal und Jerusalems Zerstörung (Hes 22-24)

PROPHEZEIUNGEN GEGEN ANDERE VÖLKER (Hes 25-32)

HOFFNUNG FÜR DIE ZUKUNFT (Hes 33-39)

Der Prophet als Wächter (Hes 33,1-20)
Jerusalems Sturz (Hes 33,1-20)
Die Sünden der Herrscher und ihres Volkes (Hes 34)
Schmähungen gegen Edom (Hes 35)
Wiederherstellung (Hes 36)
Können Totenknochen wieder leben? (Hes 37)
Weissagungen gegen Gog (Hes 38-39)

EIN NEUER TEMPEL (Hes 40-48)

Bau- und Gottesdienstpläne (Hes 40-42)
Gottes Herrlichkeit im Tempel (Hes 43,1-12)
Regeln für den Tempel und das Priestertum (Hes 43,13-44,31)
Regeln für das Land, die Herrscher und die Feste (Hes 45-46)
Ein Strom fließt aus dem Heiligtum (Hes 47,1-12)
Das Land und die Stämme (Hes 47,13-48,35)

Hauptthemen

Das Buch Hesekiel beginnt mit den Ebenen von Babylon. Hesekiel sieht eine mächtige Vision Gottes. Viele von Hesekiels Botschaften prangern Israels Untreue an und verkünden Gottes Gericht. Hesekiels Botschaft von Gott bezieht sich vor allem auf Israels Frömmigkeit: Unreiner Gottesdienst und der Götzendienst des Volkes sind seine Hauptthemen. Er erkennt, dass Jerusalem nicht vor der Zerstörung gerettet werden kann, und doch strahlen die Botschaften, die nach der Eroberung durch die Babylonier ausgesprochen wurden, eine starke Hoffnung aus. Gottes Macht wird sichtbar, wenn die Menschen nach Hause zurückgebracht werden und in einem neuen Tempel ein gereinigter Gottesdienst neu eingeführt wird.

Ort und Zeit

Hesekiel nennt präzise Daten: Er kam bei der ersten Wegführung (597 v.Chr.) von Juda nach Babylon und wurde wenige Jahre später Prophet (593 v.Chr.). Seine Botschaften setzten sich nach dem Fall Jerusalems (587 v.Chr.) fort, als weitere jüdische Verbannte in Babylon eintrafen. Der erste Teil des Buches enthält Botschaften, die die Ereignisse und die Menschen in Jerusalem betreffen. Vermutlich hat er, falls es sich bei diesen Schilderungen nicht um Visionen handelt, in dieser Zeit seine Heimat besucht.

Wichtigste Texte

Hesekiels Berufung und Vision von Gottes Herrlichkeit (Hes 1-3)
Persönliche Verantwortung: „Jeder, der sündigt, soll sterben“ (Hes 18)
Die Rolle des Propheten als Wächter (Hes 33,1-20)
Gott als Hirte des Volkes (Hes 34,11-16)
Gott schenkt ein neues Herz (Hes 36,22-32)
Vision von dem Tal mit den Knochen (Hes 37)
Der Leben spendende Fluss, der aus dem Tempel fließt (Hes 47,1-12)

Der Prophet Hesekiel griff die Oberen von Juda an, die das Volk unterdrückten, und verglich sie mit Schafhirten, die sich nur um sich selbst und nicht um ihre Herden kümmerten.

Hesekiel, der Prophet

Hesekiel stammte aus einer Priesterfamilie, was seine besonderen Kenntnisse der Einzelheiten des Gottesdienstes und hinsichtlich der rituellen Reinheit erklärt. Er hatte viele Visionen und geistliche Erlebnisse und teilte seine Botschaft, genauso wie Jeremia, nicht nur mit Worten, sondern auch durch Zeichenhandlungen mit.

Daniel

Das Buch beginnt mit Geschichten über Daniel, einen jungen Juden in Babylon zur Zeit des Exils, der durch sein Talent und seine Treue zu Jahwes Gesetz zu Ansehen gelangte. Neben Ereignissen aus Daniels Leben enthält es dramatische Zukunftsvisionen. Das Buch ist größtenteils auf Hebräisch geschrieben; Kapitel 2,4-7,28 allerdings auf Aramäisch, der offiziellen Sprache des Perserreiches.

Gliederung

DANIEL IN BABYLON (Dan 1-6)

Daniel und seine Freunde an Nebukadnezars Hof (Dan 1)
Nebukadnezars Traum (Dan 2)
Der Feuerofen (Dan 3)
Nebukadnezars Wahnsinn (Dan 4)
Belsazars Gastmahl (Dan 5)
Daniel in der Löwengrube (Dan 6)

APOKALYPTISCHE VISIONEN (Dan 7-12)

Vier Reiche (Dan 7-8)
Daniels Gebet, beantwortet durch einen Engel (Dan 9)
Visionen von künftigen Konflikten (Dan 10-11)
Das Ende der Zeit (Dan 12)

Siehe auch

Aus dem Exil in die Heimat (S. 34-35)
Die Babylonier (S. 62-63)
Die Perser (S. 66-67)
Drei Tempel (S. 160-161)
Priester und Rituale (S. 162-163)
Die Propheten (S. 166-167)

„Du, König, hattest einen Traum, und siehe, ein großes und hohes und hell glänzendes Bild stand vor dir, das war schrecklich anzusehen." (Dan 2,31)

Hauptthema

Beide Teile des Buches Daniel dienen demselben Zweck: der Ermutigung der Menschen in einer Zeit großer Verfolgung. Die Geschichten von Daniel selbst zeigen, dass es möglich ist, nicht unterzugehen, wenn man Gott treu bleibt, während die spektakulären Bilder der Prophetien den Lesern versichern sollen: Auch wenn vielleicht alles außer Kontrolle zu geraten schien, hatte Gott sie nicht verlassen und ihre grausamen Unterdrücker würden bald selbst vernichtet werden.

Hauptereignisse

Schadrach, Meschach und Abed-Nego im Feuerofen (Dan 3)
Belsazars Festmahl (Dan 5)
Daniel in der Löwengrube (Dan 6)
Daniels Gebet (Dan 9,1-19)

Ort und Zeit

Die Geschichten von Daniel ereignen sich im 6. Jh. v.Chr. und stellen die Repressalien heraus, denen die jüdischen Verbannten ausgesetzt waren, um sie zu zwingen, ihren überlieferten Lebensstil und Glauben aufzugeben. Trotz der Bedrohung für ihr Leben leisten Daniel und seine Freunde Widerstand und werden allen nachfolgenden Generationen in vergleichbaren Situationen als Beispiel vor Augen gestellt. Die Visionen weisen in die Zukunft und deuten unter anderem den „Gräuel der Verwüstung" in Palästina durch den Seleukidenkönig Antiochus VI. Epiphanes (175-163 v.Chr.) und die anderen Ereignisse der Makkabäerzeit an.

„Belsazars Gastmahl", John Martin (1789-1854)

Haggai

Haggai brachte der zweiten Welle von Heimkehrern aus der Gefangenschaft nach Jerusalem unter der Leitung von Serubbabel (ein Diplomat und Mitglied von Judas Königsfamilie) und Josua (ein Priester) ermutigende Botschaften.

Gliederung

ERMUTIGUNG, DEN ZERSTÖRTEN TEMPEL WIEDER AUFZUBAUEN (Hag 1)

GEDANKEN ÜBER DEN KÜNFTIGEN GLANZ DES TEMPELS (Hag 2,1-9)

SEGENSVERHEISSUNGEN FÜR DIE GEHORSAMEN (Hag 2,10-19)

EINE BOTSCHAFT FÜR SERUBBABEL (Hag 2,20-23)

Ort und Zeit

Haggai nennt präzise Daten, aus denen sich schließen lässt, dass er 520 v.Chr. während der Regierungszeit von König Darius I. (522-486 v.Chr.) anfing, zum Volk zu sprechen. Diese Gruppe von Heimkehrern hatte sich selbst große Häuser gebaut, aber die Arbeit am Tempel in Jerusalem – ein wichtiger Mittelpunkt für die nationale Identität – war bislang vernachlässigt worden. Der neue Tempel – wenn auch weniger großartig als der frühere Tempel, den König Salomo hatte bauen lassen – wurde 516 v.Chr. fertig gestellt. Haggais Botschaften beziehen sich somit auf die vier Jahre bis zur Fertigstellung des Tempels.

Wichtigste Stelle

Die Folgen des vernachlässigten Tempelaufbaus (Hag 1,9)

Familienstammbaum: Von König Josia bis zum Priester Serubbabel

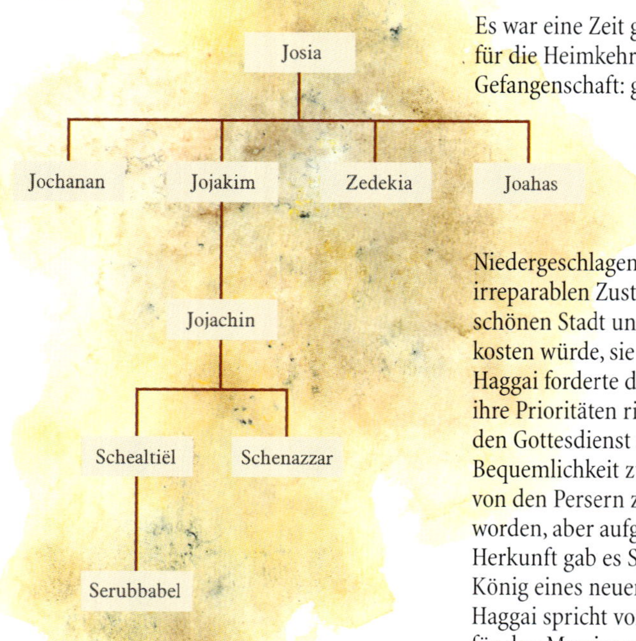

Hauptthemen

Es war eine Zeit gemischter Gefühle für die Heimkehrer aus der Gefangenschaft: große Begeisterung, wieder zu Hause zu sein, und große Hoffnungen für die Zukunft; aber an Verzweiflung grenzende Niedergeschlagenheit angesichts des irreparablen Zustands ihrer einstmals schönen Stadt und der Mühen, die es kosten würde, sie wieder aufzubauen. Haggai forderte die Menschen heraus, ihre Prioritäten richtig zu setzen und den Gottesdienst über ihre eigene Bequemlichkeit zu stellen. Serubbabel war von den Persern zum Statthalter ernannt worden, aber aufgrund seiner königlichen Herkunft gab es Spekulationen, er könnte König eines neuen jüdischen Reiches werden. Haggai spricht von ihm in Worten, die später für den Messias verwendet werden (Hag 2,23).

Sacharja

Sacharja tritt im alttestamentlichen Buch Esra als Mitstreiter Haggais auf. Das Buch Sacharja gibt seine Botschaften wieder und ergänzt sie mit späterem Material.

Das Relief der assyrischen königlichen Kavallerie aus dem Königspalast in Ninive aus dem 7. Jh. v.Chr. Sacharja freute sich auf eine Zeit, in der Jahwes Heiligkeit über alles geachtet werden würde. Selbst die Schellen an den Pferden würden mit den Worten „Dem Herrn heilig" beschriftet sein.

Gliederung

EIN NEUES ZEITALTER BEGINNT (Sach 1-8)

- Einleitung (Sach 1,1-6)
- Acht Visionen (Sach 1,7-6,8)
  - Mann auf rotem Pferd (Sach 1,7-17)
  - Hörner und Schmiede (Sach 1,18-21)
  - Messschnur (Sach 2,1-13)
  - Hoherpriester Jeschua (Sach 3,1-10)
  - Leuchter (Sach 4,1-14)
  - Fliegende Schriftrolle (Sach 5,1-4)
  - Frau in der Tonne (Sach 5,5-11)
  - Vier Wagen (Sach 6,1-8)

Botschaften für weltliche und religiöse Führer (Sach 6,9-8,23)

ISRAEL UND DIE VÖLKER (Sach 9-14)

Verheißungen über Judas Zukunft (Sach 9,1-11,3)

Warnungen vor dem kommenden Gericht (Sach 11,4-14,21)

Ort und Zeit

Ein großer Teil des Buches Sacharja bezieht sich auf dieselbe Situation wie Haggai, also um 520 v.Chr.

Wichtigste Texte

Es soll nicht durch Heer oder Kraft, sondern durch meinen Geist geschehen, spricht der Herr Zebaoth. (Sach 4,6)
Siehe, dein König kommt zu dir, ein Gerechter und ein Helfer, arm und reitet auf einem Esel, auf einem Füllen der Eselin. (Sach 9,9)

Hauptthemen

Das Buch Sacharja kann man in zwei deutlich zu unterscheidende Abschnitte gliedern. Die Kapitel 1-8 wiederholen dieselben Themen wie Haggai und stehen in Zusammenhang zu den dort angesprochenen Umständen. Sacharja gibt jedoch diese Botschaft in ganz anderer Weise weiter, nämlich durch eine Reihe von Visionen, die dem Propheten zum größten Teil durch Engel übermittelt wurden. Genauso wie Haggai stellt Sacharja Serubbabel als Schlüsselfigur beim Wiederaufbau des Volkes dar, auch wenn hier Jeschua, der Priester, eine Krone bekommt, vielleicht um anzudeuten, dass Funktionen, die früher dem König zugeschrieben waren, jetzt von den Priestern übernommen wurden. Die übrigen Kapitel geben jedoch eine Zukunftsvision wieder, die weit über das hinausgeht, was an politischem Geschehen in Jerusalem zu erwarten war. Diese Vision entwickelt sich zu einer großen Hoffnung für ein neues Zeitalter, das von Liebe und Gerechtigkeit bestimmt ist, von einer messianischen Gestalt eröffnet werden wird und die ganze Welt und alle Menschen, nicht nur die Juden, umfassen wird.

Maleachi

Das Buch Maleachi besteht aus Botschaften, die nach dem Wiederaufbau des Tempels in Jerusalem weitergegeben wurden.

Gliederung

GOTTES LIEBE ZU ISRAEL (Mal 1,1-5)

WERTLOSE OPFER (Mal 1,6-2,9)

GEBROCHENE VERSPRECHEN (Mal 2,10-16)

GOTTES GERICHT (Mal 2,17-3,5)

DIE WICHTIGKEIT DES ZEHNTEN (Mal 3,6-12)

GOTTES GNADENVERHEISSUNG (Mal 3,13-4,6)

Ort und Zeit

Maleachi trat auf, nachdem der wieder aufgebaute Tempel fertig gestellt war (515 v.Chr.), also nach Haggai und Sacharja, aber vor der Rückkehr Nehemias (445 v.Chr.). Seine Botschaften beleuchten die Leiden, die das Volk zu dieser Zeit ertragen musste, sowie den Verlust an Nationalstolz und religiösem Engagement.

Hauptereignisse

Gottes Bote (Mal 3,1)
Ich werde die Fenster des Himmels auftun (Mal 3,10)
Die Sonne der Gerechtigkeit geht auf (Mal 3,20)

Hauptthemen

Der Tempel war wieder in Betrieb, aber die geistlichen Wirklichkeiten, die er symbolisieren sollte, wurden nicht ernst genommen. Priester vernachlässigten ihre Pflichten, Zauberpraktiken waren in den Gottesdienst aufgenommen worden, was wiederum zu Korruption und Ausbeutung der Armen durch die Reichen führte. Männer verließen ihre jüdischen Ehefrauen und wandten sich Frauen aus der Mischbevölkerung um sie herum zu (genau die Menschen, die versucht hatten, den Wiederaufbau des Tempels zu verhindern). Maleachi drängte die Menschen, zu den Wurzeln des Bundes zurückzukehren, da andernfalls sicher noch mehr Gericht folgen würde. Aber Gehorsam würde zum Segen führen.

„Und der Engel, der mit mir redete, weckte mich abermals auf, wie man vom Schlaf erweckt wird, und sprach zu mir: Was siehst du? Ich aber sprach: Ich sehe, und siehe, da steht ein Leuchter, ganz aus Gold, mit einer Schale oben darauf, auf der sieben Lampen sind und sieben Schnauzen an jeder Lampe …“ (Sach 4,1-2)

Siehe auch

- Aus dem Exil in die Heimat (S. 34-35)
- Drei Tempel (S. 160-161)
- Die Propheten (S. 166-167)

Joël

Eine vernichtende Heuschreckenplage wird als Zeichen für den kommenden letzten „Tag des Herrn“ gesehen, an dem Gottes Gericht noch verheerender sein wird als jede Naturkatastrophe. Vor diesem Hintergrund ruft Joël das Volk zur Umkehr auf und sieht auf dieser Basis die Möglichkeit künftigen Wohlergehens voraus.

Joël rief Gottes Volk zur Umkehr auf; die Alternative, so sagte er, wäre die Zerschlagung des Volkes durch ein großes Heer. Dieser Bronzeschmuck aus dem Palast des assyrischen Königs Salmanassar III. (858-824 v.Chr.) zeigt Szenen seiner Feldzüge.

„Was die Raupen übrig lassen, das fressen die Heuschrecken, und was die Heuschrecken übrig lassen, das fressen die Käfer, und was die Käfer übrig lassen, das frisst das Geschmeiß.“ (Joël 1,4)

Gliederung

EINE HEUSCHRECKENPLAGE (Joël 1)

DER KOMMENDE TAG DES HERRN (Joël 2,1-17)

KÜNFTIGE FRUCHTBARKEIT (Joël 2,18-32)

SPRÜCHE GEGEN DIE VÖLKER (Joël 3-4)

Bekanntester Vers

Ich will meinen Geist über alles Fleisch ausgießen. (Joël 3,1)

Ort und Zeit

Man weiß praktisch nichts Konkretes über Joël oder die Zeit, in der er schrieb. Aber da das Buch davon spricht, dass Israel unter die Völker zerstreut werden soll (Joël 4,2), muss es offensichtlich nach der Gefangenschaft in Babylon geschrieben worden sein. Möglicherweise spricht es in dieselbe Zeit hinein wie Maleachi (515-445 v.Chr.).

Bedeutung und Botschaft

Die unmittelbare Situation, in die hinein Joël spricht, ist eine Hungersnot als Folge einer Heuschreckenplage. Allgemeine Niedergeschlagenheit machte sich unter den Menschen breit, die von den langsamen Fortschritten des Wiederaufbaus ihrer Stadt und des Wiederbeginns nationalen Lebens enttäuscht waren. Joël ruft zur Umkehr auf und warnt, dass die Heuschrecken ein Zeichen dafür sein könnten, dass noch Schlimmeres kommt, da Gott Sünde, über die keine Buße getan wird, nicht einfach ignorieren kann. Seine Vision von Gottes Geist, der über die ganze Welt ausgegossen wird, wird im Neuen Testament zur Erklärung der Ereignisse am Pfingsttag wiederholt.

Obadja

Das Buch Obadja ist das kürzeste Buch im Alten Testament. Es ist ein Gedicht, das den Vorteil beklagt, den die Edomiter aus der Katastrophe ziehen, die Juda durch die Hände der Babylonier getroffen hatte. Dieses Buch gehört wahrscheinlich in dieselbe Zeit wie Joël. Es sagte den Menschen zu, dass bald bessere Zeiten anbrechen würden.

Blick auf die Jordanberge über das Tal Araba im Negeb.

Jona

Das Buch Jona erzählt die Geschichte eines widerwilligen Propheten mit nationalen Vorurteilen, der glaubte, Gott könne nur an seinem Volk, den Israeliten, Interesse haben. Durch seine Abenteuer erkennt er schließlich seinen Fehler und begreift, dass Gottes Gnade allen gilt.

Siehe auch

Die Macht der Babylonier (S. 32-33)

Völker im Westen und im Osten (S. 78-79)

Israels Glaube (S. 150-151)

Die Propheten (S. 166-167)

Die Geschichte

Ein Prophet namens Jona wird von Gott berufen, eine Botschaft nach Ninive, die Hauptstadt des assyrischen Reiches, zu bringen. Es überrascht nicht allzu sehr, dass dieser Gedanke Jona widerstrebt und er in die entgegengesetzte Richtung aufbricht (die Assyrer waren immerhin die erklärten Feinde Israels). Das Schiff, auf dem er fährt, gerät in einen schweren Sturm. Jona wird über Bord geworfen und von einem riesigen Fisch verschluckt, der ihn später ans Ufer spuckt. Jona erkennt Gottes Hand in alledem und bricht nach Ninive auf, überbringt seine Botschaft – und ist sowohl überrascht als auch enttäuscht, als die Bewohner der Stadt ihm nicht nur zuhören, sondern auch auf das reagieren, was er sagt, ihr Leben ändern und damit Gottes Gericht abwenden. Als der Prophet unter einer schattigen Pflanze sitzt und darüber nachdenkt, welkt die Pflanze in der heißen Sonne. Darüber ist Jona sehr empört, woraufhin Gott ihm klarmacht, dass Gott mehr Grund hat, über die Niniviten zu klagen, als Jona über die Pflanze.

Ort und Zeit

Ein Prophet namens Jona wird in 2Kön 14,25 kurz erwähnt, ungefähr in der Zeit des Amos. Das Buch Jona gibt keine der Botschaften wörtlich wieder, die Jona überbrachte, dennoch geht man in der Auslegungsgeschichte allgemein davon aus, dass es sich hier um denselben Jona handelt. Die Erzählung selbst ist typisch für die überlieferten Geschichten in vielen Kulturen und hat durch seine Lehrhaftigkeit auch etwas Zeitloses. Das Buch könnte nach dem Fall Ninives unter die Babylonier (612 v.Chr.), aber auch schon im 8. Jh. v.Chr. geschrieben worden sein.

Hauptthemen

Das Buch Jona ist eine Geschichte mit einer klaren Botschaft. Wie Hiob wirkt es beinahe wie ein Theaterstück mit vielen bemerkenswerten Dialogen. Im Verlauf der ganzen Geschichte Israels hatte es immer eine Tendenz gegeben, zu glauben, die Verheißungen Gottes an Abraham statteten das Volk Israel mit besonderen Privilegien aus. Die Propheten rückten diese Sicht zurecht und sahen Israels Berufung in einem weiter gefassten Sinn und betonten, dass die Offenbarung, die Israel bekommen hatte, eine besondere Verantwortung darstellte, die Botschaft Gottes mit anderen zu teilen. So ist Jona ein Buch, das sowohl dem nationalen Dünkel entgegensteht als auch der allgemein menschlichen Tendenz, nur auf seine eigenen Belange zu sehen und Gottes viel weiter gehendem Auftrag auszuweichen.

Als individuelles Schiksal betrachtet, ist bei Jona interessant, wie sich nach seinem Ungehorsam eine Lebenskrise entwickelt, die ihn in die Tiefe führt: „hinab" nach Jafo, in den Schiffsbauch, in den Tiefschlaf, in die Meerestiefe und schließlich in den Fischbauch. Aus dieser „tiefen Not" heraus betet Jona einen Dankpsalm. Gott beauftragt ihn aufs Neue, Jona folgt im Gehorsam, aber ohne inneres Einverständnis, auf das Gott wiederum mit einer Art „Nachhilfeunterricht" reagiert.

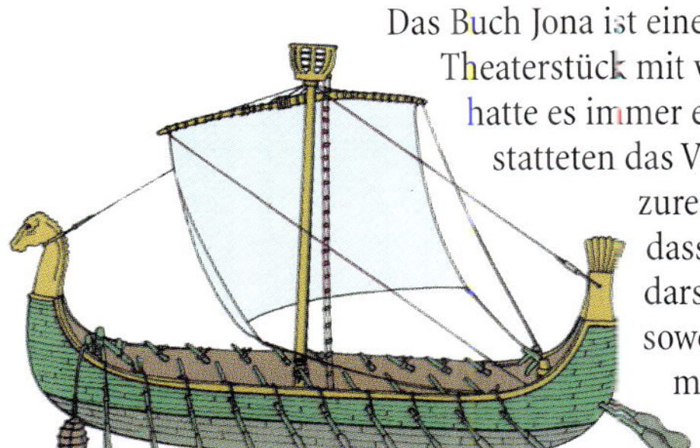

Phönizisches Handelsschiff aus dem 7. Jh. v.Chr. Die Bibel erzählt, dass Jona von Jafo nach Tarsis segelte – in die entgegengesetzte Richtung als die, in die Gott ihn geschickt hatte.

Zwischen den beiden Testamenten

Ein neues Reich

Die persische Herrschaft in Palästina dauerte 200 Jahre lang. Sie wurde von einem Reich ganz anderer Art abgelöst. 333 v.Chr. besiegte Alexander der Große den persischen König Darius III. Codomannus. Dieser junge Krieger aus Mazedonien regierte danach selbst nur zehn Jahre lang, aber als Alexander 323 v.Chr. starb, erstreckte sich sein Reich von Griechenland bis zum heutigen Pakistan und war das größte Reich, das dieser Teil der Welt je erlebt hatte. Nach Alexanders Tod wurde sein Reich unter seinen vier führenden Generälen (den Diadochen) aufgeteilt, von denen jeder eine eigene Dynastie gründete. Juda – oder Judäa, wie es jetzt genannt wurde – kam unter die Rechtsprechung des Ptolemäus, der seinen Herrschaftssitz in Ägypten gründete.
Von ungefähr 323 v.Chr. bis 198 v.Chr. kamen die Juden unter die Herrschaft dieser griechischen Herrscher. Aber Ptolemäus war nicht der einzige von Alexanders Generälen, der ein Auge auf Judäa geworfen hatte. Seleukos, der sein Reich mit dem Regierungssitz in Antiochia in Nordsyrien aufbaute, wartete ständig auf eine Gelegenheit, Ägypten Judäa und den Libanon abzunehmen und sie seinem eigenen Reich einzuverleiben. Nach über einem Jahrhundert kleinerer Kämpfe wurde die Frage schließlich 198 v.Chr. entschieden, als der seleukidische Herrscher Antiochus III. Skopus, die Ptolemäer in der Schlacht von Paneon besiegte. Von diesem Zeitpunkt bis zum Jahr 63 v.Chr. (als die Römer das Land einnahmen) waren die Juden den griechischen Herrschern unterworfen.

Hellenismus und Judaismus

Alexander der Große war ausgezogen, ein anders geartetes Reich als die Assyrer, Babylonier und Perser zu errichten. Diese hatten hauptsächlich die militärische Eroberung im Auge gehabt und waren zufrieden gewesen, so lange die unterworfenen Völker ihnen die geforderten Steuern bezahlten. Aber Alexander sah seine Aufgabe als eine Art kulturellen Kreuzzug für seine griechische Heimat an. Er war davon überzeugt, dass die griechische Lebensart die beste sei, die es nur geben könne. Deshalb sollte jeder auf der ganzen Welt sie übernehmen. Wohin er auch kam, beharrte er darauf, dass die Menschen die griechische Sprache lernten und griechische Sitten übernahmen. Er baute neue Städte nach griechischem Stil und exportierte Bräuche wie die sportlichen Wettkämpfe und das Theater. Zu dieser Zeit gab es im ganzen Mittelmeerraum jüdische Gemeinden (denn nur eine Minderheit war auf Dauer aus der Babylonischen Gefangenschaft nach Judäa zurückgekehrt). Zum größten Teil waren sie froh, Teil dieser florierenden neuen Kultur zu sein, und fanden ihre eigenen

Möglichkeiten, ihre kulturelle Identität durch die Entwicklung lokaler Gottesdienststätten, die Synagogen, zu erhalten. Die Juden in Alexandria übersetzten ihre alten Schriften aus dem Hebräischen ins Griechische.

Aber die Juden in Judäa machten eine schwere Zeit durch, besonders nach der Thronbesteigung von Antiochus IV. Epiphanes (175-164 v.Chr.). Bis zu diesem Zeitpunkt hatten die griechischen Herrscher Judäas im Allgemeinen die religiösen Bräuche ihrer Untertanen toleriert. Antiochus III. (223-187 v.Chr.) hatte sogar ihre Steuern gesenkt und ihnen Geld für den Tempelbetrieb gewährt. Aber leere Staatskassen zwangen seinen Thronfolger zu einer härteren Politik.

In der Zwischenzeit hatte eine heftige Auseinandersetzung der Juden untereinander zum Auftreten zweier konkurrierender Parteien geführt: die Tobiaden, die sich streng an die jüdischen Überlieferungen halten wollten, und die Oniaden, die gern diese neue hellenistische Kultur übernahmen, selbst wenn das bedeutete, jahrhundertelang geschätzte Werte aufzugeben.

Der kulturelle Konflikt

Die Krise spitzte sich zu, als die Kassen von Antiochus IV. leer waren und er den Tempelschatz von Jerusalem plünderte.

Er war fanatisch von dem Wunsch besessen, die jüdische Kultur vollkommen in Einklang mit seinem eigenen hellenistischen Lebensstil zu bringen, und verbot einige wichtige Bestandteile der jüdischen Religion, darunter die Beschneidung, das Lesen des Gesetzes und das Halten des Sabbats. Außerdem befahl er, im Tempel von Jerusalem den griechischen Gott Zeus anzubeten, und öffnete die heiligsten Stätten der gesamten Bevölkerung des Landes auch den Nichtjuden. Er führte eine fanatische Hellenisierungspolitik in ganz Judäa durch und schickte seine Truppen in jede Stadt und in jedes Dorf, um den griechischen Göttern Altäre zu bauen, und zwang die einheimischen Priester, darauf Schweine – für die Juden unreine Tiere – als Opfer darzubringen. Jeder Widerstand wurde grausam bekämpft, bis ein Priester namens Mattatias einen seleukidischen Soldaten tötete und den Anfang der Widerstandsbewegung, die heute unter dem Namen „Makkabäeraufstand" bekannt ist, einläutete. Das geschah 167 v.Chr. Innerhalb von drei Jahren hatten Mattatias und seine fünf Söhne unter der Führung von Judas (der den Spitznamen „Makkabi" oder „der Hämmerer" bekam, aus dem das Wort „Makkabäer" entstand) die Seleukidenarmee zurückgeschlagen und den Tempel wieder seinem rechtmäßigen Zweck geweiht. Danach genoss Judäa eine Zeit relativer politischer Unabhängigkeit unter der Herrschaft von Judas' Familie (die Hasmonäer), bis der römische General Pompeius 63 v.Chr. Jerusalem einnahm.

Blick auf den Parthenontempel auf der Athener Akropolis

Die Spätschriften (Apokryphen)

Alle christlichen Bibeln enthalten die 39 Bücher der ursprünglichen hebräischen Bibel. In einigen Bibeln sind noch andere zu finden, die als Spätschriften, Apokryphen oder deuterokanonische Bücher bezeichnet werden. Sie waren nie Teil der hebräischen Bibel, fanden aber durch die griechische Übersetzung, die Septuaginta, und andere alte Versionen Einzug in die christliche Bibel und gehören zum von der römisch-katholischen Kirche anerkannten Kanon. Die meisten waren wohl auch ursprünglich auf Griechisch geschrieben.

Diese Münze zeigt eine Menorah. Sie kommt aus Jerusalem und stammt aus dem Jahr 40 v.Chr.

Die Spätschriften des Alten Testaments

Tobit
Judit
Zusätze zum Buch Ester
Weisheit Salomos
Jesus Sirach
Baruch
Der Brief des Jeremia
Zusätze zum Buch Daniel:
  Gebet Asarjas
  Susanna
  Bel und der Drache
1. und 2. Makkabäer

Tobit

Das Buch Tobit spielt in Ninive während der Regierungszeit des assyrischen Königs Salmanassar V. (727-722 v.Chr.). Tobit hält sich an überlieferte Werte, besonders daran, dass andere israelitische Verbannte nach ihrem Tod ein angemessenes Begräbnis bekommen. Als Krankheit und andere Leiden ihn und seine Familie befallen, verhilft ihnen ihre Treue zu Gott zu einer übernatürlichen Rettung.

Judit

Das Buch Judit spielt in Judäa nach der Rückkehr aus der Babylonischen Gefangenschaft und berichtet von dem Widerstand der Bewohner der Stadt Betulia gegen einen ausländischen General namens Holofernes. Einzelheiten der Geschichte werden unterschiedlich auf die Assyrer, Perser und Babylonier gedeutet, aber der Schwerpunkt liegt auf Betulias Widerstand, zu dem Judit aufrief und den sie anführte. Judit war eine mutige Witwe, die Holofernes mit ihrer Schönheit bezauberte und ihn dann, als er betrunken war, enthauptete und seinen Kopf den Ältesten der Stadt brachte.

Die Bücher Tobit und Judit sind überlieferte Geschichten, die Juden späterer Generationen ermutigen sollten, ihrem religiösen Gottesdienst treu zu bleiben. Das Buch Tobit lässt sich um das Jahr 200 v.Chr. datieren, während Judit in der Zeit entstand, in der die Hasmonäer in Judäa herrschten (ungefähr 100 v.Chr.).

Zusätze zu Ester und Daniel

Die griechischen Versionen der Bücher Ester und Daniel enthalten beide Material, das im ursprünglichen hebräischen Text fehlt. Bei Ester gehören dazu Gebete und Geschichten, die ihre große Frömmigkeit und die Gefahren, denen sie sich durch ihre Treue zu ihrem Volk aussetzte, herausstellen. Die Ergänzungen im Buch Daniel bestehen aus einem langen Gebet, das den Opfern von Nebukadnezars Feuerofen zugeschrieben wird, sowie den Geschichten von Bel und dem Drachen und von Susanna. Genauso wie die Geschichten von Daniel selbst betonen sie Gottes Liebe zu denen, die angesichts von Verfolgung treu bleiben.

Die Dekapolis war ein Verbund aus zehn Städten im Osten des Jordan. Eine davon war Gerasa (Jerasch) im heutigen Jordanien.

Weisheit Salomos

Die Weisheit Salomos ist ein kunstvolles griechisches Werk, das die Kombination aus überlieferten hebräischen Gedanken und stoischen und platonischen Gedankengebilden zeigt, wie sie auch in den Schriften von Philo von Alexandria (ca. 20 v.Chr. geboren) zu finden sind. Die Personifizierung der Weisheit, die schon in den Sprüchen Salomos anzutreffen ist, wird hier weiterentwickelt. Hier wird die Weisheit zu einer Frau, die den Willen Gottes der Welt weitergibt. Wahrscheinlich wurde das Buch im 1. Jh. v.Chr. in Alexandria geschrieben.

167 v.Chr. löste der jüdische Priester Mattatias den Makkabäeraufstand aus, als er einen seleukidischen Soldaten tötete. Er und seine Söhne führten unter dem Oberbefehl von Judas einen erfolgreichen Guerillafeldzug, der schließlich zur Errichtung eines unabhängigen jüdischen Staates führte, bis er von dem römischen General Pompeius erobert wurde. Herodes (der Große) heiratete Mariamne, eine Hasmonäerin, und leitete daraus einen Anspruch ab, über Judäa zu herrschen. Durch politisches Taktieren gewann er die Gunst von Julius Cäsar. Als Cäsar ermordet wurde, wechselte Herodes die Fronten und unterstützte Augustus, der seinen Anspruch bewilligt.

Familienstammbaum der Hasmonäer

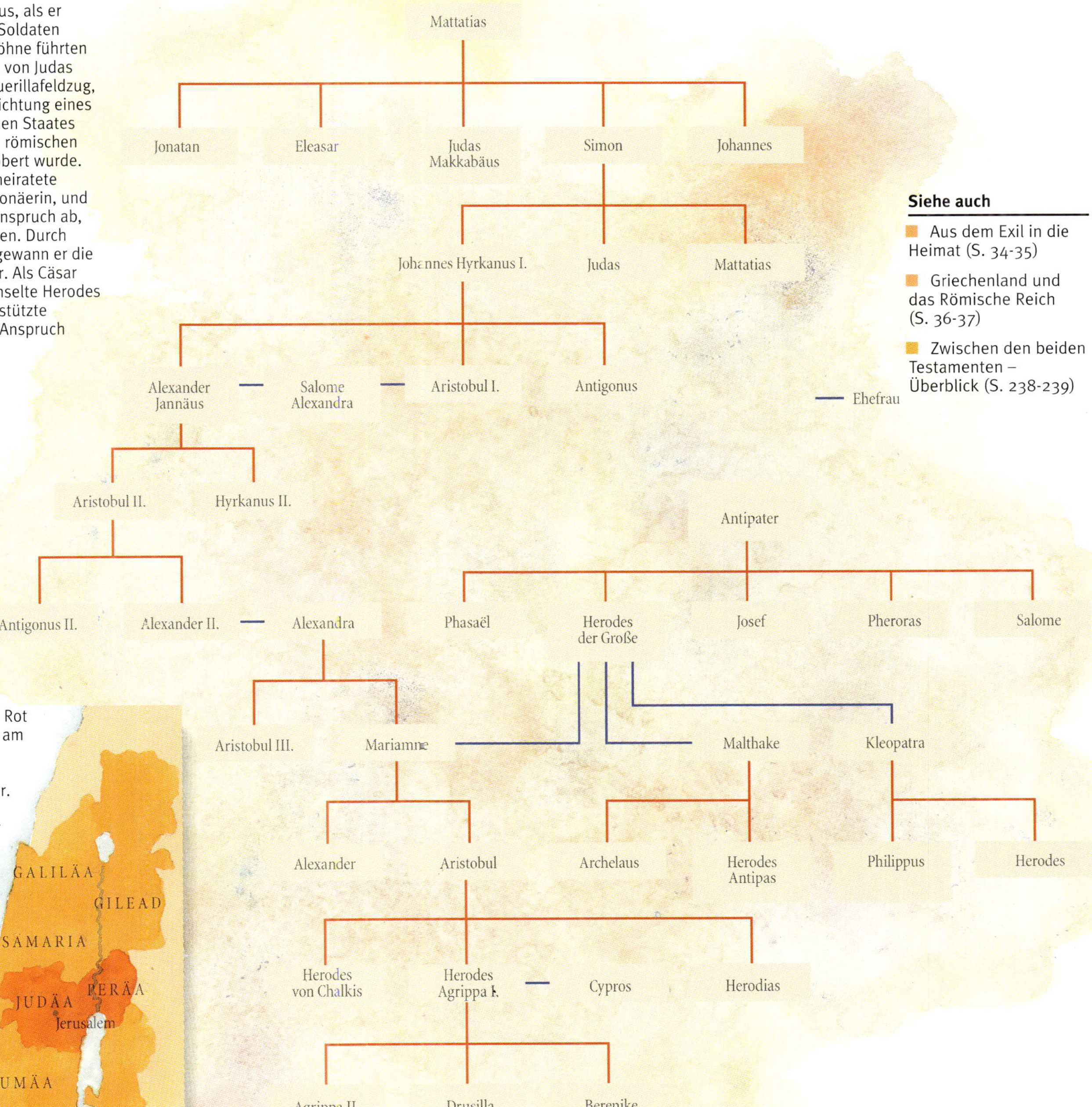

Siehe auch

- Aus dem Exil in die Heimat (S. 34-35)
- Griechenland und das Römische Reich (S. 36-37)
- Zwischen den beiden Testamenten – Überblick (S. 238-239)

Die Landkarte hebt in Rot das Gebiet von Judäa am Anfang der Unabhängigkeit 142 v.Chr. hervor. 76 v.Chr. erstreckte sich das Hasmonäerreich über das orange markierte Gebiet.

Jesus Sirach

Die Weisheit von Jesus Sirach (das in der lateinischen Bibel Ecclesiasticus genannt wird) ist älter als die Weisheit Salomos. Das Buch wurde vor der Zeit Antiochus' IV. geschrieben, vielleicht um 180 v.Chr. Es ist aus dem Hebräischen übersetzt. Inhalt und Stil unterscheiden sich nicht sehr vom Buch der Sprüche, während andere Teile verschiedene Glaubenshelden der Vergangenheit loben.

Baruch und der Brief Jeremias

Diese kurzen Schriften geben vor, von Jeremia und seinem Schreiber, Baruch, zu sein, und scheinen ursprünglich auf Hebräisch geschrieben worden zu sein. Der Brief Jeremias enthält ein Gedicht, das den Glauben an Götzen anprangert, während Baruch (in einer Mischung aus Poesie und Prosa) Israel auffordert, zu den überlieferten geistlichen Disziplinen des Gebets und Gehorsams gegenüber dem Gesetz zurückzukehren. Beide stammen aus der Mitte des zweiten Jh.s v.Chr.

1.-2. Makkabäer

Diese Bücher erzählen die Geschichte des Makkabäeraufstands. Beide Bücher wurden im 1. Jh. v.Chr. aus älteren Quellen verfasst. Das erste Makkabäerbuch behandelt die Geschichte des Judentums vom Regierungsantritt Antiochus' IV. Epiphanes (175 v.Chr.) bis zum Tod des jüdischen Führers Simon Makkabäus (135/34 v.Chr.). Im Mittelpunkt steht der Kampf der jüdischen Makkabäer (Hasmonäer) um die Reinerhaltung ihrer Religion. Das zweite Makkabäerbuch enthält teils parallele Schilderungen, teils auch Berichte aus der unmittelbaren Zeit vorher. Beide Bücher sind wahrscheinlich Ende des 2. Jh.s v.Chr. entstanden.

Zusätzlich zu den genannten Schriften gibt es solche, die in der Septuaginta erscheinen, aber nicht zum Kanon gehören und demzufolge nicht in den gängigsten Bibelausgaben zu finden sind: 1./2. Esra, 3./4. Makkabäer, das Gebet Manasses und der Psalm 151.

Evangelien und Apostelgeschichte

Die vier Evangelien (Matthäus, Markus, Lukas und Johannes) enthalten Schilderungen über das Leben und die Lehren Jesu, dennoch sind es keine „klassischen“ Biographien. Sie sagen praktisch nichts über Jesu Kindheit oder Jugend aus. Stattdessen berichten sie sehr ausführlich von der letzten Woche seines Lebens. Die Apostelgeschichte wurde vom Verfasser des Lukasevangeliums als Folgeband geschrieben und erzählt die Geschichte nach Tod und Auferstehung Jesu bis zu den ersten Jahren der christlichen Kirche weiter.

Die vier Evangelien

Viele Informationen über Jesus werden in den Evangelien nirgends erwähnt. Es gibt keine Beschreibung, wie er aussah oder welche Eigenschaften er hatte. Selbst alle vier Evangelien zusammengenommen dokumentieren bei weitem nicht jeden Tag der ungefähr drei Jahre seines Lebens, die für die Evangelisten am interessantesten waren. Ihr Hauptanliegen war es, die christliche Botschaft weiterzusagen. Mit diesem Ziel erzählten sie von Jesus. Das, was zur Erreichung dieses Zieles wichtig war, nahmen sie in ihre Berichte auf.
Die vier Evangelien sind also eine Auswahl der wichtigsten Ereignisse im Leben Jesu: Sowohl Lukas (Lk 1,1-4) als auch Johannes (Joh 20,30; 21,25) sagen ausdrücklich, dass sie viele andere Informationen, die sie zur Verfügung hatten, nicht in ihrem Bericht berücksichtigten.
Die Evangelien enthalten mehr als nur einfache Geschichten. Auch vieles von dem, was Jesus gesagt und gelehrt hat, ist hier verzeichnet. Sie dokumentieren auch, wie ihre Verfasser sich mit der Person Jesus beschäftigt haben. Dabei wählte jeder von ihnen anderes Material aus. Ein Vergleich der Evangelien miteinander kann helfen, ihre Botschaft besser zu verstehen.

Historische Perspektive

Manchmal wird behauptet, die Evangelien zeigen gar nicht, wie Jesus wirklich war. Als angeblicher Beweis dafür werden oft die Missionsabsichten ihrer Verfasser genannt, die ein idealisiertes Bild gezeichnet hätten. Doch die Art und Weise, wie die Evangelisten mit dem Stoff umgehen, reicht jedem antiken Geschichtsschreiber zu Ehre. Nicht viel aus dieser Zeit ist derart genau und sogar von mehreren Zeugen berichtet.
Geschichten über Jesus müssen von den allerersten Tagen an von seinen Anhängern mündlich weitererzählt worden sein, und das Material, aus dem die Evangelien zusammengestellt wurden, machte schon lange,

bevor es schriftlich festgehalten wurde, mündlich die Runde. Als sich die christliche Kirche im ganzen Römischen Reich ausbreitete, wuchs der Bedarf an Geschriebenem und mit dem Tod der Menschen, die Jesus persönlich gekannt hatten, war es wichtiger denn je zuvor, deren Erinnerungen für die Zukunft zu erhalten.
Als die Evangelien geschrieben wurden (ca. 60 bis ca. 100 n.Chr.), hatte sich die Kirche schon bis weit in die nichtjüdische Kultur hinein ausgebreitet. Trotzdem werden nichtjüdische, heidnische Themen in den Evangelien bestenfalls am Rande erwähnt. Schon zehn Jahre nach Jesu Tod gab es heftige Diskussionen darüber, ob heidnische Bekehrte die alttestamentlichen Gesetze über Praktiken wie etwa die Beschneidung und das Essen bestimmter Speisen einhalten sollten – aber in den Evangelien wird keine dieser Fragen angesprochen.
Die Christen bedachten Jesus bald mit Ehrentiteln – Sohn Gottes, Christus/Messias, Erlöser –, aber in den Evangelien ist die häufigste Bezeichnung für ihn „Menschensohn“. Und überall sind Hinweise auf die jüdische Kultur und das Alte Testament anzutreffen, die allerdings hin und wieder für Nichtjuden erklärt werden.
All dies zeigt, dass es den Verfassern um Authentizität ging und nicht darum, das Leben Jesu den Heiden „werbewirksam“ zu servieren.

Apostelgeschichte

Genauso wie die Evangelien hatte die Apostelgeschichte eine bestimmte Absicht. Sie weist im Vergleich zu den Evangelien viele ähnliche Merkmale auf. Auch sie ist eine Auswahl und dokumentiert bei weitem nicht alle Taten der Apostel.
Die ersten paar Kapitel enthalten Geschichten von Menschen wie Petrus und Johannes, die unter den Jüngern Jesu führend waren. Dann verlagert sich der Schwerpunkt auf Paulus, der sich erst später zum Christentum bekehrt hatte. Der größte Teil des Buches beschäftigt sich mit seinen Bemühungen, die christliche Botschaft in die größeren Städte des östlichen Teils des Römischen Reiches zu tragen.
Lukas bezeichnet sich selbst als Geschichtsschreiber. Es besteht kein Grund, die Genauigkeit seines Berichts anzuzweifeln. Aber in seinem Werk sind noch andere Absichten erkennbar. Lukas legt Wert darauf, herauszustellen, dass der christliche Glaube die Erfüllung des jüdischen Glaubens ist.
Es mag auch in seiner Absicht gelegen haben, darzustellen, dass Christen keine Bedrohung für den Frieden des Reiches, sondern treue Bürger seien – auch wenn sie sich zu der Zeit, als Lukas seinen Bericht schrieb, weigerten, den Kaiser als Gott anzubeten.
Insgesamt gesehen handelt es sich bei der Apostelgeschichte um einen spannenden Bericht voller wundersamer Ereignisse, dramatischer Konflikte, bemerkenswerter Dialoge und vor allem mit viel lebendiger Information über das Leben der ersten Christen.

Blick über Tiberias am See Genezareth in Israel.

Markus

Das Markusevangelium ist aller Wahrscheinlichkeit nach das älteste Evangelium. Es ist auch das kürzeste, in knappem Stil geschrieben, aber voller „Action".

See Genezareth

Gliederung

JESU DIENST IN GALILÄA (Mk 1-8,26)

Vorbereitung (Mk 1,1-13)
Jesus beginnt zu lehren und zu heilen (Mk 1,14-3,6)
Weiteres Wirken in Galiläa (Mk 3,7-6,13)
Jesu Wirken außerhalb Galiläas (Mk 6,14-8,26)

JERUSALEM UND DIE LETZTEN TAGE (Mk 8,27-16,20)

Vorbereitung auf sein Leiden und Sterben (8,27-10,52)
Jesu Lehren in Jerusalem (Mk 11-13)
Das letzte Abendmahl (Mk 14,1-31)
Gefangennahme und Verhöre (Mk 14,32-15,15)
Kreuzigung (Mk 15,16-41)
Grablegung und Auferstehung (Mk 15,42-16,8)
Erscheinungen des Auferstandenen und Himmelfahrt (Mk 16,9-20)

Wichtigste Texte

Die gute Nachricht in Kurzform (Mk 1,14-15)
„Ich werde euch zu Menschenfischern machen" (Mk 1,16-20)
Sündenvergebung: der Gelähmte (Mk 2,1-12)
Berufung der Zwölf (Mk 3,13-19)
Wer ist der Größte im Reich Gottes? (Mk 9,33-37)
„Lasst die Kinder zu mir kommen" (Mk 10,13-16)
Der reiche Jüngling (Mk 10,17-31)
Lösegeld für viele (Mk 10,42-45)
Vertreibung der Geldwechsler aus dem Tempel (Mk 11,15-17)
Das größte Gebot (Mk 12,28-34)

Verfasser und Zeit

Verfasser dieses Evangeliums ist wahrscheinlich Johannes Markus, der der Überlieferung nach viel von seinem Material den Predigten des Petrus entnommen hat. Das Buch wurde wahrscheinlich zwischen 60 und 70. n.Chr. in Rom geschrieben und diente später auch als Informationsquelle für Matthäus und Lukas.

Hauptereignisse

Johannes der Täufer bereitet den Weg (Mk 1,1-8)
Jesu Taufe und Versuchung (Mk 1,9-13)
Die zwölf Jünger (Mk 3,13-19)
Speisung der 5000 (Mk 6,30-43)
Die Verklärung (Mk 9,2-13)
Der triumphale Einzug nach Jerusalem (Mk 11,1-11)
Das letzte Abendmahl (Mk 14,1-26)
Jesu Gefangennahme, Verhör und sein Tod (Mk 14,27-15,20)
Die Auferstehung (Mk 16,1-8)

Dieses Boot aus dem 1. Jh. n.Chr. wurde in jüngster Zeit aus dem Schlamm am Boden des Sees Genezareth ausgegraben.

Hauptthemen

Das Markusevangelium strahlt eine starke Eindringlichkeit aus. Die ganze Erzählung besteht aus kurzen Abschnitten, die mit Worten wie „und" oder „sogleich" miteinander verknüpft sind. Jesus wird ebenfalls als Mann der Tat dargestellt, der ständig in Bewegung ist und den unmittelbar bevorstehenden Beginn des Reiches Gottes verkündet. Er vermeidet es dabei, messianische Terminologie zu gebrauchen, und spricht immer von der rätselhaften Person, die er „Menschensohn" nennt. Die Jünger brauchen lange, um zu begreifen, wer Jesus ist, und um angemessen zu reagieren – nicht zuletzt, weil Jesus in Rätseln zu sprechen scheint. Vielleicht war Markus dies so wichtig, um seine Leser in ihrem eigenen Glauben zu ermutigen: Auch wenn sie Zweifel haben – damit unterscheiden sie sich nicht von diesen ersten Nachfolgern Jesu, die sie so sehr bewundern. Markus beschreibt auch Jesus selbst als sehr menschliche Gestalt und zeigt, dass er gelegentlich wütend wurde und manchmal keine Wunder wirken konnte, wenn das Vertrauen zu ihm fehlte. Er durchlebte die volle Bandbreite menschlicher Gefühle – etwas, das einige der ersten Christen schwer mit seiner Stellung als Sohn Gottes vereinbaren konnten. Diese Schwierigkeiten traten zum Beispiel als Streitfrage in den Gemeinden auf, an die die drei Johannesbriefe geschrieben wurden. Auch in den folgenden Jahrhunderten war die Frage, wie sich die Gottheit Jesu mit seinem Menschsein vereinbaren kann, ein Thema vieler Auseinandersetzungen.

Johannes der Täufer

Zur Zeit Jesu gab es apokalyptische Spekulationen, dass einer der alten Propheten zurückkehren und die Ankunft des Messias verkünden würde. Johannes wird als dieser Prophet beschrieben, den Gott schickte, um das Volk auf das Kommen Jesu, des Messias, vorzubereiten. Sein Lebensstil (in der Wüste), seine Kleidung (Kleid aus rauem Kamelhaar) und seine Ernährung (Heuschrecken und wilder Honig) erinnern an den Propheten Elia (den Maleachi konkret in dieser Rolle angekündigt hatte).
Das Markusevangelium sagt nichts über Johannes' Hintergrund. Lukas dagegen erzählt von seiner Geburt. Wie mehrere alttestamentliche Gestalten wurde Johannes seinen Eltern, Zacharias und Elisabeth, zu einer Zeit in ihrem Leben geboren, in der es normalerweise unmöglich ist, noch Kinder zu bekommen. Johannes' Bedeutung wird durch das Erscheinen eines Engels, der seine Geburt ankündigte, und durch seine leibliche Verwandtschaft mit Jesus hervorgehoben. Seine ersten Jahre verbrachte er in der Wüste von Judäa, was in der Theologie Spekulationen auslöste, er könnte zu den Essenern gehört haben, einer asketischen Sekte, die mit dem Kloster von Qumran in Verbindung stand (dem Fundort der Qumran-Schriftrollen). Sie hatten einige Eigenschaften mit Johannes gemeinsam: Sie warteten auf den Messias und achteten mit wiederholten Waschungen auf ihre persönliche Reinheit. Doch scheint das heute unwahrscheinlich. Die Taufe des Johannes galt ein für alle Mal und stand jedem offen, der sein Leben ändern wollte. Zusammen mit vielen anderen wurde Jesus von Johannes getauft, bevor er selbst zu wirken begann.
Johannes wurde später wegen seiner unverblümten Kritik am Lebensstil des Königs Herodes Antipas und seiner Familie verhaftet. Aus dem Gefängnis schickte er einige seiner Jünger zu Jesus, um ihn zu fragen, ob er wirklich der Mensch sei, auf den sie warteten: „Erzählt Johannes, dass ich die Kranken heile und den Armen das Evangelium verkündige", antwortete Jesus. Dann sagte er zu der Menschenmenge: „Johannes der Täufer ist mehr als ein Prophet. Er ist größer als jeder andere, der je gelebt hat." Nicht lange danach brachte Herodes' Frau den König mit einer List dazu, Johannes zu enthaupten.

Lk 1; 3; 7,18ff; Mt 3;11; 14,1-2; Mk 1; 6

Grab der Herodes-Familie, Jerusalem

Siehe auch

- Auf den Spuren Jesu (S. 40-41)
- Jüdischer Glaube im Neuen Testament (S. 170-171)
- Jesus Christus (S. 178-191)
- Johannes (S. 250-251)

„Der Einzug nach Jerusalem", Ambrogio Bondone Giotto (ca. 1266-1337)

Luftansicht von Machärus, wo Johannes der Täufer enthauptet wurde

Matthäus

Dieses Evangelium zeigt besonderes Interesse an den Anliegen jüdischer Christen. Mehr als die anderen Evangelien betont es die alttestamentlichen Prophezeiungen, die in Jesus erfüllt wurden. Jesus wird als der von den Juden lange erwartete Messias beschrieben.

Der See Genezareth vom Berg der Seligpreisungen aus gesehen

Gliederung

JESU GEBURT (Mt 1-2)

EIN NEUES LEBEN (Mt 3-7)
Taufe und Versuchungen (Mt 3-4,11)
Der Beginn des Wirkens Jesu (Mt 4,12-25)
Bergpredigt (Mt 5-7)

NACHFOLGE (Mt 8-10)
Heilungen und Lehren Jesu (Mt 8-9,34)
Mission (Mt 9,35-10,42)

DAS HIMMELREICH (Mt 11-13)
Die Boten Johannes des Täufers (Mt 11,1-19)
Lehren und religiöse Streitgespräche (Mt 11,20-12,50)
Gleichnisse (Mt 13)

DIE GEMEINDE (Mt 14-18)
Lehren und Wunder (Mt 14,1-16,12)
Bekenntnis des Petrus (Mt 16,13-28)
Die Verklärung (Mt 17)
Beziehungen unter den Jüngern (Mt 18)

DER KRISE ENTGEGEN (Mt 19-25)
Lehren und Heilen (Mt 19-20)
Jesus in Jerusalem (Mt 21-22)
Rede gegen die Pharisäer (Mt 23)
Endzeitvisionen (Mt 24-25)

JESU LETZTE TAGE (Mt 26-28)
Das letzte Abendmahl (Mt 26,1-30)
Verhaftung und Verhöre (Mt 26,31-27,26)
Kreuzigung (Mt 27,27-56)
Grablegung und Auferstehung (Mt 27,57-28,15)
Der Missionsbefehl (Mt 28,16-20)

Hauptereignisse

Jesu Geburt (Mt 1)
Jesu Taufe (Mt 3)
Jesu Versuchung (Mt 4)
Die Verklärung (Mt 17)
Jesu Einzug nach Jerusalem (Mt 21)
Verhöre und Kreuzigung (Mt 26-27)
Jesu Auferstehung (Mt 28)

Wichtigste Texte

BERGPREDIGT (Mt 5-7)

Seligpreisungen (Mt 5,3-12)
Liebet eure Feinde (Mt 5,43-48)
Das Vaterunser (Mt 6,9-13)
Trachtet zuerst nach Gottes Reich (Mt 6,25-34)
Bittet, suchet, klopfet an (Mt 7,7-11)
Die schmale Pforte (Mt 7,13-14)
Die zwei Häuser (Mt 7,24-27)

KOMMT ZU MIR UND ICH WILL EUCH ERQUICKEN (MT 11,28-30)

PETRUS UND DIE SCHLÜSSEL DES HIMMELREICHS (MT 16,13-20)

GLEICHNISSE VOM REICH GOTTES:

Der Sämann (Mt 13,1-23)
Weizen und Unkraut (Mt 13,24-30)
Senfkorn und Sauerteig (Mt 13,31-43)
Schatz und Perle (Mt 13,44-46)
Fischernetz (Mt 13,47-50)
Die Jungfrauen (Mt 25,1-13)
Drei Knechte (Mt 25,14-30)
Schafe und Böcke (Mt 25,31-46)
Der Missionsbefehl (Mt 28,16-20)

Esel auf dem Ölberg, Jerusalem

Hauptthemen

Das Matthäusevangelium steht am Anfang des Neuen Testaments. Man kann es als Brückenschlag zum Alten Testament verstehen, da es in vielfältiger Weise eine Beziehung zwischen dem Alten und dem Neuen Testament herstellt und Jesus als die Erfüllung aller alttestamentlichen Schriften bezeichnet. Hier finden sich eine große Anzahl alttestamentlicher Zitate oder Anspielungen auf Sachverhalte des Alten Bundes.

PETRUS

Petrus war Mitglied einer galiläischen Fischerfamilie und nahm unter Jesu Jüngern eine führende Stellung ein. Sein Name wird im Neuen Testament unterschiedlich als Simon, Kephas (aramäisch) oder Petrus (griechisch) wiedergegeben. Die beiden letzteren bedeuten „Fels", – ein Hinweis auf die zentrale Stellung, die er in der Gemeinde innehaben sollte. Petrus war bei allen wichtigen Ereignissen in Jesu Leben bei ihm, auch wenn er nach Jesu Gefangennahme leugnete, ihn zu kennen. Von allen Jüngern ist er derjenige, über den am meisten berichtet wird, und er ist eine der wenigen neutestamentlichen Personen, von denen wir so etwas wie ein Persönlichkeitsprofil haben.

Am Pfingsttag verkündigte Petrus Jesus als den auferstandenen Messias. Ungefähr 3000 Menschen wurden an diesem Tag Christen. Sein ursprünglicher Dienst war auf Juden begrenzt, aber später reiste er genauso durch das Römische Reich wie Paulus. Er gilt als der Verfasser zweier neutestamentlicher Briefe und starb während Neros Christenverfolgung Mitte der 60er Jahre n.Chr. in Rom. Wie Jesus wurde er wohl gekreuzigt, aber mit dem Kopf nach unten.

Mt 4,18-19; 10,2; 14,28-33; 16,13-23; 17,1-9; 26,30 ff; Mk 1,16-18. 29-31; 5,37; Joh 1,40-42; 18,10-11; 20,2-10; 21; Apg 1-15; Gal 1-2; 1Petr.

Die Kargheit der judäischen Wüste

Siehe auch

Auf den Spuren Jesu (S. 40-41)

Jüdischer Glaube im Neuen Testament (S. 170-171)

Jesus Christus (S. 178–191)

Zeit und Ort

Matthäus steht am Anfang des Neuen Testaments, aber es war nicht das früheste Evangelium, das geschrieben wurde. Matthäus liest sich wie eine überarbeitete und stark erweiterte Version des Markusevangeliums, enthält aber noch anderes Material, das auch bei Lukas erscheint, sowie Lehren, die nur bei Matthäus vorkommen. Da sie viele Gemeinsamkeiten und Parallelen aufweisen, werden die ersten drei Evangelisten als „Synoptiker" bezeichnet: Es sind verschiedene Versionen desselben Materials. Hinweise im Matthäusevangelium deuten darauf hin, dass es nach 70 n.Chr. geschrieben wurde, als die Römer Jerusalem und den Tempel zerstörten. Aber am Anfang des zweiten Jahrhunderts war es bereits weit verbreitet und wurde Matthäus, einem Zöllner und Jünger Jesu, zugeschrieben. Es wurde wahrscheinlich zwischen 80 und 90 n.Chr. für eine christliche Gemeinde verfasst, die sich entweder als Reformgemeinde innerhalb des Judaismus ansah oder die sich erst kurz vorher vom Judentum abgewendet hatte.

Garten Gethsemane, Jerusalem

JUDAS ISKARIOT

Judas Iskariot war der Jünger, der Jesus verriet. Seine Motive sind unklar, hängen aber wahrscheinlich mit seiner Hoffnung zusammen, dass Jesus einen Aufstand gegen die Römer anführen würde: „Iskariot" bedeutet wahrscheinlich „Mann aus Kerijot", einer Stadt in der Wüste Negeb. Als Jesus sich als ein anderer Messias erwies, als den Judas ihn erwartete, verriet er ihn – entweder aus Enttäuschung oder in einem Versuch, ihn zum bewaffneten Widerstand gegen die römischen Machthaber zu zwingen. Später bereute er sein Handeln, gab das Geld zurück, das ihm für den Verrat bezahlt worden war, und beging Selbstmord.

Mt 10,4; 26,14 ff; 27,3ff; Joh 12,4-6; 13,21-30; Apg 1,18-19:

Lukas

Das Lukasevangelium wurde für „Theophilus" („einen, der Gott liebt"), einen reichen Römer, geschrieben – vielleicht war der Name aber auch ein stellvertretendes Pseudonym für alle Christen. Unübersehbar wurde es für Nichtjuden geschrieben.

Wichtigste Texte

Die Verkündigung des Engels an Maria (Lk 1,26-38)
Marias Lobgesang (Magnificat; Lk 1,46-55)
Zacharias' Gebet (Lk 1,68-79)
Hirten und Engel (Lk 2,8-20)
Simeons Lobgesang (Nunc Dimmitis; Lk 2,29-32)
„Der Geist des Herrn ist auf mir" (Lk 4,16-21)
Der barmherzige Samariter (Lk 10,25-37)
Maria und Marta (Lk 10,38-42)
Der reiche Kornbauer (Lk 12,13-21)
Das Hochzeitsmahl (Lk 14,15-24)
Der verlorene Sohn (Lk 15,11-32)
Der Pharisäer und der Zöllner (Lk 18,9-14)
Ein blinder Bettler (Lk 18,35-43)
Zachäus (Lk 19,1-10)
Die Emmausjünger (Lk 24,13-35)

Verfasser und Zeit

Das Lukasevangelium wurde (wahrscheinlich Mitte der 60er Jahre des 1. Jh.s) von Lukas, einem nichtjüdischen Begleiter des Missionars Paulus, geschrieben. Er verwendete Material aus dem Markusevangelium.

Gliederung

EINLEITUNG (Lk 1,1-4)

JOHANNES DER TÄUFER UND JESUS (Lk 1,5-4,13)
Geburt und Kindheit (Lk 1,5-2,52)
Johannes' Wirken (Lk 3,1-20)
Jesu Taufe und Versuchungen (Lk 3,21-4,13)

GALILÄA (Lk 4,14-9,50)
Nazareth und Kapernaum (Lk 4,14-41)
Lehren, Heilen, Berufung der Jünger (Lk 4,42-6,16)
Nachfolge (Lk 6,17-49)
Wunder und Lehren (Lk 7,1-9,17)
Das Bekenntnis des Petrus und die Verklärung Jesu (Lk 9,18-50)

DER WEG NACH JERUSALEM (Lk 9,51-19,27)
Aufbruch (Lk 9,51-62)
Die Aussendung der 72 Jünger (Lk 10,1-24)
Lehren und Kontroversen (Lk 10,25-11,54)
Warnung und neue Bestätigung (Lk 12,1-13,17)
Gleichnisse (Lk 13,18-18,14)
Jesus und das Volk (Lk 18,15-19,10)
Gleichnis von den goldenen Münzen (Lk 19,11-27)

IN JERUSALEM (Lk 19,28-23,56)
Einzug in die Stadt und den Tempel (Lk 19,28-48)
Religiöse Diskussionen (Lk 20,1-21,4)
Zukünftige Hoffnung (Lk 21,5-38)
Das letzte Abendmahl (Lk 22,1-38)
Verhaftung und Verhöre (Lk 22,39-23,25)
Kreuzigung und Grablegung (Lk 23,26-56)

AUFERSTEHUNG (Lk 24)

Maria

Maria war Jesu Mutter und die Frau Josefs, eines Baumeisters in Nazareth. Durch die ganzen Geschichten von Marias Schwangerschaft hindurch ziehen sich Hinweise auf das tragische Ende, das ihr Kind später erleiden würde. Über Jesu Zuhause wird sehr wenig berichtet, aber trotz gemischter Gefühle von Seiten anderer Familienmitglieder blieb Maria Jesus bis zum Ende treu und taucht auch in der Apostelgeschichte als Glied der Urgemeinde auf.

Mt 1,18-25; 2,11; 13,55; Lk 1-2; Joh 2,1-11; 19,25-27; Apg 1,14

„Das letzte Abendmahl", Leonardo da Vinci (1454-1519)

Apostelgeschichte

Die Apostelgeschichte behandelt den Zeitraum von Jesu Himmelfahrt bis zur Ankunft des Missionars Paulus in Rom.

Via Sacra, Forum Romanum Paulus betrachtete Rom als strategisch wichtige Stadt für die Ausbreitung der christlichen Botschaft im ganzen Römischen Reich.

Siehe auch

- Die Entstehung des Christentums (S. 42-43)
- Die Reisen des Paulus (S. 44-45)
- Die ersten Gemeinden (S. 46-47)
- Die ersten Christen (S. 172-173)

Gliederung

WARTEN AUF DEN GEIST (Apg 1)

Jesu Himmelfahrt (Apg 1,1-11)
Judas' Nachfolger (Apg 1,12-26)

DAS EVANGELIUM IN JERUSALEM (Apg 2,1-8,3)

Pfingsttag (Apg 2,1-42)
Ein kurzer Einblick in das Gemeindeleben (Apg 2,43-47)
Petrus und Johannes (Apg 3,1-4,31)
Leben in der Urgemeinde (Apg 4,32-6,7)
Märtyrertod des Stephanus (Apg 6,8-8,3)

DAS EVANGELIUM IN JUDÄA (Apg 8,4-9,31)

Samaria (Apg 8,5-25)
Philippi (Apg 8,26-40)
Bekehrung des Saulus (Apg 9,1-31)

MISSION UNTER DEN HEIDEN (Apg 9,32-12,34)

Lydda und Joppe (Apg 9,32-43)
Die Vision des Petrus und die Bekehrung des Kornelius (Apg 10,1-11,18)
Antiochia (Apg 11,19-30)
Verfolgung (Apg 12,1-24)

WEITERE AUSBREITUNG DES EVANGELIUMS (Apg 13-28)

Paulus und Barnabas (Apg 13-14)
Diskussionen über Juden und Heiden (Apg 15,1-35)
Paulus, Silas und Timotheus (Apg 15,36-18,23)
Paulus in Ephesus (Apg 18,24-21,16)
Paulus' Verhaftung und Zeit im Gefängnis (Apg 21,17-26,32)
Reise nach Rom (Apg 27,1-28,15)
Paulus in Rom (Apg 28,16-31)

Wichtigste Texte

Die Kernaussagen der Pfingstpredigt (Apg 2,22-24)
Das Leben der ersten Christen (Apg 2,42-44)
Das gemeinsame Leben der Gläubigen (Apg 4,32-35)
Verteidigungsrede des Stephanus (Apg 7,1-53)
Die Gemeinde in Antiochia (Apg 11,19-26)
Der Gefängnisaufseher von Philippi (Apg 16,22-34)
Paulus in Athen (Apg 17,22-31)
Paulus' Abschiedsrede an die Ältesten von Ephesus (Apg 20,17-38)
Paulus verteidigt sich vor Agrippa (Apg 26,1-29)

Ein römisches Getreideschiff, möglicherweise ein ähnliches Schiff wie das, auf dem Paulus von Cäsarea nach Rom fuhr

Verfasser und Zeit

Die Apostelgeschichte wurde von Lukas geschrieben. Einige Abschnitte des Buches wirken wie ein persönliches Reisetagebuch. Die Apostelgeschichte wurde möglicherweise kurz nach den letzten Ereignissen, die sie beschreibt, verfasst (Mitte der 60er Jahre des ersten Jahrhunderts).

Hauptthemen

In der Apostelgeschichte wird sehr deutlich, dass die Wurzeln des Christentums im Judentum liegen. Ebenso deutlich betont Lukas aber, dass die Heidenmission Teil von Gottes ursprünglicher Absicht ist. In Übereinstimmung damit unterstreicht er auch die Faszination, die das Evangelium bei Menschen in den Randgruppen der Bevölkerung, darunter wirtschaftlich Benachteiligten sowie Frauen und Kindern, wie auch bei den Heiden auslöst. Lukas stellt besonders das Wirken des Heiligen Geistes und dessen Bedeutung im Verlauf der ersten Jahre der christlichen Kirche heraus.

Antiochia in Pisidier, ein Ort, den Paulus bei seinen Missionsreisen besuchte

Paulus (Saulus)

Paulus, hebräisch Saulus, war ein jüdischer Rabbiner und römischer Bürger, der ursprünglich eifrig die ersten Christen verfolgte, aber schließlich als Folge eines bemerkenswerten Bekehrungserlebnisses auf der Straße nach Damaskus Christ wurde. Später engagierte er sich dann in der Arbeit der Gemeinde von Antiochia, die zum Ausgangspunkt für eine Reihe von Reisen durch den Mittelmeerraum wurde, bei denen er in vielen größeren Städten christliche Gemeinden gründete und die Briefe schrieb, die jetzt im Neuen Testament stehen. Die Strategie des Paulus war es, die römischen Provinzhauptstädte zu besuchen, die über die großen Handelsstraßen leicht zu erreichen waren. Von dort aus konnten die Menschen, die sich durch ihn bekehrten, die Botschaft in abgelegenere Gebiete weitertragen. Sein Grundsatz, Heiden zu akzeptieren, ohne von ihnen zu verlangen, das jüdische Gesetz zu halten, löste eine starke Opposition aus und führte zu seiner Verhaftung in Jerusalem und schließlich zu seinem Verhör vor Kaiser Nero und zu seiner Hinrichtung in Rom.

Apg 7,58-8,1; die Briefe des Paulus

Johannes

Das Johannesevangelium unterscheidet sich stark von den synoptischen Evangelien (Matthäus, Markus und Lukas). Es betrachtet Jesus aus einem ganz eigenen Blickwinkel und will die Leser zum Glauben an ihn als den Messias und Sohn Gottes motivieren.

Verfasser, Zeit und Ort

Das Johannesevangelium gilt als das Werk von Johannes, dem Jünger Jesu. Das Evangelium ist von demselben Verfasser geschrieben wie die neutestamentlichen drei Johannesbriefe, die ihren Verfasser als „den Ältesten" bezeichnen. Augenfällig sind deutliche stilistische und inhaltliche Parallelen. Die sorgfältige Erklärung alttestamentlicher Begriffe und hebräischer Worte lässt vermuten, dass das Evangelium ursprünglich für eine jüdische Leserschaft geschrieben und dann für einen hellenistischen Kontext überarbeitet wurde, wenn auch wahrscheinlich von demselben Verfasser, da es keine erkennbaren stilistischen Abweichungen gibt. Es ist von den synoptischen Evangelien unabhängig, verliert dadurch aber nichts an seiner historischen Zuverlässigkeit. Es zeigt ein gründliches Wissen über Jerusalem zur Zeit Jesu. Einige datieren das Johannesevangelium schon um das Jahr 45, aber eine Entstehungszeit um 90 ist wahrscheinlicher.

Östliche Mauer des Tempelberges und Treppe, Jerusalem

JOHANNES DER APOSTEL

Wie sein Vater Zebedäus und sein Bruder Jakobus war Johannes Fischer. Er war wahrscheinlich ein Anhänger Johannes des Täufers, bevor Jesus ihn als seinen Jünger berief. Jesus gab Johannes und Jakobus den Beinamen „Donnersöhne", da sie ein rasch aufflammendes Temperament hatten. Johannes war einer der drei Jünger, die Jesus besonders nahe standen. Er war bei allen Hauptereignissen in den Evangelien zugegen. Die Überlieferung bezeichnet ihn als „den Jünger, den Jesus lieb hatte", der im Johannesevangelium beim letzten Abendmahl neben Jesus lag und dem Jesus bei der Kreuzigung die Verantwortung für Maria auftrug.
Zusammen mit Petrus wurde Johannes ein Leiter der ersten Gemeinde in Jerusalem. Er war immer noch in der Stadt, als Paulus sich 14 Jahre später bekehrte. Die Überlieferung berichtet, dass er bis ins hohe Alter in Ephesus lebte und auch der Johannes ist, der das Buch der Offenbarung schrieb. Drei neutestamentliche Briefe tragen seinen Namen, auch wenn hier ebenfalls keiner seinen Verfasser ausdrücklich als Johannes, den Apostel, benennt.

Mt 4,21ff; 10,2; 17,1ff; Mk 3,17; 5,37; 10,35ff; 14,33; Lk 9,49ff; Joh 19,26-27; Apg 3-4; Gal 2,9

Gliederung

JESUS, DAS WORT GOTTES (Joh 1,1-18)

DIE SIEBEN ZEICHEN (Joh 1,19-12,50)
Johannes der Täufer und Jesu erste Jünger (Joh 1,19-51)
Erstes Zeichen: Wasser in Wein (Joh 2,1-12)
Gespräche über den Glauben (Joh 2,13-3,36)
Die Frau am Brunnen (Joh 4,1-42)
Zweites Zeichen: Heilung des Sohnes eines Beamten (Joh 4,43-54)
Drittes Zeichen: Der Teich von Betesda (Joh 5,1-9)
Weitere religiöse Diskussionen (Joh 5,10-47)
Viertes Zeichen: Speisung der 5000 (Joh 6,1-15)
Fünftes Zeichen: Gehen auf dem Wasser (Joh 6,16-21)
Das Brot des Lebens (Joh 6,22-71)
Das Laubhüttenfest (Joh 7-8)
Sechstes Zeichen: Heilung des Blindgeborenen (Joh 9)
Der gute Hirte (Joh 10,1-21)
Siebtes Zeichen: Auferweckung des Lazarus (Joh 10,22-11,57)
Einzug nach Jerusalem (Joh 12)

DAS OBERGEMACH UND DER GARTEN GETHSEMANE (Joh 13-17)
Fußwaschung (Joh 13,1-20)
Lehren für die Jünger (Joh 13,21-16,33)
Ein Gebet Jesu (Joh 17)

VERHAFTUNG, VERHÖRE, KREUZIGUNG UND GRABLEGUNG (Joh 18-19)

AUFERSTEHUNG (Joh 20-21)
Das leere Grab (Joh 20,1-10)
Jesus trifft Maria Magdalena (Joh 20,11-18)
Jesus und Thomas (Joh 20,19-31)

JESU AUFTRAG AN PETRUS (Joh 21)

Die Festung Antonia, in der Jesus möglicherweise von Pontius Pilatus verhört wurde

Wichtigste Texte

„Im Anfang war das Wort“ (Joh 1,1-18)
„Du musst von neuem geboren werden“ (Joh 3,1-8)
„So sehr hat Gott die Welt geliebt“ (Joh 3,16-17)
Das Brot des Lebens (Joh 6,35-40)
„Ströme lebendigen Wassers“ (Joh 7,37-39)
Das Licht der Welt (Joh 8,12)
„Die Wahrheit wird euch frei machen“ (Joh 8,31-32)
„Ehe Abraham wurde, bin ich“ (Joh 8,56-58)
Der gute Hirte (Joh 10,1-16)
Die Auferstehung und das Leben (Joh 11,23-27)
Das Weizenkorn muss sterben (Joh 12,24-26)
Der Weg, die Wahrheit und das Leben (Joh 14,1-7)
Der wahre Weinstock (Joh 15,1-8)
Der Tröster kommt (Joh 16,5-15)
„Weide meine Schafe“ (Joh 21,15-19)

Die Via Dolorosa in Jerusalem ist der Überlieferung zufolge der Weg, auf dem Jesus zu seiner Hinrichtung geführt wurde.

„Die Auferweckung des Lazarus“, Ambrogio Bondone Giotto (ca. 1266-1337)

Ölbäume in Gethsemane, Jerusalem

Siehe auch

Auf den Spuren Jesu (S. 40-41)

Jüdischer Glaube im Neuen Testament (S. 170-171)

Jesus Christus (S. 178-191)

Hauptthemen

Das Anfangskapitel des Johannesevangeliums stellt den Dienst Jesu in einen kosmischen Zusammenhang und setzt ihn mit dem göttlichen „Wort“ (griechisch: *logos*) gleich, das im Zentrum aller Dinge steht, und erklärt, Jesus habe bereits gelebt, bevor die Welt geschaffen wurde. Diese Beschreibung von Jesus erinnert an die Weisheitsüberlieferung im Alten Testament und im rabbinischen Judentum (in dem die Weisheit Gottes Schöpfungsinstrument war). Sie spricht aber auch griechische Vorstellungen an. Es ist typisch für den Verfasser, diese zwei Gedankenwelten zusammen zu bringen und zu argumentieren, dass Jesus zwar eindeutig der jüdische Messias war, dass sein Kommen aber auch die Erfüllung der geistlichen Suche der Hellenisten war.

Während in den synoptischen Evangelien Jesus allmählich als der Messias offenbart wird, ist er es bei Johannes unübersehbar von Anfang an.

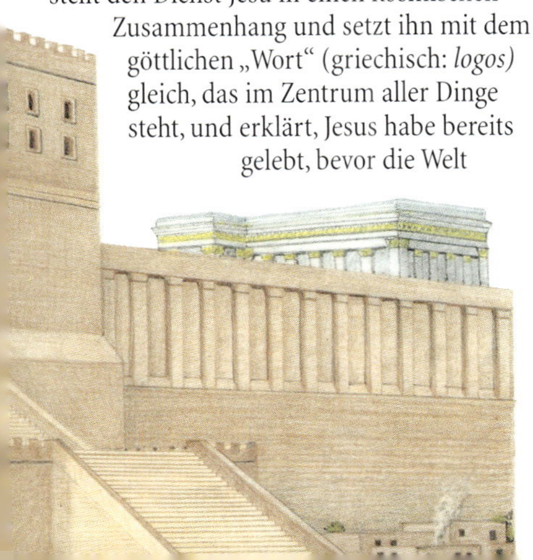

Die sieben „Zeichen“ (Wunder) und die sieben Aussagen („Ich-bin“-Aussagen) erheben ausdrücklich Anspruch auf Jesu göttliche Herkunft.

Weitere Unterschiede zwischen Johannes und den anderen Evangelien sind etwa der Ort (die synoptischen Evangelien beschreiben Jesus hauptsächlich in Galiläa; Johannes beschreibt Jesus in Jerusalem) und der Stil der Lehren (Gleichnisse in den synoptischen Evangelien, längere Gespräche und theologische Diskussionen bei Johannes, auch wenn es trotzdem sehr viele bildhafte Texte bei Johannes gibt).

Die Schriften der Apostel

Weniger als 20 Jahre nach Jesu Kreuzigung waren in allen größeren Städten des Römischen Reiches blühende Gemeinden zu finden. Viele neutestamentliche Bücher wurden geschrieben, um die Entwicklung des Glaubens zu fördern und die Lehre Jesu zu vertiefen. Die meisten Schriften waren Briefe der christlichen Leiter an die Menschen, die zum Glauben gekommen waren, und stehen in Verbindung mit dem Wirken des Apostels Paulus.

Die Verwendung von Briefen

Auf kulturellem Gebiet waren die Römer die Erben der Hellenisierungspolitik Alexanders des Großen, und obwohl sie ihre eigene Sprache hatten (Latein), war ihre Verwendung größtenteils auf offizielle Texte politischer oder administrativer Natur beschränkt. Griechisch war die Sprache des alltäglichen Lebens und Handels, und auch wenn daneben andere lokal begrenzte Sprachen (wie Aramäisch in Judäa) existierten, wurde es im Allgemeinen im ganzen Reich verstanden. Das war ein großer Vorteil für die ersten christlichen Missionare, denn es bedeutete, dass sie sich überall, wohin sie kamen, mit einer einzigen Sprache verständigen konnten. Im Römischen Reich gab es eine Art Postwesen, Briefe wurden aber trotzdem oft Freunden anvertraut, die auch mündlich Grüße überbringen konnten, wenn sie die Briefe ihren Empfängern übergaben. Dank der römischen Handelsstraßen war das Reisen leicht, wodurch es kein Wunder war, dass Briefe in den christlichen Gemeinden so beliebt waren und häufig eingesetzt wurden.

Der Briefstil der Antike

Briefe wurden in der Antike in mehr oder weniger festgelegter Form abgefasst. Die neutestamentlichen Briefe folgten diesen Konventionen. Zuerst kam der Name des Absenders, dem der Name des Adressaten folgte; danach kam ein Gruß. Es folgte der Dank für die Gesundheit des Adressaten sowie eine Bekundung der Wertschätzung seiner persönlichen Eigenschaften. Als nächstes kamen das Hauptthema des Briefes sowie persönliche Nachrichten und Grüße von gemeinsamen Freunden. Eine Art Echtheitsnachweis wurde in Form einer Notiz in der Handschrift des Absenders angefügt

Die Bücher

DIE KATHOLISCHEN BRIEFE

Jakobus
Hebräer
1. Petrus
Judas
2. Petrus

DIE BRIEFE DES PAULUS

Galater
1. Thessalonicher
2. Thessalonicher
1. Korinther
2. Korinther
Römer
Philipper
Kolosser
Philemon
Epheser
1. Timotheus
2. Timotheus
Titus

DIE BRIEFE DES JOHANNES

1. Johannes
2. Johannes
3. Johannes

PROPHETISCHES BUCH

Die Offenbarung

(der Hauptbrief wurde einem professionellen Schreiber diktiert). Schließlich kam noch ein Abschiedswort.

Neutestamentliche Briefe

Besonders die Paulusbriefe halten sich sehr eng an den traditionellen Stil. Anhand der Sprache, die er verwendet, sind die Briefe des Paulus als sehr persönliche Mitteilungen zu erkennen: Briefe in der Art, wie sie unter Familienmitgliedern geschrieben werden, und nicht unpersönliche, geschäftliche Briefe.
Sechs neutestamentliche Briefe wurden an Einzelpersonen adressiert (Philemon, 1. und 2. Timotheus, Titus und 2. und 3. Johannes). Die übrigen sind an Gemeinden geschrieben.
Einige andere neutestamentliche Bücher halten den Stil eines formellen Briefes viel weniger ein. Aus diesem Grund waren sie vielleicht überhaupt keine wirklichen Briefe, auch wenn sie traditionell so bezeichnet werden (der Hebräerbrief ist ein besonders auffallendes Beispiel dafür).

Bedeutung und Botschaft

Unabhängig von ihrer Form, fordern alle neutestamentlichen Bücher ihre heutigen Leser in gleicher Weise heraus. Sie wurden alle als Reaktion auf konkrete Anliegen geschrieben. Zum größten Teil sind diese Bücher der einzige Beleg, den wir für die Art der Diskussionen haben, auf die sie sich beziehen. In einigen Fällen, zum Beispiel bei der Korrespondenz des Paulus mit der Gemeinde in Korinth, wissen wir mit Sicherheit, dass ihm Briefe mit konkreten Fragen geschickt worden waren, auf die der 1. Korintherbrief seine Antwort war. Aber diese anderen Briefe sind nicht erhalten, und Paulus sagt nie etwas Konkretes über ihren Inhalt, was natürlich Auslegungsprobleme mit sich bringt. Das Lesen der neutestamentlichen Briefe ist, als höre man nur eine Hälfte eines Telefongesprächs. Herauszufinden, was am anderen Ende der Leitung gesagt wurde, erfordert viel Nachdenken und eine gehörige Portion Phantasie.

Sammlung der Schriften

Die Sammlung der Apostelbriefe muss fast unmittelbar, nachdem sie geschrieben wurden, begonnen haben. Paulus empfahl zwei seiner Gemeinden, die Briefe, die er ihnen geschickt hatte, untereinander auszutauschen (Kol 4,16). Als der 2. Petrusbrief geschrieben wurde, waren viele, wenn nicht sogar alle paulinischen Briefe gesammelt, wurden neben dem Alten Testament als gleichbedeutend betrachtet und im normalen Gottesdienst vorgelesen (2Petr 3,15-16).

Andere literarische Formen

Das Buch der Offenbarung beginnt mit Briefen, die an sieben Gemeinden in Kleinasien geschrieben wurden. Sie alle sprechen auf die gleiche Weise wie Paulus Fragen jener Zeit an. Aber der größte Teil des Buches hat einen völlig anderen Charakter. Es ist eine Sammlung von Visionen, die den apokalyptischen Texten, die im alttestamentlichen Buch Daniel enthalten sind, sehr ähnlich ist.
Der so genannte Hebräerbrief weist ebenfalls eine besondere Struktur auf. Es ist eher ein theologisches Traktat und bezieht sich in intensiver Weise auf Texte aus der Tora. Er beantwortet Fragen danach, in welchem Bezug ihre rituellen Gesetze zum christlichen Glauben an Jesus stehen. Genauso wie die Offenbarung spricht er Christen in einer Zeit der Verfolgung Mut zu.

Blick vom Akrokorinth, Griechenland

Jakobus

Hierbei handelt es sich um einen durch und durch praxisbezogenen Brief über die Wichtigkeit eines unanstößigen Verhaltens. Er beruft sich auf Lehren Jesu, aber auch auf das alttestamentliche Buch der Sprüche.

Gliederung

TATEN STATT WORTE (Jak 1)

DIE NOTWENDIGKEIT, GESELLSCHAFTLICHE VORURTEILE ZU VERMEIDEN (Jak 2,1-13)

GLAUBE UND HANDELN (Jak 2,14-26)

DIE VERMEIDUNG VERLETZENDER WORTE (Jak 3,1-12)

HIMMLISCHE WEISHEIT (Jak 3,13-18)

GOTTES WERTMASSSTÄBE (Jak 4,1-5,6)

GEDULD UND GEBET (Jak 5,7-20)

Dieses Gemälde aus dem Pompeji des ersten Jahrhunderts stellt einen Mann mit einer Papyrusrolle dar. Seine Frau hält zusammenklappbare Schreibtafeln und einen Metallgriffel in der Hand.

Goldener Ohrring aus der antiken Stadt Memfis. Jakobus warnt seine Leser davor, reichere Mitglieder der Gemeinde zu bevorzugen.

Ort und Zeit

Der Gruß des Briefes verrät wenig über den Verfasser oder seine Leser. Jakobus war ein ausgesprochen häufiger Name jener Zeit. Der Verfasser könnte im Grunde jeder gewesen sein. Aber er war vermutlich jemand, der in der Kirche sehr gut bekannt war. Antike Überlieferungen identifizieren ihn als Jakobus, den Bruder Jesu, der während Jesu Lebzeiten kein Jünger war, der aber bald als Leiter der Gemeinde in Jerusalem in Erscheinung trat. Aus einigen Abschnitten des Buches lässt sich ein frühes Stadium im Leben der Gemeinde ablesen. Es enthält keinen Hinweis auf die späteren Auseinandersetzungen über Juden- und Heidenchristen und vieles aus der Bildersprache ergibt nur im Kontext ländlichen Lebens einen Sinn. Aber er ist in einem ausgesprochen vornehmen Griechisch geschrieben und zeigt Kenntnisse der griechischen Literatur. Was er über „Glauben und Werke“ (Jak 2,14-26) sagt, scheint sich auf Argumente, wie Paulus sie im Römerbrief (3,28) benutzte (der um 57 n.Chr. geschrieben wurde), zu beziehen. Eine Datierung um das Jahr 60 n.Chr. scheint wahrscheinlich.

Wichtigste Texte

Hören und Tun (Jak 1,22-25)
Glaube ohne Werke ist tot (Jak 2,26)
Die Weisheit, die von Gott kommt (Jak 3,17-18)
Gebet für Kranke (Jak 5,14-16)

Hauptthemen

Der Brief behandelt viele Aspekte des praktischen christlichen Lebens und betont, dass christlicher Glaube sich auf jeden Lebensbereich bezieht. Die Leser werden ermahnt, integer zu sein und nicht mit zweierlei Maß zu messen. Glaube nur mit dem Kopf genügt nicht: Der Glaube muss sich im alltäglichen Verhalten auswirken. Mehrere alttestamentliche Personen werden als Beispiel dafür genannt – Abraham, Rahab, Hiob und Elia. Aber er enthält auch viele Hinweise auf Jesu Lehren und die Bergpredigt.

Bronzener Pferdezaum aus Luristan aus der Zeit zwischen 800 und 700 v. Chr. Trotz seiner kleinen Größe wird mit einem Mundstück ein großes Tier beherrscht. Jakobus stellt heraus, dass die menschliche Zunge – ein so kleiner Teil des Körpers – unermesslichen Schaden anrichten kann, wenn sie nicht unter Kontrolle gehalten wird.

Hebräer

Der Hebräerbrief stellt heraus, dass Jesus die vollkommene Erfüllung aller alttestamentlichen Schriften ist und das Alte Testament in einzigartiger Weise überbietet.

Der Verfasser des Hebräerbriefes sagt, dass Jesus durch seinen Tod und seine Auferstehung weit über jedem Engel steht.

„Die Flucht nach Ägypten" (Ausschnitt), Giotto di Bondone (ca. 1266-1337)

Gliederung

JESUS IST DER HÖHEPUNKT DER OFFENBARUNG GOTTES (Hebr 1,1-3)

DIE EINZIGARTIGKEIT JESU (Hebr 1,4-10,39)
Größer als die Engel (Hebr 1,4-14)
Tor zur Erlösung (Hebr 2)
Größer als Mose (Hebr 3,1-4,13)
Größer als Aaron (Hebr 4,14-7,28)
Jesu einzigartiger Bund und sein Opfer (Hebr 8-10)

GLAUBE UND GEDULD (Hebr 11-12)
Alttestamentliche Vorbilder im Glauben (Hebr 11)
Gottes Züchtigung ertragen (Hebr 12,1-11)
Das Reich Gottes kann nicht erschüttert werden (Hebr 12,12-29)

ABSCHLIESSENDE ERMAHNUNGEN, GEBET UND GRÜSSE (Hebr 13)

Wichtigste Texte

Jesus Christus, Gottes endgültige Offenbarung (Hebr 1,1-3)
Unser mitfühlender Hoherpriester (Hebr 4,14-16)
Jesu einmaliges Opfer für alle Zeiten (Hebr 10,11-14)
Das Wesen des Glaubens (Hebr 11)
Jesus, der Anfänger und Vollender des Glaubens (Hebr 12,1-3)
Jesus Christus, derselbe gestern, heute und in Ewigkeit (Hebr 13,8)
Der große Hirte (Hebr 13,2-21)

Siehe auch

- Drei Tempel (S. 160-161)
- Religiöse Gruppierungen (S. 168-169)
- Jüdischer Glaube im Neuen Testament (S. 170-171)
- Die ersten Christen (S. 172-173)

Verfasser, Ort und Zeit

Der Hebräerbrief gibt nicht den geringsten Hinweis auf die Identität seines Verfassers, auch wenn er anzudeuten scheint, dass er von einem Christen der zweiten Generation an Menschen in Rom geschrieben wurde. Er hat keinen Bezug zu Paulus und unterscheidet sich in seinem Stil deutlich von dessen Briefen. Es gibt auch keine zuverlässige Tradition, was die Verfasserschaft angeht.
Eines der Hauptthemen des Briefes ist, dass durch das Kommen Jesu der jüdische Tempel überflüssig geworden ist, aber seine Zerstörung im Jahr 70 wird an keiner Stelle erwähnt, was die Argumentation des Verfassers abgerundet hätte. Ebenso wenig findet sich ein Hinweis auf eine komplexe Form einer Gemeindeorganisation. Diese Tatsachen lassen ein Entstehungsdatum von ca. 64 n.Chr. vermuten, als die Christenverfolgung durch Kaiser Nero einsetzte. Die Leser waren möglicherweise Christen, die versucht waren, zu den jüdischen rituellen Praktiken zurückzukehren, vermutlich im Versuch, Leiden zu entgehen und den gesetzlichen Schutz in Anspruch zu nehmen, den das Römische Reich zu jener Zeit den Juden, aber nicht den Christen gewährte.

Hauptthemen

Der Hebräerbrief ist ohne genaue Kenntnis des Alten Testaments sehr schwer zu verstehen. Er enthält nicht nur detaillierte Hinweise auf den Gottesdienst im alten Israel, sondern betrachtet auch weniger bekannte Gestalten wie Melchisedek, einem Priester zur Zeit Abrahams. Viele der besonderen Anliegen des Buches waren auch unter den jüdischen Sekten zu finden, etwa bei den Essenern, die die Qumran-Rollen schrieben. Aber es sind auch Anspielungen auf griechische Philosophie zu entdecken. Diese zwei Weltanschauungen waren erst kurz vor der Zeit Jesu im Denken des Philo, einem jüdischen Philosophen in Alexandria, zusammengebracht worden. Der Hebräerbrief spiegelt viele seiner Themen wider.
Die Hauptbotschaft ist unmissverständlich: Christen, die vielleicht versucht sind, zum Judentum (oder zum Judaismus) zurückzukehren, um der Verfolgung zu entgehen, würden damit ihren Glauben leugnen, denn Jesus hatte das Alte Testament bereits zur Erfüllung gebracht. Dadurch hatte es keine Gültigkeit mehr. Jesus ist größer als irgendetwas im Alten Testament. Das Alte Testament ist nur ein Vorbote der eigentlichen Erfüllung durch Jesus.

Dieser Teil der Qumran-Rollen erklärt das Buch des Propheten Habakuk aus dem 7. Jh. v. Chr.

1. Petrus

Der erste Brief des Petrus ermahnt Christen, angesichts von Verfolgung standhaft zu bleiben.

Dieses Palindrom (das ist ein Satz, der vorwärts und rückwärts das Gleiche ergibt) wurde auf einer Wandfliese in Cirencester, England gefunden. Es gibt mehrere Möglichkeiten, das Palindrom zu interpretieren. Eine Möglichkeit ist es, das mittlere Wort vertikal und horizontal als „TENET" zu lesen; es bildet die Form eines Kreuzes und gibt die Botschaft weiter: „ER [der Schöpfer/Christus] HÄLT." Die Entdeckung eines ebensolchen Palindroms in den Ruinen in Pompeji zeigt, dass es schon vor 63 n.Chr. bekannt war.

Gliederung

EINLEITUNG (1Petr 1,1-2)

GLAUBE, HOFFNUNG UND RICHTIGES LEBEN (1Petr 1,3-2,3)

EIN AUSERWÄHLTES VOLK (1Petr 2,4-10)

DAS BEISPIEL VON CHRISTI LEIDEN (1Petr 2,11-25)

EHEFRAUEN UND –MÄNNER (1Petr 3,1-7)

LEIDEN FÜR RECHTSCHAFFENHEIT (1Petr 3,8-4,19)

RAT AN DAS VOLK GOTTES (1Petr 5,1-11)

ABSCHLIESSENDE GRÜSSE (1Petr 5,12-14)

Verfasser, Zeit und Ort

Auf den 1. Petrusbrief wird bereits im 1. Clemensbrief, einem Brief der Gemeinde in Rom an die Christen in Korinth, hingewiesen. Verfasser ist Petrus, der Jünger Jesu. Ein großer Teil des Briefes gibt die Lehren Jesu wieder sowie die Predigten des Petrus, wie sie in den ersten Kapiteln der Apostelgeschichte festgehalten wurden. Er wurde aus Rom (in 1Petr 5,13 verschlüsselt als „Babylon" bezeichnet) an Christen, die in der heutigen West- und Nordtürkei lebten, geschrieben. Wir wissen nicht, ob Petrus je dieses Gebiet besuchte, obwohl er einige Zeit ähnlich wie Paulus auf Reisen unterwegs war. Die Adressaten des Briefes waren der Verfolgung ausgesetzt. Hinweise auf die Natur ihrer Leiden lassen eine Zeit in den Anfangsstadien von Neros Christenverfolgung vermuten, also vor 64 n.Chr.

Hauptthemen

Petrus hat viel darüber zu sagen, dass Christen die wahren Erben der Verheißungen des Alten Testaments sind, die ursprünglich dem jüdischen Volk galten. Der ganze Brief ist gespickt mit alttestamentlichen Stellen, die ausdrücklich auf das Leben und den Glauben der christlichen Gemeinde angewandt werden. Angesichts des Leidens werden die Leser des Petrusbriefs ermahnt, sich an Jesus zu erinnern, in dessen Leben das Leiden eine große Rolle spielte. Dieses Leiden war nicht sinnlos, sondern brachte die Erlösung. In gleicher Weise kann das Leiden der Gläubigen der Schmelztiegel sein, durch den der Glaube geläutert wird.

Gleichzeitig liegt Petrus daran, dass die Werte, die in Jesu Leben anschaulich sichtbar wurden, im alltäglichen Leben in die Praxis umgesetzt werden, und gibt Anweisungen für die Art, wie Christen sich im Umgang miteinander und auch im Verhältnis zur gesamten Gemeinde verhalten sollten.

Ecke der Tempelplattform, Jerusalem. Petrus zitiert den Propheten Jesaja und vergleicht Jesus mit einem ausgewählten und kostbaren Eckstein.

Nero war römischer Kaiser von 54 bis 68 n.Chr. Als 64 ein Feuer mehr als die Hälfte Roms zerstörte, gab er dafür den Christen die Schuld und löste damit eine kurze, aber gewalttätige Periode der Christenverfolgung aus. Einige Christen wurden als menschliche Fackeln bei einem Gartenfest benutzt.

Judas

Der kurze Brief von Judas beschäftigt sich mit einer Bedrohung durch Irrlehrer und ermahnt seine Leser, ihnen zu widerstehen. Dabei erinnert er anhand alttestamentlicher Geschichten daran, wie Gott in der Vergangenheit Menschen für ihre Untreue bestrafte, und droht den Christen, die sich weigern, sich zu ändern, mit dem gleichen Schicksal.

Verfasser, Zeit und Ort

Die genauen Umstände, die im Judasbrief angesprochen werden, sind unklar. Die Irrlehre wird in sehr allgemeinen Worten beschrieben, auch wenn der allgemein gehaltene Ton des Werkes eine Zeit vermuten lässt, als die christliche Gemeinde eine feste organisatorische Form und ein klares Verständnis von dem Unterschied zwischen „Irrlehre" und „Rechtgläubigkeit" entwickelt hatte. Der Verfasser ist ein Bruder des Jakobus und damit vermutlich derselbe Judas, der Jesu Bruder war (Mk 6,3; Mt 13,55). Ein auffälliges Merkmal bei Judas ist die Selbstverständlichkeit, mit der er aus jüdischen apokalyptischen Büchern zitiert, die nie Teil der jüdischen oder christlichen Heiligen Schrift waren (Himmelfahrt des Mose und die Henoch-Apokalypse).

2. Petrus

Dieser Brief wurde als Reaktion auf die Meinung geschrieben, Moral spiele für Christen keine Rolle und Jesus Christus würde nicht wiederkommen.

Gliederung

DIE WICHTIGKEIT, GOTT ZU KENNEN (2PETR 1)

IRRLEHRER (2PETR 2)

DIE GEWISSHEIT, DASS JESUS WIEDERKOMMT (2PETR 3)

Verfasser, Ort und Zeit

Der Verfasser ist Simon Petrus. Einige Stellen fallen dem Leser als authentische Berichte von Petrus auf, obwohl sie sich vom 1. Petrusbrief nicht unerheblich unterscheiden. 2Petr 2,1-8 ist eine deutliche Parallele zum Judasbrief. Vielleicht fungierte Judas für den zweiten Petrusbrief als Sekretär. Geschrieben wurde er dann wohl Mitte der 60er Jahre des ersten Jh.s.

Schlüsselthema

Genauso wie der Judasbrief wehrt sich der zweite Petrusbrief gegen eine Frömmigkeit, die mehr Betonung auf ihre eigenen Erfahrungen legte als auf die Tatsachen der christlichen Botschaft. Manche scheinen geglaubt zu haben, ihre persönlichen geistlichen Erfahrungen überträfen vorgeblich „primitivere" Hoffnungen auf die körperliche Wiederkunft Jesu und eine wörtlich zu nehmende Auferstehung von den Toten – von denen beides ohnehin noch nicht geschehen war. Darauf antwortet Petrus, dass niemand solche Dinge vorhersagen kann, da Gottes Zeitplan ganz anders ist als das Denken der Menschen – und die Verzögerung von Jesu zweitem Kommen sei ein Zeichen von Gottes Gnade und Geduld.

„Es wird aber des Herrn Tag kommen wie ein Dieb; dann werden die Himmel zergehen mit großem Krachen; die Elemente aber werden vor Hitze schmelzen und die Erde und die Werke, die darauf sind, werden ihr Urteil finden." (2Petr 3,10)

„Engel im Sturm", William Turner (1775-1851)

Siehe auch

Die ersten Gemeinden (S. 46-47)

Die ersten Christen (S. 172-173)

Apostelgeschichte (S. 248-249)

Galater

Dieser Brief wurde geschrieben, um unter den Christen in Galatien Gedanken zu widersprechen, die aufgetaucht waren, nach denen Nichtjuden sich zum Judentum bekehren müssten, bevor sie Christen werden könnten.

Gliederung

GRÜSSE: NUR EIN EVANGELIUM (Gal 1,1-10)

PAULUS' AUTORITÄT ALS APOSTEL (Gal 1,11-2,14)

Paulus' erste christliche Erfahrung und Berufung (Gal 1,11-2,10)
Ein Streit mit Petrus (Gal 2,11-14)

GESETZ ODER GLAUBEN? (Gal 2,15-4,31)

Leben durch Glauben (Gal 2,15-21)
Gründe, warum wir nicht durch das Gesetz gerettet werden können (Gal 3,1-14)
Der Zweck des Gesetzes (Gal 3,15-25)
Kinder Gottes durch Glauben (Gal 3,26-4,7)
Ein Aufruf an die Galater (Gal 4,8-20)
Eine Allegorie auf Gesetz und Freiheit (Gal 4,21-31)

DIE FREIHEIT DES EVANGELIUMS (Gal 5,1-6,10)

Glaube und Liebe (Gal 5,1-15)
Geist und Gesetz (Gal 5,16-26)
Praktisches christliches Leben (Gal 6,1-10)

EIN APPELL IN PAULUS' EIGENER HANDSCHRIFT (Gal 6,11-18)

Verfasser, Ort und Zeit

Es gab nie Zweifel daran, dass Paulus der Verfasser des Galaterbriefes ist. Er wurde entweder 48 n.Chr. (womit er sein erster Brief wäre) verfasst oder gegen 56 n.Chr., je nachdem, was „Galatien" bedeutet. Wenn damit die römische Provinz Galatien gemeint ist, könnte der Brief des Paulus an die Gemeinden von Lykaonien (Lystra, Derbe und Ikonion) geschrieben worden sein bald, nachdem er diese Gemeinden Mitte der 40er Jahre gegründet hatte. Wenn „Galatien" ein ethnischer Begriff ist, der die Bevölkerung um Ankyra (viel weiter im Norden) bezeichnet, dann ist das spätere Datum angemessen. Unabhängig von den Adressaten ist der Kontext klar: Konservative Judenchristen hatten sich den dortigen Gemeinden angeschlossen. Sie bestanden darauf, dass Heiden sich zum Judentum bekehren müssten, bevor sie als Christen akzeptiert werden könnten, und stellten Paulus' Glaubwürdigkeit als echter Apostel in Frage. Da Paulus ihnen gegenüber nie etwas davon erwähnt hatte, waren die Menschen, die sich durch ihn bekehrt hatten, verständlicherweise verwirrt. Einige ließen sich beschneiden. Eine Klarstellung war dringend nötig.

Marmorkopf des griechischen Gottes Zeus, bei Dor ausgegraben.

Wichtigste Texte

Leben durch Glauben (Gal 2,19-21)
Alle sind eins in Jesus Christus (Gal 3,28)
Gott sandte seinen Sohn (Gal 4,4-5)
Freiheit (Gal 5,1)
Die Frucht des Geistes (Gal 5,22-23)

Hauptthemen

Die Judenchristen grenzten sich von den Heidenchristen ab, indem sie weiterhin nur koscheres Essen zu sich nahmen, den Sabbat hielten, alttestamentliche moralische Maßstäbe anlegten und die Praxis der Beschneidung beibehielten. Als Paulus Heiden Zutritt zu der Gemeinde gewährte, ohne von ihnen derartige Dinge zu verlangen, waren Schwierigkeiten programmiert. In seiner Antwort geht Paulus zu den Wurzeln des hebräischen Glaubens zurück und argumentiert, da diese Gesetze nicht so alt seien wie Abraham, seien sie nur begrenzt anzuwenden und mit dem Kommen Jesu irrelevant geworden.

Die Berge von Lyzien bei Antalya in der heutigen Türkei.
Der südliche Teil der Provinz Galatien grenzt bei Lyzien an das Mittelmeer.

1. Thessalonicher

Paulus schrieb diesen Brief, um die Christen in Thessalonich zu ermutigen und sie über den unerwarteten Tod einiger aus ihren Reihen zu trösten.

Gliederung

GRUSS (1Thess 1,1)

DANK UND WEITERE ERMUTIGUNG (1Thess 1,2-3,13)

PRAKTISCHES CHRISTENLEBEN (1Thess 4,1-12)

LEHREN ÜBER DAS ZWEITE KOMMEN JESU (1Thess 4,13-5,11)

ABSCHLIESSENDE ERMAHNUNGEN UND GRÜSSE (1Thess 5,12-28)

Verfasser, Ort und Zeit

Paulus, Silas und Timotheus besuchten Thessalonich, die Hauptstadt Mazedoniens, in Nordgriechenland auf ihrer zweiten Missionsreise. Es war ein kurzer Besuch, da sie durch Gegner in der Stadt gezwungen wurden, bald wieder zu gehen. Als Paulus in Athen ankam, sehnte er sich danach, zu hören, wie es ihnen erging, und schickte Timotheus zu ihnen, der Paulus während seines Aufenthalts in Korinth (50 oder 51 n.Chr.) gute Nachrichten brachte. Diesen Brief schrieb Paulus als Antwort.

Wichtigste Texte

Ein neuer Bund (1Thess 1,9-10)
Paulus' Missionsstrategie (1Thess 2,1-12)
Auferstehung von den Toten (1Thess 4,15-18)
Der Segen (1Thess 5,23-24)

Hauptthemen

Der 1. Thessalonicherbrief wurde ungefähr sechs Monate, nachdem diese Menschen Christen wurden, geschrieben. Paulus drückt seine Freude über die Fortschritte aus, die sie sowohl beim Verständnis der Glaubensinhalte als auch bei der Umsetzung in die Praxis machten. Seine Hauptbotschaft an sie ist Lob und Ermutigung, so weiterzumachen, wie sie angefangen hatten. Eine wichtige Frage stellte sich inzwischen: Wie sah das Schicksal der Menschen aus, die vor dem zweiten Kommen Jesu starben? Paulus verweist auf Jesu eigene Lehren zu dieser Frage und rät von sinnlosen Spekulationen ab, versichert aber seinen Lesern, dass die Toten auferstehen werden – und rät ihnen, ständig für Jesu Wiederkunft bereit zu sein, wann auch immer diese sein werde.

2. Thessalonicher

Die Christen in Thessalonich verstanden das, was Paulus in seinem ersten Brief über Jesu zweites Kommen schrieb, falsch. Dieser zweite Brief informiert sie ausführlicher über das, was kommen wird.

Gliederung

GRÜSSE UND LOB DER CHRISTEN IN THESSALONICH (2Thess 1)

BÖSE TAGE, DIE DER WIEDERKUNFT JESU VORAUSGEHEN (2Thess 2,1-12)

PAULUS SPRICHT SEINEN LESERN MUT ZU (2Thess 2,13-3,5)

RATSCHLÄGE ÜBER PRAKTISCHES CHRISTLICHES LEBEN (2Thess 3,6-15)

PERSÖNLICHER NACHSATZ (2Thess 3,16-18)

Ausgrabungen einer römischen Agora in Thessaloniki, Griechenland

Hauptthemen

Gefälschte Briefe waren aufgetaucht, in denen behauptet wurde, Jesus sei bereits wiedergekommen. Paulus geht darauf ein und zählt einige Ereignisse auf, die Jesu Wiederkunft begleiten würden: das Auftreten eines Antichristen und gesellschaftliche Unruhen. Einige Christen waren von Zukunftsspekulationen so gefangen, dass sie aufhörten zu arbeiten und erwarteten, dass andere sie finanzierten. Paulus verurteilt das und betont, dass der christliche Glaube wertlos ist, wenn er keine praktischen Auswirkungen auf das Alltagsleben hat.

Der Galeriusbogen erhebt sich über die Via Egnatia, eine wichtige römische Straße, durch Thessalonich (Saloniki). Thessalonich war die Hauptstadt Mazedoniens zur Zeit Alexanders des Großen.

Siehe auch

Die Reisen des Paulus (S. 44-45)

Die ersten Gemeinden (S. 46-47)

Die ersten Christen (S. 172-173)

Apostelgeschichte (S. 248-249)

1. Korinther

In diesem Brief geht Paulus auf Nachrichten und Fragen aus der Gemeinde ein, die er in Korinth gegründet hatte.

Ort und Zeit

Paulus arbeitete von 50 bis 51 n.Chr. 18 Monate lang in Korinth. Als er die Nachricht erhielt, die diesen Brief auslöste, hielt er sich in Ephesus auf. Es war nicht der erste Brief, den er den Christen in Korinth schrieb, er bildet aber einen Teil einer umfangreicheren Korrespondenz zwischen 54 und 57 n.Chr.:

Nachricht aus Korinth
erster Brief (in 1Kor 5,11 erwähnt)
Weitere Nachrichten und Fragen aus Korinth
zweiter Brief (1. Korinther)
Paulus besucht Korinth (angekündigt in 1Kor 4,21; berichtet in 2Kor 2,1; 12,14; 13,1)
Brief 3 (erwähnt in 2Kor 2,4)
Weitere Nachrichten (2Kor 7,15-16)
Brief 4 (2. Korinther)

Der erste Korintherbrief hatte anscheinend nicht viel Wirkung. Deshalb folgten Paulus' persönlicher Besuch in Korinth und weitere Briefe. Schließlich berichtete Titus Paulus, dass die Korinther seinen Appell zu Herzen genommen hatten, und 2. Korinther ist ein deutlich versöhnlicherer Brief – wenigstens bis zu Kapitel 9. In Kapitel 10-13 ergreift Paulus allerdings die Gelegenheit, seine apostolische Autorität erneut vehement zu verteidigen.

Wichtigste Texte

Die Botschaft des gekreuzigten Christus (1Kor 1,18.23-25)
„Wir sind Gottes Tempel" (1Kor 3,10-15)
„Ich bin allen alles geworden" (1Kor 9,19-22)
„Dies ist mein Leib"/Brot und Wein (1Kor 11,23-25)
Ihr seid der Leib Christi (1Kor 12,27-31)
Das Hohelied der Liebe (1Kor 13,1-13)
Die Auferstehung (1Kor 15,20-21)
„Tod, wo ist dein Stachel?" (1Kor 15,51-57)

Gliederung

GRÜSSE UND DANK (1Kor 1,1-9)

SPALTUNGEN IN DER GEMEINDE (1Kor 1,10-4,21)
Weisheit und Torheit (1Kor 1,10-2,16)
Die Grundlage der Gemeinde (1Kor 3)
Dienst für Christus (1Kor 4)

ETHISCHE FRAGEN (1Kor 5,1-11,1)
Moral und Unmoral (1Kor 5)
Christen und Rechtsstreitigkeiten (1Kor 6,1-11)
Körper und Geist (1Kor 6,12-20)
Ehe (1Kor 7)
Götzenopferfleisch (1Kor 8)
Bezahlung für den geistlichen Dienst (1Kor 9)
Warnung vor dem Gericht (1Kor 10,1-11,1)

FRAGEN ZUM GOTTESDIENST UND ZUR AUFERSTEHUNG (1Kor 11,2-15,58)
Frauen und Männer in der Gemeinde (1Kor 11,2-16)
Das Abendmahl (1Kor 11,17-34)
Geistesgaben (1Kor 12-14)
Auferstehung (1Kor 15)

VERSCHIEDENE ANWEISUNGEN (1Kor 16)
Geldsammlung für Jerusalem (1Kor 16,1-4)
Paulus' künftige Pläne (1Kor 16,5-12)
Persönliche Grüße (1Kor 16,13-24)

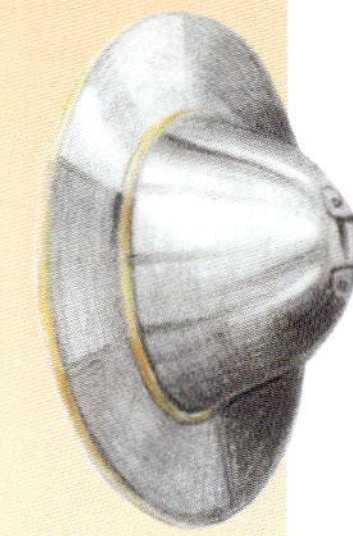

Paulus sagt, christliches Leben, das keine Liebe zeigt, sei nichts anderes als eine lärmende Schelle oder Zimbel.

Hauptthemen

Korinth lag am Schnittpunkt vieler Handelsstraßen und war eine durch und durch kosmopolitische Stadt mit einer großen Mischung verschiedener Kulturen und Lebensstile. Als Paulus das Evangelium dorthin brachte, verstanden auch die Menschen, die Christen wurden, seine Botschaft je nach ihrem Hintergrund und ihrer Herkunft unterschiedlich. Unter ihnen waren Juden und Heiden und es gab eine Vielzahl religiöser Traditionen, die vom Konservativen und Traditionellen bis zum Mystischen und Philosophischen reichten. Was einige als akzeptables Verhalten betrachteten, war für andere gröbste Unmoral. Dieses unterschiedliche Verständnis war die Wurzel der meisten Probleme, die Paulus ansprechen musste. Gepaart mit einer Haltung geistlicher Überheblichkeit unter mehreren Gruppen, drohten Chaos und Spaltung die junge christliche Gemeinde zu verschlingen.

Paulus wies die Christen in Korinth an, wie sie das Abendmahl feiern sollten. Das Brot gilt als der gebrochene Leib Jesu und der Wein als sein Blut.

2. Korinther

Dieser Brief dokumentiert Paulus' Auseinandersetzung um seine angebliche Unfähigkeit, in einer seiner größten Gemeinden Ordnung zu schaffen.

Wichtigste Texte

„Der Buchstabe tötet, aber der Geist macht lebendig" (2Kor 3,5-6)
Immer mehr in Jesu Bild verwandelt werden (2Kor 3,17-18)
Wer in Christus ist, wird eine neue Schöpfung (2Kor 5,17-21)
„Einen fröhlichen Geber hat Gott lieb" (2Kor 9,6-10)
Die Leiden und Mühen des Paulus (2Kor 11,16-33)
Schlusssegen (2Kor 13,13)

Hauptthemen

Dieser Brief spiegelt – bewusst oder unbewusst – an vielen Stellen den alttestamentlichen Propheten Jeremia wider, der, genauso wie Paulus, unter seinem Dienst litt, aber gleichzeitig eindeutig um Gottes Berufung wusste. Der Brief zeigt, wie enttäuscht Paulus war, dass seine Mahnungen bis dahin nichts ausgerichtet hatten und dass man ihm den Vorwurf machte, er sei stark in den Briefen, aber schwach beim persönlichen Auftreten. Demgegenüber verteidigt Paulus in ausführlicher Weise sein Apostelamt und den Auftrag, den er von Gott erhalten hat. Er findet Trost in der Tatsache, dass Jesus selbst auch zu leiden hatte, und fordert seine Leser heraus, menschliche Stärke nicht länger mit dem Wirken Gottes zu verwechseln. Gleichzeitig enthält dieser Brief ein Spendenaufruf für die verarmte Gemeinde in Jerusalem. Deutlich zeigt dieser Brief somit, dass der Weg des Paulus, äußerlich gesehen, kein einzigartiger Siegeslauf war, der mit großer Anerkennung belohnt wurde, sondern dass es auch unter den Christen gegen sein Wirken erhebliche Vorbehalte gab.

Gliederung

GRÜSSE UND PERSÖNLICHE ERKLÄRUNGEN (2Kor 1,1-2,13)
Grüße und Dank (2Kor 1,1-7)
Reisen und Pläne des Paulus (2Kor 1,8-2,12-13)
Umgang mit einem schuldig gewordenen Menschen (2Kor 2,5-11)

DAS PRIVILEG, JESUS CHRISTUS ZU DIENEN (2Kor 2,14-6,10)
Wahrer geistlicher Dienst (2Kor 2,14-4,15)
Leben im Licht der Ewigkeit (2Kor 4,16-5,10)
Christi Botschafter (2Kor 5,11-21)
Der Preis des christlichen Dienstes (2Kor 6,1-10)

EINE PERSÖNLICHE NACHRICHT FÜR DIE KORINTHER (2Kor 6,11-7,16)
Ein Appell an die Gemeinde (2Kor 6,11-7,1)
Eine ermutigende Antwort (2Kor 7,2-16)

FINANZIELLE UNTERSTÜTZUNG DER CHRISTEN IN JUDÄA (2Kor 8-9)

DER DIENST DES PAULUS ALS APOSTEL (2Kor 10,1-13,10)

ABSCHLIESSENDE ANWEISUNGEN UND SEGEN (2Kor 13,11-14)

Große Tonkrüge aus Jerusalem aus der Römerzeit. Paulus schrieb den Korinthern, dass Gott ihnen geistliche Schätze gibt, fügt aber hinzu: „Wir haben aber diesen Schatz in irdenen Gefäßen, damit die überschwängliche Kraft von Gott sei und nicht von uns" (2Kor 4,7).

Apollotempel in Korinth, Griechenland

Siehe auch

- Die Reisen des Paulus (S. 44-45)
- Die ersten Gemeinden (S. 46-47)
- Die ersten Christen (S. 172-173)
- Apostelgeschichte (S. 248-249)

Römer

Paulus' Brief an die Römer ist eines der wichtigsten Bücher des ganzen Neuen Testaments. Durch alle Jahrhunderte hindurch hat es viele der großen Kirchenväter beeinflusst. In diesem Brief legt Paulus einige Schlüsselelemente seines Verständnisses vom christlichen Glauben dar.

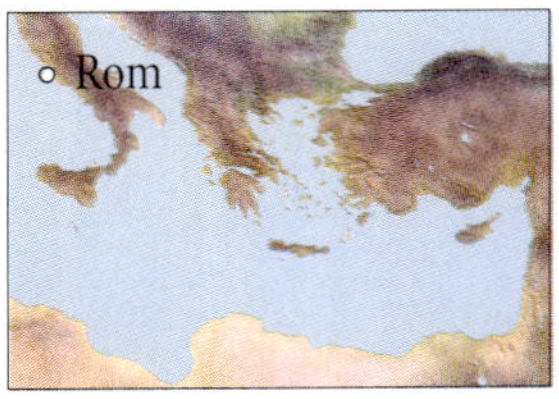

Wichtigste Stellen

Die Macht des Evangeliums (Röm 1,16-17)
Gottes Gnade begegnet menschlicher Not (Röm 3,23-24)
Gerechtfertigt durch Glauben (Röm 5,1)
Lohn der Sünde und Gabe des Lebens (Röm 6,23)
Das neue Leben in Freiheit (Röm 8,1-2)
Nichts kann uns trennen von der Liebe Gottes in Christus (Röm 8,35-39)
Ein lebendiges Opfer – das wahre Opfer (Röm 12,1-2)

Ort und Zeit

Es wurde nie angezweifelt, dass Paulus diesen Brief schrieb: Er enthält alle Merkmale seiner Art, sich auszudrücken, und spricht seine typischen Anliegen an, vor allem das Juden-Heiden-Problem.

Gegen Ende seiner Bemühungen um die Gemeinde in Korinth stattete Paulus der Stadt einen Besuch ab und blieb ungefähr drei Monate dort. In dieser Zeit schrieb er diesen Brief an die Christen in Rom, womit er in das Jahr 57 n.Chr. zu datieren ist. Der Römerbrief ist der einzige Brief, den Paulus an eine Gemeinde schrieb, die weder er noch seine Mitarbeiter gegründet hatten. Er bemüht sich sehr, herauszustellen, dass er sich nicht in die Angelegenheiten der Gemeinde in ungehöriger Weise einmischen wolle.

Es ist unklar, wer als Erster den christlichen Glauben nach Rom brachte, aber dadurch, dass diese Stadt die Hauptstadt des Römischen Reiches war, hatte sie eine einzigartige strategische Bedeutung. Zu dem Zeitpunkt, als er diesen Brief schrieb, plante Paulus, nach Jerusalem zurückzukehren und den Christen dort das Geld zu bringen, das er in seinen Gemeinden in Griechenland und Kleinasien gesammelt hatte. Danach wollte er nach Rom aufbrechen, bevor er seinen Missionsdienst nach Westen bis nach Spanien auszuweiten gedachte.

Es war ein entscheidender Augenblick in seinem Dienst. Er hatte gerade erst eine Reihe schmerzlicher Erfahrungen gemacht, besonders in Galatien und in Korinth, und seine Botschaft war sowohl auf Widerspruch als auch auf Unverständnis gestoßen. Er wusste, dass er seine Gedanken zu den Themen, die zu Streitpunkten geworden waren, genauer erklären musste. Ihm war auch bewusst, dass sein Ruf sowohl in Jerusalem als auch in Rom von seinen Gegnern angegriffen worden war. Diese hatten, wie er es sah, einen falschen Bericht über seine Lehren weitergegeben, besonders in Bezug auf seine Einstellung zum jüdischen Gesetz. Er schrieb den Römerbrief, um die Dinge aus seiner Sicht klarzustellen.

Gliederung

GRÜSSE, GEBET UND EINLEITUNG (Röm 1,1-15)

DIE GUTE NACHRICHT VON JESUS CHRISTUS (Röm 1,16-8,39)
Kurze Zusammenfassung des Themas (Röm 1,16-17)
Die Menschheit braucht Gott (Röm 1,18-3,20)
Gottes Gabe der Erlösung (Röm 3,21-4,25)
Worum es im Glauben geht (Röm 5)
Das Wirken des Heiligen Geistes (Röm 6-8)

GOTTES PLAN FÜR ISRAEL (Röm 9-11)

DAS CHRISTLICHE LEBEN (Röm 12,1-15,13)
Gemeinschaft als Christen (Röm 12)
Pflichten gegenüber dem Staat und anderen Menschen (Röm 13)
Fragen um das christliche Gewissen (Röm 14,1-15,13)

SCHLUSSWORTE UND GRÜSSE (Röm 15,14-16,24)
Briefanlass (Röm 15,14-33)
Grüße und Anweisungen (Röm 16,1-24)

EIN ABSCHLIESSENDES LOBGEBET (Röm 16,25-27)

Paulus schrieb, dass Heiden, die Christen wurden, an einem Erbe des Glaubens teilhatten, der bis zu Abraham zurückging. Er verglich sie mit einem wilden Ölbaumzweig, der auf eine bestehende Pflanze aufgepfropft war und von ihr seine Nahrung bekam.

Hauptthemen

Der Römerbrief ist keine vollständige Zusammenstellung der Theologie des Paulus. Er sagt z.B. nichts über das zweite Kommen Christi oder die Endzeit und relativ wenig über die Gemeinde aus. Er konzentriert sich ganz auf Paulus' Verständnis der Verheißungen, die Israel durch Abraham gegeben wurden, und darauf, wie Heiden, die an Christus glauben, vollwertige Mitglieder von Gottes Bundesvolk werden konnten, ohne sich zuerst zum Judentum bekehren zu müssen. Diese Fragen waren in Rom besonders wichtig, da diese Gemeinde anscheinend aus einer Reihe einzelner Hausgemeinden bestand. Es gibt Hinweise dafür, dass diese Hausgemeinden in Bezug auf diese Frage theologisch gespalten waren. Paulus wiederholt alle Argumente, die er schon im Galaterbrief aufgeführt hatte, fügt aber einen viel längeren Abschnitt hinzu, in dem er erklärt, dass die Aufnahme der Heiden die Verheißungen an die Juden nicht aufhebt, sondern im Gegenteil ein Mittel sein sollte, um sie zur Erfüllung zu bringen.

Einige Gegner des Paulus hatten in Frage gestellt, wie Heidenchristen akzeptable moralische Maßstäbe haben könnten, wenn sie die alttestamentlichen Gesetze nicht befolgten. Paulus geht auf diese Frage ausführlich ein und stellt heraus, dass das Einhalten von Gottes Maßstäben durch das Wirken des Heiligen Geistes in ihrem Leben gewährleistet werde, sodass Christen nicht mehr unter dem Gesetz stehen.

Genauso wie einige andere Paulusbriefe lässt sich der Römerbrief in zwei Hälften aufteilen: Im ersten Teil geht Paulus auf theologische Fragen ein und im zweiten Abschnitt wendet er dies auf praktische Themen an und zeigt, wie sich der Glaube auf das alltägliche Leben der Christen auswirken sollte.

Siehe auch

- Die Reisen des Paulus (S. 44-45)
- Die ersten Gemeinden (S. 46-47)
- Israels Glaube (S. 150-151)
- Die ersten Christen (S. 172-173)
- Apostelgeschichte (S. 248-249)

Die Via Sacra im Forum Romanum, Rom, Italien

Philipper

Paulus schrieb diesen Brief, um seinen Freunden in Philippi für ihre Unterstützung seines Dienstes zu danken.

Gliederung

GRÜSSE UND DANK (Phil 1,1-11)

NACHRICHTEN UND HOFFNUNGEN FÜR DIE ZUKUNFT (Phil 1,12-26)

JESU BEISPIEL FOLGEN (Phil 1,27-2,18)

TIMOTHEUS UND EPAPHRODITUS (Phil 2,19-30)

DIE PRIORITÄTEN DES PAULUS (Phil 3)

ANWEISUNGEN UND DANK FÜR EINE GABE (Phil 4,1-20)

ABSCHLIESSENDE GRÜSSE (Phil 4,21-23)

Ort und Zeit

In der Stadt Philippi wohnten viele pensionierte römische Soldaten und Beamte. Es war der erste Ort in Europa, an dem Paulus eine Gemeinde gründete. Epaphroditus hatte Paulus im Gefängnis besucht und ihm eine Gabe der Christen aus Philippi gebracht. Dieser Brief war Paulus' Antwort darauf. Er wurde entweder um 62 n.Chr. während seiner letzten Gefangenschaft in Rom oder gegen 55 n.Chr. aus dem Gefängnis in Ephesus geschrieben.

Wichtigste Stellen

Leben in Christus (Phil 1,20-24)
Ein Loblied auf Christus (Phil 2,5-11)
Ausrichten auf den Siegespreis (Phil 3,12-14)
Gottes Friede (Phil 4,4-7)
Was wahrhaftig ist (Phil 4,8)

Hauptthemen

Paulus schrieb den Philippern, um sich bei ihnen für die Gabe, die sie ihm geschickt hatten, zu bedanken und um ihnen Epaphroditus zu empfehlen. Aber er nutzte die Gelegenheit, um seine Zuneigung zu dieser Gemeinde und seine Freude über ihre geistlichen Fortschritte auszudrücken. Er scheint gespürt zu haben, dass sein eigener Tod nahe war, aber sein Geist ist ungetrübt und die Worte „Freude" und „Freut euch" tauchen viele Male auf. Die Aussicht auf den Tod ermahnt ihn, darüber nachzudenken, was in seinem Leben wirklich wichtig ist.

In diesem römischen Gewölbe in Philippi, Griechenland, wurde Paulus möglicherweise gefangen gehalten.

Kolosser

Paulus schrieb den Kolossern, um falsche Vorstellungen über die Person Jesu Christi zu berichtigen.

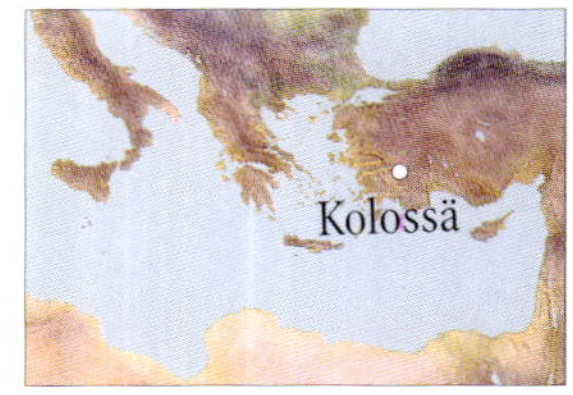

Gliederung

GRÜSSE UND DANK (Kol 1,1-8)

DER KOSMISCHE CHRISTUS (Kol 1,9-2,10)

IRRLEHREN IN DER GEMEINDE (Kol 2,11-19)

NEUES LEBEN IN CHRISTUS (Kol 2,20-4,6)

ABSCHLIESSENDE GRÜSSE (Kol 4,7-18)

Das Lykostal mit Blick auf Kolossä, Türkei

Ort und Zeit

Die Gemeinde in Kolossä wurde von Epaphras gegründet, einem Christen, der sich im nahe gelegenen Ephesus bekehrt hatte. Paulus schrieb als Antwort auf Sorgen, von denen Epaphras, der bei ihm im Gefängnis war – ob als Besucher oder selbst als Gefangener ist unklar –, ihm berichtet hatte. Genauso wie beim Philipperbrief hängt das Entstehungsdatum davon ab, wo Paulus zu jener Zeit gefangen war.

Wichtigste Texte

Ein Loblied auf Christus (Kol 1,15-20)
„Ihr seid mit Christus auferstanden" (Kol 3,1-4)
Dient Christus in allem, was ihr tut! (Kol 3,23-24)

Hauptthemen

Spekulationen in Kolossä darüber, in welchem Bezug Jesus zu geistlichen Wesen stand, die in den Mysterienreligionen angebetet wurden, veranlassten Paulus, Jesu Bedeutung in kosmischen Begriffen darzustellen. Er betont, dass Jesus, welche geistlichen Mächte es auch geben mochte, mächtiger ist als sie alle. Die griechische Philosophie beharrte darauf, dass die geistliche Welt keinen Kontakt zu dem Materiellen haben könne; einige in Kolossä vertraten diese Ansicht und übernahmen asketische Praktiken, mit denen sie versuchten, ihren Körper abzulegen, um ihren Geist zu befreien. Paulus verurteilt das und bestreitet, dass es irgendeine Trennung zwischen den beiden gebe, da Jesus sowohl göttlich als auch vollkommen menschlich war.

Philemon

Dieser kurze Brief von Paulus war an Philemon adressiert, einen Leiter der Gemeinde in Kolossä.

Schlüsselthema und Ort

Onesimus, einer von Philemons Sklaven, war geflohen, hatte aber Paulus im Gefängnis kennen gelernt und war Christ geworden. Nach römischem Gesetz konnte die Strafe für einen entlaufenen Sklaven der Tod sein. Aber Paulus schickte ihn zu Philemon zurück und schrieb diesen herzlichen Brief, in dem er Onesimus' Herrn aufforderte, ihn freizulassen, damit er zurückkehren und Paulus helfen könne. Vielleicht überbrachte Onesimus diesen kurzen Brief zusammen mit dem Kolosserbrief an die Gemeinde von Kolossä persönlich aus dem Gefängnis. Es gibt Vermutungen, er sei derjenige gewesen, der als Erster Paulus' Briefe gesammelt habe. Das wäre eine Erklärung dafür, warum dieser persönliche Brief in der Sammlung enthalten ist.

In neutestamentlichen Zeiten wurden Sklaven, auch wenn sie allgemein nicht schlecht behandelt wurden, als Eigentum ihrer Herren betrachtet. Auf dieser römischen Sklavenplakette steht: „Ergreift mich, falls ich zu fliehen versuche, und schickt mich zu meinem Herrn zurück".

Epheser

In diesem Brief schreibt Paulus über die Einheit der Gemeinde Jesu Christi.

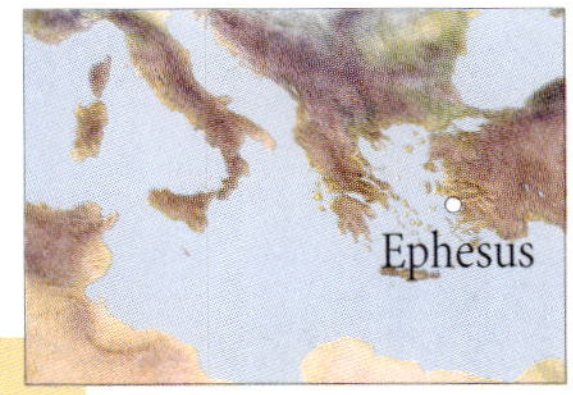

Gliederung

EINLEITUNG (Eph 1,1-2)

GOTTES HEIL FÜR ALLE (Eph 1,3-3,21)

Die Einheit der Schöpfung und die Fülle Christi (Eph 1,3-23)
Leben in Christus (Eph 2,1-10)
Juden und Heiden eins gemacht (Eph 2,11-22)
Paulus' Rolle bei der Verkündigung von Gottes Plan (Eph 3,1-13)
Ein Gebet (Eph 3,14-21)

DAS GEMEINSAME LEBEN DER CHRISTEN (Eph 4,1-6,20)

Leben im Leib Christi (Eph 4,1-16)
Praktisches Leben der Christen (Eph 4,17-5,20)
Beziehungen in der Hausgemeinschaft (Eph 5,21-6,9)
Die Waffenrüstung Gottes (Eph 6,10-20)

ABSCHLIESSENDE GRÜSSE (EPH 6,21-24)

Siehe auch

- Die Reisen des Paulus (S. 44-45)
- Die ersten Gemeinden (S. 46-47)
- Die ersten Christen (S. 172-173)

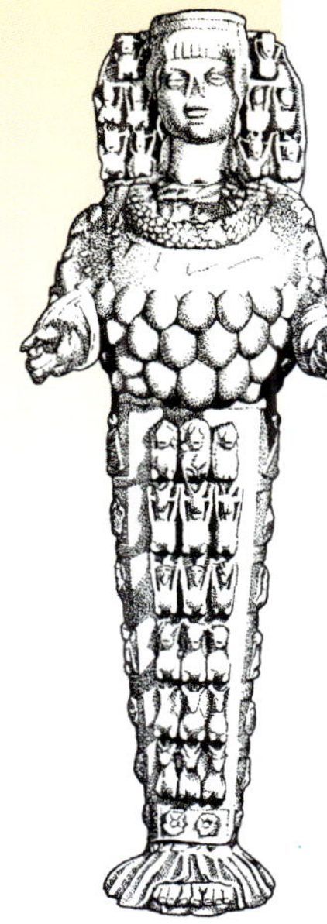

Diana war ein Fruchtbarkeitssymbol und die Patronin von Ephesus. Die Silberschmiede der Stadt fertigten kleine Modelle der Göttin an und fürchteten, die Verbreitung der christlichen Botschaft würde ihrem Handel schaden.

Ort und Zeit

Der Epheserbrief unterscheidet sich in einigen Punkten von den anderen Briefendes Paulus. In vielen antiken Manuskripten fehlen im ersten Satz des Briefes die Worte „in Ephesus". Erstaunlicherweise enthält er keine konkreten Hinweise auf Ereignisse oder Menschen in der Gemeinde in Ephesus, auch wenn Paulus sie gut kannte. Einige vermuten, dass es sich um einen Rundbrief handelt, den Paulus als Gefangener in Rom um 62 n.Chr. schrieb und der für mehrere Gemeinden bestimmt war.

Der Eingang zum Hadrianstempel in Ephesus, Anfang des 2. Jh.s erbaut

Wichtigste Texte

Von Gottes Gnade durch den Glauben gerettet (Eph 2,8-10)
Paulus' Gebet um Liebe (Eph 3,14-21)
Zu Jesus hin wachsen (Eph 4,12-16)
Die volle Waffenrüstung Gottes anlegen (Eph 6,10-17)

Hauptthemen

Der Epheserbrief deckt ähnliche Themen ab wie der Kolosserbrief, aber ohne die direkten Hinweise auf die Gemeinde, wie sie im Kolosserbrief zu finden sind. Es handelt sich eher um eine argumentierende, reflektierende Abhandlung darüber, wie alles seine Einheit in Christus findet: Juden und Heiden, die Familie und schließlich auch die gesamte Schöpfung.

Die Pastoralbriefe

Die Briefe des Paulus an Timotheus und Titus sind als „Pastoralbriefe“ bekannt. Timotheus und Titus waren Begleiter des Paulus in seinem Missionsdienst. Andere, die Mitarbeiter des Paulus waren, werden in diesen Briefen ebenfalls angesprochen.

Ort und Zeit

Die Pastoralbriefe scheinen geschrieben worden zu sein, während Paulus im Gefängnis war, aber es ist schwer, sie in den Rahmen seines Dienstes einzuordnen, wie wir ihn aus der Apostelgeschichte kennen und wie aus den anderen Briefen des Paulus geschlossen werden kann. Diese Schwierigkeit veranlasst manche zu der Annahme, die Briefe müssten nach Paulus' letzter Gefangenschaft in Rom geschrieben worden sein – in der Annahme, er sei nach seinem Verhör vor Nero freigelassen worden und zu den Reisen aufgebrochen, die er ursprünglich nach seinem Besuch in Rom beabsichtigt hatte. Allerdings gibt es dafür keinen Beweis. Über die Datierung des 1. Timotheusbriefs und des Titusbriefs kann man aufgrund mangelnder Angaben in den Briefen ohnehin nur spekulieren.
Die Brief scheinen eine fester gefügte Gemeindestruktur vorauszusetzen als die anderen Paulusbriefe. Timotheus und Titus haben eine Stellung, die eher der Rolle späterer Gemeindeleiter entsprach. Die formellen Anforderungen für die Ernennung in Gemeindeämter wird ziemlich konkret dargelegt. Dies scheint bei den früheren Paulusbriefen noch etwas loser und informeller gewesen zu sein. Der Status der Gemeindeleiter ist hier nicht von der Berufung in ein Amt abhängig, sondern hängt mit ihrer geistlichen Reife sowie mit ihren natürlichen Gaben zusammen.
Solche Vergleiche lassen aber auch andere Schlüsse zu. Wenn es in der Theologie um die Frage nach der „Echtheit“ neutestamentlicher Schriften geht, sind hier vor allem die Pastoralbriefe umstritten, die eine ganze Reihe Forscher als nicht von Paulus stammend einsortieren.
Ob aber die an sich zutreffende Beobachtung, dass hier Themen angesprochen werden, die sonst bei Paulus nirgends vorkommen, und in einer Sprache, in der Paulus sonst nicht schreibt, zwingend darauf hinweist, dass Paulus sie nicht geschrieben haben *kann*, so ist dies zumindest in Frage zu stellen. Diejenigen, die für die Pastoralbriefe die Verfasserschaft des Paulus abstreiten, datieren diese dann überwiegend ins 2. Jh. n.Chr.

Timotheus war Leiter der Gemeinde in Ephesus, als Paulus ihm schrieb. Dieser kunstvoll geschmückte Eingang war Teil der Bibliothek des Celsus in Ephesus.

1. Timotheus

Timotheus wurde von Paulus als Mitarbeiter berufen, als er noch ein junger, unerfahrener Mann war. In diesem Brief erscheint er in der anspruchsvollen Rolle des Leiters der Gemeinde in Ephesus, der mit den Herausforderungen von Irrlehren und inneren Meinungsverschiedenheiten innerhalb der christlichen Gemeinde konfrontiert wird.

Gliederung

GRÜSSE (1Tim 1,1-2)

IRRLEHREN (1Tim 1,3-11)

PAULUS UND TIMOTHEUS (1Tim 1,12-20)

GEBET UND ANBETUNG (1Tim 2)

LEITUNG IN DER GEMEINDE (1Tim 3)

UMGANG MIT IRRLEHREN (1Tim 4)

DIENST AN MENSCHEN VERSCHIEDENSTER ART (1Tim 5,1-6,2)

WAHRER REICHTUM (1Tim 6,3-10)

PERSÖNLICHE ANWEISUNGEN (1Tim 6,11-21)

Wichtigste Texte

Jesus Christus kam in die Welt, um Sünder zu retten (1Tim 1,15-16)
Gottesfurcht mit Zufriedenheit ist ein großer Gewinn (1Tim 6,6)
Die Liebe zum Geld ist eine Wurzel allen Übels (1Tim 6,10)

Hauptthemen

Die Pastoralbriefe sagen sehr viel zur erforderlichen (vor allem ethischen) Qualifikation der Gemeindeleiter. In Paulus' früheren Briefen oder in der Apostelgeschichte ist kein Hinweis auf die Anforderungen bei der Berufung zum Dienst zu finden. 1. Timotheus schenkt dem Charakter, der für den christlichen Dienst erforderlich ist, eine große, praktische Bedeutung und gibt Anweisungen, wie mit verschiedenen Gruppen in den Gemeinden (Alten, Jungen, Frauen, Männern etc.) umzugehen sei. Der Verfasser stellt außerdem heraus, dass gesunde Lehre eine Voraussetzung für ein reines Gemeindeleben ist.

2. Timotheus

Kurz vor seinem Tod denkt Paulus über seine eigenen Erfahrungen nach, um damit Timotheus zu ermutigen, in seinem christlichen Dienst durchzuhalten.

Gliederung

GRÜSSE (2Tim 1,1-2)

DANK AN GOTT (2Tim 1,3-18)

EIN ARBEITER FÜR JESUS CHRISTUS (2Tim 2)

ES KOMMEN UNRUHIGE ZEITEN (2Tim 3)

LETZTE ANWEISUNGEN UND GRÜSSE (2Tim 4)

Zeichnung auf dem Krug, der bei den Panathenäischen Spielen als Siegespreis überreicht wurde (500-480 v.Chr.) Paulus erinnert Timotheus daran, dass der Sieger des Rennens sich nach den Regeln zu richten hat.

Wichtigste Stellen

Der Geist, den Gott gegeben hat (2Tim 1,7)
Die Inspiration der Schriften (2Tim 3,15-17)
„Ich habe den guten Kampf des Glaubens gekämpft" (2Tim 4,6-8)

Hauptthemen

Dieser Brief wiederholt dieselben Themen wie die anderen Pastoralbriefe, wenn auch ein wachsendes Maß an Feindseligkeit im äußeren Umfeld gegen die Kirche zu erkennen ist. Die Arbeit der Gemeindeleiter muss sich in diesem Kontext darauf konzentrieren, Gemeindemitgliedern zu helfen, am rechten Glauben festzuhalten und sich entsprechend zu verhalten.

Titus

Titus war Leiter der Gemeinde auf Kreta und brauchte angesichts gleicher Herausforderungen ähnliche Ratschläge wie Timotheus.

Gliederung

GRÜSSE (Tit 1,1-4)

EIN LEITER, WIE DIE GEMEINDE IHN BRAUCHT (Tit 1,5-16)

DIE MERKMALE EINES LEHRERS (Tit 2)

PRAKTISCHES LEBEN ALS CHRISTEN (Tit 3,1-11)

LETZTE ANWEISUNGEN (Tit 3,12-15)

Siehe auch

- Die Reisen des Paulus (S. 44-45)
- Die ersten Gemeinden (S. 46-47)
- Die ersten Christen (S. 172-173)
- Apostelgeschichte (S. 248-249)

Wichtigster Text

Das Evangelium in Kurzform (Tit 3,4-7)

Hauptthemen

Genauso wie die beiden Timotheusbriefe beschäftigt sich dieser Brief in erster Linie mit den Charaktereigenschaften, die leitende christlicher Mitarbeiter haben sollten, sowie mit dem praktischen Verhalten in ihrem Dienst. In das Zentrum dieser Anweisungen stellt Paulus die knappe Zusammenfassung seiner Botschaft (Tit 3,4-7).

Beispiele für römische Schreibinstrumente. Die hölzerne Federschachtel mit Federn wurde mit Überresten schwarzer Tinte in einem Fass in Ägypten entdeckt. Das hängende Tintenfass aus Bronze wurde am Tiber gefunden.

1. Johannes

Dieser Brief wurde an Christen geschrieben, die über christliche Lehren diskutierten, besonders über Fragen, die die Person Jesu berührten.

Gliederung

LEITTHEMA (1Joh 1,1-4)

LICHT UND FINSTERNIS (1Joh 1,5-2,17)

WAHRHEIT UND FALSCHHEIT (1Joh 2,18-4,21)

GLAUBEN AN CHRISTUS (1Joh 5,1-12)

ABSCHLIESSENDE ANWEISUNGEN (1Joh 5,13-21)

Verfasser, Zeit und Ort

Die Johannesbriefe weisen deutliche Parallelen zum Johannesevangelium auf: Ähnliche Themen tauchen hier auf und Sprache und Stil gleichen sich. Man geht weithin davon aus, dass sie von demselben Verfasser geschrieben und an dieselbe christliche Gemeinde geschickt wurden. Weder die Briefe noch das Evangelium geben irgendeinen eindeutigen Hinweis auf ihren Verfasser, abgesehen von seiner Selbstbezeichnung als „Ältester" in 2. und 3. Johannes. Dieser Begriff wurde in der Urgemeinde sehr weit gefasst, auch wenn Papias am Anfang des zweiten Jahrhunderts von einem „Ältesten Johannes" in Ephesus (dem wahrscheinlichen Herkunftsort dieser Bücher) spricht. Einige schließen daraus auf einen christlichen Leiter der zweiten oder dritten Generation, auch wenn Papias dieselbe Bezeichnung für einige von Jesu ersten Jüngern verwendet. Wir können davon ausgehen, dass der Apostel Johannes in hohem Alter in Ephesus lebte und diese Briefe gegen Ende seines Lebens niederschrieb. Die Themen, die in diesen Briefen behandelt werden, wurden erst zu dieser Zeit zu einem Problem. Sie sind alle irgendwann zwischen 90 und 100 n.Chr. zu datieren. Es ist schwierig, mit Sicherheit zu sagen, in welcher Reihenfolge die verschiedenen Bücher geschrieben wurden, aber aus dem Inhalt kann man schließen, dass 2. Johannes als Erster abgefasst wurde, gefolgt von 1. Johannes und 3. Johannes. Stilistisch unterscheidet sich 1. Johannes sehr stark von den Paulusbriefen. Obwohl er sich auf konkrete Menschen und Ereignisse bezieht, ist er eher eine theologische Abhandlung als ein echter Brief.

Johannes ermahnte seine Leser, im Licht zu wandeln, da Gott im Licht ist. Diese Öllampe aus neutestamentlicher Zeit zeigt eine Menorah.

Schlüsselstellen

Wandeln im Licht (1Joh 1,5-10)
Gottes Liebe und unsere Liebe (1Joh 4,7-12)
Leben durch Gottes Sohn (1Joh 5,10-12)

Schlüsselthemen

Das Johannesevangelium hat mehr über den Glauben an Jesus Christus (d. h. über die Christologie) zu sagen als die synoptischen Evangelien. Die Christologie ist auch in 1. Johannes ein Hauptthema.
Die Gemeinde, an die der Brief adressiert ist, litt unter Spaltungen infolge von Streitigkeiten darüber, ob Jesus gleichzeitig Mensch und Gott war. Diese Frage entsprang der griechischen Vorstellung, dass die materielle Welt und die geistliche Welt vollkommen voneinander getrennt und miteinander unvereinbar seien – wodurch es für jeden, einschließlich für Jesus, unmöglich sei, gleichzeitig Teil beider Welten zu sein. Die in 1. Johannes angesprochenen Unruhestifter argumentierten, dass der geistliche Christus nicht wirklich Mensch gewesen sei. Bei seiner Taufe sei er in Jesus von Nazareth eingezogen und vor der Kreuzigung habe er ihn wieder verlassen. Damit schlossen sie den Gedanken aus, Gott könne menschlich sein oder leiden. Aus diesem Grund argumentierten sie, der christliche Glaube sollte sich auf den geistlichen Christus konzentrieren. Die Kommunikation mit der geistlichen Welt könne nur durch mystische Erfahrungen in der Art, wie sie sie selbst hatten, möglich sein. Diese Erfahrungen würden sie ihrer Meinung nach über andere Christen stellen, deren Glaube mehr mit dem Irdischen verbunden war. Johannes fordert diese Ansichten heraus, indem er argumentiert, dass echter christlicher Glaube fest in dem Glauben verwurzelt ist, dass Gott in Jesus wahrer Mensch wurde und dabei gleichzeitig Gott blieb.

Johannes schrieb als jemand, der Jesus persönlich kannte.

„Christus segnet", Antonello da Messina (ca. 1456)

2. und 3. Johannes

Diese beiden Briefe folgten wohl aufeinander und weisen alle Merkmale des Briefstils auf, wie er in der Antike allgemein üblich war.

Hauptthemen

Der zweite Johannesbrief ist an die „auserwählte Herrin und ihre Kinder" adressiert. Das ist in diesem Kontext wahrscheinlich eine Umschreibung für „die Gemeinde und ihre Mitglieder". Der Brief warnt davor, Irrlehrern, die von außen in die Gemeinden kommen, Raum zu geben. Die allgemeine Natur dieser Warnung lässt vermuten, dass es der erste Brief gewesen sein könnte, der geschrieben wurde. Als er nicht beachtet wurde, wurde die ausführlichere theologische Abhandlung in 1. Johannes notwendig. Sowohl 1. als auch 2. Johannes beziehen sich auf Gruppen, die die Gemeinde verlassen oder ihre eigenen Gruppierungen gegründet hatten. Die Situation hatte sich also anscheinend noch verschlechtert. Im Neuen Testament gibt es keinen Hinweis darauf, wie diese Situation schließlich endete.

Johannes spricht viel davon, im Licht und in der Wahrheit zu leben. Hier hat der Künstler die Rolle von Jesus und Pontius Pilatus verdreht und stellt Pilatus, der seinen Gefangenen fragt „Was ist Wahrheit?", im Licht stehend dar.

„Was ist Wahrheit?", Nicolai N. Ge (1831-1894)

Siehe auch

- Die ersten Gemeinden (S. 46-47)
- Die ersten Christen (S. 172-173)
- Johannes (S. 250-251)

Außerdem müssen Christen so leben, wie es Jesus getan hat, und in allen ihren Beziehungen wahre Offenheit und Liebe demonstrieren. Den Gnostikern (so wurde die Bewegung im späteren Verlauf der Geschichte genannt) fehlte es an beidem. Diese Punkte werden nicht in linearer Weise angegangen. Der Verfasser bewegt sich vielmehr zwischen verschiedenen Aspekten der Auseinandersetzung hin und her, ganz ähnlich wie ein Komponist ein zentrales Thema haben kann, das in verschiedenen Variationen behandelt wird. In diesen Reflexionen greift er viele Schlüsselworte und -begriffe seiner Gegner auf und interpretiert sie im Licht seines eigenen Verständnisses des wahren christlichen Glaubens um.

„Lasst uns lieben, denn er hat uns zuerst geliebt. Wenn jemand spricht: Ich liebe Gott, und hasst seinen Bruder, der ist ein Lügner. Denn wer seinen Bruder nicht liebt, den er sieht, wie kann er Gott lieben, den er nicht sieht? Und dies Gebot haben wir von ihm, dass, wer Gott liebt, dass der auch seinen Bruder liebe." (1Joh 4,19-21)

Offenbarung

Dieses Buch unterscheidet sich völlig von allen anderen Büchern des Neuen Testaments. Seine eindrucksvollen Visionen feiern Gottes endgültigen Sieg über alle Mächte des Bösen und haben viele große Künstler durch alle Jahrhunderte hindurch inspiriert.

Diese Statue des römischen Kaisers Domitian wurde in Sevilla, Spanien, entdeckt.

Verfasser und Zeit

Nach Irenäus, dem Bischof von Lyon, der ungefähr 180 n.Chr. schrieb, wurde dieses Buch gegen Ende der Herrschaft des römischen Kaisers Domitian (81-96 n.Chr.) geschrieben. Es besteht kein Grund, daran zu zweifeln: Die Offenbarung wurde wahrscheinlich zu einer Zeit geschrieben, als die Christen unter einer schweren Verfolgung litten, wozu anscheinend auch der Befehl gehörte, den Kaiser als Gott anzubeten – das alles geschah unter Domitian. Wir können somit das Buch wahrscheinlich in die Jahre 95/96 n.Chr. einordnen. Andere Ausleger plädieren für eine frühere Abfassungszeit während der Regierungszeit Vespasians (69-79 n.Chr.).

Der Verfasser bezeichnet sich nur als „Johannes". Überlieferungen aus dem zweiten Jahrhundert bringen ihn mit Johannes dem Apostel in Verbindung. Zu der Zeit, als das Buch geschrieben wurde, hielt sich der Verfasser auf der Insel Patmos im Ägäischen Meer auf, wahrscheinlich als Gefangener, der in den dortigen Steinbrüchen Schwerstarbeit verrichten musste. Es gibt keine Hinweise dafür, dass der Apostel Johannes je dieses Schicksal erlitt. Ebenso wenig gibt es irgendwelche offensichtlichen literarischen Verbindungen zwischen der Offenbarung und dem Evangelium oder den Johannesbriefen, deren Stil und Sprache ganz anders sind. Gleichzeitig haben sie jedoch einige Themen gemeinsam, vor allem die Beschreibung Jesu als „das Wort", die nur in der Offenbarung und in den Schriften des Johannes zu finden ist. Eine der Gemeinden, die in der Offenbarung angesprochen werden, ist Ephesus. Einige glauben, diese Stadt sei Heimat einer großen Schule christlicher Denker gewesen, die durch den Apostel Johannes inspiriert und gegründet wurde.

Sardes

Laodizea

Wichtigste Texte

Christus in Herrlichkeit (Offb 1,12-18)
Christus steht vor der Tür (Offb 3,20)
Gott auf dem Thron (Offb 4)
Die vier Reiter (Offb 9,13-21)
Loblied der Sieger (Offb 15,2-4)
Ein neuer Himmel und eine neue Erde (Offb 21)
Der helle Morgenstern (Offb 22,16-17)

Die Akropolis von Pergamon

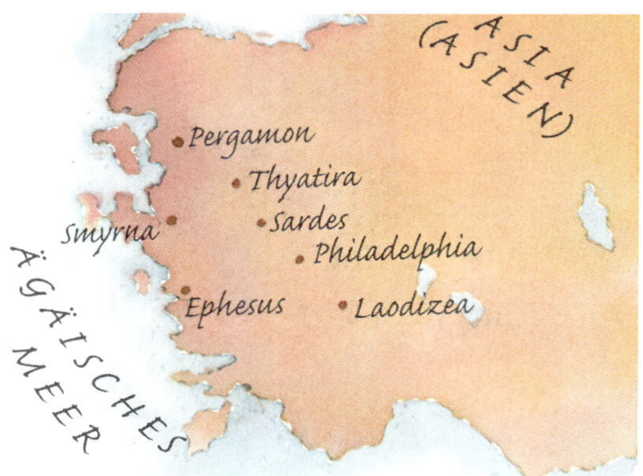

Römische Agora in Smyrna

Briefe an sieben Gemeinden

Der erste Teil der Offenbarung unterscheidet sich deutlich vom Rest des Buches. Er besteht aus Briefen an sieben Gemeinden in Kleinasien: Pergamon, Thyatira, Sardes, Smyrna, Ephesus, Philadelphia und Laodizea. Die Briefe – ähnlich in der Form – unterscheiden sich voneinander im Inhalt. Sie sind geschrieben, als käme ihre Botschaft von dem auferstandenen Christus (von einer entsprechenden Vision ist ja auch in Offb 1 die Rede), sprechen aber konkrete Anliegen in jeder dieser Städte an. Jeder Brief zeigt genaue Kenntnis der örtlichen Situation und der unterschiedlichen Probleme, vor denen Christen in diesen sieben Städten stehen. In jedem der Fälle werden sie ermahnt, treu am Evangelium zu bleiben und sich nicht von ihrer Aufgabe ablenken zu lassen, andere dazu aufzufordern, Jesus nachzufolgen.

Die Visionen

Sie machen den Hauptteil des Buches aus und dienen demselben Zweck wie die Briefe, wenn auch in einer stärker verschlüsselten Form. Diese Visionen gehören in die Tradition apokalyptischer Schriften, die im Judentum in den Jahren nach dem Makkabäeraufstand populär wurden. Genauso wie beim alttestamentlichen Buch Daniel ist hier viel Symbolik und verschlüsselte Sprache zu entdecken. Die Identität des Tieres mit der Zahl 666 löste viele Diskussionen aus; möglicherweise bezog sie sich auf einen der römischen Kaiser, vielleicht auf Nero (Babylon steht dann für das Römische Reich).

Leidende Christen werden durch die Botschaft ermahnt, dass diese Welt, in der das Böse regiert, nicht die einzige Welt ist und auch nicht die wichtigste Welt. Was Gott tut – manchmal unbemerkt und unauffällig – ist der Schlüssel zum Sinn des Lebens und zur Zukunft der Welt. Aus Gottes Perspektive betrachtet, erscheint sogar das gegenwärtige Leiden in einem anderen Licht. Die Tage des Bösen sind dank Jesu Tod und Auferstehung bereits gezählt. Die Visionen enthalten eine Reihe lebendiger Bilder, die beschreiben, wie Gott schließlich diese bösen Mächte zerschlagen wird, die jetzt scheinbar die Oberhand haben. Gottes souveräne Macht hat die verfolgten Christen durch die ganze Geschichte hindurch ermutigt und erhalten, und wie viel Macht die Verfolger auch zu haben scheinen, ihre Tage sind letztendlich gezählt. Das letzte Bild zeigt einen wiederkommenden und siegreichen Christus, der sein Volk zu sich zieht und alles Böse zerstört. Das Buch schließt mit einer Beschreibung des „himmlischen Jerusalem", wo diejenigen, die treu sind, Gottes Gegenwart für immer genießen und alles Leid und alles Böse verschwunden ist.

Gliederung

VISION AUF PATMOS (Offb 1)

BRIEFE AN SIEBEN GEMEINDEN IN KLEINASIEN (Offb 2-3)

VISIONEN VON GERICHT UND SIEG (Offb 4-20)

Gottes himmlischer Rat (Offb 4)
Die sieben Siegel (Offb 5,1-8,1)
Die sieben Posaunen (Offb 8,2-11,19)
Der Drache und sein Reich (Offb 12-13)
Das Lamm Gottes (Offb 14)
Die sieben Schalen (Offb 15-16)
Der Untergang Babylons und das Tausendjährige Reich (Offb 17-20)

VISION VON DER NEUEN WELT GOTTES (Offb 21,1-22,5)

KOMM, HERR JESUS! (Offb 22,6-21)

Siehe auch

- Griechenland und das Römische Reich (S. 36-37)
- Die ersten Gemeinden (S. 46-47)
- Daniel (S. 232-233)

Johannes' Vision von vier Reitern wird in Offenbarung 6,1-8 beschrieben.

Teil 6: Bildnachweise

Abkürzungen:
o = oben, ol = oben links, om = oben Mitte, or = oben rechts
m = Mitte, ml = Mitte links, mr = Mitte rechts
u = unten, ul = unten links, um = unten Mitte, ur = unten rechts

Illustrationen

DA = David Atkinson
GH = Gwyn Hughes
RN = Rex Nicholls
JS = Joshua Smith
LS = Linda Smith

Fotos

JA = Jon Arnold, ZR = Zev Radovan, DT = David Townsend.

Seite

194-195 *m* Hauptillustration: DA
195 *ur* Illustration: DA
196-197 Blick vom Berg Sinai: JA
198 *or* Deckengemälde der Sixtinischen Kapelle: „Schöpfung Adams" 1510 von Michelangelo Buonarroti (1475-1564): Vatikanmuseum und –galerien, Vatikanstadt, Italien/Bridgeman Art Library, London/New York
198 *m* „Adam und Eva nach der Verbannung aus dem Paradies" (Ausschnitt) von Tommaso Masaccio (1401-28) Brancacci-Kapelle, Santa Maria del Carmine, Florenz, Italien/ Bridgeman Art Library, London.
199 *ml* Bethel: JA
199 *mr* Berg Ararat: ZR
199 *ul* Modell einer Kornkammer: Ashmolean Museum, Oxford
200 *or* Wandgemälde: ZR
200 *ul* Nil: JA
200-201 *u* „Israel in Ägypten", 1867 von Sir Edward John Poynter (1836-1919): Guildhall Art Gallery, Corporation of London/Bridgeman Art Library, London/New York.
201 *l* Oase Paran: ZR
202 *ml* Tefillin: ZR
202 *ul* ägyptisches Gemälde: Ashmolean Museum, Oxford
202-203 *u* Apis: Ashmolean Museum, Oxford
203 *or* Eherne Schlange: ZR
203 *ml* „Der Sündenbock" von William Holman Hunt (1827-1910): Lady Lever Art Gallery, Port Sunlight/Bridgeman Art Library, London/ New York Board of Trustees: National Galleries on Merseyside
204-205 Jerusalem: JA
206 *o* Elfenbeinplatte: ZR
206 *ul* Pfeiler bei Geser: Lion Publishing/DT
206 *r* Posaune aus einem Widderhorn: RN
207 *mr* Jesreel-Ebene: JA
208 *or* Hirte: GH
208 *mr* vereintes Königreich: Roger Kent/Matt Buckley
208 *ur* Silo: ZR
209 *ur* „David und Jonatan" von Giovanni Battista Cima da Conegliano (ca. 1459-1518): © National Gallery, London
210 *mr* goldener Armreif: Lion Publishing/David Alexander
210 *u* Könige Israels: Roger Kent/Matt Buckley
211 *ol* Tafel: ZR
211 *mr* Bronzering: ZR
211 *um* Hasaël: Musée du Louvre, Foto R.M.N., Chuzeville
212 *om* Siegel: ZR
212 *u* Könige Judas: Roger Kent/Matt Buckley
212 *m* „Der Besuch der Königin von Saba bei König Salomo" von Sir Edward John Poynter (1836-1919): Superstock Ltd.
213 *ml* Hazor: Lion Publishing/DT
213 *ul* Siegel: ZR
214 *or* Berge Moabs: JA
214-215 *u* Löwe mit Flügeln, Foto: AKG/Erich Lessing/Collection Musée du Louvre
215 *m* Goldschmuck: Foto ©Michael Holford/Collection British Museum
215 *mr* Grab des Königs Xerxes: ZR
216-217 See Genezareth: JA
218 *ol* Illustrationen des Buches Hiob: „Satan schlägt Hiob mit Beulen",1825, von William Blake (1757-1827): Privatsammlung/Bridgeman Art Library, London/New York
218 *ur* Berg Sinai: JA
219 *mr* Ruderboot: JA
219 *ur* Orangenhain: JA
220 *or* Wüstenblumen: JA
220-221 *u* Nahr Banyas: JA
221 *mr* Steinfragmente: RN
222-223 Nachal Zin: JA
224 *om* Elfenbeinschnitzerei: ZR
224 *ul* Gefangene: Lion Publishing
224 *ur* Bleilot: LS
225 *or* Illustration: LS
225 *u* Astarte: ZR
226 *m* Inschrift: ZR
226-227 *u* Hauptillustration: LS
227 *ol* Lachisch-Relief: ZR
227 *or* Inschrift: ZR
228 *m* Illustration: LS
229 *om* Feigenbaum: JA
229 *u* Illustration: LS
231 *ol* „Der Prophet Jeremia beklagt die Zerstörung Jerusalems" von Rembrandt van Rijn (1606-69): Rijksmuseum Amsterdam
231 *u* Stempelabdruck: ZR
232 *or* Illustration: LS
232 *um* Schafe: JA
233 *ul* Illustration: LS
233 *ur* „Belsazars Gastmahl", 1820 von John Martin (1789-1854): Christie's Images/Bridgeman Art Library, London/New York
234 *or* assyrisches Relief: ZR
234-235 Illustration: LS
236 *or* Bronzeverzierung: ZR
236 *ul* Illustration: LS
237 *ml* Jordangebirge: JA
237 *ul* phönizisches Handelsschiff: Lion Publishing
238-239 Akropolis: JA
240 *or* Münze: Lion Publishing/ Sammlung British Museum
240 *ul* Gerasa: Sonia Halliday Photographs/Jane Taylor
241 *ml* Karte: DA
242-243 See Genezareth: JA
244 *or* See Genezareth: ZR
244 *um* Boot: ZR
245 *or* Herodes' Familiengruft: Lion Publishing/DT
245 *mr* „Einzug nach Jerusalem" (ca. 1305), Fresko von Ambrogio Bondone Giotto (ca. 1266-1337): Scrovegni-Kapelle, Padua/Bridgeman Art Library, London/New York
245 *u* Machärus: RN
246 *l* See Genezareth: JA
247 *or* Esel: JA
247 *ml* judäische Wüste: ZR
247 *ul* Gethsemane: JA
248 *u* „Das letzte Abendmahl" von Leonardo da Vinci: Superstock Ltd.
249 *o* Via Sacra, Rom: JA
249 *m* römisches Getreideschiff: Lion Publishing/Mark Astle
249 *ul* Antiochia, Pisidien: Sonia Halliday Photographs
250 *m* Tempel: JA
250-251 *u* Festung Antonia: RN
251 *ol* Wein: Roger Kent
251 *or* Via Dolorosa: JA
251 *ml* „Die Auferweckung des Lazarus", ca. 1305 von Ambrogio Bondone Giotto (ca. 1266-1337): Scrovegni-Kapelle, Padua/Bridgeman Art Library, London/New York
251 *mr* Ölbäume: JA
252-253 Blick vom Akrokorinth: JA
254 *ol* Malerei aus Pompeji: Scala, Florenz
254 *or* goldener Ohrring: ZR
254 *u* bronzenes Pferdemundstück: Ashmolean Museum, Oxford
255 *or* „Die Flucht nach Ägypten" (Ausschnitt) von Giotto di Bondone (ca. 1266-1337): Superstock Ltd
255 *ur* Qumran-Rolle: ZR
256 *om* Palindrom: Korinium-Museum, Cirencester
256 *mr* Tempelplattform: Lion Publishing/David Tonwnsend
256 *um* Nero: JA
257 ul „Engel im Sturm" von William Turner (1775-1851): Superstock Ltd
258 *or* Karte: JS
258 *m* Zeus: ZR
258 *u* Berge Lyziens: JA
259 *om* Karte: JS
259 *mr* Agora, Thessaloniki: JA
259 *ur* Galeriusboger: Lion Publishing/Mark Astle
260 *om* Karte: JS
260 *or* Zimbel: RN
260 *um* Brot und Wein: RN
260-261 *ul* Apollotempel, Korinth: JA
261 *ul* Vorratskrüge: ZR
262 *om* Karte: JS
262 *um* Ölbaumzweig: Roger Kent
262-263 *u* Via Sacra, Rom: JA
264 *o* Karten: JS
264 *m* Lykos-Tal: JA
264 *um* römische Gruft, Philippi: JA
265 *or* Karte: JS
265 *ml* Sklavenplakette: Lion Publishing/Pauline O'Boyle
265 *mr* Diana: Lion Publishing/Mark Astle
265 *ur* Hadrianstempel: Lion Publishing/Simon Bull
266 *um* Celsus-Bibliothek, Ephesus: JA
267 *ml* Vase: Foto © Michael Holford/Collection British Museum
267 *u* römische Schreibinstrumente: RN
268 *m* Öllampe: Ashmolean Museum, Oxford
268 *um* „Christus segnet" von Antonello da Messina (ca. 1456): © National Gallery, London
269 *ol* „Was ist Wahrheit?" (1890) von Nikolai Nikolajewitsch Ge (1831-94): Tretjakoff-Galerie, Moskau/Bridgeman Art Gallery, London/New York
269 *ur* Illustration: GH
270 *ol* Domitian: Sammlung antiker Kunst und Architektur
270 *ml* Sardes: JA
270 *m* Laodizea: JA
270 *m* Karte: DA
270 *ul* Akropolis, Pergamon: JA
270 *um* römische Agora, Smyrna: JA
271 *u* apokalyptische Reiter: LS

Kleines Bibel-Lexikon

Teil 7

Das alttestamentliche Israel

Das neutestamentliche Israel

Personen

Aaron
siehe S. 203

Abed-Nego
ist der babylonische Name eines der drei jüdischen Exilierten, Schadrach, Meschach und Abed-Nego, die König Nebukadnezar für einen besonderen Dienst an seinem Hof ausgewählt hatte. Sie und ihr Freund Daniel weigerten sich, das Essen bei Hof zu essen, weil sie sich nicht an dem Götzen geweihten Essen versündigen wollten. Später knieten sie nicht vor einem Götterbild nieder, das der König hatte errichten lassen, und wurden in einen Feuerofen geworfen. Gott beschützte sie und sie kamen unverletzt wieder heraus.
Dan 1-3

Abel
Adams und Evas zweiter Sohn, der Bruder Kains. Er war Schafhirt und opferte Gott eines Tages ein Lamm. Das war Gott wohlgefällig. Kain jedoch war eifersüchtig, weil Gott sein Opfer aus den Früchten des Feldes nicht annahm, und tötete Abel. Das NT sagt uns, dass Gott Abels Opfer wegen dessen Glauben annahm, Kains jedoch ablehnte.
1Mo 4,1-8; Hebr 11,4

Abigajil
Die schöne Frau Nabals, die später David heiratete (→ Nabal).
1Sam 25

Abihu
→ Nadab

Abija
1. Der Sohn König Jerobeams I. von Israel. Er starb wegen der Sünden seines Vaters als Kind.
1Kön 14
2. Der Sohn König Rehabeams von Juda. Er regierte drei Jahre, von 913 bis 911 v.Chr.
1Kön 15; 2Chr 13

Abimelech
1. Weil Abraham um sein Leben fürchtete, gab er seine Frau Sara als seine Schwester aus. Abimelech, König von Gerar, wollte sie zu seiner Frau machen, doch Gott zeigte ihm die Wahrheit und bewahrte ihn davor (1Mo 20; 1Mo 26 könnte die Geschichte eines anderen Königs mit demselben Namen sein, der Ähnliches mit Isaak erlebte.)
2. Ein Sohn Gideons, der seine Brüder tötete, um König zu werden.
Ri 8,31ff; 9

Abiram
Er rebellierte mit Korach und Datan gegen Mose (→ Korach).
4Mo 16

Abischag
Das schöne Mädchen aus Schunem, das den alten David pflegte.
1Kön 1 und 2

Abischai
Ein Neffe König Davids, ein Bruder Joabs. Er war einer von Davids Heerführern.
1Sam 26,6-12; 2Sam 10,9-10; 16,9.11-12; 18,2

Abjatar
Er war der Sohn Abimelechs, des Priesters, und lebte zur Zeit Sauls. Als David König wurde, wurde er zusammen mit Zadok Hoherpriester. Nach dem Tod Davids wollte er jedoch Adonija statt Salomo auf den Thron setzen und wurde verbannt.
1Sam 22,20ff; 2Sam 8,17; 15,24ff; 1Kön 1-2

Abner
Ein Vetter Sauls und der Befehlshaber seiner Armee. Nach Sauls Tod machte er Isch-Boschet, den Sohn Sauls, zum König. Das führte zu einem Konflikt zwischen den Stämmen, die Isch-Boschet anerkannten, und dem Stamm Juda, den David regierte. Abner ärgerte sich darüber, wie Isch-Boschet ihn behandelte. Er beschloss, David zum König ganz Israels zu machen. Doch Davids Feldherr Joab tötete ihn aus Rache für seinen Bruder.
1Sam 14,50; 2Sam 3

Abraham/Abram
siehe S. 198

Absalom
Der Lieblingssohn König Davids. Er zettelte einen Aufstand an, um selbst König zu werden. Davids Männer schlugen seine Armee im Wald von Ephraim. Absalom blieb auf der Flucht mit seinem Haar in einer Eiche hängen und Joab, Davids Feldherr, tötete ihn entgegen der Anordnung des Königs.
2Sam 15-19

Achan
Als die Israeliten Jericho eroberten, nahm Achan gegen das Gebot Gottes Gold, Silber und schöne Kleider für sich. Die Israeliten verloren deshalb ihre nächste Schlacht. Erst als Achan und seine Familie bestraft waren, gab Gott Israel wieder Sieg.
Jos 7-8

Achisch
Ein König von Gat. Zweimal floh David vor Saul zu ihm.
1Sam 21; 27-29

Adam
Der erste Mensch (das Wort „Adam" bedeutet Mensch), von Gott zu seinem Bilde geschaffen. Adam sollte über alle Tiere auf der Erde herrschen. Er sollte im Garten Eden leben und alle seine Früchte essen. Nur eine Frucht war verboten – die des „Baums der Erkenntnis des Guten und Bösen".
Der Mensch sollte nicht allein leben. So machte Gott Eva, die Frau. Verlockt von dem Gedanken, weise wie Gott zu sein, nahm Eva die verbotene Frucht, und sie und Adam aßen beide davon. In dem Bewusstsein, etwas Falsches getan zu haben, versuchten sie, sich vor Gott zu verstecken. Ihre Freundschaft mit Gott war zerstört. Adam und Eva wurden daraufhin aus dem Garten Eden vertrieben. Damit ist von ihnen her die Stellung aller Menschen bestimmt, die nun alle schon getrennt von Gott und in Sünde geboren werden.
1Mo 1,26-27; 2,1-5,5

Adonija
Der vierte Sohn König Davids. Als David alt war und die älteren Söhne nicht mehr lebten, versuchte er, auf den Thron zu kommen. Doch David hatte Batseba versprochen, dass ihr Sohn Salomo König werden solle. Der Putschversuch misslang und Salomo ließ Adonija hinrichten.
1Kön 1-2

Agabus
Ein christlicher Prophet aus Jerusalem, der die Gemeinde in Antiochia vor Hungersnot und später Paulus vor Gefangenschaft warnte.
Apg 11,27-30; 21,7-14

Ahab
siehe S. 211

Ahas
König von Juda etwa von 732 bis 716 v.Chr. (Mitregent schon seit 736 oder früher). Er führte den Götzendienst ein und opferte sogar seinen eigenen Sohn. Bei einem gemeinsamen Angriff Israels und Arams unterlag er. Gegen den Rat Jesajas wandte er sich an den Assyrer Tiglat-Pileser III. um Hilfe und wurde ihm dadurch untertan.
2Kön 15,38ff; 2Chr 28; Jes 7

Ahasja
1. Der Sohn Ahabs und Isebels. Er wurde nach Ahab König, doch nur für eine kurze Zeit (853-852 v.Chr.). Er wandelte in den Fußstapfen seines Vaters.
1Kön 22,40ff; 2Kön 1; 2Chr 20,35-37
2. König von Juda, Sohn Jorams (841 v.Chr.). Er und sein Onkel Joram von Israel, die sich verbündet hatten, wurden beide von Jehu getötet.
2Kön 8,24ff; 2Chr 22,1-9

Ahasveros
1. Die hebräische Form des Namens des Perserkönigs Xerxes. Xerxes I. trennte sich von seiner Frau Wasti und heiratete Ester, ein jüdisches Mädchen. Ahasveros wird auch bei Esra erwähnt. Die Bewohner des Landes beschwerten sich bei ihm, als die Juden den Wiederaufbau des Tempels begannen.
Est; Esra 4,6
2. Der Vater Darius' des Meders.
Dan 9,1

Ahija
Ein Prophet aus Silo. Er riss sein Kleid als Bild für die Spaltung des salomonischen Reiches in zwölf Teile. Jerobeam I. sollte sich zehn Teile davon nehmen, weil Gott ihn erwählt hatte, über zehn der zwölf Stämme Israels zu herrschen.
1Kön 11,29ff; 14

Ahimaaz
Ein Sohn Zadoks, des Hohenpriesters. Als Spion für David setzte er während Absaloms Aufstand sein Leben aufs Spiel.
2Sam 17,17ff; 18

Ahimelech
Der tapfere Priester von Nob, der David auf seiner Flucht vor Saul half. Er gab David Brot vom Altar und das Schwert Goliats. Als Saul davon erfuhr, ließ er alle Priester in Nob töten.
1Sam 21-22

Ahitofel
Einer der Ratgeber Davids, der ihn verriet und den Aufstand Absaloms unterstützte. Weil Absalom nicht auf seinen Rat hörte, beging er Selbstmord.
2Sam 15,12-17,23

Alexander
Diesen Namen tragen mehrere Menschen im Neuen Testament.
1. Der Sohn des Simon von Kyrene, des Mannes, der das Kreuz Jesu trug.
Mk 15,21
2. Ein Mitglied der Hohenpriesterfamilie.
Apg 4,6
3. Ein Jude, der während des Aufstands der Silberschmiede in Ephesus versuchte, zur Menge zu sprechen (→ Demetrius).
Apg 19,33
4. Ein Christ, der zumindest für eine Zeit seinen Glauben verlor.
1Tim 1,20
5. Ein Schmied, der Paulus und das Evangelium ablehnte. Paulus warnte Timotheus vor ihm; möglicherweise identisch mit (3).
2Tim 4,14

Alexander Balas
Seleukidenkönig, der behauptete, der Sohn Antiochus' IV. zu sein, obwohl einiges dagegen sprach. Er versprach den Makkabäern militärischen Rückhalt, wenn diese ihn unterstützten, wurde jedoch aufgrund seiner Selbstsucht und Inkompetenz entthront. Er war hinterhältig, doch verurteilten ihn die Juden nicht, da sie unter seiner Herrschaft ein gewisses Maß an Unabhängigkeit erreichten.
1Makk 10,1-11,19

Alkimus
Jüdischer Hoherpriester zur Zeit der Makkabäer, der sich mit dem Seleukidenherrscher Demetrius arrangierte, um seine Position zu sichern. Durch falsche Anschuldigungen gegen Judas Makkabäus rief er Kämpfe hervor; bei einem dieser Kämpfe starb Judas. Die Schreiber der Makkabäerbücher missbilligten sein Tun, das sie als religiösen und moralischen Verrat am Judentum ansahen.
1Makk 7,1-25; 9,1-57; 2Makk 14,1ff

Amasa
Ein Neffe König Davids. Führer der Rebellenarmee Absaloms. Nach der Niederlage Absaloms begnadigte David ihn und setzte ihn an Joab Statt über sein Heer. Aus Rache dafür tötete Joab Amasa.
2Sam 17,25; 20

Amazja
1. Der Sohn des Königs Joasch von Juda. Er wurde König, als sein Vater ermordet wurde. Amazja (796-782 v.Chr.) war ein guter Mann, doch ein Sieg über Edom stieg ihm zu Kopf. Er griff Israel an und verlor. Aus Edom hatte er Götzenbilder mitgebracht und er weigerte sich, auf die Warnungen des Propheten zu hören. Das Volk machte einen Aufstand gegen ihn, und er wurde in Lachisch ermordet.
2Kön 12,21-14,21; 2Chr 24,27ff
2. Ein Priester in Bethel (→ Amos).
Am 7,10ff

Amnon
Der älteste Sohn Davids. Er vergewaltigte seine Halbschwester Tamar und wurde aus Rache von Absalom getötet.
2Sam 3,2; 13

Amon
König von Juda (642-640 v.Chr.), ein Sohn Manasses. Er betete die Götzen an. Schon nach zwei Jahren wurde er von den Großen in seinem Palast getötet.
2Kön 21,18-26; 2Chr 33,20-25

Amos
Einer der ersten Propheten Gottes, deren Worte uns schriftlich überliefert sind. Amos lebte im 8. Jh. v.Chr. Er war Schafhirt und Maulbeerfeigenzüchter in Tekoa in Juda. Doch Gott sandte ihn nach Norden, nach Bethel in Israel. Dort sagte er mutig Gottes Botschaft von Gerechtigkeit und Gericht und sprach gegen Unterdrückung und Habsucht. Die betrügerischen Händler konnten ihr schlechtes Verhalten nicht einfach

durch Opfer wieder gutmachen.
Amazja, der Priester von Bethel, der im Dienst des Königs stand, sorgte dafür, dass Amos aus Israel ausgewiesen wurde.
Am 1,1; 7

Andreas
Einer der zwölf Jünger Jesu. Andreas und sein Bruder Simon Petrus waren Fischer aus Betsaida am See Genezareth. Johannes der Täufer hatte Andreas gesagt, dass Jesus das Lamm Gottes sei. Andreas selbst erkannte ihn als den Messias (Christus) und brachte seinen Bruder Petrus mit zu ihm. Später, als beide fischten, rief Jesus sie, ihm nachzufolgen. Andreas war es auch, der den Jungen bei der Speisung der 5000 mit Broten und Fischen zu Jesus brachte. Als Griechen in Jerusalem Jesus suchten, brachten Andreas und Philippus sie zu Jesus. Nach der Himmelfahrt war Andreas bei den anderen Jüngern in Jerusalem.
Joh 1,35-42; 6,6-9; Mt 4,18-19; 10,2; Apg 1,13

Antiochus IV. Epiphanes
Der bekannteste aller Seleukidenherrscher über Palästina (175-164 v.Chr.), der die jüdische Bevölkerung zwang, griechische Sitten und auch die griechische Religion anzunehmen. Er plünderte den Jerusalemer Tempel und wandelte ihn in ein Zeusheiligtum um. Auch glaubte er von sich selbst, dass er göttlich sei. Naturgemäß riefen seine Aktionen erheblichen Widerstand hervor, der im Aufstand der Makkabäer gipfelte. Die Partisanentruppen der Makkabäer brachten dem gut ausgerüsteten Heer der Seleukiden eine empfindliche Niederlage bei.
1Makk 1,10-6,17; 2Makk 5,1-7,42; 9,1-29

Apollos
Ein Jude aus Alexandria, der nach Ephesus ging und dort, nach dem Besuch des Paulus, in der Synagoge lehrte. Aquila und Priscilla, Freunde des Paulus, unterrichteten ihn über Jesus. Apollos ging dann nach Korinth und redete zu den Juden mit großer Kraft von Jesus als dem Messias.
Apg 18,24-28; 19,1; 1Kor 16,12

Aquila
Ein jüdischer Christ, der mit Paulus befreundet war. Er und seine Frau Priscilla (oder Prisca) mussten Rom verlassen, als Klaudius alle Juden von dort vertrieb (48 n.Chr.). Wie Paulus waren sie Zeltmacher, und er arbeitete in Korinth eine Weile mit ihnen zusammen. Als Paulus nach Ephesus fuhr, reisten sie mit ihm (→ Apollos). Später kehrten sie wieder nach Rom zurück. Ihr Haus war ein Treffpunkt der Christen.
Apg 18,1-3; 18-26; Röm 16,3; 1Kor 16,19; 2Tim 4,19

Arauna
Ein Mann aus Jerusalem, der David seine Tenne verkaufte. Weil David gesündigt hatte, litt Israel unter einer Pestepidemie. Um diese abzuwenden, errichtete David einen Altar auf der Tenne des Arauna. Als Gott Davids Reue sah, hörte die Pest auf. Am Ort dieser Tenne wurde später der Tempel errichtet.
2Sam 24,16-25; 1Chr 21,18-30

Aretas
Ein arabischer König, dessen Hauptstadt Petra im heutigen Jordanien liegt. Zeitweilig beherrschte er auch Damaskus. Als Paulus in Damaskus war, versuchte der Statthalter des Aretas, ihn gefangen zu nehmen.
2Kön 11,32

Aristarchus
Ein mazedonischer Christ, Freund und Mitarbeiter des Paulus. Er war bei Paulus während der durch die Silberschmiede verursachten Unruhen in Ephesus. Er ging mit Paulus nach Jerusalem und von da aus mit nach Rom; während der Haft blieb er bei Paulus.
Apg 19,29ff; 20,4; 27,2; Kol 4,10

Artaxerxes
So hießen mehrere persische Könige. Esra und Nehemia kehrten wahrscheinlich unter Artaxerxes I. (464-423 v.Chr.) nach Jerusalem zurück.
Esra 4,6-7

Asa
Der dritte König Judas, Sohn Abijas. Er regierte 41 Jahre (etwa 911-870 v.Chr.). Asa versuchte, den Götzendienst abzuschaffen. Als der König Serach von Äthiopien Juda angriff, errang Asa einen großen Sieg über ihn.
1Kön 15,8ff; 2Chr 14,1ff

Asaf
Ein Levit, der unter David für die Musik zuständig war. Seine Nachkommen stellten die Tempelsänger. Von Asaf stammen einige Psalmen.
1Chr 15,17ff; 25,1ff; 2Chr 29,30; 35,15

Asahel
Ein Neffe König Davids. Er war ein tapferer Soldat und Befehlshaber eines Teils der Armee.
2Sam 2,18ff; 23,24

Asarhaddon
Der Sohn Sanheribs. Nach dem Tod seines Vaters wurde er König von Assyrien (680-669 v.Chr.). Manasse von Juda war einer seiner Vasallen.
2Kön 19,37; Esra 4,2

Asarja
Der bekannteste der verschiedenen Asarjas ist der König von Juda, auch Usija genannt (791-740 v.Chr.). Er selbst diente Gott, erlaubte aber seinen Untertanen den Götzendienst. Der Ruhm machte ihn stolz. Eines Tages ging er in den Tempel, um Räucheropfer darzubringen, was nur den Priestern erlaubt war. Zur Strafe wurde er aussätzig. Sein Sohn Jotam stand dem Hause des Königs vor.
2Kön 14,21ff; 2Chr 26

Atalja
Die einzige Königin Judas (841-835 v.Chr.). Sie war, wie ihre Mutter Isebel, eine grausame Königin und ließ alle Königskinder töten. Nur Joasch wurde gerettet, weil seine Tante ihn versteckt hatte. Mit sieben Jahren wurde Joasch König und Atalja wurde getötet.
2Kön 11,1-16; 2Chr 22,10-23,15

Augustus
Der erste römische Kaiser, Nachfolger Julius Cäsars. Er regierte von 31 v. bis 14 n.Chr. Zu seiner Zeit wurde Jesus geboren.
Lk 2,1

Bakchides
Statthalter der östlichen Provinzen des Seleukidenreiches während der Herrschaft Demetrius' I. Er war Hauptgegner der Makkabäer und erreichte, dass der seleukidenfreundliche Alkimus Hoherpriester wurde. Er besiegte Judas Makkabäus, konnte sich aber später gegen Jonatan und Simon nicht entscheidend militärisch durchsetzen.
1Makk 7,1-25; 9,1-57; 2Makk 8,30-36

Balak
König von Moab. Er regierte zu der Zeit, als die Israeliten kurz vor der Eroberung Kanaans standen (→ Bileam).
4Mo 22-24

Barabbas
Ein Revolutionär und Mörder, der zur selben Zeit wie Jesus inhaftiert war. Der römische Statthalter Pilatus wusste, dass Jesus unschuldig war und bot an, ihn freizulassen. Doch die religiösen Führer stifteten das Volk an, für Barabbas zu bitten. Er kam frei und Jesus starb.
Mt 27,15-26

Barak
Ein Israelit aus Naftali, der zur Zeit der Richter im Auftrag der Prophetin Debora gegen den Kanaanäerkönig Jabin kämpfte. Er errang einen großen Sieg für Israel, der zwanzig Jahre kanaanäischer Herrschaft ein Ende setzte.
Ri 4-5

Barnabas
Dies ist der Zuname („Sohn des Trostes") eines jüdischen Christen, der auf Zypern geboren und Mitglied der Gemeinde in Jerusalem war.
Er war großzügig und warmherzig, verkaufte sein Land und gab das Geld armen Christen. Als Paulus nach seiner Bekehrung nach Jerusalem kam, standen die Christen ihm misstrauisch gegenüber. Nur Barnabas empfing ihn und stellte ihn den Aposteln vor. Später arbeitete Barnabas in der Gemeinde in Antiochia; er reiste von dort nach Tarsus und bat Paulus, ihm zu helfen.
Er und Johannes Markus, sein Vetter, begleiteten Paulus auf der ersten Missionsreise. Nach ihrer Rückkehr berichteten sie bei einem wichtigen Treffen der Apostel in Jerusalem davon. Weil Paulus Johannes Markus nicht mehr mitnehmen wollte, trennte Barnabas sich von ihm und ging mit Markus nach Zypern, während Paulus nach Kleinasien (Türkei) reiste. Doch Paulus und Barnabas blieben Freunde und Paulus achtete ihn hoch.
Apg 4,36; 9,27; 11,22ff; 12,25ff; 15; 1Kor 9,6

Barsillai
Ein Anhänger Davids. Während der Revolte Absaloms nahm er David in Mahanajim auf.
2Sam 17,27ff; 19,31-39

Bartholomäus
Er war einer der zwölf Jünger und war auch nach der Himmelfahrt Christi noch unter ihnen. Mehr wissen wir nicht über ihn. Vielleicht ist er identisch mit Nathanael.
Mt 10,3; Apg 1,13

Bartimäus
Ein Blinder, den Jesus heilte.
Mk 10,46-52

Baruch
Er war ein treuer Freund des Propheten Jeremia, bevor die Babylonier Jerusalem 586 v.Chr. eroberten. Er schrieb die Worte Jeremias auf. Auch nach der Zerstörung Jerusalems und sogar in Ägypten blieb er bei Jeremia. Ein apokryphes Buch ist nach ihm benannt.
Jer 36; 43,6

Bascha
Ein Mann aus dem Stamm Issachar, der Nadab, den Sohn Jerobeams, tötete und von 909 bis 886 v.Chr. König des Nordreiches war.
1Kön 15,16ff

Batseba
Die Frau Urias, des Hetiters, später Davids Frau und Salomos Mutter (→ David).
2Sam 11-12; 1Kön 1-2

Belsazar
König von Babylon. Er wurde 539 v.Chr., als die Perser und Meder Babylon eroberten, getötet. Er war Regent an Stelle seines abwesenden Vaters Nabonid. Während eines Festgelages erschreckte ihn eine Schrift an der Wand. Daniel wurde gerufen, um die Worte zu entziffern. Er sagte Belsazar, dass Gott seine Herrschaft gerichtet hatte und er verurteilt war; er würde Herrschaft und Leben verlieren. In derselben Nacht noch eroberte die persische Armee die Stadt.
Dan 5

Beltschazar
Der babylonische Name Daniels (→ Daniel).

Benaja
Der bekannteste der verschiedenen Benajas ist der Hauptmann der Leibwache Davids. Er setzte sich dafür ein, dass Salomo König wurde. Er selbst wurde zum Befehlshaber des Heeres ernannt.
2Sam 8,18; 1Kön 1-2

Ben-Hadad
So hießen drei Könige der Aramäer. Der Name meint wahrscheinlich „Sohn Hadads" (des syrischen Wettergottes). Ben-Hadad I. (900-860 v.Chr.) half Asa von Juda gegen Israel. Ben-Hadad II. (860-843 v.Chr.) war ein Feind Ahabs von Israel. Ben-Hadad III. (796-770 v.Chr.) kämpfte zur Zeit des Propheten Elisa gegen Israel. Auf Bitten Elisas befreite Gott die Israeliten mehrere Male von den Aramäern. Er offenbarte Elisa, dass Ben-Hadad durch die Hand seines Generals Hasaël sterben würde.
1Kön 20; 2Kön 6-8

Benjamin
Der jüngste der Söhne Jakobs und Rahels. Seine Mutter starb bei seiner Geburt. Er und Josef waren die Lieblinge seines Vaters. Die eifersüchtigen Brüder verkauften Josef nach Ägypten. Als die Brüder später in Ägypten in Josefs Gewalt waren, stellte er sie auf die Probe. Doch sie wollten Benjamin nicht in Ägypten lassen, nicht einmal, um sich selbst zu retten. Einer der zwölf Stämme Israels ist nach Benjamin benannt.
1Mo 35,18-20; 43-45

Berenike
Die Schwester Herodes Agrippas II. (→ Herodes Agrippa II.).
Apg 25,13

Bezalel
Ein kunstfertiger Handwerker, der auf der Wüstenwanderung am Bau der Stiftshütte beteiligt war.
2Mo 35,30ff

Bildad
Einer der Freunde Hiobs.
Hiob 2,11 u.a.

Bileam
Ein Prophet aus Mesopotamien, der im Auftrag Balaks, des Königs von Moab, die Israeliten auf der Wüstenwanderung verfluchen sollte. Die Israeliten hatten die Amoriter besiegt und Balak fürchtete, dass es ihm genauso gehen würde. Zuerst wollte Bileam der Aufforderung des Königs nicht folgen, doch dann

stimmte er zu. Auf dem Weg hielt ein Engel den Esel Bileams an und warnte Bileam. Statt sie zu verfluchen, segnete er die Israeliten. Später versuchte er, Israel zum Baalsdienst zu verführen. Als die Israeliten die Midianiter angriffen, wurde auch Bileam getötet.
4Mo 22-24; 31

Bilha
Rahels Dienerin, die Mutter von Dan und Naftali.
1Mo 29,29; 30,3-7

Boas
Boas war ein reicher und großzügiger Bauer in Bethlehem. Er heiratete Rut und wurde der Urgroßvater Davids.
Rt 2-4

Chasidim
→ Hasidäer

Daniel
Am bekanntesten von den verschiedenen Daniels des AT ist der vornehme Jude, der als Jugendlicher nach Babylon verschleppt und zusammen mit seinen drei Freunden, Schadrach, Meschach und Abed-Nego zum Ratgeber des Königs ausgebildet wurde. Doch er gehorchte weiterhin Gott und wurde, obwohl er das reichliche Essen aus dem Haushalt des Königs ablehnte, stark und schön. Gott schenkte ihm große Weisheit. Zweimal deutete er Nebukadnezars Träume und las später für Belsazar (er regierte nach Nebukadnezar) die Schrift an der Wand: Das Reich würde untergehen. In derselben Nacht eroberten die Perser Babylon und töteten Belsazar.
Daniel bekam eine hohe Stellung; doch neidische Beamte versuchten, ihn zu stürzen. Er wurde in die Löwengrube geworfen, doch Gott rettete sein Leben. Von Daniel stammen einige Visionen, in denen Gott ihn in seinen Plan für die Zukunft eingeweiht hatte.
Daniel

Darius
1. Darius der Meder wird im Buch Daniel als Herrscher nach Belsazar genannt. Aus anderen Berichten ist uns nichts über ihn bekannt. Vielleicht hat Kyrus ihn als Herrscher über Babylon eingesetzt, vielleicht hat auch Kyrus selbst diesen Namen angenommen.
Dan 6,1ff
2. Darius I. von Persien (522-486 v.Chr.) ermutigte die Juden, den Wiederaufbau des Tempels zu vollenden.
Esra 4,5; Hag 1,1; Sach 1,1
3. Darius II. von Persien wird im Buch Nehemia erwähnt.
Neh 12,22

Datan
Er stand mit Korach und Abiram an der Spitze eines Aufstands gegen Mose (→ Korach).
4Mo 16

David
siehe S. 209

Debora
Die einzige Frau, die Richterin in Israel war. Sie ermutigte Barak, gegen Sisera, den Heerführer des kanaanäischen Königs Jabin, zu kämpfen. Der Sieg beendete 20 Jahre kanaanäischer Unterdrückung.
Ri 4-5

Delila
Eine schöne Philisterin, die Simson überlistete (→ Simson).
Ri 16

Demas
Ein Christ, der bei Paulus in Rom war. Später verließ er Paulus und ging nach Thessalonich.
Kol 4,14; 2Tim 4,10

Demetrius
1. Ein Goldschmied in Ephesus, der kleine Tempel der Diana (Artemis) als Andenken herstellte. Weil er fürchtete, dass die Christen ihm die Kunden abspenstig machen würden, ermutigte er andere Goldschmiede zu einem Aufruhr.
Apg 19,24ff
2. Ein Christ, der bei allen gut angesehen war; er wird im dritten Johannesbrief erwähnt.
3Joh 12

Demetrius I. Soter
Mitglied der seleukidischen Königsfamilie, der von seinen eigenen Angehörigen als Geisel nach Rom geschickt wurde. Er konnte fliehen und wurde König von Syrien (162-151 v.Chr.). Zu dieser Zeit hatten gerade die Makkabäer ihre Unabhängigkeit proklamiert und wurden daraufhin von Demetrius aufs Äußerste bekämpft. In den folgenden Kämpfen wurde Judas Makkabäus getötet; Demetrius verlor sein Leben in einem Machtkampf mit seinem Bruder Alexander Balas.
1Makk 9,1; 10,46-50

Demetrius II. Nikator
Sohn Demetrius' I., der zwei Regierungszeiten hatte (145-138 v.Chr. sowie 129-125v.Chr.), dazwischen aber nach einem gescheiterten Feldzug zehn Jahre in medischer Haft lebte. Zunächst opponierten die Juden gemeinsam mit den Römern gegen ihn, später unter Simon arrangierten sich die Juden mit ihm.
1Makk 10,67-11,59; 14,1-3; 15,1

Diana
Die römische Mond- und Jagdgöttin, von den Griechen Artemis genannt. Ihr prächtiger Tempel in Ephesus war eins der Wunder der Alten Welt.
Apg 19

Dina
Eine Tochter Jakobs, die von Sichem, einem Hiwiter, vergewaltigt wurde. Aus Rache töteten Dinas Brüder ihn und seine Familie.
1Mo 34

Dionysius
Ein Mitglied des Areopags, eines wichtigen Gerichtshofes in Athen. Dionysius bekehrte sich zum Christentum, als Paulus vor dem Areopag redete.
Apg 17,34

Diotrephes
Ein stolzer, arroganter Gemeindeleiter, der Johannes nicht anerkannte.
3Joh 9-10

Doëg
Ein Edomiter, der für die Herden Sauls verantwortlich war. Er war in Nob, als der Priester Abimelech David Brot und Waffen gab. Er verriet Abimelech an Saul und führte die angeordnete Hinrichtung durch.
1Sam 21,8; 22,9ff

Drusilla
Die jüngste Tochter Herodes Agrippas I. und Frau des römischen Statthalters Felix (→ Felix).
Apg 24,24

Ebed-Melech
Ein äthiopischer Palastbeamter am Hof König Zedekias (6. Jh. v.Chr.). Weil er das Leben Jeremias rettete, versprach Gott ihm, dass er bei der Zerstörung Jerusalems nicht umkommen würde.
Jer 38; 39,16-18

Ephraim
Der jüngste Sohn Josefs, in Ägypten geboren. Er wurde von Jakob adoptiert und war gesegneter als sein älterer Bruder Manasse. Der nach ihm benannte Stamm war sehr wichtig. Die Propheten nennen manchmal ganz Israel Ephraim.
1Mo 41,52; 48

Eglon
Ein Moabiterkönig zur Zeit der Richter. Er herrschte 18 Jahre über Israel, bis Ehud ihn tötete.
Ri 3,12-26

Ehud
Ein linkshändiger Israelit aus dem Stamm Benjamin. Er beseitigte den König Eglon von Moab, der Israel 18 Jahre lang unterdrückt hatte. Nach dem Tod Eglons zog er mit einem Heer gegen die Moabiter und befreite sein Volk.
Ri 3,15-30

Ela
Der Sohn Baschas. Ela regierte weniger als zwei Jahre über Israel (886-885 v.Chr.) Er war ein schlechter König. Einer seiner Heerführer, Simri, ermordete Ela, als er betrunken war.
1Kön 16,8-14

Eleasar
1. Der bekannteste Eleasar im AT ist Aarons dritter Sohn. Weil seine beiden älteren Brüder umgekommen waren, wurde er nach dem Tod Aarons Hoherpriester. Er war Oberhaupt der Leviten und beaufsichtigte die Dienste in der Stiftshütte.
2Mo 6,23; 3Mo 10; 4Mo 3ff; Jos 14 usw.
2. Der vierte Sohn des Mattatias und Bruder des Judas Makkabäus. Er starb in der Schlacht von Bet-Sacharja, beim Versuch, einen Elefanten zu töten, auf dem er den Seleukidenherrscher Antiochus V. wähnte.
1Makk 2,5; 6,32-47

Eli
Ein Richter und Priester Israels. Samuels Mutter (→ Hanna) brachte ihren Sohn zu ihm ins Heiligtum nach Silo. Die beiden Söhne Elis brachten ihrem Vater Schande. Sie wollten nicht auf ihn hören und Gott ließ ihnen ein schlimmes Ende verkündigen. In einer Schlacht gegen die Philister wurden sie getötet, und die Lade Gottes wurde geraubt. Als Eli davon erfuhr, starb er.
1Sam 1-4

Elia
Ein Prophet im Nordreich während der Regierung König Ahabs. Ahab und seine Frau Isebel sündigten, indem sie Baal anbeteten und die Propheten Gottes töteten. Deshalb ließ Gott eine Dürre über das Land kommen; Elia musste sie Ahab ankündigen. Elia versteckte sich am Bach Krit und Raben ernährten ihn. Als der Bach austrocknete, sandte Gott ihn zu einer Witwe nach Zarpat. Sie teilte ihr letztes Mehl und Öl mit ihm, doch Gott füllte die Krüge bis zum Ende der Dürre immer wieder auf. Als ihr Sohn starb, erhörte Gott Elias Gebet und machte ihn wieder lebendig.
Als Elia im dritten Jahr der Dürre wieder zu Ahab ging, warf der ihm vor, an allem Übel schuld zu sein. Doch Elia antwortete ihm: „Nicht ich stürze Israel ins Unglück, sondern du und deines Vaters Haus dadurch, dass ihr des HERRN Gebote verlassen habt und wandelt den Baalen nach." Er forderte Ahab auf, die Baals- und Ascherapropheten auf den Karmel zu schicken. Dort sollten sie beweisen, ob ihr Gott lebte. Welcher Gott sein Opfer selbst entzünden würde, der wäre der lebendige Gott. Doch so viel die Baalspropheten auch tanzten, beteten und sich selbst kasteiten, es geschah nichts. Als Elia dann betete, fiel Feuer vom Himmel und verbrannte das Opfer. „Der Herr ist Gott!", schrien die Menschen, und Elia tötete die Baalspropheten. Noch am selben Tag endete die Trockenheit.
Vor dem Zorn Isebels floh Elia in die Wüste. Er war allein und der Verzweiflung nahe. Doch Gott redete mit ihm und sagte ihm, dass es noch viel zu tun gäbe; Elia musste einen neuen König salben und Elisa auf seine Nachfolge vorbereiten. Später warnte Elia Ahab, dass für den Mord an Nabot sein ganzes Haus büßen müsse. Ahab fiel in einer Schlacht. Gott bewahrte Elia und als seine Arbeit beendet war, holte er ihn in einem feurigen Wagen in den Himmel. Der Prophet Maleachi hatte vorausgesagt, dass Elia eines Tages wiederkommen würde. Das erfüllte sich, als die Jünger bei der Verklärung Jesu Herrlichkeit sahen, als Mose und Elia mit ihm sprachen.
1Kön 17 – 2Kön 2; Mal 4,5-6; Lk 9,28

Eliab
Isais ältester Sohn, ein Bruder Davids.
1Sam 16,6ff; 17,13.28

Eliëser
Abrahams oberster Diener. Bevor Abraham einen Sohn hatte, war Eliëser zu seinem Erben bestimmt. Er war es auch, den Abraham beauftragte, in Haran eine Frau für Isaak zu suchen.
1Mo 15,2; 24

Elifas
Einer von Hiobs Freunden, die ihn in seinem Leiden besuchten.
Hiob 2,11ff

Elihu
Einer der Freunde Hiobs. Seine Aussage, dass Gott den Menschen durch Leid zur Sündenerkenntnis führen will, um sich dann seiner zu erbarmen, bereitet die Wende im Buch Hiob vor.
Hiob 32-37

Elisa
siehe S. 211

Elisabeth
Die Frau des Priesters Zacharias. Sie hatte keine Kinder bekommen können, doch in ihrem Alter sollte sie die Mutter Johannes des Täufers werden. Sie war verwandt mit Maria, der Mutter Jesu, und diese besuchte sie noch vor der Geburt der Kinder. Elisabeth wusste sofort, dass Marias Kind der lang erwartete „Herr" (Messias) war.
Lk 1

Eljakim
Ein Sohn Hilkijas, Hofmeister zur Zeit Hiskias. Als Sanherib Jerusalem bedrohte, schickte Hiskia Eljakim, Schebna und Joach den assyrischen Boten entgegen.
2Kön 18,18ff; Jes 36,37,6

Eljaschib
Ein Hoherpriester zur Zeit Nehemias, der beim Aufbau der Stadtmauern half.
Neh 3,1; 13

Elkana
Samuels Vater, der Mann Hannas (→ Hanna).
1Sam 1

Elymas/Bar-Jesus
Ein jüdischer Zauberer und falscher Prophet am Hof Sergius Paulus', des römischen Statthalters von Zypern. Elymas fürchtete um seinen Einfluss, falls Sergius Paulus Christ würde, und versuchte, das zu verhindern. Paulus wurde darüber zornig. Zur Strafe war Elymas einige Zeit blind. Als Sergius Paulus das sah, glaubte er an Gott.
Apg. 13,6-12

Epaphras
Der Christ, der die Gemeinde in Kolossä gründete. Er besuchte Paulus in Rom und berichtete ihm über die Kolosser. Daraufhin schrieb Paulus seinen Brief an sie.
Kol 1,7-8; 4,12; Phlm 23

Epaphroditus
Ein Christ aus Philippi. Seine Gemeinde schickte ihn mit einem Geschenk zu Paulus nach Rom.
Phil 2,25-30; 4,18

Erastus
1. Ein Mitarbeiter des Paulus, der mit Timotheus nach Mazedonien ging, während Paulus in Kleinasien blieb.
Apg 19,22; 2Tim 4,20
2. Der Stadtkämmerer von Korinth. Er war Christ und sandte Grüße an die Gemeinde in Rom.
Röm 16,23

Esau
Der ältere Zwillingsbruder Jakobs. Er wurde Jäger und kümmerte sich so wenig um die Verheißungen Gottes, dass er eines Tages, als er hungrig nach Hause kam, sein Erstgeburtsrecht für eine Mahlzeit an Jakob verkaufte. Als sich dann Jakob den Segen Isaaks durch einen Trick erschlich, war Esau ihm sehr böse. Aus Furcht vor ihm verließ Jakob seine Heimat. In der Zeit, in der Jakob weg war, wurde Esau sesshaft und wohlhabend. Er empfing den zurückkehrenden Bruder freundlich und nahm dessen Geschenke an. Esau kehrte in sein Gebiet zurück. Seine Nachkommen waren die Edomiter. Zwischen ihnen und den Nachkommen Jakobs gab es immer Streitigkeiten.
1Mo 25,21ff; 27-28,9; 32-33

Esra
siehe Seite 213

Ester
siehe Seite 215

Eunike
Mutter des Timotheus.
Apg 16,1; 2Tim 1,5

Eutychus
Ein junger Mann, der Paulus in Troas predigen hörte. Es war spät, er schlief ein und stürzte vom dritten Stock hinunter. Paulus erweckte den Toten wieder zum Leben.
Apg 20,7-13

Eva
Die erste Frau und die Gefährtin Adams. Sie und ihr Mann missachteten Gottes Gebot, nicht vom Baum der Erkenntnis zu essen. Deshalb kam der Tod in die Welt und Gott vertrieb beide aus dem Garten Eden. Die Bibel nennt drei Söhne Evas: Kain, Abel und Set.
1Mo 2,18-4,2; 4,25

Ewil-Merodach
Von 562-560 v.Chr. König von Babylon. Bei seiner Thronbesteigung ließ er König Jojachin von Juda frei.
2Kön 25,27-30; Jer 52,31-34

Felix
Der römische Statthalter, vor den Paulus in Cäsarea zur Gerichtsverhandlung gebracht wurde.
Apg 23,24; 23,1-27

Festus
Römischer Statthalter, Nachfolger des Felix. Er hörte Paulus aufmerksam zu und forderte ihn auf, sich selbst vor König Herodes Agrippa II. und Berenike zu verteidigen. Sie waren mit ihm der Meinung, dass Paulus unschuldig war, doch er hatte sich auf den Kaiser berufen und musste nach Rom reisen.
Apg 25-26

Gabriel
Ein Engel, der besondere Botschaften Gottes zu überbringen hatte. Zweimal kam er zu Daniel, einmal, um einen Traum zu erklären und ein anderes Mal, um vorherzusagen, was mit Jerusalem geschehen würde. Gabriel kündigte auch die Geburt Johannes des Täufers und die Geburt Jesu an.
Dan 8,16; 9,21; Lk 1,11-20.26-38

Gad
Der siebte Sohn Jakobs. Nach ihm ist der Stamm Gad benannt.
4Mo 32

Gajus
1. Ein mazedonischer Christ, der Paulus auf der dritten Missionsreise begleitete. Er wurde beim Aufruhr des Demetrius in Ephesus ins Amphitheater gezerrt (→ Demetrius).
Apg 19,29
2. Ein Christ aus Derbe, der mit Paulus nach Jerusalem reiste.
Apg 20,4
3. Ein Christ, den Paulus taufte.
1Kor 1,14
4. Der Freund, an den Johannes seinen dritten Brief schrieb.
3Joh

Gallio
Der römische Statthalter von Achaja, von 51-53 n.Chr. Er war der Erzieher des Kaisers Nero und ein Bruder des Philosophen Seneca. Er hatte seinen Sitz in Korinth. Als Paulus in Korinth war, versuchten die Juden, ihn am Predigen zu hindern und Gallio dazu zu bringen, ihn zu verurteilen. Doch Gallio wollte sich nicht in die Angelegenheiten der Juden einmischen. So konnte Paulus weiter predigen.
Apg 18,12-17

Gamaliel
Ein berühmter Pharisäer, Lehrer des Paulus und Mitglied des Hohen Rates, des Synhedriums. Als der Hohe Rat die Apostel töten lassen wollte, schritt er ein und sagte: „Lasst ab von diesen Menschen, und gebt sie frei! Stammt dieses Vorhaben oder dieses Werk von Menschen, so wird's untergehen; stammt es aber von Gott, so könnt ihr sie nicht vernichten."
Apg 5,34ff; 22,3

Gedalja
Er wurde von Nebukadnezar nach der Eroberung Jerusalems zum Statthalter von Juda eingesetzt. Nach sieben Monaten wurde er von Jischmaël, einem Mitglied der königlichen Familie, ermordet. Die noch in Juda lebenden Juden fürchteten eine Strafmaßnahme der Babylonier und flohen nach Ägypten.
2Kön 25,22-26; Jer 39,14-41,18

Gehasi
Der Diener des Propheten Elisa. Er nahm die Geschenke des vom Aussatz geheilten Naaman, die Elisa zurückgewiesen hatte, an. Doch er sagte Elisa darüber nicht die Wahrheit und wurde zur Strafe selbst aussätzig. Trotzdem blieb er weiterhin Diener Elisas.
2Kön 4-5; 8,4ff

Gerschon
Der älteste Sohn Levis. Er war der Vater einer der drei levitischen Abteilungen.
2Mo 6,16-17

Geschem
Ein Araber, der versuchte, den Bau der Stadtmauer Jerusalems zu verhindern.
Neh 2,19; 6,1

Gideon
siehe S. 207

Gog
Nach Hesekiel ist er der Herrscher von Magog und Fürst von Rosch, Meschech und Tubal. Israel besiegt ihn. In der Offenbarung steht Gog unter der Führung des Satans, und Gott selbst vernichtet ihn.
Hes 38-39; Offb 20,7-9

Goliat
Der philistäische Riese aus Gat, den David tötete. David warf ihn mit einem Stein aus seiner Schleuder nieder und schlug ihm den Kopf ab. Die Philister flohen daraufhin.
1Sam 17

Gomer
Die untreue Frau des Propheten Hosea (→ Hosea).
Hos 1-3

Gorgias
Ein General Antiochus' IV., der von den jüdischen Truppen in der Schlacht bei Emmaus besiegt wurde.
1Makk 3,38; 4,1-25; 2Makk 10,14-23; 12,32-37

Habakuk
Ein Prophet in Juda, der am Ende des 7. Jh.s v.Chr., zur Zeit Jeremias, lebte. Er konnte nicht verstehen, wie Gott sein Volk durch solch ein böses Volk wie die immer stärker werdenden Chaldäer strafen konnte. Gott antwortete, dass er eines Tages alle hochmütigen und stolzen Völker strafen würde, auch die Feinde Judas.
Hab

Hadad-Eser
König von Zoba in Aram. Dreimal besiegte David sein Heer. Nach dem dritten Sieg wurde das Volk von Zoba ihm untertan.
2Sam 8-10; 1Chr 18-19

Hagar
Saras Dienerin. Abraham nahm sie sich zur zweiten Frau, als es so aussah, als könne Gottes Versprechen, dass seine Nachkommen ein großes Volk werden sollten, nicht in Erfüllung gehen, weil er keine Kinder hatte. Hagar bekam einen Sohn. Sie floh in die Wüste, als Sara sie schlecht behandelte. Ein Engel verhieß ihr dort, dass auch ihr Sohn der Vater eines Volkes werden sollte, und schickte sie zurück. Als Isaak geboren wurde, war Ismael 14 Jahre. Sara bat ihren Mann, die Magd und deren Sohn fortzuschicken. Hagar zog durch die Wüste, bis sie kein Wasser mehr hatte und zu verdursten fürchtete. Doch der Engel Gottes zeigte ihr eine Quelle und wiederholte die Verheißung für Ismael.
1Mo 16; 21

Haggai
Ein Prophet, der wahrscheinlich mit Serubbabel aus Babylon zurückkehrte. Er predigte um 520 v.Chr. Er sah, dass das Volk für sich Häuser gebaut hatte und selbst gut lebte, der Tempel Gottes jedoch noch in Trümmern lag. Darum forderte er die Menschen auf, den Tempel wieder aufzubauen.
Hag

Ham
Noahs zweiter Sohn. Von ihm stammen die Ägypter, Äthiopier, Libyer und Kanaanäer.
1Mo 5,32; 6,10; 10,6-20

Haman
Der Minister des Königs Ahasveros von Persien. Haman hasste Mordechai, weil der sich nicht vor ihm verneigte; Haman wollte ihn und alle Juden in Persien töten lassen. Doch Ester verhinderte das.
Est 3-9

Hanamel
Ein Vetter Jeremias. Kurz vor der Eroberung Jerusalems durch die Babylonier wollte er ein Feld in Anatot verkaufen. Jeremia kaufte es und zeigte damit seinen Glauben, dass Juda nicht immer unter babylonischer Herrschaft stehen würde.
Jer 32

Hanani
Der bekannteste Hanani ist der, der nach Susa reiste, um Nehemia zu sagen, dass Jerusalem immer noch eine Ruinenstadt war, obwohl viele Juden schon dorthin zurückgekehrt waren. Er wurde später Statthalter in Jerusalem.
Neh 1,2; 7,2

Hananias
1. Hananias und Saphira gaben den Aposteln nur einen Teil des Geldes, das sie für den Verkauf ihres Landes bekommen hatten. Sie behaupteten jedoch, alles gegeben zu haben. Dieser Lüge wegen mussten beide sterben.
Apg 5,1-11
2. Ein Christ in Damaskus. Gott schickte Hananias zu dem bekehrten Saulus (Paulus). Hananias machte Saulus, der nach der Erscheinung Christi auf der Straße nach Damaskus drei Tage lang blind gewesen war, wieder sehend.
Apg 9,10-19
3. Ein Hoherpriester, der beim Verhör des Paulus vor dem jüdischen Hohen Rat anwesend war, ebenso bei dem Verhör vor Felix.
Apg 23,2-3; 24,1

Hananja
Ein falscher Prophet in Juda, der versprach, dass Juda nach zwei Jahren babylonischer Herrschaft wieder frei würde.
Jer 28

Hanna
1. Die Frau Elkanas und Mutter Samuels. Sie hatte lange keine Kinder. Bei einem jährlichen Opfer am Heiligtum in Silo legte sie ein Gelübde ab. Wenn Gott ihr einen Sohn geben würde, dann wollte sie ihn sein ganzes Leben lang in den Dienst Gottes stellen. Als ihr Kind Samuel dann alt genug war, brachte sie es nach Silo, wo es bei dem Priester Eli blieb. Maria, die Mutter Jesu, nahm das Dankgebet Hannas in ihren Lobpreis Gottes auf, den sie vor der Geburt Jesu sprach.
1Sam 1-2
2. Eine alte Prophetin, die im Tempel war, als Josef und Maria Jesus als Baby Gott darbrachten. Wie Simeon erkannte sie, dass er der Messias war, und sagte es anderen weiter.
Lk 2,36-38

Hannas
Er war Hoherpriester, zusammen mit seinem Schwiegersohn, Kaiphas,

als Jesus gefangen genommen wurde.
Lk 3,2; Joh 18,13-24

Hasaël
Ein Offizier am Hofe Ben-Hadads II. Elia salbte ihn im Auftrag Gottes zum König über Aram. Elisa weinte, weil er wusste, was Hasaël Israel antun würde. Hasaël tötete Ben-Hadad und bestieg den Thron; gegen Israel und Juda führte er Krieg, konnte sie jedoch nicht ganz besiegen.
1Kön 19,15-17; 2Kön 8ff

Hasidäer
Abgeleitet von *chasidim*; dieser hebräische Ausdruck meint „Menschen, die dem Gesetz ergeben sind". Wann diese Gruppe sich bildete, ist unbekannt. In Erscheinung trat sie erstmals bei den Kämpfen der Makkabäer gegen die Seleukiden. Sie unterstützten zunächst den Aufstand, doch nach der Wiedereinweihung des Tempels weigerten sie sich, die makkabäischen Führer (die Hasmonäer) als legitime Erben des Priestertums anzuerkennen. Möglicherweise geht die Gruppe der Pharisäer auf die Hasidäer zurück.
1Makk 2,42; 7,13; 2Makk 14,6

Hasmonäer
Familienname der Makkabäer. Der Ausdruck „Makkabäer" war ursprünglich ein Spitzname für den Hasmonäer Judas, der den jüdischen Aufstand gegen Antiochus IV. (167-164 v.Chr.) anführte. Nach dem Sieg über den Seleukidenkönig übernahmen die Hasmonäer die Kontrolle über die Priesterschaft im Jerusalemer Tempel. Später wurden sie Könige des unabhängigen jüdischen Staates bis zum Einmarsch des römischen Generals Pompejus (63 v.Chr.).
2Makk 8,1-10,9

Heliodor
Hoher Beamter des Seleukos IV. Philopater, der von diesem gesandt wurde, um den Jerusalemer Tempel zu plündern. Als er dies dann versuchte, wurde er von einem Reiter in goldener Kleidung und zwei weiteren auf wundersame Weise auftauchenden Männern angegriffen. Durch ein Einschreiten des Hohenpriesters Onias kam Heliodor mit dem Leben davon.
2Makk 3,7-40

Henoch
Ein Nachkomme von Adams Sohn Set. Er lebte so gottgefällig, dass er nicht starb, sondern Gott ihn hinwegnahm.
1Mo 5,22; Hebr 11,5

Herodes
1. Herodes der Große, Sohn des Antipater (47 v.Chr. von Julius Cäsar zum Prokurator von Judäa ernannt). Antipater machte Herodes zum Statthalter von Galiläa. Nach dem Tod seines Vaters und seines Bruders Josef, des Statthalters von Jerusalem, gaben die Römer Herodes den Titel „König der Juden". Er regierte von 37-4 v.Chr. Er war den Juden, obwohl er den Tempel wieder instand setzte, verhasst. Von Geburt war er kein Jude. Die jüdische Familie der Hasmonäer ließ er ausrotten, weil er sie als Bedrohung für seinen Thron sah. Er war es auch, der den Mord der Kleinkinder in Bethlehem anordnete. Nach seinem Tod wurde das Reich unter drei seiner Söhne aufgeteilt: Archelaus, Antipas und Philippus.
Mt 2; Lk 1,5
2. Archelaus, genannt Herodes der Ethnarch, regierte Judäa von 4 v.Chr. bis 6 n.Chr. Als Maria und Josef auf der Rückkehr von Ägypten erfuhren, dass er Herrscher von Judäa war, ließen sie sich in Galiläa nieder. Archelaus regierte so hart, dass die Römer ihn ins Exil schickten.
Mt 2,22
3. Antipas, Tetrarch von Galiläa und Peräa von 4 v. bis 39 n.Chr. Er nahm Johannes den Täufer gefangen und ließ ihn, auf Wunsch seiner Frau und seiner Tochter, enthaupten. Pilatus übersandte ihm Jesus zur Gerichtsverhandlung, weil Jesus aus Galiläa kam. Antipas verspottete Jesus und schickte ihn zurück zu Pilatus.
Mt 14; Mk 6; Lk 23,7ff
4. Agrippa I., genannt Herodes der Tetrarch, war Sohn des Aristobul und Enkel Herodes des Großen. Er regierte über Galiläa, Judäa und Samaria. Um den Juden einen Gefallen zu tun, ließ er die Christen verfolgen. Er war es auch, der Jakobus, den Sohn des Zebedäus, hinrichten und Petrus gefangen nehmen ließ. Lukas, der Verfasser der Apostelgeschichte, verstand den Tod des Agrippa im Jahre 44 n.Chr. als Folge seines Stolzes.
Apg 12
5. Agrippa II. war der Sohn Agrippa I. Er besuchte Festus in Cäsarea und hörte dort Paulus. Sein Urteil war, dass Paulus freigelassen werden könnte, wenn er sich nicht auf den Kaiser berufen hätte.
Apg 25,13-26,32

Herodias
Die Frau des Herodes Antipas. Er heiratete sie, als ihr erster Mann Philippus noch lebte. Weil Johannes die Heirat verurteilte, ließ sie ihn enthaupten.
Mt 14; Mk 6; Lk 3,19

Hesekiel
Einer der großen Propheten des AT. Er war der Sohn eines Priesters namens Busi und lebte bis zur Invasion Nebukadnezars 597 v.Chr. in Jerusalem. Mit Jojachin und anderen hochgestellten Bürgern wurde er gefangen nach Babylon geführt. Dort lebte er in einem eigenen Haus in der jüdischen Siedlung Tel-Abib am Fluss Kebar. Nach vier Jahren berief Gott ihn zum Propheten. Bis zur Zerstörung Jerusalems 586 v.Chr. predigte er Buße und forderte das Volk auf, die Vergebung Gottes zu suchen. Nach dem Untergang Jerusalems blickte er voraus auf die Zeit, in der die Juden die Stadt und den Tempel Gottes wieder aufbauen sollten.
Hes 1,1-3; 20,33-37; 36,26-33; 43,1 u.a.

Hilkija
Am bekanntesten ist der Hilkija, der zur Zeit des Königs Josia von Juda Hoherpriester war. Bei den Reparaturarbeiten am Tempel fand er eine alte Schriftrolle mit dem Gesetz Gottes. Diese Entdeckung führte zu einer josianischen Reform in Juda.
2Kön 22-23; 2Chr 34

Hiob
Der „Held" des Buches Hiob. Er war ein sehr guter und frommer Mensch. Doch nacheinander verlor er seinen Reichtum, seine zehn Kinder und seine Gesundheit. Trotzdem wollte er Gott nicht fluchen. Drei seiner Freunde, die ihn besuchten, waren überzeugt, dass alles seine eigene Schuld wäre; aber Hiob wusste, dass sie im Unrecht waren. Ein anderer Freund sagte ihm, dass er nicht erwarten könne, Gottes Wege zu verstehen. Weil er den Grund für sein Leiden nicht finden konnte, war er der Verzweiflung nahe, bis sich ihm Gott endlich in seiner Allmacht und Weisheit offenbarte.

Hiram
1. Ein mit David und Salomo befreundeter König von Tyrus. Er lieferte das Zedernholz für den Palast Davids und später für den Tempel Salomos.
2Sam 5,11; 1Kön 5; 9-10
2. Ein Handwerker, den König Hiram Salomo für die Bauarbeiten an Palast und Tempel schickte.
1Kön 7

Hiskia
siehe S. 213

Hofni und Pinhas
Die beiden Söhne Elis, des Priesters in Silo. Weil sie Gott missachteten, kündigte Gott Eli ihren Tod an. Als Hofni und Pinhas in einer Schlacht gegen die Philister die Lade trugen, wurden sie getötet und die Lade wurde geraubt.
1Sam 2,12ff; 4

Hoschea
Der letzte König des Nordreiches. Um an die Macht zu kommen, ermordete er König Pekach. Salmanassar V. von Assyrien besiegte ihn und machte ihn tributpflichtig. Als Hoschea sich dagegen auflehnte, wurde er gefangen genommen. Drei Jahre später wurde Samaria zerstört und das Volk weggeführt.
2Kön 17

Hosea
Ein Prophet im Nordreich Israel. Er wirkte von der Zeit Jerobeams II. bis kurz vor der Eroberung Samarias durch die Assyrer 522 v.Chr. Er musste eine Hure heiraten zum Zeichen für die Untreue des Volkes gegenüber Gott. Trotz Israels Untreue versprach Gott, dass er dem Volk die Treue halten und es weiterhin lieben würde.
Hos

Hulda
Eine Prophetin, die zur Zeit des Königs Josia von Juda lebte. Als der Priester Hilkija im Tempel die Rolle mit dem Gesetz Gottes gefunden hatte, fragte Josia sie um Rat.
2Kön 22,14ff; 2Chr 34,22ff

Huschai
Ein treuer Freund Davids. Während Absaloms Aufstand lief er zum Schein auf dessen Seite über. Er gab Absalom falschen Rat und verhalf David zur Flucht.
2Sam 15,32-17,15

Hymenäus
Ein Mann, den Paulus aus der Gemeinde ausschloss, weil er Irrlehren verkündigte.
1Tim 1,20; 2Tim 2,17

Isaak
Der Sohn, den Gott Abraham und Sara versprochen hatte. Er wurde geboren, als seine Eltern schon sehr alt waren. Nur wenig später stellte Gott den Glauben Abrahams auf die Probe. Er sollte seinen Sohn opfern. Doch als Abraham Isaak gerade töten wollte, hielt ein Engel ihn auf. Gott erneuerte daraufhin sein Versprechen, dass Abrahams Nachkommen zu einem großen Volk werden sollten. Mit vierzig Jahren heiratete Isaak Rebekka, ein Mädchen aus Abrahams Sippe. Sie gebar ihm Zwillinge, Esau und Jakob. Als Isaak alt und fast erblindet war, erschlich sich Jakob den Segen, der eigentlich Esau, dem älteren Bruder, zugestanden hätte. Jakob verließ danach seine Heimat. Nach vielen Jahren kehrte er jedoch wieder zurück, noch bevor sein Vater starb.
1Mo 21-22; 24,28,9; 35,27-29

Isai
Ein Enkel Ruts und Boas', der Vater Davids.
1Sam 16-17

Isch-Boschet/Eschbaal
Einer der Söhne Sauls. Er wurde von Abner, dem Heerführer Sauls, zum König gekrönt. Zwei Jahre lang regierte er Israel; zwischen ihm und David (Juda) herrschte Krieg. Dann wurde er von zwei seiner Heerführer ermordet und David wurde auch über Israel König.
2Sam 2-4

Isebel
siehe S. 211

Ismael
Der Sohn Abrahams und Hagars (→ Hagar).
1Mo 16; 21

Israel
Der Name, den Gott Jakob nach dem Kampf mit dem fremden „Mann" am Jabbok gab. Israel bedeutet: „der Mann, der mit Gott kämpft". Die zwölf Stämme werden auch „Kinder Israel" genannt.
1Mo 32,22ff; 35,9

Issachar
Ein Sohn Jakobs und Leas. Nach ihm ist ein Stamm Israels benannt.
1Mo 35,23

Itamar
Der jüngste Sohn Aarons. Er überwachte den Bau der Stiftshütte. Von ihm stammt eine wichtige Priesterfamilie ab.
2Mo 6,23; 38,21; 4Mo 3ff; 1Chr 24,1

Ittai
Ein Mann aus Gat, Führer von 600 Philistern, die zu David hielten. David setzte ihn über ein Drittel seines Heeres.
2Sam 15; 18

Jabin
1. Ein König von Hazor, den Josua besiegte und tötete.
Jos 11,1-11
2. Ein kanaanäischer König, auch aus Hazor, der Israel 20 Jahre bedrängte. Er wurde von Barak und Debora besiegt.
Ri 4

Jaël
Eine Frau aus dem Stamm der Keniter. Sisera, der Befehlshaber der kanaanäischen Armee, floh nach seiner Niederlage und versteckte sich in ihrem Zelt. Als er schlief, tötete sie ihn; Debora besingt sie in ihrem Lied.
Ri 4-5

Jafet
Einer der drei Söhne Noahs. Er überlebte die Flut und wurde Vater vieler Völker.
1Mo 5,32; 9,18ff; 10,1ff

Jaïrus
Der Synagogenvorsteher aus Kapernaum, der Jesus bat, seine zwölfjährige Tochter zu heilen. Als Jesus ankam, war das Mädchen tot, doch er erweckte es wieder zum Leben.
Mk 5,22ff

Jakob
siehe S. 199

Jakobus
1. Der Sohn des Zebedäus und ein Jünger Jesu. Jakobus war, wie sein Bruder Johannes, Fischer. Als Jesus ihn aufforderte, ihm nachzufolgen, kam er

sofort. Jakobus war bei der Auferweckung der Tochter des Jaïrus und bei der Verklärung Jesu dabei. Herodes Agrippa I. ließ ihn seines Glaubens wegen töten.
Mt 4,21ff; 17,1ff; Mk 5,37; 10,35ff; Apg 12,2

2. Ein anderer Apostel, der Sohn des Alphäus. Er ist wahrscheinlich mit der Bezeichnung „Jakobus der Jüngere" gemeint.
Mt 10,3; Mk 15,40; Apg 1,13

3. Einer der Brüder Jesu. Er hatte so lange nicht geglaubt, dass Jesus der Messias war, bis er ihn nach der Auferstehung gesehen hatte. Er wurde später Führer der Gemeinde in Jerusalem und schrieb wahrscheinlich den Jakobusbrief. Der jüdische Geschichtsschreiber Josephus berichtet, dass er 62 n.Chr. gesteinigt wurde.
Mt 13,55; Apg 12,17; 1Kor 15,7; Jak

Jason
1. Ein Christ, bei dem Paulus und Silas in Thessalonich wohnten.
Apg 17,5-9
2. Ein Judenchrist, den Paulus erwähnt.
Röm 16,21
3. Hoherpriester in Jerusalem (174-171 v.Chr.). Er verteidigte die seleukidische Politik der Hellenisierung des jüdischen Lebens, war aber einigen noch nicht radikal genug und wurde abgesetzt. Nach einem ebenso grausamen wie vergeblichen Versuch, das Amt gewaltsam wieder zu besetzen, wurde er ins Exil geschickt.
2Makk 4,7-22; 5,1-14

Jawan
Enkel Noahs und Sohn des Jafet. Jawan wird als Vorfahre unter anderem der Völker angesehen, die in früher Zeit in Griechenland und Kleinasien gelebt haben. In den älteren Schriften des AT scheint Jawan ein Synonym für das griechische Volk zu sein.
1Mo 10,2; 1Chr 1,5; Jes 66,19; Hes 27,13

Jedutun
Ein Levit, der den gottesdienstlichen Gesang zur Zeit Davids und Salomos leitete.
1Chr 16,41-42; 25; 2Chr 5,12

Jeftah
Einer der Richter im frühen Israel. Bevor er in die Schlacht gegen die Ammoniter zog, gelobte er, dass er den, der ihm bei seiner Rückkehr aus seinem Haus entgegen kam, opfern wollte. Nach dem Sieg begrüßte ihn seine einzige Tochter. Trotz seiner Traurigkeit hielt Jeftah sein Gelübde. Er war sechs Jahre lang Richter in Israel.
Ri 11-12

Jehu
Ein Befehlshaber des Heeres Jorams von Israel. Von 841-814 v.Chr. war er König. Elisa hatte ihn zum König gesalbt und ihn beauftragt, alle Nachkommen Ahabs und Isebels als Strafe für deren Schlechtigkeit auszurotten. Das tat er. Später marschierte Hasaël von Aram in Israel ein und Jehu bat wahrscheinlich Assyrien um Hilfe (in einer Vasallenliste Salmanassars III. ist er genannt).
2Kön 9-10

Jehudi
Ein Beamter am Hof Jojakims, der dem König aus einer Schriftrolle Jeremias vorlas.
Jer 36

Jeremia
Ein großer Prophet in Juda, etwa 625-585 v.Chr., Sohn eines Priesters, schon in seiner Jugend zum Propheten berufen. Jahrelang war das Volk von Juda Gott ungehorsam gewesen und hatte seine Gesetze missachtet; Jeremia sollte es warnen. Sein Land und seine Stadt würden erobert und die Menschen ins Exil geführt werden, wenn sie sich nicht wieder zu Gott wandten. Obwohl Gott ihnen vergeben würde, hörte das Volk nicht auf den Propheten. Als Nebukadnezar Jerusalem eroberte, behandelte er Jeremia freundlich und erlaubte ihm, in Juda zu bleiben. Seine eigenen Volksgenossen aber zwangen ihn nach dem Mord Gedaljas, mit ihnen nach Ägypten zu gehen. Wahrscheinlich starb Jeremia dort.
2Chr 35,25; 36,12.21-22; Jer

Jerobeam I.
siehe S. 211

Jerobeam II.
Er wurde nach seinem Vater Joasch König von Israel und regierte 41 Jahre (793-753 v.Chr.). Er eroberte verlorenes Land zurück und Israel blühte unter seiner Herrschaft auf. Die Menschen wurden sorglos und weder sie noch der König hörten auf die Warnungen der Propheten Hosea und Amos. Sie trieben weiter Götzendienst und missachteten Gottes Bund.
2Kön 14,23-29; Am

Jerubbaal
Ein anderer Name Gideons.

Jesaja
Einer der großen Propheten. Er lebte zur Zeit Usias, Jotams, Ahas' und Hiskias in Jerusalem. Im Tempel hatte er eine Berufungsvision erlebt, in der er Gott in seiner Heiligkeit gesehen hatte und ihm seine Sünden vergeben wurden. Jetzt konnte er den Menschen Gottes Wort sagen. Er war verheiratet mit einer Prophetin und hatte zwei Söhne, denen er als Zeichen für das, was Gott tun wollte, besondere Namen gab. Während seiner Wirksamkeit wurde Juda ständig von den mächtigen Assyrern bedroht. Als dann unter Hiskia sogar Jerusalem belagert wurde, mahnte er zum Vertrauen auf Gott. Als Hiskia krank wurde, betete Jesaja für ihn, und Gott gab Hiskia ein Zeichen dafür, dass er noch 15 Jahre leben durfte. Die Botschaft Jesajas gab dem Volk Hoffnung; es würde zwar den Folgen seines Ungehorsams nicht entgehen, doch zuletzt würde Gott seine Feinde vernichten und es aus dem Exil zurückbringen. Jesaja sagte auch voraus, dass eines Tages der Messias kommen werde.
2Kön 19-20; Jes

Jeschua
Ein Hoherpriester, der nach der Rückkehr aus dem Exil am Wiederaufbau des Tempels beteiligt war.
Hag; Sach 3

Jesus
siehe S. 176-191

Jesus Sirach
Autor des gleichnamigen Buches. Er war ein Jude, der im frühen zweiten Jahrhundert v.Chr. in Ägypten lebte, stand aber in engem Kontakt zu Jerusalem und unterhielt möglicherweise dort eine Schule. Er war sehr vertraut mit den Traditionen seines Volkes, doch durch seine Reisen war er auch mit den Weisheitslehren anderer Kulturen vertraut.
Sir

Jitro/Reguël
Priester in Midian und Schwiegervater Moses. Er brachte seine Tochter und deren Kinder zu Mose, als er am Sinai war. Er riet Mose dazu, fähige Männer als Richter einzusetzen.
2Mo 2,16; 3,1; 4,18-19,18

Joab
Ein Neffe König Davids und der Befehlshaber seiner Armee. Er war furchtlos, aber grausam. Er war David treu und half ihm König aller Stämme Israels zu werden und den Aufstand Absaloms niederzuschlagen. Doch kurz vor Davids Tod unterstützte er den Putschversuch Adonijas. Als Salomo König war, ordnete dieser die Hinrichtung Joabs an, weil er sich an Adonijas Aufstand beteiligt und die Heerführer Abner und Amasa ermordet hatte.
2Sam 2-3; 10-11; 14; 18-20; 25; 1Kön 1-2; 1Chr 11ff

Joahas
1. König von Israel, 814 bis 798 v.Chr., Sohn Jehus. Er verführte seine Untertanen zum Götzendienst. Hasaël und Ben-Hadad von Aram besiegten ihn.
2Kön 13,1ff
2. Sohn Josias, regierte im Jahre 609 v.Chr. drei Monate über Juda. Er wurde als Gefangener des Pharaos Necho nach Ägypten verschleppt.
2Kön 23

Joasch
1. Ein Sohn König Ahasjas, der mit sieben Jahren König von Juda wurde. Der Priester Jojada hatte dem kleinen Jungen das Leben gerettet und führte zuerst für ihn die Regierungsgeschäfte. Joasch befolgte das Gesetz Gottes und reparierte den Tempel, doch nach dem Tod Jojadas führte er den Götzendienst wieder ein, ermordete den Sohn Jojadas und besänftigte die angreifenden Aramäer mit Gold aus dem Tempel. Joasch wurde von seinen eigenen Beamten ermordet (→ Jojada).
2Kön 11-12; 2Chr 24
2. Ein Sohn Joahas', des Königs von Israel (798-782 v.Chr.).
2Kön 13-14

Joël
Ein Prophet; sein Vater war Petuël. Joël beschreibt eine Heuschreckenplage und eine Dürre; er wollte die Israeliten damit warnen, sie sollten sich zu Gott hinwenden. Joël sagte voraus, dass Gott eines Tages allen seinen Heiligen Geist geben werde.
Joël

Johanan
Ein jüdischer Führer, der nach der Eroberung Jerusalems durch Nebukadnezar in der Stadt blieb. Er warnte Gedalja, den Statthalter von Juda, vor dem auf ihn geplanten Mordanschlag. Danach führte er die restliche Bevölkerung gegen den Rat Jeremias nach Ägypten.
Jer 40-43

Johanna
Die Frau eines Beamten des Herodes Antipas. Jesus hatte sie geheilt, und sie unterstützte ihn und seine Jünger mit Geld. Sie war unter den Frauen, die das leere Grab fanden.
Lk 8,1-3; 24,10

Johannes (Apostel)
siehe S. 250

Johannes der Täufer
siehe S. 245

Jojachin
König von Juda im Jahr 597 v.Chr. Er regierte nur drei Monate, dann nahm ihn Nebukadnezar als Gefangenen mit nach Babylon. Später wurde er aus dem Gefängnis befreit und an den Königshof geholt.
2Kön 24,8-16; 25,27ff; 2Chr 36,9-10; Jer 52

Jojada
Der wichtigste Mann mit diesem Namen war ein Hoherpriester in Jerusalem zur Zeit Ahasjas, Ataljas und Joaschs. Er war verheiratet mit Joscheba, der Schwester König Ahasjas. Als Atalja durch einen Putsch an die Macht kam, ließ sie die ganze Königsfamilie töten. Doch Joscheba versteckte Joasch, einen der Söhne Ahasjas. Nach sechs Jahren rief Jojada Joasch zum König aus und Atalja wurde getötet. Bis Joasch erwachsen war, führte Jojada selbst die Regierungsgeschäfte.
2Kön 11-12; 2Chr 23-24

Jojakim
Sohn Josias, König über Juda von 609-597 v.Chr. Pharao Necho hatte ihn zum König gemacht. Er machte alles zunichte, was sein Vater Gutes getan hatte. Er verbrannte die Schriftrolle mit den Worten Jesajas. Als er sich gegen Babylon auflehnte, wurde Juda angegriffen.
2Kön 24,1-7; 2Chr 36,4-8; Jer 22,18ff; 26; 36

Jona
Ein Prophet, der wahrscheinlich im 8. Jh. v.Chr. lebte. Im Buch Jona ist seine Geschichte erzählt. Gott hatte ihn nach Ninive, der Hauptstadt Assyriens, geschickt, wo er gegen die Schlechtigkeit der Menschen predigen sollte. Doch er nahm ein Schiff nach Tarsis, in die entgegengesetzte Richtung. Als dann ein Sturm aufkam, wusste Jona, dass das die Folge davon war, dass er vor Gott davonlief. Er sagte der Mannschaft, dass sie ihn über Bord werfen sollten, und kaum hatte sie das getan, legte sich der Wind. Jona ertrank nicht, sondern wurde von einem großen Fisch verschluckt, der ihn an Land wieder ausspuckte. Gott gab ihm noch eine Chance und diesmal ging er nach Ninive und predigte. Die Menschen bereuten, fasteten und beteten und Gott verschonte die Stadt.
Jona

Jonatan
1. Der älteste Sohn König Sauls und ein guter Freund Davids. Er zeichnete sich in vielen Schlachten gegen die Philister durch seine Tapferkeit aus. Obwohl er wusste, dass David an seiner Stelle König werden sollte, war er ihm ein treuer Freund und rettete ihn vor den Mordanschlägen Sauls. Jonatan und Saul fielen beide in einer Schlacht gegen die Philister. David war traurig und sang ein Klagelied um Jonatan.
1Sam 13-14; 18-20; 23,16-18; 2Sam 1
2. Ein Sohn des Mattatias, des Priesters, der als erster der Hellenisierungspolitik des Antiochus IV. Widerstand leistete. Nach dem Tod seines Bruders Judas wurde Jonatan Führer der makkabäischen Truppen.
1Makk 9,23 – 12,53

Joram
1. Ein Sohn Ahabs. Er war von 852-841 v.Chr. König von Israel, nachdem sein Bruder Ahasja gestorben war. Er räumte zwar mit dem Baalsdienst auf, führte jedoch keine grundlegende Reform durch. Jehu tötete ihn.
2Kön 3; 8-9

2. Nach Joschafat König von Juda, von 848-841 v.Chr. (Mitregent schon seit 853). Elia kündigte ihm einen schrecklichen Tod an, weil er seine sechs Brüder ermordet und seine Untertanen zum Götzendienst angestiftet hatte.
2Kön 8,16ff; 2Chr 21

Joschafat
Ein Sohn König Asas, der von 870-848 v.Chr. über Juda herrschte (Mitregent seit 873). Er zerstörte die Götzenbilder und kümmerte sich darum, dass seine Untertanen die Gebote Gottes lernten. Er verbesserte das Recht und setzte in großen Städten Richter ein. Er machte jedoch den Fehler, ein Bündnis mit König Ahab einzugehen, und wurde dadurch in die Kriege Israels verwickelt.
1Kön 22; 2Kön 3; 2Chr 17-21,1

Joscheba
Die Schwester König Ahasjas von Juda. Sie war mit dem Priester Jojada verheiratet (→ Jojada).
2Kön 11,1-3; 2Chr 22,11-12

Josef
1. Sohn Jakobs; siehe S. 199
2. Der Mann Marias und Pflegevater Jesu. Obwohl Josef nicht der leibliche Vater Jesu war, war er es doch im rechtlichen Sinne. Vor der Geburt Jesu hatte ein Engel ihm gesagt, dass das Kind der Maria Gottes Sohn sei. Als Josef in einem Traum erfuhr, dass König Herodes das Kind töten lassen wollte, floh er mit Maria und dem Kind nach Ägypten. Nach dem Tod des Herodes kehrte er zurück und ließ sich in Nazareth, wo er als Zimmermann arbeitete, nieder. Als Jesus zwölf Jahre alt war, brachten seine Eltern ihn in den Tempel nach Jerusalem. Mehr wissen wir nicht über Josef; vielleicht ist er gestorben, bevor Jesus erwachsen war.
Mt 1-2; Lk 1,27; 2
3. Josef von Arimathäa. Er war Mitglied des Hohen Rates, folgte jedoch im Geheimen Jesus nach. Nach der Kreuzigung bat er Pilatus um den Leichnam Jesu und legte ihn in das Grab, das er für sich selbst hatte machen lassen.
Lk 23,50ff; Joh 18,38

Josia
siehe S. 213

Josua
Nachfolger des Mose; siehe S. 206

Jotam
Von 750-732 v.Chr. König von Juda; sein Vater war König Usija. Er regierte schon zu Lebzeiten seines Vaters, der an Aussatz erkrankt war. Jotam diente Gott.
2Kön 15,32-38; 2Chr 27,1-6

Juda
Der vierte Sohn von Jakob und Lea. Er überredete seine Brüder dazu, Josef als Sklaven zu verkaufen und ihn nicht zu töten. Die letzten Worte Jakobs verhießen seinem Stamm ein Königreich.
1Mo 29,35; 37; 26-27; 38; 49,9-10

Judas
Es gibt mehrere Männer dieses Namens im NT. Die bekanntesten sind:
1. Judas, der Sohn des Jakobus, er war einer der zwölf Jünger und war auch nach der Himmelfahrt Jesu unter ihnen.
Lk 6,16; Apg 1,13
2. Einer der Brüder Jesu. Er glaubte nicht, dass Jesus der Messias war, bis er ihn nach seiner Auferstehung sah. Er hat vielleicht den Judasbrief geschrieben.
Mt 13,55; Joh 7,5; Apg 1,14
3. zu Judas Iskariot s. S. 247

Judas Makkabäus
Dritter Sohn des Mattatias und Anstifter des jüdischen Aufstands gegen Antiochus IV. Er unterlag in einem Guerillakrieg den seleukidischen Truppen in weniger als zwei Jahren. Sein Name „Makkabäus" war ein Spitzname. Er bedeutet „der Hämmerer".
1Makk 3,1-9,22; 2Makk 8,1-36; 10,10-15,36

Judit
Der Legende nach eine mutige Witwe aus der Stadt Betulia, die von Holofernes, einem General des babylonischen Königs Nebukadnezar, belagert wurde. Als die Ältesten des Ortes an Aufgabe dachten, gelang es Judit, sich Zugang zum babylonischen Lager zu verschaffen und, als attraktive Frau, ins Zelt des Holofernes zu gelangen. Während der ganzen Zeit, in der sie sich im Zelt befand, hielt sie streng die jüdischen Gesetzes- und Speisevorschriften ein und wartete auf eine Gelegenheit, Holofernes zu töten. Als eines Nachts Holofernes betrunken war, enthauptete Judit ihn mit seinem eigenen Schwert. Mit dem abgeschlagenen Haupt in der Tasche kehrte Judit nach Betulia zurück. Die Armee floh und die Stadt war gerettet.
Jdt 1,1-11,25

Julius
Der römische Hauptmann, der Paulus auf seiner Fahrt nach Rom bewachte.
Apg 27,1.3.42-44

Kain
Der älteste Sohn Adams und Evas. Er war Bauer. Aus Zorn darüber, dass Gott das geopferte Lamm seines Bruders Abel annahm, jedoch seine Erntegabe ablehnte, tötete er Abel. Zur Strafe war er für den Rest seines Lebens Nomade.
1Mo 4; 1Joh 3,12

Kaiphas
Er war Hoherpriester von 18-36 n.Chr. Bei der Gerichtsverhandlung sprachen er und sein Schwiegervater Hannas Jesus der Gotteslästerung schuldig. Unter Kaiphas fanden auch die in der Apostelgeschichte erwähnten Christenverfolgungen statt.
Mt 26,3.57ff; Lk 3,2; Joh 18,13ff; Apg 5,17ff

Kaleb
Einer der Kundschafter, die Mose ins Land Kanaan schickte. Von den zwölf Kundschaftern, die berichteten, was sie gesehen hatten, glauben nur Kaleb und Josua, dass Gott ihnen helfen würde, das Land zu erobern. Wegen ihres Vertrauens kamen sie ins verheißene Land; alle anderen Israeliten ihrer Generation starben in der Wüste.
4Mo 13-14; Jos 14,6ff

Kanaan
Ein Sohn Hams. Wegen seiner Respektlosigkeit verfluchte sein Großvater Noah ihn und seine Nachkommen (die Kanaanäer).
1Mo 9,18-27

Kedor-Laomer
König von Elam.
1Mo 14

Kehat
Ein Sohn Levis und Vorfahre Moses, der Stammvater einer der drei levitischen Abteilungen.
2Mo 6,16ff; 4Mo 3,17ff

Ketura
Abrahams zweite Frau.
1Mo 25,1ff

Kisch
Ein reicher Mann aus dem Stamm Benjamin, der Vater König Sauls.
1Sam 9,1ff

Klaudius
Der vierte römische Kaiser (41-54 n.Chr.). Zu seiner Zeit kam die Hungersnot, die der Prophet Agabus vorhergesagt hatte. Klaudius wies alle Juden aus Rom aus.
Apg 11,28; 18,2

Klaudius Lysias
Oberster der römischen Garnison in Jerusalem, der Paulus vor der wütenden Volksmenge rettete. Er nahm ihn gefangen und erlaubte dem Hohen Rat, ihn zu verhören. Doch das Verhör endete in einem Chaos. Als Klaudius Lysias vernahm, dass Paulus ermordet werden sollte, schickte er ihn nach Cäsarea zum römischen Statthalter Felix.
Apg 21,31-23,30

Klemens
Ein Christ aus Philippi, ein Mitarbeiter des Paulus.
Phil 4,3

Kleopas
Am Tag der Auferstehung Jesu gingen Kleopas und ein Freund von Jerusalem nach Emmaus. Sie hatten geglaubt, dass Jesus der Messias sei, und waren verwundert über seinen Tod und über die Nachricht, dass er auferstanden sei.
Ein Mann gesellte sich zu ihnen. Als er ihnen die alttestamentlichen Stellen über den Messias erklärte, war es ihnen, „als brenne ihnen das Herz". Sie luden ihn zum Essen ein und als Jesus betete und das Brot brach, erkannten sie ihn. Sie gingen sofort nach Jerusalem und erzählten es den anderen.
Lk 24,13-53

Korach
1. Ein Levit, der sich gegen Mose und Aaron auflehnte. Ihm ging die Wanderung nach Kanaan nicht schnell genug und er bezweifelte Moses Anrecht auf die Führerschaft. Er und seine Anhänger starben, weil sie sich gegen Gottes erwählten Führer aufgelehnt hatten.
4Mo 16
2. Ein Sohn Levis. Seine Nachkommen waren die Tempelsänger.
1Chr 6,37; Ps 44-49

Kornelius
Ein römischer Hauptmann (Centurio) in Cäsarea. Er diente Gott und half den Armen. In einem Traum forderte Gott ihn auf, nach Petrus zu schicken, der gerade in Joppe war (→ Petrus). Als Petrus kam, fand er schon viele ungeduldig wartende Freunde und Verwandte des Kornelius vor. Sie glaubten und wurden – als erste Nichtjuden! – getauft.
Apg 10 und 11

Kreszens
Ein Freund des Paulus. Er war kurz mit Paulus in Rom, verließ ihn aber dann, um in Galatien zu arbeiten.
2Tim 4,10

Krispus
Vorsteher der Synagoge in Korinth. Er und seine Familie wurden von Paulus zum Glauben geführt und getauft.
Apg 18,8; 1Kor 1,14

Kuschan-Rischatajim
Ein König von Mesopotamien, der zur Zeit der Richter acht Jahre lang über Israel herrschte.
Ri 3,7-10

Kyrus
Der persische König, der 539 v.Chr. Babylon eroberte. Er ließ die Juden nach Jerusalem zurückkehren; alle Tempelschätze, die Nebukadnezar geraubt hatte, gab er ihnen mit und unterstützte sie mit Geld. Jesaja sagte, dass Kyrus von Gott dazu ausersehen war, König zu werden und den Juden in Babylon die Rückkehr zu ermöglichen. Die letzten Geschichten über Daniel spielen sich während der Regierungszeit des Kyrus ab.
Esra 1,1ff-6,14; Jes 44,28ff; Dan 6,28

Laban
Der Bruder Rebekkas, der Frau Isaaks. Er lebte in Haran und nahm seinen Neffen Jakob, der seine Heimat verlassen hatte, bei sich auf. Laban hatte zwei Töchter – Lea und Rahel, Jakob erklärte sich bereit, sieben Jahre lang für ihn zu arbeiten, wenn er danach Rahel zur Frau bekäme. Doch Laban hinterging ihn und verheiratete ihn zuerst mit Lea; für Rahel musste Jakob noch einmal sieben Jahre dienen. Doch später hinterging Jakob Laban ebenso und schaffte sich auf dessen Kosten riesige Schaf- und Ziegenherden an. Als Jakob dann heimlich nach Kanaan aufbrach, verfolgte Laban ihn, doch Gott verbot ihm, Jakob zurückzuhalten.
1Mo 24,29ff; 29-31

Lamech
1. Ein Nachkomme Kains.
1Mo 4,18ff
2. Sohn Metuschelachs und Vater Noahs.
1Mo 5,28-31

Lazarus
1. Der Bruder Martas und Marias aus Betanien. Als Lazarus krank wurde, schickten seine Schwestern nach Jesus. Doch obwohl er sie liebte, wartete Jesus, bis Lazarus tot war (→ Marta). Zusammen mit den weinenden Frauen ging er ans Grab – und auch er weinte. Dort befahl er den Umstehenden, den Stein vom Eingang wegzurollen, und rief mit lauter Stimme: „Lazarus, komm heraus!" Lazarus kam heraus, noch in Leichentücher gewickelt. Viele glaubten daraufhin an Jesus, doch die Oberen der Priester und Pharisäer fürchteten sich und beschlossen, ihn zu töten.
Joh 11-12,11
2. Der Name des Bettlers im Gleichnis vom reichen Mann und vom armen Lazarus.
Lk 16,19-31

Lea
Die ältere Tochter Labans, die durch einen Betrug mit Jakob verheiratet wurde. Von Lea hatte Jakob sechs Söhne und eine Tochter.
1Mo 29,16-33,7

Levi
1. Der dritte Sohn Jakobs und Leas. Seine Nachkommen bildeten den Stamm Levi. Die Leviten waren zum Dienst Gottes in der Stiftshütte und später im Tempel bestimmt.
1Mo 29; 34; 49; 4Mo 3,5-20
2. → Matthäus

Lot
Abrahams Neffe. Er ging mit Abraham von Haran nach Kanaan; doch nach einem Streit ihrer Hirten trennten sich die beiden. Lot zog in eine fruchtbare Ebene in die Stadt Sodom. Als diese Stadt später wegen ihrer Schlechtigkeit zerstört wurde, entkam er. Doch seine Frau, die zurückblickte, kam um.
1Mo 11,31-14,16; 19

Lud
Sohn Sems und Namensgeber der Lydier, ein im Westen Kleinasiens

um Sardes herum lebendes Volk.
1Mo 10,22; 1Chr 1,17

Lukas
Ein Griechisch sprechender Arzt, der das Lukasevangelium und die Apostelgeschichte schrieb. Er war ein Freund des Paulus und begleitete ihn auf einigen seiner Reisen, so dass er vieles, was Paulus tat und sagte, aus erster Hand berichten konnte. Über das Leben Jesu berichteten ihm wahrscheinlich die Apostel und andere Christen. Lukas reiste mit Paulus nach Rom und blieb dort bei ihm.
Kol 4,14; 2Tim 4,11; Phlm 24

Lydia
Eine Purpurhändlerin aus Thyatira in Kleinasien; sie hörte Paulus in Philippi und wurde Christ.
Apg 16,14-15,40

Lysias
Seleukidischer Militärführer und Reichsverweser Antiochus' IV während dessen Partherfeldzugs. Lysias kämpfte in mehreren Schlachten gegen die Makkabäer, entweder in eigener Person oder durch seine Generäle Ptolemäus, Nikanor und Gorgias.
1Makk 3,32-4,35; 6,55; 2Makk 11,1-38

Maleachi
Der letzte Prophet im AT (um die Mitte des 5. Jh.s v.Chr.). Der Tempel war zwar nach der Rückkehr aus dem Exil wieder aufgebaut worden, doch die Menschen dienten Gott nicht von ganzem Herzen. Maleachi rief das Volk zur Umkehr. Sein Name bedeutet „mein Bote"; als Gottes Bote sagte er auch das Kommen des Messias und den Tag des Gerichts Gottes voraus.
Mal

Manasse
1. Josefs ältester Sohn, der von Jakob adoptiert und gesegnet wurde. Seine Nachkommen bildeten den Stamm Manasse.
1Mo 41,51; 48,1ff
2. Ein König, der 55 Jahre über Juda herrschte (696-642 v.Chr.). Sein Vater war Hiskia. Manasse verführte sein Volk zu Götzendienst aller Art. Für kurze Zeit war er Gefangener in Babylon; nach seiner Rückkehr änderte er sich und wandte sich Gott zu.
2Kön 21,1ff; 2Chr 33

Manoach
Simsons Vater.
Ri 13; 14,3

Maria
1. Die Mutter Jesu. Als sie mit Josef, einem Zimmermann, verlobt war, kündigte ein Engel ihr an, dass sie durch den Heiligen Geist die Mutter Jesu, des Messias und Sohnes Gottes, werden sollte. Vor der Geburt Jesu besuchte sie ihre Cousine Elisabeth und sang bei ihr den Lobgesang, den wir als das Magnificat kennen. Wegen einer Volkszählung mussten Maria und Josef nach Bethlehem ziehen. Dort wurde Jesus geboren. Bei der Darstellung Jesu im Tempel, acht Tage später, sagte Simeon zu Maria: „Durch deine Seele wird ein Schwert dringen." Dann mussten Maria und Josef nach Ägypten fliehen, weil Herodes das Kind töten wollte. Nach seinem Tod kehrten sie nach Nazareth zurück. Als Jesus zwölf Jahre alt war, nahmen seine Eltern ihn mit zum Passafest in den Tempel. Als er nach dem Fest allein dort zurückblieb, um mit den Schriftgelehrten zu reden, waren sie sehr besorgt um ihn. Maria war bei Jesu erstem Wunder auf der Hochzeit zu Kana dabei; sie stand bei seiner Kreuzigung unter dem Kreuz und war bei den Jüngern, als diese nach der Himmelfahrt zum Gebet zusammenkamen.
Mt 1,18-25; 2,11; 13,55; Lk 1-2; Joh 2,1ff; 19,25-27; Apg 1,14
2. Die Schwester Martas. Sie lebte mit ihrer Schwester und ihrem Bruder Lazarus in Betanien und hörte Jesus oft zu. Kurz vor Jesu Tod salbte sie ihn mit kostbarem Öl und trocknete seine Füße mit ihren Haaren (→ Marta, → Lazarus).
Lk 10,38-42; Joh 11; 12,3ff
3. Maria Magdalena wurde eine Jüngerin Jesu, nachdem er sie geheilt hatte. Sie sah Jesus nach seiner Auferstehung als Erste und lief, um es den Jüngern zu sagen.
Mk 16,9; Lk 8,2; 24,10; Joh 20,1ff
4. Maria, die Mutter des Jakobus und des Josef. Sie war bei Jesu Kreuzigung dabei und war auch unter den Frauen, die am Auferstehungsmorgen das leere Grab fanden. Sie ist wahrscheinlich identisch mit der „anderen Maria" und Maria, der Mutter des Kleopas.
Mt 27,56.61; 28,1; Joh 19,25
5. Maria, die Mutter des Johannes Markus. In ihrem Haus in Jerusalem trafen sich die ersten Christen.
Apg 12,12

Markus (Johannes)
Der Verfasser des zweiten Evangeliums. Johannes Markus lebte in Jerusalem. Das Haus seiner Mutter Maria war ein Treffpunkt der ersten Christen. Markus begleitete Paulus und seinen Vetter Barnabas auf der ersten Missionsreise nach Zypern. Doch da er sie auf dem halben Weg verlassen hatte, weigerte sich Paulus, ihn ein zweites Mal mitzunehmen. Darüber stritten sich Barnabas und Paulus, bis sie sich trennten. Später in Rom nennt Paulus ihn einen treuen Helfer. Petrus sprach von Markus als „meinem Sohn Markus" und der Tradition nach erzählte er ihm auch die Geschichte Jesu.
Mk 14,51; Apg 12,12.25; 13,13; 15,36ff; Kol 4,10; 2Tim 4,11; Phlm 24; 1Petr 5,13

Marta
Die Schwester der Maria und des Lazarus. Sie lebte in Betanien in der Nähe Jerusalems und Jesus besuchte sie oft. Als ihr Bruder krank wurde, ließen die Schwestern Jesus holen, doch er kam erst, als Lazarus schon tot war. Marta ging Jesus entgegen und sagte: „Herr, wärst du hier gewesen, wäre mein Bruder nicht gestorben." Doch Jesus sagte: „Ich bin die Auferstehung und das Leben … Glaubst du das?" Marta glaubte und Lazarus wurde auferweckt.
Lk 10,38ff; Joh 11-12

Mattatias
Priester von Modeïn nahe Jerusalem, der sich weigerte, Opfer zu Ehren Antiochus' IV. zu bringen und damit den Makkabäeraufstand gegen die griechische Einflussnahme auf das Judentum auslöste. Er erlaubte seinen Männern sogar, am Sabbat zu kämpfen, so dass die seleukidischen Truppen sie nicht überraschen konnten. Sein Sohn Judas wurde Führer in diesem Kampf und war schließlich siegreich.
1Makk 2,1-70

Matthäus
Einer der zwölf Jünger und der Überlieferung nach der Schreiber des ersten Evangeliums. Er hieß auch Levi.
Mt 9,9; 10,3; Lk 5,27-32

Matthias
Die Jünger wählten ihn an Stelle von Judas Iskariot zum zwölften Apostel.
Apg 1,21-26

Mefi-Boschet
Der Sohn Jonatans, des Freundes Davids, ein Enkel Sauls. Als David König war, holte er ihn zu sich an den Hof und gab ihm Diener, die sich um ihn kümmern sollten.
2Sam 4,4; 16,1ff; 19,24-30; 21,7

Melchisedek
Ein König und Priester Gottes in Salem (Jerusalem), der Abraham nach einer Schlacht segnete. Der Hebräerbrief bezeugt, dass Jesus „ein Priester ewiglich nach der Ordnung Melchisedeks" ist. Wie Melchisedek ist Jesus sowohl König als auch Priester – König im Reich Gottes und Priester, weil er sein eigenes Leben opferte.
1Mo 14,18-20; Ps 110,4; Hebr 5,6-10

Menahem
Einer der letzten Könige Israels (752-742 v.Chr.). Nach einem Attentat auf Schallum hatte er sich selbst zum König gemacht. Er regierte grausam und diente den Götzen. Während seiner Regierungszeit drang Tiglat-Pileser III. (Pul) von Assyrien in Israel ein. Um an der Macht zu bleiben, zahlte Menahem ihm eine große Summe Geld.
2Kön 15,14-22

Menelaus
Intriganter Hoherpriester zur Zeit des Antiochus IV. Als der amtierende Hoherpriester Jason ihn schickte, um Antiochus Tributzahlungen zu überbringen, nutzte Menelaus die Gelegenheit, dem König einen noch größeren Betrag zu versprechen, wenn er denn selbst statt Jason Hoherpriester werden könnte. Menelaus bekam den Posten, zahlte aber nicht. Er versuchte, seine Macht durch Bündnisse mit Nachbarstaaten zu festigen, um Antiochus zu zeigen, dass man ihn ernst zu nehmen habe. Als Antiochus sein Spiel durchschaute, ließ er ihn hinrichten, indem er ihn in einen Turm mit glühender Asche warf.
2Makk 4,23-50; 13,1-8

Merab
Eine Tochter Sauls. Saul hatte sie David versprochen, sie aber trotzdem an einen anderen Mann verheiratet.
1Sam 14,49; 18,17ff

Merari
Einer der Söhne Levis. Er wurde Stammvater einer der drei levitischen Abteilungen.
2Mo 6,16ff; 4Mo 3

Merodach-Baladan
Ein König von Babylon (Marduk-apla-iddin II.), der Boten zu König Hiskia nach Jerusalem sandte. Merodach-Baladan hoffte, mit Hiskia ein Bündnis gegen die Assyrer schließen zu können.
Jes 39

Metuschelach (Methusalem)
Der Mensch, der nach der Bibel am längsten lebte. Er starb im Jahr der Sintflut im Alter von 969 Jahren.
1Mo 5,22-27

Micha
1. Ein Prophet, der im 8. Jh. v.Chr. lebte. Er wirkte gleichzeitig mit Jesaja, Amos und Hosea. Micha stammte aus einem Dorf in Juda, seine Botschaft richtete sich jedoch sowohl an Juda als auch an Israel. Er sagte voraus, dass die Hauptstädte beider Länder zerstört würden, weil die Oberen es zuließen, dass die Armen schlecht behandelt und verachtet wurden. Ein Jahrhundert später erinnerte Jeremia die Menschen an die Worte Michas, die im Buch Micha aufgeschrieben sind.
Jer 26,18-19; Mi
2. Ein Prophet, der zur Zeit König Ahabs lebte. Als Ahab in eine Schlacht gegen die Aramäer ziehen wollte, ließ er Propheten darüber befragen. 400 sagten ihm Sieg voraus, nur Micha prophezeite eine Niederlage. Aus Zorn darüber ließ Ahab ihn ins Gefängnis werfen, doch die Vorhersage Michas traf ein.
1Kön 22

Michael
Ein Erzengel, der im Buch Daniel als Beschützer des jüdischen Volkes genannt wird.
Dan 10,21; 12,1; Jud 9; Offb 12,7

Michal
Sauls jüngste Tochter, die Frau Davids. Sie half David, vor Saul zu fliehen und rettete so sein Leben. Saul verheiratete sie dann mit einem anderen Mann.
1Sam 14,49; 18; 25; 2Sam 3; 6

Mirjam
Die Schwester Moses und Aarons. Sie passte auf den kleinen ausgesetzten Mose im Schilfkörbchen auf und wartete, bis er in Sicherheit war. Nach dem Durchzug des Volkes Israel durch das Rote Meer führte sie den Reigen der singenden und tanzenden Frauen. Als sie sich später gegen Mose auflehnte, wurde sie für eine kurze Zeit mit Aussatz geschlagen. Mirjam starb in Kadesch, noch bevor die Israeliten das verheißene Land erreichten.
2Mo 2,4.7-8; 15,20-21; 4Mo 12; 20,1

Moab
Ein Sohn Lots, der Stammvater der Moabiter.
1Mo 19,36-37

Mordechai
Esters Onkel und Beschützer. Er war Jude und lebte in Susa, der Hauptstadt Persiens. Als er von dem Plan einiger Perser erfuhr, alle Juden zu töten, überredete er Ester, die Frau des Königs, mit dem König darüber zu sprechen. Später wurde Mordechai Minister des Königs (→ Ester).
Est

Mose
siehe S. 201

Naaman
Ein aramäischer General, den der Prophet Elisa vom Aussatz heilte.
2Kön 5

Nabal
Ein reicher Schafzüchter, der in der Nähe des Karmel lebte. Als David als Flüchtling in der Wildnis lebte, beschützte er die Herden Nabals. Doch als dann die Schur gekommen war, verweigerte Nabal David die erbetenen Lebensmittel. Abigajil, die Frau Nabals, die von dem geplanten Angriff der Männer Davids erfuhr, packte ohne Wissen ihres Mannes Lebensmittel und Wein ein und bat David, ihren Mann zu schonen. Als Nabal dies hörte, brach er

zusammen und starb nicht lange danach.
1Sam 25

Nabot
Der Besitzer eines Weinbergs in Jesreel, in der Nähe des Palastes König Ahabs. Ahab wollte den Weinberg kaufen, doch Nabot gab ihn nicht her. Daraufhin bestach Isebel falsche Zeugen, die aussagten, dass Nabot Gott und den König gelästert habe. Nabot wurde verurteilt und zu Tode gesteinigt. Jetzt hatte Ahab zwar den Weinberg, doch Gott ließ ihm durch Elia sagen, dass zur Strafe für diesen Mord seine ganze Familie ausgerottet werden sollte.
1Kön 21

Nadab
1. Aarons ältester Sohn. Er wurde Priester, starb jedoch, als er und sein Bruder Abihu Gottes Gebot missachteten.
2Mo 6,23; 3Mo 10
2. Sohn Jerobeams I. Er wurde 910 v.Chr. König von Israel und kurz danach von seinem Nachfolger Bascha ermordet.
1Kön 14,20; 15,25-28

Naftali
Der fünfte Sohn Jakobs, Vater des Stammes Naftali.
1Mo 30,8; 49,21

Nahor
1. Der Vater Terachs und Großvater Abrahams.
1Mo 11,22-25
2. Der Bruder Abrahams.
1Mo 11,26ff; 22,20ff

Nahum
Ein Prophet aus Elkosch, wahrscheinlich in Juda. Sein Name bedeutet „Tröster". Nahum predigte kurz vor dem Untergang Ninives, der Hauptstadt Assyriens, im Jahre 612 v.Chr. Seine Botschaft war, dass Ninive bald zerstört werden würde, weil es andere Völker grausam behandelt hatte.
Nah

Nathan
Prophet am Hof Davids. Als David Gott einen Tempel bauen wollte, sagte ihm Nathan, dass Gott dazu seinen Sohn ausersehen hätte, nicht ihn. Nach Davids Ehebruch mit Batseba und dem Mord an ihrem Mann konfrontierte Nathan David mit seiner Schuld. Als David dann alt war, beauftragte er Nathan und den Priester Zadok damit, Salomo zum König zu salben.
2Sam 7; 12; 1Kön 1; 1Chr 17

Nathanael
Einer der zwölf Jünger Jesu. Er wird nur im Evangelium des Johannes erwähnt, ist aber vielleicht mit dem Bartholomäus der anderen Evangelien identisch.
Joh 1,45ff; 21,2

Nebukadnezar
Von 605-562 v.Chr. König von Babylon. Er war ein Sohn Nabopolassars, der das assyrische Reich erobert hatte.
Nebukadnezar führte das Heer seines Vaters gegen die Ägypter und besiegte sie 605 v.Chr. bei Karkemisch. Dadurch bekam er Macht über die Gebiete, die Ägypten vorher kontrolliert hatte, darunter auch Juda. Drei Jahre lang zahlte Juda ihm Tribut, doch 597 v.Chr. machte König Jojakim einen Aufstand. Nebukadnezar griff Jerusalem an und nahm Jojachin, der gerade König geworden war, und andere bedeutende Bürger als Gefangene mit nach Babylon. Zedekia setzte er als neuen König ein. Als dieser sich später auch gegen ihn auflehnte, belagerte Nebukadnezar Jerusalem, zerstörte es 586 v.Chr. und führte alle Vornehmen ins Exil nach Babylon.
Daniel war einer von den bei der ersten Wegführung verschleppten Juden. Er wurde am Hof Nebukadnezars ausgebildet und, weil er die Träume des Königs deuten konnte, zu dessen oberstem Ratgeber gemacht. Der Erfolg machte Nebukadnezar stolz: „Das ist das große Babel, das ich erbaut habe zur Königsstadt durch meine große Macht zu Ehren meiner Herrlichkeit." Doch Gott demütigte ihn durch eine Geisteskrankheit. Als der König wieder gesund wurde, lobte er Gott.
2Kön 24-25; Jer 21-52; Hes 26,7ff; 29,18; 30,10; Dan 1-4

Nebusaradan
Befehlshaber der Leibwache Nebukadnezars. Er war nach der Eroberung Jerusalems für die Wegführung der Juden ins Exil verantwortlich.
Er ließ auch den Tempel niederbrennen und die Stadt bis auf die Grundmauern zerstören. Auf Befehl Nebukadnezars behandelte er den Propheten Jeremia freundlich und ließ ihn in Juda bleiben.
2Kön 25; Jer 39ff

Necho
→ Pharao

Nehemia
siehe S. 213

Nikanor
Einer der drei Seleukidengeneräle, die von Lysias entsandt wurden, um den Aufstand der Makkabäer zu unterdrücken. Seine Truppen erlitten eine schwere Niederlage und er musste in Verkleidung nach Antiochia fliehen. Er wurde zum Statthalter von Judäa ernannt, war aber nicht in der Lage, Judas Makkabäus zu besiegen und fiel schließlich im Kampf. Nach seinem Tod wurde sein Leichnam in Jerusalem öffentlich zur Schau gestellt.
1Makk 3,38; 7,26-50; 2Makk 8,9-36; 14,15-36; 15,1-37

Nikodemus
Pharisäer und Mitglied des Hohen Rates, des Synhedriums. Er kam eines Nachts heimlich, um mit Jesus zu sprechen. Jesus sagte ihm: „Es sei denn, dass jemand von neuem geboren werde, so kann er das Reich Gottes nicht sehen." Nikodemus verstand nicht, was damit gemeint war, doch er setzte sich später für Jesus ein, als die Pharisäer ihn verhaften lassen wollten.
Joh 3,1-20; 7,50ff; 19,39-42

Noah
Noah war ein frommer Mann, der in einer bösen Zeit lebte. Gott konnte die Schlechtigkeit der Menschen nicht länger ertragen und schickte eine furchtbare Flut. Nur Noah und seine Familie überlebten sie. Er befolgte die Anweisungen Gottes genau und baute ein großes Boot, ungefähr 133 m lang. Die anderen Menschen sahen, was er tat, hörten aber nicht auf seine Warnungen. Als der Regen anfing, gingen Noah, seine Frau, seine drei Söhne und deren Frauen in die Arche, außerdem von allen Tieren ein Paar. Als das Wasser nach der Flut wieder sank, lief die Arche auf einem Berg auf Grund. Gott machte Noah das Versprechen, dass er nie mehr eine solche Flut senden wollte; zum Zeichen dafür setzte er den Regenbogen. Noah starb in hohem Alter.
1Mo 6-9; 1Petr 3,20

Noomi
Die Schwiegermutter Ruts. Noomi und ihr Mann Elimelech waren wegen einer Hungersnot mit ihren beiden Söhnen, Machlon und Kiljon, nach Moab gezogen. Machlon und Kiljon hatten dort Moabiterinnen geheiratet. Nach dem Tod ihres Mannes und ihrer Söhne zog Noomi wieder in ihre Heimat Bethlehem. Rut ging mit ihr. Rut heiratete dort Boas, einen Verwandten der Noomi. Ihr Sohn war der Großvater Davids. Noomi sorgte sich um das Kind wie um ihren eigenen Sohn.
Rut

Obadja
1. Der Hofmeister König Ahabs. Als Königin Isebel anordnete, alle Propheten Jahwes zu töten, versteckte er hundert von ihnen in Höhlen und brachte ihnen Essen, bis die Gefahr vorüber war. Er riskierte ein zweites Mal sein Leben, als Elia ihn darum bat, ein Treffen mit König Ahab zu arrangieren.
1Kön 18
2. Ein wahrscheinlich aus Juda stammender Prophet, der gegen Edom weissagte. Seine Worte sind im Buch Obadja aufgeschrieben.
Er sagte den Untergang Edoms voraus, zur Strafe dafür, dass es dem Volk Gottes nicht geholfen hatte. Obadja bezog sich wahrscheinlich darauf, dass 586 v.Chr., als Jerusalem zerstört worden war, die Edomiter das ausnutzten und ins Land Juda eindrangen.
Obd

Obed
Der Sohn Ruts und Boas', der Großvater Davids.
Rt 4,13ff

Obed-Edom
Der Philister, in dessen Haus David die Bundeslade nach dem Tod Usas eine Zeit lang unterstellte.
2Sam 6; 1Chr 13

Og
König von Baschan, einem Land östlich des Jordan. Die Israeliten besiegten ihn unter der Führung Moses und eroberten 60 befestigte Städte. Das Land Baschan erhielt später der halbe Stamm Manasse.
1Mo 21,32ff; 5Mo 3; Jos 22,7

Omri
Der Befehlshaber des Heeres König Elas von Israel. Die anderen Offiziere machten ihn zum König, als sie hörten, dass Simri Ela ermordet hatte. Omri war ein starker, geschickter Herrscher. Er regierte zwölf Jahre (885-874 v.Chr.). Als neue Hauptstadt gründete er Samaria. Es lag auf einem steilen Hügel und war leicht zu verteidigen. Omri verlor einige Städte an Aram, eroberte dafür aber Moab. Er betete Götzen an, wie auch sein Sohn Ahab.
1Kön 16,15-28; 20,34

Onesimus
Ein Sklave des Philemon, eines christlichen Freundes des Paulus aus Kolossä. Paulus hatte Onesimus, der seinem Herrn davongelaufen war, wahrscheinlich in Rom getroffen. Durch Paulus wurde er Christ. Paulus bat Philemon in einem Brief, seinem Sklaven zu vergeben und ihn als einen Bruder in Christus wieder anzunehmen. Mit Tychikus reist Onesimus nach Kolossä zurück.
Kol 4,9; Phlm

Onesiphorus
Ein Christ, der Paulus in Ephesus zur Seite stand und ihn später in Rom im Gefängnis ermutigte.
2Tim 1,16; 4,19

Onias
Familienname einer Gruppe von Priestern während der Zeit der hellenistischen Einflussnahme, die den Griechen über mehrere Generationen hinweg treu ergeben waren. Einer von ihnen, Onias III., baute um 168 v.Chr. einen Tempel in Heliopolis/Ägypten.
2Makk 4,31-34

Orpa
Eine Moabiterin, die mit einem der Söhne Noomis verheiratet war (→ Noomi).
Rt 1

Otniël
Der erste Richter Israels. Er machte dem Götzendienst in Israel ein Ende und besiegte Kuschan-Rischatajim von Mesopotamien.
Jos 15,15-17; Ri 3,7-11

Paschhur
Ein Priester zur Zeit Jeremias. Er ließ Jeremia in den Block schließen, weil dieser die Zerstörung Jerusalems vorausgesagt hatte.
Jer 20

Paulus (Saulus)
siehe S. 249

Pekach
Ein Hauptmann im Heer des Königs Pekachja, der gewaltsam auf den Thron Israels kam (740-732 v.Chr.). Er trieb Götzendienst. Gemeinsam mit Rezin von Aram griff er Juda an. Ahas von Juda bat deshalb Tiglat-Pileser III. von Assyrien um Hilfe. Der marschierte in Israel ein und eroberte viele Städte. Bald darauf wurde Pekach von Hoschea ermordet.
2Kön 15,25-16,5; 2Chr 28,5-6

Pekachja
König von Israel nach seinem Vater Menahem, 742-740 v.Chr. Er war Götzendiener wie sein Vater. Nach zweijähriger Regierungszeit wurde er von Pekach, einem seiner Hauptleute, ermordet.
2Kön 15,22-26

Petrus
siehe S. 247

Pharao
Titel der ägyptischen Könige. Im AT werden mehrere Pharaonen erwähnt, darunter:
1. Der Pharao, den Abraham aufsuchte.
1Mo 12
2. Der Pharao, unter dem Josef Minister wurde.
1Mo 40ff
3. Der Pharao, unter dem Mose und die Israeliten aus Ägypten fortzogen. Wahrscheinlich war es Ramses II., der große Städte bauen ließ.
2Mo 5ff
4. Der Pharao, der Hadad aufnahm, nachdem David die Edomiter besiegt hatte.
1Kön 11
5. Der Pharao, dessen Tochter Salomo heiratete.
1Kön 9,16
6. Schischak. Er ermutigte Jerobeam dazu, den Aufstand der Nordstämme gegen Salomos unbeliebten Sohn Rehabeam anzuführen. Später plünderte er Jerusalem und nahm dabei den Tempelschatz mit.
1Kön 11,40; 14,25-26
7. So, mit dem König Hoschea von Israel ein

Bündnis gegen Assyrien eingehen wollte.
2Kön 17,4
8. Tirhaka griff zur Regierungszeit Hiskias die Assyrer an. Die assyrische Armee war dadurch gezwungen, ihren Angriff auf Jerusalem abzubrechen, um dem ägyptischen Heer entgegenzuziehen.
2Kön 19,9; Jes 37,9
9. Necho; er regierte von 610-595 v.Chr. In der Schlacht bei Megiddo tötete er König Josia von Juda. Vier Jahre lang musste das Land Juda ihm daraufhin Tribut zahlen, dann wurde er von Nebukadnezar von Babylon in der Schlacht bei Karkemisch, 605 v.Chr., besiegt. Juda kam damit unter die Herrschaft der Babylonier. In seinen letzten Regierungsjahren versuchte Necho, Ägypten zu verteidigen und den Staat wieder zu festigen.
2Kön 23,29ff; 24,7; 2Chr 35,20-36,4
10. Hofra, 587-570 v.Chr., der Zedekias Aufstand gegen Nebukadnezar unterstützte.
Jer 37,5; 44,30; Hes 17,15ff; 29,2

Philemon
Ein Freund des Paulus aus Kolossä. Er war der Herr des entlaufenen Sklaven → Onesimus.
Phlm

Philippus
1. Einer der zwölf Jünger. Er kam aus Betsaida in Galiläa, der Heimatstadt des Petrus und des Andreas. Als er Jesus kennen gelernt hatte, ging er zu Nathanael und sagte es ihm weiter. Angesichts einer Menge von 5000 hungrigen Menschen stellte Jesus den Glauben des Philippus auf die Probe. „Wo kaufen wir Brot, damit diese zu essen haben?", fragte Jesus ihn und Philippus konnte sich nicht vorstellen, woher das viele Geld dafür kommen sollte. Doch Jesus speiste alle mit fünf Broten und zwei Fischen. Beim letzten Mahl sagte Jesus: „Niemand kommt zum Vater denn durch mich." Darauf bat Philippus, er möge ihnen den Vater zeigen. Die Antwort Jesu war: „Wer mich sieht, der sieht den Vater!"
Mt 10,3; Joh 1,42-46; 6,5-7; 12,21-22; 14,8-9; Apg 1,13
2. Ein Sohn Herodes des Großen. Seine Frau Herodias, verließ ihn, um seinen Halbbruder Herodes Antipas zu heiraten. Weil Johannes der Täufer diese Heirat verurteilte, wurde er enthauptet.
Mk 6,17
3. Ein anderer Sohn Herodes des Großen, ein Bruder des Antipas und des Archelaus. Er wurde Herrscher von Ituräa.
Lk 3,1
4. Philippus der Evangelist. Er war einer der sieben Diakone, die in der Gemeinde von Jerusalem gewählt worden waren. Vor den Verfolgungen in Jerusalem floh er nach Samaria; dort predigte er und heilte viele Menschen. Ein Engel schickte Philippus zu einem Schatzmeister aus Äthiopien, der auf der Reise von Jerusalem nach Gaza war. Dieser Mann wurde Christ und ließ sich taufen. Philippus zog an der Küste entlang und predigte überall, wo er hinkam. Auch seine vier Töchter verkündigten das Evangelium. Ungefähr 20 Jahre später besuchte Paulus ihn in seinem Haus in Cäsarea.
Apg 6,1-6; 8; 21,8-9

Phöbe
Eine Christin, die Paulus bekannt war. Sie „diente" der Gemeinde in Kenchreä nahe bei Korinth und überbrachte den Römerbrief.
Röm 16,1-2

Pilatus
Der römische Statthalter von Judäa, 26-37 n.Chr. Er war grausam und bei den Juden unbeliebt. Nachdem er Jesus verhört hatte, wusste er genau, dass dieser unschuldig war, doch er fürchtete einen Aufstand und seine Amtsenthebung und verurteilte Jesus deshalb zum Tode.
Mt 27; Parallelstellen bei Mk, Lk und Joh

Pinhas
1. Der Sohn Eleasars und Enkel Aarons. Als die Israeliten sich midianitische Frauen nahmen und deren Göttern dienten, tötete Pinhas zwei, die es ganz besonders schlimm trieben. Sein Einschreiten beendete eine Epidemie, die schon viele Menschenleben gefordert hatte. Gott versprach ihm, dass seine Nachkommen immer Priester sein sollten.
2Mo 6,25; 4Mo 25; 31,6; Jos 22,13ff; Ri 20,28
2. Einer der Söhne Elis (→ Hofni).
1Sam 2,12ff; 4

Potifar
Der ägyptische Beamte, der den Sklaven Josef kaufte (→ Josef).
1Mo 37,36; 39

Priscilla
→ Aquila

Publius
Der Oberste der Insel Malta, dem Paulus auf seiner Reise nach Rom kennen lernte, weil sein Schiff vor Malta gesunken war.
Apg 28,7ff

Pul
→ Tiglat-Pileser III.

Quirinius
Der römische Statthalter von Syrien zur Zeit der Volkszählung, die Josef und Maria nach Bethlehem brachte.
Lk 2,2

Rabschake
Der Titel eines assyrischen Beamten, den Sanherib zu Hiskia schickte, um ihn zur Übergabe der Stadt während der Belagerung zu überreden.
2Kön 18-19; Jes 36-37

Rafael
In der Tobit-Legende einer der jüdischen Erzengel, der Engel der Heilung, der in Gestalt eines Verwandten (Asarja) dafür sorgt, dass Tobit sein Augenlicht wiedererlangt. Das Heilmittel (die Eingeweide eines Fisches) diente gleichzeitig dazu, dass Sara, eine Mederin und spätere Schwiegertochter Tobits, vom Dämonen Asmodäus befreit wird. Dieser hatte bereits sieben ihrer Ehemänner in der Hochzeitsnacht getötet.
Tob 5,11-6,18; 12,1-22

Rahab
Eine Hure, die in einem Haus an der Mauer Jerichos lebte. Sie versteckte die Spione Josuas, weil sie glaubte, dass Gott Kanaan den Israeliten geben wollte. Zum Lohn versprachen ihr die Kundschafter, sie und ihre Familie bei der Eroberung der Stadt zu schonen.
Jos 2; 6; Jak 2,25

Rahel
Die schöne Tochter Labans. Jakob arbeitete sieben Jahre für Laban, um sie heiraten zu dürfen. Doch Laban verheiratete ihn dann mit List zuerst mit Lea. Daraufhin diente er noch einmal sieben Jahre um Rahel. Sie blieb lange kinderlos, bis sie Jakob endlich einen Sohn schenkte: Josef. Bei der Geburt ihres zweiten Sohnes, Benjamin, starb sie.
1Mo 29-30; 35,18-20

Rasi
Ältester in Jerusalem während der Makkabäerzeit, der auf besonders spektakuläre und blutige Weise Selbstmord beging, um den Truppen des Seleukidengenerals Nikanor zu entgehen.
2Makk 14,37-46

Rebekka
Die Frau Isaaks und die Mutter Esaus und Jakobs. Sie kam aus Haran, aus der Stadt, in der Abraham eine Zeit lang gelebt hatte. Ihr Vater war ein Neffe Abrahams. Als Abraham meinte, es sei nun Zeit für Isaak, zu heiraten, schickte er seinen Diener Eliëser nach Haran, um dort eine Frau für ihn zu suchen. Das erste Mädchen, das er sah, war Rebekka. Isaak liebte sie auf den ersten Blick. Nach zwanzig Jahren des Wartens wurden die Zwillinge Esau und Jakob geboren. Jakob war der Liebling Rebekkas, Isaak mochte Esau lieber. Als Isaak alt und fast blind war, half Rebekka Jakob, sich durch eine List den Segen des Vaters zu erschleichen, der eigentlich Esau, dem Älteren, gebührt hätte. Um ihn vor der Rache Esaus zu schützen, schickte sie Jakob dann zu ihrem Bruder Laban nach Haran.
1Mo 24; 25,19-26,16; 27

Reguël
Ein anderer Name für → Jitro.

Rehabeam
siehe S. 211

Reson
Ein Mann aus Zoba, der König von Aram wurde. Er hasste Israel und störte den Frieden des salomonischen Reiches.
1Kön 11,23-25

Rezin
Der letzte König von Syrien (Aram). Zusammen mit Pekach von Israel griff er Juda an. Doch auf Bitten Ahas' von Juda schritt Tiglat-Pileser III. ein. Er eroberte Damaskus, die Hauptstadt Arams, und tötete Rezin.
2Kön 15,37-16,9; Jes 7,1ff

Rhode
Die Magd im Haus der Mutter des Johannes Markus in Jerusalem, die dem befreiten Petrus die Tür öffnete.
Apg 12,12ff

Rizpa
Eine Nebenfrau Sauls.
2Sam 3,7; 21

Ruben
Der älteste Sohn Jakobs und Leas. Er versuchte, das Leben Josefs zu retten, als seine Brüder ihn töten wollten. Ein Stamm ist nach ihm benannt.
1Mo 29; 37; 42; 49

Rut
siehe S. 214

Sacharja
1. Ein König Israels; er regierte nur sechs Monate. Schallum ermordete ihn (752 v.Chr.).
2Kön 14,29; 15,8-12
2. Ein Prophet und Priester, der während des Exils in Babylon geboren wurde. Seine Botschaft (um 520 v.Chr.) ist im Buch Sacharja aufgeschrieben. Die Juden waren schon aus dem Exil zurückgekehrt, hatten jedoch den Mut verloren und den Wiederaufbau des Tempels aufgegeben. Sacharja ermutigte sie, wieder die Arbeiten aufzunehmen und verhieß ihnen eine große Zukunft.
Esra 5,1-2; Neh 12,16; Sach

Salmanassar
Der Name mehrerer assyrischer Könige. Salmanassar V. (727-722 v.Chr.) besiegte Hoschea von Israel und machte ihn tributpflichtig. Als Hoschea rebellierte, eroberte er Samaria und führte die Bevölkerung ins Exil.
2Kön 17

Salome
Eine der Frauen, die für Jesus und seine Jünger sorgten. Salome war bei der Kreuzigung Jesu dabei, und am Auferstehungsmorgen war sie unter den Frauen, die Salben zum Grab trugen, um den Leichnam Jesu einzubalsamieren. Viele nehmen an, dass sie die Frau des Zebedäus und also die Mutter des Johannes und des Jakobus war (Mt 27,56).
Mk 15,40; 16,1

Salomo
siehe S. 212

Samuel
Der Sohn Elkanas und Hannas, der letzte große Richter Israels und einer der ersten Propheten. Mit der Geburt Samuels ging die sehnlichste Bitte Hannas in Erfüllung. Sie hielt ihr Gelübde und brachte Samuel ins Heiligtum nach Silo zu dem Priester Eli. Eines Nachts erhielt Samuel von Gott die Botschaft, dass Elis Familie gestraft werden sollte, weil seine Söhne Böses taten. Nach dem Tod Elis war Israel in einer schlimmen Lage: Die Philister hatten Israel besiegt und das Volk glaubte, dass Gott es verlassen hätte. Samuel ermahnte sie, sich von ihren Götzen weg zu Gott zu wenden. Solange er Israel richtete, war Frieden. Als er alt wurde, übergab er seinen Söhnen das Richteramt, doch das Volk war nicht zufrieden, es wollte einen König. Samuel war zuerst nicht damit einverstanden, salbte aber dann auf Anweisung Gottes Saul; nach dessen Verwerfung salbte er auch den neuen König David. Jeder in Israel trauerte, als Samuel gestorben war.
2Sam 1-4; 7-16; 19,18ff; 25,1

Sanballat
Ein Statthalter von Samaria, der Nehemia am Bau der Stadtmauer hindern wollte.
Neh 2,10.19; 4; 6; 13,28

Sanherib
König von Assyrien, 705-681 v.Chr. Er festigte die assyrische Herrschaft. Nach dem Aufstand Hiskias griff er Juda an, eroberte viele Städte und belagerte schließlich Jerusalem. Jesaja ermutigte Hiskia zum Durchhalten und Jerusalem wurde noch einmal gerettet. Die ägyptische Armee rückte von Süden her an und eine Epidemie brach im Lager der Assyrer aus. Sanherib kehrte nach Ninive zurück und wurde dort von zweien seiner Söhne ermordet.
2Kön 18-19; 2Chr 32; Jes 36-37

Sara/Sarai
Die Frau Abrahams und Mutter Isaaks. Abraham heiratete sie, als er noch in Ur lebte. Sara war sehr schön und deshalb gab Abraham sie zweimal als seine Schwester aus, um sein eigenes Leben zu retten. Als Sara glaubte, sie würde keine Kinder mehr bekommen, gab sie Abraham ihre Magd Hagar, die ihm Ismael gebar. Abraham und Sara waren beide schon alt, als ein

Engel ihnen den verheißenen Sohn ankündigte. Zuerst lachte Sara darüber, doch dann wurde Isaak geboren. Er war der von Gott verheißene Erbe. Sara schickte darauf Hagar und ihren Sohn Ismael weg. Als Sara starb, kaufte Abraham ihr ein Grab in der Nähe Hebrons.
1Mo 11-12; 16-18,15; 20-21

Saul
siehe S. 208

Schafan
Ein Beamter König Josias, der die Tempelreparaturen überwachte und dem König Bericht von der Auffindung der Gesetzesrolle gab.
2Kön 22

Schallum
1. Der Sohn des Jabesch. Er tötete König Sacharja und machte sich selbst 752 v.Chr. zum König Israels. Schon nach einem Monat wurde er von Menahem ermordet.
2Kön 15,10-15
2. Ein Sohn König Josias, der normalerweise unter dem Namen → Joahas bekannt ist.
1Chr 3,15; Jer 22,11

Schamgar
Ein Richter Israels; er besiegte die Philister.
Ri 3,31; 5,6

Schebna
Einer der wichtigsten Beamten Hiskias, den er den Boten Sanheribs entgegenschickte.
2Kön 18-19; Jes 22,15-25; 36-37

Scheschbazar
Nach der Erlaubnis des Kyrus, den Tempel wieder aufzubauen, führte Scheschbazar eine Gruppe Exilierter zurück nach Jerusalem. Kyrus gab ihm den Tempelschatz, den Nebukadnezar geraubt hatte, wieder mit. Scheschbazar legte das Fundament des neuen Tempels.
Esra 1,8ff; 5,14ff

Schimi
Ein Mann aus dem Stamm Benjamin, ein Verwandter Sauls. Während Absaloms Aufstand verfluchte er David und klagte ihn des Mordes an Saul an.
2Sam 16,5ff; 19,16-23; 1Kön 2,8-9

Sebulon
Ein Sohn Jakobs und Leas, Vater eines der Stämme Israels.
1Mo 30,19-20; 49,13

Sem
Der älteste Sohn Noahs. Er überlebte die Flut und wurde der Vater der semitischen Völker, zu denen die Israeliten gehörten.
1Mo 6-10

Serach
Ein Äthiopier (Kuschiter), der König Asa von Juda angriff. Sein Heer wurde von den Judäern zurückgeschlagen.
2Chr 14,9-14

Sergius Paulus
Römischer Statthalter von Zypern. Er geriet unter den Einfluss des Zauberers → Elymas
Apg 13,7ff

Serubbabel
Ein Enkel König Jojachins, der Führer einer 537 v.Chr. aus Babylon zurückkehrenden Gruppe von Juden. Er wurde Statthalter von Juda und arbeitete mit dem Hohenpriester Jeschua zusammen. Unter ihrer Leitung wurden die Grundmauern des Tempels gebaut. Doch dann stockten die Arbeiten, bis die Propheten Haggai und Sacharja das Volk ermutigten, weiter zu bauen.
Esra 2,2; 3-5; Hag; Sach 4

Set
Der dritte Sohn Adams und Evas. Er wurde nach dem Tod Abels geboren.
1Mo 4,25ff

Sichem
Ein Sohn des Hiwiterkönigs Hemor. Er vergewaltigte Dina, die Tochter Jakobs.
1Mo 34

Sihon
Ein Amoriterkönig, dessen Land östlich des Jordan lag. Mose bat ihn, die Israeliten durch sein Land nach Kanaan ziehen zu lassen, doch er weigerte sich. Darauf kämpften die Israeliten gegen ihn und besiegten ihn.
4Mo 21

Silas
Ein Christ aus Jerusalem, der Paulus auf seiner zweiten Missionsreise begleitete. In Philippi (in Griechenland) wurden er und Paulus geschlagen und ins Gefängnis geworfen. Nach einem Erdbeben predigte Paulus im Gefängnis und der Kerkermeister wurde Christ. Silas blieb dann eine Zeit lang in Beröa, während Paulus nach Athen ging. In Korinth trafen sie sich wieder. Silas ist wahrscheinlich identisch mit Silvanus, der in einigen Briefen des NT erwähnt wird. Silvanus half Petrus beim Schreiben seines ersten Briefes und hat sicher auch Paulus bei seinen Briefen geholfen. Paulus bestellt im Brief an die Thessalonicher Grüße von ihm.
Apg 15,22-17,15; 18,5; 1Kor 1,19; 1Thess 1,1; 2Thess 1,1; 1Petr 5,12

Silpa
Leas Magd, die gleichzeitig Jakobs Frau war. Sie war die Mutter von Gad und Asser, zweien seiner zwölf Söhne.
1Mo 29,24; 30,9-13

Silvanus
→ Silas

Simeon
1. Der zweite Sohn Jakobs und Leas. In Ägypten blieb er bei Josef als Geisel zurück, damit seine Brüder auf der nächsten Reise auch wirklich Benjamin mitbrächten. Nach ihm ist ein Stamm Israels benannt.
1Mo 29,33; 34,25ff; 42,24ff; 49,5
2. Ein alter Mann, dem Gott verheißen hatte, dass er nicht sterben würde, bevor er den Messias gesehen habe. Im Tempel nahm er Jesus in seine Arme und lobte Gott. Sein Gebet ist unter der Bezeichnung „Nunc Dimittis" bekannt.
Lk 2,22-35
3. Ein Lehrer in der Gemeinde von Antiochia, vielleicht Simon von Kyrene, der Jesu Kreuz trug.
Apg 13,1-2
4. Der zweite Sohn des Mattatias. Er tat sich in den Kämpfen gegen die Truppen Antiochus' IV. besonders in den Schlachten bei Bet-Zur und Joppe hervor. Er wurde Führer des Aufstands und sicherte den Juden die Unabhängigkeit durch Verhandlungen mit Demetrius II. Ebenso traf er Abkommen mit Rom und Sparta, die seine politische Position stärkten. Er wurde von seinem Schwiegersohn Ptolemäus ermordet.

Simon
1. Simon Petrus (→ Petrus).
2. Einer der Jünger. Er hatte zu den Zeloten, einer extrem nationalistischen jüdischen Gruppe, gehört, die die Römer mit Gewalt vertreiben wollte.
Mt 10,4; Apg 1,13
3. Ein Bruder Jesu.
Mt 13,55
4. Ein Aussätziger, der Jesus in sein Haus nach Betanien einlud. Während Jesus dort war, salbte eine Frau sein Haupt mit teurem Duftöl.
Mt 26,6; Mk 14,3
5. Ein Pharisäer, bei dem Jesus zu Gast war. Als sie aßen, wusch eine Frau Jesu Füße mit ihren Tränen, trocknete sie mit ihrem Haar ab und salbte sie mit Öl.
Lk 7,40ff
6. Simon von Kyrene, der Jesu Kreuz trug.
Mt 27,32
7. Simon Magus, ein Zauberer in Samaria, der den Aposteln ihre gottgegebene Kraft abkaufen wollte.
Apg 8,14-24
8. Ein Gerber in Joppe, bei dem Petrus wohnte.
Apg 9

Simri
Ein Befehlshaber des israelitischen Heeres. Er tötete König Ela und regierte sieben Tage über Israel, bis Omri ihn absetzte (885 v.Chr.).
1Kön 16

Simson
siehe S. 207

Sisera
Ein Hauptmann des Heeres König Jabins von Hazor. Er befehligte 900 Streitwagen. Zwanzig Jahre lang unterdrückte er die Israeliten. Debora und Barak besiegten ihn. Er versuchte, zu Fuß zu fliehen, wurde jedoch von Jaël, in deren Zelt er sich versteckte, getötet.
Ri 4-5

Sosthenes
Er wurde zum Synagogenvorsteher in Korinth ernannt, nachdem Krispus, der frühere Vorsteher, Christ geworden war. Als der römische Statthalter Gallio dem Wunsch der Juden, Paulus zu verurteilen, nicht nachgegeben hatte, ergriff man Sosthenes und schlug ihn. Allgemein vermutet man, dass in 1Kor 1,1 derselbe Sosthenes gemeint ist. Demnach müsste er in der Zwischenzeit gläubig geworden sein.
Apg 18,17

Stephanas
Stephanas und seine Familie gehörten zu den ersten Christen in Achaja (Südgriechenland). Paulus selbst hatte sie in Korinth getauft.
1Kor 1,16; 16,15ff

Stephanus
Ein Griechisch sprechender Jude und der erste Christ, der um seines Glaubens willen starb. Er gehörte zu den sieben Diakonen, die sich um die Armen in der Jerusalemer Gemeinde kümmern sollten. Neben dieser Arbeit predigte er und tat Wunder. Er wurde verhaftet und dem Hohen Rat vorgeführt. Am Ende seiner großen Rede beschuldigte er seine Zuhörer des Mordes an Gottes Sohn. Bei seiner Steinigung bat er Gott um Vergebung für seine Mörder. Paulus, der zu der Zeit noch die Christen verfolgte, sah Stephanus sterben.
Apg 6-7

Susanna
Eine sehr attraktive junge jüdische Frau, die mit ihrem Ehemann Jojakim im Babylonischen Exil lebte. Als zwei Älteste der jüdischen Gemeinde sie zu verführen versuchten, wies sie diese ab. Aus Verärgerung darüber verleumdeten die beiden Ältesten Susanna: Sie habe mit einem jungen Mann geschlafen. Als Ehebrecherin drohte ihr die Todesstrafe. Doch schließlich griff Daniel ein, der zum einen das ganze juristische Verfahren bemängelte, zum anderen die Unehrenhaftigkeit der Ältesten aufdeckte. Sie wurde freigesprochen; ihre Ankläger erlitten die Todesstrafe.
Sus 1-64

Tabita (Tabea)
Eine Christin in Joppe, die Kleider für die Armen machte. Als sie starb, riefen ihre Freunde Petrus, der sie wieder zum Leben erweckte.
Apg 9,36-41

Tamar
1. Die Schwiegertochter Judas und später die Mutter seiner Zwillinge.
1Mo 38
2. Davids Tochter, die von ihrem Halbbruder Amnon vergewaltigt wurde.
2Sam 13

Terach
Der Vater Abrahams. Er zog mit Abraham nach Haran, wo er bis zu seinem Tode lebte.
1Mo 11,27-32

Theophilus
Der Mann, für den Lukas sein Evangelium und die Apostelgeschichte schrieb. Er wusste wohl etwas über das Christentum, doch Lukas wollte ihn besser informieren. Der Name bedeutet „Freund Gottes".
Lk 1,3; Apg 1,1

Theudas
Der Anführer von 400 Rebellen gegen die Römer. Nach seinem Tod zerstreuten sie sich. Gamaliel zitierte dieses Beispiel, als die Apostel vor Gericht standen. Wenn ihre Sache nicht von Gott war, würden sie ebenso enden.
Apg 5,34ff

Thomas
Einer der zwölf Jünger Jesu. Sein Beiname „Didymus" bedeutet „Zwilling". Als Jesus nach dem Tod des Lazarus nach Judäa ging, ging Thomas, obwohl er wusste, dass man Jesus vielleicht festnehmen würde, mit ihm und war auch bereit, mit ihm zu sterben. Zu Thomas sagte Jesus beim letzten Mahl: „Ich bin der Weg und die Wahrheit und das Leben." Bei der ersten Erscheinung des Auferstandenen war Thomas nicht bei den anderen Jüngern, und er wollte ihrem Bericht nicht glauben, bis er nicht selbst Jesus gesehen und seine Wunden berührt hätte. Als Jesus ihm dann erschien, bekannte er: „Mein Herr und mein Gott."
Joh 11,16; 14,5-7; 20,24ff; 21,1-14; Apg 1,12-14

Tiberius
Zu Jesu Lebzeiten Kaiser von Rom. Er regierte von 14-37 n.Chr. In den Evangelien wird er einfach als „der Kaiser" bezeichnet.
Lk 3,1

Tiglat-Pileser
Tiglat-Pileser III. (Pul) war von 745-727 v.Chr. König von Assyrien. Durch Kriege gegen kleinere Völker vergrößerte er seinen Machtbereich. Dabei marschierte er auch in Israel ein. König Menahem zahlte ihm eine große Summe, um auf dem Thron Israels bleiben zu können. Nach dem Angriff Arams und Israels auf Juda eroberte Tiglat-Pileser auf Bitten Ahas' von Juda Damaskus und einige Städte im Nordreich. Doch auch Ahas von Juda wurde Untertan Tiglat-Pilesers.
2Kön 15,29; 16,7ff; 2Chr 28,16ff

Timotheus
Ein Christ aus Lystra, Freund und Mitarbeiter des Paulus. Seine Mutter war Judenchristin, sein Vater Grieche. Paulus nahm ihn auf seiner zweiten Missionsreise mit. Timotheus kehrte später nach Thessalonich zurück, um den verfolgten Christen dort beizustehen. Danach schickte Paulus ihn von Ephesus nach Korinth, wo er die Gemeinde unterweisen sollte. Schließlich wurde er Gemeindeleiter in Ephesus. Timotheus hatte oft wenig Selbstvertrauen und brauchte die Ermutigung des Paulus, doch war er immer treu und zuverlässig. Die beiden Briefe, die Paulus an ihn schrieb, enthalten viele kluge Ratschläge für die Gemeindeleitung.
Apg 16,1-3; 17,13-15; 1Kor 4,17; 1Thess 1,1; 3,1-6; 1 und 2Tim

Titus
Ein Heidenchrist, der mit Paulus befreundet war. Er reiste wahrscheinlich oft mit Paulus und war bei einem Besuch in Jerusalem mit dabei. Lange Zeit war Titus in Korinth; er versuchte dort u.a. die Streitigkeiten zwischen der Gemeinde Korinth und Paulus zu schlichten. Er überbrachte Paulus auch die Nachricht, dass sich die Lage in Korinth verbessert hatte, und nahm den zweiten Brief des Paulus an die Korinther mit. Als Paulus seinen letzten Brief an ihn schrieb, arbeitete Titus auf Kreta.
1Kor 16,10; 2Kor 2,13; 7,13ff; 8; 12,18; Gal 2; 2Tim 4,10; Tit

Tobija
Ein Ammoniter, der den Mauerbau Nehemias verhindern wollte.
Neh 2,10ff; 4; 6; 13

Tobit
Ein Jude, der der Legende nach im 8. Jahrhundert unter Salmanassar ins asssyrische Exil verschleppt wurde. Er verpflichtete sich, die Traditionen seiner Vorfahren zu bewahren und insbesondere dafür zu sorgen, dass Juden ein ehrbares Begräbnis bekommen. Als er eines Nachts heimkehrte, rituell unrein wegen des Umgangs mit einem Leichnam, schlief er im Hof seines Hauses und erblindete durch den Kot eines Vogels. Nach vier Jahren Blindheit bat er um Gottes Hilfe. Dieser sandte den Engel → Rafael, der ihn von seiner Blindheit heilte.
Tob 1,1-14,15

Trophimus
Ein Christ aus Ephesus, der mit Paulus reiste.
Apg 20,4; 21,29; 2Tim 4,20

Tryphon
Von 142-138 v.Chr. Herrscher über Syrien. Bevor er selbst den Thron bestieg, war er Soldat in der Armee des Alexander Balas. Er überlistete den Makkabäerführer Jonatan, setze ihn in Ptolemaïs gefangen und weigerte sich, ihn freizulassen, selbst als ein Lösegeld bezahlt wurde. Schließlich ließ er Jonatan umbringen. Er selbst wurde später abgesetzt und beging Selbstmord.
1Makk 11,38-59; 12,39-53; 15,10-37

Tychikus
Ein Freund und Mitarbeiter des Paulus, wahrscheinlich aus Ephesus. Mit ziemlicher Sicherheit reiste er mit Paulus nach Jerusalem, denn die Gemeinden in Kleinasien hatten ihn dazu ausgewählt, das für die bedürftigen Christen in Judäa gesammelte Geld zu überbringen. Tychikus war bei Paulus im Gefängnis. Der vertraute ihm und schickte ihn mit seinen Briefen nach Kolossä und später nach Ephesus. Aus Rom schickte Paulus ihn zu den Christen nach Ephesus.
Apg 20,4; Eph 6,21-22; Kol 4,7-9; 2Tim 4,12; Tit 3,12

Uria
1. Ein hetitischer Soldat im Heer König Davids, der Mann Batsebas. Weil David in Batseba verliebt war, ließ er Uria in die erste Kampflinie stellen und ihn so ermorden.
2Sam 11
2. Ein Priester in Jerusalem. Er baute nach den Anweisungen König Ahas' den Altar und den Tempel nach heidnischem Vorbild um.
2Kön 16,10ff
3. Ein Prophet zur Zeit Jeremias. König Jojakim ließ ihn töten, weil er gegen das Volk von Juda geweissagt hatte.
Jer 26,20ff

Usa
Einer der Männer, die König David beim Transport der Lade von Kirjat-Jearim nach Jerusalem halfen. Als die Ochsen stolperten, wollte er die Lade festhalten und starb.
2Sam 6,3-7

Usija
→ Asarja

Wasti
Die Königin, von der sich Ahasveros scheiden ließ, weil sie ihm nicht gehorchte.
Est 1

Zacharias
Ein Priester, der Mann der Elisabeth und Vater Johannes des Täufers. Als er gerade im Tempel Dienst tat, verhieß ihm ein Engel, dass er einen Sohn haben würde. Der sollte der Wegbereiter des Messias sein. Er und seine Frau waren alt und er glaubte dem Engel nicht. Zur Strafe war er bis zur Geburt des Kindes stumm.
Lk 1

Zachäus
Ein Zöllner aus Jericho. Weil er sehr klein war, stieg er auf einen Baum, um Jesus sehen zu können. Jesus sah ihn und kehrte in sein Haus ein. Zachäus war nach diesem Besuch ein anderer Mensch.
Lk 19,1-10

Zadok
Zur Zeit Davids waren Zadok und Abjatar Hohepriester. Vor dem Tod Davids unterstützte Abjatar den Putschversuch Adonijas. Zadok jedoch krönte Salomo zum König und bekam als Belohnung dafür das alleinige Hohepriesteramt.
2Sam 15,24ff; 17,15; 19,11; 1Kön 1,7.32ff; 2,35

Zebedäus
Ein Fischer, der Vater der Jünger Jakobus und Johannes.
Mt 4,21-22

Zedekia
1. Der letzte König von Juda, 597-586 v.Chr. Nebukadnezar hatte ihn als seinen Untertanen zum König gemacht. Als Zedekia sich gegen ihn auflehnte, eroberte er Jerusalem und zerstörte es. Zedekia wurde geblendet und als Gefangener nach Babylon geführt.
2Kön 24-25; 2Chr 36,10ff; Jer 21; 32; 34; 37-39
2. Ein falscher Prophet, der in der Regierungszeit König Ahabs lebte.
1Kön 22; 2Chr 18

Zefanja
Ein Prophet, der zur Zeit König Josias in Juda lebte. Seine Botschaft ist in dem nach ihm benannten Buch des AT aufgeschrieben. Er warnte das Volk Juda, dass Gottes Gericht es ereilen würde, wenn es weiter Götzen anbetete und Gottes Geboten ungehorsam war. Die Ungerechten sollten bestraft werden, doch für die, die bereuten, habe Gott eine herrliche Zukunft bereit.
Zef

Ziba
Ein Diener Sauls. Nach dem Tod Sauls und Jonatans sagte er David, dass Jonatans gelähmter Sohn Mefi-Boschet noch lebe.
2Sam 9; 16; 19

Zippora
Die Ehefrau des Mose und Tochter des Jitro, der Mose aufnahm, als dieser aus Ägypten geflohen war. Sie war die Mutter der beiden Söhne des Mose.
2Mo 2,16-22; 4,24-26; 18,2-4

Zofar
Einer der drei Freunde Hiobs, der ihn in seiner Leidenszeit zu trösten versuchte.
Hiob 2,11

Orte

Abana
Einer der beiden Flüsse, die durch Damaskus fließen. Heute heißt er Barada. Als Elisa Naaman aufforderte, sich im Jordan zu baden, verglich der den trüben, schlammigen Jordan mit den klaren Flüssen Amana und Parpar, die durch Damaskus fließen.
2Kön 5,12 (Karte S. 274)

Abel-Bet-Maacha
Eine Stadt im Norden Israels, in der Nähe des Hule-Sees. Bis dorthin verfolgte Joab Scheba. Die Stadt wechselte mehrfach den Besitzer.
2Sam 20; 1Kön 15,20; 2Kön 15,29 (Karte S. 274)

Abel-Mehola
Die Stadt, in die die Midianiter nach dem Angriff Gideons flohen; die Heimatstadt Elisas.
Ri 7,22; 1Kön 19,16 (Karte S. 263)

Abilene
Das Gebiet im Nordwesten von Damaskus, das Lysanias regierte.
Lk 3,1

Achaja
Die römische Provinz Südgriechenland, deren Hauptstadt Korinth war.
Apg 18,12

Achor
Das „Unglückstal"; es liegt in der Nähe Jerichos. Achan wurde dort getötet, weil er Gottes Befehl nicht gehorcht hatte.
Jos 7,24

Adam
Der Ort, an dem Gott den Jordan staute, so dass die Israeliten durch ihn hindurch ins verheißene Land ziehen konnten. 1927 wurde der Jordan an derselben Stelle durch einstürzende Steilufer für 21 Stunden blockiert.
Jos 3,16 (Karte S. 274)

Adma
Gehört zu einer Gruppe von fünf Städten, von denen Sodom und Gomorra die bekanntesten sind. Adma liegt jetzt wahrscheinlich unter dem südlichen Zipfel des Toten Meeres. Die Könige dieser Städte verbündeten sich zur Zeit Abrahams gegen vier nördliche Könige. In der folgenden Schlacht wurde Abrahams Neffe Lot gefangen genommen.
1Mo 10,19; 14,2

Adramyttion
Ein Hafen in der Nähe von Troas an der Westküste der heutigen Türkei. Von dort aus fuhren Paulus und seine Mitgefangenen ihre erste Etappe per Schiff nach Rom.
Apg 27,2

Adullam
David versteckte sich auf der Flucht vor König Saul und aus Furcht vor König Achisch von Gat in einer „Höhle" (vielleicht einer Festung) in der Nähe dieser Stadt. Seine Familie und 400 Flüchtlinge gesellten sich dort zu ihm.
1Sam 22,1; 2Sam 23,13 (Karten S. 26; 274)

Afek
Die Philister lagerten vor der Schlacht, in der sie die Bundeslade der Israeliten raubten, bei Afek. Die Söhne Elis, die die Lade trugen, wurden in der Schlacht getötet; Eli starb, als er davon erfuhr. Später wurde die Stadt umbenannt in Antipatris.
1Sam 4,1 (Karten S. 26; 274)

Ägypten
Mächtiges und fruchtbares Land südlich von Israel; eine der Supermächte in biblischer Zeit. In Ägypten mussten die Israeliten vor dem Auszug als Sklaven dienen.
1Mo 46; 2Mo 1-14 (Karten S. 18; 20; 31; 33; 36; 43)

Ahawa
Ein Kanal und eine Gegend in Babylonien, von wo Esra mit der zweiten Rückkehrergruppe aufbrach. Sie fasteten dort und beteten um Gottes Schutz für ihre 1500 km lange Reise nach Jerusalem.
Esra 8,15.21.31

Ai
Der Name bedeutet „Ruine". Nach der Eroberung Jerichos griff Josua das nahegelegene Ai an und wurde geschlagen. Der Grund dafür war, dass Achan Gottes Gebot nicht befolgt und Beute aus Jericho mitgenommen hatte. Nach der Bestrafung Achans griff Josua Ai noch einmal an. Er lockte die Männer Ais mit einer List aus der Stadt und setzte diese dann in Brand.
Jos 7 und 8 (Karte S. 274)

Ajalon
1. Eine Amoriterstadt, die im Gebiet des Stammes Dan lag, doch den Leviten zugesprochen wurde. Später baute König Rehabeam sie zu einer Festung aus mit Vorrats- und Waffenlagern.
Jos 19,42; 21,24; Ri 1,35; 2Chr 11,10 (Karte S. 274)
2. Ein Tal in der Nähe der Stadt Ajalon, durch das eine wichtige Handelsstraße führte. Dort fand die große Schlacht zwischen Josua und den Amoritern statt, bei der die Sonne stehen blieb.
Jos 10 (Karte S. 274)

Akkad
Der Name eines Gebietes im alten Babylon und einer Stadt, die Nimrod gründete.
1Mo 10,10

Akko
→ Ptolemaïs

Alexandria
Ein großer ägyptischer Seehafen am Nildelta, gegründet von Alexander dem Großen. Am Hafeneingang stand der berühmte Pharos-Leuchtturm. Alexandria war unter den Ptolemäern Hauptstadt Ägyptens und blieb auch danach ein Zentrum für Wissenschaft und Handel.
In römischer Zeit wurde von Alexandra aus Getreide nach Rom geliefert. Es gab in der Stadt ein „Museum" für Kunst und Wissenschaft und eine Bibliothek, die Tausende von Papyrusrollen enthielt. Es bestand auch eine große jüdische Gemeinde, in der die griechische Version des AT – die Septuaginta – entstand. Apollos, ein Lehrer der frühen Kirche, stammte von dort.
Apg 6,9; 18,24; 27; 28 (Karten S. 36; 47)

Ammon
Ein Staat im Osten des Jordan, dessen Hauptstadt Rabbat-Ammon war (heute Amman).
(Karten S. 27; 28; 274)

Amphipolis
Eine Stadt in Nordgriechenland, die Paulus auf seiner zweiten Missionsreise besuchte.
Apg 17,1

Anatot
Eine Levitenstadt, 4 km nördlich von Jerusalem. Dort wurde Jeremia geboren.
Jos 21,18; Jer 1,1 (Karte S. 274)

Änon
Der Ort, an dem Johannes der Täufer taufte.
Joh 3,23

Antiochia/Pisidien
Eine Stadt im Herzen Kleinasiens, die Paulus und Barnabas auf der ersten Missionsreise besuchten. Zuerst predigten sie in der Synagoge, doch als auch Nichtjuden die Botschaft des Paulus annahmen, stifteten die Juden Unruhe und warfen Paulus und Barnabas aus der Stadt. Zwei oder drei Jahre später besuchte Paulus Antiochia noch einmal, um die Christen dort zu ermutigen.
Apg. 13,14-52 (Karte S. 45; 47)

Antiochia/Syrien
(Heute Antiqije, an der syrischen Grenze der Türkei). Es ist die bekannteste von 16 Städten dieses Namens; ein General Alexanders gründete sie zu Ehren seines Vaters. Die Stadt, am Orontes gelegen, hat einen eigenen Seehafen. Unter den Römern wurde sie zur Hauptstadt der Provinz Syrien. Sie war die drittgrößte Stadt des Reiches und ein wichtiger kultureller Mittelpunkt. Es gab dort eine große jüdische Gemeinde. Nach dem Tod des Stephanus flohen die verfolgten Christen die etwa 500 km von Jerusalem nach Antiochia.
So entstand eine der größten und lebendigsten frühen christlichen Gemeinden. Viele Ortsansässige bekehren sich, darunter auch viele Griechen. Hier entstand auch die Bezeichnung „Christen".
Barnabas, der von Jerusalem dorthin geschickt worden war, um zu erfahren, was dort vor sich ging, bat Paulus, ihm zu helfen. Für mehr als ein Jahr lehrten sie zusammen in der Gemeinde in Antiochia. Einige Zeit später wurden sie von der Gemeinde nach Zypern und weiter geschickt, um zu missionieren. Antiochia blieb der Ausgangspunkt des Paulus und für lange Zeit war es die wichtigste Gemeinde nach Jerusalem.
Apg 11,19-26; 13,1; 15,35 (Karten S. 37; 43; 45; 47)

Antipatris
Eine Stadt, die König Herodes wieder aufbaute und nach seinem Vater, Antipater, benannte. Als das Leben des Paulus in Gefahr war, und er von Jerusalem nach Cäsarea gebracht wurde, übernachteten sie in Antipatris.
Apg 23,31

Ar
Die Hauptstadt von Moab am Arnon. Auf der Wüstenwanderung wurden die Israeliten angewiesen, die Stadt nicht anzugreifen. Gott hatte sie den Moabitern, den Nachkommen Lots, gegeben.
4Mo 21,15; 5Mo 2,9; Jes 15,1

Araba
Der Grabenbruch vom See Genezareth bis zum Toten Meer und von dort aus nach Süden bis zum Golf von Akaba.

Arad
Eine Stadt in der Wüste Negeb, die Josua eroberte.
Jos 12,14 (Karte S. 274)

Aram
Die Bezeichnung für mehrere Staaten in Südsyrien, besonders für Damaskus (→ Syrien).

Ararat
Das Gebirgsland, in dem die Arche Noahs nach der Flut auf Grund lief. Das Gebiet, das in assyrischen Inschriften Urartu heißt, ist das heutige Armenien an der Grenze der Türkei und der Sowjetunion. Der Berg Ararat selbst ist ein erloschener Vulkan von 5214 m Höhe.
1Mo 8,4; Jer 51,27 (Karten S. 28; 29)

Areopag
Der Hügel des Kriegsgottes Ares gegenüber der Akropolis in Athen. Von ihm hat der höchste Gerichtshof seinen Namen.
Apg 17

Argob
Ein Teil des Königreiches Baschan im Osten des Jordan. Es war ein fruchtbares Gebiet mit vielen festen Städten. Der halbe Stamm Manasse ließ sich dort nieder.
5Mo 3; 1Kön 4

Arimathäa
Die Heimatstadt Josefs, eines geheimen Jüngers Jesu. Er ließ Jesus nach der Kreuzigung in sein Grab legen.
Mt 27,57; Mk 15,43 (Karte S. 275)

Arnon
Ein Fluss, der vom Osten her ins Tote Meer fließt. Er war die Grenze zwischen den Amoritern und Moabitern. Die Israeliten besiegten die Amoriter und der Stamm Ruben ließ sich in ihrem Gebiet nieder. Doch der Arnon blieb die südliche Grenze.
4Mo 21,13ff; Jes 16,2

Aroër
Eine Stadt am Nordufer des Arnon. Südliche Grenzstadt der Amoriter und später des Stammes Ruben. Von der Zeit Jehus bis zu den Tagen Jeremias war sie unter moabitischer Herrschaft. Aroër heißt auch eine Stadt in der Wüste Negeb im Süden Beerschebas.
5Mo 2,36; 2Kön 10,33 etc. (Karte S. 274)

Aschdod
Eine der fünf Philisterstädte in alttestamentlicher Zeit. Die Philister stellten die geraubte Bundeslade im Tempel ihres Gottes Dagon in Aschdod auf. Am nächsten Morgen lag Dagon mit dem Gesicht nach unten am Boden; am Tag darauf war er in Stücke zerbrochen. Aschdod fiel zur Zeit Jesajas an König Usija von Juda. Zur Zeit des NT wurde die Stadt (jetzt Azotus) von König Herodes wieder aufgebaut.
1Sam 5; 2Chr 26,6; Jes 20,1; 1Makk 9,15; 10,83; 11,4; Apg 8,40

Aschkelon
Eine alte Stadt an der Küste Israels zwischen Jaffa und Gaza. Sie war eine der wichtigsten Festungen der Philister. Simson plünderte Aschkelon, um eine verlorene Wette bezahlen zu können, dabei tötete er 30 Männer. In den folgenden Jahrhunderten wurde Aschkelon nacheinander von Assyrien, Babylonien und Tyrus beherrscht. Herodes der Große wurde in Aschkelon geboren.
Ri 1,18; 14,19; 1Sam 6,17; Jer 47,5-7 etc. (Karten S. 24; 274)

Aschterot/Aschterot-Karnajim
Eine Stadt östlich des Jordan, die nach der

kanaanäischen Muttergottheit benannt war. Sie wurde zu Abrahams Zeit von Kedor-Laomer erobert und wurde später eine Hauptstadt des Königs Og von Baschan. Danach wurde sie Levitenstadt.
1Mo 14,5; 5Mo 1,4 (Karte S. 274)

Aseka
Die Stadt, bis zu der Josua die Amoriter verfolgte. Später war sie Grenzfestung Judas.
Jos 10,10; Jer 34,7

Asia
Der westliche Teil Kleinasiens, in dem viele wichtige griechische Stadtstaaten lagen. Die spätere römische Provinz Asien umfasste die ganze Westküste; ihre wichtigste Stadt war Ephesus. Paulus missionierte viel in diesem Gebiet.
Apg 2,9; 19,10; Offb 1,4.11

Assos
Der Seehafen an der Küste der heutigen Türkei, von dem aus Paulus seine letzte Reise nach Jerusalem antrat.
Apg 20,13

Assyrien
Ein wichtiges Land im Norden Mesopotamiens. Vom 9. bis zum 7. Jh. v.Chr. war es Großmacht.

Athen
Die Hauptstadt des heutigen Griechenlands, die zum ersten Mal im 6. Jh. v.Chr. Bedeutung erlangte. Auf dem Höhepunkt ihrer Macht, im 5. Jh. v.Chr., entstand neben anderen berühmten Gebäuden das Parthenon. Athen war eine Demokratie und Zentrum für Künstler, Dichter, Historiker, Philosophen und Wissenschaftler aus ganz Griechenland.
86 v.Chr. wurde die Stadt von den Römern belagert und geplündert.
Obwohl Athen damit seine politische Macht und seinen Reichtum als Handelszentrum verloren hatte, hatte es doch, was Gelehrsamkeit und Kultur anging, auch noch um 50 n.Chr. einen guten Ruf, als Paulus dort predigte. Die Athener liebten Diskussionen und forderten ihn auf, vor ihrem Gerichtshof zu reden. Paulus ging von ihrem Altar für den unbekannten Gott aus und erzählte ihnen von dem Gott, der die Welt schuf und jedem von uns nah ist.
Apg 17,15-34 (Karten S. 44; 47)

Äthiopien
→ Kusch

Attalia
Heute Antalya, ein Hafen von Pamphylien an der Südseite der Türkei, durch den Paulus auf seiner ersten Missionsreise kam.
Apg 14,25 (Karte S. 45)

Babel (Vorläufer des alten Babylon)
Nach der Flut, als die Menschen noch eine Sprache redeten, planten sie, in der Ebene Sinear im Zweistromland (Mesopotamien) eine Stadt zu bauen und einen Turm, der bis in den Himmel reichen sollte. Als Gott ihren Hochmut sah, verwirrte er ihre Sprache, so dass sie sich nicht mehr verstehen konnten und die Bauarbeiten zum Stillstand kamen.
1Mo 10,10; 11,-9

Babylon
Eine Stadt am Euphrat, 80 km südlich des heutigen Bagdad. Das von Nimrod gegründete Babylon wurde später die Hauptstadt Babyloniens und des babylonischen Reiches. Um 1750 v.Chr. wurde der Gesetzeskodex des Hammurapi, eines der frühen Könige Babylons, auf Stein geschrieben; es ist interessant, ihn mit dem Gesetz des Mose zu vergleichen.
Nach dem Sieg über Assyrien 612 v.Chr. wurde Babylon zur Hauptstadt des mächtigen Reiches, das sich vom Persischen Golf bis zum Mittelmeer erstreckte. 597 und 586 v.Chr. eroberte Nebukadnezar von Babylon Jerusalem. Beide Male führte er viele Menschen aus Juda ins Exil nach Babylon – unter ihnen waren Hesekiel und Daniel. Die Stadt bedeckte eine riesige Fläche an den Ufern des Euphrat. Sowohl die innere als auch die äußere Stadt waren durch 3-7 m dicke Ziegelmauern befestigt. Acht große Tore führten in die innere Stadt mit ihren 50 Tempeln. Die „hängenden Gärten" gelten als eins der sieben Weltwunder der Antike. Sie waren mit Palmen, anderen Bäumen und Gewächsen bepflanzte Terrassen, die in dem flachen Land Schatten spendeten.
539 v.Chr. eroberten die Perser unter Kyrus die Stadt. Der griechische Historiker Herodot berichtet, dass sie den Euphrat umleiteten und dann durch das trockene Flussbett in die Stadt marschierten. Damals begann der Niedergang der Stadt; heute sind nur noch über die Ebene verteilte Ruinenhügel zu sehen.
1Mo 10,10; 2Kön 24,1; 25,7-13; Jes 14,1-23; Dan 1 (Karten S. 31; 33; 34; 36)

Baschan
Ein fruchtbares Gebiet östlich des Sees Genezareth. Es war berühmt für seine Rinder, Schafe und Eichen. Auf dem Weg von Ägypten nach Kanaan besiegten die Israeliten den König Og von Baschan; sein Land ging an Manasse.
5Mo 3; Ps 22,13 (Karte S. 274)

Beerscheba
Die südlichste Stadt der Israeliten am Rand der Negeb-Wüste, an der Handelsstraße nach Ägypten. Den Brunnen *(be'er)*, der der Stadt ihren Namen gab, hatte Abraham gegraben. Hagar war in der Wüste bei Beerscheba fast verdurstet. Von hier brach Abraham auf, als er seinen Sohn opfern sollte, und hier lebte Isaak, als Jakob nach Haran zog. Beerscheba wird auch im Zusammenhang mit Elia und Amos genannt. Der Ausdruck „von Dan bis Beerscheba" meint: das ganze Land von Norden bis Süden.
1Mo 21,14.30-32; 26; 1Kön 19,3; Am 5,5 (Karte S. 19)

Beröa
Eine Stadt in Nordgriechenland (Mazedonien), 80 km von Thessalonich (Saloniki) entfernt. Auf seiner zweiten Missionsreise predigte Paulus dort; die Bewohner Beröas hießen ihn willkommen, doch die Juden hetzten das Volk auf und vertrieben ihn. Silas und Timotheus blieben in Beröa, um die Menschen im Glauben zu unterweisen.
Apg 17,10-15; 20,4 (Karte S. 45)

Betanien
Ein Dorf an der Jerusalem abgewandten Seite des Ölbergs, an der Straße nach Jericho gelegen. Dort lebten Maria, Marta und Lazarus. Als Lazarus gestorben war, erweckte ihn Jesus wieder zum Leben.
Mt 26,6-13; Lk 10,38-42; 24,50; Joh 11; 12,1-9 (Karte S. 275)

Betesda
Ein großer Teich in Jerusalem. Zur Zeit Jesu war er von fünf Säulenhallen umgeben; er ist wahrscheinlich identisch mit dem von fünf Säulenhallen umgebenen Teich, den Archäologen im Nordosten der Stadt ausgegraben haben.
Er erhielt aus einer Quelle Wasser, die von Zeit zu Zeit Wellen verursachte. Viele Kranke hofften, dass sie geheilt würden, wenn sie nach diesen Wellen als Erste ins Wasser kamen. Hier heilte Jesus den Mann, der 38 Jahre krank lag.
Joh 5,1-15

Betfage
Ein Dorf, das entweder nahe bei Betanien oder beim Ölberg lag, auf jeden Fall östlich von Jerusalem. Auf seiner Reise nach Jerusalem schickte Jesus zwei seiner Jünger dorthin, den jungen Esel zu holen, auf dem er im Triumph in die Stadt einritt.
Mt 21,2; Mk 11,1; Lk 19,29 (Karte S. 275)

Bethel
Ein 19 km nördlich Jerusalems gelegener Ort, an dem Jakob seinen Traum von der Leiter hatte, die aus dem Himmel herab auf die Erde führte. Gott versprach Jakob dort, dass er seinen Nachkommen das Land, auf dem er sich befand, geben würde. Jakob nannte den Ort Bethel – Haus Gottes. Jahrhunderte später, als die Israeliten Kanaan besiedelten, ließen sie sich auch in Bethel nieder.
Als das Reich Salomos in Israel und Juda zusammenbrach, errichtete König Jerobeam in Bethel einen Altar und stellte einen goldenen Stier als Gottesbild auf, um zu verhindern, dass seine Untertanen nach Jerusalem pilgerten. Als die Israeliten ins Exil geführt wurden, ließen sich in Bethel Assyrer nieder; bei der Rückkehr der Exilierten zogen einige wieder nach Bethel.
1Mo 28,10-22; Ri 1,22-26; 20,18; 1Kön 12,26-30; 2Kön 2; 17,28; Neh 11,31 (Karten S. 19; 28; 29; 274)

Bethlehem
Die Stadt Davids liegt 8 km südwestlich von Jerusalem in dem judäischen Bergland. Rahel, die Frau Jakobs, ist in der Nähe begraben. Rut und Noomi ließen sich hier nieder. Bethlehem ist die Geburtsstadt Davids und die Stadt, in der Samuel ihn zum Nachfolger König Sauls salbte. Der Prophet Micha sagte voraus, dass der Messias in Bethlehem geboren werden würde, obwohl es nur eine kleine Stadt war.
Jahrhunderte später führte die römische Volkszählung Maria und Josef nach Bethlehem. Hirten und Weise kamen, um das Kind anzubeten, das in einem Stall in der „Stadt Davids" geboren worden war.
Bald danach gab der eifersüchtige König Herodes Befehl, alle kleinen Jungen dort zu töten.
1Mo 35,19; 1Sam 16; Mi 5,1; Lk 2 (Karten S. 26; 40; 275)

Bet-Horon (Oberes und Unteres)
Diese beiden Städte beherrschten das Tal von Ajalon und die Handels- und Heerstraße, die durch es hindurchführte.
Josua verfolgte hier die Amoriterkönige, die Gibeon angegriffen hatten.
Jos 10,10; 16,3-5; 1Sam 13,18; 1Makk 3,16-26; 9,39 (Karten S. 22; 274)

Bet-Sacharja
Kleine Ansiedlung nördlich von Bet-Zur im Bergland westlich von Jerusalem. Ort einer Schlacht, in der die Makkabäer gegen das Heer Antiochus' IV. verloren. Dabei setzte das königliche Heer Elefanten ein, die mit Wein und Maulbeersaft kampfwütig gemacht wurden.
1Makk 6,32-47

Betsaida
Ein Fischerdorf am Ufer des Sees Genezareth, nahe der Jordanmündung, Heimatstadt der Jünger Philippus, Andreas und Petrus. Jesus heilte hier einen Blinden und warnte die Menschen vor Gottes Gericht. Aber obwohl sie seine Wunder sahen, wollten sie nicht an ihn glauben.
Mt 11,21; Mk 8,22; Joh 1,44 (Karten S. 27; 275)

Bet-Schean
Eine sehr alte Stadt im Norden Palästinas, dort, wo die Jesreel-Ebene zum Jordan hin abfällt. Die Israeliten konnten die Kanaanäer nicht von hier vertreiben. Als Saul und Jonatan gefallen waren, wurden ihre Leichname an den Mauern von Bet-Schean befestigt, doch die Bewohner von Jabesch in Gilead nahmen sie herunter und begruben sie. In neutestamentlicher Zeit hieß Bet-Schean Skythopolis; es war eine der Städte der → Dekapolis, die einzige, die am Westufer des Jordan lag. Der Teil der alten Stadt ist in der Nähe des heutigen Besan.
Jos 17,11-16; Ri 1,27; 1Sam 31,10-13; 2Sam 21,12; 1Kön 4,12 (Karten S. 27; 274)

Bet-Schemesch
Eine Priesterstadt, ca. 19 km westlich von Jerusalem. Sie war nahe an der Grenze zu den Philistern und als die Lade von den Philistern zurückgeschickt wurde, kam sie zuerst nach Bet-Schemesch. Doch einige Menschen von dort wurden bestraft, weil sie die Lade nicht mit Respekt behandelten. Später besiegte Joasch, der König von Israel, Amazja von Juda bei Bet-Schemesch.
Jos 21,16; 1Sam 6,9-21; 1Kön 4,9; 2Kön 14,11-13 (Karten S. 28; 274)

Betulia
Heimatstadt der Judit. Die Lage des Ortes wird recht exakt beschrieben: gegenüber von Jesreel, nahe der Ebene von Dotan, auf einem Gipfel, von dem aus man über ein Tal blicken kann, umgeben von Bergen und in der Nähe von Wasserquellen. Dennoch kann man die genaue Lage nicht bestimmen; manche halten Betulia für einen anderen Namen für → Sichem.
Jdt 4,6; 6,10-7,32; 8,11.21.24; 10,10; 13,10-14

Bet-Zur
Eine Stadt in Juda, 6 km nördlich von Hebron. Bet-Zur wurde bewohnt von den Nachfahren Kalebs. Später war es eine von den fünfzig Städten, die König Rehabeam befestigen ließ. Männer von dort halfen auch beim Wiederaufbau der Mauern Jerusalems unter Nehemia. Der Ort lag auf einem hohen Hügel und war Schauplatz eines der größten Siege der Juden im Makkabäeraufstand.
Jos 15,58; 1Chr 2,45; 2Chr 11,7; Neh 3,16; 1Makk 4,26-34; 6,7.31.49-50; 9,52; 14,7; 2Makk 11,1-5 (Karte S. 274)

Bithynien
Eine römische Provinz im Nordwesten Kleinasiens. Paulus wollte in Bithynien predigen, doch der Geist Jesu „ließ das nicht zu". Aber es gab Gemeinden in Bithynien; der erste Brief des Petrus ist u.a. an Christen dort gerichtet. Wir wissen, dass dieses Gebiet bald ein wichtiges Zentrum des Christentums wurde; der römische Landpfleger Plinius schrieb an Kaiser Trajan einen Brief über die Christen dort.
Apg 16,7; 1Petr 1,1 (Karte S. 43)

Bozra
Eine alte Stadt in Edom, südöstlich des Toten Meeres, ca. 130 km südlich des heutigen Amman in Jordanien. Die Propheten sagten den Untergang Bozras voraus.
1Mo 36,33; 1Chr 1,44; Jes 34,6; 63,1; Jer 49,13.22; Am 1,12 (Karte S. 274)

Cäsarea
Ein Mittelmeerhafen, von Herodes dem Großen erbaut. Die Stadt ist nach dem römischen Kaiser Augustus Cäsar benannt. Statuen von ihm standen in einem großen Tempel, der ihm und Rom geweiht war. Die Stadt war nicht nur ein Zentrum für den Seehandel, sondern auch für den Binnenhandel, da sie an einer Handelsstraße von Tyrus nach Ägypten lag.
Cäsarea war die Heimat des Evangelisten Philippus und des römischen Hauptmanns Kornelius, der nach Petrus schickte und ihn bat, ihm Gottes Wort zu erklären. Hier verstand Petrus, dass das Evangelium von Jesus Christus nicht nur den Juden, sondern auch den Heiden gilt.
Paulus kam auf seinen Reisen mehrmals durch diesen Ort. Der römische Landpfleger wohnte hier und deshalb wurde Paulus auch zu seiner Verhandlung vor Felix nach Cäsarea gebracht. Zwei Jahre war er dort in Haft, dann wurde er nach Rom gebracht.
Apg 8,40; 21,8; 9,30; 10; 11; 18,22,33-26,31 (Karten S. 40; 43; 45; 47; 275)

Cäsarea Philippi
Eine Stadt am Fuß des Hermon, nahe der Hauptquelle des Jordan. Herodes der Große hatte dort für Kaiser Augustus einen Tempel errichten lassen und sein Sohn Philippus benannte die Stadt um in Cäsarea. Sie war bekannt als das Cäsarea des Philippus, um sie von dem Hafen Cäsarea zu unterscheiden.
Dort fragte Jesus seine Jünger, wer er sei; Petrus antwortete: „Du bist Christus, des lebendigen Gottes Sohn."
Mt 16,13-16 (Karten S. 41; 275)

Chaldäa
Bezeichnung für Südbabylonien. Abrahams Stammland. An mehreren alttestamentlichen Stellen wird es für ganz Babylonien bzw. für das babylonische Volk und seine Kultur gebraucht.
1Mo 11,28; Jes 13,19; 23,13; 43,14; 47,1-5; Hes 23,23; Dan 3,8; 9,1; Apg 7,4

Charax
Der Name bedeutet „Festung". Die genaue Lage des Ortes ist nicht bekannt. Er lag wohl im Hügelland im Osten Galiläas und war Ort einer Schlacht, in der die Makkabäer die seleukidischen Truppen besiegten.
2Makk 12,17

Chorazin
Eine Stadt, in der Jesus lehrte, in der Nähe Kapernaums auf einem Hügel am See Genezareth Jesus war enttäuscht darüber, dass die Menschen dort zwar seine Worte hörten, sie sich aber nicht zu Herzen nahmen, so dass sie ihr Leben geändert hätten. Chorazin ist heute nur noch eine Ruine.
Mt 11,21; Lk 10,13 (Karte S. 275)

Dalmatien
Eine römische Provinz an der Ostküste der Adria im heutigen Kroatien. Als Paulus seinen zweiten Brief an Timotheus schrieb, war er fast ganz allein; seine Freunde hatten ihn mit unterschiedlichen Zielen verlassen. Titus war nach Dalmatien gegangen.
2Tim 4,10

Damaskus
Die Hauptstadt Syriens (Arams). Damaskus war schon zur Zeit Abrahams gut bekannt und wird im AT oft erwähnt. Die Stadt war das Zentrum mehrerer kleiner Königreiche, die, ähnlich wie Israel und Juda, immer damit zu kämpfen hatten, angesichts der Supermächte in Ägypten und Mesopotamien, ihre Unabhängigkeit zu bewahren.
David eroberte die Stadt, doch sie erhielt ihre Unabhängigkeit bald wieder. Damaskus war die Heimat Naamans, den Elisa heilte, und Elisa ging dorthin, um Auskunft über die Krankheit Ben-Hadads zu geben.
Jesaja prophezeite die Zerstörung der Stadt, und nach mehreren Angriffen wurde sie im Jahre 732 v.Chr. von den Assyrern erobert. Sie beraubten sie ihrer Schätze und führten viele Menschen in Gefangenschaft. Von 64 v. bis 33 n.Chr. war Damaskus unter römischer Herrschaft.
Auf dem Weg nach Damaskus hatte Paulus die Christuserscheinung, die sein ganzes Leben veränderte. Kurz darauf floh er vor den Juden aus der Stadt.
1Mo 14,15; 15,2; 2Sam 8,5; 1Kön 20,34; 2Kön 4; 8,7-15; Jes 17; Apg 9 (Karten S. 29; 30; 31; 43; 45; 47)

Dan
Das Land, das dem Stamm Dan gehörte, und die nördlichste Stadt Israels (oft auch Lajisch genannt). Der Ausdruck „von Dan bis Beerscheba" bedeutet: „von einem Ende des Landes bis zum anderen". Als das Reich in zwei Teile zerfiel, errichtete König Jerobeam I. zwei goldene Stiere zur Anbetung. Einer von ihnen stand in Dan.
Jos 19,40-48; 1Kön 12,25-30 (Karten S. 23; 28; 274)

Dedan
Die Stadt Dedan (heute Al-'Ula) war ein bedeutendes Handelszentrum im Gebiet von Midian.
Jes 21,13; Jer 25,23; 49,8; Hes 27,20

Dekapolis (Zehn Städte)
Ein Zusammenschluss von zehn griechischen Städten gab diesem Gebiet seinen Namen. Die Dekapolis lag im Süden des Sees Genezareth, zum größten Teil östlich des Jordan. Viele der dort lebenden Menschen waren keine Juden, doch sie schlossen sich der Jesus nachfolgenden Menge an. Vor dem Krieg mit den Römern flohen Judenchristen nach Pella, einer Stadt der Dekapolis.
Mt 4,25; Mk 5,1-20; 7,31-37 (Karten S. 41; 275)

Derbe
Eine Stadt in Lykaonien im Süden Kleinasiens, in der Paulus auf seiner ersten und zweiten Missionsreise predigte.
Apg 14,20-21; 16,1 (Karten S. 45; 47)

Dibon
Eine Moabiterstadt östlich des Toten Meeres, 5 km nördlich des Arnon. Im Zuge der Landnahme eroberten die Israeliten diese Stadt; sie wurde den Stämmen Gad und Ruben zugeteilt, wechselte jedoch in ihrer Geschichte oft den Besitzer.
4Mo 21,30; 32,24; Jes 15,2 (Karte S. 274)

Dok
An diesem Ort wurden Simon Makkabäus und zwei seiner Söhne getötet. Möglicherweise handelt es sich um die heutige Siedlung 'Ain Duq, nordwestlich von Jericho.
1Makk 16,15

Dor
Eine kanaanäische Stadt. Sie schloss sich den verbündeten nördlichen Königen an, die gegen Josua kämpften und unterlagen. Der Stamm Manasse erhielt Dor, konnte jedoch ihre bisherigen Bewohner nicht vertreiben. Auch bis in die Zeit des Neuen Testaments hinein war Dor eine bedeutende Stadt.
Jos 11,1-15; Ri 1,27; 1Kön 4,11; 1Makk 15,11-13.25 (Karte S. 274)

Dotan
Eine Stadt an der Straße von Bet-Schean und Gilead nach Ägypten. Hier verkauften seine Brüder Josef an ismaelitische Händler und hier wurde Elisa vor der aramäischen Armee gerettet.
1Mo 37,17-28; 2Kön 6 (Karte S. 19; 29; 274)

Ebal
Ein steiniger Berg in Samaria gegenüber dem Garizim in der Nähe des alten Sichem und des modernen Nablus. Auf ihm errichtete Josua vor der Eroberung des Landes Kanaan einen Altar. Dann stellte er das Volk vor die Wahl, Gott zu gehorchen und gesegnet zu werden oder Gott ungehorsam zu werden und Fluch zu empfangen. Ein Teil des Volkes stand auf dem Ebal, dessen kahle Kuppe den Fluch versinnbildlichte, und der Rest des Volkes stand auf dem Garizim.
5Mo 11,29; 27; Jos 8,30.33 (Karte S. 22; 274)

Eden
Der Garten, den Gott am Anfang als Lebensraum für die Menschen bestimmt hatte. Nachdem sie ihm ungehorsam geworden waren, vertrieb er Adam und Eva aus dem Garten Eden.
1Mo 2,8-14

Edom
Das Bergland im Süden des Toten Meeres, in dem sich die Nachkommen Esaus niederließen.
1Mo 32,3; 36,20-21; 4Mo 24,18 (Karten S. 18; 21; 28)

Edreï
Die Stadt, bei der die Israeliten, bevor sie das verheißene Land betraten, Og von Baschan besiegten. Edreï heißt heute Der'a und liegt an der Grenze zwischen Syrien und Jordanien.
4Mo 21,33; 5Mo 1,4; 3,1.10; Jos 12,4; 13,12.31 (Karte S. 274)

Efrata
Ein anderer Name für Bethlehem.
1Mo 48,7; Rut 4,11; 1Sam 17,12

Eglon
Eine Amoriterstadt, die Josua auf seinem ersten Feldzug eroberte. Ihre Reste liegen wahrscheinlich im Tell el-Hesi in der Nähe von Lachisch in der Schefela, dem Hügelland westlich von Jerusalem.
Jos 10,3; 12,12; 15,39 (Karte S. 22)

Ekbatana
Hauptstadt des medischen Reiches, später von den Persern unter Kyrus übernommen.
Esra 6,6-12; Tob 5,6; 6,10; 7,1; Jud 1,1-6

Ekron
Eine der fünf Philisterstädte. Sie wurde dem Stamm Juda zugesprochen, doch die Philister waren so stark, dass sie die Stadt halten konnten. Als die Philister die Israeliten besiegt und die Lade mit sich genommen hatten, brachen in jeder Stadt der Philister, durch die die Lade kam, Seuchen aus. Als die Seuche sich auch in Ekron ausbreitete, gaben die Philister den Israeliten die Lade zurück. Ekron blieb weiterhin Philisterstadt. König Ahasja von Israel wandte sich vom Gott Israels weg zum Gott von Ekron, dem Baal-Sebul („Herr der Fliegen"). Baal-Sebul gilt im NT als Fürst der Dämonen.
Jos 15,11.45-46; Ri 1,18; 1Sam 5,10-6,17; 7,14; 17,52; 2Kön 1,3-6; Am 1,8 (Karte S. 274)

Ela (Eichgrund)
Ein Tal südwestlich von Jerusalem. Die Philister marschierten durch das Tal von Ela in Israel ein. David besiegte in ihm den Philister Goliat.
1Sam 17,2

Elam
Land im Osten von Babylonien mit der Hauptstadt Susa.
1Mo 14,1; Esra 4,9; Jes 11,11; 21,2; Jer 25,25; Apg 2,9 (Karten S. 31; 33)

Elasa
Ort, an dem Judas Makkabäus in der Schlacht gegen die syrischen Truppen den Tod fand. Er lag in der Nähe von Bet-Horon, in einem Gebiet, an dem zahlreiche Schlachten in der Bibel stattfanden.
1Makk 9,5

Elat/Ezjon-Geber
Eine Niederlassung (später eine Stadt) am Golf von Akaba am Roten Meer. Die Israeliten rasteten dort auf ihrem Weg nach Kanaan. Salomos große Flotte lag in Ezjon-Geber; König Joschafat versuchte später, wieder eine Flotte aufzubauen, doch sanken seine Schiffe. Die Stadt kam später unter edomitische Herrschaft.
4Mo 33,35-36; 5Mo 2,8; 1Kön 9,26-27; 22,49; 2Kön 16,6 (Karte S. 21)

Emmaus
Im 1. Makkabäerbuch sowie im Lukasevangelium werden zwei Orte namens Emmaus erwähnt, die nicht miteinander identisch sind. Bei beiden Orten weiß man über ihre genaue Lage allerdings nichts. In 1Makk besiegt Judas Makkabäus den syrischen General Gorgias. Dies scheint ein relativ großer Ort gewesen zu sein, vielleicht heute Amwas, etwa 32 km westlich von Jerusalem im Tal Ajalon. Das andere Emmaus war offenbar ein kleines Dorf näher bei Jerusalem. Jesus erschien hier nach seiner Auferstehung zweien seiner Jünger.
1Makk 4,1-25; Lk 24,13 (Karte S. 275)

En-Dor
Ein Ort im Norden Israels in der Nähe des Tabor. König Saul reiste in der Nacht vor seiner letzten Schlacht heimlich nach En-Dor; er bat die Totenbeschwörerin, den Geist des toten Propheten Samuel heraufzurufen. Die Antwort, die er erhielt, verurteilte ihn, das Medium aufgesucht zu haben und kündigte seinen Tod an. Am nächsten Tag fielen Saul und sein Sohn Jonatan in der Schlacht am Gebirge Gilboa.
1Sam 28 (Karte S. 274)

En-Gedi
Eine Quelle westlich des Toten Meeres, an der David sich versteckte.
Jos 15,62; 1Sam 23,29 (Karten S. 26; 274)

Ephesus
Als wichtigste Stadt der römischen Provinz Asia war Ephesus der Brückenkopf zwischen dem Osten und dem Westen. Es lag am Ende der großen Karawanenstraßen aus Asien, an der Mündung eines Flusses. Zur Zeit des Paulus hatte der Hafen schon begonnen zu versanden, doch die Stadt war immer noch prächtig, mit gepflasterten Straßen, Bädern, Bibliotheken, einem Marktplatz und einem Theater, das mehr als 25 000 Menschen fasste. Der Diana-Tempel in Ephesus war eins der sieben Weltwunder: Er war viermal so groß wie das Parthenon in Athen.
Schon seit 1200 v.Chr. war Ephesus besiedelt, doch zur Zeit des NT war die Bevölkerung auf über 300 000 Menschen angewachsen, darunter viele Juden.
Auch für die ersten Christen wurde Ephesus bald zu einem wichtigen Zentrum. Paulus besuchte es auf seiner zweiten Missionsreise und seine Freunde Aquila und Priscilla blieben dort. Auf seiner dritten Reise blieb Paulus mehr als zwei Jahre in Ephesus und das Evangelium verbreitete sich von dort aus durch die ganze Provinz. Die kleinen Silberbilder der Diana wurden nicht mehr so gut verkauft und einige Menschen konnten deshalb ihren Lebensunterhalt nicht mehr verdienen; die Folge war ein Aufstand.
Paulus schrieb seine Briefe an die Korinther aus Ephesus. Gelegentlich wird die Meinung vertreten, einige seiner Briefe aus dem Gefängnis (z.B. an die Philipper) könnten in Ephesus entstanden sein. Später beauftragte Paulus Timotheus mit der Leitung der Gemeinde in Ephesus. Ein Brief des Paulus und eins der Sendschreiben der Offenbarung sind an die Epheser gerichtet. Die Überlieferung berichtet, dass hier später der Apostel Johannes gelebt habe.
Apg 18,19; 19; 20,17; 1Kor 15,32; 16,8-9; Eph 1,1; 1Tim 1,3; Offb 2,1-7 (Karten S. 45; 47)

Ephraim
Das Gebiet des Stammes Ephraim.
Jos 16,4-10 (Karten S. 23; 274)

Erech (assyrisch Uruk)
Eine der großen sumerischen Städte im südlichen Babylonien, ungefähr 65 km nordwestlich von Ur.
1Mo 10,10; Esra 4,9

Eschkol
Ein Tal in der Nähe Hebrons. Der Name bedeutet „Traube“. Die Kundschafter, die Mose ins verheißene Land geschickt hatte, brachten eine riesige Traube von dort mit.
4Mo 13,23-24; 32,9; 5Mo 1,24

Eschtaol
Ein Ort in dem Gebiet des Stammes Dan, ungefähr 15 km westlich von Jerusalem. Hier wuchs Simson auf; hier kam der Geist Gottes zum ersten Mal auf ihn. Doch trotz der Erfolge Simsons gegen die Philister konnte der Stamm Dan niemals das gesamte ihm zugesprochene Land in Besitz nehmen.
Jos 15,33; 19,41; Ri 13,24-25; 16,31; 18 (Karte S. 274)

Euphrat
Im AT wird dieser große Fluss oft einfach als „der Fluss“ bezeichnet. Er ist 1931 km lang, entspringt im Osten der Türkei und fließt nach Süden in den Persischen Golf.
Sein Bett hat sich in der babylonischen Ebene nach Westen verlagert, so dass die alten Städte, die früher an seinem Ufer lagen, jetzt 5-6 km östlich von ihm liegen. Die Straße nach Syrien folgte dem Euphrat nach Norden bis Karkemisch und wandte sich dann nach Süden nach Damaskus, Israel und Ägypten.
1Mo 15,18; Offb 9,14; 16,12

Ezjon-Geber
s. Elat

Gad
Das Land des Stammes Gad östlich des Jordan. Es hatte früher zum Amoriterreich gehört.
Jos 13,8-13 (Karte S. 274)

Galatien
Das alte Königreich Galatien befand sich im Norden von Kleinasien entlang der Schwarzmeerküste. Die Landschaft wurde im 3. Jh. v.Chr. von den Galliern besiedelt. Zur Zeit der Römer wurde das galatische Siedlungsgebiet Teil der römischen Provinz Galatia, die nach Süden hin einen größeren Umfang hatte; wichtige Städte wie Antiochia, Ikonion, Lystra und vielleicht auch Derbe lagen in Südgalatien. Diese Städte besuchte Paulus während seiner ersten Missionsreise. Paulus' Brief an die Galater ist an Gemeinden in Galatien gerichtet, ob an die ursprünglichen, nördlichen Galater oder an die südgalatischen Gemeinden ist eine Frage, die nicht sicher beantwortet werden kann.
Apg 16,6; 18,23; Gal 1,1-2; 1Petr 1,1 (Karten S. 43; 45)

Galiläa
Der nördlichste Teil Israels zur Zeit des NT. Es ist die Heimat Jesu und seiner Jünger und der Hauptschauplatz seines Wirkens. Es war von drei anderen Völkern umgeben und wurde von ihnen stark beeinflusst. In neutestamentlicher Zeit wurde es daher oft als „Galiläa der Heiden“ bezeichnet. Die Bevölkerung sprach wohl sowohl Griechisch als auch Hebräisch und Aramäisch. Galiläa ist gebirgig. Zum See Genezareth hin fällt das Land auf 212 m unter dem Meeresspiegel ab.
Zur Zeit Jesu führten viele wichtige Römerstraßen durch Galiläa. Das Land lebte von Landwirtschaft, Handel und Fischerei. Viele im Evangelium erwähnten Städte und Dörfer lagen in Galiläa – z.B. Nazareth, Kapernaum, Kana und Betsaida.
1Kön 9,11; 2Kön 15,29; Jes 9,1; Lk 4,14; Apg 9,31 (Karte S. 41; 275)

Garizim
Der Berg des Segens Gottes. Er liegt in Samaria gegenüber dem Berg Ebal. Er wurde später zum heiligen Berg der Samariter, auf dem sie ihren Tempel errichteten. Diesen Berg nannte die samaritische Frau im Johannesevangelium auch als Anbetungsort ihrer Vorfahren. Die Reste des Tempels hat man auf einem Ausläufer des Garizim gefunden.
5Mo 11,29; 27; Jos 8,33; Joh 4,20 (Karte S. 274)

Gat
Eine der fünf Philisterstädte. Als die Philister die Bundeslade geraubt hatten, brachten sie sie nach Gat, wo bald darauf eine Seuche ausbrach. Goliat und andere „Riesen“ kamen aus Gat. David floh auf seiner Flucht vor Saul nach Gat und Soldaten von dort halfen ihm, den Aufstand seines Sohnes Absalom niederzuschlagen. Zeitweilig gehörte die Stadt zum Reich Juda und fiel im 8. Jh. v.Chr. wahrscheinlich an die Assyrer.
Jos 11,22; 1Ssam 5; 17,4; 21,10-22,1; 27; 2Sam 15,18; 2Kön 12,18; 2Chr 11,8; 26,6 (Karte S. 26)

Gat-Hefer
Ein Ort in Galiläa an der Grenze zwischen Sebulon und Naftali, der Geburtsort des Propheten Jona. Nicht weit entfernt von ihm entstand später Nazareth.
Jos 19,13; 2Kön 14,25

Gaza
Eine der fünf Philisterstädte in der Küstenebene. Josua eroberte sie und verlor sie dann wieder. In dieser Stadt wurde Simson gefangen gehalten, und hier starb er, als er den dortigen Tempel zum Einsturz brachte. Auch Gaza litt darunter, dass die Philister die Lade Gottes geraubt hatten.
Gaza lag an der Handelsstraße nach Ägypten. Es wurde zuerst von Hiskia von Juda erobert, später von Assyrern und Ägyptern.
Auf der Straße von Jerusalem nach Gaza traf Philippus den Kämmerer und berichtete ihm von Jesus.
Jos 10,41; Ri 16; 1Sam 6,17; 2Kön 18,8; Jer 47; Apg 8,26 (Karten S. 24; 36; 274)

Geba
Die Stadt lag gegenüber von Michmas, ca. 10 km nördlich von Jerusalem im Gebiet von Benjamin. Sauls Heer lagerte hier, nahe seiner Hauptstadt Gibea, als die Philister Michmas besetzt hielten. Später wurde Geba von König Asa befestigt und war Grenzpunkt des Südreichs Juda. Wie Michmas wurde es von den Assyrern auf ihrem Weg nach Jerusalem erobert und nach dem Exil wieder besiedelt.
Jos 18,24; 21,17; 1Sam 13,16; 1Kön 15,22; 2Kön 23,8; 1Chr 6,45; Jes 10,29; Esra 2,26; Neh 7,30; Sach 14,10 (Karte S. 274)

Gebal
Eine sehr alte phönizische Stadt, besser bekannt unter ihrem griechischen Namen Byblos. Sie lag an der Küste des heutigen Libanon nördlich von Beirut.
„... vom Lande bleibt noch sehr viel einzunehmen“, sagte Gott zum alt gewordenen Josua und nannte ihm unter anderem auch Gebal. Später behandelten Handwerker aus Gebal das Holz und die Steine für Salomos Tempel vor. Hesekiel kündigte Gebal und anderen phönizischen Städten Gericht an.
Jos 13,5; 1Kön 5,32; Ps 83,8; Hes 27,9

Genezareth
Ein fruchtbares Tal nordwestlich des Sees Genezareth.
Mk 6,53; Lk 5,1 (Karte S. 275)

Gerar
Ein Ort in der Wüste Negeb zwischen Beerscheba und Gaza. Sowohl Abraham als auch Isaak hielten sich dort auf. Aus Angst gab Abraham Sara als seine Schwester aus. Gott verhinderte, dass Abimelech von Gerar sie zur Frau nahm.
1Mo 20; 26 (Karte S. 274)

Geschur
Ein Gebiet und eine Stadt im Süden Arams. David heiratete eine Tochter des Königs von Geschur. Deren Sohn Absalom floh, nachdem er Amnon aus Rache für die Vergewaltigung seiner Schwester getötet hatte, nach Geschur.
Jos 2,5; 2Sam 3,3; 13,38

Geser
Eine kanaanäische Stadt, die Josua angriff. Sie lag an der Straße von Joppe nach Jerusalem. Geser gehörte eine Zeit lang zu Ägypten. Später schenkte ein Pharao es seiner Tochter, einer Frau Salomos. Salomo ließ die Stadt, wie auch Hazor und Megiddo, befestigen. Auch in der Makkabäerzeit war sie immer noch eine Festung.
Archäologen haben dort den Bauernkalender von Geser entdeckt (10. Jh. v.Chr.).
Jos 10,33; 1Kön 9,15-17; 1Makk 9,52; 13,43-48; 14,7; 15,35; 16,19-21; 2Makk 10,32 (Karte S. 274)

Gethsemane
Ein Garten jenseits des Kidrontales in der Nähe des Ölbergs. Jesus und seine Jünger hielten sich oft dort auf. Daher wusste Judas Iskariot, wohin er die Soldaten zur Verhaftung Jesu führen musste.
Mt 26,36-56; Mk 14,32-51; Lk 22,39; Joh 18,1ff

Gibea
Gibea liegt 4 km nördlich von Jerusalem und ist Heimat und Hauptstadt Sauls. In der Richterzeit war die Stadt wegen eines Verbrechens ihrer Bewohner zerstört worden. Sie lag am heutigen Tell el-Ful, von wo aus man die Vorstädte Jerusalems sehen kann.
Ri 19,12-20,48; 1Sam 10,26; Jes 10,29 (Karte S. 26; 274)

Gibeon
Eine Stadt ungefähr 10 km nordwestlich von Jerusalem. Nach dem Fall von Jericho und Ai überredeten die Gibeoniter Josua zu einem Friedensvertrag; Saul brach ihn später. Am Teich von Gibeon kämpften die Männer Davids gegen die Anhänger Isch-Boschets, eines Sohnes Sauls, um das Königtum. Die Stiftshütte befand sich in Gibeon und Salomo betete dort an. Die Bevölkerung Gibeons half Nehemia beim Aufbau der Mauern Jerusalems.
Archäologen haben eine große Grube in Gibeon entdeckt, von der aus eine Treppe zu einem Wasser hinabführte. In der Grube lagen Henkel von großen Vorratskrügen, auf denen „Gibeon“ und der Name des Besitzers eingraviert war. In Gibeon scheint man im 7. Jh. v.Chr. viel Wein produziert zu haben.
Jos 9; 2Sam 2,12-29; 20,8; 21; 1Kön 3,4; 1Chr 21,29; Neh 3,7 (Karte S. 22; 274)

Gihon
1. Einer der vier Flüsse des Gartens Eden.
1Mo 2,13
2. Eine Quelle am Fuß des Hügels, auf dem das erste Jerusalem stand. Sie war die Hauptwasserquelle der Stadt. An ihr wurde Salomo auf Befehl seines Vaters David zum König gesalbt, um dem Putschversuch Adonijas zuvorzukommen. Das Wasser der Quelle war für die Stadt unentbehrlich und König Hiskia ließ später einen Kanal durch den Felsen hauen, um durch ihn Wasser in das Gebiet innerhalb der Stadtmauern zu leiten. Dieser Kanal existiert heute noch; er mündet in den Teich Siloah.
1Kön 1; 2Chr 32,30; 33,14 (Karte S. 39)

Gilboa
Ein Gebirge im Norden Palästinas. Es überragt die Jesreel-Ebene, die sich zum Jordan hin neigt. Der letzte Kampf Sauls und seines Heeres gegen die Philister fand am Gebirge Gilboa statt. Saul und drei seiner Söhne kamen dabei um.
1Sam 28,4; 31,1.8; 2Sam 1; 21,12; 1Chr 10,1.8 (Karten S. 27; 274)

Gilead
Ein großes Gebiet östlich des Jordan, nördlich des Toten Meeres. Die Stämme Ruben, Gad und Manasse lebten dort. Das Gebiet hatte gutes Weideland und war berühmt für seine Rinder- und Schafherden. Aus Gilead kam auch ein Balsam, der für medizinische Zwecke und zur Kosmetik verwendet wurde. Jaïr, Jeftah und der Prophet Elia kamen aus Gilead.
1Mo 37,25; Jos 17,1; Ri 10,3; 11; 1Kön 17,1; Hld 4,1 (Karten S. 25; 274)

Gilgal
Ein Ort zwischen Jericho und dem Jordan. Nach der Durchquerung des Jordan lagerten die Israeliten dort und errichteten zwölf Steine zur Erinnerung an das Ereignis. Von Gilgal aus eroberten sie Kanaan. Später war in Gilgal ein Heiligtum; es war einer der Orte, wo Samuel Gericht hielt. Gilgal wird in den Geschichten von Elia und Elisa, der dort einen Topf vergiftetes Essen genießbar machte, erwähnt. Die Propheten Hosea und Amos verurteilten den heuchlerischen Gottesdienst in Gilgal.
Jos 4,20; Ri 3,19; 1Sam 7,16; 10,8 usw.; 2Sam 19,16; 2Kön 2,1; 4,39-41; Hos 4,15; Am 4,4 (Karten S. 22; 274)

Gomorra
Eine der fünf Städte, die jetzt wahrscheinlich unter dem Südzipfel des Toten Meeres liegen. Gomorra wurde zusammen mit Sodom als Strafe für die Verderbtheit seiner Bewohner zerstört. In der Bibel werden die Städte Sodom und Gomorra als abschreckende Beispiele für Gottes Gericht genannt. Jesus sagte, dass es den Orten, die nicht auf Gottes Wort hören, schlechter gehen wird als Sodom und Gomorra.
1Mo 14; 19; Jes 1,9-10; Hes 16,48-58; Mt 10,15

Gosan
Israeliten aus Samaria wurden von den Assyrern gefangen nach Gosan im Nordosten Syriens geführt. Heute heißt es Tell Halaf. Gosan liegt am Habor.
2Kön 17,6; 19,12

Goschen
Ein fruchtbares Gebiet im Osten des Nildeltas in Ägypten. Hier ließ sich Jakob mit seiner Sippe nieder. Das Land war gut für ihre Schaf- und Rinderherden und außerdem nicht weit entfernt vom Hof des Pharao. Vor dem Auszug blieben die Israeliten in Goschen von den Plagen verschont.
1Mo 45,10; 2Mo 8,18ff (Karten S. 18; 20)

Griechenland
Die Eroberung Alexanders des Großen brachte Israel (und alle anderen Länder des östlichen Mittelmeerraumes) unter griechische Herrschaft. Griechenland bestand aus mehreren kleineren (Stadt-)Staaten (z.B. Athen, Sparta, Mazedonien) mit wechselnder Bedeutung. Der Einfluss griechischer Zivilisation, Kultur und Ideen (der sog. Hellenismus) war in den letzten Jahrhunderten v.Chr. und zur Zeit des NT stark und letztlich Anlass des jüdischen Aufstandes der Makkabäerzeit.
Dan 11; Joh 12,20; Apg 6; 17; 18

Großes Meer
Die Bibel gebraucht diese Bezeichnung für das Mittelmeer.

Guthafen
Ein kleiner Hafen an der Südküste Kretas. Auf der Reise nach Rom legte das Schiff des Paulus dort an. Paulus versuchte, den Hauptmann, den Steuermann und den Schiffsherrn davon zu überzeugen, dass es besser wäre, dort zu überwintern, doch sie hörten nicht auf seinen Rat. Auf der Weiterfahrt erlitten sie Schiffbruch und strandeten auf Malta.
Apg 27,8-12

Habor
Nebenfluss des Euphrat in Nordostsyrien. Gosan lag am Habor.
2Kön 17,6

Hamat
Das heutige Hama am Orontes in Syrien. In alttestamentlicher Zeit war Hamat eine wichtige Stadt, Hauptstadt eines kleinen Königreiches an einer wichtigen Handelsstraße von Kleinasien nach Israel und Ägypten gelegen. Der „Eingang von Hamat", etwas weiter südlich gelegen, galt als die „ideale" Nordgrenze Israels. Zur Zeit Davids und Salomos war Israel mit dem König Toï von Hamat verbündet. Die Stadt fiel an die Assyrer und viele ihrer Bewohner zogen nach Israel. Vor der Schlacht von Karkemisch hatte Pharao Necho hier sein Hauptquartier, später Nebukadnezar.
Jos 13,5; 2Sam 8,9-11; 1Kön 8,65; 2Chr 8,4; 2Kön 17,24; 18,34

Haran
Eine Stadt im Südosten der Türkei an einem Nebenfluss des Euphrat. Hier ließ sich Abrahams Vater Terach nach seinem Weggang aus Ur nieder, und hier arbeitete Jakob für Laban. Haran lag an der wichtigsten Straße von Ninive nach Aleppo in Syrien und zum Hafen Tyrus. Die Assyrer machten es zur Provinzhauptstadt. Nach dem Fall Ninives war es für drei Jahre Hauptstadt Assyriens. 609 v.Chr. fiel es an die Babylonier.
1Mo 11,31; 12,2-5; 29,4; 2Kön 19,12; Hes 27,23

Harod
Die Quelle, an der Gideon seine Soldaten auswählte. Er nahm die 300 Männer mit, die direkt mit dem Mund aus dem Bach tranken. Der Ort liegt in der Nähe der Ebene Jesreel.
Ri 7,1-8

Hazor
Eine Kanaanäerstadt im Norden Israels. König Jabin von Hazor schloss einen Bund gegen Josua, doch er wurde besiegt und seine Stadt niedergebrannt. Ein anderer König von Hazor wurde von Debora und Barak besiegt. Salomo baute Hazor wieder auf und befestigte es zusammen mit Megiddo und Geser. Im 8. Jh. v.Chr. wurde Hazor von den Assyrern zerstört. Archäologen haben eine Ober- und eine Unterstadt ausgegraben. Zur Zeit der größten Ausdehnung mag Hazor etwa 40 000 Menschen beherbergt haben. Der untere Teil der Stadt wurde im 12. Jh. (also zur Zeit Josuas) zerstört. Die Stadtmauer und das Tor aus der Zeit Salomos sind denen in Geser und Megiddo ähnlich. Hazor wird außer in der Bibel in ägyptischen und babylonischen Inschriften und in den Amarnabriefen erwähnt.
Jos 11; Ri 4; 1Kön 9,15; 2Kön 15,29 (Karten S. 23; 24; 30; 274)

Hebron
Eine Stadt hoch im Bergland Judäas (935 m). Ihr alter Name war Kirjat-Arba. Abraham und seine Familie hielten sich oft in der Nähe Hebrons auf. Dort (in Machpela) kaufte er eine Höhle von den Hetitern. Die Kundschafter Moses kamen durch Hebron, das später Kaleb zufiel. Hebron war eine der Levitenstädte und eine der Freistädte, d.h. Zufluchtsorte für Menschen, die ohne Vorsatz jemand getötet hatten. Vor der Eroberung Jerusalems war es Hauptstadt Davids. Von Hebron aus machte Absalom seinen Aufstand. Nach dem Exil wurde es wieder von Juden besiedelt.
1Mo 13,18; 23; 35,27; 37,14; 4Mo 13,22; Jos 14,6-15; 2Sam 2,1-4; 15,9-10; Neh 11,25 (Karten S. 19; 21; 22; 24; 26; 274)

Hermon
Ein Berg (2759 m) an der libanesisch-syrischen Grenze. Sein Gipfel ist das ganze Jahr über mit Schnee bedeckt. Sein Schmelzwasser speist die wichtigste Quelle des Jordan. Der Hermon liegt nahe bei Cäsarea Philippi. Vielleicht ist er der Berg, auf dem die Jünger die Herrlichkeit Jesu sahen.
Jos 12,1; Ps 42,7; 133,3; Mt 17,1 (Karten S. 41; 275)

Heschbon
Eine Stadt östlich des Jordan, die zuerst den Moabitern, dann den Amoritern und zuletzt den israelitischen Stämmen Ruben und Gad gehörte. Zur Zeit Jesajas und Jeremias war es eine wohlhabende Stadt.
4Mo 21,25-30; 32,37; Jes 15,4; Jer 48,2 (Karte S. 274)

Hierapolis
Eine Stadt in der römischen Provinz Asia in der westlichen Türkei. Paulus erwähnt in seinem Brief an die Kolosser die Christen aus Laodizea und Hierapolis. Im Laufe der Jahrhunderte sind die heißen Quellen in Hierapolis (heute Pamukkale) versteinert.
Kol 4,13

Hinnom
Ein Tal südlich von Jerusalem, die Grenze zwischen den Stammesgebieten von Juda und Benjamin. Hier errichteten die Könige Ahas und Manasse ein Heiligtum für den Gott Moloch und opferten ihm Kinder. Josia zerstörte das Heiligtum. Später wurde der Abfall der Stadt im Hinnomtal verbrannt. So wurde das Tal zum Bild für die Hölle und das Wort „Gehenna", das eigentlich Hinnomtal heißt, wurde das Wort für Hölle.
Jos 15,8; 18,16; 2Kön 23,10; 2Chr 28,3; 33,6; Jer 7,31; 19,2; 32,35 (Karte S. 39)

Horeb
Ein anderer Name für den Berg Sinai.

Horma
Die genaue Lage dieser Stadt in Südkanaan ist nicht sicher. Wegen ihres Ungehorsams wurden die Israeliten bei Horma von den Kanaanäern geschlagen. Später wurde die Stadt erobert und dem Stamm Juda gegeben.
4Mo 14,39-45; 21,3; Jos 15,30

Idumäa
Der griechische Name für das Edom des AT. In neutestamentlicher Zeit wohnten viele Idumäer im Westjordanland, im trockenen Gebiet Südpalästinas. Dieses Gebiet wurde nach ihnen benannt. König Herodes war Idumäer. Um Jesus zu sehen, zogen sogar Menschen aus diesem Gebiet nach Galiläa.
Mk 3,8 (Karten S. 117; 275)

Ikonion
Das moderne Konya in der südlichen Türkei. Als Paulus dort predigte, war es eine Stadt in der römischen Provinz Galatien. Er stieß dort auf heftigen Widerstand.
Apg 13,51; 14,1-6; 19-22; 2Tim 3,11 (Karten S. 45; 47)

Illyrien
Die römische Bezeichnung für das Land an der Ostküste des Adriatischen Meeres. Es war ungefähr identisch mit dem heutigen Kroatien/Bosnien; der südliche Teil wurde auch Dalmatien genannt. Im Brief an die Römer sagte Paulus, dass er das Evangelium von Jerusalem bis nach Illyrien verbreitet habe. Sonst wird Illyrien von Paulus nicht erwähnt.
Röm 15,19

Israel
Das Land, das von den zwölf Stämmen besiedelt wurde. Nach dem Tod König Salomos spaltete sich das Reich und der Name Israel bezog sich nur noch auf den nördlichen Teil des Landes, ohne Juda und Benjamin.
(Karten S. 28; 274)

Issachar
Das Land, das dem Stamm Issachar gehörte, südlich des Sees Genezareth im Westen des Jordan.
Jos 19,17-23 (Karte S. 274)

Ituräa
Dieser Name wird nur im Lukasevangelium erwähnt, und zwar im Rahmen der Datierung des Beginns der Predigt Johannes' des Täufers. Herodes Philippus war damals Herrscher von Ituräa und Trachonitis. Die Ituräer waren wahrscheinlich die Nachkommen des Volkes, das im AT Jetur genannt wird. Sie wohnten im Bergland westlich von Damaskus.
Lk 3,1; vgl. 1Chr 5,19 (Karte S. 275)

Jabbok
Heute Nahr ez-Zerka, ein Fluss, der zwischen dem Toten Meer und dem See Genezareth von Osten her in den Jordan mündet. Am Jabbok kämpfte Jakob mit dem Engel. Adam – der Ort, an dem Gott den Jordan staute – liegt an der Mündung des Jabbok in den Jordan. Der Jabbok war oft Grenzfluss.
1Mo 32,22-30; 4Mo 21,24; 5Mo 3,16; Ri 11,13 (Karten S. 19; 25; 274)

Jabesch
Eine Stadt östlich des Jordan. Als die Benjaminiter zur Zeit der Richter in Folge eines Bürgerkrieges keine Frauen bekommen konnten, raubten sie die Mädchen von Jabesch und heirateten sie. Saul half Jabesch, als es von den Ammonitern belagert wurde und Männer aus Jabesch setzten später ihr Leben aufs Spiel, um Sauls Leiche von der Mauer Bet-Scheans zu entfernen.
Ri 21; 1Sam 11; 31 (Karten S. 27; 274)

Jaser
Eine Amoriterstadt östlich des Jordan. Sie wurde von den Israeliten erobert und dem Stamm Gad gegeben. Jaser war berühmt für seinen Weinberg.
4Mo 21,32; Jos 13,25; 1Chr 26,31; Jes 16,8-9 (Karte S. 274)

Jebus
Alter Name Jerusalems.

Jericho
Eine Stadt westlich des Jordan, 250 m unter dem Meeresspiegel und ungefähr 8 km vom Nordende des Toten Meeres entfernt. Eine Quelle machte Jericho zu einer Oase in der Wüste – zur Stadt der Palmen. Die Stadt kontrollierte die Furten durch den Jordan. Sie war gut befestigt und das erste Hindernis, das sich den einwandernden Israeliten entgegenstellte. Die Eroberung Jerichos war der erste Sieg Josuas in Kanaan. Zur Zeit der Richter tötete Ehud den König Eglon von Moab in Jericho; und zur Zeit Elias und Elisas war die Stadt Heimat einer großen Prophetengruppe. Nach dem Exil halfen auch Männer aus Jericho beim Wiederaufbau der Stadtmauern Jerusalems.
Jesus machte in Jericho den Bartimäus sehend und der Zöllner Zachäus wurde dort vollkommen verändert. Das Gleichnis vom barmherzigen Samariter spielt auf der Straße von Jerusalem nach Jericho.
Jericho hat eine Geschichte, die über mehrere tausend Jahre geht. Die erste Stadt gab es dort schon vor 6000 v.Chr. Zur Zeit Abrahams, Isaaks und Jakobs gab es in Jericho bereits eine entwickelte Zivilisation.
In Gräbern von 1600 v.Chr. hat man Töpferarbeiten, hölzerne Möbel, Körbe und Kästchen mit eingelegten Verzierungen gefunden. Danach wurde Jericho zerstört und nur zu einem Teil wieder besiedelt.
Ri 1,16; 3,13; 2Kön 2; Neh 3,2; Mk 10,46; Lk 19,1-10; 10,30 (Karten S. 21; 22; 23; 274; 275)

Jerusalem
Die Stadt wurde von David erobert und zur Hauptstadt gemacht. Jerusalem wurde in der Folgezeit religiöses und politisches Zentrum des Volkes, besonders nachdem König Salomo den Tempel erbaut hatte. Nach der Teilung Israels in ein Nord- und ein Südreich blieb es die Hauptstadt des Südreichs Juda. Bis heute ist Jerusalem eine der berühmtesten – und umkämpftesten – Städte der Welt.
Jerusalem liegt hoch auf den Bergen Judas und hat keinen Zugang zum Meer oder einem Fluss. Außer zum Norden hin fällt das Gelände an allen Seiten steil ab. Nach Osten hin, zwischen Tempel und Ölberg, liegt das Kidrontal; im Südwesten liegt das Hinnom-Tal. Ein drittes Tal, das Tyropöon-Tal, teilt das Tempelgebiet und die Stadt Davids von der westlichen Oberstadt.
1Mo 14,18; Jos 15,63; 2Sam 5; 1Kön 6; Ps 48; 122; 125; 1Kön 14,25-26; 2Kön 12,18; 18,13-19,36; 20,20; 25; Esra 5; Neh 3-6; Lk 2; 19,28-24,49; Joh 2,23-3,21; 5; 7,10-10,42; Apg 2; 15 (Karten S. 22; 23; 26; 28; 29; 32; 33; 34; 37; 38; 40; 43; 45; 47; 274; 275)

Jesreel
Eine Stadt im Norden Israels und die Ebene, in der sie lag. Saul lagerte vor der Schlacht am Gebirge Gilboa in der Ebene Jesreel. König Ahab von Israel hatte hier einen Palast, bei dem sich die traurige Geschichte mit Nabots Weinberg zutrug. Königin Isebel wurde aus einem Fenster dieses Palastes gestürzt. Der verwundete Joram von Israel ging nach Jesreel.
1Sam 29,1; 1Kön 18,45-46; 21; 2Kön 8,29; 9 (Karten S. 25; 29; 274)

Jibleam
Eine kanaanäische Stadt im Norden Israels, 14 km südöstlich von Megiddo. Dort tötete Jehu König Ahasja von Juda.
Jos 17,11-12; 2Kön 9,27; 15,10 (Karte S. 274)

Joppe
Der einzige natürliche Hafen an der Küste Israels südlich von Haifa, das heutige Jaffa in der Nähe von Tel-Aviv. Joppe war der Hafen Jerusalems, doch 56 km von der Stadt entfernt. Die Stadt hat eine lange Geschichte und wird schon 1400 v.Chr. in den Amarnabriefen erwähnt. Jona bestieg in Joppe ein Schiff nach Tarsis (Spanien). Tabea, die Frau, die von Petrus auferweckt wurde, wohnte in Joppe, und dort hatte Petrus seine Vision von den reinen und unreinen Tieren. Er reiste darauf zu Kornelius und taufte ihn und seine Familie.
2Chr 2,15; Jona 1,3; Apg 9,36-43; 10 (Karte S. 47; 274)

Jordan
Der größte Fluss Israels, in der Bibel oft erwähnt. Der Jordan fließt vom Hermon im Norden durch den Hule-See und den See Genezareth ins Tote Meer. Vom Hule-See bis zum Toten Meer sind es Luftlinie nicht mehr als 120 km, doch durch seine vielen Windungen hat der Jordan mehr als die doppelte Länge.
Der Name „Jordan" bedeutet „der Herabsteigende".
Der Jordan fließt durch den tiefsten Senkungsgraben der Erde. Der Hule-See liegt 68 m über dem Meeresspiegel, der See Genezareth bereits 212 m unter dem Meeresspiegel, und das Tote Meer liegt noch 180 m tiefer.
Der nördliche Teil des Jordantales ist fruchtbar. Im Süden fließt der Fluss durch Wüste, ist an den Ufern aber mit dichtem Urwald bewachsen. Die wichtigsten Nebenflüsse sind der Jabbok und der Jarmuk, die beide von Osten her in den Jordan fließen. Viele kleine Nebenflüsse trocknen im Sommer vollkommen aus.
Josua führte das Volk Israel vom Osten her über den Jordan ins verheißene Land. David floh vor Absalom auf die andere Seite des Jordan. Elia und Elisa überquerten den Jordan, kurz bevor Elia in den Himmel entrückt wurde. Elisa befahl dem Aramäer Naaman, sich im Jordan zu waschen, um geheilt zu werden. Johannes der Täufer taufte die Menschen, darunter auch Jesus, im Jordan.
Jos 3; 2Sam 17,20-22; 2Kön 2,6-8.12-14; 5; Jer 12,5; 49,19; Mk 1,5.9 (Karte S. 19; 23; 24; 25; 29; 40; 274; 275)

Juda
Das judäische Bergland im Süden Jerusalems und die Wüste am Toten Meer. Das Gebiet gehörte dem Stamm Juda. Später war Juda der Name für das Südreich mit der Hauptstadt Jerusalem.
Jos 15; 1Kön 12,21.23 usw. (Karten S. 23; 26; 28; 34; 274)

Judäa
Die griechische und römische Bezeichnung für Juda. Sie meint normalerweise den Südteil des Landes mit Jerusalem; manchmal bezieht sie sich auf das ganze Land, einschließlich Galiläa und Samaria. Die Wüste liegt westlich des Toten Meeres.
Lk 3,1; 4,44 (Karten S. 40; 43; 274)

Kadesch (-Barnea)
Eine Oase in der Wüste im Süden von Beerscheba. Sie wird beim Angriff Kedor-Laomers zur Zeit Abrahams erwähnt. In der Nähe von Kadesch erschien Hagar ein Engel. Nach der Flucht aus Ägypten verbrachten die Israeliten die meiste Zeit der Wüstenwanderung im Gebiet um Kadesch. Mirjam starb dort und Mose ließ Wasser aus einem Felsen bei Kadesch fließen. Von Kadesch aus gingen auch die Kundschafter nach Kanaan. Später wird es als ein Ort an der Südgrenze Israels genannt.
1Mo 14,7; 16,14; 4Mo 20,14-22; 33,36; 5Mo 1,19-25.46; Jos 10,41; 15,23 (Karte S. 21)

Kafar-Salama
Möglicherweise das heutige Khirbet Selma, etwa 10 km nordwestlich von Jerusalem. Ort einer Schlacht zwischen Judas Makkabäus und Nikanor, in der die jüdischen Truppen siegreich blieben.
1Makk 7,31

Kana
Das Dorf, in dem Jesus auf einer Hochzeit Wasser in Wein verwandelte. Bei einem anderen Besuch dort heilte er den Sohn eines Beamten aus Kapernaum. Der Jünger Nathanael kam aus Kana.
Joh 2,1-12; 4,46-53; 21,2 (Karten S. 41; 275)

Kanaan
In früher alttestamentlicher Zeit der Name für Syrien und Palästina, vor allem für das Küstengebiet um Phönizien herum. Der Name ist abgeleitet von Kanaan, dem Enkel Noahs und Sohn Hams.
1Mo 10,15-19; 4Mo 13,29; Jos 3,1; 11,3; Ri 1,27ff (Karten S. 18,21)

Kapernaum
Ein wichtiger Ort am Nordwestufer des Sees Genezareth zur Zeit Jesu. Während Jesus am See Genezareth predigte, war Kapernaum sein Wohnort. Der Zöllner Levi (Matthäus) wohnte in Kapernaum, ebenso ein römischer Offizier, dessen Diener von Jesus geheilt wurde. Vielleicht lag in Kapernaum eine römische Garnison. In Kapernaum tat Jesus viele Wunder, er heilte z.B. die Schwiegermutter des Petrus. Er lehrte auch in der Synagoge, doch trotz allem glaubten die Menschen der Botschaft Gottes nicht und Jesus musste sie vor dem kommenden Gericht warnen.
Mk 1,21-34; 2,1-17; Lk 7,1-10; 10,13-16 (Karten S. 41; 275)

Kappadozien
Eine römische Provinz im Osten Kleinasiens (Türkei). Unter den Zuhörern des Petrus am Pfingsttag waren Juden aus Kappadozien. Der erste Brief des Petrus ist u.a. an die dort lebenden Christen gerichtet.
Apg 2,9; 1Petr 1,1

Karkemisch
Eine wichtige alte Hetiterstadt am Euphrat. Ihre Ruinen liegen an der Grenze zwischen der Türkei und Syrien. Als der ägyptische Pharao Necho einen Angriff auf Karkemisch unternahm, versuchte Josia von Juda, ihn aufzuhalten. Er wurde besiegt und getötet. Im Jahre 605 v.Chr. wurde Necho bei Karkemisch von Nebukadnezar, dem König von Babylonien, geschlagen.
2Chr 35,20; Jes 10,9; Jer 46,2 (Karte S. 32)

Karmel
Ein Gebirgszug, der bei der heutigen Stadt Haifa bis ans Mittelmeer reicht. Die alte Stadt Megiddo beherrschte etwas weiter im Inland einen der wichtigsten Wege durch dieses Hügelland. Auf dem Karmel (535 m am höchsten Punkt) forderte der Prophet Elia die Baalspropheten zum Wettstreit heraus. Sein Nachfolger, Elisa, hat dort wahrscheinlich eine Zeit lang in einer Höhle gelebt.
1Kön 18,19-46; 2Kön 2,25; 4,25 (Karten S. 28; 29; 274)

Kaspin
Von den Einwohnern unter schweren Verlusten verteidigte und von Judas Makkabäus letztlich eingenommene Stadt.
Es ist das heutige Khisfin, 14 km östlich des Sees Genezareth.
1Makk 5,26.36; 2Makk 12,13

Kebar
Ein Kanal, der vom Fluss Euphrat in Babylonien gespeist wird. Dort hatte der Prophet Hesekiel einige seiner großen Visionen.
Hes 1,3; 10,20; 43,3

Kedesch
Eine kanaanäische Stadt in Galiläa, die Josua eroberte und dem Stamm Naftali gab. Sie war die Heimat Baraks. Kedesch war eine der ersten Städte, die Tiglat-Pileser III. in Israel eroberte (734-732 v.Chr.).
Jos 12,22; 19,37; Ri 4; 2Kön 15,29 (Karte S. 274)

Keïla
Eine Stadt etwa 10 km nordwestlich von Hebron. David rettete sie vor einem Angriff der Philister und blieb auf der Flucht vor Saul eine Zeit lang dort.
Jos 15,44; 1Sam 23; Neh 3,17-18 (Karten S. 26; 274)

Kelach
Eine sehr alte Stadt in Mesopotamien am Tigris; später wurde sie eine wichtige Stadt des assyrischen Reiches. Heute heißt sie Nimrud (im Irak). Bei Ausgrabungen wurden Inschriften und Elfenbeinschnitzereien aus der Zeit der Könige Israels gefunden.
1Mo 10,11-12 (Karte S. 31)

Kenchreä
Der Osthafen von Korinth in Südgriechenland.
Apg 18,18; Röm 16,1 (Karte S. 47)

Kidron
Das Tal, das Jerusalem vom Ölberg trennt. Die meiste Zeit im Jahr ist das Tal trocken. Die Gihon-Quelle, aus der Hiskia Wasser in den Teich von Siloah leitete, liegt an der Westseite des Kidrontales.
David durchquerte auf seiner Flucht vor Absalom das Tal. Asa, Hiskia und Josia, die den Gottesdienst des Volkes reformierten, zerstörten Götterbilder im Kidrontal. Jesus und seine Jünger gingen auf ihrem

Weg zum Garten Gethsemane oft durch dieses Tal.
2Sam 15,23; 1Kön 15,13; 2Chr 29,16; 2Kön 23,4; Joh 18,1 (Karte S. 39)

Kinneret
Der alttestamentliche Name für den See Genezareth, nach einem Ort dieses Namens am Westufer des Sees. Der Name taucht im Zusammenhang der Grenzziehung des Landes Israel und der umliegenden Reiche auf.
4Mo 34,11; 5Mo 3,17; Jos 11,2 (Karte S. 274)

Kir
Ein Ort, an den die Aramäer verbannt wurden. Eine wichtige Festung in Moab.
2Kön 16,9; Am 1,5 (Karte S. 274)

Kirjatajim
Eine Stadt östlich des Toten Meeres, die der Stamm Ruben in Besitz nahm. Später wurde sie moabitisch.
Jos 13,19; Jer 48; Hes 25,9 (Karte S. 274)

Kirjat-Arba
Ein alter Name für Hebron.

Kirjat-Jearim
Eine Stadt nicht weit von Jerusalem. Die Stadt gehörte den Gibeonitern, die Josua zu einem Friedensvertrag überredeten. Die Bundeslade stand, bevor David sie nach Jerusalem holte, zwanzig Jahre in Kirjat-Jearim.
Jos 9; 1Sam 6,20-7,2; Jer 26,20; Neh 7,29 (Karte S. 274)

Kischon
Ein kleiner Fluss, der durch die Ebene von Jesreel fließt und nördlich des Karmel ins Mittelmeer mündet. In der Geschichte von Barak trat der Fluss über seine Ufer und verwandelte die Ebene in Schlamm. Die Streitwagen Siseras wurden darin bewegungsunfähig, und die Israeliten konnten siegen. Elia tötete die Baalspropheten nach dem Gottesurteil auf dem Karmel am Bach Kischon.
Ri 4; 5,21; 1Kön 18,40 (Karten S. 25; 274)

Kolossä
Eine Stadt im Tal des Lykos in der römischen Provinz Asia (Südwesttürkei). Sie lag nur wenige Kilometer von Laodizea entfernt an einer wichtigen Straße östlich von Ephesus. Die christliche Botschaft kam wahrscheinlich während des Aufenthaltes des Paulus in Ephesus über Epaphras nach Kolossä. Paulus schrieb einen Brief an die Kolosser.
Kol 1,2 (Karten S. 45; 47)

Königsstraße
Die Straße, über die Mose friedlich durch das Land Edom und das Land Sihons, des Königs von Heschbon, ziehen wollte. Beide verweigerten den Durchzug, und so mussten die Israeliten Edom umgehen und gegen Sidon kämpfen. Die Königsstraße war wohl die wichtigste Straße von Norden nach Süden, sie führte an den Höhen im Osten des Jordan entlang, von Damaskus bis zum Golf von Akaba.
4Mo 20,17; 21,22; 5Mo 2,27

Korinth
Eine alte griechische Stadt, die 146 v.Chr. von den Römern zerstört und hundert Jahre später wieder aufgebaut wurde. Korinth lag auf dem flachen Verbindungsstück zwischen dem griechischen Festland und der südlichen Halbinsel, zwischen dem Ägäischen und dem Adriatischen Meer. Die Lage war sehr günstig für Handwerk und Handel. Die Stadt zog Menschen aller Nationalitäten an. Sie wurde überragt vom „Akrokorinth", dem steilen Felsen, auf dem die Akropolis und ein Tempel der Aphrodite (Göttin der Liebe) standen. Tempelprostitution und starke Fluktuation in der Bevölkerung trugen dazu bei, dass Korinth in moralischer Hinsicht einen äußerst schlechten Ruf hatte. Paulus lebte 18 Monate in Korinth und schrieb mehrere Briefe an die Gemeinde dort. Davon sind zwei im NT enthalten.
Apg 18; 1Kor; 2Kor (Karten S. 44; 47)

Kreta (Kaftor)
Eine gebirgige Insel im östlichen Mittelmeer. Die „Kreti", die zur Leibgarde Davids gehörten, kamen wahrscheinlich von dort. 2000-1400 v.Chr. herrschte auf Kreta die minoische Kultur. Kreta ist vermutlich die Heimat der Philister. Am Pfingsttag hörten Kreter in Jerusalem die Predigt des Petrus. Das Schiff des Paulus legte auf dem Weg nach Rom an der Insel an. Schon früher hatte Paulus Kreta besuchte und Titus als Stütze für die neue Gemeinde dort zurückgelassen.
1Mo 10,14; 5Mo 2,23; Jer 47,4; Am 9,7; Apg 2,11; 28,7-14; Tit 1,5 (Karten S. 44)

Krit
Ein Wüstenbach östlich des Jordan; hier versorgte Gott Elia während der Zeit der Dürre und der Hungersnot, bis der Bach selbst austrocknete.
1Kön 17,3-7 (Karte S. 274)

Kusch
Land in Afrika, im heutigen Sudan, benannt nach einem Enkel Noahs. Manchmal mit „Äthiopien" übersetzt, obwohl es nicht identisch ist mit dem so benannten Staat.
1Mo 10,6-8; Jes 11,11; 18,1

Kyrene
Eine griechische Stadt an der Nordküste Afrikas, im heutigen Libyen. Ein Mann aus Kyrene, Simon mit Namen, musste Jesu Kreuz tragen. Am Pfingsttag waren Juden aus Kyrene in Jerusalem. Kyrener wirkten auch bei der frühen christlichen Missionsarbeit unter Nichtjuden in Antiochia mit.
Mt 27,32; Apg 2,10; 6,9; 11,20 (Karte S. 42)

Lachisch
Eine wichtige befestigte Stadt im Bergland, ungefähr 50 km südlich von Jerusalem. Lachisch war schon vor dem 16. Jh. v.Chr. eine ausgebaute Festung.
Der König von Lachisch verbündete sich mit vier anderen Amoriterkönigen gegen Josua. Doch sie wurden besiegt. Lachisch wurde erobert und die Bewohner getötet. Salomo baute Lachisch später als Festung gegen die Philister und Ägypter aus.
Die Stadt war von einer äußeren und einer inneren Mauer umgeben, 6 m dick. Diese Mauern wurden von Wachtürmen überragt, ebenso das Eingangstor. Ein 44 m tiefer Brunnen versorgte die Stadt mit Wasser. In Lachisch standen ein Palast und ein Lagerhaus, zu denen eine Basarstraße führte.
König Amazja von Juda floh nach Lachisch, doch seine Feinde folgten ihm und töteten ihn dort.
Als König Sanherib von Assyrien Juda angriff, belagerte er Lachisch und schnitt Jerusalem damit von möglicher Hilfe aus Ägypten ab. Als Lachisch besiegt war, sandte Sanherib Boten nach Jerusalem, die die Stadt zur Kapitulation aufforderten. Den Sieg über Lachisch ließ der König in einem seiner Paläste in Ninive darstellen. Archäologen haben in Lachisch auch ein Massengrab aus jener Zeit entdeckt, in dem etwa 1500 Menschen beerdigt wurden.
Die babylonische Armee belagerte gleichzeitig Jerusalem und Lachisch (589-586 v.Chr.). Aus dieser Zeit stammen die „Lachisch-Briefe", die ein Offizier an seinen Vorgesetzten schrieb. Lachisch wurde erobert und niedergebrannt. Nach dem Exil wurde es wieder besiedelt, erlangte jedoch nie mehr die alte Größe.
Jos 10; 2Chr 11,5-12; 2Kön 14,19; 18,14-21; Jes 36-37; Jer 34,7; Neh 11,30 (Karten S. 22; 274)

Laodizea
Eine Stadt im Lykostal in der heutigen westlichen Türkei (in neutestamentlicher Zeit die römische Provinz Asia). Laodizea lag an der Kreuzung zweier wichtiger Straßen. Es wurde durch Handel und Geldgeschäfte wohlhabend. In dem Gebiet um Laodizea wurden Kleider aus glänzender schwarzer Wolle sowie Medikamente hergestellt. Das Wasser kam von einer heißen Quelle in der Nähe der Stadt und erreichte sie handwarm. Einer der Briefe in der Offenbarung ist an die Gemeinde in Laodizea gerichtet und der Kolosserbrief des Paulus richtet sich u.a. auch an sie. Die Gemeinde dort ist möglicherweise während des Aufenthalts des Paulus in Ephesus entstanden.
Kol 2,1; 4,13-16; Offb 1,11; 3,14-22

Libanon
Gebirge nördlich des Heiligen Landes; Nachbarland Israels. Im AT war der Libanon berühmt für seine Wälder, besonders für die großen Zedernwälder. Die Bibel erwähnt auch den Schnee auf dem Libanon und die Fruchtbarkeit des Landes. Alle möglichen Obst- und Gemüsearten wachsen in der Küstenebene und im Hügelland: Oliven, Zitrusfrüchte, Äpfel, Feigen, Aprikosen, Datteln und viele andere Früchte.
Die großen phönizischen Häfen Tyrus, Sidon und Byblos lagen an der Küste des Libanon und wurden durch den Export der Güter des Landes reich. Salomo bezog das Holz für den Bau des Tempels und der Paläste aus dem Libanon.
1Kön 5,15-25; Hos 14,8; Esra 3,7; Ps 16,72; Jes 2,13; 14,8; Hes 31

Libna
Eine befestigte Stadt, nicht weit von Lachisch, die Josua eroberte. Unter Joram von Juda machte Libna einen Aufstand. Die Stadt hielt einer Belagerung von Sanherib von Assyrien stand, weil in dessen Heer eine Seuche ausbrach.
Jos 10,29-30; 2Kön 8,22; 19,8.35 (Karten S. 22; 274)

Lo-Dabar
Ein Ort in Gilead östlich des Jordan. Jonatans Sohn Mefi-Boschet lebte dort, bis er an Davids Hof geholt wurde.
2Sam 9; 17,27 (Karte S. 274)

Lus
Der alte Name für Bethel.

Lydda
Eine Stadt ungefähr 15 km von Joppe entfernt. Heute heißt sie Lod. Petrus heilte bei einem Besuch dort einen Gelähmten.
Apg 9,32-35.38 (Karten S. 47; 275)

Lystra
Eine Stadt in der römischen Provinz Galatien. Paulus und Barnabas gingen, nachdem sie in Ikonion schlecht behandelt worden waren, auf ihrer ersten Missionsreise nach Lystra. Dort heilte Paulus einen Krüppel und die Menschen hielten ihn daraufhin für den Götterboten Hermes und Barnabas für Zeus selbst. Doch die Juden hetzten das Volk auf. Man steinigte Paulus und ließ ihn, im Glauben, er sei tot, liegen. Einige wurden jedoch Christen und Paulus besuchte sie auf der zweiten Missionsreise.
Apg 14,6-20; 16,1-5 (Karten S. 45; 47)

Lyzien
Ein kleines gebirgiges Land im Südwesten Kleinasiens mit den Häfen Myra und Patara, wo das Schiff des Paulus anlegte.
Apg 27 (Karte S. 43)

Maacha
Ein kleiner aramäischer Staat südöstlich des Hermon. Er wird im Rahmen der Feldzüge Davids erwähnt.
Jos 12,5; 2Sam 10; 23,34 (Karte S. 74)

Machpela
Als Sara in Hebron starb, besaß Abraham noch kein Land dort. Deshalb kaufte Abraham von dem Hetiter Efron die Höhle in Machpela. Dort wurden außer Sara auch Abraham selbst und Isaak, Rebekka und Jakob begraben.
Viel später ließ Herodes der Große einen Schrein an der Stelle errichten, an der sich die Gräber befinden sollten; er steht heute noch.
1Mo 23; 25,9; 49,30; 50,13

Mahanajim
Ein Ort in Gilead im Osten des Jordan in der Nähe des Jabbok. Hier kämpfte Jakob mit dem Engel, bevor er seinem Bruder Esau begegnete. Für kurze Zeit war es Hauptstadt Isch-Boschets, des Sohnes Sauls; während des Putschversuchs Absaloms hatte David hier sein Hauptquartier. Einer der Amtsleute Salomos hatte seinen Sitz in Mahanajim.
1Mo 32,3; 2Sam 2,8-10; 17,24-29; 1Kön 4,14 (Karte S. 274)

Makkeda
Josua eroberte diese Kanaanäerstadt. In einer Höhle in der Nähe fand er die fünf Amoriterkönige, die sich gegen ihn verbündet hatten, und tötete sie. Der Stamm Juda bekam die Stadt.
Jos 10,10.16; 15,41 (Karten S. 22; 274)

Malta
Der Name einer Insel im Mittelmeer zwischen Sizilien und der Nordküste Afrikas. Das Schiff des Paulus erlitt auf seiner Fahrt nach Rom bei Malta Schiffbruch. Doch alle, die an Bord waren, erreichten sicher das Land und wurden freundlich aufgenommen. Den Winter über blieben sie dort.
Apg 28,1-10 (Karte S. 44)

Mamre
Ein Ort in der Nähe Hebrons. Abraham und auch Isaak rasteten oft beim Eichenhain bei Mamre. Dort wurde Abraham ein Sohn verheißen; und dort bat er Gott, Sodom zu schonen.
1Mo 13,18; 14,13; 18; 23,17; 35,27

Manasse
Das Gebiet des Stammes Manasse. Westmanasse war das Bergland Samarias bis zum Mittelmeer, Ostmanasse lag östlich des Jordan.
Jos 13,29-31; 17,7-13 (Karten S. 23; 274)

Maon
Eine Stadt im Hügelland Judas. Nabal, der Mann Abigajils, lebte hier. David war während seiner Zeit als Flüchtling zweimal dort.
Jos 15,55; 1Sam 23,24-25 (Karten S. 26; 274)

Marescha
Eine Stadt in der Schefela, etwa 30 km südwestlich von Jerusalem. Rehabeam ließ sie befestigen; Asa besiegte hier ein großes Heer der Kuschiter. Der Prophet Micha kündigte der Stadt Gericht an.
Jos 15,44; 2Chr 11,8; 14,9-12; 20,37; Mi 1 (Karte S. 274)

Mazedonien
Ein Gebiet im nördlichen Griechenland mit der Hauptstadt Thessalonich. Die römische Provinz Mazedonien umfasste auch noch Philippi und Beröa. Paulus segelte von Troas aus nach Mazedonien, nachdem er im Traum einen Mann aus Mazedonien gesehen hatte, der ihn bat, ihm zu helfen. Das war der erste Schritt zur Verbreitung des Evangeliums in Europa. Drei der Briefe des Paulus (Phil, 1 und 2Thess) richten sich an Christen in Mazedonien. Diese Gemeinden beteiligten sich großzügig an der Sammlung für die Christen in Judäa. Einige ihrer Mitglieder wurden ständige Mitarbeiter des Paulus.
Apg 16,8-17,15; 20,1-6; 2Kor 8,1-5; 9,1-5 usw. (Karten S. 36; 42)

Medien
Der Nordwesten des Iran. Medien geriet unter assyrische Herrschaft, half aber später den Babyloniern, Assyrien zu besiegen. Einige Israeliten wurden von Sargon II. hierhin ins Exil verschleppt. Schließlich eroberte Kyrus, der Perser, Medien.
1Mo 10,2; 2Kön 17,6; 18,11; Jer 51,11.28; Jes 13,17; Dan 6,8.15; 9,11; 11,1; Est 1,19; 1Makk 14,1-3; Apg 2,9 (Karte S. 31)

Megiddo
Eine wichtige Stadt zur Zeit des AT, die in der Jesreel-Ebene lag und den wichtigsten Pass durch das Karmelgebirge beherrschte. Sie lag ungefähr 30 km vom heutigen Haifa entfernt. Bei Megiddo fanden so viele Schlachten statt, dass das NT (Offb 16,16) den „Berg von Megiddo", „Harmagedon", als Ort der letzten großen Schlacht nennt.
Josua besiegte den König von Megiddo, als er Kanaan eroberte. Die Stadt wurde dem Stamm Manasse zugeteilt. Der machte sich die dort lebenden Kanaanäer tributpflichtig, vertrieb sie jedoch nicht. König Salomo machte Megiddo, neben Hazor und Geser, zu einer Festung. Er ließ große Ställe für die Pferde der Streitwagen bauen. König Ahasja von Juda starb in Megiddo nach einer Verwundung durch die Männer Jehus, ebenso Josia, als er versuchte, den Vormarsch Pharao Nechos zu stoppen.
Archäologen haben in dem 21 m hohen Teil 20 Besiedlungsschichten gefunden. Die älteste Siedlung stammt aus der Zeit vor 3000 v.Chr. Die Ausgrabungen haben u.a. eine kanaanäische „Höhe", das Wasserversorgungssystem der Stadt, einen befestigten Torweg (ähnlich denen in Geser und Hazor), eine Menge Elfenbeinschnitzereien und Stallungen (wahrscheinlich aus der Zeit König Ahabs) freigelegt.
Jos 12,21; Ri 1,27-28; 5,19; 1Kön 9,15; 2Kön 9,27; 23,29 (Karten S. 30; 32; 274)

Memfis
Die alte Hauptstadt Ägyptens am Nil, nicht weit entfernt vom heutigen Kairo. Die Pyramiden von Giseh liegen nahe bei Memfis. Die Stadt blieb bis zur Zeit Alexanders des Großen wichtig. Verschiedene Propheten des AT bezogen sich auf Memfis, als sie das Vertrauen Israels auf Ägypten verurteilten.
Jes 19,13; Jer 2,16; 46,14; Hes 30,12 (Karten S. 31; 33)

Mesopotamien
Das Land zwischen dem Tigris und dem Euphrat. Hier war das Zentrum einiger der früheren Kulturen wie der Sumerer, Babylonier und Assyrer; hier lagen die berühmten Städte Ur, Babylon und Ninive. Die Stadt Haran, in der sich die Familie Abrahams niederließ, lag in Mesopotamien. Es war die Heimat Bileams, des Propheten, der die Israeliten verfluchen sollte. Zur Zeit der Richter wurde Mesopotamien von Kuschan-Rischatajim regiert.
Auch Menschen aus Mesopotamien waren am Pfingsttag in Jerusalem und hörten die Apostel in ihrer Sprache reden.
1Mo 24,10; 4Mo 22; 5Mo 23,5; Ri 3,8-10; Apg 2,9

Michmas
Ein Ort ungefähr 11 km nordöstlich von Jerusalem. Er war von Geba durch ein tiefes Tal getrennt, doch an einer nicht so steilen Stelle führte eine wichtige Straße durch das Tal hindurch. Als die Philister in Israel einfielen und Gibea, die Hauptstadt Sauls, bedrohten, lagerten sie bei Michmas. Jonatan und sein Waffenträger kletterten über eine steile Felsklippe zu den Philistern, und in der Panik, die sie dadurch auslösten, konnte Saul die Philister besiegen. Auf ihrem Weg nach Jerusalem eroberten die Assyrer auch Michmas; nach dem Exil wurde die Stadt wieder besiedelt.
1Sam 13-14; Jes 10,28; Esra 2,27; Neh 7,31; 11,31 (Karte S. 274)

Midian
Ein Gebiet in Arabien, östlich des Golfes von Akaba. Als Mose, nachdem er einen ägyptischen Aufseher getötet hatte, fliehen musste, ging er nach Midian. Er heiratete eine midianitische Frau und blieb dort, bis Gott ihm den Auftrag gab, die Israeliten aus Ägypten zu befreien. Zur Zeit der Richter wehrte Gideon den Angriff einer Gruppe Kamelreiter aus Midian ab.
1Mo 25,1-6; 2Mo 2,15-21; Ri 6

Milet
Ein Seehafen an der Westküste der heutigen Türkei. Am Ende seiner dritten Missionsreise blieb Paulus auf dem Weg nach Jerusalem eine Weile dort. Die Ältesten aus Ephesus besuchten ihn in Milet und verabschiedeten sich von ihm. An Timotheus schrieb Paulus, dass er seinen Helfer Trophimus wegen einer Krankheit in Milet zurücklassen musste.
Apg 20,15-38; 2Tim 4,20 (Karten S. 45; 47)

Mitylene
Die wichtigste Stadt auf der griechischen Insel Lesbos vor der Westküste der heutigen Türkei. Paulus übernachtete dort auf seiner letzten Reise nach Jerusalem.
Apg 20,14

Mizpa
Der Name (er bedeutet „Spähort") mehrerer Orte. Als Jakob und Laban ihre friedliche Übereinkunft schlossen, nannten sie den Ort Mizpa. Ein Mizpa in Gilead (vielleicht identisch mit Ramot-Gilead) ist zur Zeit der Richter Schauplatz der Jeftahgeschichte.
Das wichtigste Mizpa ist eine Stadt nicht weit nördlich von Jerusalem. Zur Zeit der Richter und Samuels war sie Versammlungsort der Israeliten. Samuel hielt dort regelmäßig Gericht. Den ersten König Israels, Saul, stellte er dem Volk auch in Mizpa vor. König Asa ließ die Stadt befestigen und nach dem Fall Jerusalems lebte der Statthalter der Babylonier, Gedalja, dort.
1Mo 31,44-49; Ri 10,17; 11; 20,1; 1Sam 7,5-16; 10,17; 1Kön 15,22; 2Kön 25,23 (Karten S. 24; 274)

Moab
Das Land östlich des Toten Meeres. Es ist eine 900 m hoch liegende Ebene, die von tiefen Schluchten durchzogen wird. Moab war die Heimat Ruts. Das Land führte oft Krieg gegen Israel und die Propheten sagten ihm Gericht an.
Ri 3,12-30; Rut 1; 2Sam 8,2; 2Kön 3; Jes 15 (Karten S. 21; 26; 28; 29; 274)

Modeïn
Heimat und Begräbnisort der Makkabäerführer und der Ort, an dem diese erstmals den Opferanordnungen Antiochus' IV. Widerstand leisteten. Die Reste der alten Stadt liegen nahe des heutigen Medieh in der Schefela, ungefähr auf halber Strecke zwischen Bet-Horon und Lydda.
1Makk 2,1.15-26; 70; 2Makk 13,9-17

More
Der Hügel, ein paar Kilometer nordwestlich vom Berg Gilboa, an dem die Midianiter vor dem Angriff Gideons lagerten.
Ri 7,1 (Karte S. 274)

Moreschet/Moreschet-Gat
Die Heimatstadt des Propheten Micha. Sie lag wahrscheinlich in der Nähe Mareschas südwestlich von Jerusalem.
Mi 1,1.14; Jer 26,18 (Karte S. 274)

Morija
Das Gebirge, auf dem Abraham seinen Sohn Isaak opfern sollte. Der Verfasser von 2Chr sagt, dass der Tempel Salomos auf dem Berg Morija errichtet wurde. Doch die Samariter behaupteten, dass der Garizim der Berg Morija war.
1Mo 22,2; 2Chr 3,1

Myra
Ein Hafen in Lyzien im Südwesten der heutigen Türkei. Dort bestiegen Paulus und seine Mitreisenden auf der Fahrt nach Rom ein anderes Schiff. Myra war Zwischenstation für die römischen Getreidetransporte aus Ägypten.
Apg 27,5

Mysien
Ein Gebiet im Nordwesten Kleinasiens, Teil der römischen Provinz Asia. Paulus kam auf seiner zweiten Missionsreise in dieses Gebiet, doch Gott hinderte ihn daran, nach Bithynien weiterzureisen. So reiste Paulus weiter nach Westen bis nach Troas, wo es ihm klar wurde, wohin er gehen sollte.
Apg 16,7-8

Naftali
Das Gebiet des Stammes Naftali, ein Teil Galiläas.
Jos 19,32-39 (Karten S. 23; 274)

Nain
Eine Stadt in der Nähe Nazareths in Galiläa, wo Jesus den Sohn einer Witwe auferweckte.
Lk 7,11 (Karten S. 41; 275)

Nazareth
Eine Stadt in Galiläa, der Heimatort der Eltern Jesu, Maria und Josef. Jesus wuchs in Nazareth auf, wirkte aber später von Kapernaum aus. Eine Predigt in der Synagoge erzürnte die Bewohner Nazareths so, dass sie versuchten, Jesus zu töten. Nazareth lag nahe an einigen wichtigen Handelsstraßen und hatte dadurch immer Kontakt zur weiteren Umwelt. In Nazareth gibt es Felsengräber aus neutestamentlicher Zeit, denen die Beschreibung des Grabes Jesu in den Evangelien sehr nahe kommt.
Lk 1,26; Mt 2,22-23; Lk 2,39-51; Mk 1,9; Mt 4,13; Lk 4,16-30; Joh 1,45-46 (Karten S. 41; 275)

Neapolis
Der Hafen Philippis in Mazedonien (Nordgriechenland). Hier betrat Paulus zum ersten Mal europäischen Boden. Er antwortete damit auf den Hilferuf aus Mazedonien, den er im Traum empfangen hatte. Von hier aus segelte er das letzte Mal nach Jerusalem. Heute heißt der Ort Kavalla.
Apg 16,11; 20,6

Nebo
Ein Berg östlich des Nordzipfels des Toten Meeres in Moab. Vor seinem Tod stieg Mose auf den Nebo und sah von dort aus das verheißene Land. Vom Berg Nebo (808 m) aus hat man einen weiten Ausblick auf das Land Israel; der Nebo ist wahrscheinlich mit dem Berg Pisga des AT identisch.
5Mo 32,48-52; 34,1-5 (Karten S. 21, 274)

Negeb
Ein trockenes Steppen- und Wüstengebiet ganz im Süden Israels. Die Wüste Negeb geht schließlich in die Wüste Sinai über. Abraham und Isaak zogen durch die Wüste Negeb und ebenso die Israeliten vor ihrer Landnahme.
1Mo 20,1; 24,62; 4Mo 13,17; 21,1; Jes 30,6 (Karte S. 274)

Nil
Der große Fluss, von dem die Wirtschaft Ägyptens abhängig ist. Der Nil fließt aus dem Viktoria-See im Herzen Afrikas ungefähr 6500 km bis zum Mittelmeer. Das fruchtbare Tal des Nil (in Oberägypten ist es nie mehr als 19 km breit) grenzt an beiden Seiten an die Wüste. Jedes Jahr im Frühling trat der Nil über seine Ufer und ließ dabei eine Schicht fruchtbaren Schlammes zurück. Auf dem überfluteten Gebiet säte man Getreide. Eine zu hohe Flut bedeutete Zerstörung, eine zu niedrige Hungersnot. Der Fluss war auch ein wichtiger Transportweg. Ungefähr 20 km nördlich des heutigen Kairo teilt sich der Nil in den westlichen und den östlichen Arm,

dazwischen liegt flaches Marschland, das Nildelta. Der Nil spielt in den Träumen von Josefs Pharao eine Rolle. Zur Zeit Moses sollten alle männlichen Kinder der Hebräer im Nil ertränkt werden. Mose selbst wurde von seinen Eltern in einem Körbchen im Schilf am Nil versteckt. Der Nil wurde auch von den Plagen in Mitleidenschaft gezogen, die Gott sandte, um den Pharao zu zwingen, die Israeliten ziehen zu lassen. Auch die Propheten erwähnen den Nil oft.
1Mo 41,1-36; 2Mo 1,22; 2,3-10; 7,17-25; 8,1-15; Jes 18,2 (Karten S. 18; 20)

Ninive
Eine wichtige Stadt in Assyrien, besonders zur Zeit Sanheribs. Die Bibel berichtet, dass Ninive von Nimrod, dem Jäger, gegründet wurde. Der Ort hat auf jeden Fall eine sehr lange Geschichte, die bis in die Zeit um 4500 v.Chr. zurückreicht. Seit 2300 v.Chr. gab es in der Stadt einen Tempel für die Göttin Ischtar.
Um 1250 v.Chr., als die Macht Assyriens wuchs, gewann auch Ninive an Bedeutung. Mehrere Assyrerkönige hatten ihre Paläste dort und Sanherib ließ vieles wieder instand setzen bzw. neu bauen. Reliefs an den Wänden seines neuen Palastes zeigen Sanheribs Siege, darunter auch die Belagerung von Lachisch in Juda. In Ninive haben Archäologen auch einen auf Ton geritzten Text gefunden, der beschreibt, wie König Hiskia in Jerusalem „wie ein Vogel eingeschlossen war".
Assurbanipal, der übernächste König, ließ eine Bibliothek einrichten, in der unzählige Schriften auf Tontafeln gesammelt waren. Darunter befanden sich das Gilgamesch-Epos (mit dem Bericht von einer Sintflut) und das Enuma Elisch, eine Schöpfungserzählung.
612 v.Chr. fiel Ninive an die Babylonier.
Jona wurde nach Ninive gesandt und Nahum prophezeite Gericht für die Stadt.
1Mo 10,11; 2Kön 19,36; Jona; Nah; Lk 11 (Karten S. 31; 33)

No(-Amon)
Die alte ägyptische Hauptstadt Theben, die am Nil in Oberägypten liegt, ungefähr 500 km südlich des heutigen Kairo. Dort stehen zwei große Tempel des Gottes Amon (Karnak und Luxor). Von ca. 1500-1000 v.Chr. an, als Amon zum Hauptgott des ägyptischen Reiches wurde, flossen Reichtum und Schätze in die Stadt. Doch auch sie wurde 663 v.Chr. von Assurbanipal von Assyrien erobert. Die Propheten Jeremia und Hesekiel sagten Gericht für Theben (No-Amon) und andere ägyptische Städte an.
Nah 3,8-10; Jer 46,25; Hes 30,14-19

Nob
Als David vor den Mordanschlägen Sauls floh, half ihm der Priester Abimelech in Nob. Einer der Männer des Königs verriet das Saul und er ließ alle Priester in Nob töten. Jesaja sagte voraus, dass die Assyrer bei Nob lagern und von dort aus Jerusalem angreifen würden. Nob war wahrscheinlich eine Festung nahe bei Jerusalem, vielleicht auf dem Skoposberg nördlich des Ölberges. Noch zu Nehemias Zeit gab es eine Siedlung in Nob.
1Sam 21-22; Jes 10,32; Neh 11,32; vgl. Mt 12,4; Mk 2,26; Lk 6,4 (Karten S. 26; 274)

Ofir
Ein Land, das für seine Goldvorkommen berühmt war; es mag in Südarabien, Ostafrika (Somalia) oder Indien gelegen haben.
1Kön 9,28; 2Chr 8,18; Hiob 22,24; Ps 45,9; Jes 13,12

Ölberg
Ein bis 812 m hoher Berg im Osten Jerusalems jenseits des Kidrontales. Zur Zeit Jesu war er mit Olivenhainen bepflanzt. König David passierte ihn auf seiner Flucht vor Absalom und Salomo errichtete einen Götzenaltar auf dem Ölberg. Später, während des Exils, sah Hesekiel, wie die Herrlichkeit Gottes den Tempel verließ und sich auf den Ölberg zu bewegte. Der Prophet Sacharja sah in einer Vision Gott am Tag des Gerichts auf dem Ölberg stehen, der sich in zwei Teile spaltete.
Als Jesus im Triumph in Jerusalem einritt, kam er vom Ölberg. Dort hatte er beim Anblick der Stadt geweint, weil er ihr Schicksal kannte. Immer, wenn Jesus von Betanien aus nach Jerusalem ging, musste er über den Ölberg. Der Garten Gethsemane lag am Fuß des Hügels. Vom Ölberg aus wurde Jesus aufgehoben in den Himmel.
2Sam 15,30; 2Kön 23,13; Hes 11,23; Sach 14,4; Lk 19,29.37.41-44; 21,37; 22,39; Apg 1,12 (Karten S. 39; 274; 275)

On (Heliopolis)
Eine alte Stadt in Ägypten mit einem berühmten Tempel für den Sonnengott Re. Josef heiratete die Tochter eines Priesters aus On. Sie hatten zwei Söhne, Ephraim und Manasse.
On wird auch von den Propheten erwähnt, einmal mit ihrem griechischen Namen „Heliopolis" (Sonnenstadt).
1Mo 41,45.50; 46,20; Hes 30,17; Jes 19,18; Jer 43,13

Orthosia
Stadt nördlich von Tripolis in Phönizien. Hierhin floh der Syrer Tryphon im Versuch, sein Leben zu retten, nachdem er von Antiochus VII. geschlagen worden war.
1Makk 15,37

Paddan-Aram
Das Gebiet um Haran im Norden Mesopotamiens (in einigen deutschen Übersetzungen nur als Mesopotamien; so auch in der Lutherbibel). Dorthin schickte Abraham seinen Diener, eine Frau für Isaak zu suchen. Jakob floh vor Esau zu seinem Onkel Laban, der in Paddan-Aram lebte.
1Mo 25,20; 28,2

Pamphylien
Ein Gebiet im Südwesten der heutigen Türkei. Die Stadt Perge, die Paulus besuchte, lag in Pamphylien. Juden von dort waren auch am Pfingsttag in Jerusalem und hörten Petrus.
Apg 2,10; 13,13 (Karte S. 43)

Paphos
Eine Stadt auf der Insel Zypern. Paulus kam auf seiner ersten Missionsreise nach Paphos. Er traf dort den Zauberer Elymas. Der Statthalter der Insel, Sergius Paulus, bekehrte sich zu Christus.
Apg 13,4-13 (Karte S. 47)

Paran
Ein Wüstengebiet in der Nähe von Kadesch; dort wuchs Hagars Sohn Ismael auf. Nach dem Auszug aus Ägypten durchquerten die Israeliten Paran und schickten von dort aus Kundschafter nach Kanaan.
1Mo 21,20; 4Mo 10,12; 12,16; 13,1-26

Parpar
→ Abana

Patmos
Eine Insel vor der Westküste der Türkei. In neutestamentlicher Zeit eine Gefangeneninsel, wo Häftlinge in Steinbrüchen arbeiteten. Dort hatte Johannes die Visionen, die er im Buch der Offenbarung aufschrieb.
Offb 1,9

Pergamon
Die Hauptstadt der römischen Provinz Asia (westliche Türkei). Hier entstand 29 v.Chr. der erste Tempel, der Rom und dem Kaiser Augustus geweiht war. Pergamon war auch ein Kultzentrum des Zeus, der Athene und des Dionysos. Der Tempel des Asklepios war als Ort der Heilung bekannt.
Pergamon ist eine der sieben Gemeinden, an die die Briefe in der Offenbarung gerichtet sind. Der Ausdruck „des Satans Thron" kann sich auf die Kaiseranbetung beziehen.
Offb 1,11; 2,12-16

Perge
Eine Stadt in Pamphylien, nicht weit entfernt von Antalya (Attalia), an der Südküste der heutigen Türkei. Paulus kam auf seiner ersten Missionsreise von Zypern aus nach Perge.
Apg 13,13; 14,25 (Karten S. 45; 47)

Persien
Mit der Eroberung Mediens und Babyloniens wurde Persien Weltreich. Es bestand bis zur Eroberung durch Alexander d. Gr.
Daniel war in Babylon, als die Stadt von den Medern und Persern erobert wurde. Kyrus, der König von Persien, erlaubte den Juden und anderen Exilierten die Rückkehr in ihre Heimatländer. Das jüdische Mädchen Ester wurde von Xerxes I. zur Königin gemacht.
Dan 5,29-30; 6; 8,20; 10,1; Esra 1,1-11; Est 1 (Karte S. 33)

Philadelphia
Eine Stadt in der römischen Provinz Asia (heute Alasehir, im Westen der Türkei). Philadelphia war eine der sieben Städte in Asien, an die die Briefe in der Offenbarung gerichtet sind.
Offb 1,11; 3,7-13 (Karte S. 47)

Philippi
Eine Stadt an der Küste Mazedoniens (Nordgriechenland), 12 km von Neapolis (Kavalla) entfernt. Sie war nach Philipp von Mazedonien benannt. 168 v.Chr. wurde Philippi von den Römern annektiert. In ihrer Nähe fand die berühmte Schlacht von Antonius und Octavian (Augustus) gegen Brutus und Cassius im Jahre 42 v.Chr. statt. Einige Jahre später machte Octavian Philippi zur römischen Kolonie, wodurch seine Bewohner dieselben Rechte und Privilegien bekamen wie die Bewohner Italiens.
Auf seiner zweiten Missionsreise wurde Paulus vom Heiligen Geist nach Philippi geführt. Dort entstand die erste Christengemeinde in Europa.
Paulus und Silas wurden ungerechtfertigterweise ins Gefängnis geworfen, doch als man erfuhr, dass sie römische Bürger waren, wieder freigelassen.
Die Gemeinde in Philippi ist die erste in der Apostelgeschichte erwähnte Gemeinde auf europäischem Boden. Paulus schrieb aus dem Gefängnis einen Brief an die Philipper.
Apg 16,6-14; 20,6; Phil; 1Thess 2,2 (Karten S. 45; 47)

Philistäa
Das Land der Philister an der Küste Israels.
(Karten S. 26; 28)

Phönix
Wegen schlechter Windverhältnisse war das Schiff des Paulus auf seiner Reise nach Rom am Ende des Sommers erst auf der Höhe von Kreta. In Guthafen beschloss die Besatzung, bis nach Phönix (Porto Lutro), dem sichersten Hafen an der Küste, weiterzusegeln. Paulus riet davon ab; doch man segelte gegen seinen Rat und wurde in einem schweren Sturm schiffbrüchig.
Apg 27,12

Phönizien
Ein kleiner Staat an der Küste Syriens nördlich von Israel. Seine wichtigsten Städte waren Tyrus, Sidon und Byblos.
(Karte S. 41)

Phrygien
Ein Gebiet im Herzen Kleinasiens. Der größte Teil von ihm gehörte zur römischen Provinz Asia; doch Paulus besuchte den kleineren Teil, der in der Provinz Galatien lag. Die wichtigsten Städte dort waren Antiochia in Pisidien und Ikonion. Noch drei andere phrygische Städte werden im NT erwähnt: Laodizea, Kolossä und Hierapolis.
Apg 16,6; 18,23; Kol 1,1; 4,13; Offb 3,14-22 (Karte S. 45)

Pisga
Einer der Gipfel des Nebo.
(Karte S. 274)

Pisidien
Gebirgige Gegend nördlich der Südküste der heutigen Türkei. Paulus durchquerte dieses abgelegene und gefährliche Gebiet auf seiner ersten Missionsreise.
Apg 13,14; 14,24

Pitom
Eine der zwei Vorratsstädte, die die Israeliten in Zwangsarbeit bauten. Sie lag im Nildelta. → Ramses
2Mo 1,11

Pnuël
Der Ort am Jabbok, nahe seiner Mündung in den Jordan, an dem Jakob mit dem Engel kämpfte.
1Mo 32,22-32 (Karte S. 274)

Pontus
Die alte Bezeichnung für das Schwarze Meer und das Gebiet an seiner Südküste. Dieser Landstrich, der sich über die Nordküste Kleinasiens erstreckt, wurde römische Provinz. Der erste Petrusbrief richtet sich u.a. an die dort lebenden Christen. Juden aus Pontus hatten am Pfingsttag in Jerusalem die Predigt des Petrus gehört.
Apg 2,9; 18,2; 1Petr 1,1 (Karte S. 43)

Ptolemaïs
Der griechische Name einer Stadt an der Küste Nordisraels; im AT heißt sie Akko. Paulus segelte bei seinem letzten Besuch in Jerusalem von Tyrus nach Akko und verbrachte einen Tag bei den Christen dort. Heute heißt die Stadt Akka. Ihre Bedeutung hat sie verloren, weil ganz in ihrer Nähe die große Stadt Haifa entstanden ist.
Ri 1,31; Apg 21,7 (Karte S. 275)

Put
Ein afrikanisches Land, vielleicht ein Teil Libyens

(in neuen Übersetzungen oft einfach „Libyen“).
1Mo 10,6; Jer 46,9; Hes 27,10; 30,5; 38,5

Puteoli
Ein Hafen in der Nähe Neapels in Italien, in dem Paulus auf der Fahrt nach Rom an Land ging. Heute Pozzuoli.
Apg 28,13 (Karte S. 46)

Rabba
Die Hauptstadt der Ammoniter, die manchmal auch Rabbat-Ammon genannt wird. Die Israeliten besiegten Og, den König von Baschan, dessen „steinerner Sarg“ in Rabba stand. Dieses Gebiet östlich des Jordan wurde dem Stamm Gad zugeteilt, doch die Ammoniter lebten noch dort, bis Davids General Joab Rabba eroberte. Als David später vor Absalom floh, erhielt er aus Rabba Hilfe. Nach dem Tod Salomos wurde Ammon wieder unabhängig und bekämpfte Israel. Die Propheten verurteilten die Schlechtigkeit Rabbas und sagten seine Zerstörung voraus.
Die Stadt erhielt später den griechischen Namen Philadelphia und war eine der zehn Städte der → Dekapolis. Der Name der Urbevölkerung, der Ammoniter, hat sich im modernen Namen Amman erhalten; es ist die heutige Hauptstadt von Jordanien.
5Mo 3,11; Jos 13,25; 2Sam 11,1; 12,26-31; 17,27; 1Chr 20,1-3; Jer 49,2; Hes 21,25; 25,5; Am 1,14 (Karte S. 274)

Rama
Ein hebräischer Name für viele Städte, die auf Hügeln lagen, er bedeutet „Höhe“. Zwei Städte dieses Namens spielen eine wichtige Rolle im AT.
1. Eine von ihnen lag beim heutigen Er-Ram, ungefähr 8 km nördlich von Jerusalem. In ihrer Nähe lebte die Prophetin Debora. Später war es Grenzstadt zwischen Juda und Israel. Bascha von Israel eroberte es und baute es zur Festung aus; doch bald wurde es von Asa von Juda zurückerobert. Jesaja sah die Assyrer sich von Rama her Jerusalem nähern. Als die Babylonier Jerusalem erobert hatten, ließen sie Jeremia in Rama frei. Nach dem Exil wurde auch Rama wieder besiedelt. Nach einer Erzählung ist Rahel in der Nähe von Rama begraben und Jeremia hörte in einer Vision Rahel in Rama um ihre Kinder weinen. Matthäus zitiert diese Jeremiastelle in seinem Bericht über den Kindermord in Bethlehem.
Ri 4,5; 19,13; 1Kön 15,17.22; 2Chr 16,1.6; Jer 31,15; 40,1; Jes 10,29; Neh 11,33; Mt 2,18 (Karten S. 26; 274)
2. Das andere Rama lag 19 km weiter im Nordwesten. Es war wahrscheinlich der Geburtsort des Propheten Samuel; vielleicht ist es identisch mit dem Arimathäa des NT. Es wurde auch Ramatajim-Zofin genannt.
1Sam 1,1; 2,11

Ramot in Gilead
Eine Freistadt östlich des Jordan, die in den Kriegen zwischen Israel und Aram oft den Besitzer wechselte. Vielleicht war sie identisch mit → Mizpa in Gilead und also die Heimat des Richters Jeftah. Einer der zwölf Amtsleute Salomos hatte seinen Sitz in Ramot. König Ahab von Israel fiel in einer Schlacht bei Ramot; Jehu wurde hier zum König gesalbt.
Jos 20,8; Ri 11; 1Kön 4,13; 22; 2Kön 9,1-10 (Karte S. 28; 274)

Ramses
Eine ägyptische Stadt nahe der Küste im Ostteil des Nildeltas. Pharao Ramses II. hatte einen Palast dort. Früher war es als Avaris die nördliche Hauptstadt der Hyksosdynastie. Nach 2Mo bauten die Israeliten für den Pharao die Städte Pitom und Ramses. Von Ramses aus flohen sie aus Ägypten.
2Mo 1,11 (Karte S. 318)

Refaïm
Die Ebene südwestlich von Jerusalem, in der König David die Philister besiegte. Außerdem ist es der Name eines der Völker, das vor den Israeliten in Kanaan lebte.
2Sam 5,18

Rhegion
Ein Hafen in Süditalien, an der Straße von Messina gegenüber von Sizilien; heute heißt er Reggio di Calabria. Auf der Reise nach Rom legte das Schiff des Paulus hier an.
Apg 28,13 (Karte S. 345-4)

Ribla
Eine Stadt am Orontes in Syrien. Pharao Necho brachte den gefangenen Joahas von Juda nach Ribla. Später richtete sich Nebukadnezar von Babylon hier eins seiner Hauptquartiere ein. In dies wurde Zedekia, der letzte König von Juda, nach seinem Aufstand zur Verurteilung gebracht.
2Kön 23,33; 25,6-7

Rogel
Eine Quelle am Südrand Jerusalems, ungefähr dort, wo sich das Hinnom- und das Kidrontal treffen. Adonija, einer der Söhne Davids, ließ sich dort vor dem Tod seines Vaters zum König ausrufen, um der Ernennung Salomos zuvorzukommen.
1Kön 1,9

Rom
Die Hauptstadt des Römischen Reiches am Tiber in Italien. Nach der Überlieferung wurde Rom 753 v.Chr. gegründet. Die Stadt lag auf sieben Hügeln.
In neutestamentlicher Zeit lebten mehr als eine Million Menschen aus allen Teilen des Reiches in Rom; die meisten von ihnen wohnten in engen mehrstöckigen Häusern. Der Kaiser und seine Regierung setzten Nahrungsmittelbeihilfen und öffentliche Unterhaltungen ein, um die Massen ruhig zu halten. Die Stadt war ein Sammelbecken für Handelserzeugnisse – und auch für Schriftsteller und Künstler – aus dem ganzen Reich. Sie war durch gute Straßen mit allen Winkeln des riesigen Reiches verbunden und über den nahe gelegenen Hafen von Ostia florierte der Handel mit Nahrungsmitteln und Luxusgütern. Die Kaiser ließen prächtige Gebäude errichten, wie es sie in kaum einer anderen Stadt gab.
Juden aus Rom hörten am Pfingsttag Petrus in Jerusalem. Paulus war vor seiner Gefangenschaft nicht in Rom. Es scheint schon sehr früh eine große Gruppe von Christen in Rom gegeben zu haben. Aquila und Priscilla, das christliche Ehepaar, das Paulus in Korinth kennen lernte, stammte aus Rom. Sie hatten wahrscheinlich unter Klaudius, der alle Juden aus Rom auswies, die Stadt verlassen müssen. Im Brief an die Römer nennt Paulus einige Christen aus Rom, die ihm bekannt waren; und christliche Freunde kamen ihm nach seiner Ankunft entgegen. In Rom lebte Paulus zwei Jahre lang in leichter Haft und schrieb in dieser Zeit wahrscheinlich einige Briefe an andere Gemeinden.
Nach der Überlieferung kam auch Petrus nach Rom und starb zusammen mit Paulus dort den Märtyrertod. Um 64 n.Chr., als Nero seine grausame Verfolgung begann, gab es in Rom schon viele Christen. Auf die Verdorbenheit und Korruption Roms bezieht sich die Offenbarung, die die Stadt (das „große Babylon“) als eine vom Blut des Volkes Gottes trunkene Hure schildert.
Apg 2,10; 18,2; 19,21; 28,14-30; Röm 1,7.15; 16; 2Tim 1,16-17; Offb 17,5-18 (Karte S. 44; 46)

Rotes Meer
Die Bedeutung des hebräischen Wortes, das oft mit „Rotes Meer“ übersetzt wird, ist „Schilfmeer“. In 2Mo ist damit das Seen- und Sumpfgebiet zwischen dem Ende des Golfes von Suez und dem Mittelmeer (das Gebiet des heutigen Suezkanals) gemeint. Manchmal bezieht es sich auch auf den Golf von Suez selbst und auf den Golf von Akaba (also die nördlichen Ausläufer des Roten Meeres).
2Mo 13; 4Mo 33,10; 5Mo 1,40

Ruben
Das Gebiet des Stammes Ruben östlich des Toten Meeres.
Jos 13,15-23 (Karten S. 23; 274)

Saba
Ein Land in Südwestarabien, heute Jemen. Saba wurde durch den Handel mit Gewürzen, Gold und Edelsteinen reich. Im 10. Jh. v.Chr. reiste eine Königin von Saba mehr als 1600 km mit einer Kamelkarawane, um König Salomo zu sehen und seine Weisheit zu prüfen. Wahrscheinlich wollte sie außerdem Handelsverträge abschließen. In Marib, der alten Hauptstadt von Saba, hat man Reste eines großen Dammes und eines Tempels für den Mondgott ausgegraben.
Ps 72,15; Jes 60,6; 1Kön 10,1-10,13

Salamis
Ein Handelszentrum an der Ostküste Zyperns. Paulus besuchte die Stadt und predigte in den Synagogen.
Apg 13,5 (Karte S. 47)

Salem
→ Jerusalem

Salzmeer
Die Bezeichnung für das Tote Meer im AT. → Araba

Samaria
Die Hauptstadt des Nordreichs Israel. Die Stadt lag an der wichtigen Nordsüdstraße durch Israel, auf dem Gipfel eines Berges, so dass sie leicht verteidigt werden konnte. Um 875 v.Chr. hatte König Omri mit dem Bau der Stadt begonnen; sein Sohn Ahab führte die Arbeiten zu Ende und errichtete einen neuen Palast. Dessen Wände waren so mit Elfenbeinschnitzereien verziert, dass er als das „Elfenbeinhaus“ bekannt wurde. Archäologen haben mehr als 500 Stücke geschnitztes Elfenbein, einige davon mit Blattgold überzogen, in den Ruinen gefunden. Dies wurde von den Propheten als Zeichen der Dekadenz gebrandmarkt, um derentwillen die Stadt zerstört werden würde.
Von der Reichsgründung an diente die Bevölkerung Samarias heidnischen Göttern. Viele Propheten des AT verurteilten ihren Götzendienst und warnten sie vor der Zerstörung der Stadt.
Die Aramäer belagerten Samaria mehrmals, doch erobert wurde die Stadt schließlich 722/1 v.Chr. von den Assyrern. Die Bevölkerung wurde nach Aram, Assyrien und Babylonien verschleppt und durch fremde Siedler aus anderen Teilen des assyrischen Reiches ersetzt. Als Samaria fiel, hörte das Königreich Israel auf zu existieren. Sein ganzes Gebiet, nicht nur die Stadt, wurde später Samaria genannt.
In neutestamentlicher Zeit ließ Herodes der Große Samaria wieder aufbauen und nannte es Sebaste (griechische Form von Augustus). Einige wenige Abkömmlinge der exilierten Juden waren noch in Samaria und dienten dort Gott, doch diese „Samariter“ wurden von den Juden in Judäa verachtet und gehasst. Jesus kümmerte sich auch um sie; er reiste durch ihr Land und redete mit ihnen.
Nach der Auferstehung Jesu predigte Philippus in Samaria.
Kleine Gruppen von Samaritern gibt es heute noch. Sie leben in Nablus und Jaffa und beten Gott auf dem Garizim an.
1Kön 16,24.32; Jes 8,4; Am 3,9; 2Kön 5,8-7,17; Lk 17,11; Joh 4,1-42; Apg 8,5-25 (Karten S. 28; 29; 30; 31; 40; 47; 275)

Sardes
Eine Stadt in der römischen Provinz Asia an der Kreuzung zweier wichtiger Handelsstraßen. In römischer Zeit gab es dort Färbereien und Wollverarbeitung. Einer der sieben Briefe der Offenbarung ist an die Christen in Sardes gerichtet. Das Leben der Gemeinde war erlahmt, sie lebte nur noch aus der Vergangenheit. Das war eine für die ganze Stadt kennzeichnende Haltung. Einst war sie unter Kroisos die Hauptstadt Lydiens gewesen: Ihr Reichtum war legendär, Gold fand man in dem Fluss, der nicht weit von der Stadt floss. In Sardes wurden die ersten Gold- und Silbermünzen geprägt.
Offb 1,11; 3,1-6 (Karte S. 47)

Sarepta
→ Zarpat

Scharon
Die Küstenebene Israels. Sie erstreckt sich von Joppe bis nach Cäsarea – ungefähr 80 km lang und 16 km breit. Heute ist die Ebene eins der reichsten Anbaugebiete in Israel. In biblischen Zeiten lebten nur wenige Menschen dort. Das Land diente als Weide für Schafe, war aber meist Buschland. Der Verfasser des Hohenliedes erwähnt die „Blume von Scharon“, eine der schönen wilden Blumen, die in der Ebene wuchsen.
1Chr 27,29; Hld 2,1 (Karte S. 274)

Schinar
Ein anderer Name für Babylonien.

Schittim
Ein Ort in der Ebene von Moab auf dem Jericho gegenüberliegenden Ufer des Jordan, auch bekannt als „Abel-Schittim“. Vor der Durchquerung des Jordan lagerten die Israeliten dort. Wahrscheinlich waren sie auch in Schittim, als der König von Moab Bileam bat, das Volk zu verfluchen.

Hier wurden die Vorbereitungen für die Eroberung Kanaans getroffen; die kampffähigen Männer wurden gezählt. Josua wurde zum Nachfolger Moses eingesetzt und zwei Kundschafter wurden nach Jericho gesandt.
4Mo 25,1; 22-24; 26; 27,12-23; Jos 2; 3,1 (Karte S. 274)

Schunem
Ein Ort in der Ebene Jesreel im Norden Israels. Heute heißt er Solem. Hier lagerten die Philister vor der Schlacht am Berg Gilboa, in der Saul und seine Söhne getötet wurden. Elisa war eine Zeit lang Gast einer Frau in Schunem, deren Sohn er später vom Tod auferweckte. Das Mädchen Abischag, das den alten David pflegte, war Schunemiterin. Im Hohenlied ist mit Sulamit vielleicht auch eine Frau aus Schunem gemeint.
Jos 19,18; 1Sam 28,4; 1Kön 1-2; 2Kön 4,8-37; Hld 7 (Karte S. 274)

Schur
Ein Wüstengebiet im nordwestlichen Teil der Sinaihalbinsel. Händler reisten über die „Straße von Schur" durch die Wüste nach Ägypten. Hagar floh auf diesem Weg, als Sara sie hart behandelte. Auf der Flucht aus Ägypten klagten die Israeliten in der Wüste Schur bitter über Wassermangel.
1Mo 16; 2Mo 15,22-25 (Karte S. 21)

Sebulon
Das Land des Stammes Sebulon in Galiläa.
Jos 19,10-16 (Karte S. 23; 274)

See Genezareth
Großer See im oberen Jordantal, 212 m unter dem Meeresspiegel. Die ihn umgebenden Berge steigen steil auf; heftige Stürme sind häufig. In den Evangelien spielt der See eine wichtige Rolle.
Lk 5,1; 8,22-25; Joh 21

Sefarwajim
Eine Stadt, deren Lage man noch nicht kennt. Ein Teil ihrer Bewohner wurde in Samaria angesiedelt.
2Kön 17,24.31; 18,34

Seïr
Ein anderer Name für → Edom

Sela
Die Hauptstadt Edoms. Der Name bedeutet „Stein" oder „Felsen"; die Stadt wurde so benannt, weil sie auf einem Felsenplateau hoch in den Bergen Edoms errichtet war. Um 300 v.Chr. eroberten die Nabatäer Sela und meißelten die Stadt Petra (griechisch: Fels) in die Felsen Selas.
2Kön 14,7; Jes 16,1; 42,11

Seleuzia
Der Hafen von Antiochia in Syrien. Die Stadt wurde vom ersten Seleukidenkönig erbaut und auch nach ihm benannt. Paulus und Barnabas segelten von hier aus auf ihrer ersten Missionsreise nach Zypern.
Apg 13,4 (Karte S. 37) 5Mo 3,9; Hld 4,8; 1Chr 5,23; Hes 27,5

Sichem
Eine alte kanaanäische Stadt, die zu einem wichtigen religiösen und politischen Zentrum der Israeliten wurde. Sie lag im Bergland von Ephraim, nahe beim Berg Garizim. Abraham blieb auf seiner Reise von Haran nach Kanaan in Sichem; dort verhieß Gott seinen Nachkommen das Land, auf dem er sich befand. Auch Jakob besuchte Sichem; er lagerte draußen vor der Stadt.
Als die Israeliten Kanaan erobert hatten, versammelte Josua alle Stämme in Sichem. Hier erneuerten sie ihr Versprechen, dem Gott zu dienen, der sie aus Ägypten befreit hatte, und sich nicht heidnischen Göttern zuzuwenden. Doch schon in der Richterzeit wurden in Sichem kanaanäische Götter angebetet. Die Einwohner Sichems gaben Abimelech, dem Sohn Gideons, Geld aus dem Tempel Baal-Berits, damit er Mörder für seine 70 Brüder anheuern lassen könnte. Danach machte Abimelech sich selbst zum König von Sichem, doch bald wandte sich die Stadt gegen ihn und aus Rache zerstörte er sie.
Nach dem Tode Salomos sagten sich in Sichem die zehn Stämme Israels vom Sohn Salomos, Rehabeam, los. Jerobeam, der erste König des Nordreiches, baute Sichem wieder auf und machte es für kurze Zeit zur Hauptstadt seines Reiches.
Sichem überlebte den Fall Israels. Es wurde zur wichtigsten Stadt der Samariter und sie errichteten hier einen Tempel. In Nablus, der modernen Stadt nordwestlich des alten Sichem, leben immer noch einige Samariter.
1Mo 12,6-7; 33-35; 37; Jos 24; Ri 9; 1Kön 12 (Karten S. 19; 22; 23; 28; 29; 274)

Siddim
Ein Tal am Südende des Toten Meeres (jetzt wahrscheinlich überschwemmt), in dem Kedor-Laomer, der König von Elam, gegen die Könige der Ebene kämpfte. Dabei geriet Lot in Gefangenschaft, wurde jedoch von Abraham wieder befreit.
1Mo 14

Sidon
Ein phönizischer (kanaanäischer) Hafen an der Küste des Libanon. Sidon war bekannt für seine guten Handwerker. Geschnitztes Elfenbein, Gold- und Silberschmuck und schöne Glaswaren kamen aus Sidon. Jede der Phönizierstädte war praktisch unabhängig.
Bei der Eroberung Kanaans konnten die Israeliten Sidon nicht einnehmen. In der Zeit der Richter griffen die Bewohner Sidons die Israeliten an. Nach und nach vermischten sich die Kulturen und schließlich beteten auch Israeliten die Götter Sidons – Baal und Astarte – an. Isebel, die den Baalskult in Israel einführte, war eine Tochter des Königs von Sidon. Weil Sidon sich Israel und dem Gott Israels entgegenstellte, sagten die Propheten des AT den Untergang der Stadt voraus. Sidon geriet nacheinander unter assyrische, babylonische und persische Herrschaft, später gehörte es zum Reich Alexanders d. Gr. und dann zum Römischen Reich.
Zur Zeit Jesu waren die meisten Einwohner Sidons Griechen. Viele von ihnen reisten nach Galiläa, um Jesus predigen zu hören. Er verglich die galiläischen Orte Chorazin und Betsaida mit Tyrus und Sidon und sagte, dass die heidnischen Städte seine Worte eher befolgen würden als die jüdischen. Auf seiner Fahrt nach Rom machte Paulus in Sidon Zwischenstation und besuchte Bekannte.
Ri 1,31; 10,6.12; 1Kön 16,31; Jes 23,1-12; Hes 28,20-23; Lk 6,17; Mk 7,24-31; Mt 11,20-22; Apg 27,3 (Karte S. 45; 47)

Sif
Eine Stadt im Gebiet Judas, südlich von Hebron. In der Nähe von Sif versteckte sich David vor Saul, und Jonatan kam dorthin, um ihn zu ermutigen. Doch die Bewohner Sifs verrieten David an Saul und er floh weiter nach Maon und En-Gedi. Rehabeam baute Sif später zur Festung aus. Der Ort heißt heute Ez-Sif.
Jos 15,55; 1Sam 23,14-29; 2Chr 11,8 (Karte S. 274)

Silo
Die Stadt, in der nach der Eroberung Kanaans die Stiftshütte aufgestellt wurde. Silo wurde dadurch zum Zentrum des israelitischen Gottesdienstes und das Zelt wurde durch ein festeres Gebäude ersetzt. Jedes Jahr fand ein besonderes Fest in Silo statt. Dieses Fest besuchten auch Hanna und Elkana regelmäßig. Einmal betete Hanna dabei um einen Sohn und versprach, ihn Gott zu weihen. Als Samuel geboren wurde, hielt sie ihr Versprechen und brachte ihn nach Silo in den Tempel, wo er von dem Priester Eli erzogen wurde.
Archäologische Forschungen haben ergeben, dass Silo um 1050 v.Chr. zerstört wurde, vielleicht von den Philistern. Der Prophet Jeremia sagte, dass der Tempel in Jerusalem ebenso zerstört werden würde wie der Tempel in Silo. Silo war bis zur Zeit des Exils noch bewohnt.
Jos 18,1; Ri 21,19; 1Sam 1-4; Jer 7,12; 41,5 (Karte S. 24; 25; 28; 274)

Siloah
Ein Teich, ursprünglich unter der Erde, der eine der Hauptwasserquellen Jerusalems war. Das Wasser kam durch einen Tunnel von der Gihon-Quelle außerhalb Jerusalems in den Teich. Als Hiskia eine Belagerung durch die Assyrer fürchtete, ließ er zur Sicherheit der Wasserversorgung der Stadt diesen Tunnel bauen. Er ist 538 m lang und in massives Felsgestein gehauen.
Jesus heilte einen Blinden am Teich Siloah. Der „Turm von Siloah", der einstürzte und dabei 18 Menschen unter sich begrub, hat wahrscheinlich am Hang des Zion, oberhalb des Teiches, gestanden.
2Kön 20,20; Joh 9,1-12; Lk 13,4

Simeon
Das Gebiet des Stammes Simeon; es lag im Negeb, dem südlichsten Teil Israels. Simeon scheint als Teil des Gebietes des Stammes Juda gegolten zu haben.
Jos 19,1-9; vgl. Jos 15,20-32 (Karten S. 23; 274)

Sinai
Ein Berg auf der Sinaihalbinsel im gleichnamigen Wüstengebiet. Drei Monate nach dem Auszug aus Ägypten erreichten die Israeliten diesen Berg und schlugen dort ihr Lager auf. Hier am Sinai gab Gott Mose die Zehn Gebote und andere Gesetze. Wir wissen nicht genau, welcher Berg der Sinai ist, doch wahrscheinlich ist es der Dschebel Musa im Süden der Halbinsel.
2Mo 19-32 (Karte S. 21)

Smyrna
Ein Hafen an einer der wichtigsten Handelsstraßen ins Innere Asiens.
Es ist das moderne Izmir in der Türkei. In neutestamentlicher Zeit war Smyrna eine schöne Stadt mit prachtvollen öffentlichen Gebäuden. Eins von ihnen war ein Tempel für den Kaiser Tiberius. Von den sieben Briefen in der Offenbarung ist einer an die Christen in Smyrna gerichtet.
Offb 1,11; 2,8-11 (Karte S. 47)

Sodom
Die Stadt, in der Lot sich niederließ. Sie war berüchtigt für ihre Unmoral. Sodom wurde, zusammen mit Gomorra, durch eine plötzliche Katastrophe zerstört. Nur Lot entkam dem Untergang. Heute liegt Sodom wahrscheinlich im Südteil des Toten Meeres unter Wasser.
1Mo 13,8-13; 14; 19; Hes 16,48

Sparta
Alte Stadt in Südgriechenland, die nach dem 5. Jh. v.Chr. stetig an Einfluss verlor. Zur Makkabäerzeit erreichte Sparta unter den Römern eine gewisse Unabhängigkeit und war Verbündeter der Hasmonäer zur Stützung der Autonomie Israels.
Es gab dort seit dem 2. Jh. v.Chr. eine jüdische Siedlung.
1Makk 14,16-23; 2Makk 5,9

Sukkot
1. Eine ägyptische Stadt. In ihrer Nähe machten die Israeliten die erste Rast auf der Flucht aus Ägypten.
2Mo 12,37; 13,20; 4Mo 33,5-6
2. Eine Stadt im Jordantal, die zum Gebiet des Stammes Gad gehörte. Jakob blieb nach seiner Trennung von Esau eine Zeit lang in Sukkot. Zur Zeit der Richter weigerten sich die Bewohner von Sukkot, Gideon und seine Männer, die die Midianiter verfolgten, mit Nahrungsmitteln zu versorgen. Auf dem Rückweg bestrafte Gideon sie dafür.
Jos 13,24.27; 1Mo 33,12-17; Ri 8,4.16 (Karte S. 274)

Susa
Die Hauptstadt des Elamiterreiches; 645 v.Chr. zerstörte Assurbanipal von Assyrien die Stadt und verschleppte die Bewohner nach Samaria. Unter den Persern und Medern gewann die Stadt wieder an Bedeutung; Darius I. baute dort einen großen Palast. Die Ruinen kann man heute noch im Iran sehen. Die Geschichte von Ester, der Jüdin, die Königin von Persien wurde, spielte am Königshof in Susa. Und ebenfalls in Susa war Nehemia königlicher Mundschenk. Später eroberte Alexander der Große die Stadt.
Esra 4,9-10; Est; Neh 1,1 (Karten S. 31; 33; 34; 36)

Sychar
Eine Samariterstadt in der Nähe des Jakobsbrunnens. Jesus traf dort eine Samariterin, die Wasser holen wollte. Viele Menschen aus Sychar glaubten an Jesus, als sie hörten, was die Frau über ihn sagte.
Joh 4,1-42 (Karten S. 40; 275)

Syene
Ein Ort an der Südgrenze Ägyptens, das heutige Assuan. Jesaja beschreibt die Rückkehr von Juden nach Jerusalem, die sogar aus dem weit entfernten Syene kommen. Die Elephantine-Papyri erwähnen jüdische Siedler um 450 v.Chr.
Jes 49,12; Hes 29,10; 30,6

Syrakus
Eine alte Stadt auf Sizilien, in der Paulus auf seiner

Fahrt nach Rom das letzte Mal Station machte.
Apg 28,12

Syrien
Im AT ist Syrien das Land der Aramäer (Aram) nördlich und nordöstlich von Israel. Die Hauptstadt war Damaskus. Zur Zeit des Neuen Testaments war Syrien eine römische Provinz, deren Hauptstadt Antiochia am Orontes lag.
(Karten S. 28; 29; 33; 37; 43; 45)

Taanach
Eine kanaanäische Stadt am Rand der Ebene Jesreel. Ganz in der Nähe besiegte Barak Sisera. Taanach war eine Levitenstadt.
Jos 12,21; 21,25; Ri 5,19; 1Kön 4,12 (Karte S. 274)

Tabor
Ein 562 m hoher, steil ansteigender Berg in der Jesreel-Ebene. Bei ihm sammelte der Richter Barak sein Heer.
Ri 4; Ps 89,13; Hos 5,1 (Karten S. 24; 25; 274)

Tachpanhes
Eine ägyptische Stadt im Ostteil des Nildeltas. Jeremia wurde nach der Zerstörung Jerusalems nach Tachpanhes gebracht und starb wahrscheinlich auch dort.
Jer 43,5-10; Hes 30,18

Tarsis
Die weit entfernte Stadt, zu der Jona vor dem Befehl Gottes fliehen wollte. Sie lieferte Silber, Zinn, Eisen und Blei. Sie lag wahrscheinlich in Spanien.
Jona 1,3; Jes 23,6; Jer 10,9; Hes 27,12

Tarsus
Eine Stadt in der zilizischen Ebene, nur 16 km von der Südküste der heutigen Türkei entfernt. Sie war Teil des persischen Reiches, obwohl bereits in der Frühzeit der Besiedlung viele griechische Elemente das Leben prägten. Zur Zeit der Seleukiden wurde die Stadt neu organisiert; viele Juden siedelten nun hier.
In neutestamentlicher Zeit war Tarsus eine berühmte Universitätsstadt, in der viele Menschen lebten. In Tarsus trafen sich Ost und West, Griechenland und der Orient. Paulus war stolz darauf, dass er in Tarsus geboren war. Kurz nach seiner Bekehrung kehrte er nach Tarsus zurück, doch Barnabas rief ihn nach Antiochia.
2Makk 4,30-36; Apg 9,11; 21,39; 22,3; 9,30; 11,25-26 (Karten S. 45; 47)

Tekoa
Eine Stadt im judäischen Bergland, ungefähr 10 km südlich von Bethlehem. Eine kluge Frau aus Tekoa bat David, Absalom die Rückkehr nach Jerusalem zu gestatten. Der Prophet Amos kam aus Tekoa.
2Sam 14,2; Am 1,1 (Karte S. 274)

Teman
Ein Gebiet in Edom. Die Menschen aus Teman waren berühmt für ihre Weisheit. Hiobs Freund Elifas kam von dort.
Jer 49,7; Hiob 2,11

Theben
→ No(-Amon)

Thessalonich
Die Hauptstadt Mazedoniens (Nordgriechenland) an der Via Egnatia, der großen römischen Straße nach Osten. Thessalonich (heute Saloniki) ist immer noch eine große Stadt. Paulus besuchte sie auf seiner zweiten Missionsreise, doch die Feindseligkeit der Juden zwang ihn, sie wieder zu verlassen. Kurz danach schrieb er seine beiden Briefe an die Christen in Thessalonich.
Apg 17,1-15; 20,4; 27,2; Phil 4,16; 1Thess 1,1; 2Thess 1,1; 2Tim 4,10 (Karten S. 45; 47)

Thyatira
Eine Stadt in der römischen Provinz Asia (heute Akhisar im Westen der Türkei). Thyatira war ein Zentrum der Färberei, Kleiderherstellung, Töpferei und Messingbearbeitung. Lydia, die sich bei einer Begegnung mit Paulus in Philippi zum Christentum bekehrte, war eine Purpurhändlerin aus Thyatira. Einer der sieben Briefe in der Offenbarung ist an die Gemeinde in Thyatira gerichtet.
Apg 16,14-15; Offb 1,11; 2,18-29

Tiberias
Ein Heilbad an der Westküste des Sees Genezareth, von Herodes Antipas gegründet und nach dem römischen Kaiser Tiberius benannt. Es war eine nichtjüdische Stadt und es gibt keinen Bericht über einen Besuch Jesu dort. Tiberias hat seine Bedeutung bis heute behalten.
Joh 6,23 (Karten S. 41; 275)

Tigris
Der zweite große Fluss Mesopotamiens. Er entspringt in den Bergen der östlichen Türkei, mündet nach mehr als 2000 km in den Euphrat und erreicht nach weiteren 64 km schließlich den Persischen Golf. Der Tigris tritt im Frühjahr und im Herbst über seine Ufer. Die großen assyrischen Städte Ninive, Kelach und Assur lagen alle am Tigris.
Dan 10,4

Timna
Eine Stadt an der Nordgrenze Judas, die an die Philister fiel. Es war die Heimat der Frau Simsons.
Jos 15,10; 19,43; Ri 14; 2Chr 28,18 (Karten S. 24; 274)

Timnat-Serach/Timnat-Heres
Die Stadt, die Josuas Eigentum wurde. Dort wurde er auch begraben. Der Ort lag im Bergland Ephraims nordwestlich von Jerusalem.
Jos 19,50; 24,30; Ri 2,9 (Karte S. 274)

Tirza
Eine Stadt in Nordisrael, für ihre Schönheit berühmt. Sie war eine der Städte, die Josua eroberte. Sie war auch die Heimat Jerobeams I. und die erste Hauptstadt des Nordreichs. König Omri gründete die neue Hauptstadt Samaria. Das ehemalige Tirza liegt unter dem Tell el-Farah, ungefähr 10 km nordöstlich von Sichem (Nablus).
Jos 12,24; 1Kön 14-15; 2Kön 15,14.16; Hld 6,4 (Karte S. 274)

Tischbe
Der Ort, aus dem vermutlich Elia „der Tischbiter" kam. Er lag in Gilead östlich des Jordan, vermutlich nördlich des Jabbok.
1Kön 17,1; Tob 1,2

Tob
Ein Gebiet südlich von Damaskus. Der Richter Jeftah floh vor seinen Brüdern dorthin. Die Leute aus Tob kämpften mit den Ammonitern gegen David.
Ri 11,3; 2Sam 10

Tofet
Die Stelle im Tal Hinnom, an der Kinder geopfert wurden. Josia zerstörte das Heiligtum.
2Kön 23,10; Jer 7,31; 19,6,11-14

Trachonitis
Dieses Gebiet und Ituräa wurden zur Zeit Johannes des Täufers von Herodes Philippus regiert. Trachonitis war ein Lavagebiet östlich von Galiläa und südlich von Damaskus; dort versteckten sich Geächtete.
Lk 3,1 (Karte S. 275)

Tripolis
Wichtiger phönizischer Seehafen nördlich von Byblos. Umstände und Zeitpunkt der Gründung sind unbekannt. Zur Hasmonäerzeit war es ein unabhängiger Stadtstaat.
2Makk 14,1

Troas
Ein Hafen ungefähr 15 km von Troja entfernt im Nordwesten der heutigen Türkei. Paulus kam auf seinen Reisen mehrmals in diesen Hafen. In Troas hatte er auch die Vision von dem mazedonischen Mann, der ihn um Hilfe bat. Daraufhin reiste er zum ersten Mal nach Europa. Bei einem anderen Besuch erweckte er Eutychus zum Leben, der während einer Predigt des Paulus aus einem Fenster gestürzt war.
Apg 16,8-12; 20,5-12; 2Kor 1,12; 2Tim 4,13 (Karten S. 45; 47)

Tyrus
Ein wichtiger Hafen und Stadtstaat an der Küste des Libanon. Tyrus hatte zwei Häfen, der eine von ihnen lag auf dem Festland, der andere auf einer nahen Insel. Um 1200 v.Chr. plünderten die Philister Sidon, den anderen Phönizierhafen, 32 km nördlich. Von da an war Tyrus die wichtigste Stadt an der Küste.
Das „goldene Zeitalter" Tyrus' war zur Zeit Davids und Salomos. König Hiram von Tyrus lieferte Holz und stellte Handwerker für den Bau des Tempels in Jerusalem. Die Spezialitäten von Tyrus waren Glas und eine besonders gute Purpurfarbe, die aus Seeschnecken hergestellt wurde.
König Ahab von Israel heiratete Isebel, die Tochter des Königs von Tyrus. Die Stadt wird in den Psalmen und bei den Propheten oft erwähnt. Ihr Stolz und ihre Ausschweifung werden verurteilt. Im 9. Jh. v.Chr. kam Tyrus unter assyrische Herrschaft und musste für ein gewisses Maß an Unabhängigkeit hohe Tribute zahlen. Im selben Jahr wie Samaria wurde Tyrus von Sargon II. erobert. Als Assyrien an Macht verlor, wurde Tyrus wieder unabhängig und reich. Dreizehn Jahre lang (587-574 v.Chr.) belagerte Nebukadnezar von Babylon die Stadt; doch erst Alexander dem Großen gelang es 332 v.Chr., den Inselhafen durch den Bau eines Dammes zu erobern. Jesus hat das Gebiet von Tyrus und Sidon besucht.
2Sam 5,11; 1Kön 5; 9,10-14; Ps 45,13; Jes 23; Hes 26; Mt 15,21; Lk 6,17; Apg 21,3 (Karten S. 36; 41; 45; 47; 274; 275)

Ur
Eine berühmte Stadt am Euphrat in Südbabylonien (heute Irak). Hier lebte die Familie Abrahams, bevor sie nach Haran zog. Ur war mehrere tausend Jahre bewohnt, bevor es 300 v.Chr. endgültig verlassen wurde. Ausgrabungen haben Tausende von Tontafeln ans Licht gefördert, die die Geschichte der Stadt und das Leben in ihr beschreiben. Die Königsgräber (um 2600 v.Chr.) erhalten viele Kostbarkeiten: Goldwaffen, ein Mosaikspielbrett, den Mosaikpfeiler, auf dem Szenen aus Krieg und Frieden abgebildet sind und anderes mehr. Die Ruine des großen Stufentempels ist noch zu sehen.
1Mo 11,28-31

Uz
Die Heimat Hiobs, vielleicht ein Teil des Landes Edom.
Hiob 1,1

Zarpat/Sarepta
Ein kleiner Ort, der zu Sidon, später zu Tyrus gehörte. Elia wohnte während der Dürre dort bei einer Witwe. Später erweckte er ihren Sohn wieder zum Leben.
1Kön 17; Lk 4,26 (Karten S. 29; 274)

Zebojim
Eine der fünf Städte, deren bekannteste Sodom und Gomorra sind. Auch Name eines Tals in der Nähe von Michmas, in der Wüste nordöstlich von Jerusalem.
1Mo 14,2.8; 5Mo 29,22; Hos 11,8

Zehn Städte
→ Dekapolis.

Ziklag
Eine Stadt im Süden Judas, die zu Gat gehörte. König Achisch von Gat gab sie David, als der als Flüchtling zu ihm kam. Nachdem die Amalekiter die Stadt geplündert hatten, befreite David die von ihnen weggeführten Gefangenen wieder.
Jos 15,31; 1Sam 27,6; 30 (Karte S. 26; 274)

Zilizien
Ein Gebiet im Süden Kleinasiens, das 103 v.Chr. römische Provinz wurde. Tarsus, die Geburtsstadt des Paulus, war Hauptstadt Ziliziens. Hinter dem Küstenstreifen beginnt das wilde Taurusgebirge, durch das ein landschaftlich eindrucksvoller Pass hindurchführt, bekannt als Zilizische Pforte.
Apg 21,39; 22,3; 23,34 (Karte S. 43)

Zin
Ein Wüstengebiet bei Kadesch, wo die Israeliten nach dem Auszug aus Ägypten lagerten.
4Mo 13,21; 20,1; 27,14

Zion
Der befestigte Hügel, den David von den Jebusitern eroberte und zu seiner Hauptstadt Jerusalem machte. Mit „Zion" meinen die Psalmen und die Propheten immer Jerusalem.
2Sam 5,7; Ps 2,6; 65,1; Jes 8,18; 41,27; Jer 31,6

Zoan
Eine alte ägyptische Stadt im Nordosten des Nildeltas. Von 1100 bis 660 v.Chr. war sie Hauptstadt Ägyptens.
4Mo 13,22; Jes 19,11

Zoar
Eine der fünf Städte am Südende des Toten Meeres. Lot floh vor der Zerstörung Sodoms und der anderen Städte nach Zoar.
1Mo 13,10; 14,2.8; 19,18-30

Zypern
Eine große Insel im östlichen Mittelmeer. Die Bezeichnung Elischa im AT bezieht sich vielleicht auf die Insel Zypern und Kittim auf ihre Bewohner. Zypern war die Heimat des Barnabas und das erste nichtjüdische Gebiet, das Paulus und Barnabas besuchten. Sie trafen dort den Statthalter Sergius Paulus und Elymas, den Zauberer. Barnabas reiste später noch einmal mit Markus nach Zypern.
Apg 1,36; 13,4-12; 15,39; 27,4 (Karte S. 45)

Begriffe

Apostel

Das Wort bedeutet „ein Mensch, der gesandt ist" – ein Bote oder Stellvertreter. Im NT sind damit die zwölf Jünger gemeint sowie Paulus und einige andere Christen, die das Evangelium verbreiteten. Jesus wählte zwölf Apostel aus, die mit ihm gingen, heilten und predigten. Nach seiner Auferweckung gab er ihnen den Auftrag, der ganzen Welt zu verkünden, was sie von ihm wussten.
Als die Jünger nach einem Ersatz für Judas Iskariot suchten, sagte Petrus, es müsse jemand sein, der Jesus selbst gekannt und ihn nach seiner Auferstehung noch gesehen hatte.
Paulus behauptete, Apostel zu sein, weil er überzeugt war, dass sein Erlebnis vor Damaskus nicht lediglich eine Vision, sondern eine Begegnung mit dem lebendigen Christus gewesen war. Er war von Christus selbst zum Botschafter erwählt worden, um den Heiden die frohe Botschaft zu predigen.
Lk 6,12-16; Apg 1,12-26; 14,1-4; 1Kor 15,5.7; Gal 1,1; 2,7.8

Auferstehung

Die Auferstehung Jesu von den Toten ist das Schlüsselereignis für den christlichen Glauben. „Ist aber Christus nicht auferstanden, so ist unsre Predigt vergeblich, so ist auch euer Glaube vergeblich", schrieb Paulus (1Kor 15,10).
Die Apostel haben nie daran gezweifelt, dass Jesus von den Toten auferstanden war, wie er es vorausgesagt hatte. Sie hatten ihn mehrere Male gesehen und das war ihnen Beweis genug. Paulus zählt die Menschen auf, die den auferstandenen Christus gesehen hatten. Die schwachen und feigen Jünger wurden zu furchtlosen Männern, die predigten und in der Kraft ihres auferstandenen Herrn Wunder taten. Das Grab war leer und die Juden konnten nicht widerlegen, dass Jesus auferstanden war.
Paulus lehrt, dass die, die an Christus glauben, an seiner Auferstehung teilhaben. Wenn ein Mensch Christ geworden ist, erfährt er, wie der Auferstandene in seinem Leben arbeitet. Christen können zuversichtlich in die Zukunft blicken, zuversichtlich auf ihre eigene Auferstehung am Ende der Zeit. Obwohl Gläubige den physischen Tod wie jeder andere Mensch erleiden, ist ihnen doch eine Zukunft mit Christus in einem neuen geistlichen Leben zugesagt.
→ Himmel
Mt 28; Mk 16; Lk 24; Joh 20; 1Kor 15; Apg 1,3; 4; 10; Röm 1,4; 6,4-13

Barmherzigkeit

Das hebräische Wort, das oft mit „Barmherzigkeit" übersetzt wird, taucht fast 250mal im AT auf. Es meint die liebende Geduld Gottes mit seinem Volk Israel, seine Freundlichkeit und Bereitschaft zu vergeben. Gott hatte seinen Bund mit dem Volk gemacht, und obwohl das Volk diesen Bund oft brach, verstieß Gott es nicht. Er ist treu und erbarmt sich der Menschen.
Im NT ist Barmherzigkeit das liebende Mitleiden mit denen, die in Not sind. Gott ist „der Vater der Barmherzigkeit und Gott allen Trostes" (2Kor 1,3). Um seiner Barmherzigkeit willen sind wir gerettet. Jesus selbst war oft von Mitleid mit den Bedürftigen um sich herum bewegt und linderte ihre Not, wo er nur konnte. Christen sollen anderen Menschen gegenüber dieselbe Barmherzigkeit üben, die sie von Gott erfahren haben.
2Mo 34,6-7; 5Mo 7,9; Neh 9,7.31; Ps 23,6; 25,6; 40,11; 51,1; 103,4.8; Dan 9,9; Jona 4,2; Mi 6,8; Mt 5,7; Lk 6,36; 18,13; Röm 9,15; 12,1; 2Kor 1,3; Eph 2,4

Berufung

Der Gott der Bibel ist ein Gott, der Menschen ruft und direkt zu ihnen spricht.
Die Geschichte des Volkes Israel beginnt im AT mit der Berufung Abrahams. Doch die Israeliten waren nicht Gottes Volk, weil sie Abrahams Kinder waren, sondern weil Gott sie „rief". So ist es auch im NT. Jesus rief Menschen, ihm nachzufolgen und seine Predigt vom Gottesreich anzunehmen. Die frühe Gemeinde tat dasselbe. Die Christen sind „berufen" zum Heil, zum ewigen Leben, zu einem beharrlichen Leben im Glauben, zu einem Leben in Frieden und dazu, sich immer mehr vom Heiligen Geist verändern zu lassen.
Sowohl im AT als auch im NT wird oft unterstrichen, wie Gott die Menschen persönlich ruft. Gott beruft Männer und Frauen zu ganz bestimmten Aufgaben: Abraham, Mose, Samuel, David, Jesaja, Jeremia, Hesekiel und viele andere.
Im NT war Paulus „berufen zum Apostel" (Röm 1,1) und dazu, das Evangelium zu predigen.
→ Erwählung, → Gnade
1Mo 12,1; Hos 11,1; Mt 11,28-30; Mk 1,20; 2,14; Apg 2,39; 2Thess 2,13-14; 1Tim 6,12; 1Petr 2,21; 1Kor 7,15; 1Thess 4,7; 2Mo 3; 1Sam 3; 16; Jes 6; Jer 1,4-10; Hes 1-3

Beschneidung

Beschneidung ist ein kleiner Eingriff, bei dem die Vorhaut an der Spitze des Penis entfernt wird. Sie wurde an jedem männlichen Israeliten am achten Tag nach der Geburt vorgenommen.
Als Gott Abraham verhieß, dass er der Gründer eines großen Volkes sein würde, des Volkes Israel, wies er ihn an, alle männlichen Nachkommen zu beschneiden, als äußeres Zeichen der Zugehörigkeit zum Volk Gottes.
Mit der Zeit wurde dieses äußere Zeichen wichtiger als das, was es bezeichnete, und die Propheten mussten das Volk oft daran erinnern, dass dieses äußere Zeichen nicht genug war. Die Liebe zu den Mitmenschen und Gehorsam gegen Gott sollten dazukommen.
Das NT erklärt die Beschneidung ähnlich: „Wahre Beschneidung" oder Zugehörigkeit zum Gottesvolk ist das, was wir glauben und wie wir uns verhalten. Deshalb brauchen Nicht-Juden (Heiden) die körperliche Beschneidung nicht. Christen werden manchmal als „die wahre Beschneidung" bezeichnet, weil sie in der rechten Beziehung zu Gott stehen und nun mit den Gläubigen des NT die Erben der Verheißungen Gottes sind.
1Mo 17; Lk 2,21; Jer 9,25-26; Röm 2,25-29; Gal 5,2-6; Phil 3,2-3; Kol 2,11-15

Blut

Im NT wird der Tod Jesu oft umschrieben mit „das Blut Christi" (oder auch „das Blut Jesu"). Den Hintergrund für diesen Ausdruck bildet das AT, wo „Blut" folgende Bedeutung hat:
– Wenn das Blut eines Menschen vergossen wird, ist sein Leben zu Ende.
– Leben ist ein wertvolles Geschenk Gottes, daher darf niemand eines anderen Blut vergießen.
– In Opfern wurde das Blut von Tieren vergossen. Es symbolisiert, dass das Leben eines Tieres ausgegossen wird in den Tod. Weil Leben ein Geschenk Gottes ist, sollte dieses Blut nicht gegessen werden (das galt für alle geschlachteten Tiere, nicht nur für die Opfer).
Wenn das NT also den Ausdruck „das Blut Christi" benutzt, meint es den gewaltsamen Tod Jesu am Kreuz. Einige neue Übersetzungen schreiben dafür einfach „der Tod Christi".
→ Sühnopfer, → Kreuz, → Erlösung
1Mo 9,4-6; 5Mo 12,15-16.20-28; Eph 1,7; 1Petr 1,18-18; Hebr 10,19-22

Bund

Die Grundbedeutung des „Bundes" in der Bibel wird in Jer 31,33 zusammengefasst: „Sie sollen mein Volk sein und ich will ihr Gott sein." Gott tritt in eine besondere Beziehung zu den Menschen. Er verpflichtet sich selbst, sein Volk zu beschützen und erwartet dafür Gehorsam von ihnen.
Die meisten Bündnisse, die in der Bibel vorkommen, sind solche zwischen Gott und den Menschen. Im AT kommen jedoch auch Bündnisse zwischen Menschen vor.
Die Bibel selbst umfasst zwei große Bünde, den Alten und den Neuen Bund. Meistens werden sie als das Alte und das Neue „Testament" bezeichnet (das bedeutet dasselbe).
Den alten Bund schloss Mose als Mittler am Berg Sinai mit Gott, als das Volk die Zehn Gebote und weitere Grundregeln für sein Leben erhielt. Dieser Bund ist die Grundlage für den Glauben Israels. Archäologische Funde lassen vermuten, dass der äußeren Form des alttestamentlichen Bundes Vertragsformulare zugrunde liegen, wie sie damals bei den Völkern des Nahen Ostens üblich waren.
Es gibt auch andere Bundesschlüsse im AT, z.B. der mit Noah nach der Flut, in dem Gott versprach, die Erde nie wieder durch Wasser zu verwüsten. Das ist ein Bund Gottes mit allen Menschen.
Dann gibt es den Bund mit Abraham, in dem Gott seinen Nachkommen ein eigenes Land verheißt. Gott verheißt, dass in Abraham alle Völker gesegnet werden sollten. Diese Verheißung fand ihre volle Erfüllung in Jesus Christus, dem „Sohn" Abrahams.
Die Verfasser des NT machen deutlich, dass der neue Bund zwischen Gott und den Menschen, auf den das Alte Testament schon vorausblickt, im Tod Jesu Christi gegründet ist. Jesus selbst sagt das bei seinem letzten Mahl: „Dieser Kelch ist das Neue Testament (Bund) in meinem Blut." Der Neue Bund bietet etwas an, was der Alte Bund nie zusagen konnte – Befreiung von der Macht der Sünde; die Freiheit und Möglichkeit, Gott zu gehorchen.
→ Erwählung
1Mo 9,1-17; 12,1-3; 15,7-21; 2Mo 19,3-6; 20,1-17; 1Kor 11,25; Hebr 8,13; 9,14-15; 10,4

Buße

„Bekehret euch zu mir von ganzem Herzen", sagt Gott durch Joel, „mit Fasten, mit Weinen, mit Klagen. Zerreißt eure Herzen und nicht eure Kleider, und bekehrt euch zu dem Herrn, eurem Gott!"
Jesus rief die Menschen zu demselben inneren Wandel der Herzen auf.
Buße ist mehr als sich zu entschuldigen. Buße enthält die Entscheidung, die Sünde hinter sich zu lassen und sich Gott zuzuwenden.
Jesu Gleichnis vom Pharisäer und vom Zöllner zeigt die Wichtigkeit, die er diesem inneren Wandel zumisst, verglichen mit äußerem Gebaren.
Die Botschaft von Jesus verbindet Buße und Glauben. Wir sollen uns von unserer Sünde zu Gott wenden. Buße kommt nicht selbstverständlich zu den Menschen, sie ist ein Geschenk Gottes. Doch wenn ein Mensch Jesus kennen lernt, tut er Buße. Es gibt keinen anderen Weg zu Gott.
→ Vergebung
Joel 2,12.13; Mk 1,15; Lk 18,9-14; Apg 11,18; 1Thess 1,9

Dreieinigkeit

„Dreieinigkeit" ist kein Begriff, der in der Bibel vorkommt. Er fasst die Aussagen, die in den Glaubensbekenntnissen der frühen Kirche über Gott gemacht wurden, zusammen und erklärt, was es bedeutet, dass Gott Vater, Sohn und Heiliger Geist ist. Jesu Lehre und die Lehre des NT wird in ihm zusammengefasst. Schon in früher Zeit wurde die Dreieinigkeit bei der Taufe genannt.
Nach jüdischer Lehre gibt es nur einen Gott. Nichts und niemand soll diesen Glauben gefährden. Im NT ist jedoch deutlich gesagt, dass Gott, der Vater, alles erschuf und erhielt, dass Gott, der Sohn, in diese Welt kam, und dass Gott, der Heilige Geist, in unserem Leben wirkt.
Am Ende der neutestamentlichen Zeit schien es der Kirche notwendig, diese Lehre von den drei Personen und doch einem Gott sorgfältig zu formulieren, um die Wahrheit des NT vor Irrlehren zu schützen.
→ Gott, → Heiliger Geist, → Jesus Christus
Mt 28,19; Joh 5,19-29; 8,23-29.58; 14-17; Apg 2,32-33; 2Kor 13,14 u.a.; 2Mo 20,2-6; 5Mo 6,4; Jes 45,5

Engel

Das Wort „Engel" bedeutet „Bote". In der Bibel bezeichnet es die übernatürlichen Wesen vor Gottes Thron. Jesus sagt, dass sie sich mit Gott „über einen Sünder, der Buße tut", freuen.
Engel werden auch als „Gottessöhne", „das

himmlische Heer“, „himmlische Wesen“ und „Diener Gottes“ bezeichnet. Im Himmel dienen sie Gott und auf der Erde richten sie als Boten seine Botschaft den Menschen aus. Sie stärkten Jesus nach der Versuchung und ebenso stehen sie seinen Nachfolgern bei.
Die Juden glaubten, dass es eine Engelhierarchie gibt, in der jeder Engel einen Namen hat. Doch die Bibel sagt darüber nichts, sie nennt nur zwei Engel mit Namen – Gabriel und Michael. Gabriel brachte die Nachricht von der Geburt Jesu.
Die Wendung „der Engel des Herrn“ wird im AT oft benutzt, um zu beschreiben, wie Gott in Menschengestalt Botschaften übermittelte. „Der Engel des Herrn“ ist auch Gottes Bevollmächtigter beim Gericht.
→ Himmel
Lk 15,10; Hiob 1,6; 1Kön 22,19; Ps 103,20-21; Dan 12,1; Lk 1,26,38; Mt 1,20; 4,11; Hebr 1,14; 1Mo 16,7-14; 22,1-112; 31,11; Ri 6,11-21; 13,3-21 und viele andere Stellen.

Erlösung
„Erlösen“ bedeutet, etwas zurückzukaufen. Jesus sagte, dass er gekommen sei, sein Leben zu geben, um viele zu erlösen.
Hier ist das Bild von Sklaven angesprochen, die freigekauft werden. Wir Menschen sind „Knechte der Sünde“. Auch wenn wir aufhören wollten zu sündigen, könnten wir es nicht. Doch durch sein Leben, seinen Tod und seine Auferstehung hat Jesus Christus den Preis bezahlt, um uns frei zu machen.
Deshalb sind Christen „Erlöste“, so wie die Israeliten im AT nach ihrer Befreiung aus Ägypten Erlöste waren. Sie gehören jetzt Gott. Paulus mahnt seine Leser, zu bedenken, welcher Preis für sie gezahlt wurde, und sich voll und ganz in den Dienst Gottes zu stellen: „Ihr seid teuer erkauft“, sagt er. Ein erlöster Mensch ist ein freier Mensch. Deshalb warnt Paulus davor, wieder in den alten Trott zurückzufallen. Stattdessen sollen wir uns von Gott von allen noch gebliebenen Spuren der früheren Knechtschaft der Sünde befreien lassen. Doch auch die Christen erfahren nicht sofort die volle Freiheit. Das werden sie erst am Ende der Zeit erleben, wenn Jesus wiederkommt und sein Volk mit ihm vollkommen frei von aller Sünde sein wird.
→ Kreuz, → Freiheit, → Sohn Gottes
Mk 10,45; Joh 8,34; 1Petr 1,18-19; 2Mo 13,11-16; 1Kor 6,20; Röm 6,12-14; 8,19-23

Erwählung
„Ihr habt mich nicht erwählt, sondern ich habe euch erwählt“, sagt Jesus (Joh 15,16). Diese Worte fassen die Erwählungslehre der Bibel zusammen. Weil Gott der allmächtige Schöpfer ist, kann auch nur er die letzten Entscheidungen fällen, nicht die Menschen.
Das AT berichtet von Erwählungen Gottes: Er erwählte Abel, nicht Kain; Isaak, nicht Ismael; Jakob, nicht Esau. Doch niemand wurde wegen seiner eigenen Güte und Größe erwählt. Mose sagte dem Volk Israel: „Nicht hat euch der Herr angenommen und euch erwählt, weil ihr größer wäret als alle Völker …, sondern weil er euch geliebt hat“ (5Mo 7,7-8). Der Grund für Gottes Wahl ist in ihm verborgen und kein Mensch kann ihn ergründen.
Alle, die Gottes Erwählung annehmen, sollen ihm gehorchen und ihr Leben in seinen Dienst stellen. Das galt für Abraham und das Volk Israel und gilt für die Christen heute ebenso: „Ihr aber seid das auserwählte Geschlecht, die königliche Priesterschaft, das heilige Volk, das Volk des Eigentums, dass ihr verkündigen sollt die Wohltaten dessen, der euch berufen hat von der Finsternis zu seinem wunderbaren Licht“ (1Petr 2,9).
→ Berufung, → Bund, → Gnade
Joh 15,16; 5Mo 7,7-8; Röm 9,18-29; 1Petr 2,9

Evangelium
Das Wort „Evangelium“ bedeutet „gute Nachricht“. Diese gute Nachricht ist nach der Bibel die Tatsache, dass wir nicht länger um unserer Sünden willen von Gott getrennt sein müssen. Denn Jesus ist gekommen, um uns Vergebung zu bringen und uns mit Gott zu versöhnen.
Das Markus-Evangelium bezeichnet sich selbst als die „gute Nachricht von Jesus Christus“. Um es noch einfacher zu sagen: Jesus selbst ist die gute Nachricht, das Evangelium. Der Inhalt der Evangelien ist einfach: „dass Christus gestorben ist für unsere Sünden nach der Schrift und dass er begraben worden ist; und dass er auferstanden ist am dritten Tage nach der Schrift“ (1Kor 15,3-4). Durch den Tod und die Auferstehung Christi können wir Vergebung und neues Leben haben.
Die gute Nachricht ist so einfach, dass sie vielen zu einfach war. Sie ist Gottes eigener Plan. Paulus machte deutlich, dass es leicht ist, Gott zu finden. Er hatte es selbst erfahren: Das Evangelium „ist eine Kraft Gottes, die selig macht alle, die daran glauben“ (Röm 1,16).
Lk 2,10-11; 4,18-21; Mk 1,1; 1Kor 15,3-4; 1,1[illegible]-23; Eph 1,6-13; Röm 1,16-17

Fleisch
Das Wort „Fleisch“ wird in der Bibel oft als Bezeichnung für den physischen Menschen gebraucht – das sterbliche Fleisch. In diesem Sinne gebraucht, zeigt es die Schwäche des Menschen, das „Sündige“ den Gegensatz zur Kraft Gottes. Als die Jünger im Garten Gethsemane einschliefen, forderte Jesus sie auf, zu wachen und zu beten: „Der Geist ist willig, aber das Fleisch ist schwach“ (Mk 14,38).
Paulus meint mit Fleisch das Leben, das Nichtchristen unter der Herrschaft der Sünde führen.
Der Christ dagegen lebt sowohl „im Fleisch“ als auch „im Geist“. Er kämpft ständig zwischen seiner Veranlagung zur Sünde und der Gegenwart des Heiligen Geistes, der ihm helfen will, Christus ähnlicher zu werden. Er muss der Sünde absagen und dem Geist mehr Raum in seinem Leben geben.
→ Leib
Ps 78,39; Jes 40,5; Mk 14,38; Röm 7,13-25; 8; Gal 5,16-24

Freiheit
Wo Menschen über andere Menschen herrschen, ist der Wunsch nach Freiheit die größte Sehnsucht des Menschen. Es überrascht daher nicht, dass Freiheit eine so große Rolle in der Bibel spielt. Freiheit ist der Kern des Jesaja-Zitats, mit dem Jesus seine Aufgabe umschreibt: „Der Geist des Herrn ist auf mir … er hat mich gesandt, zu predigen den Gefangenen, dass sie frei sein sollen“ (Lk 4,18).
Viele erhofften sich von Jesus die Befreiung Israels von den Römern. Doch Jesus sagte klar, dass es seine Aufgabe war, eine viel grausamere Sklaverei abzuschaffen. Er war gekommen, um die Menschen von der Macht des Bösen zu befreien und zeigte das, indem er böse Geister austrieb und Kranke heilte.
In den Briefen nach Galatien und Rom versuchte Paulus, die Wichtigkeit dieser Freiheit klarzumachen. Es ist Freiheit von der Strafe für unsere Sünden und von der Bindung an unsere Sünden. Christen wissen, dass sie durch Gottes Gnade gerettet sind, nicht durch ihre eigenen Werke.
Paulus sah unter Christen zwei Arten des Missbrauchs jenes wunderbaren Geschenks der Freiheit. Die Galater z.B. verlangten nach den alten Regeln und Vorschriften des Judentums. Paulus schrieb ihnen in einem Brief, dass der christliche Glaube keine Gesetzesreligion ist. Andere dagegen dachten, dass sie aufgrund ihrer Befreiung durch Christus nun nach ihren eigenen Vorstellungen leben könnten – sogar weiter sündigen. Doch das ist falsch: Sie waren befreit worden von der Sünde, und das nicht, um wieder zu sündigen. Froh dienen sie nun einem neuen Herrn – Jesus Christus. Wahre Freiheit finden wir, indem wir Gott und anderen dienen.
Lk 4,18; 13,10-16; Joh 8,31-36.41-44; Mk 3,22-27; 5,1-13; Röm 6,16-23; 8,2.21; 1,1; 6; Gal 3,28; 5,1.13; Mt 11,28; Jak 1,25; 2,12; 1Petr 2,16

Freude
In der Bibel wurzelt die Freude in der persönlichen Beziehung eines Menschen zu Gott. Nach dem Katechismus ist die letzte Bestimmung der Menschen, Gott zu verherrlichen und sich in Ewigkeit seiner zu freuen. Leben in der Gegenwart Gottes bedeutet beständige Freude. Und weil diese Freude ein Geschenk Gottes ist, können Christen sogar in Zeiten der Verfolgung, der Anfechtung und der Not froh sein. „Freuet euch in dem Herrn allewege“, schrieb Paulus an die Philipper (4,4).
Ps 16,11; 30,5; 43,1; 51,12; 126,5-6; Pred 2,26; Jes 61,7; Jer 15,16; Lk 15,7; Joh 15,11; 16,22; Röm 14,17; 15,13; Gal 5,22; Phil 1,4; 1Thess 2,20; 3,9; Hebr 12,2; Jak 1,2; 1Petr 1,8

Frieden
Das hebräische Wort für Frieden hat ein weites Bedeutungsspektrum. Es meint „Ganzheit“ und drückt ein in jeder Hinsicht ausgefülltes Leben aus. Es kann sich auf körperliche Gesundheit oder ein langes Leben beziehen. Ebenso bezeichnet es Sicherheit und Ausgeglichenheit eines Einzelnen oder einer Gemeinschaft. Frieden kommt von Gott: „Der Herr ist Frieden.“ Doch „die Gottlosen“, spricht der Herr, „haben keinen Frieden.“ (Jes 48,22)
Frieden ist zum Zeichen für das Reich Gottes geworden. Der Gesalbte Gottes, der dieses Reich bringen soll, wird „Friedefürst“ genannt. Das NT sagt, dass Jesus uns den Frieden gebracht hat. „Er ist gekommen und hat im Evangelium Frieden verkündigt“ (Eph 2,17) – den Frieden, den er durch seinen Tod am Kreuz erkauft hat. Sein Geschenk ist Frieden mit Gott und den Mitmenschen. Der Mensch sieht in Gott nicht mehr seinen Feind und redet mit ihm.
Das führt zu einem tiefen Herzensfrieden, der unbeeinträchtigt bleibt von äußeren Umständen. „Den Frieden“, sagt Jesus, „lasse ich euch, meinen Frieden gebe ich euch … Euer Herz erschrecke nicht und fürchte sich nicht.“ (Joh 14,27)
→ Versöhnung
1Mo 15,15; Ps 4,8; 85,8-10; Ri 6,24; Jes 48,22; 2,2-4; 9,6; Röm 5,1; Joh 14-18; 2Thess 2,16

Gebet
Die Menschen wurden geschaffen, um in Gemeinschaft mit Gott zu leben. Im Gebet sollte der Mensch auf Gott hören und ihm seine Gedanken kundtun. Wegen der Sünde ist diese Verbindung oft unterbrochen.
Doch wer Gott vertraut, lebt mit ihm in der Gemeinschaft des Gebetes. Wir schütten unsere Herzen vor ihm aus. Wir bekennen Gott freimütig unsere Sünden. Wir bitten ihn um vieles, im Vertrauen, dass er Gebet erhört. Und immer enthält unser Gebet Dank.
Der gläubige Israelit betete dreimal am Tag. Samuel hielt es sogar für Sünde, wenn er versäumte, für die Menschen, für die er sorgte, zu beten. Es gibt über das Gebet keine feste Bestimmung, an die die Christen sich halten müssten, doch für Paulus war es klar, dass das Gebet eine zentrale Stellung im Leben der Christen und im Leben der Gemeinde hat. Wenn wir in enger Gemeinschaft mit Gott leben, wird das Gebet wieder seinen ursprünglichen Platz einnehmen.
Gebet ist für Christen eine Art „Familienpflicht“. Das Gebet, das Jesus seinen Jüngern gab, begann: „Vater unser im Himmel.“ Die ersten Christen trafen sich zu gemeinsamem Gebet, z.B. im Haus der Mutter des Johannes, wo sie um die Befreiung des Petrus beteten. Der Heilige Geist selbst hilft den Christen beten, indem er sie immer mehr auf Gott ausrichtet. „Der Geist selbst vertritt uns mit unaussprechlichem Seufzen“, schrieb Paulus an die Römer. (Röm 8,26)
Ps 62,8; 1Joh 1,9; Mk 11,24; Phil 4,6; 1Sam 12,23; Kol 4,2; Jak 1,5-6; Apg 12,12; Röm 8,26
Jesu Worte über das Gebet: Mt 6,5-15; 7,7-11; 26,41; Mk 12,38-40; 13,33; 14,38; Lk 11,1-13; 18,1-4
Gebete Jesu: Mt 6,9-13; 11,25-26; 26,36-44; Mk 14,32-39; Lk 10,21; 11,2-4; 22,46; 23,34; 46; Joh 11,41-42; 12,27-28; 17
Andere Gebete in der Bibel: 2Mo 15; 32; 33; 5Mo 32-33; Jos 17; 10; Ri 5; 6; 1Sam 1; 2; 2Sam 7, 22; 1Kön 3; 8; 18; 19; 2Kön 19; Es 9; Neh 1; 9; Hiob 42; Psalmen; Dan 2; Jona 2; Hab 3; Lk 1,46-55.68-79; 2,29-35; Apg 4,24-30 u.a.

Gebote
→ Gesetz

Geistesgaben
Als Christus die Erde verließ und zu seinem Vater zurückkehrte, gab er seinen Nachfolgern bestimmte „Gaben“ (Charismen). Diese Gaben gibt der

Heilige Geist Menschen in jeder christlichen Gemeinde, so dass sie das Werk Gottes fortführen können. Die Gaben weisen auf das übernatürliche Wesen der Gemeinde hin. Der Geist Gottes gibt die Gaben und Fähigkeiten, die zum Aufbau der Gemeinde nötig sind. Er gibt das, was gebraucht wird, in Fülle.
In Eph 4 nennt Paulus einige Gaben, die bestimmte Menschen als Leiter der Gemeinde kennzeichnen – Apostel, Propheten, Evangelisten, Prediger und Lehrer. In 1Kor 12 nennt er andere Gaben, diesmal solche, die bei Gliedern der Gemeinde zu finden sind – Weisheit, Erkenntnis, Glaube, die Gabe des Heilens und Wunder-Tuns, Weissagung und Auslegung, Zungenreden und Auslegung. Am Ende des Kapitels zählt er noch die auf, die die Kraft haben, zu helfen oder andere zu leiten. Röm 12 nennt noch andere Gaben: ermahnen, Barmherzigkeit üben, der Gemeinde vorstehen … Keine dieser Aufzählungen beansprucht Vollständigkeit.
Paulus glaubte, dass in jeder Gemeinde jedes Glied seine besonderen von Gott gegebenen Gaben zum Dienst gebrauchen sollte. Gaben des Geistes sind nicht zum Privatvergnügen gegeben, sondern zum Wohl aller. Aus diesem Grund beschäftigt sich Paulus auch ausführlich mit der Gabe des Zungenredens. Er selbst sprach in Zungen und wünschte sie auch anderen diese Gabe. Doch er wusste, dass jemand da sein musste, der diese Rede auslegen konnte. Unverstanden nützte sie keinem. Der Grund, auf dem alle Gaben allein fruchtbar werden, ist die Liebe.
Röm 12; 1Kor 12-14; Eph 4

Gemeinde
Die Gemeinde ist die Gemeinschaft derer, die an Jesus Christus glauben. Im NT bezieht sich das Wort immer auf Menschen. Einige Generationen lang hatten die Christen keine besonderen Räume für ihre Zusammenkünfte.
Jesus sagte Petrus voraus, dass durch ihn die Gemeinde gegründet würde. Auf die Predigt des Petrus am Pfingsttag hin ließen sich die ersten 3000 Menschen taufen und die christliche Gemeinde entstand.
Im AT hatte Gott die Israeliten zu seinem Volk erwählt. Das NT sagt, dass alle, die an Christus glauben – welcher Rasse sie auch immer angehören –, jetzt Gottes erwähltes Volk sind, seine Gemeinde. Sie werden zubereitet für den Tag der Wiederkunft Christi – den „Hochzeitstag" Christi und seines Volkes.
Im NT bezieht sich das Wort „Gemeinde" sowohl auf kleine, örtliche Gruppen von Christen als auch auf alle Christen in der ganzen Welt. Paulus bezeichnet Jesus als das Haupt der Gemeinde und sagt, dass kein Christ allein steht, sondern Teil eines Ganzen ist: „So sind wir viele ein Leib in Christus, aber untereinander ist einer des anderen Glied" (Röm 12,5).
In neutestamentlicher Zeit waren die örtlichen Gemeinden anders organisiert, als es heute vielerorts üblich ist. Einige Gemeinden hatten Leiter, so genannte „Älteste" oder „Bischöfe", die lehrten und sich um die Einzelnen kümmerten.
Mt 16,18; Apg 2; 13,1; 1Kor 12,12-28; Röm 12,5; Kol 1,18; Eph 4,11-16; 1Kor 12,1-11; Apg 2,42-47; 1Kor 11,13-34; 1Tim 2-3; Tit 1,5-9

Gemeinschaft
Das „Anteil gebende Miteinander" ist die zentrale christliche Erfahrung. Die Menschen wurden geschaffen, um in Gemeinschaft mit Gott zu leben. Durch die Sünde wurde diese Gemeinschaft zerstört. Jesus kam, um sie durch sein Sterben wiederherzustellen, indem er die Sünde, die uns von Gott trennte, auf sich nahm.
So können Christen wieder in Gemeinschaft mit Gott leben. Jeder Christ hat durch Christus teil an der Liebe Gottes; „und unsere Gemeinschaft ist mit dem Vater und mit seinem Sohn Jesus Christus" (1Joh 1,3). Jesus beschrieb in Bildern diese engste Beziehung zwischen ihm und seinen Nachfolgern: „Ich bin der Weinstock, ihr seid die Reben."
So wie am Leben Jesu haben wir auch am Leben unserer Mitmenschen teil. Wir sind nicht nur jeder mit Christus, sondern auch miteinander verbunden. Das Kennzeichen dieser Gemeinschaft ist die Liebe. Diese Gemeinschaft und Liebe sind immer tätig. In der Gemeinde in Jerusalem zeigte sich die Einheit darin, dass alle ihren Besitz miteinander teilten. Die nichtjüdischen Gemeinden zeigten ihre Liebe dadurch, dass sie den bedürftigen Gemeinden in Jerusalem Geldspenden schickten.
→ Leib, → Gemeinde
1Joh 1,3; Joh 15,1-17; 13,34-35; Röm 12,4-13; Apg 2,44-47; 4,32-37; Röm 15,25-27

Gericht
Weil Gott Herrscher aller Welt ist, ist er auch Richter. Der Herrscher gibt die Gesetze und sorgt dafür, dass sie eingehalten werden. Im AT wurden die Führer des Volkes, bevor Israel einen König hatte, Richter genannt. Gott war der oberste Richter, der Herrscher über alles.
Das „letzte Gericht", so lehrte Jesus, wird die endgültige Trennung der Guten von den Bösen sein. Weil Gott selbst der Richter ist, wird es keine Ungerechtigkeit geben. Wir können darauf vertrauen, denn Gott hat die Aufgabe des Richtens in die Hände Jesu gelegt.
Jeder wird nach dem gerichtet werden, was er weiß. Wer niemals das geschriebene Gesetz Gottes kennen gelernt hat, wird nach dem beurteilt werden, was er von Gott aus der Schöpfung und aus dem Gewissen als gut und böse erkennt. Aber klar ist, dass kein Mensch von sich sagen kann, dass er vor Gott recht gelebt hätte. Deshalb wird am großen Tag des Gerichts alles davon abhängen, ob wir eine persönliche Beziehung zu Christus haben. Jesus selbst sagte das. Er, der Richter, wird die als die Seinen erkennen, die an ihn glauben. So schrieb Johannes, dass die, die an den Sohn glauben, ewiges Leben haben, die anderen jedoch in Gottes Gericht bleiben werden.
→ Leben nach dem Tod, → Himmel, → Hölle, → Wiederkunft Christi
Ps 96,10; 1Mo 18,25; Röm 3,3-4; 1,18-2,16; 3,9-12; Mt 10,32-33; Joh 3,18; 5,24-30; Apg 4,12; 10,42; 2Kor 3,19-15; 5,10; 2Thess 1,5-10; Hebr 12,22-27; Offb 20,12-15

Gesetz
Das alttestamentliche Gesetz, hebräisch die „Tora", d.h. die „Weisung", war die Lebensregel, die Gott gegeben hatte (in den fünf Büchern Mose), damit sein Volk recht leben konnte.
Im Gesetz finden sich neben den Zehn Geboten, die die Grundlage des Ganzen sind, soziale und religiöse Vorschriften bis zu detaillierten Angaben zur Hygiene und zur täglichen Lebensgestaltung.
Das Gesetz ist auf Gott ausgerichtet. Die zeremoniellen Vorschriften gelten heute nicht mehr. Alle Opfer sind durch den Tod Jesu überflüssig geworden. Aber die Zehn Gebote bestehen weiter als gute Zusammenfassung des göttlichen Willens.
Gott führte sein Volk aus der Sklaverei in Ägypten, bevor er ihm das Gesetz gab. Es war keine Voraussetzung zur Befreiung, dass das Volk das Gesetz hielt. Doch nach der Rückkehr aus dem Exil betrachteten viele Juden das Gesetz als Mittel, um das Heil zu erlangen.
Jesus selbst hat das Gesetz nie zurückgewiesen; er sagte klar und deutlich, dass seine Zeit vergangen ist, weil er die Erfüllung des Gesetzes brachte. Das NT weist den falschen Gedanken, dass irgendjemand durch die Befolgung des Gesetzes gerettet werden könnte, zurück. Das bewirkt allein die freie Gnade Gottes. Das Gesetz macht den Menschen ihre Sünde bewusst, weil sie nicht in der Lage sind, es zu halten. So führt rechtes Gesetzesverständnis die Menschen zu Christus und zur Annahme der freien Vergebung, die er ihnen schenkt.
→ Freiheit, → Gnade, → Rechtfertigung
2Mo 20; 21-34; 3Mo; 4Mo 2-9; 15; 18-19; 28-30; 5Mo; Ps 1; 9; 119; Mt 5,17-20; 22,36-40; Lk 10,25-28; Röm 3,31; 8,3-4; Joh 7,19; Röm 2,25-29; 3,19-21; 7,7-25; Gal 3,21-24; Hebr 7,18-19; Jak 2,8-12

Glaube
Paulus bemüht sich im Römer- und im Galaterbrief, den Christen zu erklären, dass ein Mensch nicht durch sein eigenes Tun gerecht werden kann (wie manche Menschen meinen), sondern nur durch den Glauben.
Glaube bedeutet, Gott zu vertrauen. Das Denken wird dabei nicht ausgeschaltet. Vielmehr verlässt sich der Glaube auf den Gott, von dem wir wissen, dass er vertrauenswürdig ist. Erst dieses Wissen ermöglicht es den Menschen, ihr Leben Jesus Christus anzuvertrauen. Da wir als Sünder nichts tun können, um uns selbst zu retten, müssen wir uns ganz auf das verlassen, was Gott durch Christus schon für uns getan hat.
Das ist der Anfang eines „Lebens im Glauben". Niemand kann von sich aus richtig leben. Wir müssen deshalb fortgesetzt auf Christus vertrauen und mit dem Heiligen Geist rechnen, den er uns gibt und der uns hilft, nach Gottes Willen zu leben. Leben im Vertrauen auf Gott gab es von da an, als Gott anfing, sich Menschen zuzuwenden. Paulus macht es am Beispiel Abrahams deutlich.
Das NT meint mit „Glauben" manchmal auch die grundlegende Lehre über Jesus, auf die sich unser Glaube gründet.
1Joh 5,1-5; Joh 1,12; 3,16; 5,24; Röm 1,17; 5,1; 10,9-10; Gal 3; Eph 2,8-9; 1Mo 15,6; Ps 37,3-9; Spr 3,5-6; Jer 17,7-8; Hab 2,4; Hebr 11; Jak 2; 1Tim 3,9; 5,8

Gleichnis
Ein Gleichnis erklärt eine geistliche Wahrheit durch ein Bild oder eine kurze Geschichte. Jesus lehrte viel in Gleichnissen.

Gnade
Sowohl das AT als auch das NT lehren, dass Gott gütig und barmherzig zu den Menschen ist. Er brauchte sich nicht so zu verhalten. Wir verdienen es nicht. Gott ist gütig zu uns, weil er uns liebt – das ist die „Gnade" Gottes.
Das AT erinnert uns ständig an Gottes Güte und Liebe. Doch am deutlichsten wurde diese Gnade im Kommen Jesu Christi. Am Kreuz hat Gott uns darin, „dass Christus für uns gestorben ist, als wir noch Sünder waren" (Röm 5,8), gezeigt, wie sehr er uns liebt. Wir hatten diese Rettung nicht verdient, Gott gab sie umsonst. Das meint das NT mit der „Gnade unsres Herrn Jesus Christus".
Doch das NT lehrt uns auch, dass das Leben der Christen immer von dieser Gnade abhängig ist.
Wir gehorchen Gott aus Dankbarkeit für seine Gnade. Gottes Antwort auf die Bitten des Paulus um Heilung lautete: „Lass dir an meiner Gnade genügen; denn meine Kraft ist in den Schwachen mächtig" (2Kor 12,9). Die Briefe des Paulus beginnen und enden oft mit der Bitte um Gottes Gnade.
→ Bund, → Rechtfertigung.
5Mo 7,6-9; Ps 31,2-3; 25,6-10; 51,1; Jer 31,2-3; Röm 5,8; 16,20; 3,19-24; 6,14; Eph 2,8-9; 2Kor 12,9; 1Tim 1,2; 1Petr 5,5-7; 2Petr 3,18

Gott
In der Bibel ist Gott der allmächtige, personhafte Geist, den wir nicht begreifen können, der sich selbst jedoch den Menschen in seinem Schöpfungswerk, in seinem ständigen Handeln in der Geschichte und in persönlicher Begegnung offenbarte. Er hat alles Leben geschaffen und er erhält es. Wir sehen sein Wirken überall: Im AT an seinem Volk Israel, im NT an Jesu Leben, Tod und Auferstehung. Er handelt auch im Leben derer, die an Christus glauben.
Die Bibel sagt uns, wer Gott ist, indem sie uns sagt, was er tut. Sie gibt uns keine abstrakten, philosophischen Beschreibungen von Gott; trotzdem wird deutlich, dass er allwissend, allmächtig und allgegenwärtig ist. Er ist heilig und gerecht, liebend und vergebend. Für die Bibel ist die Existenz Gottes eine Tatsache, die keines Beweises bedarf. Sie beginnt mit der einfachen Feststellung: „Am Anfang schuf Gott …"
Die Menschen hatten immer viele Vorstellungen von Gott und haben oft verschiedene Götter angebetet. Eins der

wichtigsten Anliegen des AT ist es, zu zeigen, dass Jahwe (der hebräische Name für Gott) der eine wahrhaftige Gott ist. Er ist Schöpfer und Herrscher über alles; er ist „das Licht", er ist der wahrhaft Heilige und zugleich wahrhaft Liebende.
Jahwe, der persönliche Name Gottes im AT, wird manchmal fälschlich „Jehova" ausgesprochen. Jahwe bedeutet: „Ich werde sein, der ich sein werde" und wird im Deutschen meist durch HERR wiedergegeben. Die Juden redeten Gott meistens mit dem hebräischen Wort Adonai, „mein Herr", an. Die Bezeichnung für Gott war Elohim.
Im AT wurde Gott auch manchmal als Vater des Volkes Israel angesehen. Jesus hat dem neue Bedeutung gegeben. Gott hat für uns eine Eltern-Kind-Beziehung bereit, in die wir durch den Glauben an Jesus aufgenommen werden. Gott handelt in der Welt durch die Menschen, die er selbst mit sich versöhnt hat. Er handelt durch ihre Gebete und Taten, damit die ganze Welt ihn erkennt.
Das „Anderssein Gottes": der ewige Geist, der Schöpfer: 1Mo 1; 5Mo 33,26-27; 1Kön 8,27; Hiob 38ff; Ps 8; 100; 104; Jes 40,12-28; 55,9; Joh 4,23-24; Röm 1,19-20; Offb 1,8
Die Macht Gottes: 1Mo 17,1; 2Mo 32,11; 4Mo 24,4; Hiob 40.42,2; Jes 9,6; 45-46; Dan 3,17; Mt 26,53; Joh 19,10-11; Apg 12; Offb 19,1-16
Gottes Allwissenheit: 1Mo 4,10; Hiob 28,20-27; Ps 139,1-6; Dan 2,17-23; Mt 6,7-8; Joh 2,23-25; 4,25-29; Eph 1,3-12
Gottes Allgegenwart: 1Mo 28,10-17; Ps 139,7-12; Jer 23,23-24; Apg 17,26-28
Das Wesen Gottes – seine Heiligkeit und Wahrhaftigkeit: 2Mo 20; 3Mo 11,45-45; Jos 24,19-28; Ps 7; 25,8-10, 99; Jes 1,12ff; 6,1-5; Joh 17,25-26; Röm 1,18-3,26; Eph 4,17-24; Hebr 12,7-14; 1Petr 1,13-16; 1Joh 1,5-10
Gottes Liebe und Barmherzigkeit: 5Mo 7,6-13; Ps 23; 25; 36,5-12; 103; Jes 40,1-2.27-31; 41,8-20; 43; Jer 31,2-4; Hos 6; 11; 14; Joh 3,16-17; 10,7-18; 13,1; 14,15-31; 15,9.12ff; Röm 8,35-38; Gal 2,20; Eph 2,4-10; 1Joh 3,1-3; 16; 4,7-21
Gott der Vater: 1Chr 25,10; Ps 68,5; 103,13; Mt 5,48; 6,1-14; 28,19; Röm 8,14-15

Gottesdienst

„Ich bin der Herr, dein Gott", besagt das erste Gebot, „du sollst keine anderen Götter haben neben mir" (2Mo 20,2-3). Gottesdienst heißt, Gott die Ehre geben. In den Psalmen ehren die Menschen Gott für das, was er ist, was er in der Schöpfung und in seinem Erlösungswerk getan hat, indem er sein Volk errettete und erlöste, dazu für alle Geschenke und Segnungen an Einzelne.
Im NT drückten Christen ihre Dankbarkeit und Freude im „Lobpreis" aus. Erfüllt vom Geist redeten sie „untereinander mit Psalmen und Lobgesängen und geistlichen Liedern" (Eph 5,19) und lobten so den Herrn mit dankbarem Herzen. Jeder konnte daran teilnehmen. Einer trug ein Lied bei, ein anderer lehrte, wieder ein anderer hatte eine Offenbarung von Gott, und einer redete in Zungen, was wieder ein anderer auslegte.
„Gott ist Geist, und die ihn anbeten, die müssen ihn im Geist und in der Wahrheit anbeten", sagt Jesus (Joh 4,24). Gottesdienst muss ehrlich sein und von Herzen kommen. Aus dem AT wissen wir, dass Gott den Gottesdienst, der nur geheuchelt und äußerlich ist, verurteilt. Wahrer Gottesdienst ist die ehrliche Antwort an Gott, die sich in einem ihm wohlgefälligen Leben zeigt.
Gottesdienst hat Gott und sein Tun als Mitte; seine Botschaft gibt ihm den Sinn. Wie Paulus schrieb: „Lasst das Wort Christi reichlich unter euch wohnen: Lehrt und ermahnt einander in aller Weisheit; mit Psalmen, Lobgesängen und geistlichen Liedern singt Gott dankbar in euren Herzen." (Kol 3,16)
Gottesdienst geschieht nicht nur auf der Erde. Im Himmel preisen die Engel Gott und beten ihn an.
→ Lobpreis, → Gebet
2Mo 20,1-3; Ps 29; 136,4-9.10-36; 116; Apg 2,43-47; Eph 5,18-19; 1Kor 14,26-40, Joh 4,21-24; Mi 6,6-8; Kol 3,16; Offb 4; 5; 7; 15

Heiliger Geist

Der Geist Gottes ist eins mit Gott dem Vater und Jesus Christus (→ Dreieinigkeit). Er wirkt in der Geschichte und in Gottes Volk. Doch nicht erst seit der Zeit des NT und der „Zeit des Geistes" können wir sein Wirken sehen.
Der Geist Gottes war schon bei der Schöpfung der Welt tätig. Wie Gott ist er allgegenwärtig. Es gibt nichts in der ganzen Schöpfung, was außerhalb seines Bereiches läge.
Immer wieder lesen wir, dass der Geist Gottes Menschen Kraft für einen bestimmten Dienst gibt. Er gab den Propheten Eingebungen und verkündete durch sie das Wort Gottes. Doch das AT blickte auch voraus auf den Tag, an dem der Geist Gottes über alle Menschen ausgegossen werden sollte.
Im Leben Jesu spielte der Heilige Geist eine besondere Rolle. Er wurde schon aus der Kraft des Heiligen Geistes geboren. Der Heilige Geist kam bei seiner Taufe im Jordan auf ihn herab. Vom Geist wurde er zur Versuchung in die Wüste geführt. Am Anfang seiner öffentlichen Wirksamkeit erklärte er, dass er alles in der Kraft des Geistes tue. Johannes der Täufer sagte über Jesus, dass er Menschen mit dem Heiligen Geist taufen würde. Jesus selbst versprach seinen Jüngern, dass er ihnen nach seinem Weggang den Heiligen Geist schicken werde, der alle Zeit bei ihnen sein sollte. Wenn Jesus wieder beim Vater sein würde, würde der Heilige Geist seine Nachfolger lehren, führen und ihnen Kraft geben. „Er (der Geist) wird mich verherrlichen; denn von dem Meinen wird er's nehmen und euch verkündigen." (Joh 16,14)
Die Jünger wurden, wie Jesus es ihnen zugesagt hatte, am Pfingsttag mit dem Heiligen Geist getauft. Das war für jeden sichtbar, weil sie auf eine neue Art Gott lobten. Außerdem redeten sie in anderen Sprachen und predigten machtvoll. Die Prophetie Joëls war eingetroffen. Gott hatte seinen Geist auf alle Gläubigen ausgegossen.
Wenn ein Mensch Christ wird, empfängt er die Gabe des Heiligen Geistes. Der Heilige Geist lebt in den Christen und hilft ihnen, Gottes Willen zu erkennen. Er schenkt ihnen die Gewissheit, dass sie Kinder Gottes sind, und treibt sie zum Gebet.
Durch den Heiligen Geist wird die Einheit der Christen in Jesus Christus verwirklicht. Er will das Leben eines jeden Christen Jesus immer ähnlicher machen und gibt den Christen die Kraft und Gaben, die sie brauchen, um Gott zu dienen.
→ Dreieinigkeit,
→ Gemeinde.
1Mo 1,2; Ps 139,7-12; Ri 3,10; 14,6 und viele andere Stellen; Jes 11,1-3; 2Sam 23,2-5; Hes 36,26-27; Joel 2,28-29; Mi 3,8; Lk 1,35; 3,22; 4,1-18; 3,16; Joh 14,16-17; 16,7-15; Apg 2; Röm 8; 1Kor 12; Gal 5,22-23; 2Tim 3,16

Heiligkeit

„Heiligkeit" bedeutete, für Gott ausgesondert zu sein. Im AT wurden Orte, Gegenstände, Menschen und Feste heilig genannt, wenn sie von allen anderen ausgesondert für Gott waren. Deshalb war auch der siebte Tag, der Sabbat, heilig.
An Gott selbst wird offenbar, was Heiligkeit ist. Er ist der, der vollkommen anders als die Schöpfung und abgesondert von allem Bösen ist. Nichts ist ihm vergleichbar. Er ist anders als wir, er ist heilig. Deshalb sollen wir ihn fürchten. Wenn jemand wie Jesaja erkennt, wie heilig Gott ist, wird er sich ganz deutlich seiner eigenen Sünde bewusst, die ihn von Gott trennt.
Die Menschen sollen die Heiligkeit Gottes widerspiegeln. Darum ist die übliche Bezeichnung für die Christen im NT „Heilige". Damit waren nicht besonders fromme Christen gemeint, vielmehr bezeichnet es alle Christen, denn alle sind ausgesondert und zu Gottes Dienst bestimmt. Die Heiligen, die Christen, sollen in der Heiligkeit Gottes wachsen – ein Vorgang, der als „Heiligung" bezeichnet wird.
1Mo 2,3; 2Mo 20,8; 30,22-33; 3Mo 19,1.2; Jes 6,1-5; 40,18-28; 10,20; Ps 33,21; Jes 8,13; 6; Hebr 12,10; Eph 5,25-27

Heilungen

Eine Folge des Bösen in der Welt sind die Krankheiten. Die Menschen werden krank, altern und sterben. Dies alles sind Folgen der durch Adam in die Welt gekommenen Sünde.
Man kann allerdings nicht sagen, dass ein Mensch für seine Sünden mit Krankheit bestraft wird. Zu Jesu Zeiten dachten viele Menschen so, doch er selbst sagte, dass das nicht stimme.
Jesus kam, um eine vollkommen neue Schöpfung anzukündigen, in der Sünde, Krankheit und Tod nicht mehr sein werden. Diese neue Schöpfung hat mit der Auferstehung Jesu begonnen, doch ihre Vollendung liegt in der Zukunft. Die Christen werden an ihr teilhaben.
Durch die Macht Jesu, Krankheiten zu heilen und Sünden zu vergeben, wurde gezeigt, wie das neue Reich sein wird. Jesus bezog die Prophetie Jesajas auf sich selbst: „Der Geist des Herrn ist auf mir, darum weil er mich gesalbt hat, zu verkündigen das Evangelium den Armen; er hat mich gesandt, zu predigen den Gefangenen, dass sie frei sein sollen, und den Blinden, dass sie sehen sollen." Seine Heilungen an Seele und Leib waren ein Vorgeschmack des kommenden Reiches.
Seine Jünger haben die Heilungen fortgesetzt. Paulus schrieb, dass in den Gemeinden die Gabe des Heilens vorhanden sei, und für Jakobus war es selbstverständlich, die Christen zu ermahnen: „Bekennt also einander eure Sünden und betet füreinander, dass ihr gesund werdet." Die Heilung durch Christus ist Heilung für den ganzen Menschen.
Doch bis alle Dinge neu werden am Ende der Zeit, kann die christliche Gemeinde den Prozess des Krankseins, Sterbens und Alterns nicht aufhalten. Heilungen werden immer nur ein Vorgeschmack auf das neue Leben sein, bis das Reich Gottes vollkommen da sein wird.
1Mo 3,14-19
Heilungen im AT: 4Mo 21,4-9; 1Kön 17,17-24; 5Mo 7,12-15; 28,20-23; 2Kön 4,18-37
Heilungen Jesu: Mt 8,5-13.28-34; 9,32-33; 17,14-18; Mk 7,31-37; 10,46-52; Lk 4,18-19; 7,11-15; 8,41-42.49-56; 17,11-19; Joh 9; 11; Apg 3,1-10 u.a.; 1Kor 15; Jak 5,14-16; Offb 21,2-5; 22,1-2

Herrlichkeit

Wenn das Wort „Herrlichkeit" in der Bibel auf Menschen bezogen wird, meint es meistens deren Reichtum oder Stellung. Doch mit „Herrlichkeit Gottes" ist immer seine Allmacht und Größe gemeint: „Der König aller Könige und Herr aller Herren, der allein Unsterblichkeit hat, der da wohnt in einem Licht, zu dem niemand kommen kann, den kein Mensch gesehen hat noch sehen kann." Obwohl wir Gott nicht sehen können, dürfen wir manchmal einen Schimmer seiner Herrlichkeit erblicken.
Im AT zeigt sich die Herrlichkeit Gottes in der Geschichte, ganz besonders im Geschehen des Auszugs und in der Verbannung nach Babylon und der Rückkehr. Gott zeigte sich seinem Volk und sie sahen seine Herrlichkeit.
Die Israeliten wurden von der Herrlichkeit Gottes in Gestalt der Wolke und des Feuers durch die Wüste begleitet. Als Mose auf dem Sinai die Gesetze Gottes erhielt, bedeckte die Wolke der Herrlichkeit Gottes den Berg. Während des Exils hatte Hesekiel Visionen, in denen er die Herrlichkeit Gottes sah.
Das NT sagt, dass Jesus die sichtbare Herrlichkeit Gottes auf Erden war. Die Hirten sahen Gottes Herrlichkeit, als Jesus geboren wurde. Wer Jesus kannte, sah in ihm diese Herrlichkeit. „Wir sahen seine Herrlichkeit", sagt der Apostel Johannes (Joh 1,14; → Verklärung). Jesu Leben und seine Wunder „offenbarten seine Herrlichkeit". Doch in Jesu Tod am Kreuz offenbarte sich die Herrlichkeit Gottes am deutlichsten. Jesus starb nicht als gebrochener Mann, sondern als Sieger über die Sünde und als Retter der Welt. Seine Auferweckung war der Beweis. Deshalb gibt es eine „zukünftige Herrlichkeit", die dem Volk Gottes verheißen ist, denn es wird teilhaben an der Herrlichkeit, mit der Christus zur Erde zurückkehren wird.
1Tim 6,15-16; 2Mo 16,7.10; 24,15-18; 40,34-38; 2Chr 7,1-3; Hes 1,26-28 u.a.; Lk 2,8-14; 9,28-36; Joh 1,14; 2,11; 17; Röm 8,18-30; Mk 8,38; 13,26

Himmel
Das hebräische Wort für „Himmel" bezeichnet einmal den „Himmel" als Gegenpol zur Erde und Teil des Universums.
Es kann auch die Wohnung Gottes bezeichnen. So lehrte Jesus seine Jünger beten: „Vater unser im Himmel …" Gott ist nicht allein im Himmel, er ist umgeben von den Engeln des Himmels, die ihm dienen. Den Christen ist nach ihrem Leben auf Erden ein Platz im Himmel verheißen. Jesus versprach seinen Jüngern, dass er sie verlasse, um ihnen dort einen Platz zu bereiten. Im „Himmel" werden alle Engel und alle Gläubigen, die einst auf der Erde gelebt haben, mit Gott ohne Ende Gemeinschaft haben.
Wie ist der „Himmel"? Er ist die „Heimat", wo wir ruhen und doch mit Gott zusammen wirken werden. Im Himmel sind wir sicher, glücklich in Gottes Gegenwart und ohne Gram, Schmerz und irgendetwas Zerstörendes. Im Himmel werden wir alle treffen, die Jesus vertraut haben. Wir werden sie erkennen, so wie die Jünger Jesus nach seiner Auferstehung erkannt haben.
Der Himmel ist ein „Schatzhaus", in dem wichtigere Dinge als Geld für uns aufbewahrt werden. Im Himmel gibt es keine Tränen, keinen Schmerz, keine Krankheit, keine Nacht und keine Müdigkeit. In Gottes Gegenwart ist Freude für immer.
→ Engel, → Leben nach dem Tod, → Auferstehung, → Wiederkunft Christi
Mt 6,9; Neh 9,6; Mk 13,32; Lk 6,21-23; 1Petr 1,4; Joh 14,2; Röm 8; 1Kor 15; Phil 1,21-23; 3,12-21; 1Petr 1,3-5; Offb 4; 21-22

Himmelfahrt
In den vierzig Tagen nach seiner Auferstehung erschien Jesus oft seinen Jüngern. Danach kehrte er zu seinem Vater zurück. Auf dem Ölberg gab Jesus seinen Jüngern letzte Anweisungen. Dann sahen die Jünger, dass er aufgehoben wurde in den Himmel, „und eine Wolke nahm ihn auf vor ihren Augen weg" (Apg 1,9). Dieses Ereignis nennen wir Himmelfahrt.
Obwohl Jesu Himmelfahrt das Ende seiner sichtbaren Tätigkeit auf Erden war, war sie doch nicht das Ende seines Wirkens. Während die Jünger Jesus nachsahen, redeten zwei himmlische Boten sie an: „Ihr Männer von Galiläa, was steht ihr da und seht zum Himmel? Dieser Jesus, der von euch weg gen Himmel aufgenommen wurde, wird so wiederkommen, wie ihr ihn habt gen Himmel fahren sehen." (Apg 1,11)
Der Rest des NT macht deutlich, dass Jesus zwischen seiner Himmelfahrt und seiner Wiederkunft (am Ende der Zeit) bei Gott, seinem Vater, in der Herrlichkeit des Himmels ist. Er regiert die ganze Welt, vertritt die Gläubigen vor Gott und schickt ihnen den Heiligen Geist.
Lk 24,50-53; Apg 1,6-11; Hebr 1,3; Joh 16,5-15

Hoffnung
Die Hoffnung der Christen besteht im Vertrauen auf eine Zukunft jenseits dieser Welt, die von Gott verheißen ist. Diese macht sie auch in Ängsten froh. Christen wissen, dass die Verheißungen Gottes wahr sind. Deshalb sind sie zuversichtlich in Bezug auf die Zukunft. „Denn ich weiß wohl, was ich für Gedanken über euch habe", sagte Gott zu Jeremia in den dunklen Tagen des Exils, „Gedanken des Friedens und nicht des Leidens, dass ich euch gebe das Ende, auf das ihr wartet" (Jer 29,11).
Die Auferstehung Jesu ist der Grund der christlichen Hoffnung. „Gelobt sei Gott, der Vater unsres Herrn Jesus Christus, der uns nach seiner großen Barmherzigkeit wiedergeboren hat zu einer lebendigen Hoffnung durch die Auferstehung Jesu Christi von den Toten", schrieb Petrus (1Petr 1,3). Diese Hoffnung wird durch den Heiligen Geist besiegelt.
→ Leben nach dem Tod
Röm 4,18; 5,1-5; 8,24-25; 12,12; 15,4; Jer 29,11; 1Kor 15,19-20; Kol 1,15; 1Petr 1,3-6; 2Kor 5

Hölle
Jesus lehrte deutlich, dass die Hölle die ewige Strafe für die Bösen ist. Jesus beschreibt sie mit plastischen Bildern – ewige Finsternis, unauslöschliches Feuer, ein Ort, an dem Heulen und Zähneklappern sein wird, der Ort, an dem Gott Leib und Seele zerstört.
Diese Worte dürfen nicht wörtlich verstanden werden. Sie sind als Warnungen gemeint und betonen die Endgültigkeit des Gerichts Gottes, und es führt sicherlich in die Irre, sie als Beschreibungen der Hölle zu verstehen. Ebenso falsch ist es aber, die Hölle abzutun als mittelalterliche Erfindung. Die Hölle ist wesentlicher Bestandteil der Warnungen Jesu vor der Sünde und ihrer Macht. Jesus sagte, dass er selbst am Tag des Gerichts das Urteil sprechen wird: „Geht weg von mir, ihr Verfluchten, in das ewige Feuer, das bereitet ist dem Teufel und seinen Engeln!" (Mt 25,41)
→ Tod, → Leben nach dem Tod, → Gericht
Mt 18,8-9; 3,12; 13,42; Mk 9,48; Mt 10,38; 25,41; Offb 20,10-15

Jesus Christus
Jesus ist der persönliche Name, den der Sohn Gottes als Mensch trug. Er bedeutet soviel wie „Retter". Das Wort „Christus" ist das griechische Wort für das hebräische „Messias", d.h. der Gesalbte, der von Gott Bevollmächtigte, auf den die Juden schon lange gewartet hatten. Es ist ein Titel, kein Name. Was die Bibel über ihn sagt, ist in den anderen Titeln zusammengefasst, die die Bibel für Jesus gebraucht.

Jesus, der „Knecht Gottes".
Matthäus gibt Jesus diesen Titel. Er entnimmt ihn der Prophetie Jesajas. Der demütige, geduldige Knecht Gottes wurde von Jesus gelobt. Als Jesus von sich sagte, er sei gekommen, „dass er diene und gebe sein Leben zur Erlösung für viele", führte er das Werk des Gottesknechtes aus, der leidet und die Sünde der Welt auf sich nimmt.
Mt 12,15-21; Jes 42,1-4; 52; 13-52; Mk 10,45

Jesus, der „Sohn Davids".
Der Engel, der die Geburt Jesu ankündigte, verhieß seiner Mutter, dass Gott ihren Sohn zu einem König machen werde, wie sein Vorfahr David es war. Dieser Titel zeigt Jesus als die Erfüllung der Hoffnungen des jüdischen Volkes. Schon im ersten Satz des Matthäusevangeliums, des jüdischsten aller Evangelien, wird Jesus so genannt. Diesen Titel legten die Juden Jesus auch bei, als sie ihn als Messias willkommen hießen: „Hosianna dem Sohn Sohn Davids! Gelobt sei, der da kommt in dem Namen des Herrn! Hosianna in der Höhe!"
Lk 1,32; Joh 7,42; Mt 1,1; 21,9

Jesus, der „Menschensohn".
Dies ist der Titel, den Jesus meistens für sich selbst gebrauchte. Er ist einer Vision Daniels entnommen, in der er jemanden sah „wie eines Menschen Sohn", aber mit ewiger, göttlicher Autorität. „Und sein Reich", sagt Daniel, „hat kein Ende" (Dan 7,14). Die Bibel lässt keinen Zweifel daran, dass Jesus wirklich Mensch war. Als Menschensohn kam er, um den Menschen zu dienen und sein Leben zu ihrer Rettung hinzugeben. „Der Menschensohn muss viel leiden … und getötet werden und nach drei Tagen auferstehen" (Mk 8,31). Als Menschensohn hat Jesus die Sünde besiegt und wird er in Macht und Herrlichkeit wiederkommen.
Dan 7,13-14; Mk 10,45; 9,31-32

Jesus, der „Sohn Gottes".
Bei der Taufe Jesu im Jordan erklärte eine Stimme vom Himmel: „Du bist mein lieber Sohn, an dir habe ich Wohlgefallen" (Mk 1,11). Bei der Verklärung Jesu war wieder eine Stimme zu hören: „Dieser ist mein auserwählter Sohn; den sollt ihr hören!" (Lk 9,35) Das Johannesevangelium erklärt die Bedeutung dieses Satzes. Jesus ist Gottes „einziger" Sohn. Sein Leben ist darauf ausgerichtet, den Willen des Vaters zu tun. „Ich und der Vater sind eins", sagt Jesus (Joh 10,30). Er war schon beim Vater, bevor die Welt war. Sie sind für immer eins. Weil Jesus teilhat am Wesen Gottes und frei ist von Sünde, war es ihm möglich, für die Sünden der ganzen Welt und aller Zeiten zu bezahlen. „So haben wir einen Fürsprecher beim Vater, Jesus Christus, der gerecht ist." (1Joh 2,1)
Mk 1,11; Lk 9,35; Joh 1,14; 10,30; 17; Röm 1,3-4; Hebr 1

Jesus, der „Herr".
In den Evangelien wird Jesus oft mit „Herr" angeredet. Es ist die damals übliche Anrede. Doch nach der Auferstehung bekommt sie eine andere Bedeutung. „Mein Herr und mein Gott", sagte Thomas, als er den auferstandenen Herrn mit eigenen Augen sah (Joh 20,28). Die Juden redeten Gott oft so an, und das öffentliche Glaubensbekenntnis der ersten Christen lautete: „Jesus Christus ist der Herr." Paulus blickt im Brief an die Philipper voraus in die Zeit, in der Jesus als der Herr wiederkommen wird „und alle Zungen bekennen" werden, „dass Jesus Christus der Herr sei, zur Ehre Gottes des Vaters" (Phil 2,11).
Lk 5,8; Joh 20,28; 1Kor 12,3; Phil 2,6-11
→ Dreieinigkeit, → Gericht, → Rechtfertigung, → Reich Gottes, → Messias, → Erlösung, → Rettung, → Auferstehung, → Wiederkunft Christi und → Verklärung.

Kreuz
Das Kreuz ist zum Symbol des christlichen Glaubens geworden, weil es uns an das erstaunlichste und wichtigste Ereignis der Geschichte Jesu von Nazareth erinnert.
Es war deshalb erstaunlich, weil Jesus, der Messias, der Erwählte Gottes, wie ein gewöhnlicher Verbrecher hingerichtet wurde. Für die Juden war es unmöglich zu glauben, dass solch ein Mensch wirklich der Sohn Gottes sein konnte – und viele Menschen konnten nicht verstehen, dass die Welt von einem Menschen gerettet wurde, der auf so anstößige Art starb.
Für die ersten Christen hatte das Kreuz die tiefste Bedeutung. Es war Kernpunkt des Planes, den Gott für sein Volk hatte. Paulus war sich ganz sicher, dass das Kreuz das war, wovon alles abhing. Darum schrieb er an die Korinther: „Denn ich hielt es für richtig, unter euch nichts zu wissen als allein Jesus Christus, den Gekreuzigten" (1Kor 2,2).
Im NT steht deutlich, dass Jesus nicht wegen eigener Verfehlungen am Kreuz starb (die Anklagen gegen ihn waren falsch), sondern anstelle der sündigen Menschen. Er erlitt die Trennung von Gott, die die Menschen verdienten. Durch seinen Tod und seine Auferstehung brachte er Vergebung und neues Leben allen, die sich ihm ganz anvertrauen.
In Jesu Tod am Kreuz wird die große Liebe Gottes offenbar. Die Menschen wurden durch seinen Tod mit Gott und untereinander versöhnt. Am Kreuz besiegte Gott alle Mächte des Bösen.
Das Kreuz ist auch Symbol für das Leben der Christen. Jesus forderte die Menschen auf, „ihr Kreuz" auf sich zu nehmen und ihm nachzufolgen. Sie sollten die selbstsüchtigen Ziele für ihr Leben aufgeben und in der Kraft des neuen Lebens leben, das Gott ihnen gibt. Paulus verstand, was das für ihn selbst bedeutete: „Ich bin mit Christus gekreuzigt. Ich lebe, doch nun nicht ich, sondern Christus lebt in mir" (Gal 2,19-20).
→ Schöpfer, → Versöhnung, → Erlösung
1Kor 1,18-2,5; Röm 5,6-11; Eph 2,16-18; Kol 2,14-15; Gal 2,20; 1Joh 4,7-10

Leben
Gott „blies ihm den Odem des Lebens in seine Nase. Und so ward der Mensch ein lebendiges Wesen" (1Mo 2,7). Gott steht hinter allen natürlichen Vorgängen, die uns am Leben erhalten; und er bestimmt, wann unser Leben enden soll. Das Leben ist das wertvollste, was ein Mensch hat. Eine der größten Bitten des Menschen an Gott ist die um langes Leben.
Doch Leben ist mehr als physische Existenz. Die Beziehung zu Gott versetzt Menschen in die Lage, neues Leben zu haben, das volle, überreiche Leben, das Jesus schenkt. Es ist „ewiges Leben", das er uns umsonst anbietet; Leben in einer neuen Dimension. „Wer den Sohn hat", sagt Johannes, „der hat das Leben" (1Joh 5,12). Es beginnt, wenn ein Mensch Christ wird und dauert über den Tod hinaus. Es ist ewige Gemeinschaft mit Gott.
→ Tod, → Auferstehung
1Mo 2,7; Ps 91,16; 104,29; Hiob 2,4; 5Mo 8,3; 30,15-20; Joh 10,10-28; 11,25-26; Röm 6,4-13

Leben nach dem Tod
Die Bibel sagt außer über die Gewissheit des Gerichts bei der Wiederkunft Christi sehr wenig über das, was nach dem Tod sein wird.
In alttestamentlicher Zeit glaubte man, dass die Toten in die Scheol kamen. Das war ein Ort der Ruhe und des Schweigens, wenn die Segnungen des Lebens zu Ende waren. Doch allmählich begannen die Menschen zu verstehen, dass Gott eine herrliche Zukunft für sie bereithält. Gott wird sein Volk nicht dem Tod überlassen. Hiob und Daniel drücken beide ihre Zuversicht für die Zukunft aus: Hiob ist sicher, dass er Gott sehen wird und Daniel spricht von Toten, die wieder leben.
Der Hades ist die Entsprechung zu Scheol im NT. Petrus sagt, als er vom Tod Jesu spricht, dass schon David wusste, dass Christus „nicht dem Tod überlassen ist und sein Leib die Verwesung nicht gesehen hat“ (Apg 2,31). In einem anderen Zusammenhang redet er davon, dass Jesus den Toten predigte, „den Geistern im Gefängnis“ (1Petr 3,19), und zwar in der Zeit zwischen seiner Kreuzigung und seiner Auferstehung.
Das NT redet oft vom Tod als Schlaf. Als „Paradies“ bezeichnet Jesus das zukünftige Leben derer, die im Frieden mit Gott sterben. Paulus vertraute darauf, dass die Christen nach ihrem Tod in Christi Gegenwart kommen. Es ist für uns unmöglich, uns eine Existenz außerhalb der Zeit vorzustellen. Doch die Verfasser des NT waren gewiss, dass Christen tot oder lebendig ihrem Herrn begegnen und in die Herrlichkeit seines Himmels eingehen werden und ihre auferweckten Körper nicht mehr sterben können.
→ Tod, → Himmel, → Hölle, → Gericht, → Wiederkunft Christi
Ps 94,17; 16,9-11; Hiob 19,25-27; Dan 12,2.3; Apg 2,31; 1Petr 3,19-20; Mt 9,24; 1Kor 15,20.35-58; Lk 23,43; 1Thess 4,13-17; Offb 20,11-22,5

Leib
In der Bibel bedeutet „Leib“ oft die ganze Person. So kann es manchmal mit „selbst“ übersetzt werden, z.B.: „dass ihr eure Leiber (euch selbst) hingebt als ein Opfer, das lebendig … ist“ (Röm 12,1).
Das NT spricht auch vom „Auferstehungsleib“, dem neuen Leib, den wir bekommen werden, wenn Gott uns vom Tod auferweckt. Damit ist das wirkliche zukünftige Leben des ganzen Menschen gemeint, nicht nur ein körperloses Weiterleben, etwa als Geist.
Für Paulus ist der Leib mit seinen verschiedenen Gliedern und Funktionen Bild für die Gemeinde. Christen sind wie die einzelnen Glieder eines Leibes. Jeder hat einen bestimmten Platz in der Gemeinde, in der Arbeit, die Christus selbst verteilt.
Das NT legt viel Gewicht auf den äußeren Körper. Es ist der „Leib“, der Tempel des Heiligen Geistes und wir sollen Gott mit unserem Leib die Ehre geben.
Röm 12,1; 1Kor 15,35-49; Röm 12,4-5; 1Kor 12,12-30; Eph 4,15-16; 1Kor 6,15-20

Leiden
Leiden ist in der Bibel immer ein Unglück. Es kam als Folge der Sünde in die Welt. Jesus kam, um die Menschen von Leiden und Tod zu befreien. In seinem Leben auf der Erde zeigte sich seine Liebe und Sorge besonders bei Krankheiten der Menschen, die ihm begegneten. Im neuen Himmel und auf der neuen Erde wird es kein Leiden mehr geben.
Leiden ist für die Bibel ein Problem. Wenn Gott über allem herrscht, muss auch das Leiden von ihm kommen. Doch wie kann der Gott der Liebe es zulassen, dass Unschuldige leiden? Leiden als Strafe erscheint dem Menschen verständlich, doch das Buch Hiob stellt die Frage nach dem Leiden Unschuldiger. Hiob weist alle Vorschläge seiner Freunde über den Ursprung seines Leidens zurück und akzeptiert sein Leiden schließlich doch. Er kann keine verstandesmäßige Erklärung dafür finden, doch in Gott findet er eine Sicherheit, die alle seine Zweifel und Ängste überwindet.
Jesus lebt das Leben des leidenden Gottesknechts, wie es in Jes 53 beschrieben ist. Er ist unschuldig. Er leidet nicht um seiner eigenen Sünde willen, sondern um die sündige Menschheit von ihrer Sünde zu befreien.
Die Bibel gibt uns keine verstandesmäßige Antwort auf die Fragen nach dem Leid, doch dafür eine praktische: Gott nahm im Tod seines Sohnes die Sünde der Welt und das Leiden in der Welt auf sich.
1Mo 3,15-19; 2Kor 12,7; Röm 5,3-8; Röm 8,21; Offb 21,4; Am 3,6; Ps 39,11; Hebr 12,3-11; Hiob; Jes 53

Licht
In der Bibel soll der Kontrast von Licht und Dunkelheit den absoluten Unterschied zwischen Gott und allen Mächten des Bösen verdeutlichen. Gott ist Licht, „und in ihm ist keine Finsternis“ (1Joh 1,5). Gottes Heiligkeit ist so, dass von ihm gesagt wird, er wohne in „einem Licht, zu dem niemand kommen kann“ (1Tim 6,16). Im Gegensatz dazu werden die Mächte des Bösen als Finsternis bezeichnet. Johannes schildert einen geistlichen Kampf zwischen dem Licht (Gott und das Gute) und der Dunkelheit (Satan und alles Böse). Durch Jesu Leben, Tod und Auferstehung hat das Licht über die Finsternis gesiegt. Jesus nennt sich selbst „das Licht der Welt“ und verheißt „das Licht des Lebens“ allen, die an ihn glauben (Joh 8,12). Die Menschen müssen nicht länger in der Finsternis wandeln, ohne die Wahrheit zu erkennen, von Gott getrennt und von der Sünde verblendet. Sie können im Licht wandeln, „wie er im Licht ist“ (1Joh 1,7). Christen sollen Licht für die ganze Welt sein. Zuletzt, im neuen Himmel und auf der neuen Erde, wird das Licht der Gegenwart Gottes immer da sein. Es wird dort keine Dunkelheit, keine Nacht, keine Lampen, nicht einmal Sonnenlicht geben. Die Menschen werden bei Gott sein, und er wird ihr Licht sein.
1Joh 1,5; 1Tim 1,16; Eph 6,12; Joh 1,4-9; 8,12; 1Joh 1,7; Mt 5,14-16; Offb 21,23-24; 22,5

Liebe
„Gott ist Liebe“ (1Joh 4,8). Das war immer Gottes Wesen. Es ist falsch zu meinen, dass der Gott des AT anders war. Eins der bewegendsten Zeugnisse von Gottes Liebe in der Bibel ist das des Propheten Hosea. Gottes Liebe war der Grund dafür, dass er das Volk Israel erwählte und für es sorgte. Als Antwort soll sein Volk ihn mit ganzem Herzen lieben. Ebenso soll es auch seine Mitmenschen lieben.
Im NT gibt es zwei Worte für Liebe, *philia* (Freundschaft) und *agape*. Das letzte ist im NT wichtiger, es bezeichnet die selbstaufopfernde Liebe, die vor allem Christus hatte. An seinem Tod erkennen wir die wahre Tiefe seiner Liebe.
Sie ist größer als jede menschliche Liebe. Es ist die Liebe, die den Vater und den Sohn verbindet, die Liebe, die Gott für seine Welt hat. Durch die Gnade Gottes wird sie Teil des Lebens eines jeden Christen. Jesus gibt seinen Jüngern das Gebot, sich untereinander so zu lieben, wie er sie geliebt hat: „Daran wird jedermann erkennen, dass ihr meine Jünger seid, wenn ihr Liebe untereinander habt“ (Joh 13,35). So ist die Liebe das Zeichen der Gegenwart Gottes in jedem Christen.
1Joh 4,8; Hos 11,1-4; 7-9; 5Mo 7,7-8; 6,5; 3Mo 19,18; Röm 5,5.8; Joh 3,16.35; 1Kor 13; Gal 5,22; Joh 13,34.35; 14,15.21-24; 15,9-14; 1Joh 4,7-5,3

Lobpreis
Die Freude an Gott findet ihren Ausdruck im „Lobpreis“. Gottes Volk preist ihn als den Schöpfer und Erretter (Erlöser). Der Gottesdienst der Israeliten fand unter viel freudigem Rufen, Singen und den Klängen von Instrumenten statt. Wir sehen das immer wieder in den Psalmen, die als Hymnen im Tempel in Jerusalem gesungen wurden.
Derselbe Lobpreis Gottes ist Kennzeichen der christlichen Gemeinde. Christen freuen sich an allem, was in dem großen Erlösungwerk Christi, durch sein Leben, Sterben und in der Auferstehung Jesu geschah. Lobpreis ist ein fester Bestandteil des Gebets der Christen – Freude, Anrufung Gottes aus dankbarem Herzen. Selbst der Himmel schallt vom ewigen Lobpreis Gottes wider.
→ Gottesdienst
Ps 135; 136; 150; 34,3; 35,18 u.a.; Lk 2,13-14; Phil 4,4-8; Offb 4,6-11

Mann und Frau
Mann und Frau sind Teil der Schöpfung. Sie sind „Lebewesen“ – und doch anders als alle anderen Lebewesen, weil Gott sie „nach seinem Bilde“ machte und mit ihnen in Freundschaft leben wollte. Sie sind die Krone der ganzen Schöpfung.
Die Geschichte von Adam und Eva in 1. Mose 2 zeigt, wie wichtig Mann und Frau in Gottes Schöpfung waren. Adam wird in den Garten Eden gestellt, um ihn zu pflegen und zu bearbeiten. Arbeit ist nicht in sich schlecht; sie ist Teil des Plans Gottes. Gott machte die Frau als ideale Partnerin Adams, die mit ihm arbeitete und sein Leben teilte. Die Beziehung zwischen Mann und Frau, Erotik und Sexualität, ist Teil der vollkommenen Schöpfung Gottes. Sie ist von Gott für die Ehe bestimmt.
Als Adam und Eva sich gegen Gott auflehnten, verloren sie die unbeschwerte Beziehung zu Gott und zueinander. Die Folgen ihrer Sünde betreffen jeden Lebensbereich. Die Arbeit des Mannes wird zur Last und die Beziehung der Frau zu ihrem Mann bringt ihr auch Schmerz.
Der Rest der Bibel denkt sowohl über die Herrlichkeit als auch über das Gefallensein der Menschen nach. Die Menschen stehen in der Rangfolge direkt hinter Gott, sorgen für alles, was Gott gemacht hat und haben teil an seiner Schöpferkraft. Doch gleichzeitig sehen wir sie als verschwenderische, perverse und abgesunkene gewalttätige und böse Wesen.
Das NT kündigt den Beginn einer neuen Zeit an. Die Menschheit in Adam wird sich nicht verändern, doch Männer und Frauen können eins sein in Christus. Sie sind neu geworden und haben als gleichwertige Partner an der neuen Schöpfung Anteil. So wollte Gott es von Anfang an.
→ Sündenfall, → Leben nach dem Tod, → Leben
1Mo 1,26-28; 2; 3; 5Mo 5,8; Ps 8; Röm 1-3; 5,12-19; 8,18-25; 2Kor 5,17; Gal 3,28

Messias
Die Titel „Messias“ und „Christus“ bedeuten beide dasselbe – „der Gesalbte“; Messias ist das hebräische, Christus das griechische Wort.
In der bewegten Geschichte des Volkes Israel wuchs die Hoffnung, die Gott geweckt hatte, dass er eines Tages einen König senden würde, der ein ewiges Königtum errichten sollte. Zur Zeit Jesu warteten viele Juden besonders sehnlich darauf. So fragten sie, als sie von seiner Lehre und seinen Wundern hörten: „Ist er der Messias?“
Die ersten Christen waren überzeugt, dass Jesus der Messias ist. „Ihr wisst, was in ganz Judäa geschehen ist, angefangen von Galiläa nach der Taufe, die Johannes predigte, wie Gott Jesus von Nazareth gesalbt hat mit heiligem Geist und Kraft“ (Apg 10,37-38).
Jesus bezog die Prophetie Jesajas, dass die Zeit der Rettung da sei, auf sich selbst. Doch meistens vermied er es, sich als Messias zu bezeichnen, weil die Juden darunter einen politischen Befreier verstanden. Nur einmal bezeichnete er sich selbst als Messias – im Gespräch mit einer Sünderin an einem Brunnen. Als Petrus zu Jesus sagte: „Du bist der Christus!“, befahl Jesus ihm zu schweigen (Mk 8,29).
Jesus wollte aufrichtige Jünger; er war kein Volksaufwiegler, der nur sich selbst einen Namen machen wollte.
Im Prozess gegen Jesus interessierte die jüdischen Ankläger am meisten die Frage, ob Jesus wirklich der Messias war. Der Hohepriester fragte ihn: „Bist du der Christus, der Sohn des Hochgelobten?“ „Ich bin's“, antwortete Jesus, und der Hohepriester, über diese vermeintliche Gotteslästerung erzürnt, sprach ihn schuldig. Jesus wurde zum Tode verurteilt (Mk 14,61ff).
Das NT stellt klar, dass dieses Urteil falsch war. Jesus war tatsächlich der Messias. Gott offenbarte

das in seiner Auferweckung von den Toten. So sagte auch Petrus am Pfingsttag: „So wisse nun das ganze Haus Israel gewiss, dass Gott diesen Jesus, den ihr gekreuzigt habt, zum Herrn und Christus gemacht hat." (Apg 2,36)
→ Christus
5Mo 18,15-22; Ps 2; 72; 110; Jes 11; 42,1-9; 49,1-6; 52,13-53,12; 61,1-3; Jer 23,5-6; 33,14-16; Hes 34,22-25; Mt 1,18.22-23; 16,16-20; 26,68; Mk 8,27-30; 14,61-64; s. Lk und Joh; Apg 2,36; 3,20-21; 4,26-28; 10,38; 18,28; 26,22.23

Mittler

Ein „Mittler" bringt zwei Menschen, die sich voneinander entfernt haben, wieder zusammen (versöhnt sie miteinander). Als Adam Gott ungehorsam wurde, zerstörte seine Sünde die Gemeinschaft zwischen Gott und ihm. Im AT werden deshalb immer wieder Mittler zwischen Gott und den Menschen gebraucht. Die Propheten predigten im Namen Gottes und übermittelten so ihren Hörern Gottes Wort. Die Priester, die Gott Opfer darbrachten, vertraten die Menschen vor Gott. Mose vereinte beide Mittlerrollen in seiner Person.
Doch so wichtig Mose auch war, er konnte nie der wahre Mittler zwischen Gott und den Menschen sein, weil er selbst an der sündigen Natur aller Menschen teilhatte. Nur Jesus, der Mensch und Sohn Gottes war, konnte dieser Mittler sein, der den Neuen Bund in Kraft setzte (so beschrieben im Hebräerbrief).
→ Versöhnung
2Mo 32,30-32; 33,11; 3Mo 16; 4Mo 12,6-8; 5Mo 5,4-5; Gal 3,19-20; 1Tim 2,5; Hebr 7,24-25; 8,6; 9,15; 12,24

Offenbarung

Menschen können Gott nicht erkennen, es sei denn, er offenbart sich selbst. In seiner Reinheit und Majestät lebt er „in einem Licht, zu dem niemand kommen kann" (1Tim 6,16). Gottes Wirken wird in der von ihm geschaffenen Welt sichtbar. Das ist in gewissem Sinn Offenbarung. Doch über ihn selbst können wir nichts wissen, es sei denn, er zeigt sich uns selbst. Ein Beispiel dafür ist, wie sich Gott beim brennenden Dornbusch dem Mose offenbart; Mose selbst hätte Gott nie von sich aus erkennen können.
In der Geschichte Israels offenbarte sich Gott durch sein Handeln, besonders durch die Befreiung seines Volkes aus der Knechtschaft in Ägypten. Doch immer wieder erkannte das Volk das Handeln Gottes nicht. Deshalb schickte Gott Propheten, durch die er zu seinem Volk redete. „Nachdem Gott vorzeiten vielfach und auf vielerlei Weise geredet hat zu den Vätern durch die Propheten, hat er in diesen letzten Tagen zu uns geredet durch den Sohn", schrieb der Verfasser des Briefes an die Hebräer. Jesus Christus selbst ist letzte und vollständige Offenbarung Gottes. Er ist Gott – in einer Gestalt, die wir verstehen können: Er kam als Mensch auf die Erde.
Die Bibel selbst ist „Offenbarung". Sie ist der schriftliche Bericht dessen, was Gott in der Geschichte und durch Jesus Christus gesagt und getan hat – seine Botschaft an die Menschen, von der Berufung Abrahams bis zu den Aposteln des NT. Aufgeschrieben wurde sie jedoch von Menschen.
Pred 5,2; Jes 58,8-9; 1Tim 6,16; 2Mo 3; 6,7; Jes 1,3; Am 3,7; Hebr 1,1-2; Joh 1,14; 2Petr 1,21; 2Tim 3,16; Joh 14,26; 16,13

Prophetie

Schon in der frühen Zeit Israels spielten Propheten eine wichtige Rolle. Sie hatten die Aufgabe, dem Volk Gottes Botschaft zu sagen. Oft bedeutete das, der Welt Gottes Gericht zu verkünden, zu sagen, was Gott jetzt und in Zukunft tun würde, um die Gerechtigkeit wiederherzustellen.
Die Propheten sprachen in Gottes Vollmacht und begannen ihre Botschaften mit: „So spricht der Herr …" Wahre Propheten waren immer von Gott berufen. „Der Herr nahm mich von der Herde und sprach zu mir: Geh hin und weissage meinem Volk Israel!", sagte Amos über seine Berufung (Am 7,15). Der Prophet war derjenige, dem Gott seine Pläne mitteilte. Ein Prophet, der das Volk vom Gott Israels wegführte, musste daher ein falscher Prophet sein. Auch wenn jemand etwas voraussagte, was nicht eintraf, war er ein falscher Prophet. Solche Propheten wurden mit dem Tod bestraft, weil sie eine Bedrohung für den Glauben Israels darstellten.
Die meisten Prophetenworte beziehen sich direkt auf die Zeit des jeweiligen Propheten. Deshalb ist es unbedingt nötig, sie im Zusammenhang mit den historischen Ereignissen ihrer Zeit zu sehen. Die Prophetenworte fanden einmal ihre Erfüllung in ihrer eigenen Zeit. Daneben wiesen sie oft auf den Tag, an dem Gott selbst in die Geschichte der Welt eingreifen würde. Deshalb werden manche der alttestamentlichen Prophetenworte im NT auf Jesus übertragen.
Mit der Ausgießung des Heiligen Geistes auf alle Gläubigen ist der Kirche auch die Gabe der Prophetie geschenkt worden. Sie ist eine der Gaben Gottes, die zum Bau seiner Gemeinde dienen.
Die Prophetie der Offenbarung gehört wie die des Buches Daniel einer besonderen literarischen Gattung an, der Apokalyptik. Sie hat besonderen Bilder- und Symbolgehalt, der nur dann verstanden werden kann, wenn wir ihn zunächst auf die Zeit beziehen, in der die Bücher geschrieben wurden.
Am 7,14-15; 3,7; 5Mo 13,1-5; 18,20-22; Joh 5,39; Apg 2,17; 1Kor 11; 14; 12; Jes-Mal

Rechtfertigung

Menschen können nichts tun, um vor Gott gerecht zu werden. Die Sünde trennt uns vom heiligen Gott. Wie „gut" wir auch sein mögen, ihrem Zugriff entgehen wir nicht.
Deshalb kann ein Mensch nur durch Gottes Gnade gerecht werden.
Darum geht es in der Rechtfertigungslehre. Gott nimmt uns als seine Kinder an, weil Jesus für uns am Kreuz gestorben ist. „Denn er hat den, der von keiner Sünde wusste, für uns zur Sünde gemacht, damit wir in ihm die Gerechtigkeit würden, die vor Gott gilt" (2Kor 5,21). Christus nahm die Strafe für unsere Sünde auf sich, so dass wir freigesprochen sind und die Kraft erhalten haben, selbst gehorsam zu sein.
Christen sind aus Gnade gerechtfertigt durch den Tod Jesu Christi. Sie erhalten diese Rechtfertigung, indem sie an Christus glauben.
→ Sühnopfer, → Gnade
2Kor 5,21; Röm 3,24; 5,1.9

Regierung

Die Bibel nennt keine Regierungsform, die die richtige wäre, eine Gesellschaft zu organisieren, sondern berichtet von verschiedenen Formen. Die Patriarchen Abraham, Isaak und Jakob lebten in Sippen. Das Volk Israel wurde zuerst von Richtern, dann von Königen regiert.
Die Christen im NT akzeptierten das römische Regierungssystem, in dem sie lebten.
Von Anfang an war Israel als „Theokratie" gedacht – als eine Nation, deren Herrscher Gott ist. Doch weil die Menschen sündigten, zeigte es sich bald, dass menschliche Führer nötig waren, die das Volk leiten und sich durchsetzen konnten. Israel wurde sich dessen in der Richterzeit bewusst, denn „zu der Zeit war kein König in Israel; jeder tat, was recht war in seinen Augen" (Ri 21,25).
Gott autorisiert die Regierungen, Gerechtigkeit zu üben. „Jedermann sei untertan der Obrigkeit, die Gewalt über ihn hat. Denn es ist keine Obrigkeit außer von Gott; wo aber Obrigkeit ist, die ist von Gott angeordnet" (Röm 13,1). Gottes Volk soll für die Regierungen beten und sie in ihren Bemühungen, gerecht zu regieren, unterstützen.
Doch die Bibel sagt auch, dass Gott von den Herrschern erwartet, dass sie Gerechtigkeit üben und das Recht nicht verdrehen. Die Propheten des AT – besonders Amos – redeten oft gegen die ungerechte und tyrannische Herrschaft mancher Könige Judas und Israels. Christen sollen zum Unrecht der Regierenden nicht schweigen. Wenn Christen zwischen den Anordnungen der Regierung und dem Willen Gottes wählen müssen, sollen sie „Gott mehr gehorchen als den Menschen" (Apg 5,29).
Ri 21,25; Röm 13,1-7; 1Tim 2,2; 1Petr 2,11-25; Jes 56,9-12; Jer 21,11-22,19; Dan 3; Am u.a. Propheten; Mt 22,15-21; Apg 5,27-29

Reich Gottes

„Gott ist König" ist eins der großen Themen des AT. Doch es war klar, dass Gott noch ganz anders als im AT würde handeln müssen, damit das, was durch die Sünde der Menschen zerstört worden war, wieder heil wurde. Dies hatte Gott versprochen.
„Die Zeit ist erfüllt und das Reich Gottes ist herbeigekommen", erklärte Jesus am Anfang seines Wirkens in Galiläa. „Tut Buße und glaubt an das Evangelium!" (Mk 1,15) Gott hatte Jesus gesandt, um seine Herrschaft aufzurichten und der bösen Zeit, in die die Welt geraten war, ein Ende zu setzen, um einen neuen Anfang zu machen und eine neue Zeit herbeizuführen.
Reich Gottes bedeutet „Herrschaft" Gottes. Die Gegenwart des Reiches Gottes wurde in den Wundern Jesu und den Dämonenaustreibungen sichtbar. Jesus heilte körperliche und seelische Gebrechen, um die Macht dieses neuen Reiches zu zeigen, in dem das Böse und seine Macht ganz und gar vernichtet sein würden. Jesu Leben und Lehre zeigen, dass dieses Reich schon da ist. Er starb für die Sünde der alten, sündigen Schöpfung und wurde auferweckt zum ewigen Leben in der neuen Schöpfung, zum Leben im Reich Gottes. Doch vollkommen wird das Reich erst am Ende der Zeiten, bei der Wiederkunft Jesu sein, wenn alle Dinge neu werden.
Jesus beschrieb dieses Reich in den Gleichnissen vom „Gottesreich". Die Juden glaubten, dass sie dann von den Römern befreit würden. Doch Jesus sagte deutlich, dass das Reich langsam wachsen würde, bis es schließlich die ganze Welt umfasst. Es ist mehr wert als alles, was wir haben und haben können. Es ist für die, die demütig sind vor Gott – für Sünder, die Buße tun.
Menschen, die an Christus glauben, haben schon jetzt teil an diesem neuen Leben und an diesem neuen Reich und werden in der Zukunft den neuen Himmel und die neue Erde ererben.
Mi 4,6-7; Mk 1,15; 4; 9,45-47; Lk 7,18-23; 8; 14,16-24; Mt 5,1-20; 6,10; 13

Rettung

Die Menschen können sich selbst nicht aus der Lage erretten, in die die Sünde sie gebracht hat. Nur Gott kann retten.
Rettung wird im NT als vergangene, gegenwärtige und zukünftige Rettung verstanden. Gott hat Jesus in die Welt gesandt, damit er sein Volk aus der Sünde errette. Die Sünde ist von Jesus durch seinen Tod und seine Auferstehung besiegt worden. Durch den Glauben an ihn können wir gerettet werden. Das ist ein Geschenk, das allen Menschen angeboten wird, egal aus welcher Religion, Rasse oder welchem sozialen Milieu sie kommen. „Denn wer den Namen des Herrn anrufen wird, der soll gerettet werden." (Apg 2,21)
Christen sind gerettet, weil sie Vergebung und neues Leben haben. Doch die letzte Bedeutung ihrer Rettung werden sie erst verstehen, wenn Christus am Ende der Zeit wiederkommt.
Im AT ist Rettung mehr als nur geistliche Befreiung. Die wichtigste Rettungstat Gottes war seine Befreiung der Israeliten aus der Sklaverei in Ägypten. Auch das NT lehrt, dass Rettung viel mehr betrifft als nur das geistliche Leben eines Menschen. Sie bezieht sich auf den ganzen Menschen. Fast ein Drittel der Stellen im NT, in denen von Rettung die Rede ist, beziehen sich auf die Befreiung aus besonderen Nöten – z.B. Gefangenschaft, Krankheit und Besessenheit. Wenn ein Mensch Christ wird, dann umfasst Christi Rettungstat Leib, Seele und Geist. Doch vollkommen „heil" wird er erst am Ende der Zeit, wenn Jesus wiederkommt.
→ Sühnopfer, → Freiheit, → Erlösung
Mt 1,21; Eph 2,8-9; Röm 10,13; 13,11; 1Kor 1,18; Phil 2,12; Mt 9,21-22; Lk 8,36

Satan

Satan ist das hebräische, *diabolos* (davon: Teufel) das griechische Wort für das Wesen, das alles Böse personifiziert und sich Gott entgegenstellt. Beide

Bezeichnungen bedeuten „Widersacher, Ankläger". Satan führt Menschen in Versuchung und Sünde, damit er sie bei Gott verklagen kann.
Der Streit zwischen Gott und dem Bösen ist kein Kampf unter gleichen Bedingungen. Gott ist allmächtig und ewig. Oft scheint es zwar, als habe Satan die Macht, doch seine Kraft wird durch Gott begrenzt. In der Welt allerdings ist er so mächtig, dass er sich fälschlich als ihr Herrscher bezeichnet. Jesus kam, um dem Teufel seine Macht zu nehmen. Durch seinen Sieg über das Böse am Kreuz und in der Auferstehung hat Jesus den Satan überwunden. Satan ist besiegt. Obwohl er jetzt noch wirksam ist, wird seine Niederlage am Ende der Zeit offenbar werden. Im Leben Jesu versuchte der Satan immer wieder, sich Gottes Wirken in den Weg zu stellen. So wurde Jesus in der Wüste vom Teufel versucht und auch der Verrat des Judas war ein Werk des Satans. Doch Jesu Dämonenaustreibungen zeigen, dass seine Macht viel größer ist als die des Satans.
2Kor 11,14; Eph 6,11; Joh 14,30; 1Joh 3,8; Joh 12,31; 1Petr 5,8; Offb 20,10; Mt 4,1-11; 16,23; Lk 22,3; Mt 12; 22-28

Schöpfung
Die Bibel lehrt, dass alles von Gott geschaffen wurde. Er ist der Schöpfer und der Erhalter seiner Schöpfung. Als solcher greift er auch gelegentlich direkt handelnd in seine Schöpfung ein. In der Bibel finden wir keine Hinweise darauf, welche wissenschaftliche Theorie von der Entstehung der Welt stimmen könnte. Allerdings sind alle „Zufallstheorien" mit der Bibel nicht zu vereinbaren. Die Bibel wollte nie ein wissenschaftliches Buch sein, sondern sie will uns von Gott berichten, von seinem Handeln mit den Menschen und der Welt, in der sie leben.
In 1. Mose 1 erfahren wir, dass Gott die Welt vollkommen erschuf. Er schuf Pflanzen und Tiere, die in der Lage waren, sich fortzupflanzen. Und er stellte den Mann und die Frau in den Mittelpunkt der Schöpfung, mit dem Auftrag, für die Schöpfung zu sorgen. Nach 1. Mose 2 war die Welt, die Gott geschaffen hatte, ein herrlicher Ort, besonders weil die Menschen in freier, unbelasteter Beziehung zu Gott lebten.
Diese erste Vollkommenheit der Schöpfung ist verschwunden, weil die Menschen sich für den Ungehorsam gegen Gott entschieden haben. Doch die Bibel redet weiter von Gott als dem Schöpfer. Wiederholt erinnert sie uns an Gottes Größe und daran, wie klein die Menschen – verglichen mit ihm – sind. Er kümmert sich um die Menschen und sorgt für seine Schöpfung. Darum: „Alle Welt fürchte den Herrn, und vor ihm scheue sich alles, was auf dem Erdboden wohnt. Denn wenn er spricht, so geschieht's; wenn er gebietet, so steht's da." (Ps 33,8-9)
Paulus redet von einer „neuen Schöpfung". Durch Jesu Tod und Auferstehung können die Menschen am neuen Leben in der neuen Schöpfung teilhaben. Die Christen kennen schon etwas von dieser neuen Schöpfung, und eines Tages werden sie ganz in ihr leben. Dann werden alle Dinge neu sein.
1Mo 1-3; Hiob 38-42,6; Ps 8; 33,6-22; 104; Jes 40,21-26; Mt 6,25-33; Apg 14,15-18; Röm 1,18-23; 8,18-23; Kol 1,15-20; Hebr 1,1-3; Offb 21-22

Seele
Die Bibel sieht die Menschen als Einheit. Sie redet nie von einer unsterblichen Seele, die in einem sündigen Leib gefangen sei. Das sind Gedanken griechischer Philosophie, die allerdings viele Christen übernommen haben.
Wenn wir im AT das Wort Seele lesen, bezeichnet es immer die Ganzheit der Person. Wenn der Psalmist sagt: „Lobe den Herrn, meine Seele", dann fordert er damit sich selbst als ganze Person auf, Gott zu loben.
Das NT gebraucht das Wort „Seele" gleich, aber es spricht auch davon, dass der Mensch aus Geist, Seele und Leib bestehe. Wenn das NT auch nicht die Unsterblichkeit der Seele lehrt, wie die Griechen es taten, so bleibt doch deutlich, dass der Mensch nach dem Tode weiterlebt.
→ Leib, → Fleisch
Ps 103,1; Mt 10,28; 1Thess 5,23 u.a.

Sühnopfer
Die Schreiber der Bibel beschäftigen sich alle mit der Frage: Wie können Menschen versöhnt und im Frieden mit Gott leben? Durch die Sünde sind sie von Gott getrennt. Diese Trennung muss aufgehoben werden. Das bedeutet „Sühne".
Wie sehr wir Menschen uns auch bemühen, wir können uns selbst nie vor Gott gerecht machen, da wir schon sündig geboren wurden.
In alttestamentlicher Zeit wurden Opfer als Sühne für die Sünden dargebracht. Doch das konnte nicht die letzte Lösung sein. Einige Schreiber des AT erkannten, dass Gott selbst das Problem der Sünde würde lösen müssen. Jesaja schrieb vom Kommen des Gottesknechtes, der die Lösung bringen sollte: „Wir gingen alle in die Irre wie Schafe, ein jeder sah auf seinen Weg. Aber der Herr warf unser aller Sünde auf ihn." (Jes 53,6)
Das NT berichtet, wie Gott Jesus, seinen Sohn, sandte, dies zu erfüllen. Sein Tod war das einmalige Sühnopfer für alle Menschen. Als Jesus am Kreuz starb, tat er es an unserer Stelle und erlitt die Todesstrafe für unsere Sünden. Am Kreuz erlitt er den Schmerz der Trennung von Gott und schrie: „Mein Gott, mein Gott, warum hast du mich verlassen?" (Mt 27,46) Matthäus berichtet weiter, dass der Vorhang im Tempel von oben bis unten zerriss – und das bedeutet, dass wir nicht länger von Gott getrennt sein müssen. Jesus hatte die Sünde der Welt gesühnt.
→ Kreuz, → Versöhnung, → Erlösung
1Mo 3; 3Mo 16; Jes 53; Joh 3,14-17; Mk 10,45; 15,34.38; 2Kor 5,14-21; Eph 2,14; Hebr 7,26-9,28; 10,19-20

Sünde
Die Bibel benutzt viele Worte, um die Sünde zu benennen. Sie ist Auflehnung gegen Gott, wie es die Geschichte von Adam und Eva zeigt. Deshalb sind die Menschen Feinde Gottes. Sünde wird auch oft als Verfehlen des rechten Weges und als Nichterfüllen der Anforderungen Gottes beschrieben. Ein Mensch kann schuldig werden, wenn er sich absichtlich gegen die Anweisungen Gottes stellt, aber auch, wenn er, ohne es zu wissen, gegen den Willen Gottes handelt. Das Wesen der Sünde ist Entfremdung und Feindschaft gegenüber Gott. Deshalb stehen die Menschen unter seinem Gericht. Als Folge der Sünde sind Leid und Tod in die Welt gekommen.
Satan ist die Quelle des Bösen. Doch die Menschen dürfen ihn nicht für ihre eigene Schuld verantwortlich machen, wie es Adam und Eva versuchten. Sie sind selbst verantwortlich für ihre Sünden. Doch keiner muss mehr unter der Last seiner Sünden leiden, denn Jesus hat durch seinen Tod Vergebung geschaffen.
→ Tod, → Sündenfall, → Vergebung, → Hölle, → Gericht, → Leiden
1Mo 3; Ps 5; Jes 1,18-20; 59; Röm 1,18-2,11; 3,9-26; 5-8; Offb 20-21

Sündenfall
Die Sünde ist in der Welt, weil die Menschen sich gegen Gott aufgelehnt haben. Außer Jesus hat nie ein Mensch gelebt, der kein Sünder war. Nach der Bibel wurzelt die Sünde in den Anfängen der Menschheit. Die Geschichte von Adam und Eva beschreibt, wie die ersten Menschen von der hohen Stellung abfielen, die sie als Freunde Gottes und als Krone seiner Schöpfung hatten.
Adam und Eva lebten ursprünglich in Gemeinschaft mit Gott und untereinander. Es gab keine Sünde, die das Leben zerstört hätte. So hatte es Gott gewollt. Doch die Menschen hörten auf die Schlange und beschlossen, Gott ungehorsam zu werden, indem sie sich gegen sein Gebot auflehnten. Als Folge dieses Ungehorsams wurden Adam und Eva aus Gottes Gegenwart verbannt. Von nun an war ihr Leben geprägt durch harte Arbeit, Schmerz und Tod.
In Adams und Evas Auflehnung gegen Gott wurde die ganze Schöpfung hineingezogen. „Deshalb, wie durch einen Menschen die Sünde in die Welt gekommen ist und der Tod durch die Sünde, so ist der Tod zu allen Menschen durchgedrungen, weil sie alle gesündigt haben." (Röm 5,12)
Alles in der Welt ist durch die Sünde verseucht, Mensch und Natur. Obwohl wir immer noch viel vom Wesen Gottes an uns haben und ihn immer noch erahnen und suchen, sind wir der Sünde verfallen.
→ Tod, → Gericht
1Mo 1-3; Röm 1,18-32; 5,12-19; 7,14-25

Taufe
In neutestamentlicher Zeit wurden die Menschen getauft, wenn sie Christen wurden. Sie bekannten sich öffentlich zu ihrem neuen Glauben, indem sie sich ins „Wasser untertauchen" ließen. Paulus erklärt es u.a. als Bild dafür, dass Christen am Tod Jesu teilhaben und mit ihm zu neuem Leben auferstehen. Es bedeutet Bruch mit der Vergangenheit, Vergebung der Sünden und Anfang eines neuen Lebens in der Kraft, die Christus selbst schenkt. Als Bundeszeichen ist die Taufe die Gnadenzusage Gottes.
Zuvor hatte Johannes der Täufer begonnen, die Menschen auf Jesu Kommen vorzubereiten. Er hatte sie dazu aufgefordert, Buße zu tun und sich taufen zu lassen. Viele gehorchten und wurden im Jordan getauft.
Am Pfingsttag betonte Petrus, dass die christliche Taufe mehr bedeutet: „Tut Buße, und jeder von euch lasse sich taufen auf den Namen Jesu Christi zur Vergebung eurer Sünden, so werdet ihr empfangen die Gabe des Heiligen Geistes." (Apg 2,38)
Mk 1,1-8; Mt 28,19-20; Apg 2,38-41; Röm 6,3-11

Tod
„Ist doch der Mensch gleich wie nichts; seine Zeit fährt dahin wie ein Schatten." (Ps 144,4) Die Bibel weiß, dass der Tod jeden ereilt; andererseits sieht sie im Tod etwas Böses, das uns alle mit Schrecken erfüllt.
In der Bibel sind Tod und Sünde eng miteinander verbunden. Der Tod ist ein Teil der Strafe, die Adam wegen seines Ungehorsams erhielt. Für Paulus ist der Tod die Folge der Sünde in der Welt. Gott ist „heilig" und kann das Böse nicht dulden. Wenn wir mit unvergebener Sünde sterben, ist unser Tod auch geistlicher Tod, Trennung von Gott. Das NT redet oft von Menschen, die zwar körperlich leben, doch geistlich aufgrund von Ungehorsam und Sünde tot sind.
Als Jesus am Kreuz starb, nahm er die letzte Konsequenz der Sünde auf sich. Seine Auferstehung war der Sieg über den Tod. So können wir, obwohl unser menschliches Ende der Tod ist, durch den Glauben an Christus ewiges Leben bekommen. Am Ende der Zeit wird auch der physische Tod besiegt sein. Auf diese Zeit warten die Christen jetzt schon hoffnungsvoll.
→ Himmel, → Hölle, → Gericht, → Leben, → Auferstehung, → Wiederkunft Christi
Ps 144,4; 5Mo 30,15.19; Ps 55,4; 1Mo 3,19; Röm 6,23; Mt 7,23; Eph 2,1; Hebr 2,14-15; 1Kor 15,21.26; 2Kor 5,1-10

Vergebung
Es ist erstaunlich, dass Gott sündige Menschen liebt und ihnen gerne vergibt. „Wenn du, Herr, Sünden anrechnen willst – Herr, wer wird bestehen? Denn bei dir ist die Vergebung, dass man dich fürchte". (Ps 130,3-4)
Die ganze Bibel sagt uns deutlich, dass Gott uns vergibt, wenn wir bereuen und uns von unserer sündigen Vergangenheit zu Gott wenden.
Als Christen bekommen wir ein neues Leben. Wir werden Kinder Gottes. Wir erfahren Vergebung. Christen vergeben anderen Menschen, weil ihnen selbst vergeben worden ist; es gibt zwar noch Zeiten, in denen sie in die Sünde zurückfallen. Sie brauchen sich dann nur reuevoll bittend Gott zuzuwenden, er vergibt ihnen und richtet sie wieder auf.
→ Buße
2Mo 34,6-7; Ps 51; 130,3.4; Jes 1,18; 55,6-7; Hos 14; Mt 6,12-15; 26,26-28; Lk 7,36-50; Apg 2,38; Eph 4,32; 1Joh 1,9

Verklärung
Die Verklärung kennzeichnet einen Wendepunkt in Jesu Leben. Petrus hatte erkannt, dass Jesus der Messias war, und Jesus hatte begonnen, seinen Jüngern seinen Tod und seine Auferstehung

anzukündigen. Dann stieg er mit Petrus, Johannes und Jakobus auf einen Berg (man nimmt an, dass es der Hermon war). Dort sahen die Jünger Jesus, im himmlischen Licht verklärt, Elia und Mose an seiner Seite. Die Erscheinung endete wie bei der Taufe Jesu mit einer Stimme aus dem Himmel: „Das ist mein lieber Sohn; den sollt ihr hören!" (Mk 9,7)
Mose und Elia verkörperten die beiden großen Abschnitte des AT, das Gesetz und die Propheten. Ihre Gegenwart zeigte an, dass das alles in Jesus erfüllt war. Petrus wollte dort Zelte aufrichten und die Erscheinung festhalten, doch das war nicht wichtig. Jesu Verklärung bestätigte, dass Jesus den richtigen Weg ging, und wies auf seine zukünftige Herrlichkeit hin. Doch vorher musste er am Kreuz sterben. Das war das Thema des Gesprächs mit Mose und Elia. Die Jünger verstanden das erst nach seiner Auferstehung.
Mt 17,1-8; Mk 9,2-8; Lk 8,28-36

Versöhnung
Wenn sich zwei Menschen miteinander „versöhnen", bedeutet das, dass sie, nachdem sie Feinde gewesen waren, nun Freunde sind. Die Geschichte der Menschen in der Bibel beginnt mit dem Bruch zwischen Mensch und Gott. Die unmittelbare Folge davon ist die Feindschaft der Menschen untereinander (Kain erschlägt Abel). Nur wenn die Beziehung zu Gott wiederhergestellt ist, können auch die Beziehungen der Menschen untereinander heil werden. Das bewirkt die Versöhnung, die Gott allen Menschen anbietet.
Es ist unmöglich, dass die Menschen sich selbst mit Gott versöhnen. Darum hat Gott selbst, sagt Paulus, alle Menschen zu Freunden gemacht in Christus.
Das geschah durch Jesu Leben, Tod und Auferstehung. Deshalb können Menschen Freunde, ja Kinder Gottes sein. Die Sünde, der Grund für die Entfremdung, ist von Jesus weggetan worden.
Trotzdem sind wir nicht automatisch mit Gott versöhnt. Versöhnung ist ein Geschenk, das Gott uns anbietet und das wir im Glauben annehmen müssen. Doch es ist ein Geschenk, das allen angeboten wird, und die Christen sollen andere darauf aufmerksam machen.
Versöhnung bringt nicht nur Frieden mit Gott, sondern auch Frieden unter den Menschen. Menschen, die vielleicht früher Feinde waren, sind jetzt Glieder einer Familie. Das früher Trennende ist unwichtig geworden, da sie jetzt vereint sind durch die Gemeinschaft mit Gott.
→ Sühnopfer, → Kreuz, → Frieden
1Mo 3; Röm 5,10-11; 11,15; 2Kor 5,18-20; Eph 2,11-18; Kol 1,19-22

Versuchung
Gott lässt es zu, dass sein Volk versucht wird. In den Versuchungen wird die Tiefe der Liebe des Volkes zu ihm offenbar. Außerdem ist jede überstandene Versuchung eine Stärkung und ein Schritt vorwärts.
Das Wort „Versuchung" bedeutet meistens, dass Satan die Menschen in Sünde führen will, wie er Jesus in der Wüste versuchte. Das andere klassische Beispiel für Versuchung ist die Versuchung Adams und Evas. Die Schlange bringt die Frau allmählich in Zweifel und Verwirrung über Gottes Willen. Eva sieht die Frucht, schätzt ihren Wert ein, möchte sie haben, überlegt, inwiefern sie ihr nützen kann, und nimmt sie schließlich.
Christen sollen auf der Hut vor Versuchungen sein. Gott hat ihnen versprochen, die Versuchungen nicht zu groß werden zu lassen. Er wird ihnen auch die Kraft geben, sie zu überwinden.
→ Satan, → Sünde.
5Mo 8,1-6; Mt 4; 6,13; 1Kor 10,12-13; Eph 6,10-18; Hebr 2,18; Jak 1,12-16; 1Petr 1,6-9

Welt
Das griechische Wort *kosmos* (Welt) bezeichnet im NT die von Gott geschaffene, geordnete Welt.
Welt kann aber auch einen Zustand bezeichnen – den Zustand der Auflehnung gegen Gott. So kann der Satan als Fürst oder Herrscher dieser Welt bezeichnet werden und die ganze Welt liegt, so heißt es, in seinem Machtbereich. Ein anderes griechisches Wort dafür ist Äon, d.h. Zeitalter, Weltzeit, Zeitgeist.
Die Welt hat Christus gehasst und ebenso hasst sie seine Nachfolger. Trotzdem hat Gott die Welt geliebt. Christen gehören nicht mehr zu dieser Welt, aber sie leben noch in ihr. Sie sollen nicht mehr das Leben der Welt führen, aber mit den Menschen, die in der Welt sind, zusammenleben. Denn Gott liebt sie und Christus ist für sie gestorben.
Joh 1,10; 3,16-21; 14,30; 15,18-19; 17,16-17; Röm 12,2; 1Joh 5,19

Wiedergeburt
Lange vor Jesus hatte der Prophet Jeremia erkannt, dass die Menschen eine vollständige Erneuerung von innen her brauchen. In seinem Gespräch mit dem Pharisäer Nikodemus sagte Jesus dasselbe. Nur wer von neuem geboren wird, kann neu anfangen.
Das neue Leben wird geschenkt, wenn ein Mensch sich durch seine persönliche Entscheidung an Jesus als seinen Herrn bindet. Dann wird er eine „neue Schöpfung".
Ps 51,10; Jer 31,31-34; Joh 3,1-21; 2Kor 5,17

Wiederkunft Christi
Bei seinem ersten Kommen in diese Welt kam Jesus unauffällig, lebte das Leben eines demütigen Gottesknechts und starb am Kreuz. Doch während seines Lebens auf der Erde versprach er, am Ende der Zeiten wiederzukommen, und zwar für alle sichtbar in Macht und Herrlichkeit. Viele Menschen haben ihn nicht beachtet. Doch wenn er wiederkommt, werden sie ihn nicht mehr unbeachtet lassen können, und für viele wird das eine Zeit des Schreckens sein, weil es Gericht bedeutet. Für die Gläubigen aber, sowohl die verstorbenen als auch die lebenden, wird es der Augenblick der endgültigen Rettung sein, wenn Jesus sie für immer mit sich nehmen wird in eine vollkommen neue Schöpfung.
An diesem großen Tag gibt es keine Möglichkeit mehr, sich zu verbergen. Allen Völkern wird dann das Evangelium verkündet sein. In den letzten Tagen wird die Sünde mächtig werden und die Menschen werden jemanden anbeten, der behauptet, Gott zu sein, den Antichristen. Niemand kann sagen, wann das sein wird, denn Zeit und Stunde weiß nur Gott.
Mt 24; 26,64; Mk 13,26; Joh 14; Apg 1,11; 3,19-21; Phil 3,20; Kol 3,4; 1Thess 1,10; 4,13-5,11; 2Thess 1,5-2,12; 2Petr 3; Offb 19-22

Wort
„Das Wort Gottes" ist eine Redewendung, die die Bibel oft benutzt, wenn sie davon redet, dass sich Gott selbst den Menschen offenbart. Wie Menschen sich untereinander nur durch die Rede kennen lernen können, so gab sich Gott durch sein Wort zu erkennen.
Das „Wort des Herrn" ist Gottes gesprochenes Wort. Diese Wendung taucht oft in den Prophetenbüchern auf. Dieses Wort wurde nicht immer nur gehört, manchmal wurde es auch gesehen (in Visionen).
Jesus, die letzte und vollständige Offenbarung Gottes, wird auch als „Wort" bezeichnet. Diesmal war Gottes Wort zu sehen, zu berühren und zu hören. Dieses Wort bzw. diese Botschaft soll die christliche Gemeinde verbreiten.
Das Wort Gottes – diese vollkommene „Offenbarung" seiner selbst – bleibt immer bestehen.
→ Offenbarung
Jer 1,4; Hes 1,3-28; Joh 1,1-14; 1Joh 1,1-3; 2Tim 4,2; Jes 40,8; Offb 22,18-19

Wunder
Es fällt beim Lesen der Evangelien sofort auf, dass Jesus Wunder tut. Sogar seine Feinde mussten das zugeben. Die Wunder, die in den Evangelien berichtet werden, reichen von Heilungen physischer Gebrechen über die Austreibung von Dämonen bis zu Sturmstillung und Totenauferweckungen. Wunder geschehen in der Kraft Gottes. Am meisten zeigt sich Gottes Kraft in der Auferweckung Jesu, dem größten Wunder.
Die Menschen, die die Wunder sahen, staunten. Doch Jesus wollte nicht als „Wundertäter" gelten. Jesus wollte nicht, dass die Menschen ihm nur seiner Wunder wegen nachfolgten. Oftmals verbot er Geheilten sogar, über ihre Heilung zu sprechen.
Das Johannesevangelium sagt klar, dass die Wunder „Zeichen" sind – Zeichen dafür, dass Jesus der Messias war, dass die neue Zeit, das Reich Gottes, angebrochen war und die Prophetie erfüllt wird. Als Johannes der Täufer wissen wollte, ob Jesus wirklich der Messias war, wies Jesus ihn auf seine Wunder hin und überließ ihm die Schlussfolgerung. Durch seine Wunder setzte Jesus Zeichen dafür, dass es in seiner neuen Welt weder Sünde noch Tod oder Krankheit geben wird.
Jesus gab seinen Jüngern auch die Kraft, Wunder zu tun. Nach Pfingsten heilten sie weiterhin Menschen im Namen Jesu. Wunder blieben ein wichtiger Teil der Erfahrungen der frühen Christen. Paulus besaß die Geistesgabe, Wunder zu tun und zu heilen. Doch der, der heilt, ist immer Gott selbst, nie die Christen oder die Kirche.
Mk 10,27; Röm 1,4; Mt 4,5-7; 11,2-6; 20-21; Lk 9,1; Apg 3,6; Gal 3,5; 1Kor 12,9-10
Heilungen Jesu: Mt 8,2-3.5-13.14-15.28-34; 9,2-7.20-22.27-31.32-33; 12,10-13.22; 15,21-28; 17,14-18; 20,29-34; Mk 1,23-26; 7,31-37; 8,22-26; Lk 13,11-13; 14,1-4; 17,11-19; 22,50-51; Joh 4,46-54; 5,1-9; 9
Jesu Macht über die Natur: Mt 8,23-27; 14,25.15-21; 17,24-27; 21,18-22; Mk 11,20-26; Lk 5,1-11; Joh 2,1-11; 21,1-11
Totenauferweckungen: Mt 9,18-19.23-25; Lk 7,11-15; Joh 11,1-44
Wunder im AT: 2Mo 14; Jos 2; Dan 6 u.a.

Index

Die Begriffe „Israel“ bzw. „Palästina“ sind in folgender Liste wegen sehr häufiger Nennungen nicht aufgeführt.

A

E

F

G

H

I

J

K

L

M

N

O

P

Q

R

S

T

U

V

W

X

Z